AHRIMAN-Verlag

Unser Programm ist die

Wiederkehr des Verdrängten

Kriegsverbrechen der Amerikaner und ihrer Vasallen
gegen den Irak und 6000 Jahre Menschheitsgeschichte

Die Autoren mit F. E. Hoevels bei der Überreichung des Buches an den irakischen Informationsminister Hamadi in Bagdad 1993.

Beate Mittmann
Peter Priskil

Kriegsverbrechen der Amerikaner und ihrer Vasallen gegen den Irak und 6000 Jahre Menschheitsgeschichte

Inhalt

1. Teil
Vorwort zur 2. Auflage		8
Vae victis		10
Einleitung		11
I.	40 Tage und 100 Stunden	39
	"Freiheit und democracy" in Kuwait	87
	Kurden und Schiiten im Irak – Volksaufstand oder Intervention?	91
	Die territoriale Zerstückelung Iraks	110
II.	Kriegsverbrechen gegen irakische Soldaten	114
III.	Kriegsverbrechen gegen die irakische Zivilbevölkerung	122
	Die Bombardierung des Bagdader Stadtteils Al Adahmia	132
	Die Bombardierung des Amiria-Schutzbunkers	138
	Die Zerstörung der Kindermilchfabrik bei Bagdad	146
	Die Bombardierung des Bagdader Kongreßzentrums	154
	Die Bombardierung ziviler Ziele in Basra und Mosul	156
	Das Embargo	164
IV.	Die Zerstörung der Infrastruktur	184
	Industrie und Landwirtschaft	188
	Kommunikationsanlagen, Elektrizitäts- und Kraftwerke	195
	Das Verkehrsnetz: Straßen und Brücken	201

2. Teil: Die Zerstörung der Kulturgüter Iraks
Einleitung		221
I.	Durch das Bombardement direkt beschädigte Kulturstätten	227
	Ur	227
	Nimrud	235
	Hatra	241
	Ktesiphon	250
	Samarra	254
II.	Sekundär beschädigte Kulturstätten	257
	Assur	257
	Kisch	259
	Uruk	261
	Babylon	264
	Borsippa	266
III.	Moscheen und Kirchen	269
IV.	Gebäude aus der abbasidischen Periode und historische Stadtviertel	273
V.	Zerstörte Museen und eine Liste mit 2.364 gestohlenen Kunstschätzen	278
VI.	Interview mit dem Leitenden Direktor der Irakischen Altertumsverwaltung Dr. Muayad Sa'eed	340
Anhang: Drei Illusionen über Deutschland		353

Vorwort zur 2. Auflage

"Hätten die Imperialisten auch nicht mehr angerichtet, als Hussein zum Burgfrieden mit den islamischen Fanatikern zu nötigen – schwer wird der Schriftzug 'Gott ist groß' wieder von der irakischen Flagge zu tilgen sein, schwer, die bisher so erfolgreich verhinderten Rempeleien gegen christliche Iraker wieder einzudämmen, wozu eben die 'harte Hand' erforderlich war –, hätten diese blutbefleckten Dollarmonster also auch kein einziges weiteres Verbrechen durch ihren Herrenrassenkrieg in der Nachfolge sagen wir: der multinationalen Truppe zur Zerstörung des Pekinger Sommerpalastes begangen, so wöge dieses auch ohne einen einzigen getöteten Säugling, Zivilisten oder Wehrpflichtigen schon schwer genug, um ihre Schande für Jahrhunderte festzuschreiben, so überlegen ihre Bomberflotte – welcher zweifelhafte Ruhm und Rechtfertigungsgrund! – auch sein und gewesen sein mag", so schrieb der Bund gegen Anpassung in einem Flugblatt während des Golfkrieges, und schon wieder bewahrheitete sich leider, was sich ausnahmslos immer bewahrheitet hat: er übertreibt nie. So, wie ohne die jahrzehntelange Schroffheit, Verhandlungsunwilligkeit und den Maximalismus der Israelis niemals die mittelalterliche Scheußlichkeit der Hamas auf Kosten einer laizistischen, wenn nicht sogar in Teilen einigermaßen aufgeklärten PLO-Führung hätte entstehen können, ebenso haben die monoimperialistischen Gewaltakte – diesmal darf man sie wirklich "feige" nennen, ähnlich wie in den Indianer"kriegen", bedenke man doch das Kräfteverhältnis! – den Irak, der eine zaghafte Emanzipation vom religiösen Dreck seiner Vergangenheit und Umgebung eingeleitet hatte, wieder tief in ebendiesen zurückgestoßen. Vieles, was auf dieser Grundlage im heutigen Irak geschieht, kann beim aufgeklärten und freiheitsliebenden Menschen nur Befremden und Widerwillen hervorrufen. Aber wer das Selbstbestimmungsrecht des Geistes fordert, muß auch das Selbstbestimmungsrecht der Völker fordern – und nicht das Bestimmungsrecht des US-amerikanischen Volkes oder vielmehr seiner monopolkapitalistischen Führung über sämtliche anderen Völker. Wie für Individuen gilt auch für Staaten: Knechtschaft macht – tendenziell jedenfalls – dumm und meschugge, Freiheit heilt. Hätte man das Selbstbestimmungsrecht des irakischen Volkes, z.B. seine Regierung selbst zu wählen, statt vom US-hörigen Weltgesangsverein "UNO" oder den kapitalistischen Pressemonopolen einsetzen zu lassen, respektiert, dann wäre es ziemlich sicher nicht nur von der islamischen bzw. überhaupt religiösen Krankheit im Laufe der Zeit genesen, sondern dieser Genesungsfortschritt hätte es einer mindestens ursprünglich leidlich aufgeklärten Diktatur auch erlaubt, in der

Geschwindigkeit dieser Genesungsfortschritte seinen unter den gegebenen Umständen unvermeidlich harten Griff allmählich und organisch zu lockern, bis ein freieres, klügeres und dementsprechend genußfähigeres Volk dieses unbequemen Schutzes gegen die Mächte der geschlossenen Finsternis nicht mehr bedurft hätte. Diese Perspektive ist in Bushs Bombenhagel ebenso gründlich zerstört worden wie manches Materiellere, aber in gewisser Hinsicht ähnlich Wertvolle, das in diesem Buch dokumentiert wird. Die Menschheit und die Freiheit brauchen ein gutes Gedächtnis.

Die Verfasser

Vae victis

...Darauf schlossen die Gallier mit den Römern einen Waffenstillstand. Mit der Einwilligung des Feldherren kam es zu einer Unterredung. Dabei spielten die Gallier auf den Hunger an, der die Römer zur Übergabe zwinge. Wie man erzählt, warfen die Römer darauf an mehreren Stellen vom Kapitol Brot unter die feindlichen Posten, um diesen Verdacht zu entkräften. Bald ließ sich der Hunger aber nicht mehr ertragen und nicht mehr verheimlichen (...) Der Diktator (...) traf alle Vorkehrungen, um dem Feind beim Angriff gewachsen zu sein. Das Heer auf dem Kapitol war vom vielen Wachen erschöpft und ertrug dennoch alle menschlichen Leiden, aber den Hunger konnten sie nicht besiegen. Jeden Tag schauten sie danach aus, ob denn gar keine Hilfe vom Diktator eintreffe. Schließlich verschwand mit den Lebensmitteln auch die Hoffnung, und die Waffen allein schon drückten die entkräfteten Körper zu Boden. Da verlangten die Soldaten Übergabe oder Loskauf unter jeder Bedingung. Die Gallier hatten sich ziemlich deutlich geäußert, sie wären zur Aufhebung der Belagerung für einen nicht zu hohen Preis geneigt. Der Senat wurde einberufen, und die Kriegstribunen erhielten den Auftrag, einen Vergleich einzugehen (...): Der Preis für das Volk (...) wurde mit tausend Pfund Gold festgesetzt. Eine Würdelosigkeit vergrößerte diese Schande noch. Die Gallier brachten falsche Gewichte mit. Als der Tribun sie ablehnte, warf der übermütige Gallier noch sein Schwert zu den Gewichten. Dazu sprach er ein Wort, das einem römischen Ohr unerträglich war: "Wehe den Besiegten!"

Titus Livius, Ab urbe condita, II, 48

Einleitung

Im März 1992 fuhren wir in den Irak, das "Land der Lüge" ('Stern'), wo "rotzfreche Bengel" hausen ('Spiegel'), wo "Grauen ohne Ende" herrscht und "Saddam weiter wütet" ('Die Zeit'). Der Krieg der Vereinigten Staaten gegen das Land war zu diesem Zeitpunkt gerade ein Jahr vorbei. Er hatte die USA keinen verrosteten Cent gekostet, im Gegenteil mehrere Milliarden Profit aus Tributzahlungen von seiten ihrer Vasallen eingebracht, im Irak dagegen Schäden in Höhe von 200 Milliarden Dollar verursacht. Es war ein ungleicher Waffengang gewesen: Mehr als 30 Vasallenstaaten, sogenannte "Verbündete", standen in Treue fest zur größten Militärmacht der Welt; ihre Verluste bestanden in wenigen abgeschossenen Flugzeugen und einigen hundert Toten, während mindestens eine viertel Million irakischer Menschen, Soldaten wie Zivilisten, im sechswöchigen Bombenhagel ums Leben gekommen waren. Die Bundesrepublik, die sich an diesem Feldzug militärisch nicht beteiligte, mußte 17 Milliarden Mark berappen und an die amerikanische Kriegskasse abliefern, des weiteren flossen Hunderte von Millionen Mark und Kriegsgerät nach Israel, und die deutschen Munitionsbestände wurden für das "größte Bombardement der Kriegsgeschichte" bis auf den Grund geleert. Um diesen Krieg mit dem Feigenblatt der Rechtlichkeit zu versehen, hatten die Vereinigten Staaten durch Erpressung, Bestechung und Drohung entsprechende UN-Beschlüsse zuwege gebracht, die schon nach dem ersten Bombenhagel nicht einmal das Papier wert waren, auf dem sie standen: Denn nun verkündeten die amerikanischen Kriegsführer offen, daß es ihnen weniger um Kuwait ging als um die Zerstörung einer selbstbewußten, unabhängigen arabischen Nation und die Liquidierung deren politischer Führung. Das Schlachten, das sich in den sechs Wochen vom Januar bis zum März 1991 vor den Augen der Weltöffentlichkeit abspielte, erinnert in vielem an die Niederschlagung des chinesischen Boxer-Aufstands zu Anfang dieses Jahrhunderts; war es damals jedoch eine koordinierte Aktion imperialistischer Mächte gewesen, die sich wenig später um die Aufteilung der Welt selbst zerfleischten – im Ersten Weltkrieg nämlich –, so war in dem Krieg gegen den Irak nur eine Macht federführend, war nur eine Nation Nutznießer dieser imperialen Straf- und Raubaktion: die USA. Amerikanische Flugzeuge bombten für eine korrupte Scheichsclique den Weg nach Kuwait frei, auf amerikanischen Bajonetten wurde der Emir auf seinen Thronsessel gehoben und damit die noch aus britischen Kolonialzeiten stammende Zerstückelung der rohstoffreichen Golfregion zementiert. Aber der Krieg war noch mehr: er war die gewalttätige Demonstration der uneingeschränkten US-Weltherrschaft. "Ronald Reagan hat den Kreml ins Visier genommen, aber George Bush hat den Abzug durchgedrückt", pries ein republikanischer Abgeordneter den amerikanischen Präsidenten bei dessen Kandidatur für eine zweite Amtszeit. Seine martialische Metapher stimmt, auch wenn die Sowjetunion nicht mit einem großen Knall zugrunde gegangen ist. Nur noch nützliche Idioten reden von UN-Bestimmungen und internationaler Gemeinschaft oder benützen ähnliche hochtrabende Phrasen, wenn es um das häßliche Faktum der amerikanischen Weltherrschaft geht. Aber es gibt nicht nur klügelnde Rechtfertigungsideologen, sondern auch bellende Kriegstreiber, die sich in den amerikanischen Marsch zur Weltherrschaft mit zackigem Gleichschritt einreihen und zu einem neuen Kesseltreiben blasen. Die einleitend vorgeführten Zitate dreier großer deutscher Wochenzeitungen sind der Beleg hierfür.

Als wir in den Irak reisten, war der Krieg ein Jahr vorbei, doch er wurde mit anderen Mitteln weitergeführt: Seit eineinhalb Jahren lag das Land im Würgegriff der Blockade, die kein Öl aus dem Irak heraus- und keine Nahrungsmittel oder Medizin in den Irak hereinließ. Zum Zeitpunkt unseres Besuchs waren mehr irakische Menschen wegen der Sanktionen als wegen der amerikanischen Bomben gestorben: ihre Zahl beläuft sich auf mindestens 300.000. Es war nicht nur ein Schwert, das der amerikanische Sieger auf die Waage warf – hier war der keltische Heerführer in der Anekdote des römischen Geschichtsschreibers Livius geradezu human –, sondern es waren deren viele und sind es immer noch. Von August 1990 bis Februar 1991 kamen 29 UN-Kommissionen in den Irak, um, wie es hieß, die Einhaltung der Resolutionen durch das besiegte Land zu überprüfen. 400 Inspektoren schnüffelten 240 Tage lang im Wüstensand und in den Städten, durchsuchten Betriebe und selbst Gefängnisse nach versteckten Massenvernichtungswaffen und Atomanlagen. 450 Inspektionen fanden bis zu diesem Zeitpunkt statt, davon 127 unangemeldete; in Flugzeugen und Hubschraubern flogen die UN-Teams 120 Einsätze zwischen vier und acht Stunden über dem ganzen Land, während zur gleichen Zeit amerikanische Spionageflugzeuge des Typs U2 über dem Irak kreuzten. Von den 29 Kommissionen waren 24 mit der Kooperationsbereitschaft des Irak äußerst zufrieden, kein Wunder: Hatten sie doch bis dahin 14.000 beanstandete Waffen vernichtet, 1.500 Tonnen angeblich kriegswichtiger Basisstoffe verbrannt und über 1.000 Maschinen in irakischen Betrieben versiegelt. Was war ihre Aufgabe gewesen? Sie sollten die Einhaltung der Resolution 687 überwachen, die dem Irak den Besitz weitreichender Raketen (bis zu 1.250 km) und chemischer Waffen untersagt. Die irakische Regierung bezeichnete diesen Beschluß zwar als ungerecht und in der Geschichte der Vereinten Nationen als noch nie dagewesen, willigte aber ein, um eine rasche Aufhebung des Embargos und damit eine Milderung der Leiden des irakischen Volkes zu erreichen. Alle beanstandeten Waffen – die zum Großteil schon während des Bombardements zerstört worden waren – waren zur Zeit unserer Ankunft bereits vernichtet, aber dennoch war ein Ende der Sanktionen nicht in Sicht, im Gegenteil: Der Irak wurde als widerborstig, aufmüpfig, "rotzfrech" und vertragsbrüchig hingestellt, und es wurden ihm weitergehende, noch schärfere und demütigendere Maßnahmen angedroht. Dies ist die Geschichte eines schmutzigen Spiels, in dem der Schwede Rolf Ekeus als Leiter der UN-Sonderkommission eine schmutzige Hauptrolle spielt, und dieses Spiel geht so: Eine UN-Kommission besichtigt ein irakisches Firmengelände und entdeckt ein Stahlrohr, das dort gefährlich so vor sich hinliegt. Zwar sind alle in der Resolution 687 genannten Waffen beseitigt oder unschädlich gemacht, aber man gibt sich doch recht entsetzt über diese ungeheuerliche Entdeckung und teilt den irakischen Stellen mit, daß man zunächst dem Dienstherrn in New York – Sitz der UNO – Bescheid über dieses kriegsrelevante Material geben müsse. Der Sicherheitsrat tritt zusammen, verurteilt den Irak wegen seines tückischen Ränkespiels und verlängert das Embargo um zwei Monate. Die Frist ist verstrichen, das ominöse Stahlrohr zerstört. Eine UN-Kommission betritt ein Verwaltungsgebäude und entdeckt einen Computer, der subversiv vor sich hintickert. Nein – aber das geht doch nicht... Bericht nach New York, Verwarnung des Irak und Verlängerung des Embargos. Eine UN-Kommission besichtigt eine Halle, in der einst Raketen hergestellt wurden und nun Lebensmittel lagern. Dieses Gebäude ist gefährlich, und nun reicht es wirklich: Ultimatum an den Irak, dieses Gebäude einschließlich der Grundmauern niederzureißen, ansonsten sehe man sich gezwungen, angesichts der neuen ungeheuerlichen Bedrohung der friedliebenden Weltgemeinschaft zu allen Mitteln, militärische nicht ausgeschlossen, blah blah und Flugzeugträger im Golf, unerträgliche Provokation, Jagdgeschwader und Marschflugkörper, unsere Geduld ist jetzt zu Ende, Truppenaufmarsch und Landemanöver, wie lange soll die freie Welt diesem Spiel noch tatenlos zuschauen usw. usf.

Als wir in den Irak reisten, war der Krieg gerade ein Jahr vorbei, und der nächste Militärschlag drohte: Der Irak hatte sich geweigert, die Hallen eines ehemaligen Rüstungsbetriebs einzureißen; statt dessen wollte er das Gebäude einer zivilen Nutzung zuführen – eine Vorgehensweise, die die nun schon oft zitierte Resolution 687 ausdrücklich billigt, und ein Vorgang, der in der ehemaligen Sowjetunion gegenwärtig tausendfach stattfindet. Aber nein: Vae victis lautet die Parole. Die irakische Regierung hatte von den UN-Kommissionen die Erstellung einer definitiven Liste mit allen beanstandeten und zu vernichtenden Gegenständen verlangt, um den endlosen, unabsehbaren Schikanen zu entgehen, doch diese Forderung wurde als anmaßend abgelehnt. Tarek Asis, zu Zeiten des amerikanischen Überfalls irakischer Außenminister und gegenwärtig Stellvertretender Premierminister, hatte im Februar 1992 dem Sicherheitsrat der Vereinten Nationen eine Botschaft folgenden Inhalts zukommen lassen: "Wenn Ihr Ziel darin besteht, daß die Resolution 687 erfüllt wird, so stimmen wir überein. Wenn es aber Ihr Ziel ist, die irakische Industrie zu vernichten, den Irak der Möglichkeit zu berauben, als wohlhabendes Land seinem Volk ein angenehmes Leben zu gewähren, so wie dies bei anderen Völkern selbstverständlich ist, dann ist das eine andere Sache... Das Verantwortungsgefühl gebietet uns, unserem Volk Not und Leiden zu ersparen. Aber wenn man den Irak unter den Hammer ständiger Bedrohung stellen will, dann muß man eines wissen: Das irakische Volk hat eine 6.000 Jahre alte Geschichte." Diese Erklärung genügte, um die Hetz- und Haßpropaganda im Westen wieder auf Hochtouren laufen zu lassen, die Kriegsflotte in Marsch zu setzen und die Bombergeschwader in Alarmbereitschaft zu versetzen. Wir waren seinerzeit in Amman und warteten den weiteren Gang der Dinge ab. Die irakische Regierung ließ das inkriminierte Gebäude einreißen, was die Vereinigten Staaten mit einem knurrenden "na also" quittierten, unter dem Vorbehalt "weiterer Maßnahmen", versteht sich, und unserer Reise stand dann um so weniger im Weg, als die amerikanische Krake gerade zwei andere Opfer faßte: Sanktionen gegen Libyen wurden verhängt, und die Isolierung Serbiens wurde in die Wege geleitet. Die Fahrt konnte also beginnen.

Dasselbe schäbige Schauspiel wiederholte sich kaum ein halbes Jahr später. Eine UN-Kommission wollte einen Gebäudekomplex betreten und durchschnüffeln, ohne zu wissen, um was für ein Gebäude es sich handelte und was sie dort eigentlich suchen wollte. Es war das Landwirtschaftsministerium, und irakische Sicherheitskräfte verwehrten ihr den Eintritt. Nun konnte man den nächsten Skandal aufkochen. Der israelische Geheimdienst Mossad lieferte die Mitteilung, daß im Landwirtschaftsministerium – ausgerechnet – Pläne über den Ausbau Iraks zur Atommacht verborgen seien, und die Atommacht USA machte das Betreten des Gebäudes zum casus belli. Die irakische Regierung verweigerte den Zutritt nicht prinzipiell, wollte aber gewährleistet wissen, daß ein neutrales, von den USA unabhängiges Komitee mit der Durchsuchung beauftragt werde – eine nur allzu verständliche Forderung. Das Argument der USA war hingegen: Schlachtschiffe, Kampfbomber, Knüppel aus dem Sack. Nach aufreibenden

Verhandlungen kam schließlich eine Lösung zustande, die dem Irak wenigstens halbwegs den Gesichtsverlust ersparte und die Vereinigten Staaten zufriedenstellte, vorläufig zumindest: Ein Deutscher durfte die Schnüffeldelegation anführen. Während dieses Nervenkriegs bekundeten Tausende irakischer Demonstranten vor dem umstrittenen Gebäude ihre Solidarität mit dem irakischen Präsidenten; die UN-Kommission zog sich angesichts dieser "Bedrohung" zurück, und die Zeichen standen kurzfristig wieder auf Krieg. Ach ja, bevor man's vergißt: Der deutsche Schäferhund hat nichts erschnüffelt, machte aber artig Rapport; auch dies natürlich wieder ein "raffiniert eingefädeltes" und "trickreiches Intrigenspiel" Saddam Husseins.

Als der chilenische Sozialist Salvador Allende die Wahl zum chilenischen Präsidenten gewann, tobte Präsident Nixon in seinem Amtszimmer, er werde "diesen Schweinehund erledigen" – so die Aussage eines engen Vertrauten des damaligen US-Präsidenten. Gesagt, getan, Allende wurde in einem vom amerikanischen Geheimdienst CIA inszenierten Putsch ermordet und eine faschistische Diktatur installiert, an der das Weiße Haus seinen Gefallen hatte. Ähnliche Szenen müssen sich zu dem Zeitpunkt, in dem diese Zeilen geschrieben werden – August 1992 –, in denselben Räumen abspielen. Der Vorwurf gegen den irakischen Präsidenten lautet jetzt auf "Völkermord" gegen den schiitischen Bevölkerungsteil des Landes – rund 9 Millionen Menschen –, und dieser "Genozid" werde gegenwärtig mit mehr als 100 Kampfflugzeugen, über 1.000 Panzern und einer schlagkräftigen Armee in die Tat umgesetzt. Man fragt sich, woher diese Ressourcen nun plötzlich stammen sollen, wo sich die Vereinigten Staaten doch rühmten, dem Irak in militärischer Hinsicht das "Rückgrat gebrochen", "keine Division, keine Brigade, kein Bataillon" übriggelassen und rund 85 Prozent der Panzer zerstört zu haben. Die Weltöffentlichkeit, vom letzten Bombenhagel noch bedröhnt und vom Dauerstakkato der Kriegspropaganda betäubt, nimmt jedenfalls mit gewohnter Lethargie zur Kenntnis, daß der Irak nicht nur ausgehungert und die Bevölkerung zu Aufständen getrieben, sondern das Land zerstückelt und seine Führung beseitigt werden soll. Amerikanische Kampfflugzeuge starten nun jedenfalls ihre Scheinangriffe nicht nur nördlich des 36., sondern auch südlich des 32. Breitengrades und suchen durch Provokationen den letzten vernichtenden Schlag herbeizuführen. Bagdad ist durch diese Grenzziehung am Reißbrett – willkürlich wie nur eine Maßnahme des Weltbeherrschers sein kann – in einen schmalen Korridor gezwängt, soll vom Zugang zu den überlebenswichtigen Ölquellen im Norden und Süden des Landes abgeschnitten werden. Spannend, wie sich das Opfer verhält, nicht wahr? So spannend wie eine Hinrichtung durch

Vierteilung im Spätmittelalter.

Amerikanische Kriegsverbrechen, Aushungerungsstrategien und eine in ihrem Bestand gefährdete 6.000 Jahre alte Kultur im ehemaligen Zweistromland Mesopotamien: damit sind bereits die wichtigsten Gründe benannt, die uns bewogen, in den Irak zu reisen. Denn in den Medien hierzulande hatte man zu all dem ja nichts Brauchbares vernommen: Militärzensur und Kriegsgebell während des Bombardements; Lügen, Verdrehungen, Unterstellungen und Zahlenfälschungen in der Folgezeit. Gerade über das uns am meisten interessierende Thema, die kulturellen Denkmäler im Irak, ist es die ganze Zeit verdächtig, ja unheimlich still gewesen. Hier und da schlüpften Andeutungen über das Ausmaß der Zerstörungen durch, immer mit beschwichtigendem Unterton versehen, aber es war unmöglich, sich bei dieser gezielten Selektion der Nachrichten und ihrer plump parteilichen Färbung auch nur ein annäherndes Bild von der Wirklichkeit zu machen. Auf den folgenden Seiten sind die Ergebnisse unserer Recherchen zusammengetragen; es war nicht immer leicht, aus dem disparaten¹ Material von Beobachtungen, Notizen, Zeitungsartikeln, Broschüren, Interviews und Gesprächen eine zusammenhängende Darstellung zu formen. Mag auch der eine oder andere Aspekt nicht mit dem Nachdruck gewürdigt worden sein, den er vielleicht verdient, mag dieses oder jenes unerwähnt geblieben sein, weil es unserer Aufmerksamkeit entging – dies ist das erste Dokument in deutscher Sprache, das einen authentischen Bericht über die Situation im Irak gibt; es ist zudem der erste Bericht, der ohne ängstlichen Seitenblick auf den Großen Bruder die Hintergründe und letzten Etappen zur uneingeschränkten Weltherrschaft der USA beschreibt, in Fortführung einer früheren, notwendigerweise thematisch eingeschränkten Publikation, der Golfkriegs-Sondernummer in den 'Ketzerbriefen'. Es ist schließlich – weltweit, das muß man leider sagen – der erste Bericht, der einen annähernden Überblick über die kulturellen Zerstörungen im Irak bietet – soweit es uns Zeit, Reisemöglichkeiten und Energie eben erlaubten; dies sei auch zur Schmach der hierfür eigentlich zuständigen wissenschaftlichen Organisationen und internationalen Gremien wie der UNESCO gesagt, die gehorsam beim amerikanischen Peitschenknall kuschen und wie jene hinlänglich bekannten drei Affen nichts sehen, hören und sagen wollen. Wir hatten bei unseren Nachforschungen das Glück, auf verdienstvolle Vorarbeiten zurückgreifen zu können. An erster Stelle ist hier der von dem ehemaligen amerikanischen Justizminister Ramsey Clark herausgegebene Sammelband über die amerikanischen Kriegsver-

1 ungleichartig, unvereinbar, widersprechend

brechen im Irak zu nennen.[1] Es kostete uns nicht geringe Mühe, in den Besitz eines solchen Exemplars zu gelangen: In deutschen Buchhandlungen ohnehin nicht, aber auch in britischen Buchläden nicht präsent, konnten wir schließlich, wochenlange und pannenträchtige Lieferungszeiten umgehend, über amerikanische Freunde direkt ein solches Buch ergattern. Bei dieser Gelegenheit erfuhren wir, daß das Buch, ungeachtet seines doch recht bekannten Herausgebers, auch in den Vereinigten Staaten nur sehr schwer erhältlich ist, es gewissermaßen ein Dämmerdasein in den Giftschränken des Vertriebs und der Buchhandlungen führt. Der vorliegenden Publikation wird wohl kein anderes Schicksal beschieden sein, bedenkt man das Pressemonopol mit seinen vielfältigen Möglichkeiten vom Totschweigen bis zum Annoncenboykott und die faktische Beseitigung der Meinungsfreiheit im Berufsverboteland. – Ramsey Clark hatte mit einer vielköpfigen Begleitmannschaft den Irak ein Jahr vor uns, unmittelbar nach Kriegsende, bereist. In der Folge organisierte er in mehreren Städten der Welt Symposien, in denen er auf solider Datenbasis die amerikanische Regierung des Begehens 19 verschiedener, juristisch genau festgelegter Kriegsverbrechen überführte. Der abschließende Kongreß am 29. Februar 1992 in New York sprach das Urteil. Es lautete: "Guilty", in allen 19 Anklagepunkten. Seitdem ist Ramsey Clark der Zugang zu Fernseh- und Rundfunkstationen verwehrt, stoßen seine Nachforschungen bei den Journalisten auf seltsam taube Ohren. Ramsey Clark und seine Mitautoren prüfen die amerikanischen Kriegshandlungen am Maßstab des Völkerrechts, der internationalen Konventionen und der Charta der Menschenrechte und gelangen auf diese Weise zu ihren Ergebnissen – eine gerechtfertigte, nützliche und aufschlußreiche Vorgehensweise. Sie vermeiden es indes, nach historischen Ursachen und akuten politischen Interessen zu fragen, die Kriegsverbrechen in den übergeordneten Zusammenhang der imperialen Weltmachtspläne einzuordnen, und entheben sich damit der zwangsläufig sich ergebenden, ihnen aber offensichtlich peinlichen, jedenfalls unerwünschten Verteidigung des Irak gegen seine Peiniger. Hier wirken ihre Ausführungen an manchen Stellen in unangenehmem Sinn "neutral" und "überparteilich". Doch all dies schmälert nicht das bleibende Verdienst des Buches: als erste und ein ganzes Jahr lang einzige Stimme – sieht man einmal von unseren Flugblättern und der erwähnten 'Ketzerbrief'-Ausgabe sowie selbstverständlich vom Irak ab – die amerikanische Regierung ihrer verbrecherischen Politik überführt zu haben.

---

[1] Das Buch, im Folgenden des öfteren zitiert, hat den Titel: War Crimes. A Report on United States War Crimes Against Iraq, Washington D.C. 1992, 281 Seiten.

Spätere Kommissionen, die den Irak besucht haben – so zum Beispiel verschiedene Teams der Harvard-Universität oder die Delegation des UN-Beauftragten Aga Khan – haben die Ausführungen Ramsey Clarks hier und da präzisiert oder, sofern erforderlich, berichtigt; es versteht sich von selbst, daß dieses Material seinen Niederschlag in unserem Buch gefunden hat. Darüber hinaus ist es uns jedoch gelungen, neue, bislang noch nicht veröffentlichte Informationen zu erlangen; dies gilt beispielsweise für die nahezu vollständige Liste der zerstörten Brücken im Irak, ganz besonders aber für die Liste der während und nach dem Krieg gestohlenen Kulturgüter – einzigartige Museumsexponate, die jetzt in den Auktionshäusern der Welt auf reiche Käufer warten oder sich einfach im Besitz namenlos gebliebener Diebe befinden. Doch bevor wir unsere Ergebnisse präsentieren, seien noch einige Begebenheiten und atmosphärische Eindrücke vorangestellt, die allgemeines Interesse beanspruchen können.

Unser erster Zwischenaufenthalt auf der Reise in den Irak war zwangsläufig die jordanische Hauptstadt Amman – zwangsläufig deshalb, weil sich das Embargo gegen den Irak auch auf den internationalen Flugverkehr bezieht und es dem Land nicht gestattet ist, ausländische Flughäfen anzufliegen. Von Amman aus mußte dann der mühevolle, über tausend Kilometer lange Landweg nach Bagdad eingeschlagen werden. Beim Verlassen des Flugzeugs in Amman sahen wir, wie die weiß-grünen Maschinen der irakischen Luftfahrtgesellschaft auf Abstellplätzen vor sich hin rosteten. Ein palästinensischer Flugpassagier sagte zu uns, dieser Anblick mache ihm das Herz bluten. Der Aufenthalt in Amman – seine Dauer war wegen der drohenden amerikanischen Kriegsschläge nicht abzusehen – gestaltete sich Dank der Initiativen palästinensischer Freunde kurzweiliger und interessanter, als wir ursprünglich dachten. So vermittelten sie ein Gespräch mit dem greisen Präsidenten des Palästinensischen Rates, des obersten Gremiums der PLO, Scheich Abd Al Hameed Al Saih. Des weiteren leiteten sie ein Gespräch mit Vertretern des kommunistischen jordanischen Jugendverbands in die Wege; hier unterhielten wir uns, wie zuvor, über die Perspektiven des palästinensischen Befreiungskampfes, über die Erfolgsaussichten des Intifada-Aufstandes sowie, selbstverständlich, über die Auswirkungen der amerikanischen Aggression gegen den Irak besonders hinsichtlich der Lage der Palästinenser. Die Unterredung mit einem jordanischen Parlamentsabgeordneten hatte zur Folge, daß wir zum panarabischen Jugendkongreß in Amman, der am 24. März tagte und sechs Millionen arabische Jugendliche repräsentierte, eine Solidaritätserklärung beisteuern konnten, in der wir zum gemeinsamen Kampf gegen die amerikanische Weltherrschaft, von Europa und den arabischen

Ländern aus, aufriefen. Schließlich besuchten wir zwei der insgesamt 13 palästinensischen Flüchtlingslager in Jordanien, zum einen das 1948 erbaute, ungefähr 13.000 Menschen fassende Lager Al Mahatta, sodann das Lager Al Wahdat, 1954 erbaut, in dem gegenwärtig 150.000 Menschen ihr Dasein fristen. Es war schon zuvor ein eigenartiges Gefühl gewesen, durch eine Hauptstadt zu fahren, die zu 90 Prozent von Palästinensern bewohnt wird, in einer Stadt, in der 20 Jahre zuvor die beiden Führer Arafat und George Habbasch Militärparaden abgehalten hatten, es dann aber nicht wagten, die Macht in einem Land zu übernehmen, in dem sie nur widerwillig geduldete Gäste waren und gleichwohl drei Viertel der Bevölkerung

Der Präsident des Palästinensischen Rates, Scheich Abd Al Hameed Al Saih.

stellten. Der seinerzeit in Bedrängnis geratene, aber stets findige jordanische Monarch hatte sich dieses sträfliche Versäumnis zunutze gemacht, seine Wüstenkrieger mobilisiert, die palästinensischen Camps umzingelt und deren Bewohner zu Tausenden abschlachten, verhungern und verdursten lassen: das war der – nur noch dem Schlagwort nach bekannte und in erster Linie mit einer terroristischen Organisation in Verbindung gebrachte – "Schwarze September" des palästinensischen Volkes. Einige unserer Gesprächspartner hatten an den Kämpfen damals teilgenommen; heute sind sie weitestgehend ohne politische Rechte, erhalten nur fristweise Aufenthaltsgenehmigungen, die Ausweisung als Damoklesschwert beständig über dem Haupt. In Al Wahdat sahen wir die verhängnisvollen Konsequenzen jenes Versäumnisses, das sich die palästinensische Führung – Arafat weit mehr als Habbasch – hatte zuschulden kommen lassen. Die Siedlung, deren Häuser an einem Hang kleben, wird talwärts von einer mehrspurigen Schnellstraße begrenzt. Freundlicher Empfang in einem Haus ohne Wasser- und Stromanschluß, hier teilen sich zehn Familienmitglieder auf zwei Räume mit insgesamt höchstens 25 qm auf. Es ist Feiertag, und die Waisenkinder, von denen es im Lager viele gibt, erhalten Geschenke aus Sammlungen unter Palästinensern, denen es weniger dreckig geht: einen abgetragenen Pulli, gebrauchte Jeans, Strümpfe und Schuhe, alles ohne Löcher. Dann Besuch in einem Gemeinschaftsraum, in dem der Verputz von den Wänden bröckelt: Die Beschenkten singen ein palästinensisches Kampflied zur Begleitung eines Saiteninstruments, das der Jugendbetreuer spielt. Schwache Stimmen aus dünnen Körpern, abwesende Blicke, die manchmal an uns hängen bleiben. Diese Kinder sind die Kämpfer von morgen; sie werden leiden, wie sie jetzt schon leiden, und sie haben keine andere Wahl. Aber ihre Zukunft wurde vor 20 Jahren verspielt, und ihre erbärmliche Gegenwart bestimmen Leute, die im fernen Washington sitzen oder im näheren Tel Aviv. Ohne dies in jenem Moment völlig erfaßt zu haben, war das Erlebnis doch die adäquate Einstimmung auf die kommenden Tage und Wochen.

Da mittlerweile die Gefahr eines amerikanischen Militärschlags beträchtlich gesunken war, machten wir uns, mit Hilfe der palästinensischen Freunde, in einem gemieteten Auto auf den Weg nach Bagdad. Die Straße zur jordanisch-irakischen Grenze trägt den Namen Autobahn, verdient ihn aber nicht; sie windet sich über endlos scheinende Kilometer durch Stein- und Sandwüste, sie ist durchlöchert, provisorisch ausgeflickt, mit Gesteinsbrocken auf der Fahrbahn, am Rand ist ab und an das Wrack eines verunglückten Fahrzeugs zu sehen. Dann die Ankunft an der Grenze: Auf jordanischer Seite sind die Grenzgebäude intakt, auf der irakischen, wenige hundert Meter entfernt, ragen ausgebrannte Mauerteile in den Himmel, umgeben von umgeknickten Strommasten. Die Formalitäten werden schnell abgewickelt, die Behandlung ist durchgehend freundlich. Ein irakischer Grenzbeamter erzählt unaufgefordert von den amerikanischen Verwüstungen im ganzen Land, den aufgerissenen Straßen und zerbombten Brücken. Soldaten, gegen den kalten Frühlingswind in Parkas oder Decken gehüllt, bieten uns trotz des Fastenmonats Ramadan Zigaretten an – "der gilt hier in der Wüste nicht". Und wir sehen hier an der Grenze, selbstverständlich, die ersten überlebensgroßen Portraits des irakischen Präsidenten. Kein westlicher Journalist kann diese Bilder betrachten, ohne sofort in ein freiheitliches Klagegeheul über die "Omnipräsenz des Diktators" auszubrechen und den

Lesern Assoziationen über den allmächtigen "Großen Bruder" aufzunötigen. Verweilen wir daher bei diesem Punkt etwas länger.

In der Tat begegnen dem Reisenden die Portraits Saddam Husseins überall, auf dem Land und in den Städten. Sie zeigen den Präsidenten in Uniform, in Beduinen- oder Kurdentracht, beim Besuch in einem Krankenhaus, beim Wiederaufbau eines zerstörten Gebäudes oder einer demolierten Brücke, selbst in den Universitäten prangt sein Bildnis. Die großen Tageszeitungen des Landes führen obligatorisch in jeder Ausgabe ein Foto des Präsidenten auf der Titelseite, zudem stehen Denkmäler, das Staatsoberhaupt darstellend, auf zentralen Plätzen in größeren und kleineren Städten. Ist dies nun, wie die Westpresse gerne geifert, Ausfluß eines "Führerkults", oder handelt es sich dabei, wie weniger gehässige Geister meinen, um einen Bestandteil "arabischer Mentalität", der in benachbarten Ländern ebenso häufig anzutreffen ist? Unserer Ansicht nach trifft keine der beiden Antworten. Freilich: es ist eine ausgeleierte Tatsache, daß ständige Wiederholungen langweilen und in Überdruß umschlagen <u>können</u>; es ist ein alter Hut, daß ständige optische Präsenz kein Zeichen von Stärke oder Beliebtheit sein <u>muß</u>. Die Bilder des Präsidenten auf den Titelseiten der Zeitungen haben oft keinen Bezug zu den dort abgedruckten Nachrichten; des weiteren werden im irakischen Fernsehen Berichte von Kabinettssitzungen gezeigt, aber ohne Ton, statt dessen mit klassischer Musik unterlegt. Dadurch wird ein Effekt der <u>Künstlichkeit</u> des Gezeigten, des Unwirklichen hervorgerufen, der eher das Gegenteil der beabsichtigten Wirkung erzielen kann. Aber: Das gewöhnliche Pressegeschmier in Deutschland über die "Verherrlichung" Saddam Husseins disqualifiziert sich schon allein durch seinen Ton; hinter der Fassade der Pseudoaufgeklärtheit bezüglich dieser Propagandaform belfert ein tobsüchtiger Vernichtungswille. Dabei hätten gerade diese Leute in punkto "Personenkult" genügend Grund, ihr Schandmäulchen fein stille zu halten: noch haben sie jedem US-Präsidenten ein jedes Verbrechen nicht nur durchgehen lassen, sondern es beklatscht; keiner von ihnen läßt außerdem auch nur ein Sterbenswörtchen verlauten, wenn in nahezu jedem amerikanischen Spielfilm, jedem US-Krimi die Stars and Stripes suggestiv und wirksam in Szene gesetzt werden. Aber noch mehr: Der Mitautor dieses Buches wurde als Kind in Schulen unterrichtet, in deren Klassenräumen stets das Bild des KZ-Architekten Heinrich Lübke hing, und betrachtet man die Panegyriken[1] auf den gegenwärtigen Präsidenten von Weizsäcker, der doch immerhin seinen zahlreicher Kriegsverbrechen überführten Vater in Nürnberg verteidigte, dann hat man schon einen ersten Begriff von der Doppelzüngigkeit dieser Anwürfe aus der

---

[1] Panegyrikon = liturgisches Buch der Orthodoxen Kirche mit predigtartigen Lobreden auf die Heiligen

Feder neudeutscher Hofberichterstatter. Sie halten sich etwas darauf zugute, daß ihre Form der Loyalitätsbekundung "ausgewogener", weniger plakativ ist, gewissermaßen eine Schleimspur mit pseudokritischen Einsprengseln. Aber wenden wir uns Wichtigerem zu: Gerade im plakativen Charakter der Bilder liegt die Erklärung des Phänomens. Bei allen siegreichen antikolonialistischen bzw. antiimperialistischen Bewegungen ist das auf eine einfache Aussage reduzierte, auf Wirkung in der Öffentlichkeit bedachte Plakat eine konstante Kunstform, sie ist – als "Agitprop", wie das Kürzel lautet – während und nach der Oktoberrevolution ebenso zu beobachten wie beispielsweise im Befreiungskrieg des vietnamesischen Volkes gegen die USA. Auch bei diesen Gelegenheiten hat, nebenbei, die bürgerliche Presse das Jaulen nicht vergessen. Im Zentrum dieser Plakate, oft wie Panoramen gestaltet mit Kriegsszenen oder Bilder des Aufbaus zeigend, steht häufig die Person, die entscheidenden Verdienst an der Befreiung des jeweiligen Landes hat: eben Lenin oder, in den ersten Jahren der Russischen Revolution, Trotzki; Ho Chi Minh oder Saddam Hussein. Wenn man auch über die gewählten Darstellungsmittel streiten und ein Für und Wider der ästhetischen Auswirkungen diskutieren kann, so ist doch die Intention dieser Plakate klar: Sie sind Erinnerung und Stütze für die Betrachter, sie wirken als Ermutigung und Orientierung in einer bedrohlichen Situation, in der es auf die Mobilisierung aller Kräfte ankommt. Diese Plakate erfüllen dieselbe Aufgabe wie die Bundschuhfahne im deutschen Bauernkrieg für die aufständischen Bauern; aus diesem Grund hat der Bauernführer Jos Fritz alle erdenkliche List angewandt und sein Leben aufs Spiel gesetzt, um eine ordentliche Fahne mit dem Bundschuhemblem herstellen zu lassen. Sie hat bei den Schlachten und insbesondere in kritischer Lage stets als Orientierungspunkt gedient und Festigkeit vermittelt; nicht anders verhält es sich mit den entsprechenden Plakaten im Irak. Deshalb waren sie, vor allem während der amerikanischen Bodenoffensive, so häufig das Opfer gezielter Zerstörungswut der GI's, die sich auch besonders gerne mit einem aus Amtsräumen gestohlenen Bild des irakischen Präsidenten ablichten ließen; deshalb der Haß der Journalisten, die nur die Stimme ihres Herrn kennen. Und der sitzt in Washington.

Aber bleiben wir noch ein wenig bei der Person des irakischen Präsidenten, Feindbild Nummer eins und Haßmagnet der westlichen Medien. Liest man die einschlägigen Artikel in den Illustrierten oder die Monographien, die Saddam Hussein zum Gegenstand haben, dann muten die Märchen aus Tausendundeiner Nacht vergleichsweise wie ein nüchterner Tatsachenbericht an. Nehmen wir zwei dieser Bändchen als Beispiel; das eine ein mit lockerem Handgelenk hingeworfenes Machwerk aus der Feder eines deutschen Journalisten[2],das andere, mehr Gewicht in intellektueller Hinsicht vortäuschend, von einem Leipziger Arabisten, der offenkundig bemüht ist, die Annexion seines Landes unter den Bundesadler mit einer rabiaten inneren Wende nachzuvollziehen. Vielleicht endete sein doppelter ideologischer Rittberger als Salto mortale mit dennoch stattgehabtem Berufsverbot, vielleicht durfte er aber auch seinen Lehrstuhl behalten[3].Führen wir das in beiden Taschenbüchern verwendete Kriegs- und Propagandavokabular in einem Atemzug auf, es ist ohnehin hinlänglich bekannt und hat auf diese oder jene Art, in dieser oder jener Form seinen Niederschlag in den Köpfen gefunden: Die Rede ist vom "unstillbaren Machthunger", der "Brutalität und Menschenverachtung, vor allem aber der Erbarmungslosigkeit" Saddam Husseins, schon in frühen Jahren ein "tatendurstiger Jung-Killer", später zur "Schizophrenie" neigend und zu "Größenwahn, gepaart mit paranoiden Symptomen". Fertig ist das Monster, aber hier noch seine Taten: "Friedhofsruhe" habe er über das Land gelegt mit "zahlreichen Mordaufträgen und Verbannungen" und "unzähligen Säuberungen". Mit "Zuckerbrot und Peitsche" sowie vermittels "gigantischen Sicherheitsvorkehrungen" habe er sich "uneingeschränkte Macht" verschafft und sich "maßlos bereichert". Bei all diesen Prinzipien sei er doch prinzipiell prinzipienlos: Verträge schließe er, um sie zu brechen; Versprechungen gebe er, um sie nicht zu halten. Saddam Hussein verkörpert in der westlichen Horrorpropaganda in persona die Schrecknisse des Faschismus – der als vergangen abgehandelt wird, unter amerikanischen Fittichen aber nach wie vor prächtig gedeiht – und des Kommunismus, der allerdings nirgendwo mehr existiert. Wo liegt nun die Wahrheit? Garantiert nicht in der Mitte. –

Saddam Hussein kam im Jahr 1937 als Sohn einer Bauernfamilie in der Kleinstadt Takrit zur Welt – die Stadt wurde aus eben diesem Grund von den amerikanischen Bombergeschwadern eingeäschert. Als er vier Jahre alt war, kam sein Onkel, unter dessen Obhut das frühverwaiste Kind aufgewachsen war, wegen Beteiligung an einem Aufstand gegen die Briten ins Gefängnis. Im Alter von 20 Jahren wurde Saddam Hussein aus undurchsichtigen Gründen – die Anklage lautete angeblich auf Mord – verhaftet; im Gefängnis lernte er Mitglieder der seinerzeit verfolgten Baath-Partei kennen und trat der Partei bei. Diese politische Vereinigung, 1947 vom Syrer Michel Aflaq gegründet, hatte sich der Befreiung

---

[2] Ulrich Encke, Saddam Hussein. Ein Portrait, München 1991 (Heyne).
[3] Henner Fürtig, Saddam Hussein - Der neue Saladin? Irak und der Golfkrieg, Berlin 1991.

aller arabischen Länder vom kolonialen Joch und deren Vereinigung zu einer arabischen Nation verpflichtet; der "Sozialismus" als drittes Ziel sah in vager Form die gerechte Verteilung der Reichtümer unter alle Araber vor (siehe dazu näher Seite 102). 1959, ein Jahr nach dem Sturz der Monarchie – des in britischem Auftrag regierenden Faisal II. – plante die nach wie vor im Untergrund operierende Baath-Partei ein Attentat auf den regierenden General Karim Kassem. Saddam Hussein gehörte dem sechsköpfigen Kommando an, das mit dieser Aufgabe betraut wurde. Der General überlebte den Anschlag schwer verletzt; Saddam Hussein, ebenfalls verletzt, gelang die Flucht über Syrien nach Ägypten. Dort nahm er, im Irak in Abwesenheit zum Tode verurteilt, das Jurastudium auf. Als die Baath-Partei 1963 den General stürzte, kehrte Saddam Hussein in den Irak zurück und wurde wenige Monate später nach erneuten Machtkämpfen, in denen die Baath-Partei wieder die Macht verlor, inhaftiert. Nach zwei Jahren Gefängnis – Saddam Hussein wurde währenddessen in den Vorstand der Partei gewählt – gelang ihm die Flucht; ein Jahr später wurde er amnestiert. An der Revolution vom 17. Juli 1968, in der die Baath-Partei die Macht endgültig übernahm, war Saddam Hussein maßgeblich beteiligt; zunächst Vizepräsident, löste er im Juli 1979 den bis dahin regierenden Präsidenten al Bakr ab. So weit das dürre Faktengerüst, dem allerdings bereits zu entnehmen ist, daß Saddam Hussein stets selbst für seine Ziele einstand, auch um den Preis des Lebens, und keineswegs andere zu seinen Gunsten vorschickte oder für seine Interessen skrupellos verwendete, wie dies in der Presse durchgängig dargestellt wird. Er selbst äußerte sich dazu 1990 im 'Stern' folgendermaßen: "Seltsam, ich hatte noch nie Angst vor dem Tod, auch wenn er nah war. Ich weiß, wir alle müssen eines Tages sterben, aber ich habe manchmal das Gefühl, daß man den Tod hinauszögert, ihn sogar überwinden kann, wenn man ein hohes Ziel verfolgt. Nicht das, was heute über mich gesagt wird, interessiert mich, sondern das, was man in 500 Jahren über Saddam Hussein sagen wird" ("doch Größenwahn?", rätselt Henner Fürtig nach diesem Zitat auf Seite 110 seines Buches). Das übergeordnete Ziel und der bedingungslose Einsatz dafür sind jedenfalls zwei wichtige Wesensmerkmale Saddam Husseins, die in einer "unipolaren" amerikanischen Welt nur störend wirken können und deshalb mit der Person eliminiert werden sollen. – Die Nationalisierung der irakischen Erdölvorkommen 1972 und die anschließende Orientierung an die Sowjetunion – um den Abnahmeboykott der westlichen Ölkonzerne zu umgehen – haben ebenfalls den Vizepräsidenten zum Urheber, des weiteren der ehrgeizige Ausbau des Landes, seine Industrialisierung und die Einrichtung eines in der arabischen Welt vorbildlichen Sozial- und Gesundheitssystems, aber auch die Steigerung der militärischen Schlagkraft des Landes. Der Westen sieht hierin nichts weiter als die tückische Vorbereitung eines Kriegs um des Krieges willen, aber hören wir, wie in einem ordentlichen Gerichtsverfahren, auch die andere Seite: "Die Araber stehen in Wahrheit nicht Israel gegenüber, sondern der technologischen und wissenschaftlichen Überlegenheit des Westens. Diese Tatsache spornt uns aber zugleich an, unsere bisherige Unterlegenheit schneller auszugleichen" – so Saddam Hussein 1979. Während Israel seine arabischen Nachbarn mit einem Arsenal von 300 Atombomben und der am besten ausgerüsteten Armee im Nahen und Mittleren Osten bedroht und der Westen so tut, als sei dies selbstverständlich und außerdem gerechtfertigt, nützt es doch den Vereinigten Staaten, wird zugleich der Popanz eines nach Massenvernichtungsmitteln gierenden "Diktators" aufgebaut, den es zu vernichten gelte. Die zitierte technologische, wissenschaftliche und daher auch militärische Überlegenheit des Westens hat jetzt ihr Zerstörungswerk getan, und die einzige wirksame Waffe dagegen – die arabische Einheit – ist stumpf geblieben; das Resultat ist eine unterjochte arabische Region mit abgestuften Abhängigkeitsverhältnissen, und daran soll sich, so der Wille des amerikanischen Weltherrschers, auch in Zukunft nichts ändern. Weitere Einzelheiten über die Vorbereitung und Durchführung dieses perfiden Planes entnehme man den folgenden Kapiteln dieses Buches.

Es ist indes nicht nur der Inhalt, sondern auch der Stil des Präsidenten, der den Westen zum Schäumen bringt. So viel ist sicher: Ein großer Teil der eben aufgeführten politischen Maßnahmen mußte gegen teilweise heftige Widerstände in den eigenen Reihen des Staatsapparats und der Baath-Partei durchgesetzt werden, und dies geschah zum Teil mit harter Hand; zudem tut jemand, der auf der Abschußliste des Mossad ganz oben steht, gut daran, Sicherheitsvorkehrungen für seine eigene Person zu treffen – die zahlreichen vom israelischen Geheimdienst umgebrachten Palästinenserführer sind hier ein warnendes Beispiel. Aber es soll ja mehr sein, aus den Pressezeilen trieft es von Säuberungen, Giftmorden, Schauprozessen und Massenliquidierungen – seltsam, diesen Vorwurf von einer Seite zu hören, die ihrerseits skrupellos kleine und wehrlose Länder wie Grenada oder Libyen überfällt, einen ausländischen Staatschef wie Noriega tagelang durch den Busch hetzt und 4.000 Panamesen bei dieser Gelegenheit umbringt und dann deren Präsidenten im Triumphzug in die Vereinigten Staaten entführt, in ein Land, dessen zahlreiche Geheimdienste – hier wäre es einmal angebracht, zu erschauern – den USA nicht genehme Regierungen stürzen, mißliebige Personen ermorden, Bürgerkriege anzetteln und als eine Art weltweite Gestapo alle

Gegner der USA ins Visier nehmen und vernichten. Doch selbst diese Schmutzanwürfe gegen den irakischen Präsidenten von amerikanischer Seite, die ihre lange Liste von Verbrechen mit dem Krieg gegen den Irak nochmals beträchtlich erweitert hat, kann Gelegenheit zu einer tieferen Einsicht geben. Saddam Hussein beschreibt die Prinzipien seiner Politik bezüglich der Auswahl eines zuverlässigen Stabs an Mitarbeitern so: "Diejenigen, die mir am nächsten stehen, sind am weitesten von mir entfernt, wenn sie Fehler machen." Hätte dieser an der Sache orientierte Grundsatz – eine Selbstverständlichkeit im übrigen, wenn man ein übergeordnetes Ziel verfolgt – nicht gegolten, dann wäre Saddam Hussein längst nicht mehr Präsident und der Irak ein Vasallenstaat wie einst zu britischen Zeiten oder wie das Ägypten der Gegenwart. Diese Entschlossenheit und am Erfolg orientierte Haltung – die, nebenbei bemerkt, gerade das Gegenteil eines anderen häufig geäußerten Vorwurfs ist, Saddam Hussein baue um sich einen "Familienclan" auf: Irak ist nicht Kuwait – hat dem irakischen Präsidenten in der Westpresse den Ruf besonderer "Erbarmungslosigkeit" eingetragen. Entsprechend sind auch die Legenden ausgestaltet, mit denen man Saddam Hussein umgibt: so sei der Beschluß, einen Pakt mit der Sowjetunion einzugehen, erst dadurch zustande gekommen, daß der damalige Vizepräsident dem amtierenden Präsidenten al Bakr in einer Sitzung in den Arm geschossen und so ein entsprechendes Abstimmungsverhalten bewirkt habe. Den Führer der aufständischen schiitischen Dawa-Organisation, Ayatollah Bakr Sadr, soll Hussein eigenhändig im Gefängnis erwürgt haben. Ja selbst seine Immatrikulation im Asylland Ägypten soll Saddam Hussein mangels eines Reifezeugnisses mit vorgehaltener Waffe erzwungen haben. Diese Legenden, die Saddam Hussein halb als Heiligen und halb als Dämon zeigen und die sich noch um viele ähnliche vermehren ließen, lassen sich auf eine Aussage reduzieren: Der Zweck heiligt die Mittel. Und das soll verwerflich sein, sofern man nicht Bush oder Wojtyla heißt und die entsprechenden Ämter bekleidet. Während der Westen jedem Scheich seinen Exzeß, jedem Religionsführer seinen Scheiterhaufen, jedem US-Präsidenten seinen Völkermord zugesteht, soll diese Maxime – auch Utilitarismus genannt – dann plötzlich besonders verwerflich sein, wenn sie einmal nicht finsteren Zielen dient, sondern etwas Besserem, zum Beispiel der nationalen Unabhängigkeit eines kleinen Landes. Dann hebt das Geschrei mit Zeter und Mordio an, und es sind plötzlich alle Mittel recht, dem finsteren Zweck Geltung zu verschaffen, nämlich die Zerstörung eines ehemals wohlhabenden Landes, die Aushungerung seiner Bewohner und die Ermordung ihrer politischen Führer. Aus diesem Grund der bellende Haß des Westens gegen einen der letzten seiner ernstzunehmenden Widersacher (zu denen so jämmerliche Figuren wie Gorbatschow nie zählten), aus diesem Grund die plump primitiven, aber äußerst gefährlichen Reaktionen des Weltherrschers, der den Utilitarismus als sein Privileg für verbrecherische Ziele beansprucht[4].

Kehren wir nach diesem notwendigerweise längeren Exkurs zu dem Ausgangspunkt unserer Schilderung zurück. Den ersten Kriegszerstörungen begegneten wir, wie erwähnt, an der Grenze zwischen Jordanien und dem Irak, und sie begleiteten uns, trotz der immensen Aufbauarbeiten innerhalb eines Jahres, während der gesamten Reise. Bis Bagdad war die modern ausgebaute, dreispurig geführte Autobahn immer wieder durch Bomben- und Geschoßeinschläge aufgerissen; links und rechts säumten abgebrannte Tankstellen, ausgebombte Raststätten, zerstörte Fabrikanlagen und demolierte Funkstationen die Straße. Besonders schlimm sieht es nach wie vor im Südirak aus: von der Stadt Amara, einer der nördlichsten Städte südlich des 32. Breitengrades, die jetzt dem Terror von Scheinangriffen westlicher Kampfflugzeuge ausgesetzt sind, bis nach Basra wähnten wir uns auf dem berüchtigten "Highway of death". Das gesamte Wüstengebiet war, mit zunehmendem Verwüstungsgrad nach Süden hin, von Bomben umgepflügt; vor Basra erreichten die Krater die Größe eines halben Fußballfeldes; in ihnen standen trübe Lachen aus den wenigen Regenfällen, mit Abwässern vermengt. Immer wieder begegneten riesige Autofriedhöfe mit zerrissenen Panzern, ausgebrannten Militärfahrzeugen, verkohlten Bussen, Lastwagen und Personenfahrzeugen. Hier und da stand noch ein Panzer in der Wüste, der Turm abgesprengt, das Fuhrwerk in der Mitte auseinandergerissen. Am Straßenrand lag mal ein Stahlhelm, mal ein Soldatenstiefel. Autobahnüberfahrten sowie Brücken waren zerstört, die Leitplanken oft von der Hitze der Detonationen zerschmolzen und girlandenförmig verdreht. An den Kontrollstationen fungierten rot und weiß bemalte Geschoßhülsen der Artillerie als Verkehrsmarkierungen; hier und da war eine Flakstation oder eine MG-Stellung zu sehen: ein schwer verwundetes Land zeigt Abwehrbereitschaft nach Saudi-Arabien und Kuwait hin, wo die verbliebenen amerikanischen Verbände auf den Befehl zum nächsten Schlag warten. Mittlerweile berichten ja sogar die deutschen Medien dies oder jenes über die im Land angerichteten Zerstörungen und über die Not der Bevölkerung, aber immer noch verschweigen sie das Ausmaß der Zerstörungen, insbesondere auf kulturellem Gebiet, rechtfertigen sie den ameri-

---

[4] In diesem Zusammenhang empfehlen wir die äußerst lesenswerte Abhandlung von Leo Trotzki: Ihre Moral und unsere.

kanischen Vandalismus und arbeiten unablässig mit Unterstellungen und Hetze gegen die irakische Führung. Dieses Buch ist als authentischer Bericht zur Entlarvung der organisierten, lautstark verbreiteten Lüge gedacht.

Wie soll man aber in wenigen Worten die Atmosphäre in einem zerstörten und permanent gedemütigten Land beschreiben, das sich nach wie vor dagegen wehrt, vom Amistiefel in den Staub getreten zu werden? Offene Amerika-Freunde haben wir nirgendwo im Irak getroffen, dagegen etliche, vor allem jüngere Personen, mit Illusionen über die angeblich herrschende Freiheit und den allgemeinen Wohlstand in den anderen westlichen Ländern, vorab der BRD. Viele unserer Gesprächspartner sprachen von den traditionell guten Beziehungen zwischen Deutschland und dem Irak seit den Zeiten des Babylon-Ausgräbers Koldewey; nach ihrer Überzeugung befindet sich Deutschland – das in den beiden Weltkriegen militärischer Gegner der Kolonialmacht England war – gegenwärtig in einem ähnlichen Gegensatzverhältnis zu den Vereinigten Staaten. Wenn wir dann ausführten, daß die Verdienste Koldeweys nur einem engen Kreis der Fachwelt geläufig seien, generell aber keinerlei Vorstellungen in Deutschland über einstige Kontakte zum Irak auch in kultureller Hinsicht bestünden, daß darüber hinaus die BRD nur ein noch privilegierter Vasall der USA sei, der deren Vernichtungskrieg gegen den Irak mit 17 Milliarden Mark und einer Flut von Ergebenheitsadressen unterstützt habe, dann war meist ungläubiges Staunen die Folge. Aus diesem Grund hielten wir auf Einladung irakischer Professoren an der Bagdader Mustansirija-Universität vor zahlreichen Studenten den Vortrag "Drei Illusionen über Deutschland", der im Anhang des Buches wiedergegeben ist. – Der überwiegende Teil der irakischen Bevölkerung steht loyal zur irakischen Führung, daran kann kein Zweifel bestehen; dies zeigen auch die jüngsten Demonstrationen anläßlich der Affäre um das Landwirtschaftsministerium, das UN-Kommissionen durchschnüffeln wollten, und erst recht die Protestkundgebungen gegen die Willkür- und Drohmaßnahmen der USA mittels Überflügen und Scheinangriffen nördlich des 36. und südlich des 32. Breitengrades, das die überwiegende Mehrheit als ersten Schritt zur Zerstückelung ihres Landes betrachtet, völlig zu Recht. Aber das Embargo tut seine Wirkung, es gesellt sich Verzagtheit neben hilfloser Wut dem Willen zum Widerstand bei. Mehr als einmal konnten wir hören, man habe die Schnauze voll von Krieg und Hunger; der Irak habe zehn Jahre lang an vorderster Front gestanden, jetzt seien die anderen Länder an der Reihe. Aber diese kuschen unter dem Amiknüppel und tragen das Ihre zur Aushungerung und Isolierung des Iraks bei; es ist dies die Stimmung in einer belagerten Festung, in der man vergebens auf Entsatz hofft. Vielerorts ist nach der Zeit langer, sich ständig steigernder Entbehrungen ein verständlicher Drang nach Kurzweil und Vergnügen bemerkbar, der sich besonders in den aufwendig gefeierten Hochzeitsfesten entlädt, aber freilich ist das alles andere als ein Ersatz für ein gutes Leben. Man begegnete uns in der Regel freundlich, mit einer für arabische Länder ungewohnten, äußerst angenehmen Distanz. Wir wurden zwar, bei Spaziergängen durch die belebte Bagdader Innenstadt beispielsweise, angeschaut, aber nie umringt, betatscht oder mit einer Reihe unangenehmer Fragen belästigt, wie dies so leicht in Kairo geschehen kann. Als wir einmal in einem der traditionellen Fischrestaurants am Tigrisufer saßen, erhob sich ein Gast vom Nachbartisch, kam an unseren Tisch, hieß uns im Irak willkommen und entfernte sich wieder. Der Fisch war überteuert, aber das war der Tribut, den wir als unerfahrene Anfänger zu bezahlen hatten. Es gab freilich auch andere Szenen. Einmal flog ein Stein, einmal ein abgebrochener Flaschenhals nach uns, und es ist nicht ausgemacht, ob dies uns in unserer Eigenschaft als Westler galt oder den langen Haaren, die meist aber eher Staunen denn Aggressivität auslösten. Dies waren die einzigen Zwischenfälle, die den insgesamt sehr guten Eindruck der Höflichkeit und Gastfreundschaft nicht verwischen konnten.

Anders hingegen und weitaus schwerwiegender ist die offenkundig zunehmende Islamisierung des Landes, der Vormarsch der Religion mit all seinen nicht nur häßlichen und unangenehmen, sondern bedrohlichen Erscheinungen. Zwar wurzelt die Baath-Bewegung in der Aufklärung und trägt selbst – allerdings unbedeutende, im wesentlichen unverstandene – Reste des "Sozialismus" in sich, aber in der entscheidenden Frage der Religion neigt sie zu Halbheiten, Zugeständnissen und Kompromissen, die der Gegenseite wesensfremd sind. So wird zwar der Religion die Dominanz im Staatswesen bestritten, das heißt, es herrscht, im Unterschied zur BRD, eine Trennung von Kirche und Staat, gleichzeitig bekundet man dem Islam aber "Respekt", akzeptiert ihn als einen wesentlichen Bestandteil in der Geschichte der arabischen Völker und gestattet ihm weitgehend Zugriff auf den Menschen. Es muß hier unbedingt betont werden, welcher Fortschritt die Religionspolitik der Baath-Partei darstellt: Es gibt keine Klitorisbeschneidung, kein Handabhacken bei Diebstahl und keine öffentlichen Auspeitschungen und Steinigungen wie im benachbarten Saudi-Arabien, es gibt keine mit Säure und Gewehren bewaffnete Sittenpolizei wie im benachbarten Iran. Es gibt keinen Verhüllungszwang für Frauen, die selbstverständlich Schule und Universität besuchen und einen Beruf ihrer Wahl ausüben können. Allein dies zeichnet den Irak bei weitem unter allen arabischen

Ländern aus, und selbst wenn es keine weiteren Verdienste der Baath-Partei gäbe – dies reicht aus, um sie für alle Zeiten hochzuachten. Saddam Hussein hat in einer Rede 1981 die Grundzüge der irakischen Religionspolitik folgendermaßen charakterisiert: "Im Irak bekennt sich die Mehrheit des Volkes zum Islam. Nur: Wir regieren nicht im Namen der Religion, weil wir der Meinung sind, daß das im Interesse des Volkes und der arabischen Nation liegt. Die Welt wird in Chaos und Anarchie stürzen, wenn die Völker dieser Welt sich von Mullahs und Religionen beherrschen lassen. Wir glauben, daß das Regieren durch die Religion mehr Probleme schafft, als daß es Probleme löst." Diesen eindeutigen Worten ist nichts weiter hinzuzufügen, und diese Politik hat dem irakischen Volk unschätzbare Vorteile gebracht. Die zahlreichen verschiedenen Glaubensgemeinschaften waren zur Toleranz angehalten – Anzünden gibt's nicht –, und die jahrtausendealte Kultur des Zweistromlands genoß den Vorrang, der ihr gebührt. Um dies zu zerstören, bemüht sich gegenwärtig der Westen, durch Spaltung die religiösen Fraktionen gegeneinander aufzuhetzen und das Land in einen konfessionellen Krieg, einen Bürgerkrieg zu jagen (näheres dazu im ersten Kapitel). In den letzten Jahren vollzogen sich jedoch, teilweise bedingt durch Krieg, äußere Bedrohung und globale Umwälzungen, entscheidende Veränderungen auf dem Gebiet der Religionspolitik, die weit über den Rahmen taktischer Zugeständnisse hinausgehen (und nicht einmal die akzeptiert der Westen: die religiöse Terminologie des Präsidenten sei ein "Frevel", maulte der 'Spiegel'; so mutiert ein Westblatt zum Gralshüter des reinen Islam). Diesen Wandel hat die irakische Tageszeitung 'Baghdad Observer' programmatisch zum Ausdruck gebracht, als sie konstatierte, der Zusammenbruch des atheistischen Ostblocks habe "die Ewigkeit religiöser Werte bewiesen". Ein seltsamer Beweis, der zum Teil mit den Waffen durchgeführt wurde, die den Irak zerstörten; eine seltsame "Ewigkeit", bedenkt man die geringe Zeitspanne, die der Islam in der gesamten Geschichte des Zweistromlands ausfüllt. Aber dies hat Konsequenzen: Schon bei dem Mordbefehl Khomeinis – immerhin Todfeind des Irak – gegen den Schriftsteller Salman Rushdie war es im Irak merkwürdig still geblieben; Rushdie ist hier, wie wir mehrmals in Gesprächen feststellen konnten, persona non grata. Aber die Verschärfungen gehen weiter: Nicht nur, daß Ausländer, also Nicht-Moslems, während des Fastenmonats Ramadan selbst in teuren Hotels mittlerweile keine alkoholischen Getränke mehr erhalten – eine durchaus massive Einschränkung, wenn man bedenkt, wie gut ein kühles Bier nach einem heißen Wüstentag schmeckt und wie angenehm ein Glas Wein zum Abendessen ist –; auch die Polemik gegen "westliche Kleidung", also in erster Linie kurze

Röcke und Hosen bei Frauen, nimmt offenkundig zu. Nicht genug damit: Unverheirateten Paaren ist es per Gesetz verboten, in einem Hotelzimmer zu wohnen; dies ist eine Form der Erniedrigung, die selbst so islamische Länder wie Ägypten oder Indonesien (noch) nicht kennen. Entsetzt waren wir allerdings, als wir vernahmen, daß der Totschlag an einer ehebrüchigen Frau als Kavaliersdelikt behandelt und mit einem viertel- bis halben Jahr Gefängnis belohnt wird, bei anschließender schulterklopfender Reputation von potentiellen Mittätern. Das ist, im finstersten Sinne des Wortes, Mittelalter. Entsetzt waren wir, als wir erfuhren, daß Frauen, die nach acht Uhr ohne männliche Begleitung – Vater, Ehemann oder Freund – auf den Straßen der Städte angetroffen werden, ins Gefängnis geworfen, dort mitunter monatelang festgehalten und dann mit lebenslanger Ächtung belegt werden. Sehr störend waren auch die Raumaufteilungen in vielen Restaurants, in denen verheiratete Frauen hinter einem mit Decken verhüllten Teil der Gaststätte versteckt wurden. – Irakische Studenten wohnen – wenn nicht bei den Eltern – in nach Geschlechtern getrennten Wohnheimen; die Anwesenheit wird abends streng kontrolliert, der gegenseitige Besuch ist strikt untersagt. Verhütungsmittel wie die Pille sind in den großen Städten wohl erhältlich, doch wird ihr Gebrauch eher geduldet als gefördert. Nimmt man all diese Faktoren zusammen, so erhält man ein anschauliches Bild vom sexuellen Elend vor allem der irakischen Jugend, das sich zum Teil in abstoßenden aggressiven Formen äußert wie dem abendlichen "Anfahren" junger Frauen mit dem Auto durch johlende Kerle, zum Teil aber auch zu Unmutsäußerungen über "no freedom" im Irak führt, den Westen als Vorbild erscheinen läßt und die Verbitterung Jugendlicher gegen die starren alten Männer steigert. Hier zeichnet sich unserer Ansicht nach eine Erosion der Loyalität ab, die – im Unterschied zum Würgegriff des Embargos – vermeidbar ist und größere und heftige Dimensionen annehmen kann. Mit der Beseitigung ihrer Ursachen wäre man einen ganzen Sack von Erniedrigungen, Demütigungen, Schikanen und Quälereien los. Und es kostet kein Geld, nur guten Willen und Entschlossenheit, Eigenschaften, an denen es der irakischen Führung ansonsten nicht mangelt. –

Irakischen offiziellen Stellen, denen wir nach unserer Ankunft in Bagdad von unserem Vorhaben berichteten, ein Buch über die aktuelle Situation im Land und über das Ausmaß der amerikanischen Kriegsverbrechen zu schreiben, zeigten sich an unserem Projekt sehr interessiert. Nach mehrfacher Vermittlung kamen wir schließlich zum Ministerium für Kultur und Information, und nach genauerer und ausführlicher Darlegung unserer Pläne waren wir für vier Wochen offizieller Gast des Ministeriums. Diese Einladung verschaffte uns eine Vielzahl von Vorzügen, ohne die wir unsere Mission auch nicht nur annähernd hätten erfüllen können. Wir waren in dieser Zeit im modernen, komfortablen Rashid-Hotel untergebracht, in jenem Hotel, von dessen Dach die amerikanische Fernsehgesellschaft CNN die lasergesteuerte Bombardierung Bagdads filmte und mit eigens mitgebrachten Satelliten die neuesten Barbarenakte ins Land der Aggression kabelten. Die Unterkunft für einen Monat war frei, damit waren wir finanziell wesentlich entlastet; für Fahrten in der näheren und weiteren Umgebung Bagdads sowie für größere, mehrtägige Reisen im Land stand uns ein Auto samt Fahrer zur Verfügung; so konnten wir wie die dort akkreditierten Journalisten in der Begleitung eigens dafür abgestellter Beamter unsere Besichtigungen und Expeditionen durchführen. (Aufgrund dieser Vergünstigungen bezeichneten uns später bei unseren Veranstaltungen in der BRD einige Schreihälse, die sich ihrer irakischen Abstammung brüsten, sogenannte Exilanten, als "bezahlte Agenten Saddam Husseins"; wir halten es hier mit dem arabischen Sprichwort "Die Hunde bellen, doch die Karawane zieht weiter".) Des weiteren vermittelten Beamte des Ministeriums ein Interview mit der zweitgrößten Zeitung des Landes, 'Al Jumhurija' und leiteten ein Gespräch mit dem irakischen Fernsehen in die Wege, das einen fünf Minuten langen Auszug zur Hauptsendezeit in den Abendnachrichten brachte.

Interview mit den Verfassern in den irakischen Abendnachrichten.

Was sich für uns zunächst als unschätzbarer Vorteil erwies, gestaltete sich indes groteskerweise bald zu unserer größten Behinderung: Diejenigen Personen, die zu unserer Begleitung und Betreuung ausgesucht waren, stellten uns zunehmend lästige und nervenaufreibende Hindernisse in den Weg. Dies ist nicht in der Form zu verstehen, wie sie westliche Journalisten verbreiten: daß die Begleitpersonen "politische Aufpasser" und Agitatoren seien; diese Berichte sind lächerlich und verlogen. Die Behinderungen waren vielmehr anderer Art, und wir möchten sie in folgenden allgemeinen Satz kleiden: Die beste Regierung der Welt ist rettungslos verloren, wenn die Umsetzung ihrer Beschlüsse von einer unfähigen und unwilligen Bürokratie abhängt. Dies hatte für uns die fatale Folge, daß wir um jeden Zentimeter Landes, den wir sehen wollten, um jede historische Stätte, die wir besichtigen wollten, einen zähen, hartnäckigen Kampf über für uns kostbare Tage, manchmal Wochen führen mußten. Der Grund waren nicht irgendwelche Anordnungen "von oben", sondern Lethargie, demonstratives Desinteresse, lähmende Gleichgültigkeit und bisweilen Feindseligkeit einiger mit unserer Betreuung bedachter Personen. So hatten wir für die Fahrt in den Norden Iraks und die Besichtigung der Städte, Museen und Ruinen gerade lächerliche drei Tage Zeit; für den Süden mit seinen zahllosen historischen Dokumenten aus der sumerischen Epoche waren es genau viereinhalb Tage; einen Großteil der Zeit verbrachten wir, zur Untätigkeit verdammt, im Hotel. Auf diese Weise entgingen uns Zerstörungen in der assyrischen Metropole Ninive; Tell-el-Obeid im Süden, der Standort frühester Kultur mit charakteristischen Keramikarbeiten, blieb uns verwehrt, ebenso die alte sumerische Götterstadt Nippur, Eridu mit seinen weit über zehn archäologischen Schichten und einem der ältesten Tempel der Menschheitsgeschichte; außerdem die Ausgrabungsstätte Tell-al-Lahm, auf deren Gebiet GI's Schützengräben aushuben, Raubgrabungen vornahmen und wie die sprichwörtlichen Vandalen hausten. Die Besichtigung von Kisch war uns lange nicht möglich, weil, so die unglaubliche Bemerkung eines Bürokraten, dort "auch nur so ein roter Steinhaufen" sei – er meinte die aus rotem Stein erbaute Zikkurat in der ältesten Königsstadt des alten Mesopotamiens. Vieles konnten wir, der Kürze der Zeit wegen, nur im Laufschritt besichtigen, vieles ist daher unserer Aufmerksamkeit entgangen. Aber auch wenn unser Bericht schmerzliche Lücken aufweist, so ist er dennoch der bislang vollständigste, der über die Zerstörungen auf kulturellem Gebiet im Irak Aufschluß gibt. Gründe für dieses Verhalten waren nicht recht eruierbar; mal waren es vordergründige Kompetenzschiebereien, meist jedoch einfach Desinteresse, die ruhige Kugel schieben bei einem Job, bei dem man sich nicht die Hände dreckig machen muß. Sehr großen Wert legten eben diese Personen aber auf den kumpelhaften Umgang mit Westjournalisten, die für die Verbreitung von Lügen über den Irak bezahlt wurden – "Hello, how are you?" – und die, vor allem die amerikanischen Kollegen der Zunft, mit der gespreizten Arroganz des Kriegsgewinners einherschritten – "die machen doch auch nur ihre Arbeit". In einem Fall hatte ein irakischer Beamter bei einer schnittig und im Befehlston vorgetragenen Forderung einer amerikanischen Journalistin sogar militärisch salutiert. Das mitanzusehen, tat weh; american tussy-power im Irak. Glücklicherweise erhielten wir wertvolle Unterstützung von anderen offiziellen Stellen, insbesondere von irakischen Archäologen und Wissenschaftlern, bei denen das Interesse an der Sache keinen Platz für bürokratischen Mief ließ; glücklicherweise ist der Durchschnitt der irakischen Bevölkerung, soweit wir dies in Gesprächen feststellen konnten, aufgeweckter, intelligenter, standhafter und opferbereiter. Sonst müßten die Amerikaner auch nicht erneut mit dem Säbel rasseln, Bombengeschwader übers Land schicken und mit Raketenschlägen drohen.

Und daß sie dies so ungehindert können, daran trägt der lethargische Rest der Welt die Schuld. Ein besonders abstoßendes Beispiel für dieses Verhalten konnten wir nach unserer Rückkehr in Deutschland erleben, und zwar, bezeichnender- und beschämenderweise, auf dem 39. Internationalen Assyriologischen Kongreß, der im Juli 1992 in Heidelberg tagte. Man könnte diesen Abschnitt mit der Überschrift "Das Elend der Orientalistik als Beispiel für den Verfall der Wissenschaft" versehen, stellvertretend für den allgemeinen Niedergang der Vernunft. Unsere irakischen Freunde hatten uns über dieses Symposium informiert, und wir hatten uns daraufhin schriftlich an die Organisatoren, die Heidelberger Professoren Hartmut Waetzoldt und Harald Hauptmann, gewendet. Wir berichteten ihnen in einem Schreiben von unserer Reise, nannten die historischen Stätten, die wir besichtigt hatten, und boten an, der dort versammelten Fachwelt – die, nebenbei, seit August 1990 den Irak nicht mehr aufsucht, Grabungen und Expeditionen eingestellt hat – in einem Diavortrag an ausgewählten Beispielen die Folgen des Bombenkriegs für die irakische Kultur zu demonstrieren und zur Diskussion zu stellen. Nach weiteren Briefwechseln kamen wir überein, daß der Diavortrag stattfinden könne, er aber nicht ins offizielle Programm der Tagung aufgenommen werde – darauf bestanden die Organisatoren –, des weiteren, daß wir auf zwei Stellwänden Fotos von zerstörten Kulturdenkmälern im Irak mit begleitendem Text zeigen könnten. So weit, so gut. Wir ließen Papierabzüge von Diaaufnahmen im Wert von mehreren hundert Mark erstellen, schrieben unsere Texte, kopierten sie hoch und fuhren am vereinbarten Termin, einen Tag vor Kongreßbeginn, nach Heidelberg, um unsere Stellwände aufzubauen. Bei unserer Ankunft um elf Uhr teilte man uns mit, die Veranstalter kämen erst um vier Uhr nachmittags, und wir möchten uns so lange gedulden. Nun gut. Wir ließen unsere Materialien zurück und kehrten zur vereinbarten Zeit wieder. Schon die Nennung unserer Namen bewirkte bei unserem Gesprächspartner – es war Professor Hauptmann, wie sich später herausstellte – eine merkwürdige Hektik und Betriebsamkeit aus: "Ja, sofort, nur einen Moment, Professor Waetzoldt noch, äh, ein kleines Gespräch, äh". Schlechte Nachrichten also, und zwar folgender Gestalt, wie uns Herr Waetzoldt etwas glatter auseinandersetzte: Gewiß, gewiß, eine wichtige Sache, im Prinzip in Ordnung, aber ----: unser Text zu den Bildern sei, wie solle man nur sagen, ja ----: so polemisch, es kämen da Wörter vor wie "amerikanische Soldateska", "GI", "Raubgrabungen" und ähnliches mehr. So könne man das nun auch wieder nicht ausdrücken, oder? Der Stil, der Stil, außerdem seien doch beide Seiten schuld, hätte Saddam Hussein nicht... Gewiß, bedauerliche Angelegenheit, wir alle sind hier ja dagegen, unter uns, aber... Außerdem: das hier hat nichts mit Politik zu tun! Wir sind Wissenschaftler, das ist ein Kongreß von Archäologen und Sprachforschern, da kann man doch nicht... Und außerdem: unsere Geldgeber! Wenn die das erfahren, dann sind wir erledigt, dann können wir nichts mehr machen, da hängen Existenzen dran, auch von Studenten, und Sie wollen doch nicht...

Unsere Einwände waren geduldig, aber erfolglos: "GI" sei eine stolze Selbstbezeichnung der amerikanischen Truppen, "Soldateska" der Ausdruck für ein Berufsheer, "Raubgrabungen" beschreiben einen Vorgang mit zugrunde liegender krimineller Absicht, der sich tausendfach im Irak zugetragen hat, schließlich sprechen die Fotos für sich und vor allem dafür, wer der Täter und wer das Opfer war. Falls aber auf dem Kongreß Zensur ausgeübt werden solle, dann solle dies auch offen gesagt werden. Hier professorales Aufbrausen: Zensur! Aber nein! Nur wenn wir vielleicht die Texte entfernen könnten, die Bilder könnte man ja auch anderswo, vielleicht an der Mensa... Als wir uns weigerten, auf solche demütigenden Bedingungen einzugehen und eben dies als Zensur bezeichneten, stimmten beide Professoren schließlich gequält zu, schoben aber noch eine aufschlußreiche "Begründung" hinterher: Wir hätten doch vor wenigen Tagen eine Veranstaltung in Karlsruhe an der Universität gehalten... Das stimmte. Unsere Veranstaltung in Karlsruhe trug, wie die anderen Veranstaltungen in Freiburg, Dresden, Salzburg und Wien, denselben Titel wie das Buch und gab dessen Inhalt, freilich in komprimierter Form, wieder. Und diese Veranstaltung wäre doch so ähnlich "polemisch" gewesen... Damit war die Katze aus dem Sack, das schäbige Geheimnis lag offen: Man hatte offenkundig einen Beobachter auf unsere Veranstaltung geschickt, um herauszufinden, ob unsere Äußerungen fdGO-verträglich und Amerikaner-kommod genug sind, ein bißchen wischiwaschi mit etwas blah blah, so unverbindlich, daß man damit auch deutscher Professor werden kann. Offensichtlich entsprach unsere Darstellung nicht ihrer Vorstellung von "Ausgewogenheit", aber wir konnten während unserer ganzen Reise im Irak kein ausgewogen zerstörtes Kulturdenkmal entdecken. So einigte man sich auf Streichung.

Wir haben in der Folge den Kongreß für kurze Zeit besucht, um unsere irakischen Freunde zu treffen. Sie waren, auch dies hatten uns die Organisatoren des Symposiums anvertraut, bei vielen Teilnehmern nicht gern gesehen, und man duldete sie als mißliebige Gäste, die man lieber rasch wieder losgeworden wäre. Die irakischen Wissenschaftler erzählten uns, daß beim vorangegangenen Kongreß in Frankreich, im Jahr 1991, selbst den in Deutschland lebenden und lehrenden irakischen Wissenschaftlern die Einreise nach Frankreich verweigert worden sei. So fand denn der Heidelberger Kongreß statt: mit Referaten über die Längsbohrung bei Rollsiegeln, die Gebäudestruktur des Tempels X in Y, und alle waren mit Eifer dabei, als ob nie etwas geschehen wäre. War da was?

Selten in der Geschichte wurde ein Land so gedemütigt und gequält, selten wurde ein Land so gründlich zerstört, und selten wurde so perfide versucht, die kulturelle Identität eines Landes auszulöschen. Noch nie in der Geschichte war sich die Welt so einig wie hier, einem der amerikanischen Weltherrschaft sich widersetzenden Staat den Garaus zu machen. Noch nie war es so schwer, gegen den uniformen Schwall von Propaganda, die trübe Flut von Hetztiraden und Einschüchterungen sich selbst ein Bild von den Zuständen zu machen. Das war der Grund unserer Reise, das ist der Inhalt des Buches.

Es bleibt die angenehme Pflicht, all jenen Personen zu danken, die am Zustandekommen des Buches maßgeblichen Anteil hatten. Es sind dies Herr Dr. Mudhafar A. Al-Amin, Angehöriger der Botschaft der Irakischen Republik in Bonn; Herr Mahmoud J. Al-Zuheiri, Amman; Herr Simić Slobodan, Belgrad; Herr Ameer el-Helo, Generaldirektor des Ministeriums für Kultur und Information, Bagdad; Herr Naji el-Hadethy, Stellvertretender Minister für Kultur und Information, Bagdad; Herr Dr. Talal Ibrahim Allo, Bagdad; Herr Prof. Dr. Abdul Allah Fadil, Bagdad; Herr Prof. Dr. Riad Al-Dabaq, Bagdad; Herr Dr. Abdul

Sahib Mahandi, Bagdad; Herr Dr. Menel Jeber, Mosul; Herr Asmieel Rasheed, Hatra; Herr Dr. Hashm Mohmad Ali, Basra. Unser besonderer Dank gilt der tätigen Unterstützung und reichlich gewährten Hilfe von Herrn Dr. Muayad Sa'eed, Bagdad, und Herrn Farouk Fouad, Bagdad, dessen selbstlose Hilfe uns in aussichtslos scheinender Situation weiterhalf.

Freiburg, im August 1992   Beate Mittmann
                                                                  Peter Priskil

I.

40 Tage und 100 Stunden

> Die Himmel brüllten, und die Erde dröhnte,
> Das Licht verging, und finster ward's ringsum,
> Es zuckten Blitze, Feuer schoß empor,
> Und dicke Wolken regneten den Tod.
> *Gilgamesch-Epos*

Nach einem Dauerbombardement von vierzig Tagen und einem viertägigen Bodenkrieg, der von weiteren schweren Luftangriffen begleitet war, beugte sich die irakische Regierung dem Diktat der USA und sagte zu, alle Resolutionen der Vereinten Nationen bedingungslos zu erfüllen. Die irakische Armee – besser gesagt: das, was von ihr übrig blieb – befand sich zu diesem Zeitpunkt in völliger Auflösung; ungefähr fünfzigtausend bis achtzigtausend irakische Soldaten waren in Gefangenschaft geraten, eine bis dahin unbekannte Anzahl war getötet, und die Reste bewegten sich in regelloser Flucht in zwei Hauptströmen nach Norden, Bagdad zu. Weite Teile des Irak lagen in Trümmern, der Süden des Landes war bis zum Euphrat besetzt, in Kuwait posßierten schwerbewaffnete GI's mit jubelnden Kuwaitern vor den Kameras westlicher Journalisten. Das Dauerstakkato der Bomben, Granaten und Raketen war beendet, doch das Trommelfeuer der westlichen Medien tönte weiter: "Das war ein echter Krieg, das war ein absoluter Krieg", heißt es in einer britischen Hochglanz-Jubelbroschüre zum Golfkrieg. "Es ist Vietnam, wie Vietnam hätte sein sollen", frohlockte ein US-Veteran und Professor für amerikanische Kriegsgeschichte. General Schwarzkopf, der Kommandeur mit dem Wanst eines Ölscheichs und der Kinnbackenpartie eines Schlägers, goß in der ersten Pressekonferenz nach dem Krieg Spott und Hohn über den Verlierer: "Er" – Saddam Hussein – "ist weder ein Stratege, noch geschult in der operativen Kunst, noch ist er ein Taktiker oder General oder Soldat – ansonsten ist er ein großer Militärmann". Colin Powell, Generalstabschef der amerikanischen Streitkräfte und oberster Befehlshaber, Vorzeigeneger der "Achterbande" (bestehend aus Präsident Bush, Vizepräsident Dan Quayle, Kriegsminister Cheney, Außenminister Baker, Sicherheitsberater Scowcroft, Direktor des Weißen Hauses Sununu, General Schwarzkopf und eben ihm), beantwortete die Frage nach den Toten im Irak mit kaltem Zynismus: "Es ist wirklich keine Zahl, an der ich schrecklich interessiert wäre", während sein

Schlächterkollege Schwarzkopf mit jovialem Grinsen immerhin fünf Worte parat hatte: "eine große Anzahl von Toten", doch, wie er zugleich hinzufügte: "Der Friede hat seinen Preis." Da war er also, der Friede, von den USA herbeigebombt und der Weltöffentlichkeit als "neue Weltordnung" vor den Latz geknallt, sein Preis freundlicherweise schon bezahlt, mit dem Blut der Iraker und dem Geld der amerikanischen Vasallen nämlich. Und es herrschte eitel Freude und Zufriedenheit: "Dies ist ein Sieg für die UNO, für die gesamte Menschheit, für die Herrschaft des Rechts und für das, was richtig ist." Alles was recht ist – aber Bush vergaß in seiner Rede zu erwähnen, daß es in erster Linie ein Sieg der USA war, und zwar mit der sich schon seit längerem abzeichnenden Kapitulation der Sowjetunion der entscheidende Sieg für die Erringung der uneingeschränkten Weltherrschaft. Die Mailänder Zeitung 'Il Giornale' brachte dies – noch während die Bomben auf den Irak prasselten – stellvertretend für alle anderen Knechtsstaaten im Gefolge Washingtons auf folgenden bemerkenswerten Nenner (und man achte doch darauf, wie sehr durch die nachfolgenden Worte die Gewaltorgie vom Golf dröhnt, wie Macht – und nicht Einsicht oder freie Entscheidung – die ultima ratio der Waffengefolgschaft mit den USA ist; aber ganz anders als der unterwürfig-speichelleckerische Ton westdeutscher Zeitungen und Regierungsstellen, die sich dem Herrn in Übersee als die besten Amerikaner andienen, ist hier, in einem etwas freieren Land als der BRD, noch das Mißbehagen beim Unterwerfungsakt herauszuhören – es ist ja nicht viel, aber doch immerhin aufschlußreich): "Dankbarkeit ist in der Politik nicht am Platze, Vorsicht aber sehr wohl. Und diese rät uns, auf die Kommandos des Sheriffs zu hören, der sich bislang als der fähigste, entschiedenste und wirkungsvollste erwiesen hat." Fähig im Massenmord – kein Zweifel; entschieden bei der Durchführung – das wurde im Golfkrieg vorexerziert; wirkungsvoll schließlich – das zeigten die Bilder und Berichte bei der irakischen Kapitulation, die die deutsche Regierung mit folgenden Flötentönen garnierte: "Sieg des Rechts über das Unrecht und der Freiheit über die Gewalt" – als wäre der Irak mit Wanderpredigern heim ins Reich der "Freiheit und Demokratie" geholt worden. Und auch die untergehende Sowjetunion, jahrzehntelang von modernsten amerikanischen Massenvernichtungswaffen umzingelt und gerade in die Knie gezwungen, stimmte in den süßlichen Chor der Amiknechte aus Überzeugung mit ein: Die Niederlage Iraks – ihres ehemaligen Bündnispartners, der in größter Bedrängnis der hungernden russischen Bevölkerung gratis Tonnen von Datteln schicken wollte, was die Sowjetregierung feige und ängstlich ablehnte – die Niederlage Iraks sei also "ein großer Sieg für die gesamte Menschheit" gewesen. Dies ein ewiger Schandfleck in den letzten Annalen der Sowjetgeschichte, die der Herr zwar zur Kenntnis nehmen, aber nie und nimmer danken, sondern nur verachten wird.

So viel bleibt festzuhalten: Während die europäischen Vasallenstaaten dem Gewaltakt am Golf, der Zerstörung eines arabischen Flächenstaates, die Weihe der Legitimität, der Rechtlichkeit verleihen wollten, das Massaker vom Golf als Ausfluß der Menschlichkeit, Freiheit und Gerechtigkeit feierten und ihre Presse in den Dienst dieser Lügenaktion stellten, ist der Weltherrscher direkt, zynisch, pragmatisch, ohne Rechtfertigungszwang, die nackte Logik der Gewalt vorführend, die nur Herrschende und Beherrschte kennt und daraus keinen Hehl macht. Die Weltbevölkerung, zumal deren europäischer und auch deutscher Teil, die vor Kriegsbeginn noch ihren Unwillen gegen die absehbare und immer näher rückende amerikanische Aggression artikulierte und "Kein Blut für Öl" geben wollte, duckte sich während des Bombenhagels, schaute bei den Verbrechen weg, vergaß, was sie noch vor wenigen Tagen empfunden, gedacht und gesagt hatte, wünschte ein schnelles Ende der Schlächterei, das nur ein amerikanischer Siegfriede sein konnte, nur um der quälenden Rolle entzogen zu sein, als Augenzeuge eines Verbrechens auch noch Stellungnahme dazu beziehen zu müssen. Was lag unter diesen Umständen schließlich näher, diesen Spannungszustand insofern aufzuheben, indem man die Einstellung zu den Verbrechen änderte, im Sinne der Gewalt nämlich? Dieser Vorgang – er ist in der Schulpsychologie als "kognitive Dissonanzreduktion" bekannt – sollte durch die Presse in Gang gesetzt, bestärkt, beschleunigt und zu Ende gebracht werden, und sie hat hierzulande ihre Aufgabe so entschieden und effektiv erfüllt wie die amerikanische Soldateska ihren Auftrag am Golf. Und dafür war ihr jedes Mittel recht, von der unverhohlenen Drohung und plumpen Rechtfertigung über die feinere Lenkung durch Irreführung, Täuschung, Verheimlichung und Lüge bis hin zur offenen Zensur. Könnte man es treffender ausdrücken als ein Insider, ein Mitarbeiter der amerikanischen Nachrichtenagentur UPI, der zur Funktion der Presse im Golfkrieg folgendes ausführt: "Die Manager der Nachrichten konnten ein rosiges Bild des Krieges zeichnen, ohne das wahre Ausmaß der Verwüstungen und Opfer... Während es in diesem und allen Kriegen Zensur gab, war die Presse nicht besonders effektiv darin, die Öffentlichkeit zu überzeugen, daß Zensur eine schlechte Sache war." So kann man das ausdrücken, und es war ja auch ein wesentlicher Teil ihres Auftrags. Aber: Man muß nicht darauf hereinfallen. Mit einem durchschnittlichen Maß an Logik, Unrechtsempfinden (das heißt: intellektuelle Resistenz gegen Gewalt) und einem Gespür für grobe Klötze und feine Töne begabt, haben die Vordenker und Lautsprecher der Nation so gut wie keine Chance, besonders dann, wenn die Fähigkeit des Begreifens mit dem Willen zur öffentlichen Artikulation einhergeht. Es müssen nicht, wie zu Kaiser Wilhelms Zeiten, weiße Flecken in den Journalen sein, um zu bemerken, daß hier irgend etwas nicht stimmt. Es genügt die Lektüre bei wachem Verstand; auf andere Weise sind wir auch nicht zu unseren Ergebnissen gekommen, die wir durch die eigene Anschauung, das heißt den Besuch im Irak, lediglich vervollständigten. Zum Beweis dieser Aussage geben wir, bevor wir unsere Erfahrungen und Beobachtungen darstellen, noch einmal einen Überblick über die Kriegsgeschehnisse während jener 44 Tage. Wir schöpfen dabei aus keiner anderen Quelle als aus der besagten trüben, das heißt den westlichen Zeitungen. Das Ergebnis spricht, so meinen wir, für sich.

Anlaß des Krieges war – so wird es in allen Geschichts- und Schulbüchern der Zukunft zu lesen sein – der Einmarsch irakischer Truppen in das benachbarte Scheichtum Kuwait am 2. August 1990, die Vertreibung der dort ansässigen Herrscherfamilie um Scheich Jaber al Ahmed al Sabah und die Integration des Scheichtums als 19. Provinz in das Staatsgebiet des Irak. Noch am selben Tag verurteilte der UN-Sicherheitsrat auf Betreiben der USA die Invasion und forderte den Irak in der Resolution 660 auf, seine Truppen "sofort und bedingungslos" zurückzuziehen. In der Folge setzte unter der Wortführerschaft der USA eine weltweite Medienkampagne gegen den "Dieb von Bagdad" und "Gewaltmenschen vom Tigris" ein, begleitet von weiteren Resolutionen der UN unter stetem Druck der USA: Resolution 661, nur vier Tage später verabschiedet, beschloß ein generelles Handelsembargo gegen den Irak, verbindlich für alle Mitgliedsstaaten der UNO; Resolution 662 vom 9. August erklärte die Annexion Kuwaits für "null und nichtig"; Resolution 665 vom 25. August verhängte den Handelsboykott zur See, der gegebenenfalls mit Waffengewalt aufrechterhalten werden sollte; Resolution 670 vom 25. September 1990 setzte die Blockade des Luftfrachtverkehrs durch; Resolution 674 vom 29. Oktober drohte bei Nichtbeachtung aller bisherigen Beschlüsse durch den Irak nochmals mit der Anwendung militärischer Gewalt. Die Isolierung und ökonomische Strangulierung eines einzelnen Staates durch die Weltgemeinschaft – von Anfang an im Schlepptau Washingtons – stellte ein Novum in der Weltgeschichte dar; nach internationalem Recht ist diese Blockade eindeutig ein kriegerischer Akt. Sein Betreiber, die Vereinigten Staaten, rechtfertigte die Maßnahmen mit Verweis auf die Invasion Kuwaits als kriegerische Aggression und völkerrechtswidrige Verletzung staatlicher Integrität, die unter keinen Umständen hingenommen werden könnten.

Hier ist die Stelle, die zunehmenden Spannungen zwischen Irak und Kuwait vor dem 2. August eingehender zu erörtern, denn sie verdeutlichen, daß die USA <u>vor</u> dem Einmarsch der irakischen Truppen schon auf die Kriegskarte setzten und in Absprache mit ihren kuwaitischen Verbündeten den Krieg geradezu herbeizwangen. Die irakischen Vorwürfe an Kuwait werden in der westlichen Presse ja als Vorwand irakischen Hegemoniestrebens am Golf – das ist zu vornehm ausgedrückt –, als billige und durchsichtige Bemäntelung nackter Eroberungspolitik abqualifiziert. Doch die Fakten führen zu anderen Ergebnissen: Irak, nach dem achtjährigen verlustreichen Krieg mit Iran mit ungefähr 100 Milliarden Dollar verschuldet, war zum Aufbau des Landes dringend auf die Erlöse seiner Ölverkäufe – der hauptsächlichen Devisenquelle des Landes – angewiesen. Noch am Tag des Waffenstillstandes mit Iran brach Kuwait den OPEC-Vertrag über die Förderquoten und erhöhte seine Ölproduktion drastisch, dies wiederholte sich in der Folge weitere zwei Mal. Die Folge war ein rapider Verfall des Ölpreises, damit ein Verlust für die irakische Staatskasse von 7 Milliarden Dollar jährlich. Außerdem beschloß Kuwait, die Erdölproduktion vor allem im Rumaila-Ölfeld an der irakisch-kuwaitischen Grenze – einem seit langem umstrittenen Gebiet – zu erhöhen. Die irakische Regierung forderte als Entschädigung hierfür von Kuwait und Saudi-Arabien einen Schuldenerlaß und neue günstige Kredite, andernfalls – den sicheren Bankrott und Kollaps vor Augen – sehe man sich zu militärischen Maßnahmen gezwungen. Weitere Verhandlungen brachten keine Ergebnisse, der kuwaitische Emir drängte statt dessen darauf, vor der Regelung der finanziellen Fragen den Grenzverlauf zwischen Irak und Kuwait neu festzulegen. Die Bedingung des Emirs: "Danach können wir über die anderen Dinge sprechen." Zu den irakischen Vorwürfen nahm er, auch zur Verwunderung anderer arabischer Staatschefs, keine Stellung. Ein Dokument, vermutlich nach dem irakischen Einmarsch sichergestellt und veröffentlicht, vom 'Spiegel' als "merkwürdig" bezeichnet, doch in seiner Echtheit nicht bezweifelt, gibt Aufschluß über die Hintergründe der kuwaitischen Provokationen. Es ist ein Schreiben des kuwaitischen Geheimdienstchefs an den Innenminister, das folgende entlarvende Passage enthält: "Wir stimmen mit der amerikanischen Seite in der Einschätzung überein, daß es wichtig ist, von der Verschlechterung der wirtschaftlichen Lage Iraks zu profitieren, um Druck auf dieses Land auszuüben mit dem Ziel, eine gespannte Situation an der gemeinsamen Grenze zu provozieren." Dies also die Situation: Ein amerikanischer Kettenhund versucht im Auftrag und Schutz seines Herrn, die Schwäche Iraks auszunutzen und ihn in eine ausweglose Situation zu hetzen, in der die Alternativen nur noch Bankrott oder Krieg lauten können. Der Irak setzte demgegenüber noch weiter auf Verhandlungen. Am 25. Juli 1990 führte Saddam Hussein in einem Gespräch mit der US-Botschafterin Glaspie aus: "Ich habe meinem Bruder, Präsident Mubarak, gesagt, den Kuwaitern unser Wort zu geben, daß wir nichts unternehmen, bevor wir mit ihnen geredet haben. Wenn wir dann feststellen, daß noch Hoffnung besteht, wird nichts passieren. Aber wenn wir nicht in der Lage sind, eine Verhandlungslösung zu finden, dann ist es nur normal, daß der Irak seine eigene Vernichtung nicht hinnehmen kann." Das Gespräch mit dem ägyptischen Präsidenten sollte Hussein später in der Westpresse als arglistiges Täuschungsmanöver ausgelegt werden – Frieden versprechen, doch den Krieg vorbereiten –; jetzt jedenfalls wird der Kontext verständlich. Da Kuwait auf Geheiß seines amerikanischen Herrn auf seiner Position beharrte, verstärkte der Irak seine Truppen an der kuwaitischen Grenze – wie von den amerikanischen Drahtziehern provoziert. Die drohende Kriegsgefahr am Golf war daraufhin Gegenstand einer Debatte im amerikanischen Kongreß, bei der auch eine amerikanische Intervention im Kriegsfall diskutiert wurde. Eine aufschlußreiche Frage an den Nahost-Diplomaten Kelly lautete: "Ist es (...) richtig zu sagen, wir hätten keinen Vertrag, keine Verpflichtung, nichts, das uns zwingen würde, amerikanische Truppen zum Schutz Kuwaits einzusetzen?" Dies – das Fehlen von Vorwänden für eine amerikanische Aggression am Golf – wurde von Kelly bestätigt. Doch man holte sie sich: in Form der oben aufgeführten UN-Beschlüsse. Damit war die formale Pseudolegitimation für das Losschlagen gegen den Irak gegeben.

Der Irak hingegen machte historische Ansprüche auf Kuwait geltend – übrigens nicht das erste Mal, vielmehr handelte Saddam Hussein hier nicht anders als alle irakischen Präsidenten seit der Revolution von 1958. Was dieses "historische Recht" Iraks auf Kuwait anbelangt, das der Westen als billigen Vorwand für Eroberungsgelüste abtat, zitieren wir der Einfachheit halber aus einem Buch des arabischen Historikers Karam Khella, dem das Verdienst zukommt, als einziger eine nüchterne, sachliche Abhandlung über den Golfkrieg verfaßt zu haben; ihm steht erkennbar die Wahrheit höher als das Diktum des Weltbeherrschers und das Gebell von dessen Vasallen. Hier seine Ausführungen: "Der Irak war bis 1917 in seiner Gesamtheit vom Osmanischen Reich unterworfen, entsprechend Kuwait als Teil der Südprovinz Basra. (...) Bereits 1914 erklärte England Kuwait zum englischen Protektorat. Dabei hatte England den Golfstaat nicht einmal in seiner Gewalt. (...) Sozusagen vorab wollte England deutschen und französischen Ansprüchen zuvorkommen. (...) Als nun mit Ende des Ersten Weltkrieges das Osmanische Reich zerschlagen wurde, kehrte Kuwait vorübergehend zum Irak zurück. Bis 1920 erhielten die Beamten in Kuwait – einschließlich Scheich Sabbah – ihre Gehälter von Bagdad. Die Zusammengehörigkeit beider Teile des Zweistromlandes änderte sich, als König Faisal I. als König von Englands Gnaden eingesetzt wurde. Er mußte Kuwait an England abtreten. Hier saß bereits die – zugewanderte – Sabbah-Familie, die aus Perlenfischereien und -handel zu Reichtum gelangt war. Der Stammesführer wurde zum Fürsten des englischen Protektorats eingesetzt. England ließ sich die Herrschaft über Kuwait vom Völkerbund bestätigen. 1930 legte England dem Irak ein Vertragsdiktat vor, das die Scheinunabhängigkeit Iraks regelt und Kuwait abkoppelt. 1932 wurde Irak von England gezwungen, die Grenzen Kuwaits anzuerkennen. Als die Monarchie 1958 gestürzt und die Arabisch-Irakische Republik ausgerufen wurde, wurden sämtliche Kolonialverträge annulliert, die Einheit von Kuwait und Irak erneut bekräftigt."[1] Und dies war keineswegs nur auf irakischer Seite der Fall. In Kuwait hatte sich ein Rumpfparlament mit extrem eingeschränkten Befugnissen mehrmals für den Anschluß an den Irak ausgesprochen, das letzte Mal mit bemerkenswerten Konsequenzen. Hören wir wiederum Karam Khella (ibid. p. 87 seqq.): "Das neugewählte kuwaitische Parlament (Nationalversammlung) hat die Debatte über die irakisch-kuwaitische Wiedervereinigung neu aufgenommen. Seit 1984 zeichnete sich eine deutliche Tendenz der Volksvertreter für die Einheit mit dem Irak ab. (...) 1986 reichten 17 kuwaitische Abgeordnete dem Parlament eine Beschlußvorlage ein, die den Zusammenschluß von Irak und Kuwait regelt. Die Eingabe fand die breite Zustimmung der Versammlung vor allem auf der Seite der gewählten Vertreter (der Emir setzt die Hälfte der Mitglieder durch Benennung ein). Der Emir, der ohne jede Herrschaftslegitimation regiert und nur kraft US-Bajonetten existiert, löste darauf die Nationalversammlung auf." Könnten die Sprüche von der "nationalen Integrität" Kuwaits und von "Demokratie", die dem Überfall der USA auf den Irak vorangingen, deutlicher als Heuchelei entlarvt werden? Wir haben vor uns: die Trennung von Irak und Kuwait als koloniales Unrecht, die Bestrebungen auf beiden Seiten, das Unrecht wieder rückgängig zu machen, und drittens einen imperialen Totschläger, der unter dem Vorwand von Freiheit und Souveränität der Nationen diese Verhältnisse zementiert und der Weltöffentlichkeit dafür Applaus abnötigt. –

Der Irak verwies des weiteren auf vorangegangene Rechtsbrüche von seiten Kuwaits – künstliche, auf Druck der USA durchgesetzte Dumpingpreise beim Öl,

---

[1] Karam Khella, Golfkrieg. Vorgeschichte – Zusammenhänge – Hintergründe – Folgen, p. 84 seq.

Raub irakischer Ölressourcen im Wert von 2,4 Milliarden Dollar im gemeinsamen Rumaila-Ölfeld während der letzten zehn Jahre (der kuwaitische Emir hatte sich hierfür einer amerikanischen Ölfirma bedient, die auf Schrägbohrungen spezialisiert war), schließlich Behinderung des irakischen Frachtverkehrs zur See – und verband einen Rückzug seiner Truppen mit einer umfassenden Regelung der Probleme im Nahen Osten, insbesondere mit der Schaffung eines palästinensischen Staates. Dies die Vorgeschichte des Krieges, Stand Herbst 1990.

Eines muß jedoch im Auge behalten werden: Die Darstellung der Entwicklung, die schließlich zur amerikanischen Aggression gegen den Irak führte, war in der westlichen Presse nie so nüchtern und sachlich wie hier. Das gerade Gegenteil war vielmehr der Fall: Seit dem 2. August 1990 spukten, in zunehmender Intensität und Schrille, Greuelgeschichten aus dem besetzten Kuwait durch die Presse. Eröffnet wurde der Reigen durch die Fünfzeilen-Meldung, irakische Soldaten hätten in Kuwait zehn britische Stewardessen in einem Hotel vergewaltigt – in der Tat ein scheußliches Verbrechen, das Vergeltung unbedingt erfordert hätte, aber: niemals stattfand. Fünf Tage später nämlich war in einer kommentarlosen "Richtigstellung" zu lesen, daß es sich hierbei um eine Falschmeldung – ohne Nennung der Urheber, versteht sich – gehandelt habe. Und es ging weiter, Schlag auf Schlag: Die Verschleppung Tausender unschuldiger kuwaitischer Zivilisten durch irakische Soldaten sei an der Tagesordnung, ein Luxushotel sei in eine Folterkammer umgewandelt worden, Frauen – diesmal kuwaitische – würden vergewaltigt, Männer auf offener Straße hingerichtet, wobei deren Frauen zusehen und anschließend das Geld für die Kugeln zahlen müßten, und das Schlimmste war – Bush wies in seinen zum Krieg hetzenden Reden immer wieder darauf hin (wir zitieren aus einer westdeutschen Tageszeitung): "Zu den abscheulichsten Verbrechen zählt die Tötung von mindestens 312 Frühgeborenen, die von irakischen Soldaten aus den Brutkästen geholt und ihrem Schicksal überlassen worden waren." So ging es weiter, während des Krieges bis zu seinem Ende. "Was immer Sie gehört haben über die Greueltaten der Iraker – es ist wahr", diktierte mit sonderbarer Logik der britische Geschäftsmann Geoff French, der sich während des Krieges in Kuwait versteckt hatte, den Journalisten in die Feder. Und General Schwarzkopf setzte nach dem Sieg noch eins drauf (Kennern wird die Nazi-Terminologie auffallen; hier ist der Vergleich ausnahmsweise einmal angebracht): "Die Iraker verschleppten 40.000 Kuwaitis ... Doch das alles verblaßt gegenüber jenen absolut unaussprechbaren Grausamkeiten, die in Kuwait geschahen. Sie sind kein Teil derselben menschlichen Rasse – die Menschen, die das taten." Was anderes als "Ausmerzung" kann dann die logische

Konsequenz sein? – Wir griffen der Chronologie der Ereignisse vor, um einen Tatbestand zu verdeutlichen: Es ging von Anfang an, seit dem 2. August, den USA und ihren Vasallenstaaten <u>nicht</u> um die Einhaltung strittiger zwischenstaatlicher Prinzipien, die Achtung des Völkerrechts oder der nationalen Souveränität. Jeder auch nur mit mittelmäßigem Gedächtnis ausgestattete Mensch hätte sich schon zu jenem Zeitpunkt denken können, daß die USA der denkbar schlechteste und unglaubwürdigste Anwalt in dieser Angelegenheit ist – Stichworte wie Vietnam, Grenada, Libyen und Panama müssen hier genügen. Der grelle Ton, das schrille Geschrei, vor allem aber: das Ausbleiben jeglichen Beweises für diese schweren Beschuldigungen hätten skeptisch machen, zumindest die Vermutung nahelegen müssen, daß hier mit aller Gewalt Vorwände zum Losschlagen gesucht und gefunden wurden. Aber, so der nächste Einwand: kann denn die Presse in einem solchen Ausmaß lügen, ohne daß es auf sie zurückfällt? Ja, sie kann. Die westliche Polizeipsychologie – das ist nicht metaphorisch, sondern wörtlich zu verstehen – hat den richtigen Lehrsatz aufgestellt, daß eine Lüge um so eher geglaubt wird, je größer sie ist – vorausgesetzt, sie kommt von einem starken, das heißt mit Macht ausgestatteten Sender –, und sie hat dieses Prinzip schon oft und stets mit Erfolg angewandt. Was die angeblichen Verbrechen der irakischen Soldaten in Kuwait angeht, zitieren wir einfach eine renommierte Person des öffentlichen Lebens und tun für kurze Zeit so, als ob nur klingende Namen Garant für die Richtigkeit einer Aussage wären (man "vertraut" ihnen mehr als jemandem, dem man einfach nur zuhören und die Stichhaltigkeit seiner Argumente überprüfen müßte; auch diese Form der Autoritätshörigkeit finden wir abstoßend, aber es sei): Es ist Ramsey Clark, ehemaliger Justizminister der USA, der unmittelbar nach Kriegsende den Irak bereiste, vor Ort sich ein Bild von den Geschehnissen machte und anschließend nach mehreren vorbereitenden Tribunalen im abschließenden Tribunal von New York im Frühjahr 1992 die amerikanische Regierung unter anderem des Bruchs der Genfer Konvention, der Charta der Vereinten Nationen sowie des allgemeinen Völkerrechts beschuldigte und ihr in 19 Anklagepunkten zahlreiche Kriegsverbrechen nachwies. Seine Anklageschrift, in seinem bereits erwähnten, sehr lesenswerten, aber selbst in den USA nur schwer erhältlichen Buch[2] auf eine solide Faktengrundlage gestellt, enthält in den Vorbemerkungen folgenden

---

[2] Ramsey Clark et al., War Crimes. A Report on United States War Crimes Against Iraq, Washington D.C. 1992.

aufschlußreichen Vergleich bezüglich der angeblichen irakischen Greueltaten in Kuwait: "Die US-Invasion in Panama im Dezember 1989 (...) forderte zwischen tausend und viertausend panamaischer Menschenleben. Die US-Regierung hält noch immer die Todeszahlen unter Verschluß... Nach Einschätzungen amerikanischer und internationaler Menschenrechtskommissionen liegen die Opfer des irakischen Einmarsches und der darauffolgenden Monate der Besetzung in den "Hunderten", zwischen 300 und 600." – Und der vielzitierte "Babymord von Kuwait", der ja schon allein in quantitativer Hinsicht ein Verbrechen dieser Größenordnung darstellen würde? Der Babymord war – das Elaborat der New Yorker Werbeagentur Hill and Knowlton, die das Spektakel für 10 Millionen Dollar mediengerecht inszenierte. Zunächst startete die Firma eine Umfrage unter US-Bürgern, die erbrachte, daß der Mord an wehrlosen Kleinkindern als schrecklichstes Kriegsverbrechen betrachtet wurde. Sodann präparierte sie eine Zeugin, die 15jährige Kuwaiterin Nayriah, die von diesem angeblichen Massaker auch vor Gremien der UN berichtete. Nayriah heißt mit Nachnamen al Sabah – ein Name, den wir bereits kennen – und ist Tochter des kuwaitischen Botschafters in den USA, der wiederum, was schon der Name belegt, dem Clan der Herrscherfamilie angehört. Diese hatte die Werbeagentur mit der besagten Summe geschmiert; der Vizepräsident dieser Werbeagentur war zugleich der ehemalige Wahlkampfleiter von Bush. Damit schließt sich der Kreis. Der Vollständigkeit halber sei hinzugefügt, daß diese unglaubliche Enthüllung in einer Nachrichtensendung der ARD vom Februar 1992 gezeigt wurde, damit – analog zu den angeblichen Vergewaltigungen englischer Stewardessen – einem Regierungssender, der während des Golfkriegs voll auf amerikanischer Linie lag und nach erfülltem Auftrag jetzt die Illusion des "kritischen Journalismus" in einem "freien Land" schürt und Glaubenskredit für künftige Propagandalügen einheimst. So also die Rollenverteilung bei der organisierten Lüge.

Was man damals, im Herbst 1990, nicht wissen konnte, sehr wohl aber mit guten Gründen vermuten durfte, hat seine Wirkung getan: Der Irak, insbesondere sein Präsident, war dämonisiert, das Signal zum Losschlagen konnte bei irregeleiteter, verhetzter Weltöffentlichkeit gefahrlos gegeben werden. Kuwait wurde erobert und der Irak zerstört, ein vom Donner der Bomben betäubtes und vom Dunst der Propaganda benebeltes Publikum hat seine Lektion in Sachen Macht gelernt: daß man ihr gehorchen muß, daß man vergessen lernen muß. Solchermaßen präpariert, taumelt sich's leicht in die nächste Propagandafalle.

Selbst in Maßen aufgeklärte Geister konnten sich den Machenschaften der gekauften Meinungsmacher nicht entziehen, wurden zum Opfer der für sie ausgelegten Fallstricke. Es ist stupend¹, im nachhinein zu sehen, welch geringe Resonanz die eigentlich interessante Frage beim irakischen Einmarsch nach Kuwait in den Köpfen hinterließ: die historische Berechtigung Iraks nämlich, eben diesen Schritt zu unternehmen, ohne die Kolonial- und Imperialmächte dafür um Erlaubnis zu bitten (was für eine Vorstellung!). Daß damit ein aggressiver Akt des kolonialen "divide et impera" rückgängig gemacht, dadurch aber ein in der nahen Vergangenheit liegendes Unrecht revidiert wurde (Teilung der Kolonien zwecks bequemerer Ausplünderung und besserer Beherrschbarkeit durch mächtige Staaten, einst England, jetzt die USA), war der eine interessante Aspekt des irakischen Einmarsches, der zweite die Beseitigung eines korrupten, durch und durch mittelalterlichen Regimes. Wie nahe diese Gedanken lagen, zeigt zum Beispiel die erste Reaktion Willy Brandts auf die Invasion Kuwaits: Zwar müsse der Irak sich zurückziehen, doch brauche der "Scheich samt seinem Harem" nicht zurückkehren – mit dem sicheren Instinkt für unerwünschte Gedanken im Volk hat der betagte Heuchler einen berechtigten Impuls (Scheich = Parasit) aufgegriffen, durch eine Wendung ins seicht-Obszöne seiner Wirksamkeit beraubt und in der Folge – fallengelassen, zugunsten bedingungsloser Gefolgschaft gegenüber den USA. Das historische Recht des Irak auf Kuwait sowie der entsprechende kuwaitische Parlamentsbeschluß, der in dieser Zeit zumindest andeutungsweise auch im 'Stern' erwähnt wurde, erwiesen sich als der entscheidende Punkt für die Beurteilung des Einmarsches (und der nachfolgenden Sanktionen), und man hätte – neben unseren Flugblättern – entsprechende Argumentationshilfen wenn schon nicht in Büchern, so doch hier und da sogar in der Presse vorgefunden, wie nochmals anhand eines Zitates, diesmal aus der damals schon auf Westkurs befindlichen, aber trotz Gleichschaltung Reste eines besseren Erbes bewahrenden 'Leipziger Volkszeitung' hervorgeht: "1932 entließen die Briten das Land (den Irak) in die Unabhängigkeit, blieben aber militärisch präsent" (in Parenthese: eigenartige Form der Unabhängigkeit, vergleichbar etwa mit der BRD und den amerikanischen Streitkräften). "Zum damaligen Zeitpunkt war Kuwait ein Teil des irakischen Verwaltungsbezirks Basra mit autonomem Status, der sich auf einen Schutzvertrag mit den Briten aus dem Jahre 1899 gründete" (Preisfrage: wer schützte wen vor wem?). "Kuwait blieb nach der Gründung des Irak britisches Protektorat und wurde erst 1961 in die Unabhängigkeit entlassen" (notwendige Zwischenbemerkung: mit etwa 10 Prozent aller bekannten Erdölvorkommen). "Sofort meldete der Irak seine Ansprüche an, die er mit der früheren Verwaltungseinheit mit dem benachbarten Basra begründete. Kuwait" (das heißt doch wohl: der Emir) "bat Großbritannien

¹ erstaunlich

um militärische Hilfe. Die Briten kamen und ..." kamen ein zweites Mal wieder, diesmal allerdings nicht als Kolonialmacht, sondern als Hilfstruppe der USA, die mittlerweile an deren Stelle getreten waren.

Um diese Aggression der Weltöffentlichkeit plausibel zu machen, erfand man vergewaltigte Stewardessen und imaginäre Brutkastenbabys, Folteropfer und Hingerichtete. Und gegen alles mögliche bessere Wissen, gegen alle Vernunft war das Kalkül aufgegangen. Mit dem militärischen Sieg der USA ist auch deren Kriegspropaganda zur festen Formel der Geschichtsbücher geworden, die dem Irak die alleinige Schuld zuweist. Eine geringe Abweichung von diesem Diktat der Sieger stellen jene bereits erwähnten "in Maßen aufgeklärten" Personen dar, die Saddam Hussein nur insofern eine Schuld zuweisen, als er auf einen "diplomatischen Trick" der Amerikaner hereingefallen sei – eben die bereits geschilderte, von den Amerikanern herbeigeführte und durch die kuwaitische Marionette in Szene gesetzte Eskalation, die für den Irak keine andere Alternative als Krieg oder Untergang in Raten ließ. Wäre Saddam Hussein damals so "klug" wie seine Kritiker jetzt gewesen, dann hätte dies doch vor allem bedeutet: jeden Befehl der USA willig auszuführen und sich von ihrem Schützling Kuwait widerstandslos schurigeln zu lassen, das heißt: nationale Interessen und die staatliche Unabhängigkeit aufzugeben, weil der Herrscher der Welt es so wünscht, und dabei zu hoffen, daß er keine neuen Vorwände zum Losschlagen aus dem Hut zaubert – der Kern dieser in scheinvernünftige Argumente gekleideten Kritik an Saddam Hussein ist die Aufforderung zur kampflosen Kapitulation, und der Westen wird es Saddam Hussein am wenigsten verzeihen, daß er nicht anders als durch Krieg dazu gezwungen werden mußte, die US-Weltherrschaft als Faktum zur Kenntnis zu nehmen, aber trotz der Niederlage immer noch nicht akzeptierte. Welch leichtes Spiel hatte man da vergleichsweise mit der Sowjetunion gehabt...

Die Kriegspläne der USA für den Persischen Golf, bereits im Jahr 1989 von den Generälen Powell und Schwarzkopf bis ins Detail festgelegt, wurden nach den ersten Sanktionen der UN zügig in die Tat umgesetzt. Schon in der ersten Woche nach dem irakischen Einmarsch in Kuwait wurden 40.000 amerikanische Soldaten in Saudi-Arabien stationiert, deren Aufgabe "vollkommen defensiv" sei, wie es hieß, und nach Wochen intensiver Kriegsvorbereitungen, ideologisch wie militärisch, hatte Bush die Weihe internationaler Zustimmung für seinen schon lange zuvor sorgfältig ausgeheckten Schlachtplan endgültig erhalten: mit der UN-Resolution 678 vom 29. November 1990, die "alle notwendigen Mittel" zur Vertreibung Iraks aus Kuwait billigte. Die Vorgeschichte zu dieser Resolution – mit welcher der Krieg beschlossene Sache war – ist so aufschlußreich, daß sie hier noch einmal verdient, ins Gedächtnis gerufen zu werden. Durch politische Erpressung und massive Bestechung mit "vielen Milliarden Dollar" – so Ramsey Clark – hatten die USA diesen später so gepriesenen "einmaligen" und "einhelligen" Beschluß herbeigezwungen. Dollarkredite in Milliardenhöhe wurden versprochen, großzügige Waffenlieferungen an kleinere Länder zugesagt, die Verbesserung diplomatischer Beziehungen wurde in Aussicht gestellt, falls die in Frage kommenden Länder im UN-Sicherheitsrat ihr Placet zur Aggression gegen Irak gaben. Hören wir den amerikanischen Kongreßabgeordneten Henry P. B. Gonzales: "Der Präsident bestach, bedrohte und schüchterte Mitglieder des UN-Sicherheitsrates ein, um die kriegerischen Aktionen gegen den Irak zu unterstützen... Die USA bezahlten schließlich nach der angestrebten Abstimmung 187 Millionen Dollar ihrer Schulden an die Vereinten Nationen." Auf diese Weise wurden seinerzeit im Sicherheitsrat vertretene Staaten wie Äthiopien, Elfenbeinküste, Kolumbien, Malaysia, Rumänien und Zaire gekauft; Finnland und Kanada zogen mit. Von entscheidender Bedeutung waren jedoch die ständigen, das heißt mit Vetorecht ausgestatteten Nationen im Sicherheitsrat: Frankreich und England hatten ihren Willen zum Krieg und ihre aktive Teilnahme daran schon längst bekundet, die Sowjetunion war mit der künftigen Verbesserung der Wirtschaftsbeziehungen geködert worden – dies war bei ihrem grenzenlosen Opportunismus bereits absehbar –, aber vor allem auch China ließ sich für ein Linsengericht sein Vetorecht abkaufen (wahrscheinlich stellte man ihm eine Lockerung der seit den bürgerkriegsähnlichen Unruhen anhaltenden politischen und wirtschaftlichen Isolation des Landes in Aussicht. Damit hat es sich mittelfristig sein Todesurteil selbst gesprochen, denn es ist nur eine Frage der Zeit, bis es selbst auf die Anklagebank gezerrt wird, sollte es nicht den Weg der Sowjetunion gehen). Nur zwei Länder, klein und schwach beide, hatten den Mut, die UN-Resolution abzulehnen: Jemen und das seit Jahrzehnten von den USA belagerte Kuba. Nach der Abstimmung begab sich der US-Botschafter zum jemenitischen Abgesandten und stellte unmißverständlich klar: "Das war Ihr teuerstes Nein." Alle finanziellen Zuwendungen an das Land wurden mit sofortiger Wirkung gestoppt, selbst 300 kranke jemenitische Staatsbürger in saudi-arabischen Krankenhäusern wurden über Nacht an die Grenze deportiert. Dafür kamen andere: Nach dem Beschluß des Sicherheitsrates stieg die amerikanische Militärpräsenz auf der arabischen Halbinsel auf über 200.000 Soldaten an.

Das Ultimatum der Vereinten Nationen an den Irak – der 15. Januar 1991 – war mit Bedacht datiert: Zum einen blieb genügend Zeit, Truppen und Material an den Golf zu transportieren – insgesamt rund 700.000 Soldaten mit modernster

Ausrüstung –; zum anderen schien mit der Wahl dieses Zeitpunkts die Gewähr gegeben, daß der Krieg vor Eintreten widriger Umstände beendet war: der irakische Sommer mit 50°C im Schatten und Sandstürmen sowie der islamische Fastenmonat Ramadan. Nur für eines war die Frist nicht gedacht, auch wenn dies pausenlos in die Köpfe gehämmert wurde: durch Verhandlungen eine Lösung des Konflikts herbeizuführen. Es nützte dem Irak nichts, in der ersten Dezemberwoche alle noch im Land verbliebenen Geiseln freizulassen – sie waren die beste Gewähr gegen Luftangriffe auf zivile und ökonomische Ziele, und deshalb schnaubte Bush auch vor Wut –; außerdem wurden alle Vorschläge Iraks zu einer umfassenden Lösung der Nahost-Probleme pauschal zurückgewiesen und als Täuschungsmanöver abgelehnt. Irak seinerseits weigerte sich, an einer Verhandlungsfarce teilzunehmen, die nur darin bestehen sollte, den durch die USA erpreßten UN-Resolutionen bedingungslos Folge zu leisten. Am 13. Januar – die amerikanische Kriegsmaschinerie lief bereits auf Hochtouren – unternahm der damalige UN-Generalsekretär Perez de Cuellar einen letzten – von vornherein aussichtslosen – Versuch, eine "Verhandlungslösung" durch irakische Kapitulation herbeizuführen. Sein Gespräch mit Saddam Hussein – es wurde während des Bombardements in Auszügen veröffentlicht – enthüllt besser als alle Analysen das impotente Lavieren dieses Mannes, den sich die USA als Hanswurst und Hofnarren ausgesucht hatten, es dokumentiert aber auch die Entschlossenheit des irakischen Präsidenten, sich nicht dem Druck durch Drohungen und Erpressungen zu beugen. Man überzeuge sich selbst:

Saddam Hussein: "... Das sind amerikanische Entscheidungen (die UN-Resolutionen nämlich). Das ist eine amerikanische Ära. Heute wird das verwirklicht, was Amerika will, aber nicht was der Weltsicherheitsrat will."
Perez de Cuellar: "Ich stehe bezüglich der Fragen, die von mir abhängen, auf Ihrer Seite." (!)
Saddam Hussein: "Wir wollen wirkliche Vereinte Nationen, eine wirkliche Umsetzung des Völkerrechts... Sie sind UNO-Generalsekretär und waren nicht in der Lage, dem irakischen Außenminister eine Landung in den USA und die Darlegung des Standpunktes Iraks vor der UNO zu ermöglichen."
Perez de Cuellar: "Ich habe es versucht und gesagt, die amerikanische Einreiseverweigerung widerspreche dem Abkommen über den UNO-Sitz mit den USA."
Saddam Hussein: "Wir hatten mit einem Truppenabzug aus Kuwait im Einklang mit der UN-Resolution 660 begonnen, aber die USA haben die Lage verkompliziert und eine politische Eskalation sowie die Landung ihrer Truppen angestrebt. Ägypten und Saudi-Arabien haben mit den USA die Landung amerikani-

scher Truppen, ohne eine entsprechende UN-Resolution, vereinbart. Damit haben sie eine Gelegenheit für eine innerarabische Lösung verhindert. Wir haben daher beschlossen, unseren Truppenrückzug zu stoppen und die Vereinigung Iraks und Kuwaits zu proklamieren... Am 2. August haben wir eine Initiative präsentiert. Wir haben nicht erwartet, daß sie in allen Details angenommen würde, aber wir haben uns vorgestellt, daß man sie nicht ohne vorherige Prüfung ablehnen würde..."

Perez de Cuellar: "Ich habe ernsthaft über alles nachgedacht, was Sie mir gesagt haben, und werde es in meinem Bericht anführen. Ich befürchte aber, daß man dies nicht als ausreichend konkret erachten wird..."

Saddam Hussein: "In der derzeitigen Situation kann niemand das Wort 'Rückzug' aussprechen. Wir sind bereit, über eine globale Lösung zu verhandeln, weil wir den Frieden und keine Teillösungen wollen."

Perez de Cuellar: "Ich verstehe Sie gut, Sie weichen nicht von Ihrer Position in der Kuwait-Frage ab..."

In einer ersten Stellungnahme äußerte sich de Cuellar "enttäuscht" über den Verlauf des Gesprächs, aber er war schon längst nicht mehr gefragt, er hatte seine Rolle gespielt, seine Aufgabe erfüllt. Jetzt handelte sein Herr nach der Devise Reagans beim Überfall auf Grenada: "Talking is over, action is on." In der Nacht zum 17. Januar begannen die Luftangriffe, die seitens der offensichtlich überrumpelten Iraker auf keine nennenswerte Gegenwehr stießen. Bereits zwölf Stunden zuvor waren Angehörige amerikanischer Elitetruppen weit hinter den irakischen Linien – im "Indianerland", wie die GI's den Irak nannten – abgesetzt worden. Sie stellten Radiosender auf, um die angreifenden Flugzeuge zu ihren Zielen zu leiten; sie markierten mit Laser Ziele für Bombenabwürfe und Raketenangriffe, zerstörten in Sabotageaktionen irakische Radaranlagen und sprengten Brücken in die Luft. Die arabisch sprechenden Soldaten waren, wie General Schwarzkopf später stolz ausführte, "unser Auge da drinnen". Es war beileibe nicht das einzige "Auge", über das der feiste General verfügte, aber bevor wir zu einer vergleichenden Betrachtung der Waffensysteme übergehen, sei noch eine weitere Propagandalüge vorgestellt, die das Ausmaß des nun einsetzenden Massakers klar vor Augen führt.

Nach westlichen Berichten verfügten die USA über 560.000 (andere Quellen nennen 605.000) kampfbereite Soldaten. Neben Großbritannien, welches unter den Vasallen das größte Kampfkontingent an Truppen, Panzern, Flugzeugen und Schiffen stellte, beteiligten sich Frankreich und eine Reihe kleinerer europäischer und Nato-Staaten direkt am Krieg, ebenso sieben arabische Staaten (Ägypten,

Bahrain, Marokko, Oman, Saudi-Arabien, Syrien, Vereinigte Arabische Emirate). Argentinien, Australien und Neuseeland nahmen mit Kriegsschiffen bzw. Flugzeugen am Schlachten teil; als einziger Staat des ehemaligen Ostblocks schickte die Tschechoslowakei eine 200 Mann starke "ABC-Schutztruppe" an den Golf. Selbst Länder, die für gewöhnlich nicht genügend zum Beißen haben, durften unter den Fittichen der größten Militärmacht ein wenig Imperialismus spielen und sich vom Großen Bruder ein Stückchen Siegerlorbeer borgen: Niger und Senegal entsandten je 500 Soldaten, Bangladesh gar 2.000. Die Iraker sollten nach diesen Angaben über eine Truppenstärke von 540.000 Mann verfügen, nach Aussage sogenannter Experten die fünft- oder sogar viertgrößte Armee der Welt, die durch diverse Reserveverbände und Volksmilizen bis auf eine Million verstärkt werden könnte. Doch diese Zahlenangaben sind falsch. Tatsächlich betrug die alliierte Truppenstärke – wie ein amerikanischer Kongreßbericht zugab, der wiederum von der britischen Zeitung 'International Herald Tribune' (aber von keiner einzigen deutschen!) zitiert wurde – 700.000 Mann. Und diesen 700.000 bestausgerüsteten, optimal versorgten Soldaten standen – nicht eine Million, nicht 500.000 – ganze 183.000 irakische Soldaten gegenüber, ein Drittel also der stets propagierten Stärke und ein Viertel des amerikanischen Kontingents (samt Vasallentruppen, die man in der Folge aber getrost als "amerikanisch" bezeichnen kann). In dem Bericht heißt es wörtlich: "Sicher ist nur, daß sich niemals 547.000 irakische Soldaten auf dem Kriegsschauplatz befanden, weil – und das wurde erst nach dem Krieg bekannt – viele Einheiten weit unterhalb ihrer normalen Stärke auf den Kriegsschauplatz geschickt wurden." So habe die Stärke einer irakischen Division nur bei 34 Prozent des ursprünglich angenommenen Umfangs gelegen, oder, drücken wir es treffender aus: Der amerikanische militärische Geheimdienst hat vor, während und nach dem Krieg die Kampfstärke des irakischen Heers verdreifacht, um die eigenen ungeheuren Truppenzahlen – mehr als auf dem Höhepunkt des Vietnamkriegs – und den Einsatz von Massenvernichtungsmitteln zu rechtfertigen und das Ausmaß der Schlächterei zu kaschieren. Die westliche Presse sprach übrigens im folgenden immer unisono vom "Millionenheer" Iraks.

Daß es eine Schlächterei würde, das hätte – auch ohne genauere Kenntnis der jeweiligen Truppenstärke – jeder wissen können. Warum? Weil spätestens zu diesem Zeitpunkt jeder wußte, daß die Sowjetunion das Wettrüsten gegen die USA verloren hatte. Iraks Waffenbestände stammen zum größten Teil aus dem sowjetischen Arsenal, und oft waren es auch noch ältere Modelle. Den 600 irakischen MIG-Kampfflugzeugen älterer Bauart stand rund die dreifache Anzahl hochmoderner Kampfflugzeuge gegenüber; die wenigen Schiffe der irakischen Marine waren von vornherein ohne Chance angesichts des Flottenaufmarsches mit Fregatten, Zerstörern, Flugzeugträgern und Schlachtschiffen; die irakische Artillerie schließlich mit ihren ungefähr 2.700 Geschützen war zwar für den arabischen Raum beträchtlich, aber angesichts der geballten Feuerkraft alliierter Raketen, Bomben und Marschflugkörper verschwindend gering. Selbst die oft erwähnten Scud-Raketen – Mittelstreckenraketen mit konventionellem Sprengstoff – stellten nie eine militärische Bedrohung dar, weil sie dafür viel zu ungenau waren. Sie eigneten sich nur für Vergeltungsschläge, und zu diesem Zweck wurden sie dann auch – meist erfolglos – eingesetzt. Hinzu kam schließlich, daß – wie uns mehrere Iraker erzählten – die Sowjets Daten insbesondere zu den Raketen an die Amerikaner weitergegeben hätten. Dies wurde zwar von der Sowjetunion bestritten, ist aber durchaus vorstellbar – wo liegen die Grenzen der Käuflichkeit? Aber selbst wenn dem nicht so gewesen wäre, so verfügten die Amerikaner nach dem Zusammenbruch des Ostblocks und der sogenannten deutschen Wiedervereinigung über genügend Anschauungsmaterial bei den Beständen der Nationalen Volksarmee der ehemaligen DDR. Es dürfte ihnen keine Schwäche bei der Bewaffnung der irakischen Armee entgangen sein; für die Angreifer war es von Anfang an ein risikoarmer Waffengang, besser gesagt: ein unterhaltsames Tontaubenschießen, auf lebende Ziele freilich.

Betrachten wir das Ausmaß der amerikanischen Überlegenheit noch etwas eingehender, denn erst so erhält man einen zutreffenden Eindruck vom schmutzigen Charakter dieses Krieges und dem miesen Charakter der "Freiheitshelden" in den Bomber-Cockpits und Befehlszentralen. Rund fünf Monate vor Kriegsbeginn – das heißt unmittelbar nach dem irakischen Einmarsch in Kuwait – setzten die detaillierten Kriegsplanungen ein. Über Dutzende von Satelliten wurde das irakische Zielgebiet Quadratmeter für Quadratmeter kartographiert und sodann in die automatischen Zielsysteme der Jagdbomber und Marschflugkörper einprogrammiert. Die angreifenden Bomberschwärme konnten so, ohne Bodensicht und Navigation, ihre Ziele blind anfliegen und metergenau treffen. Die Marschflugkörper (Cruise-missiles) vom Typ Tomahawk – Stückpreis 1,5 Millionen Dollar – flogen bis zu 1.000 km entfernte Ziele punktgenau an und zerstörten sie mit konventionellen Sprengköpfen im Gewicht von etwa einer halben Tonne. Während des Golfkriegs kamen diese Waffen erstmals zum Einsatz, zu mehreren Hunderten, und mit großem Erfolg. "Sie verursachten", so frohlockte das Pentagon, "große Schäden, und das bei kleinem oder völlig ohne Risiko für amerikanische Soldaten." General Schwarzkopf war ob der Wirkung dieser Waffen ebenfalls "höchst erfreut". In großer Höhe fliegende Spionageflugzeuge wie beispielsweise die U2 erkundeten neben den Satelliten die Abwehranlagen der Iraker, Standorte ihrer Luftabwehr, Radarstationen und -frequenzen. Auf diese Ziele wurden dann sogenannte "Harm"-Raketen angesetzt, die entlang der Radarimpulse der Abwehranlagen aus ungefähr 100 km Entfernung direkt ins Ziel flogen. Die Jagdbomber waren zusätzlich mit speziellen Nachtsichtgeräten und einem verfeinerten Radarsystem ausgestattet, die es der Besatzung erlaubten, bei Dunkelheit, selbst durch Rauchwolken hindurch, ihre Ziele bis auf 20 km Entfernung anzupeilen. Weitere Nachtsichtgeräte versetzten das Terrain im Umkreis von 12 Kilometer für den Piloten in Tageshelle; dadurch waren Tiefflüge möglich, mit denen das irakische Radar unterflogen werden konnte. Die jüngste Entwicklung der amerikanischen Luftwaffe, der Tarnkappenbomber "Stealth", ist durch Radar ohnehin nicht greifbar und gilt daher als praktisch unverwundbar. Vor und während des Krieges kreisten zudem Tag und Nacht AWACS-Flugzeuge über Saudi-Arabien, die über Radar auf Hunderte von Kilometern jede Bewegung in der Luft registrieren (wie war dies noch einmal mit der irakischen Truppenstärke, die man während des Krieges ja gar nicht wissen konnte?). Die AWACS sind fliegende Kommandozentralen, in denen modernste Computersysteme feindliche Aktionen registrieren und die eigenen Truppenbewegungen darauf abstimmen. Den amerikanischen Bodentruppen stand mit dem Radarsystem "J-Star" ein ebenso effizientes Mittel zur Verfügung, alle irakischen Truppenbewegungen im Gelände genau zu verfolgen. Abgerundet wird dieses Arsenal durch die aus Vietnam-Zeiten bekannten B52-Bomber, die neben konventionellen Bombenlasten diesmal noch sogenannte "smarte" Raketen trugen, die über verschiedene Leitsysteme direkt ins Ziel gelenkt werden können. Im Irak war eine modernisierte Variante dieser in großer Höhe fliegenden, in Vietnam lange Zeit als unverwundbar geltenden Bomber im Einsatz. Ihre vernichtende Wirkung, die maßgeblich zu den Massenprotesten gegen den Vietnam-Krieg in der gesamten Welt damals beigetragen hatte, beschrieb ein Augenzeuge so: "Die Hütten und ihre Bewohner waren verschwunden. Die Menschen hinterließen nichts – nicht einmal ihre Schatten, wie das in Hiroshima geschah." Im Golfkrieg starteten die Bomberflotten von Stützpunkten in England und Spanien zu ihrem Zielgebiet; sie wurden während des Anflugs in der Luft aufgetankt, oder sie benutzten den US-Stützpunkt Diego Garcia im Indischen Ozean zur Zwischenlandung. Im Unterschied zu den Vietcong waren die Iraker den Bombenteppichen der B52 schutzlos ausgeliefert, da die Sowjetunion nun die Lieferung der erforderlichen Flugabwehrraketen verweigerte. Ein amerikanischer

Kriegsspezialist bringt dies, wieder einmal sehr pragmatisch, auf folgenden Nenner: "Sie (die Iraker) können sich eingraben, wie sie nur wollen – sie werden plattgewalzt." Jede B52 trägt 22 Tonnen Sprengstoff zum Ziel, mit Bomben bis zu 900 Kilogramm Gewicht, von denen jede einen Krater von 11 Meter Tiefe und 16 Meter Durchmesser in den Wüstenboden reißt – im Bomberjargon liebevoll "Fußstapfen" ("foot print") genannt. Eine Staffel von drei Bombern pflügt auf diese Weise eine Fläche von zweieinhalb Quadratkilometern um. Der Süden Iraks, den wir mit dem Auto bereisten, zeigt von Amara bis Basra auf einer Länge von ungefähr 180 Kilometern das Resultat des Bombardements, noch ein Jahr später: Krater reiht sich an Krater; die Metapher "Mondlandschaft", in solchen Fällen häufig verwendet, ist hier am Platze. Es gibt aber auch Leute, die das anders sehen: "Wegen ihrer zerstörerischen Kraft besitzt sie (die B52) etwas Entrücktes, das Ehrfurcht gebietet", sinnierte der amerikanische General Borling. Die Bodenangriffe in der letzten Phase des Krieges wurden von Kampfflugzeugen des Typs "Thunderbolt" und vom Senkrechtstarter "Harrier" begleitet, die über lasergesteuerte Bomben und Raketen verfügen. Verheerende Lücken in die irakische Verteidigung hat schließlich der Kampfhubschrauber "Apache" gerissen, dessen lasergesteuerte Raketen Bunker knackten und Panzer zerfetzten.

Das Totschlagpotential aus der Luft wurde durch die Seestreitkräfte noch potenziert. Neben den seegestützten Marschflugkörpern sind hier in erster Linie die beiden Schlachtschiffe "Missouri" und "Wisconsin" zu nennen, beide bereits im Zweiten Weltkrieg bzw. im Koreakrieg eingesetzt, unter Reagan modernisiert und zum letzten Mal bei der Beschießung palästinensischer Stellungen im Libanon eingesetzt. Jedes von diesen Schiffen abgefeuerte Geschoß wiegt eine Tonne, fliegt 40 Kilometer weit und reißt Krater von der Fläche zweier Fußballfelder. Augenzeugen konstatierten, aus sicherer Entfernung, die "fürchterliche Wirkung" dieser Waffen. Unter den amerikanischen Artilleriegeschützen kam im Golfkrieg erstmals ein variables Raketenabschußsystem MLRS zum Einsatz. Diese Waffe feuert gleichzeitig zwölf Raketen über eine Entfernung von 36 Kilometern ab. Bei Erreichen des Zieles zersplittern diese Raketen in 644 einzelne kleine Bomben und säen den Tod auf Hunderten von Quadratmetern. Vor allem in der Endphase des Krieges kam der M1/A1 Abrams-Kampfpanzer zum Einsatz, der modernste Kampfpanzer der Welt. Er hat einen Aktionsradius von knapp 500 Kilometern und verfügt über eine laser- und computergesteuerte Bordkanone; die 120 mm-Geschosse haben eine Reichweite von dreieinhalb Kilometern.

Und das ist noch längst nicht alles. Während des Golfkriegs setzten die amerikanischen Truppen Waffen ein, die durch internationale Konventionen geächtet sind. Hierzu zählt das Napalm, schon über Vietnam abgeworfen. Eine deutsche Zeitung meldete am 41. Kriegstag, dem 25. Februar 1991, mit dürren Worten: "Nachdem Reporter am Golf beobachtet hatten, daß Napalmbomben in Flugzeuge der US-Marineinfanterie verladen wurden, bestätigen Piloten und Angehörige des Bodenpersonals, daß dieses explosive Gel" (eine Körperlotion? ein Antirheumatikum, das bei unsachgemäßer Handhabung explodiert?) "seit mehreren Tagen abgeworfen werde. Das alliierte Oberkommando meldete aber: 'Es ist nicht gegen Menschen eingesetzt worden'". Das Napalm wurde gegen ölverfüllte Gräben, aber ebenso gegen die "vorderen irakischen Verteidigungslinien" eingesetzt, in denen sich, logischerweise, Menschen befunden haben müssen. Ramsey Clark führt in Punkt 7 seiner Anklageschrift auf, daß Napalmbomben nicht nur gegen Militärpersonal, sondern auch gegen Zivilisten eingesetzt worden sind. Von vergleichbar verheerender Wirkung waren die aus B52- und F111-Bombern abgeworfenen Benzinbomben. Sie wurden in der Luft gezündet und verwüsteten durch eine ungeheure Druckwelle eine Fläche von rund 20.000 Quadratmetern. Eine Variante dieser Bombe, die 15.000 Pfund schwere BLU-82, zerreißt auf noch größere Entfernung alles Lebende. Eine weitere geächtete Waffe sind die sogenannten Cluster (Streu-) Bomben, von denen wir verschiedene Exemplare auf Dokumentationsausstellungen in Bagdad und Basra gesehen haben. Diese Bombe dient speziell dem Menschenzerfetzen. Ein Exemplar, die CBU-75, besteht aus 1.800 kleinen Bomben, sogenannten Sadeyes, von denen wiederum jede einzelne 600 rasiermesserscharfe Stahlteile enthält. Jede einzelne dieser Sadeyes kann in der Luft, beim Aufschlag oder zu verschiedenen, vorher eingestellten Zeitpunkten nach dem Einschlag explodieren. Die tödliche Wirkung dieser Schrapnelle erstreckt sich pro Streubombe auf eine Fläche von 157 Fußballfeldern. Wiederum gegen Ende des Krieges kamen noch sogenannte Superbomben zum Einsatz, Sprengkörper von zweieinhalb Tonnen Gewicht, die auf Bunker zum Zwecke der Ermordung führender Personen abgeworfen wurden.

Übrigens: Atombomben wurden nicht eingesetzt, wohl aber ihr Einsatz in Erwägung gezogen. Vor Kriegsbeginn plädierte eine Fraktion amerikanischer Militärs dafür, alle Waffen, auch atomare, gegen den Irak anzuwenden. Als nach zweiwöchigem Dauerbombardement eine Kapitulation der irakischen Führung immer noch nicht in Aussicht war, wollte der Milliardärserbe und nebenberufliche amerikanische Vizepräsident Dan Quayle den Einsatz von Nuklearwaffen nicht mehr kategorisch ausgeschlossen wissen.

Schon diese knappe Aufzählung macht deutlich, was von den offiziellen Berich-

Eine amerikanische Streubombe.

ten und Einschätzungen der amerikanischen Kriegführung zu halten ist: denn dies ist der erste Krieg in der Geschichte, dem neben dem Attribut "gerecht" (das gab es häufig) auch das Epitheton "sauber" verliehen worden ist. Noch bevor die erste Bombe gefallen war, schwärmte der 'Spiegel' von "chirurgischen Schnitten", "intelligenten" Waffensystemen und "punktgenauer Treffsicherheit", immer insinuierend, daß der Verlust an Menschenleben dabei minimal gehalten werden könne, und immer mit bewunderndem Unterton und hundetreuem Blick hinauf zum Großen Bruder: "Kradmelder und das Kurbeln am Feldtelefon sind so passé wie die Spezies der Meldehunde." Tja, das sind schon tolle Kerle, unsere Patrone aus Übersee. Die "neue Ära der Kriegführung", die der 'Spiegel' im selben Artikel mit Jubelton begrüßte und für die er, mit Blick auf die Elektronik-Kids eines geistig abgestumpften Zeitalters, auch schon den passenden Sammelbegriff gefunden hat – "High-tech-war" – ist als Ideologem plump und durchsichtig, wirft aber eine Reihe interessanter Fragen auf: Hat Saddam Hussein die militärische Kapazität und die Entschlossenheit der USA, davon rücksichtslosen Gebrauch zu machen, unterschätzt? Während wir in unseren Flugblättern zum Thema den Widerstand Iraks gegen die USA als mutig, ja tollkühn charakterisierten, vermochten die Medien hier nur den Größenwahnsinn eines durchgedrehten Diktators zu erblicken. Saddam Hussein war sich des ungeheuren Risikos, das er einging, sehr wohl bewußt. Ungefähr eine Woche vor Kriegsbeginn führte er vor Spitzenfunktionären der PLO aus, "daß er einer Supermacht gegenüberstehe, die er militärisch nicht besiegen könne, (...) aber er verfüge über einen Trumpf, dem die USA bei aller Feuerkraft wenig entgegenzusetzen hätten: die Geduld und die Opferbereitschaft des irakischen Volkes." Hier sollte Saddam Hussein recht behalten. Weder das sechswöchige Bombardement noch die anschließende Zerstückelung des Landes, weder Seuchen noch Hunger konnten die Loyalität der irakischen Bevölkerung gegenüber ihrer Führung bislang ernstlich erschüttern. Bei unseren zahlreichen Taxifahrten durch Bagdad gerieten wir mehr als einmal an Chauffeure, die in Englisch, aber auch in Deutsch, beim Anblick beschädigter Brücken oder zerstörter Häuser Bush verfluchten und beschimpften, am eindrücklichsten ein Fahrer, der bei der entsprechenden Gelegenheit stets auf Deutsch sagte: "Hier – die große Arschloch George Bush". Wäre die Stimmung in weiten Teilen der Bevölkerung anders, dann hätte Saddam Hussein das Ende des Krieges zumindest in politischer Hinsicht um keine Stunde überlebt. Um dieses Phänomen – die Tatsache, daß die politische Führung und die Bevölkerung eines Landes auch um den Preis hoher und schmerzhafter Verluste keine Sklaven der USA sein wollen – zu erklären, mußten die Medien einen tieferen Griff in die Demagogenkiste wagen: Saddam Hussein habe sein Volk sehenden Auges in den Untergang gerissen, und dies sei seine eigentliche – pathologische – Genugtuung gewesen, die er im übrigen mit Hitler teile. Zum Hitlervergleich haben wir uns an anderer Stelle schon mehrfach geäußert, daher hier nur so viel: Es ist bezeichnend, daß der Hitler-Vorwurf an die Adresse des irakischen Präsidenten erst dann auftauchte, als er es wagte, dem Weltbeherrscher USA die Stirn zu bieten, nicht dagegen vorher, als Kritik – etwa beim Giftgaseinsatz gegen die Kurden – erforderlich gewesen wäre (und von uns auch geleistet wurde). Hier sah man generös durch die Finger, wie bei allen Scheußlichkeiten, die zu Nutz und Frommen des "freien Westens" geschehen. Vor Kriegsbeginn war zudem nicht abzusehen, ob ein militärischer Angriff der USA nicht einen Flächenbrand im Nahen und Mittleren Osten entfachen könnte – in Form der Solidarisierung arabischer Länder, auf jeden Fall aber deren Bevölkerungen, mit dem Irak –, und die wenigen offensiven Kriegshandlungen Iraks, insbesondere die Raketenangriffe auf Israel, dienten ja diesem Zweck, aus der militärischen Isolation auszubrechen und den Krieg, wenn er schon stattfand, zu regionalisieren (die Gegenschläge mit den Scud-Raketen – von amerikanischen Militärs übrigens als Produkte der "Steinzeittechnologie" belächelt – waren ein gefundenes Fressen für die Presse, nicht nur der deutschen: jetzt konnte man dem irakischen Präsidenten auch noch den Antisemitismus anhängen, und seinen Unterstützern ebenfalls). Schließlich schien es vor dem 17. Januar auch fraglich, ob die USA das Risiko eingingen, Milliarden an Dollar für ein brennendes und daher für sie nutzloses Kuwait auszugeben. Die Ereignisse haben gezeigt, daß die USA nicht nur keinen Widerspruch dulden, sondern sich ihren Krieg auch noch bezahlen lassen. Gleichwohl: Vor Kriegsbeginn war die Gefahr für den Irak zwar abschätzbar und äußerst groß, aber noch immer kalkulierbar, der weitere Verlauf der Ereignisse war nicht im einzelnen vorauszusehen; vor allem der schmähliche Verrat der ehemaligen Sowjetunion gegenüber ihrem früheren Verbündeten Irak war in dieser abstoßenden Kraßheit von der irakischen Führung wohl nicht recht bedacht worden. Wie dem auch sei: Neben allen Verleumdungen und Horrorgeschichten, die die westlichen Journalisten über den irakischen Präsidenten in niederträchtiger Absicht in Umlauf setzten, schreckte doch am meisten an ihm, daß er einem Krieg selbst in aussichtsloser Position nicht aus dem Wege ging, wenn die Alternative nur Demütigung und Unterwerfung waren. Das war unpazifistisch, undeutsch, uneuropäisch – aufrecht eben. Und die Gefahr, die von ihm ausging, war eben die Vorbildlichkeit dieser Haltung, nicht seine militärischen Möglichkeiten, die man ins Überdimensionale bauschte. Auch wurde kein biologischer Kampfstoff eingesetzt, kein Kampfgas verwendet, so daß noch nach dem Einmarsch der Amerikaner in Kuwait die deutsche Presse dem Popanz hinterherrannte, den sie selbst mit aufbauen geholfen hat: "Iraks Superwaffen sind weg", konstatierte eine Zeitung etwas fassungslos, als wäre sie Opfer ihrer eigenen Lüge geworden. Es hat diese "Superwaffen" auf irakischer Seite nie gegeben, wohl aber jene Waffen, die wir vorhin aufgelistet haben. Und die wurden auch eingesetzt.

Der Krieg – seit zwei Jahren von den USA geplant, seit fünf Monaten minutiös vorbereitet – kam, und der 'Stern' war dabei: "In der Kriegsregion, im Irak, war es kurz vor 3 Uhr. Ein US-Kampfhubschrauber vom Typ Apache befand sich 12 Kilometer vom Stromgenerator einer Radarstellung der irakischen Luftverteidigung für Bagdad entfernt. Der Generator war das erste Ziel in diesem Krieg. Der Pilot sah auf das Gebäude auf dem Bildschirm seines Nachtsichtgeräts, ein winziges, tanzendes Viereck. Seine Instrumente zeigten die Flugzeit der Hellfire-Rakete bis zum Ziel an: 20 Sekunden. Er drückte ab. 'Die ist für Dich, Saddam!' rief er. Ein Instrument zählte die Sekunden, und der Pilot verfolgte auf seinem Bildschirm, wie die Hellfire-Rakete sich dem winzigen Viereck näherte. Dann, lautlos, füllte die Explosion seinen Bildschirm aus." – Überhaupt schätzten die

US-Rakete mit der Aufschrift: "My ticket to the States!"

US-Piloten Zynismen und Kraftausdrücke beim Ausklinken der Bomben und Abfeuern der Raketen, besonderer Beliebtheit erfreute sich anscheinend der Kampfruf "Say Allah hello" beim Einschlagen ferngelenkter Geschoße: Killersemantik. Wir selbst haben Bomben und Raketen mit entsprechenden Aufschriften gesehen, und selbst die obersten amerikanischen Kriegsführer befleißigten sich dieses Brauches. Bei einer Inspektion amerikanischer Truppen in Saudi-Arabien schrieben zum Beispiel General Powell und Kriegsminister Cheney ihre Grüße auf Bomben, am 27. Kriegstag, dem 11. Februar 1991. Während Powells Spruch etwas ungelenk anmutet ("Für Saddam, Du gingst nicht, also verlierst Du es"), ist der Kriegsminister ganz Zyniker: "Für Saddam, in Liebe". Dem ostdeutschen Leser, mit solchen Verkommenheiten noch nicht auf Du und Du, erklärte die 'Leipziger Volkszeitung' denn auch etwas schonend: "Bei den amerikanischen Piloten ist es Brauch geworden, den Bomben solche Widmungen mit auf den Weg zu geben" – auch eine Art der Völkerverständigung. Aber wir greifen schon wieder vor.

Besagter Powell, von der Bundesregierung nach dem Krieg übrigens mit dem Großen Bundesverdienstkreuz ausgezeichnet, hatte vor Kriegsbeginn Ziel und geplanten Verlauf der militärischen Operationen wie folgt beschrieben: "Unsere Strategie gegenüber dieser Armee ist sehr einfach. Erst werden wir sie abschneiden, und dann werden wir sie töten." Diese Weisung wurde seit dem 17. Januar 1991 in die Tat umgesetzt, 44 Tage lang. Am 17. Januar warfen die angreifenden Flugzeuge in ungefähr 1.300 Angriffen 18.000 Tonnen Sprengstoff über vorher bestimmten Zielen ab. Zum Vergleich: Bei der Bombardierung Dresdens am 13. Februar 1945 gingen 2.659 Tonnen Sprengstoff auf die Stadt nieder; beim Höhepunkt der amerikanischen Luftangriffe auf Hanoi und Haiphong hagelten 3.300 Tonnen Sprengstoff auf die beiden vietnamesischen Städte. Nach dem ersten Tag liest sich die Bilanz in einem britischen Kriegsjournal so: "Alliierte Kommandeure sprechen mit kaum verborgener Freude über das präzise Bombardement und den chirurgischen Charakter der nächtlichen Operationen. Kein Flugzeug vermißt, kein Alliierter gefallen, Erfolgsquote der Einsätze von 80%, keine bekanntgewordenen zivilen Opfer." Und Bush verkündete im arroganten Herrenmenschenton über Funk und Fernsehen: "The operation is going on." Er hielt Wort: In insgesamt 110.000 Luftangriffen warfen die Flugzeuge über 88.000 Tonnen Sprengstoff ab. Von dieser Bombenmasse waren nur 8,8% gelenkte, ferngesteuerte (im Militärjargon: "smarte") Bomben, während 91,2% der Sprengkörper, die auf militärische wie zivile Einrichtungen fielen, sogenannte "blöde Bomben" ("dumb bombs"), also herkömmliche Bomben waren. Über 90% der "intelligenten" ferngelenkten Bomben schlugen in ihr Ziel ein, während das Gros der gewöhnlichen Bomben – drei Viertel – ihr Ziel verfehlten. Während beispielsweise Ziele im Zentrum Bagdads – das Verteidigungsministerium, der Kongreßpalast, Telekommunikationsgebäude, die Tigrisbrücken – mit Präzisionswaffen zerstört wurden, fielen auf die Wohngebiete und auf andere Städte in der Provinz die konventionellen Bomben nach dem Gießkannenprinzip – oder in anderen Worten: Terror pur. "Es sind die gleichen blöden eisernen Bomben, wie sie auf Berlin, Pyöngyang und Hanoi fielen", schrieb ein pensionierter amerikanischer Armeeoffizier über die Bombardierung Iraks. Und das hatte seinen Grund: Herkömmliche Bomben – so ein Sprecher des Pentagons – "kosten weniger als ein Dollar das Pfund, sie sind billiger als ein Hamburger." Eine präzisionsgeleitete Bombe kostet dagegen 50.000 bis 100.000 Dollar das Stück, und selbst das Morden will rationell und kostengünstig durchgeführt sein. Auch bei den Nazis war, liest man die KZ-Berichte, eine genaue Kalkulation der Massenvernichtungsmittel üblich.

Am Vorabend "des größten Bombardements der Kriegsgeschichte" – so der 'Spiegel' – hatte der amerikanische Präsident einen Brief an Saddam Hussein geschrieben, in dem er in bezeichnender Wortwahl und wiederum mit blankem Zynismus den unmittelbar bevorstehenden Angriff ankündigte. In dem Schreiben, das in allen großen Tageszeitungen veröffentlicht wurde, hieß es unter anderem: "Es kann keine Belohnung für Aggression geben. Auch wird es keine Verhandlungen geben. Über Prinzipien können keine Kompromisse gemacht werden. Bei voller Erfüllung wird der Irak jedoch die Chance erhalten, wieder in die internationale Gemeinschaft aufgenommen zu werden. Aber noch wichtiger, die irakische Armee wird der Vernichtung entkommen. Aber so lange, bis Sie nicht völlig und ohne Bedingungen aus Kuwait abrücken, werden Sie mehr als Kuwait verlieren. (...) Die Wahl liegt bei Ihnen. (...) Ich schreibe diesen Brief nicht, um zu drohen, sondern um zu informieren. (...) Ich hoffe, Sie wägen Ihre Möglichkeiten ab und wählen weise, denn davon wird viel abhängen." Die Weltöffentlichkeit hatte die Botschaft verstanden und richtete sich auf ihre Weise ein: In Deutschland, Frankreich und Italien fanden panikartige Hamsterkäufe statt; in den USA wurden Hunderte von Demonstranten gegen den unmittelbar bevorstehenden Krieg ins Gefängnis geworfen; aus Bagdad wurde die Evakuierung zahlreicher Menschen in den Norden des Landes gemeldet. Am Tag des Kriegsbeginns wurde Bush eine streng vertrauliche Direktive mit Feigenblattcharakter vorgelegt, die den Kommandeuren an der Front die Schonung der Zivilbevölkerung und der heiligen islamischen Stätten nahelegte. Powells letzte Äußerungen vor Kriegsbeginn gegenüber Bush sprechen dagegen wieder Klartext: "Es werden schreckliche Dinge passieren, Herr Präsident ... Je ungestörter Sie uns Militärfachleute arbeiten lassen, um so besser." Und so geschah es.

Seit Kriegsbeginn am 17. Januar um drei Uhr Ortszeit wurde im statistischen Mittel jede halbe Minute ein Luftangriff gegen den Irak geflogen. Allein in der ersten Bombennacht wurden Bomben mit insgesamt der anderthalbfachen Sprengkraft der Atombombe von Hiroshima über dem Irak abgeworfen. Neun Schiffe der amerikanischen Marine feuerten am ersten Tag 106 Tomahawk-Marschflugkörper gegen irakische Ziele ab, zwanzig davon auf den Präsidentenpalast von Saddam Hussein sowie auf die Bagdader Telefonzentralen und Elektrizitätswerke. Der BBC-Korrespondent John Simpson beobachtete aus dem Fenster des Bagdader Hotels Al Rashid eine solche Rakete: "Sie flog langsam und fast lautlos die Straße entlang und explodierte an deren Ende." Um völlig sicher zu gehen, wurden dieselben Ziele wenig später nochmals von Jagdbombern angeflogen, deren Wirkung sogenannte Rüstungsexperten "atemberaubend" fanden: Im Tiefflug näherten sie sich ihren Zielen mit 800 Stundenkilometern und trafen dabei noch die Luftschächte der Bunker und die Rollbahnen der

Flugplätze (die übrigens mit speziellen Bomben zerstört wurden: sie durchschlugen zuerst die Betondecke der Pisten und explodierten dann im Boden, um möglichst große Krater zu erzeugen und schnelle Reparaturen zu verhindern). Wie überraschend dieser erste militärische Schlag gekommen war, trotz aller vorhergehenden Drohungen, geht allein aus der Tatsache hervor, daß die Piloten der amerikanischen Tarnkappenbomber ein hell erleuchtetes Bagdad vorfanden. Der Bombenhagel auf militärische Einrichtungen, politische und administrative Zentren, Atomanlagen, elektrische Werke und Fabriken war so gewaltig, daß viele Militärs den Krieg schon nach der ersten Nacht entschieden sahen. Aber diesmal sollten sie sich täuschen.

Nach drei Tagen war immer noch nichts von der allseits erwarteten Kapitulationserklärung aus Bagdad zu hören; statt dessen mußte der Abschuß von acht Flugzeugen aus der alliierten Luftflotte bekanntgegeben werden, und Bilder gefangener Piloten machten vom irakischen Fernsehen aus ihre Runde um die Welt. Die Gesichter dieser Piloten, die im Fernsehen den amerikanischen Angriff auf das "friedliche irakische Volk" verurteilten, wiesen Schrammen, Schnitte und blaue Flecken auf, und schon erhob sich das Geschrei von der "Folterung" amerikanischer und britischer Kriegsgefangener durch den Irak, wohlweislich die banale Überlegung außer acht lassend, daß das Verlassen eines abgeschossenen Kampfflugzeugs mit dem Schleuderstuhl gefährlicher ist als das Aussteigen aus einem geparkten Auto. Die Fotos verfehlten jedenfalls ihre Wirkung nicht: "Die offenkundige Folterung amerikanischer Gefangener macht diesen Krieg zum wirklichen Krieg", jammerte der Kongreßabgeordnete Bill Richardson. Wenn die Gefangennahme einer Handvoll Soldaten – wie der Tod auf dem Schlachtfeld ein Berufsrisiko – "wirklicher Krieg" ist, dann fragt sich freilich, wie man die Zerstörung eines ganzen Landes und die Ermordung Zehntausender Zivilisten bezeichnen soll: etwa als Dienst tätiger Nächstenliebe am irakischen Volk? Denn allein die zivilen Todesopfer in Bagdad gingen im selben Zeitraum in die "Hunderte", wie westliche Zeitungen einräumten. In der Vier-Millionen-Stadt war die Strom-, Wasser- und Lebensmittelversorgung vollständig zusammengebrochen, und der Gestank von Rauch, verwesten Leichen und Abfällen zog durch die Straßen. Die zweitgrößte Stadt des Landes, Basra, wurde rund um die Uhr so schwer bombardiert, daß noch in einer 40 Kilometer entfernten iranischen Stadt die Gebäude bebten. Alle angeflogenen Industrieanlagen waren zerstört, und der Verbrauch von Munition und Sprengkörpern übertraf selbst die Planungen des Pentagons: Alle Lager in Europa mußten ausgeräumt werden, und die BRD lieferte allein so viel Munition und Ersatzteile, daß die deutsche Luftwaffe schon nach Ablauf der ersten Kriegswoche nicht mehr einsatzfähig war. Das Resultat im Irak war entsprechend. Der amerikanische General Charles Former kommentierte beispielsweise Bilder von völlig zerstörten irakischen Zielen in jovialer Herrenmenschenart: "Dies ist das Hauptquartier meines Gegners in Bagdad. Bitte schauen Sie sorgfältig auf alle Seiten des Gebäudes." Nach rund einer Woche Krieg war die irakische Luftabwehr völlig gelähmt, mindestens 10.000 irakische Soldaten umgebracht und nach Angabe von Kurden – die, das sollte nicht vergessen werden, während der gesamten Dauer des Krieges auf der Seite Saddam Husseins gegen die Amerikaner standen – etwa die Hälfte der militärischen und industriellen Anlagen des Landes zerstört. Ferner seien im Norden des Landes, in den Städten Mosul und Kirkuk, viele Elektrizitätswerke getroffen worden; durch die Zerstörung der Ölraffinerien, Fernmeldezentren und Brücken sei das Land praktisch lahmgelegt. Über den Terror gegen die Zivilbevölkerung berichtete eine palästinensische Augenzeugin in einer westdeutschen Zeitung: "Viele Viertel von Bagdad sind schwer zerstört. Ich sah eine angegriffene Schule. Eine Mädchenklasse war beim Zeichenunterricht überrascht worden. Alle 23 Kinder waren tot. Die Farbe auf den Zeichenblättern war noch feucht. Drei Stadtteile von Basra, das Nationalmuseum und viele schiitische Stätten wurden in Schutt und Asche gelegt. Unter den Journalisten rechnet man mit 300.000 ermordeten Zivilisten. (...) Den Flächenbombardements fallen vor allem Zivilisten zum Opfer." Und wie um die propagandistisch herbeigeführte Schizophrenie in den Untertanenköpfen zu forcieren, steht unmittelbar neben dem zitierten Artikel unter der Überschrift "Schutz für Heiligtümer": "Großbritannien will den islamischen Staaten versichern, daß die heiligen Stätten der Moslems im Irak bei den Luftangriffen der Alliierten nicht beschädigt worden seien. Das Außenministerium in London teilte (...) mit, die Botschafter in den islamischen Staaten seien aufgefordert worden, die Regierungen zu unterrichten, daß die alliierten Bombenangriffe sich nur auf strategische Ziele richteten." Lüge, dein Name ist Journalist.

Das europäische und amerikanische Hinterland wurde derweil selbst zur neuen Kriegsfront erklärt: In England wurden 50 junge Iraker, Studenten allesamt, verhaftet und in einem speziell eingerichteten Lager für die gesamte Kriegszeit interniert. Die Begründung für diese eklatante Rechtsverletzung lautete lapidar, daß jene Studenten Stipendien aus dem Irak bezögen und neben ihrem Studium – "sonst" eben – "in der irakischen Armee dienen." Welcher junge Mann in welchem Land der Welt mußte das nicht? In diesem Krieg ist viel zugrunde gegangen, in Europa neben der Rechtsstaatlichkeit zuvorderst Vernunft und

Logik. In noch ganz anderem Ausmaß machten die Vereinigten Staaten an der Heimatfront mobil: Jenes Land, das die lautesten Entsetzensschreie wegen der Geiselnahme europäischer und amerikanischer Staatsangehöriger durch den Irak über den Globus gellen ließ, jener Staat, der am meisten Krokodilstränen über diesen "barbarischen Unrechtsakt" vergoß, verhörte schon in den ersten Kriegswochen rund 10.000 Amerikaner arabischer Abstammung, deren insgesamt 2,5 Millionen Angehörige der Volksgruppe vom FBI als potentielle Terroristen ins Visier genommen wurden. Dieses Vorgehen glich dem Verhalten der amerikanischen Regierung während des Zweiten Weltkrieges wie ein faules Ei dem anderen, als nämlich Hunderttausende amerikanische Staatsbürger japanischer Herkunft verhört, verhaftet und in Sammellager deportiert wurden. Aber die Kriegsbegeisterung und -hysterie in den USA trieb schließlich auch kuriose Blüten: Als kleinere Erdbeben den Bundesstaat Ohio erschütterten, waren viele US-Bürger der Ansicht, ihr Land sei von irakischen Scud-Raketen attackiert worden. Die Scud-Raketen sind, wie bereits gesagt, Mittelstreckenraketen mit einer Reichweite von ungefähr 1.000 Kilometern; Nordamerika ist zwar ein flächenmäßig großes Land, aber doch wieder nicht so groß, daß man es auch nur als mittelbaren Nachbarn des Irak bezeichnen könnte. Wozu sollte man sich aber auch mit Mühen Kenntnisse aneignen und das weite Gebiet der Geographie mit seinen Klüften und Klippen beherrschen, wenn man doch die Welt beherrscht? Diese Anekdote belegt jedenfalls noch einmal drastisch, wie weit die Dämonisierung Saddam Husseins in der amerikanischen Kriegspropaganda vorangeschritten war, daß er geradezu wie Belzebub die größten Entfernungen spielerisch überwinden kann, aber sie zeigt noch mehr: wie Dummheit und Gewalttätigkeit in diesem Land aufs schönste harmonieren, wie High-Tech mit tendenziellem Analphabetismus kopuliert und diese besondere Spezies von Untertanen hervorbringt...

In dem Maße, wie die amerikanische Kriegsfurie immer wilder tobte, trat mit zunehmender Lautstärke in den westlichen Medien ein Aspekt zutage, mit dem man jede Pseudolegitimation des Überfalls auf den Irak über Bord warf, die ausgequetschte Zitrone UN auf die Seite kickte und unverhohlen das eigentliche Kriegsziel propagierte: die Ermordung Saddam Husseins. Bereits nach der ersten Kriegswoche deutete der britische Premier John Major in einer Rede vor dem Unterhaus Mordpläne gegen den irakischen Präsidenten an und führte aus: "Wie immer auch sein Los sein mag, ich werde nicht um ihn weinen." Wenige Tage später gab der britische Kriegsminister Tom King zu, daß die Ziele des Krieges gegen den Irak "weit umfangreicher" seien als der bislang stets propagierte

Vorwand, die irakischen Truppen zum Abzug aus Kuwait zu zwingen. Eine britische Zeitung redete, um eventuelle Reste von Illusionen auszuräumen, unverhohlen Klartext: "Obwohl es nicht ausgesprochen wird, ist es jedem klar, daß die Beseitigung des irakischen Militärapparats sowie von Saddam persönlich in den Augen der Alliierten wünschenswert ist". Auch US-Außenminister Baker legte nun die Karten offen auf den Tisch: "Der Sturz Saddams ist kein Kriegsziel, wäre aber durchaus wünschenswert." Hielt man bislang noch die Fassade der Heuchelei über den "gerechten, sauberen Krieg" einigermaßen aufrecht, so warf man nun alle vorgeschobenen Skrupel über Bord, mit denen man zuvor noch die Weltöffentlichkeit ködern wollte. Am 12. Februar 1991 teilte der Sicherheitsberater Brent Scowcroft dem obersten Befehlshaber Colin Powell mit, Präsident Bush "wäre nicht unglücklich, wenn Saddam ermordet würde" – da soll es doch irgend so etwas wie eine amerikanische Verfassung geben, die in irgendeinem Artikel irgendwie verbietet, ausländische Staatsoberhäupter zu ermorden... Die westliche Presse ließ sich dies nicht zweimal sagen und befürwortete nun offen die verbrecherischen Ziele Washingtons: "Am liebsten Saddams Kopf", lautete die 'Spiegel'-Schlagzeile in der vierten Februarwoche. An die entgegengesetzten Richtlinien der UN-Beschlüsse zu denken, überließ man nun Traumtänzern und Pazifisten und stellte unmißverständlich klar, daß jene Beschlüsse nicht einmal das Pulver einer Kugel wert waren, sondern der amerikanischen Kriegsmaschinerie lediglich propagandistisch den Weg ebnen und das nachfolgende Massaker rechtfertigen sollten. Die Treibjagd auf den "Bunkermenschen von Bagdad", wie der 'Spiegel' höhnte, war nun eröffnet. Der französische Präsident Mitterand wünschte den "verschlagenen Iraker" weit weg, "irgendwohin, in ein weit entferntes Land", wahrscheinlich wohl die ewigen Jagdgründe, und auch die anderen Vasallenstaaten unterstützten "Bush in dessen Drang, den Diktator ein für allemal unschädlich zu machen", wie der – als "linksliberal" geltende 'Spiegel', nicht wahr – in entlarvender Kriegsrhetorik mordlüstern lechzte. Selbst die syrische Regierungszeitung 'El-Thaura' hatte zur Ermordung Saddam Husseins aufgerufen, und Ägyptens Mufti Tantawi prägte in schönster Übereinstimmung mit dem amerikanischen Weltherrn die spätantik-mittelalterlich anmutende Formel, daß "Menschen, die Verderbnis auf Erden verbreiten, (...) hingerichtet und gekreuzigt werden" müßten – damit war, wohlgemerkt, Saddam Hussein gemeint, und mit dieser Formulierung hatte man Christen wie auch Mohammedaner unter dem amerikanischen Dach. Auch der türkische Ministerpräsident Turgut Özal, Experte für Folterungen und Kurdenvernichtung im eigenen Land und in dieser Eigenschaft des Westens bester Freund in der Nahostregion, hatte den entsprechenden Ratschlag parat: "Um den Krieg schnellstmöglich zu beenden, muß man diesem Mann das Rückgrat brechen" – der angeblich für "Freiheit, Demokratie und nationale Selbstbestimmung" geführte Krieg bediente sich mittlerweile einer bemerkenswerten Terminologie. Ein britisches Regierungsmitglied brachte das nun offen propagierte Kriegsziel mit der unterkühlten Prägnanz der Inselmenschen nochmals auf den Nenner: "Saddam muß ausgeschaltet werden." So entlarvend und bar jeglichen Rechtfertigungsbemühens die Mordaufrufe mittlerweile auch waren, so blieb es doch den russischen Kapitulanten vorbehalten, den Gipfel an Infamie und Niedertracht zu besteigen: Der russische Nahost-Experte Primakow konstatierte bei Saddam Hussein einen "Massada-Komplex", also eine Art pathologische Selbstmordneigung, in Anlehnung an jene jüdischen Verteidiger der Festung Massada am Toten Meer, die in militärisch aussichtsloser Lage angesichts der römischen Überlegenheit kollektiv Selbstmord begingen, um den Feinden nicht lebend in die Hände zu fallen. Selbstmordneigungen angesichts dieser Flut von Mordaufrufen und -versuchen zu unterstellen, ist in logischer Hinsicht verrückt, in moralischer Hinsicht perfide – ein weiteres Beispiel dafür, daß Opportunismus keine Ekelgrenze der Selbstverachtung und Knechtsseligkeit kennt. Für die kommenden Kriegstage und -wochen prognostizierte die Beraterin der US-Regierung Laurie Mylroie, es sei nun endlich "möglich, daß ein Coup oder die Ermordung von Saddam diesmal (!) gelingt."

Doch auch dieses Mal sollten sich die Amerikaner täuschen. Der irakische Präsident überlebte den Krieg, trotz des Abwurfs von zweieinhalb-Tonnen-"Superbomben" auf verschiedene Bunker während der letzten Kriegstage. An den Mordabsichten der amerikanischen Regierung hat sich indes bis heute nichts geändert. Die Propaganda der westlichen Medien hatte gründlich ihre Wirkung getan; 70% der amerikanischen und 71% der britischen Bevölkerung befürworteten gegen Kriegsende – UN-Beschlüsse hin oder her – die Ermordung Saddam Husseins, und auf dieser Grundlage ließ sich das schmutzige Geschäft ungehindert fortführen. So gab es auch keinerlei Proteste, als die Präsidentengattin Barbara Bush nach Kriegsende den Vorschlag des Vietnam-Kriegsverbrechers, Wahlbetrügers und Ex-Präsidenten Richard Nixon, man solle Saddam Hussein festnehmen und hinrichten, "sehr interessant" fand. Weiter führte die Präsidentengattin, zu deren Ressort offensichtlich auch die Außenpolitik zählt, aus: "Ich verabscheue ihn" (nicht den Krieg, sondern Saddam Hussein). "Was er den Kuwaitern angetan hat, ist so empörend ... Ich möchte ihn hängen sehen, falls er schuldig gesprochen wird." Zur Erreichung dieses Ziels konstituierte sich in den letzten Kriegstagen in Amerika eine aus schwerreichen Personen zusammengesetzte Gruppe mit dem aufschlußreichen Namen "Amerikaner für Wüstenruhe", die 25 Millionen Dollar auf den Kopf von Saddam Hussein auslobte. Ein Teil des Geldes wurde für Spitzel- und Zuträgerdienste im Nahen Osten investiert. Neben privaten bzw. halboffiziellen Initiativen dieser Art setzt die US-Regierung ihre Politik des Faustrechts und der Lynchjustiz weiter fort: Der amerikanische Geheimdienst CIA soll für das Haushaltsjahr 1993 40 Millionen Dollar für die Beseitigung Saddam Husseins zur Verfügung gestellt bekommen – das Dreifache der Summe des Vorjahrs. Ein Teil dieser Gelder soll den Kurden und Schiiten im Irak zugute kommen, zugleich wolle man damit "mindestens drei Oppositionsgruppen" finanzieren und die "Anti-Saddam-Propaganda" verstärken. Noch gefährlicher als die bislang erfolglosen Mordpläne ist indes die Absicht, das irakische Volk durch Aushungerung zu einem Verzweiflungsaufstand zu treiben; dieser Hauptzweck des Embargos und der totalen Blockade des Landes soll uns indes an anderer Stelle eingehender beschäftigen.

Während der offene Aufruf zum Mord zum festen Bestandteil der westlichen Alltagspolitik wurde, ging das Schlachten eines weitgehend wehrlos gewordenen Gegners auf dem irakisch-kuwaitischen Kriegsschauplatz planmäßig weiter. Nach zwei Wochen war die irakische militärische Führungsstruktur – Zentren, Kommandobunker, Brücken und Nachrichtenlinien – zerschlagen und "das letzte Kapitel der irakischen Marine geschrieben", wie ein britischer Kriegsberichterstatter voller Genugtuung schrieb. Die irakischen Luftstreitkräfte und die Luftverteidigung Iraks waren systematisch zerschlagen worden; schon nach wenigen Kriegsstunden war eine koordinierte Abwehr der Bomberflotten nicht mehr möglich gewesen. Pro Tag wurden nun ungefähr 100 irakische Panzer vernichtet, also zwei Panzerbataillone aufgerieben. Nach 14 Tagen ununterbrochenen Bombardements hatten die irakischen Truppen indes einen bemerkenswerten, freilich nur punktuellen Entlastungsangriff unternommen und die saudische Stadt Khafji erobert, 16 Kilometer von der kuwaitischen Grenze entfernt. Die irakischen Truppen hatten sich dabei einer Kriegslist – der einzigen Waffe des Schwächeren – bedient und dadurch die Amerikaner überlistet: Irakische Panzerbrigaden näherten sich – mit weißen Tüchern und nach hinten gedrehten Panzertürmen Kapitulation signalisierend – den amerikanischen Linien und eröffneten dann überraschend das Feuer. Von den überrumpelten US-Marinesoldaten wurden mindestens elf getötet, und in einem vierten Vorstoß gelang die Eroberung der Stadt, die dann von etwa 100 irakischen Soldaten gegen eine erdrückende amerikanische Übermacht über 36 Stunden gehalten wurde. Den Kampf um Khafji beschrieb ein amerikanischer Marine-Oberst als "höllisch", während der kommandierende General Schwarzkopf die irakischen Erfolge zu bagatellisieren versuchte: sie seien nicht mehr als Moskitostiche auf einem Elefanten. Wenn auch die militärischen Kräfteverhältnisse damit annähernd exakt wiedergegeben wurden, so zeigte der Kampf um Khafji, der den Kriegsverlauf nicht wesentlich beeinträchtigen konnte, doch eines: die beachtliche Kampfmoral der irakischen Truppen, die der der amerikanischen GI's haushoch überlegen war und in diesem Fall den Sieg über wesentlich besser ausgerüstete Truppen davontrug, da diese sich für eine kurze Zeit nicht auf die Bombenteppiche und Raketen der Luftwaffe verlassen konnten. Durch diesen kurzfristigen Erfolg steigerten sich der Kampfeswille und das Durchhaltevermögen der irakischen Truppen sowie der Bevölkerung noch einmal beträchtlich, war damit doch der Beweis erbracht, daß die "feigen Hunde" aus Übersee den offenen Kampf scheuten und nur aus ihren fliegenden Festungen ungefährdet Tod und Verderben über weitgehend Wehrlose bringen konnten. Ausführungen dieser Art konnten wir während unseres Aufenthalts im Irak von ehemaligen Kriegsteilnehmern und Zivilpersonen häufig hören.

Dies war in der Tat das Vorgehen der amerikanischen Truppen, und es erwies sich letztendlich, daran konnte von Anfang an kein Zweifel bestehen, als kriegsentscheidend. Jeden Tag, den die irakischen Truppen der erdrückenden Übermacht standhielten, wertete die irakische Führung zu Recht als moralischen Sieg, und von Tag zu Tag nahm daher das Geifern der westlichen Medien zu, die diese Standhaftigkeit bis auf den heutigen Tag nicht verzeihen konnten, und mit der Lautstärke der Propaganda steigerte sich die Brutalität der Kriegführung, die auf die vollständige Zerschlagung des irakischen Militärpotentials und auf die Zerstörung des gesamten Landes abzielte.

Noch einmal formierten sich die irakischen Truppen zu einem größeren Gegenschlag, am 16. Kriegstag im Norden von Kuwait, insgesamt angeblich sechs Divisionen mit 60.000 Soldaten. Diese Truppenansammlung gab den amerikanischen Jagdbombern die Gelegenheit zum "Truthahn-" oder "Hasenschießen", wie die Piloten das Abschlachten feige und feixend nannten. Die Konzentration von Kampfflugzeugen über den irakischen Truppen war so hoch, daß die Jagdbomber mindestens eine halbe Stunde Warteschleifen fliegen mußten, bevor sie ihre tödliche Fracht abladen konnten oder sie sogar auf Ausweichziele angewiesen werden mußten. Ein britischer Kriegsberichterstatter schildert das Ereignis so: "Die Bomber der Alliierten, erfreut über das Zielscheibenschießen, greifen die gepanzerte Kolonne und die feindlichen Streitkräfte an." Ein amerikanischer

Kommandeur einer Harrier-Schwadron schwärmte in bezeichnender Metaphorik: "Wie wenn man tief in der Nacht das Licht in der Küche anmacht und die Kakerlaken zu laufen anfangen, so töten wir sie."

Werfen wir noch einen Blick in die Tageszeitungen jener Tage, um uns einen vollständigen Eindruck von der amerikanischen Ausrottungsstrategie zu machen. UNO-Generalsekretär Perez de Cuellar, schon längst kaltgestellt und ins Abseits geschoben, beklagte pflichtgemäß einmal mehr die hohen zivilen Verluste im Irak und das Ausmaß der Zerstörungen in den Wohngebieten, während Bush dies unwirsch als bösartige Propaganda aus Bagdad abtat. In einer Rundfunkansprache lobte Saddam Hussein die Standhaftigkeit der irakischen Bevölkerung, die ohne Strom, fließendes Wasser, ohne Benzin und mit immer knapper werdender Nahrung unter dem Bombenhagel ausharrte, und bewirkte damit ein erneutes Wutgeheul in der westlichen Presse. Die Wut ist um so größer, weil diese Loyalität gegenüber der irakischen Führung tatsächlich existiert und diese Haltung – wie das Wort bereits sagt – auf fester innerer Überzeugung gründet und kein Resultat der Einschüchterung durch jene sagenhaften sieben irakischen Geheimdienste sein kann, die in jüngster Zeit wieder verstärkt durch die westdeutsche Medienlandschaft geistern. Diese Loyalität, die wir auch noch ein Jahr nach Kriegsende in zahlreichen Gesprächen mit der Bevölkerung feststellen konnten, trat eindrucksvoll beispielsweise in einem Artikel der 'Leipziger Volkszeitung' vom 12. Februar 1991 zutage – nach nahezu vier Wochen Krieg also –, und er soll daher in größeren Auszügen wiedergegeben werden (zum besseren Gedächtnis, zur Kenntnis und zum besseren Verständnis der Vorgänge für ein resigniertes, vergessen wollendes Publikum, und weil wir während unserer Vorträge von deutscher wie von exilirakischer Seite bisweilen mit dem Vorwurf konfrontiert wurden, wir betrieben Schönfärberei über die allgemeine Stimmung im Irak, und dies sogar im Auftrag der dortigen Regierung! Man lese also den Bericht einer westdeutsch gewendeten ostdeutschen Zeitung): Die irakische Hauptstadt, so setzt der Artikel ein, sei durch das Bombardement "um Jahrhunderte zurückgeworfen" – um eben dies zu leugnen, besuchten einige 'Stern'-Reporter nach Kriegsende Bagdad, aber davon ausführlich später. Pferdewagen rollten als einziges Transportmittel durch die Metropole, das Trinkwasser werde in Eimern aus dem Tigris geholt, Zweige seien der einzige, zudem spärlich vorhandene Brennstoff zum Kochen. Der 26jährige Regierungsbeamte Sarmad Mohammed führte auf Befragen aus: "Wir werden vielleicht sterben, aber wenn, dann in Würde." Seine Frau fügte hinzu, daß es ihnen an allem fehle, "von der Zahnbürste bis zu Eiern ... Wir haben viel zu leiden. Unsere Kinder haben keine

Milch. Unsere Eltern haben keine Medikamente." Der Strom sei ausgefallen, Kerzen seien knapp und teuer; nachts finde man wegen der regelmäßigen Luftangriffe keinen Schlaf. Eine andere Frau – ähnliches begegnete uns bei der Besichtigung eines zerbombten Stadtviertels in Mosul – fing beim Anblick westlicher Journalisten mit schriller Stimme an zu schreien: "Sagt Amerika, daß wir keinen Krieg wollen. Hört mit dem Blutvergießen auf!" Man bemerke: die Schuldzuweisung ist eindeutig, und sie ist es auch mehr als ein Jahr danach geblieben. "Wir lieben unseren Führer, er ist unser Herz", sagte eine weitere Passantin unter dem Beifall mehrerer Personen. "Wir wollen den Krieg wirklich beenden, aber nicht unter Amerikas Herrschaft", führt die 31jährige Kesma Hamid aus, und die Zeitung kommt bezüglich der allgemeinen Stimmung im Irak während des Bombardements zu dem zutreffenden Schluß: "Viele äußern die Befürchtung, daß eine von den USA bestimmte Friedensregelung zu einer westlichen Beherrschung ihres Landes führen könnte" – was sie jedoch nicht gewillt seien, hinzunehmen. Es bedarf also kaum weiterer Erläuterung, warum gerade Wohngebiete und zivile Einrichtungen bombardiert wurden, wenngleich stets betont wurde, man unternehme alles, um die Zivilbevölkerung zu schonen: der Bombenhagel sollte Menschen mit dieser Haltung treffen, er sollte sie mürbe und weich klopfen, um sie so unter das Joch der USA zwingen zu können oder, für deutsche Leser formuliert, ihnen die freiheitlich-demokratische Trense durch den Mund zu ziehen, aus ihnen ein gefügiges Sklavenvolk in amerikanischen Diensten zu machen. Die brutalste Aktion in diesem Zusammenhang stellte die Bombardierung des Amiria-Luftschutzbunkers dar, eines eindeutig zivilen Objektes. Doch auch durch diesen barbarischen Akt, den wir an anderer Stelle eingehender erörtern, erreichten die amerikanischen Streitkräfte nicht ihr Ziel, den Widerstandswillen der irakischen Bevölkerung zu brechen (siehe Seite 138).

Aus einem Bericht des bereits erwähnten BBC-Korrespondenten Bob Simpson, der sich während des Krieges im komfortablen Hotel Al Rashid aufhielt, läßt sich immerhin erschließen, welche Strapazen und Leiden die Bagdader Bevölkerung auszuhalten hatte: "Lieber wohne ich in einem Zelt am Fluß und versorge mich selbst, als daß ich in einem rabenschwarzen Hotel umherlaufe, in dem meine Kleidung nicht gewaschen werden kann und die Toilette nur dann Wasser hat, wenn ich – vielleicht mitten im Bombenangriff – über eine dunkle Treppe vier oder fünf Flaschen aus dem Schwimmbad oder der dekorativen Fontäne hochgeschleppt habe. Die Vorstellung, daß es unmöglich ist, Wasser zum Kochen zu bringen und somit eine lebensspendende Tasse Tee zu genießen, wird zur Unerträglichkeit." Die Anwesenheit westlicher Journalisten bewahrte dieses

Hotel, in dem wir uns ein Jahr später aufhielten, vor der Zerstörung. Es wurde während des Krieges in die Liste der Angriffsziele aufgenommen, da es angeblich die letzte noch funktionierende Kommunikationsverbindung zwischen dem irakischen Oberkommando und den Truppen in Kuwait beherbergte – obwohl der Hoteldirektor nachdrücklich dementierte, daß sich in seinem Haus militärische Einrichtungen befänden. Bob Simpson, der, im Unterschied zur irakischen Bevölkerung, den "unerträglichen" Zuständen in einem Hotel erster Klasse entfliehen konnte, befürchtete vor seiner Rückreise nach Jordanien per Taxi dennoch eine Vielzahl unwägbarer Risiken und Gefahren: "Der Alptraum dabei ist, daß er (der Fahrer) nicht wissen kann, was ihn erwartet, oder noch schlimmer, daß er auf die Schreckensbilder der zerstörten Lastwagen (!) am Straßenrand nicht vorbereitet ist und in Panik gerät." So weit die Nöte eines westlichen Journalisten, aus dessen Zeilen doch einiges Authentische spricht, das weitergehende Schlüsse in bezug auf das gesamte Land zuläßt – später wollten die Journalisten davon nichts mehr hören, geschweige denn schreiben. Aber Simpson wäre kein Westreporter, gäbe es für ihn nicht ein Undenkbares an Schrecken, zu dem der Tod durch eine amerikanische Bombe vergleichsweise ein Labsal darstellt: "Mitten in der Nacht werde ich von dem quälenden Gedanken geweckt, es könnte alles ein grausames Ende nehmen. Eine Fehlfunktion einer alliierten Rakete, eine falsch programmierte moderne Präzisionsbombe, und das Hotel könnte getroffen werden ... Noch schauriger – Saddam Hussein könnte seine Geheimpolizei auf uns ansetzen, die wir uns entschlossen haben, in Bagdad zu bleiben." Nun: weder der Geheimdienst kam, noch hat eine fehlgeleitete Präzisionsbombe das Hotel zerstört, obwohl die Gefahr, an einer absichtlich dort abgeworfenen Bombe zu sterben, größer war, als sich Journalisteneinfalt erdachte. Bob Simpson hat das Bombardement und den Krieg unversehrt überstanden. Er schon.

Nach etwa drei Wochen Krieg – fast täglich konnte man von dem "Arsenal des Grauens" lesen, das Saddam Hussein in der Hinterhand behalte und jederzeit einsetzen könne, während für die irakische Bevölkerung das Grauen durch die Luftangriffe Alltag war – nach drei Wochen war das Horrorbild, das der Westen vom irakischen Präsidenten malte, um ein paar grelle Farbtupfer reicher: ein Ölteppich von etlichen Kilometern Ausmaß trieb vom Südirak bzw. Kuwait gemächlich nach Süden, Saudi-Arabien zu. Schnell war die Rede von der größten ökologischen Katastrophe der Weltgeschichte, der "Dieb von Bagdad" war nun auch noch zum "Öko-Terroristen" geworden. Obwohl amerikanische Kommandeure von vornherein versicherten, daß dieser Ölteppich ihre Aktionen nicht

beeinträchtige, entwarf die West-Presse das Szenario, daß der "Gewaltmensch von Bagdad" – nennen wir ruhig alles Kampfvokabular der entfesselten, geifernden Presse jener Tage – nach der Taktik der verbrannten Erde und auf Kosten von Flora und Fauna des Golfs seine finsteren Kriegsziele betreibe: das Öl sei von den Irakern absichtlich ins Meer geleitet worden, um die saudi-arabischen Meerwasserentsalzungsanlagen außer Betrieb zu setzen und damit die Versorgung der amerikanischen Truppen mit Trinkwasser zu unterbinden; des weiteren sollte dieser Ölteppich im Falle eines Landungsunternehmens in Brand gesetzt werden, so daß die angreifenden GI's gewissermaßen im eigenen Saft brieten. Nichts davon war wahr, aber man geizte mit "Beweisen" nicht: Fotos von Meeresvögeln mit ölverklebtem Gefieder gingen um die Welt, neues Schaustück für die irakische Barbarei. Bald stellte sich indes heraus, daß es solche Vögel am Golf gar nicht gab, wohl aber in Alaska: Die westlichen Medien hatten kurzerhand Bilder von einer Umweltkatastrophe des Jahres 1989 genommen, als der Öltanker Exxon Valdez in den Prinz-William-Gewässern vor der alaskischen Küste havarierte und sich in der Folge ein Ölteppich von 1.500 Quadratkilometern mit verheerenden Auswirkungen bildete; dies stellte man nun in den Dienst der westlichen Lügenpropaganda. Und nach einiger Zeit, der Irak lag bereits besiegt am Boden, konnte man plötzlich lesen, daß der Ölteppich im Golf – dessen Maße offenkundig übertrieben wurden – "zu 30 bis 40 Prozent" auf das Bombardement der Amerikaner zurückging. Diese hatten nämlich die irakischen Förderanlagen und Verladehäfen zu 80 bis 100 Prozent zerstört, und der Ölteppich war die Folge davon. Ein Jahr später schließlich konnte man noch hören, daß die "größte Umweltkatastrophe der Weltgeschichte" kaum Spuren am Golf hinterlassen habe. So hieß es etwa in der 'Welt am Sonntag' lapidar: "Das maritime Leben im Persischen Golf scheint von der riesigen Ölpest des letzten Jahres weniger geschädigt worden zu sein, als zunächst befürchtet worden war." Seltsam, seltsam: schon wieder ein neuer Trick von Saddam Hussein? Nach "umfangreichen Untersuchungen" stand nun plötzlich fest: "... wenige Meter vom Strand entfernt blüht das Meeresleben." Wissenschaftler entdeckten "die Zeichen prallen maritimen Lebens", und ein Biologe konstatierte verwundert: "In nur 60 Zentimeter Wassertiefe, drei bis fünf Meter von der Niedrigwassergrenze entfernt, existieren offensichtlich gesunde Korallen." Seltsam, wirklich seltsam...
– Damit war eine der vielen Propagandalügen des Westens sozusagen in den Golfgewässern versickert.

Nach vier Wochen Krieg gestaltete sich die vorläufige Bilanz entsprechend einseitig: Westlichen Angaben zufolge hatte der Irak 750 Panzer verloren, die

Angreifer keine; 86 irakische Kriegsschiffe waren zerstört, auf seiten der Angreifer keine; 133 irakische Militärflugzeuge waren abgeschossen oder am Boden zerstört und 147 in den Iran ausgeflogen worden; auf seiten Amerikas und seiner Vasallen verzeichnete man den Verlust von 35 Flugzeugen aus der gewaltigen Luftarmada. 46 Angreifer sollen getötet und elf verletzt worden sein; auf irakischer Seite finden wir die unglaubliche Zahl von 79 gefallenen Soldaten. Angaben über irakische Zivilopfer wurden nicht vorgelegt, dafür soll in Saudi-Arabien ein Mensch durch den Krieg gestorben sein, in Israel zwölf, in Jordanien sieben. Man sieht: auch Statistiken können verrückt sein, wenn sie von Militärs und ihren Helfershelfern gemacht werden, denn der Irak lag zu dieser Zeit bereits in Trümmern. Am 31. Kriegstag schließlich, dem 15. Februar 1991, sendete Radio Bagdad eine als sensationell empfundene Nachricht aus: "Der Irak ist bereit, sich aus Kuwait zurückzuziehen." Diese Meldung wurde von der irakischen Bevölkerung, verständlicherweise, mit Freude und großer Erleichterung aufgenommen, nicht aber von den Angreifern, die ihr Zerstörungswerk unvermutet gefährdet sahen zu einem Zeitpunkt, als es für sie gerade am schönsten war. Also mußte wieder einmal die Propagandamaschinerie in Gang gesetzt werden – für solche Fälle war sie ja schließlich da – und Vorwände für die Fortsetzung des Bombenterrors gesucht werden. Man fand sie schnell: Die irakische Führung hatte mit ihrer Erklärung zwar die UN-Resolution 660 anerkannt, die den bedingungslosen Rückzug irakischer Truppen aus Kuwait vorschrieb, doch die Regierung in Bagdad hatte den Rückzug mit verschiedenen Junktims[1] verknüpft, die den Westen wiederum vor Wut aufheulen ließen. Nennen wir die von irakischer Seite genannten Bedingungen für einen würdevollen Rückzug anstelle einer Demütigung, und man beurteile selbst, ob die Forderungen Saddam Husseins "anmaßend" waren: Vor dem Rückzug der irakischen Truppen sollte eine Feuerpause in Kraft treten – darüber braucht unter vernünftigen Menschen gar nicht diskutiert zu werden, denn ein Rückzug unter feindlichem Beschuß ist nichts anderes als ein makabres Tontaubenschießen. Sodann sollten die elf nachfolgenden UN-Resolutionen aufgehoben werden, das heißt, das Embargo behoben und auf den zukünftigen Einsatz militärischer Mittel verzichtet werden – nimmt man den Westen beim Wort, dann war diese Forderung nur folgerichtig, denn alle diese Resolutionen gründeten ja auf die irakische Besetzung Kuwaits, und mit dem Rückzug gab es keinen Grund mehr, diese Beschlüsse aufrechtzuerhalten. Aber was gilt schon das westliche Wort, das nur als Täuschungsmanöver für die Durchführung eines Angriffskrieges gedacht war... Weitere irakische Forderungen lauteten, daß die amerikanischen Streit-

---

[1] notwendige Verflechtung mehrerer Dinge, die einander in ihrem Bestand bedingen

kräfte samt ihrem Vasallenanhang sich innerhalb eines Monats aus der Region zurückziehen und dabei ihre Waffen mitnehmen sollten, weiter aber: die Rückgabe der von Israel besetzten Gebiete und dessen Rückkehr in die Grenzen von 1967, jene globale Lösung der Nahost-Problematik also, die Saddam Hussein vor Kriegsbeginn als Verhandlungsgrundlage vorgeschlagen hatte und die vom Westen in Bausch und Bogen verworfen worden war. Schließlich sollten die "historischen Rechte" Iraks auf Kuwait anerkannt werden – hierzu ist schon das Wesentliche ausgeführt worden – und der Zugang Iraks zu den Gewässern des Golfs durch die UNO garantiert werden – besser kann kaum ein Kompromiß beschaffen sein, denn vom Zugang zum Golf hängt das Überleben Iraks ab, und die UNO, wäre sie tatsächlich ein neutrales Gremium und nicht eine Marionette des amerikanischen Drahtziehers, hätte die beste, weil überparteiliche Gewähr für eine friedliche Lösung von Territorialstreitigkeiten bieten können – wenn sie nur gedurft hätte, aber dies lag nicht im Sinn ihres amerikanischen Auftraggebers. Weiter erhob der Irak eine Forderung, die das Herz eines jeden westlichen Demokraten hätte höher schlagen und vor Freude hüpfen lassen müssen: daß nämlich das politische System Kuwaits auf dem "Willen des Volkes" und nicht nach den Vorstellungen der Herrscherfamilie al Sabah aufgebaut werden solle. Oh Demokraten aller Länder, was ist das nun: eine wünschenswerte, weil dem Fortschritt und dem allgemeinen Nutzen verpflichtete Forderung, oder – Einmischung in die inneren Angelegenheiten eines mittelalterlichen Scheichclans? Die abschließenden Bedingungen für einen Rückzug ohne Gesichtsverlust lauteten, daß die sogenannten Alliierten für die Schäden aufkommen sollten, die sie durch ihre Bombenteppiche im Irak verursacht hatten, und daß dem Irak in Zukunft keine negativen Konsequenzen aus der Besetzung Kuwaits erwachsen sollten. Schlußendlich sollte für die Zukunft garantiert werden, daß der Golf frei von ausländischen Militärstreitkräften bleibt und daß alle Länder, einschließlich dem Iran, ihre Sicherheitsmaßnahmen ohne Einmischung von außen treffen können, mit anderen Worten: uneingeschränktes Selbstbestimmungsrecht für die arabischen Länder und den Iran, der Golf als amerikanerfreie Zone, eine wohltuende Forderung, denkt man an die Lokalrödeleien der verblichenen Friedensbewegung ("Hintertupfingen muß atomwaffenfrei bleiben"). –

Das also die Forderungen des Irak zu einem Zeitpunkt, als seine Truppen weitgehend zerschlagen, das Land zerstört, die Wirtschaft paralysiert war. Die Reaktion des Westens läßt sich übertragen, aber treffend etwa so zum Ausdruck bringen: "Was? Dieser Zwerg, den wir schon so gut wie totgeschlagen haben, wagt es, Bedingungen zu stellen?" Die Diktion der öffentlichen Verlautbarungen

unterschied sich kaum hiervon. Der britische Premier John Major nannte das irakische Angebot die "Heuchelei eines Scharlatans", Bush sprach nur von einem "grausamen Scherz" und fuhr seinerseits mit seinen Grausamkeiten fort, die aber alles andere als ein Scherz waren. Hier ist es wieder an der Zeit, das britische Kriegsjournal zu zitieren: "Solange die Politiker reden, handeln die Militärs... An der militärischen Front verläuft alles wie üblich: 2.600 Einsätze am Tag (800 gegen Ziele in Kuwait, 100 gegen die Republikanische Garde und 150 gegen Scud-Abschußrampen)" usw. usf. Die mehr als 1.500 Luftangriffe, deren Ziele hier nicht angegeben sind, richteten sich gegen die irakischen Städte, vorab Bagdad und Basra. Der damalige sowjetische Ministerpräsident Gorbatschow, mittlerweile schon das Schmusekätzchen von Bush, miaute einen letzten Friedensappell in die Welt: Der Irak müsse sich bedingungslos aus Kuwait zurückziehen – dies war nach der irakischen Ankündigung ja ohnehin klar; die Grenzen des Irak müßten nach Kriegsende garantiert und Präsident Saddam Hussein von einer nachträglichen Strafverfolgung verschont bleiben, schließlich sollten alle regionalen Angelegenheiten durch Verhandlungen geregelt werden. Durch dieses Vorschlagsbündel waren die wesentlich umfangreicheren, detaillierteren und konkreteren irakischen Forderungen auf ein Minimum reduziert, aber dennoch erklärte sich der Irak umgehend bereit, seinen damaligen Außenminister Tarek Asis zu Verhandlungen nach Moskau zu entsenden. Freilich wollten sie zuvor von den Angreifern die Garantie, daß das Flugzeug der irakischen Delegation starten könne und unterwegs nicht abgeschossen werde – Sicherheit für Parlamentäre ist alter Kriegsbrauch. Die kaltschnäuzige Antwort aus Washington lautete dagegen nur, daß für die Unversehrtheit der Unterhändler keine Garantie gegeben werden könne. So begaben sich der Minister und sein Stab auf gefahrvollem Landweg nach Teheran – eine Demütigung besonderer Art –, und dort bestiegen sie das Flugzeug nach Moskau. Um es kurz zu machen: Es wurde eine Einigung im wesentlichen auf der Grundlage der sowjetischen Vorschläge erzielt und von Gorbatschow der Weltöffentlichkeit vorgestellt. Nun aber bekam das Kätzchen eine aufs Pfötchen: "Dies ist eine Vereinbarung zwischen den Sowjets und dem Irak. Der Krieg wird fortgesetzt", lautete der knappe Bescheid Bushs. Der amerikanische Angriff war nun nämlich allmählich in seine Endphase getreten, auf das "größte Bombardement der Kriegsgeschichte" sollte die Bodenoffensive mit der "größten Feuerkraft aller Zeiten" folgen.
Die militärischen Vorbereitungen für diesen letzten, vernichtenden Schlag waren schon längst getroffen worden. Auf der arabischen Halbinsel hatten gigantische Truppenverschiebungen stattgefunden, die von den irakischen Frontkomman-

Ein Bild, das mehr aussagt, als viele Worte – ein Bild von der Unterzeichnung zur Auflösung des Warschauer Paktes. Sowjetgeneral Jasov (links) und Sowjetaußenminister Bessmertnych mit eiserner Mine (schließlich verliert Moskau gewaltig an Einfluß), CSFR-Außenminister Jiri Dienstbier (rechts) dagegen voller Freude (über die nun auch in Sachen Sicherheitspolitik dokumentierte Unabhängigkeit seines Landes). Fotos: dpa

Nur leichte Gegenwehr im Landkrieg
Erstmals viele Tote bei Scud-Angriff

Titelseite einer westdeutschen Tageszeitung mit symbolischer Aussage: Der Warschauer Pakt löst sich auf, das westliche Imperium schlägt zu (Schwäbische Zeitung, 26.2.1991).

deuren unbemerkt geblieben waren – sie waren, wie General Schwarzkopf frohlockte, "blind", und ihre Kräfte waren gelähmt. Während im Osten Iraks ein Landeunternehmen der US-Marine vorgetäuscht werden sollte, sollte eine Panzeroffensive in vier Keilen tief in den südlichen Irak eindringen, die in Kuwait befindlichen irakischen Truppen einkesseln und den gesamten Südirak bis zum Euphrat besetzt halten. Die Phase des "Abschneidens" sollte damit beendet sein, die Zeit des "Tötens im Großmaßstab", wie von Powell angekündigt, konnte beginnen. Und die deutschen Glückwünsche zum bevorstehenden Gemetzel durften natürlich nicht fehlen. Außenminister Genscher sagte seinem amerikanischen Kollegen – ganz Eintracht zweier Seelen, wobei die eine die andere fürs Töten nicht nur zahlt, sondern auch noch in den höchsten Tönen preist: "Jim, wir stehen auf Eurer Seite... Amerika soll wissen, daß es in Deutschland und Europa nur Freunde hat." Auch der Oppositionsdarsteller im Parlament, die SPD, schanzte Saddam Hussein nochmals die Verantwortung für das kommende Massaker zu, das die Amerikaner in den nächsten Tagen veranstalteten; auf solche Knechte ist bis zum Schluß Verlaß. Bevor die amerikanischen Truppen zum letzten tödlichen Schlag ausholen, hatte Bush der irakischen Regierung noch ein Pseudo-Ultimatum für den Rückzug gestellt, das angesichts des ununterbrochenen Bombenhagels auf die irakischen Truppen nichts anderes als eine Farce und ein weiteres plumpes Täuschungsmanöver für die Weltöffentlichkeit war. Dann, bevor die amerikanischen Truppen zum Angriff übergingen, setzte der größte Granaten- und Geschoßhagel auf die wehrlosen und demoralisierten irakischen Verbände ein. "Die Erde wird beben", hatte ein US-Offizier angekündigt, und ein weiterer General schwelgte superlativisch, "daß das Artilleriefeuer letzter Woche nur ein Tropfen auf den heißen Stein im Vergleich zu der geballten Feuerkraft ist, die bei der Bodenoffensive zu Lande und aus der Luft jetzt zuschlägt. Sie können aus voller Überzeugung sagen, daß dies größer und gewaltiger als alles Vergleichbare seit dem Zweiten Weltkrieg ist." So war es denn auch. Allein die britische Artillerie verschoß in einer halben Stunde 1.100 Tonnen Sprenggranaten, Napalm regnete vom Himmel, 7 Tonnen schwere Bomben pulverisierten im Umkreis von mehreren 100 Metern Menschen und Gerät, die Druckwellen der Aerosolbomben erstickten die Soldaten in ihren Unterständen und Bunkern. Zuvor waren insgesamt 16 Millionen Flugblätter über den irakischen Linien niedergegangen, die zur Desertation aufriefen; jetzt, auf dem Höhepunkt des Artilleriebeschusses, dröhnte außerdem aus riesigen Lautsprechern Heavy-Metal-Rockmusik über die Front. Dann folgte die Panzeroffensive in einer Breite von 500 km, deren Wirksamkeit ein sadistischer Psychopathologe in Uniform, ein amerikanischer Militärsprecher nämlich, mit einem "Schlag ins Gesicht mit einem Baseballschläger" verglich. Wie gesagt, es war so schön... Als sich die GI's der vordersten irakischen Frontlinie näherten, fanden sie mit Leichen gefüllte Gräben vor. Im Hinterland gestaltete sich das Szenario folgendermaßen: Irakische Soldaten kapitulierten "mit verhärmten Gesichtern und weit aufgerissenen Augen, während Kameraden von ihnen in einem Nachbarbunker von Raketen eines Apache-Hubschraubers zerfetzt wurden", so der Bericht eines Augenzeugen. Hoho, solche Schlappschwänze aber auch! Verächtlich kommentierte die Westpresse die "niedrige Kampfmoral" der irakischen Truppen, wie sie nun eben einmal bei zwangsrekrutierten Truppen von Diktatoren aufträte; nicht mehr einkriegen konnten sich die gekauften Schreiber in ihren warmen Fauteuils, daß sich einige irakische Soldaten sogar einem unbemannten Marschflugkörper ergeben hatten – "ein Novum in der Kriegsgeschichte", wie der 'Spiegel' glucksend vermerkte. Doch das Tollste kommt erst noch: Die freiheitlich-demokratische Argumentationsweise der US-Soldateska hatte ihre Gegner nicht nur überzeugt, sondern geradezu zu Begeisterungsstürmen hingerissen:

"Die Iraker haben sie (die GI's) mit offenen Armen begrüßt. Sie sind ihnen zu Füßen gefallen, haben ihre Hände geküßt und Tränen der Dankbarkeit vergossen", so ein Militärsprecher der US-Armee. Welch edles Befreiungswerk also, freier Westen helau! Das einzige, was vermutlich wirklich stimmte, waren Hunger und Durst der überlebenden irakischen Soldaten. Während ein amerikanischer Soldat während des Golfkrieges durchschnittlich 72 Liter Wasser am Tag verbrauchte, mußten sich die irakischen Frontsoldaten wochenlang mit einer Scheibe Brot, einigen Löffeln Reis und einem halben Liter Wasser pro Tag begnügen, da sie vom Nachschub abgeschnitten waren; nur Bomben gab es haufenweise. Es wäre einmal interessant zu testen, welcher GI dies länger als eine Woche aushielte, ohne zu kapitulieren. – Während in den irakischen Städten Seuchen wie Typhus und Cholera sich ausbreiteten und vor allem ältere Menschen, Kinder und Kranke von Hunger und Infektionskrankheiten hinweggerafft wurden, war der tödliche Ring um die irakischen Truppen in Kuwait geschlossen. In kurzer Zeit waren 40 der 42 irakischen Divisionen aufgerieben, Kuwait-City wurde nach kurzen und heftigen Kämpfen eingenommen. Zuvor hatte sich ein riesiger Flüchtlingsstrom, panikartig, nach Norden, Basra zu, formiert. Hier begann das letzte Kapitel des Krieges, ein Kapitel der niederträchtigsten amerikanischen Kriegsverbrechen.

Das Wort "Highway of death" klingt mittlerweile fast so vertraut wie "American way of life"; doch es sollte nahezu ein Jahr vergehen, bis die Umstände des Schlachtens im Detail erhellt wurden, und zwar in einer Jubelnummer des amerikanischen Magazins 'Newsweek' anläßlich des Jahrestags eben dieses Massakers. Die Absicht dieses Artikels ist zweifelsohne kritisch: Er kritisiert Präsident Bush nämlich dafür, den Krieg zu früh für beendet erklärt zu haben und es dadurch Teilen der versprengten irakischen Armee ermöglicht zu haben, dem tödlichen Kessel zu entrinnen. Um diesen "Schnitzer" auszubügeln, müßten deshalb die Amerikaner "in den nächsten drei bis fünf Jahren zurück an den Golf und dasselbe noch einmal tun", wie die Zeitung verständnisinnig einen verärgerten Offizier zitierte. Auf der Suche nach dem Schuldigen – General Schwarzkopf schied aus, denn er wollte weitermarschieren, es war ja auch zu schön – blieb das Blatt schließlich bei Powell hängen, der dem Präsidenten die Einstellung der Kriegshandlungen nahegelegt hatte. Es gebe "keine Divisionen, keine Brigaden, keine Bataillone mehr, alles ist zerschlagen", begründete er seinen Antrag; eine Fortsetzung der Kämpfe sei "unamerikanisch und unritterlich". Nun – hier spricht kein verkappter Philanthrop im Militärmantel, denn Powell wußte genau, daß ein massenhaftes Abschlachten wehrloser Flüchtlinge schon durchgeführt war und eine Fortsetzung die Weltmeinung gegen die USA hätte wenden können. Vielleicht unterschätzte er aber auch nur einfach die Knechtsmentalität der US-Vasallen, die selbst bei den schlimmsten Verbrechen ihr Vivat rufen; mag sein, daß dies sein Vorstellungsvermögen überstieg. Ein Jahr später jedenfalls ist er für eine der größten amerikanischen Zeitungen der schwarze Bube, der dafür verantwortlich ist, daß sich Saddam Hussein immer noch an der Macht hält.

Bei der Erörterung der Schuldzuweisung teilt das Blatt allerdings interessante Einzelheiten über die letzten Kriegsstunden mit. In Lastwagen und Pkws drängten sich die Flüchtenden "Stoßstange an Stoßstange" auf der Highway 6 in Richtung Basra. "Es war die Mutter aller Rückzüge, die da nach Norden ging", feixte der Brigadegeneral Tony Tolin. AWACS-Radarflugzeuge entdeckten den in der Nacht sich formierenden Konvoi und meldeten den Flüchtlingsstrom an die militärische Zentrale in Saudi-Arabien. Diese mobilisierte ein Dutzend F15-Kampfflugzeuge und erteilte ihnen den Auftrag, den Flüchtlingsstrom zu bombardieren. Zum Zeitpunkt des Angriffs, in den frühen Morgenstunden des 26. Februar, befand sich die Spitze des aus mehreren tausend Fahrzeugen bestehenden Konvois nahe beim Mutla-Paß, der gefährlichsten Stelle auf dem Weg zum Irak. Die Kampfflugzeuge bombardierten die Spitze des Konvois und brachten ihn damit zum Stehen; zugleich verhinderte die Paßlage ein seitliches Ausbrechen der nachfolgenden Fahrzeuge in die Wüste. Dann klarte das Wetter auf, und die eigentliche Drecksarbeit konnte beginnen. Rudelweise stießen die Jagdbomber auf die eingekeilten Fahrzeuge herab. Der Andrang angreifender Flugzeuge war so groß, daß die amerikanische Luftüberwachung die Bomber wiederum zu Ausweichzielen leiten mußte, um Kollisionen zu vermeiden. In der Sprache der Piloten war die Autobahn auf eine Länge von etlichen Meilen eine "an Zielen reiche Umgebung", und sie verwandelten die Ziele in ihren Fadenkreuzen zu einer rauchenden Masse Schutt, in der es keine Überlebenden geben konnte. Die "Schlächterei" – so der Originalton von 'Newsweek' – hinterließ von Hitze zusammengeschnurrte Menschenleiber in eingeschmolzenen Fahrzeuggehäusen; und amerikanischen Offizieren, die die Schlachtstätte später besichtigten, stülpten sich nach eigener Aussage die Eingeweide um. Luftwaffen-Major John Kinser, Besatzungsmitglied eines AWACS-Flugzeugs und Augenzeuge der Metzelei, wie seine Kollegen sicher nicht übermäßig empfindlich, sagte später aus: "Die ganze Zeit dachte ich, verdammt noch mal, warum gehen die nicht aus ihren Autos und Lastwagen raus. Für mich war das der absolute Tiefpunkt in diesem Krieg. Ein paarmal ertappte ich mich bei dem Gedanken: 'Mann, das ist doch nur eine Schlachterei dort unten.' Ich verstand, warum dies getan wurde. Aber ich hatte auch Mitgefühl mit den irakischen Soldaten. Die wußten einfach nicht, was los war." Völlig identisch – hinsichtlich der Gefühlslage und des geistigen Horizonts – lesen sich die Geständnisse deutscher Teilnehmer an den Judenexekutionen in Polen und Rußland: der Führer hat den Befehl gegeben; man wußte nur, daß der Jude schlecht ist, im übrigen war es keine angenehme Arbeit – so die Stimmen bei Tätern und Mitläufern, die nun einmal bei jedem Verbrechen im Großmaßstab unabdingbar sind, und sie funktionierten gut, in beiden Fällen. In den Worten des amerikanischen Kriegsministers Dick Cheney: "Das ist amerikanisch. Das klappt, das klappt verdammt gut." Im Unterschied zu den Nazis haben die Amerikaner diesen Krieg eben leider gewonnen.

"Dies ist ein Sieg für die UNO, für die gesamte Menschheit, für die Herrschaft des Rechts und für das, was richtig ist", führte Bush anschließend aus, um keine Mißverständnisse aufkommen zu lassen. Dies sei "ein Sieg des Rechts über das Unrecht und der Freiheit über die Gewalt", echote Kanzler Kohl hinterher, der, aus Gründen der Aufwandsersparnis, seine Regierungserklärung ebensogut vom Weißen Haus hätte verlesen lassen können. Passend zu den öffentlichen Verlautbarungen im Westen, durften auch die Niedrigsten der Niedrigen ihren schäbigen Impulsen freien Lauf lassen: In den amerikanischen Großstädten konnten Passanten sich neben einer Pappcollage fotografieren lassen, die Saddam Hussein festgeschnallt auf einem elektrischen Stuhl zeigt – wohlig räkelt sich das Vieh, singt "sweet dream of liberty". Auch die sowjetische Regierung feierte artig den großen Sieg "für die gesamte Menschheit", zu welcher der Irak offensichtlich nicht mehr zählt. Radio Bagdad verbreitete eine Erklärung unglaubwürdigen Inhalts, in der die militärische Niederlage geleugnet und der Waffenstillstand darauf zurückgeführt wurde, die Angreifer hätten sich "militärisch und politisch Sorge machen müssen, wenn die Kämpfe weitergehen". Das offene Eingeständnis der militärischen Niederlage, die ohnehin jedermann bekannt war oder zumindest bald bekannt werden mußte, wäre hier aus vielen Gründen besser gewesen, zumal es ja keine Schande ist, gegen einen unverhältnismäßig überlegenen Gegner zu verlieren. Eine Schande wäre es nur, vor ihm zu kriechen – aber diese Schmach bleibt an den amerikanischen Vasallen vom Atlantik bis zum Ural und darüber hinaus hängen. Bei aller Unglaubwürdigkeit der eben zitierten Meldung – vorausgesetzt, die Übersetzung stimmt, und das ist keineswegs selbstverständlich – hielt die irakische Regierung auch nach der Niederlage am Prinzip der Unerpreßbarkeit fest, und das macht sie bei allen freiwilligen Knechten bis zum heutigen Tag verhaßt: "Wir beugen unser Haupt nicht vor einer arroganten

Person, so repressiv und tyrannisch sie auch sein mag", ließ Radio Bagdad verlauten. Die 'Süddeutsche Zeitung' kommentierte fassungslos: "Damit war aber nicht Saddam Hussein, sondern George Bush gemeint." Fassungslos vor allem deshalb, weil in Deutschland nach dem Zweiten Weltkrieg, das heißt nach der militärischen Niederlage, aus den braunsten Faschisten die wärmsten Amerikafreunde wurden, und eben dieser Wendemechanismus im Irak ausblieb. Dieser Widerstandswille überstieg das Vorstellungsvermögen der Vasallen aus Überzeugung bei weitem, und auch wir haben diese Haltung bei westlichen Journalisten im Irak – freilich zunehmend gepaart mit kaltschnäuziger Arroganz – etliche Male angetroffen. Bleiben wir aber noch einen Moment bei der deutschen Presse. Die Siegeseuphorie war noch am Toben, die Kriegshysterie noch nicht abgeklungen – allenfalls mischte sich ein wenig "Erleichterung" ein, denn schließlich ist es ja auch nicht einfach, sechs Wochen beim Schlachten zuzuschauen und alles unentwegt gut und gerecht zu finden –, da ertönten schon die ersten pseudokritischen Flötentöne im Getöse der Siegesfanfaren. "Wohl noch nie in der Kriegsgeschichte war das Mißverhältnis zwischen den Verlusten der einen und der anderen Seite so kraß gewesen", meinte der 'Spiegel' mit gekräuselter Stirn und nicht ganz abwegig, aber kräftig durchheuchelt, hatte er doch zuvor sein Bestes getan, den Popanz einer irakischen "Bedrohung" der Welt aufzubauen und den Krieg auf Schritt und Tritt zu rechtfertigen. Ach ja, der Krieg: "Dieser Krieg, den Bush im Namen des Völkerrechts zu führen vorgab ..." Wie? Der 'Spiegel', der bis zum Erbrechen die amerikanische Propagandamühle herleierte ("Saddam = Hitler"), stellt jetzt auf einmal Uncle Sam an den Pranger, weiß wenigstens hinterher genau, was vorher passiert ist? Läßt man die Berichterstattung der westdeutschen Presse im nachhinein noch einmal Revue passieren, ist die Ekelgrenze schnell erreicht, und die abstoßende, offene Brutalität der amerikanischen Propaganda erscheint im Vergleich hierzu geradezu als kleineres Übel: man kann ihr sehr viel vorwerfen, aber keine Heuchelei; sie hat wenigstens den Vorteil, daß man genau weiß, woran man ist. – Über die Geschehnisse in der irakischen Wüste sind wir unversehens wieder im deutschen Mediensumpf gelandet; verlassen wir diese gefährliche Gegend für mentale Infektionskrankheiten und fragen abschließend nach einer Bilanz des unmittelbaren Kriegsgeschehens.

Der Krieg, weit über 50 Milliarden Dollar teuer, wurde von den USA geführt und von deren Vasallen bezahlt; die BRD lieferte allein 17 Milliarden Mark an Steuergeldern ab, nicht gerechnet die finanziellen und militärischen Zuwendungen an Israel und das aus den Beständen der Nationalen Volksarmee verhökerte Militärmaterial. Der im Irak durch das Bombardement verursachte Schaden beläuft sich auf ungefähr 200 Milliarden Dollar; hinzu kommen monatliche Verluste in Milliardenhöhe durch die Einfrierung des irakischen Vermögens im Ausland und die Aufrechterhaltung des Embargos, insbesondere das nun bald zwei Jahre andauernde Verbot des Ölverkaufs als der wichtigsten Devisenquelle des Landes. Nicht einbezogen in diese Rechnung sind selbstverständlich die irreparablen Zerstörungen und unwiederbringbaren Verluste auf kulturellem Gebiet, denen wir uns an gesonderter Stelle widmen. Während des Kriegs verloren 306 US-Soldaten das Leben, 244 sogenannte Alliierte fielen, viele davon bei Unfällen, nicht in Kampfhandlungen. Bei den Angaben der irakischen Verluste an Menschenleben, Soldaten wie Zivilisten, betreiben die amerikanischen Behörden von Anfang an ein Verwirrspiel, um das Ausmaß des Vernichtungskrieges zu vertuschen. Oberste Devise war der Befehl von General Schwarzkopf, "no bodycount" zu betreiben, die Leichen also nicht zu zählen, sondern eilends im Wüstensand zu verscharren. In dem ersten Jahr nach Kriegsende konkretisierte sich die "sehr große Anzahl" getöteter irakischer Soldaten auf eine Zahl zwischen 50.000 und 150.000; danach wurde diese Spanne auf eine Gesamtzahl von ganzen 8.000 gefallenen Irakern minimiert, da "Mehrfachzählungen" vorgekommen seien. Noch schlüpfriger werden die Angaben, wenn wir nach der Zahl der im Krieg ermordeten irakischen Zivilisten fragen. Opfer des Luftkrieges sind nach Angaben von 'Newsweek' ganze 2.500 bis 3.000 Zivilisten geworden, doch diese Zahl ist ganz offenkundig falsch. Bei unserem Aufenthalt in Basra nannten uns Einheimische die Zahl von über 5.000 Bombentoten allein in dieser Stadt, und ein erst im März 1992 bekanntgewordener Vorfall erlaubt es, die Zahl der ermordeten Zivilisten einigermaßen zuverlässig zu benennen. Die amerikanische Regierung hatte eine leitende Mitarbeiterin des Statistischen Bundesamtes in Washington, Frau Beth Osborne Da Ponte, damit beauftragt, in einer Geheimstudie eine Statistik mit allen zivilen irakischen Opfern des Luftkriegs zu erstellen. Frau Da Ponte wertete daraufhin in akribischer Kleinarbeit die Akten des amerikanischen Kriegsministeriums, der militärischen Geheimdienste und des Geheimdienstes CIA aus, zog veröffentlichte Augenzeugenberichte heran und befragte Vertreter von Hilfsorganisationen wie das Internationale Komitee des Roten Kreuzes. Das Ergebnis ihrer Recherchen: Die Zahl der zivilen Todesopfer allein während des sechswöchigen Krieges beläuft sich auf über 100.000, darunter 39.612 Frauen und 32.195 Kinder. Das Resultat ihrer Recherchen: Sie wurde fristlos entlassen. Zuvor hatten ihre Vorgesetzten die mühsam eruierten Zahlen von 100.000 auf 1.000 zusammengestrichen, und daraufhin hatte Frau Da Ponte in einem Akt von Zivilcourage, wie man ihn sich nur häufiger wünschen kann, ihren unzensierten Bericht der Presse zukommen lassen mit der Bemerkung: "Die reichlich logische Schlußfolgerung, daß bei der Bombardierung des Irak auch viele Frauen und Kinder getötet wurden, paßt einigen Leuten in Washington ganz offensichtlich nicht ins Konzept." Gäbe es mehr Personen mit dem Mut und dem Unrechtsempfinden von Frau Da Ponte – sie wäre so schnell und so leicht nicht entlassen worden. Neben den hohen Verlusten an Menschenleben ist dem Irak in diesem Krieg – allen Unkenrufen der Gegenwart zum Trotz – in militärischer Hinsicht "das Rückgrat gebrochen" worden, um einmal mehr die Diktion amerikanischer "Experten" und ihrer Knechte zu benutzen. Luftstreitkräfte und Marine wurden nahezu vollständig zerstört; an Panzern blieb – nach amerikanischen Angaben – dem Irak noch 15% der Vorkriegsstärke, an Artilleriegeschützen ganze 10%. Diese geradezu tödliche Schwächung Iraks ist – im Verbund mit seiner weltweiten Isolierung – die beste Voraussetzung für seine fortwährende Schikanierung und Demütigung, jenes unwürdige Schauspiel, das nun schon seit mehr als einem Jahr zu beobachten ist.

Auch die Gegenseite hat ihre Bilanz aus dem Golfkrieg gezogen. Lassen wir die Phrasen von Recht, Gerechtigkeit, Freiheit und Demokratie beiseite, sie sind für das freiwillige Schafstum gedacht und interessieren hier nicht weiter. Wie es sich für Weltbeherrscher geziemt, die in erster Linie <u>praktische</u> Menschen sein müssen, ist der wesentliche Teil der Konsequenzen militärischer Natur, das heißt die Beseitigung von Mängeln in der Koordination der Teilstreitkräfte, in der Organisation des Nachschubs, in der Verbesserung der Massenvernichtungsmittel usw. Die wichtigste Folge des Golfkriegs ist die Schaffung einer "unipolaren" Welt, wie sich die amerikanischen Führer ausdrücken, oder besser gesagt: die uneingeschränkte, mit militärischen Mitteln aufrechterhaltene US-Weltherrschaft. Unmittelbar nach dem Golfkrieg hielt Präsident Bush vier Vorträge zum Thema "Die Operation Wüstensturm als Modell der neuen Weltordnung", und damit ist bereits alles gesagt. Noch etwas drastischer formulierte es Generalstabschef Powell im Februar 1992, als er auf die zukünftige Politik der USA zu sprechen kam: "Ich möchte, daß jeder tödliche Angst vor uns hat." Sollte also die amerikanische Luftherrschaft in den Köpfen ihrer Untertanen verloren gehen, tritt die real existierende Luftherrschaft auf den Plan. Dies gilt für die klassischen Sklavenländer in Südamerika, Afrika und Fernost wie für die sogenannten Verbündeten in Europa: Keiner der entwickelten Industriestaaten möge sich anmaßen, die amerikanische Führung in Frage zu stellen, anderenfalls habe dies ernste Konsequenzen, von denen man spätestens seit dem Golfkrieg eine plastische Vorstellung haben kann. Berücksichtigt man die ungeheuren Schwierigkeiten, die selbst hochtechnisierte Staaten wie Japan (gleiches gilt für Europa) bei der Konstruktion von Weltraumraketen für wirtschaftliche und wissenschaftliche Zwecke haben, dann wird ersichtlich, wie weit der Weg zu einer faktischen, das heißt militärisch abgesicherten Unerpreßbarkeit auch für die ökonomisch fortgeschrittensten Länder ist. Die einzige Alternative böte ein Zusammenschluß, und gerade hier sind die amerikanischen Weltherren schon bei den geringsten Anzeichen mißtrauisch, halten ihren Daumen drauf und geben nicht eher Ruhe, bis der Strom von Deutschmark oder Yen und von Ergebenheitsadressen wieder munter nach Washington fließt. Ansonsten bereitet sich die amerikanische Regierung noch auf drei Kriege bis zur Jahrtausendwende vor, in Mittelamerika, am Golf und gegen unbotmäßige Länder wie Libyen oder Kuba; die amerikanischen Streitkräfte sollen binnen kurzem in der Lage sein, zwei Kriege in verschiedenen Regionen der Welt gleichzeitig zu führen und zu gewinnen. Dies also die Bilanz der Gegenseite.

Die Chronik der US-Aggression am Golf wäre unvollständig, kämen nicht die unmittelbaren Kriegsfolgen zur Sprache. Sie seien hier wenigstens in Form einer schematischen kurzen Übersicht vorgestellt, da sie zum einen Bestandteil der gegenwärtigen – keineswegs nur propagandistischen – Kriegführung gegen den Irak sind, sie zum anderen aber wegen des chronisch kurzen Gedächtnisses der Mehrheit verdienen, noch einmal in Erinnerung gerufen zu werden.

"Freiheit und democracy" in Kuwait

Kuwait zählt zu jener Reihe künstlicher Gebilde am Golf, die sich selbst "Ölstaaten" nennen, die ein algerischer Journalist jedoch zutreffender als "Bohrtürme mit Flaggen" bezeichnete. Die Bohrtürme haben ausländische Ölgesellschaften dort hingesetzt, die den schwarzen Rahm abschöpfen und sich dabei mästen; die Flaggen sind gewissermaßen die politischen Firmenembleme von Esso, Texaco & Co. So wie in den mittelamerikanischen Staaten die United Fruit Company unter dem amerikanischen Atomschirm Präsidenten und Diktatoren ernennt oder auch wieder absetzt, hievten die Ölkompanien mit militärischen Mitteln die Anführer feudaler Clans auf den Thronsessel und bezahlen ihre Mittlerdienste als willfährige Öllieferanten mit einem gewissen Prozentsatz der Petrodollars, der mittlerweile zu einem ungeheuren Reichtum geführt hat: Die auf den Ölfeldern sitzende, vom Westen hochgezüchtete und gehegte Parasitenkultur, die sich so klingende Namen wie Scheich, Emir oder König zulegen durfte, nennt neben

10 Millionen Einwohnern in ihren Winzgebieten vor allem ein Auslandsguthaben von insgesamt 460 Milliarden Dollar ihr eigen. Die arabischen Flächenstaaten jedoch mit ihren rund 150 Millionen Bewohnern haben 200 Milliarden Dollar Auslandsschulden. Kein Wunder also, daß eben jene Länder ihren Anteil am Kuchen, das heißt eine gerechte Verteilung der Reichtümer für alle Araber, fordern – also eine arabische Nation ohne gemästete Privilegiertenkaste –, daß andererseits aber eben diese Einheit vom Westen – zuerst England, dann die USA – durch Spaltung, Bestechung und militärische Intervention hintertrieben wird; die Pseudolegitimation hierfür verschaffen sogenannte "internationale Verträge", das heißt militärische Beistandspakte des Westens mit den Scheichen und Emiren. Die irakische Revolution von 1958, die dem von England eingesetzten König Faisal II. das Leben kostete, war aus westlicher Sicht ein Betriebsunfall, erst recht aber die Verstaatlichung der irakischen Ölindustrie im Jahr 1972. Jetzt klingelten die irakischen Öldollars nicht mehr in den Kassen der Konzerne, sondern wurden zum Aufbau und zur Modernisierung des Landes verwendet. Dieses Beispiel drohte Schule zu machen, und das galt es unter allen Umständen zu verhindern.

Die Scheiche sind ein bedrohtes Völkchen: Nicht nur wollen ihnen die ärmeren Araber aus der Nachbarschaft an den Ölspeck, sondern auch noch die eigenen Untertanen, von denen mindestens die Hälfte rechtlose Wanderarbeiter sind, die in leibeigenenähnlichen Verhältnissen leben und zu denen auch die dünnere Schicht der Intelligenz – Lehrer, Beamte, Ingenieure, Ärzte – zählt, die sich zumeist aus Palästinensern rekrutiert. Ergo: Demokratie ist der einzige Luxus, den sich die Scheiche nicht leisten können; "dieser Schuh ist zu groß für uns", wie der auf großem Fuß lebende saudische König Fahd Anfang des Jahres 1992 formulierte. Saudi-Arabien schaffte denn auch erst in den sechziger Jahren dieses Jahrhunderts die Sklaverei offiziell ab und ersetzte sie durch eine zeitgemäßere Variante; Wahlen gibt es keine, weil die Herrscherfamilie sie nicht brauchen kann, wohl gibt es aber Handabhacken, Klitorisbeschneidung, öffentliche Auspeitschungen und Enthauptungen, serielle Vergewaltigungen des weiblichen Dienstpersonals aus Thailand und den Philippinen sowie Haftstrafen für saudische Frauen, die die Verwegenheit besaßen, sich, ohne um Erlaubnis zu fragen, an das Steuer eines Autos zu setzen. Und noch etwas gibt es: billiges Öl, und hier sind wir wieder beim Ausgangspunkt unserer kleinen Länderkunde angelangt. Dieses zu bekommen, duldet der Westen jedes Unrecht und schaut bei jedem Verbrechen durch die Finger; dieses zu bekommen, ist ihnen allemal größere Kriege wert.

Deshalb wurde der Emir von Kuwait, genauso reich und verrottet wie sein saudischer Kollege, nach Kuwait zurückgebombt und auf den Spitzen amerikanischer Bajonette auf seinen Thron gehoben: Denn es gehe ja nicht an, wie Bush vor dem Krieg sagte, daß der Irak zwanzig Prozent der bekannten Erdölvorkommen kontrolliere, wo die Amerikaner doch alles haben wollen. Die unmittelbare Vorgeschichte der Amtseinsetzung des kuwaitischen Emirs wurde vorangehend beschrieben: der Vernichtungskrieg gegen den Irak, der seine Reichtümer für sich verwendet, anstatt sie an den Westen abzuliefern. Die Inthronisation des Emirs nach Kriegsende wurde pflichtgemäß begleitet von einem letzten Schwall an Propagandaflut, Kuwait als "Folterkammer des Irak" in den grellsten Farben vorgestellt – Modell Brutkastenbabys – mit ausgerissenen Fingernägeln, eingedrückten Augen, zerschmetterten Knochen, vergewaltigten Frauen (diesmal keine englischen Stewardessen). Das Reich der Freiheit war nun angebrochen, der Emir ergriff Besitz von seinen Bohrlöchern und verkündete – das Kriegsrecht. Bevor wir uns seinen Folgen widmen, wollen wir zunächst noch einige atmosphärische Eindrücke schildern, die ein 'Stern'-Reporter von den Siegesfeiern vermittelte. Lynchjustiz an irakischen Soldaten zählte zu jenen Ereignissen, die der Westjournalist verständnisinnig zur Kenntnis nahm, so etwa den Bericht eines "Untergrundkämpfers": "Ich bin in meinem Auto auf sie (zwei irakische Soldaten) zugefahren, habe gestoppt und jedem von ihnen zweimal in den Bauch geschossen. Sie sind elend verreckt. Hier, diesen Revolver hab' ich dem einen abgenommen." "Alle erschießen", fordert auch ein anderer Gesprächspartner namens Mohammad Ismail Kouhari, der seinen Beruf mit "Besitzer" angibt, bei dem irakischen Einmarsch zwölf Millionen Dollar verloren hat und jetzt einen leibeigenen Philippino die kuwaitische Flagge schwenken läßt. Sein Programm für die Zukunft Kuwaits ist denkbar einfach: "Es wird wieder so wie vorher, das wär' ja auch noch schöner." Der Reporter hat den Wink verstanden, und er beendet seinen Bericht mit dem bedenkenswerten Satz: "Ich trinke den ersten Schluck auf das freie Kuwait, das – Demokratie-Versprechen hin oder her – weiter einem Emir gehören wird." Jetzt kann man ja offen sagen, wofür der Krieg geführt wurde.

"Alle erschießen" – damit meinte der "Besitzer" allerdings nicht die wenigen im Land verbliebenen Iraker, sondern die mehr als 300.000 Palästinenser, mehr als ein Viertel der Bevölkerung, die den Einmarsch der irakischen Truppen begrüßt und unterstützt hatten. Jetzt waren sie, die Kuwait in Jahrzehnten aufgebaut hatten, als "Verräter" vogelfrei. Mit der Ausrufung des Kriegsrechts machten bewaffnete Banden unter Anführung kuwaitischer Prinzen, sofern sie es nicht vorgezogen hatten, weiterhin in ausländischen Nobelhotels zu residieren, Jagd auf die Palästinenser. Das Treiben – unter amerikanischer Obhut, wohlgemerkt – dauerte zwei Monate; 2.000 Palästinenser blieben spurlos verschwunden, 800 entdeckte man in Massengräbern. Überlebende Flüchtlinge berichteten in Jordanien von den Segnungen der neuen Freiheit: Gefangene Palästinenser mußten mit verbundenen Augen auf eine Liste mit dem Zeigefinger tippen, auf der verschiedene Vergehen standen. Nach diesem "Delikt" richtete sich dann die Folter. Die Gefangenen wurden mit Benzin übergossen und angezündet, es wurde ihnen Säure ins Gesicht geschüttet, die Knochen gebrochen, heißes und kaltes Wasser in die Körperöffnungen gegossen. Freiheit und democracy, doch weiter im Bericht, den wir dem 'Spiegel' entnehmen, der allerdings von einer merkwürdigen Amnesie bezüglich seiner Berichterstattung vor und während des US-Angriffs bezüglich angeblich irakischer Folterungen befallen war, jetzt auf jeden Fall <u>kein</u> Eingreifen internationaler Truppen und ein Strafgericht für die Schergen forderte: Den Opfern wurde mit Zangen und Nagelknipsern das Fleisch vom Körper gerissen, und man zwang sie, es zu essen. Frauen und Knaben wurden vergewaltigt, Männern trieb man abgebrochene Flaschen in den After. Hinrichtungen fanden statt, indem man Eisenstifte von einem Ohr zum andern trieb oder den Schädel mit Elektrobohrern durchlöcherte. Dies alles unter Anleitung jener Parasiten, für deren Privilegien die USA Hunderttausende von Irakern ermordete. Eine Übertreibung? "Das ist vorgekommen", bestätigte der kuwaitische Kronprinz und Thronnachfolger Scheich Saad el-Abdullah el-Sabah, und der muß es ja wissen. Er sieht, den Wanst unter dem amerikanischen Atomschirm, auch keine Veranlassung, irgend etwas zu vertuschen: "Wir verfolgen nur jene Palästinenser, die eindeutig mit den irakischen Besatzern kollaboriert haben. Da kennen wir keine Gnade." Und da dies auf die meisten der nach dem irakischen Einmarsch in Kuwait verbliebenen Palästinenser zutrifft, werden eben "nur" alle verfolgt: Bis Mitte 1992 waren 90 Prozent aller Palästinenser aus Kuwait vertrieben, ihr Vermögen von mehr als zehn Milliarden Dollar wurde von den Scheichen beschlagnahmt. Selbst Pässe und Führerscheine wurden ihnen vor der Vertreibung noch abgenommen. Auf die verbleibenden 35.000 Palästinenser wartet die Endlösung, diesmal auf kuwaitisch-amerikanische Art (Ägypten und Syrien haben ihre Grenzen für die Flüchtlinge im übrigen gesperrt).

Freiheit und democracy in Kuwait, damit man's nicht vergißt: Ein Parlament ist nicht in Sicht. Die einzige Zeitung, die zaghaft an Reformversprechen erinnerte, wurde verboten. Sollten je einmal Wahlen stattfinden – was Allah verhindern möge und die Amerikaner zu verhindern wissen –, dann nach bewährtem

Vorkriegsmodell, das heißt als Farce: Zwischen 60.000 und 90.000 Wahlberechtigte von rund 800.000 Staatsangehörigen, mit undurchsichtigem Wahlmodus und nur für die Hälfte des Parlaments (die andere Hälfte wird vom Emir bestimmt, damit nichts danebengeht bei der Demokratie). Wahlrecht für Frauen? Das wäre ja nochmal schöner, um unseren "Besitzer" zu zitieren. Parteien? "Nein, nein, ich glaube nicht an Parteienpluralismus. Das ist gut für euch im Westen, aber das ist nicht gut für mein Volk", meinte der Kronprinz mit entwaffnender Offenheit. Immerhin weiß er, was für den Irak gut ist: "Unsere Hoffnung ist, daß Saddam auch in Zukunft von den Vereinten Nationen überwacht und kleingehalten wird." Der Emir selbst, ganz Made im Speck, führte in anderem Zusammenhang aus: "Erst wenn nach der Schlacht auch der Krieg gegen Saddam Hussein gewonnen ist, können wir uns wieder auf unsere seidenen Kissen zurücklehnen." Und damit sind wir beim nächsten Punkt.

Kurden und Schiiten im Irak – Volksaufstand oder Intervention?

Während die Weltöffentlichkeit zu Folter und Mord in Kuwait schweigt, weil dies von den USA gebilligt und gefördert wird, gerade so wie auf dem Rest des Globus von Uruguay bis zur Türkei, während man sich an Diktatur, Verbrechen und Menschenrechtsverletzungen als festen Bestandteil des "American way of life" wieder schnell gewöhnt hat, sie nicht wahrnimmt oder rechtfertigt, erhitzt ein anderes Thema die Gemüter: die Verfolgung von Kurden und Schiiten im Irak, über die man zwar nur vage Vorstellungen und so gut wie keine Fakten hat, zu deren Schutz man aber die weitreichendsten Maßnahmen bedenkenlos gutheißt, von der Aufrechterhaltung des Embargos und einem erneuten militärischen Schlag gegen den Irak bis hin zum Sturz der Regierung und der Ermordung der politischen Führung. Dies zweierlei Maß ist bezeichnend genug – es ist Ausdruck des klassischen Orwellschen Zwiedenkens und gehört zum Untertanen wie die Atombombe zum US-Präsidenten, und es zeigt nur eines: daß man weder die Vorgänge in Kuwait wahrnehmen noch die Verhältnisse im Irak verstehen will, dafür aber ganz genau im Kopf hat, was der Herr in Washington dazu denkt. Nähern wir uns der Problematik unamerikanisch und undeutsch, das heißt anhand von Fakten, anstatt die Gebetsmühle der Weltmacht herunterzuleiern.

Die Kurden im Irak sind mit ungefähr 4,3 Millionen Menschen die stärkste ethnische Minderheit (19%) der Bevölkerung, die zu mehr als drei Vierteln aus

Arabern besteht. Ihr Siedlungsgebiet ist das nördliche grüne Bergland des Irak, zu dem die größeren Städte Dohuk, Arbil, Sulaimania und Kirkuk zählen, letztere mit dem größten Ölvorkommen auf irakischem Territorium. Die irakischen Kurden wiederum bilden nur einen Teil des gesamten kurdischen Volkes, das nach dem Zerfall des großosmanischen Reiches im Ersten Weltkrieg auf fünf Staaten verteilt wurde: der größte Teil, zwölf Millionen, lebt in der Türkei, etwa fünf Millionen im Iran, knapp eine Million in Syrien und eine geringe Anzahl in der ehemaligen Sowjetunion (Armenien). Die Zersplitterung des kurdischen Volkes auf Staaten mit unterschiedlichen politischen Systemen und unterschiedlicher Geschichte birgt selbstverständlich Spannungen in sich und legt Autonomiebestrebungen der Kurden in dem Maß nahe, je weniger Freiheiten der jeweilige Staat seiner kurdischen Minderheit einräumt. Falsch jedenfalls ist die Behauptung, die der 'Stern' seinen Lesern – aus Washington frisch auf den Tisch – serviert: "Im Irak wurden sie (die Kurden) am brutalsten verfolgt." Das NATO-Mitglied Türkei, mit deutschem Geld und deutschen Waffen hochgerüstet, ermordet die türkischen Kurden in regelmäßigen Kriegszügen und sperrt oppositionelle Kurden in Konzentrationslager, in denen Folter und Mord an der Tagesordnung sind. Im August 1990, als sich die USA zum militärischen Schlag gegen den Irak vorbereiteten, konnte die Türkei im Europaparlament die Aufhebung der Menschenrechte in seinem kurdischen Teil proklamieren, ohne daß dies die Abgeordneten auch nur das geringste Arschrunzeln gekostet hätte. Zwangsdeportationen und Massenhinrichtungen unter den türkischen Kurden waren die Folge. Ein anderes Beispiel: 1946 ließ der persische Schah den Führer der iranischen Kurdenrepublik Mahabad in Teheran hängen, ohne daß dies die ehemalige Protektoratsmacht England oder die Vereinigten Staaten zum Eingreifen veranlaßt hätte. Ayatollah Khomeini ließ nach dem Sturz des Schahs Kurden und politische Oppositionelle zu Zehntausenden umbringen, ohne daß Sanktionen gegen sein Land verhängt wurden. Selbst der irakische Einsatz von Giftgas in der Stadt Halabdja im März 1988 veranlaßte keinen Staat der Welt zum Eingreifen, nicht einmal zu einer Protestnote; das Verbrechen wurde erst post datum zu einem solchen erklärt, als Saddam Hussein es nämlich wagte, den USA die Stirn zu bieten (Nota bene: wir hatten seinerzeit, im Unterschied zu den jetzt überlauten Kurdenfreunden in Amerikas Diensten, die Ermordung kurdischer Zivilpersonen verurteilt, aber wir tun dies nie auf Befehl, insbesondere nicht für noch finsterere Zwecke wie zum Beispiel der Strangulierung des irakischen Volkes). Halten wir so viel fest: Der Hintergrund der schäbigen Doppelmoral, die gegenwärtig nur gute (irakische) und böse (türkisch-kommunistische) Kurden kennt, besteht darin, daß den USA und ihrem Anhang die Kurden als solche schnurzegal sind, solange diese ihre Pläne nicht stören, daß sie sie aber im anderen Fall bekämpfen (lassen) wie in der Türkei oder als Manövriermasse für ihre Absichten benutzen wie im Irak. Unsere Meinung zum Thema ist hingegen erstens, daß keiner der genannten Staaten in der Kurdenfrage Gewalt anwenden darf; zweitens, daß die Autonomie des gesamten kurdischen Volkes, falls dieses es wünscht, durch freie Abstimmung in <u>allen</u> Ländern ermöglicht werden muß. Also: Türkei als Mitgliedsstaat der "freien Welt", bitte vortreten!

In Wirklichkeit geht es dem Westen gegenwärtig gar nicht, wie inzwischen mancher bemerkt haben dürfte, um die Autonomie der Kurden, weder generell noch im Irak. Die irakischen Kurden sind vielmehr eben jene Manövriermasse und Verschleißfaktor in einem schmutzigen Spiel, das in Anlehnung an die Äußerung des kuwaitischen Kronprinzen heißen könnte "Wir halten den Irak klein", und sie sind es nicht zum ersten Mal: 1972 finanzierte der US-Präsident Nixon – er ließ Vietnam bombardieren und den gewählten chilenischen Präsidenten Allende umbringen – auf Wunsch des persischen Schahs einen Kurden-Aufstand gegen Bagdad mit 16 Millionen Dollar. Vom CIA kamen Waffen und Militärpersonal in den Nordteil Iraks, und der Aufstand brach 1975 zusammen, als Irak und Iran sich versöhnten und der CIA die Kurden fallen ließ; sie waren, wie es in den Geheimdienstberichten heißt, nur ein "nützliches Werkzeug". Wie sich die Zeiten gleichen: Im Januar 1991 wies Präsident Bush den Geheimdienst CIA an, die irakischen Kurden zum Aufstand anzuhalten und sie mit Informationen über die irakische Armee zu versorgen. Zu dieser Zeit lag der kurdische Teil Iraks unter schwerem Bombardement wie das gesamte Land; zahlreiche kurdische Städte waren von amerikanischen Truppen eingeäschert, und die überwältigende Mehrheit der Kurden stand auf der Seite Iraks gegen die USA, es gab keine Aufstände und keine Autonomiebestrebungen. Deshalb schickte man noch während des Krieges den Exil-Kurden Firiad Hiwaizi von London nach Dschidda in Saudi-Arabien, um über den vom amerikanischen Geheimdienst betriebenen Sender "Stimme des Freien Irak" die Kurden zum Aufstand gegen Saddam Hussein zu hetzen. Man sieht: hinter einem Aufstand wie diesem kann ein kluger Kopf stecken, und seine Motive können finster sein, auch muß nicht jede Intervention sogleich mit einem Truppeneinmarsch beginnen. Bevor wir aber die Geschichte des Aufstands bis zur jetzigen Besetzung Nordiraks durch US- und UN-Truppen skizzieren, sei vorab noch einiges Erhellende zur allgemeinen Situation der Kurden im Irak gesagt.

1970 schloßen die irakische Regierung und die Kurdische Demokratische Partei einen Vertrag, der die gegenseitigen Beziehungen innerhalb eines einheitlichen Irak regelte, das sogenannte März-Manifest. Darin wurden die nationalen Rechte des kurdischen Volkes im Irak anerkannt und alle Kulturrechte gewährt; Kurdisch wurde die offizielle Unterrichtssprache, und dies war einzigartig in allen Ländern mit kurdischen Minderheiten. Ein gewisser Prozentsatz der Parlamentssitze blieb kurdischen Abgeordneten vorbehalten, und ein Autonomieministerium sollte den Prozeß der Eigenständigkeit irakischer Kurden im Staatsgebiet Irak gewährleisten. Während des Kriegs zwischen Iran und Irak kam diese Entwicklung zum Erliegen, und die militärischen Auseinandersetzungen häuften sich in Form von bürgerkriegsähnlichen Unruhen, da beide Kriegsparteien die Kurden des gegnerischen Landes für ihre jeweiligen Zwecke einzusetzen trachteten. Nach dem Massaker von Halabdja und dem Friedensschluß mit Iran trat eine allmähliche, wenn auch labile Beruhigung ein, und eine Annäherung auf der Grundlage des März-Manifestes wurde angestrebt. Dies galt noch für jene Zeit, als kurdische Gruppierungen die irakische Niederlage gegen die USA zu einem von den Vereinigten Staaten eingefädelten Aufstand ausnutzten und, da sich 90 Prozent der überlebenden irakischen Soldaten noch im Süden befanden, rasche Geländegewinne im Norden verzeichnen konnten. Der ehemalige US-Justizminister Ramsey Clark befand sich mit seinen Mitarbeitern im Irak und traf dort auch mit Kurdenführern zusammen. Hier ihr Bericht: "Wir trafen mit kurdischen Stammesführern in Bagdad zusammen. Sie unterstützten die kurdische Autonomie im Rahmen eines geeinten Irak. Sie sprachen sich zu jener Zeit gegen einen militärischen Aufstand aus, teilweise wegen der Not der Bevölkerung, die immer noch unter dem amerikanischen Bombardement und den Sanktionen litt. Sie sprachen sich auch dagegen aus, die Städte zu verlassen, und sie sagten, die Rebellen hätten den Leuten erzählt, sie würden von der irakischen Armee getötet werden; auch drohte man ihnen, falls sie die Städte nicht verlassen wollten. Es wurde keine Vorsorge getroffen, wie man sie ernähren oder vor der eisigen Kälte in den Bergen beschützen könnte."[3] So die Aussage einer Kommission, der die Wahrheit wichtiger ist als offiziell verordnete Feindbilder.

Freilich bedeutete der Kurdenaufstand – an dem, wie wir sahen, längst nicht alle Kurden beteiligt waren – eine tödliche Gefahr für die irakische Regierung: der

---

[3] Adeeb Abed and Gavrielle Gemma, Impact of the War on Iraqy Society, in: Ramsey Clark et al., War Crimes, p.113.

Funke konnte jederzeit auf die vom Iran unterstützten Schiiten überspringen, die schon entsprechende Vorbereitungen trafen (siehe unten), die Armee hatte einen hohen Blutzoll zahlen müssen, war demoralisiert und verfügte nur über wenige Waffen, zudem hatte der amerikanische Sieger den irakischen Luftraum für sich beansprucht und erteilte nur Fluggenehmigungen für zivile Inlandsflüge und für Hubschrauber in Ausnahmefällen (woran sich übrigens auch bis zur Zeit unseres Aufenthaltes im Irak nichts geändert hat). In dieser Zeit, als es ums bloße Überleben ging und rasches Handeln erforderlich war, wurde ein Teil der übrig gebliebenen Truppen nach Norden in Marsch gesetzt. Gleichzeitig bot man den Kurden als Alternative zum drohenden Bürgerkrieg an, das Hinterland der Stadt Mosul dem Gebiet der autonomen kurdischen Region zuzuschlagen; des weiteren sollten in der zu gründenden "Regierung des irakischen Wiederaufbaus" mehr Kurden als bisher vertreten sein, darunter einer als Vizepremier. Die Aufständischen setzten jedoch auf Krieg und lösten zugleich jene Fluchtwellen in die Türkei und in den Iran aus, die Ramsey Clark und seine Mitarbeiter beschrieben und die die westlichen Medien als weiteren Anlaß zu Hetztiraden gegen den irakischen Präsidenten nahmen, verbunden mit Aufrufen zur militärischen Intervention und einem Appell des deutschen Außenministers Genscher, Saddam Hussein wegen "Verbrechen gegen die Menschlichkeit" vor einen internationalen Gerichtshof zu stellen. Zur gleichen Zeit fielen türkische Truppen in den Nordirak ein und mißhandelten und plünderten die dortigen Bewohner (Bericht von Ramsey Clark u.a.). Der Westen hatte zugleich seinen ersten Vorwand gefunden, das gegen den Irak verhängte Embargo aufrechtzuerhalten: die Sanktionen sollten so lange gelten, bis die Rechte der Kurden wieder hergestellt seien. Bis Anfang April 1991 hatte die irakische Armee die Lage wieder unter Kontrolle; Arbil und Dohuk sowie die von amerikanischen Bomben schwer zerstörte Ölstadt Kirkuk waren zurückerobert worden.

Doch nun ging die amerikanische Armee in die Offensive und errichtete ihre ersten Brückenköpfe im Nordirak. Unter dem Vorwand des Kurdenschutzes marschierten mehr als zwanzigtausend amerikanische Soldaten in den kurdischen Teil Iraks ein und errichteten Sammellager für die Flüchtlinge. Der Kurdenführer Talabani begrüßte dies, kündigte aber gleichzeitig an, sein Volk werde den Kampf für Freiheit und Demokratie innerhalb des irakischen Staatsgebietes fortsetzen. Am 26. April 1991 wartete für den Westen eine böse Überraschung auf: Es trat ein, was der Westen immer heuchlerisch als Ziel vorgegeben und immer zu hintertreiben versucht hatte: die Einigung zwischen den kurdischen Führern und der irakischen Regierung. Während der Verhandlungen in Bagdad, bei denen der Kurdenführer Talabani anwesend war, räumte Saddam Hussein den Kurden weitgehende Autonomie für ihre Siedlungsgebiete ein, gewährte ihnen größeren Einfluß im Parlament und der Regierung und bot außerdem für die kurdische Region freie Wahlen an. Die Vereinbarung wurde mit Umarmung und Bruderkuß besiegelt. Der kurdische Führer beschrieb die Motive der Einigung, die dem gemeinsamen Ziel den Vorrang vor allen Differenzen gab – eine Art Vernunftehe –, folgendermaßen: "Der irakische Präsident konnte uns Kurden nicht besiegen und wir die irakische Regierung nicht stürzen. Deshalb müssen wir jetzt nach neuen Wegen suchen." Alle kurdischen Rebellengruppen im Irak hatten diese Entscheidung befürwortet. Auch das kurdische Volk unterstützte die Einigung, feierte sie sogar begeistert, wie der BBC-Korrespondent Jim Muir berichtete: "Die Kurden sangen, tanzten und trommelten im Mondschein." Die Differenzen waren behoben, die Streitigkeiten beigelegt: Jetzt erhob sich allerdings ein Wehklagen und Stöhnen im deutschen Blätterwald: man sei "überrascht" und "erstaunt", denn das hatte man so nicht gewollt, und Schreckensvisionen besonderer Art suchten die angeblichen Kurdenfreunde heim, wie einer westdeutschen Zeitung zu entnehmen ist: "... sollte in Bagdad ein Autonomieabkommen für die Kurden tatsächlich unterzeichnet werden, dann müssen nach dem Willen Jalal Talabanis die "Ausländer" gehen und Saddams Helfershelfer bleiben", klagte die Zeitung. In der Tat, das bedeutete es: Irak den Irakern. Talabani wies nochmals darauf hin, die Vereinbarung habe "das Prinzip der Demokratie und der Pressefreiheit im Irak" bestätigt, und der irakische Ministerpräsident Saadun Hammadi wies ausdrücklich darauf hin, daß mit der Einigung zwischen der irakischen Regierung und den Kurden jegliche Rechtfertigung für eine weitere Anwesenheit ausländischer Truppen im Norden Iraks entfalle. Doch nun schlugen die Vereinigten Staaten zu, die mit ihren 22.000 Soldaten schon den Fuß in der Tür hatten und keineswegs gewillt waren, die Intervention – jetzt militärisch – auf halbem Weg zu beenden. Sie setzten mit einem Ultimatum der irakischen Regierung den Revolver an die Schläfe: Der Irak habe noch Zeit "bis zum Anfang des Wochenendes" (es war Donnerstag, der 25. April 1991!), seine "bewaffneten" Polizeitruppen aus dem Gebiet der Stadt Sachu und aus allen anderen Standorten für Flüchtlingslager – das heißt im gesamten Nordirak – abzuziehen. Wenig später präzisierten sie ihre Erpressung dahingehend, daß alle irakischen Beamten und Ordnungskräfte sich binnen kürzester Frist südlich des 36. Breitengrades zurückzuziehen hätten, andernfalls werde man zur Gewalt greifen. Was blieb dem Irak anderes übrig? Vereinzelt wurde auf die Besatzer, die von den Westmedien flugs zu "Befreiern" emporgejubelt wurden, geschossen, doch die Situation war aussichtslos. Die Ordnungskräfte zogen sich zurück, der Rest wurde entwaffnet, der kurdische Teil Iraks war in amerikanischer Hand, besetztes Gebiet. Die Schmierenkomödie, die dann folgte, ist bekannt: Die amerikanischen Truppen wurden zum größten Teil durch UN-Streitkräfte als neue Besatzungsmacht ersetzt. Die irakische Regierung unternahm einen letzten Versuch, ein Übereinkommen mit den Kurden zu erzielen: Gespräche wurden selbst jenen Oppositionsführern angeboten, deren Beziehungen zum Geheimdienst CIA bekannt waren, eine erweiterte Amnestie wurde verkündet. Lastwagenlieferungen mit Trinkwasser, Nahrungsmitteln und Medizin, die der Irak in den Norden schickte, wurden von den US-Truppen am 36. Breitengrad abgefangen und die Ladungen beschlagnahmt.[4] Daraufhin stellte der Irak, dem es selbst am Allernotwendigsten mangelte, die Lieferungen ein.

Wir hatten während unseres Aufenthalts in Bagdad die Gelegenheit, mit zwei Angehörigen der UN-Besatzungstruppen im Nordirak zu sprechen. Es waren zwei junge Dänen mit Bürstenhaarschnitt – wir hatten sie zunächst für Briten oder GI's gehalten –, naßforsch im Auftreten und jungdynamisch-arrogant, "unsere Jungs am Golf" eben. Nach eigenen Aussagen hatten sie sich zehn Monate im kurdischen Teil Iraks aufgehalten, ihre Bewaffnung bestand auf Nachfrage "nur" aus einem Revolver. Wir fragten sie – sie waren unsere Tischnachbarn im Hotel, und es war gerade Abendessenszeit –, wie sie über das gegen den Irak verhängte Embargo dächten. "Embargo? Es gibt kein Embargo! Sehen Sie doch, es gibt alles hier" – und damit verwiesen sie auf den reich gedeckten Tisch vor ihnen, den sie als Angehörige der UN-Truppen wie die gesamte Verpflegung vom Irak, das heißt: von der hungernden irakischen Bevölkerung, bezahlt bekommen. Unseren Verweis auf die Harvard-Studie, die von 170.000 toten irakischen Zivilisten aufgrund der Sanktionen spricht, wischten sie unwirsch beiseite: Kurdistan leide unter einem doppelten Embargo: dem der Vereinten Nationen gegen den Irak (also doch!), vor allem aber unter dem Boykott der irakischen Regierung. Im übrigen, wenn es schon um Zahlen gehe: der Irak habe zuvor 80.000 Kurden monatlich umgebracht, daher sei das Embargo gerechtfertigt. Sprachen's, aßen Krabbencreme als Vorspeise und zwei saftige Steaks als Hauptgang, tranken dazu zwei Flaschen Wein (von der eine nach offiziellem Kurs etwa 500 DM kostet). Mit solchen Jungs läßt sich die Welt beherrschen.

---

[4] Cf. Ramsey Clark et al., loc. cit. p. 114.

Wenn wir Iraker auf die Situation im Norden ihres Landes ansprachen – "Wahlen" waren ja angekündigt –, waren ihre Antworten meist von Verzweiflung und Wut gekennzeichnet. Eine als Journalistin und Übersetzerin tätige Frau sagte, die Spaltung des Landes sei eine Tragödie für alle, es werde auseinandergerissen, was zusammengehöre. Ein kurdischer Student an der Bagdader Universität führte aus, daß der Irak politische Solidarität noch dringender als materielle Hilfeleistungen benötige, um die Aggression der Vereinigten Staaten abwehren zu können. Ein archäologischer Führer, der uns bei der Besichtigung der historischen Stätte Nimrud nahe bei Mosul begleitete, erzählte voller Wut, wie im besetzten Teil Nordiraks – die Frontlinie war wenige Kilometer entfernt – alle industriellen Anlagen demontiert und in den Iran verfrachtet würden; iranische und türkische Banden hatten zudem die Museen geplündert und administrative sowie kulturelle Einrichtungen verwüstet. Kurze Zeit zuvor hatten amerikanische Soldaten irakische Archive und Behörden ausgeräumt und Zehntausende von Akten in die USA ausfliegen lassen, um daraus eine Anklage gegen die irakische Regierung zu konstruieren. Dort, in Mosul, waren wir auch Augenzeuge amerikanischen Terrors gegen die irakische Zivilbevölkerung: Täglich zählten wir mindestens zehn Tiefflüge amerikanischer Kampfflugzeuge über der Stadt; einmal gelang es uns während der Besichtigung eines von den Amerikanern zerbombten Stadtviertels in Mosul, ein solches Kampfflugzeug bei einem Scheinangriff zu fotografieren. Die USA begründete ihre Terroraktionen damit, sie seien zum "Schutz" der kurdischen Bevölkerung bestimmt. Seltsame Logik: In Mosul haben wir viele Menschen in kurdischer Tracht gesehen, die sich ganz normal im Stadtbild bewegten, unbehelligt von ihren arabischen Landsleuten. Der eigentliche Sinn dieser Unternehmungen ist klar: durch die tägliche Einschüchterung und Demonstration militärischer Macht sollte die amerikanische Besetzung Nordiraks nochmals drastisch vor Augen geführt und gleichzeitig gezeigt werden, daß man im Falle eines Einigungsversuches unerbittlich zuschlagen werde. Und von wegen "Schutz der Kurden": Vom 5. bis 9. Juni 1992, also gerade sechs Wochen nach unserer Abreise, warfen eben diese Flugzeuge kurz vor der Ernte Brandbomben über 2.000 Hektar Weizen- und Gerstenfelder ab; 30-35 km von Mosul entfernt und an weiteren Stellen der Provinz Ninive. Wertvolles Getreide verbrannte nach diesem – kann man ihn anders als schweinisch nennen? – feigen Kriegsakt. Die Bilder der brennenden Felder waren beispielsweise im indischen Fernsehen zu sehen; im fdGO-Deutschland war überhaupt nichts zu vernehmen, so daß auch wir erst auf zufälligen und umständlichen Wegen Nachricht von diesem neuen Verbrechen erhielten. Bei der Besichtigung einer zerbombten

Amerikanisches Kampfflugzeug bei einem Scheinangriff auf Mosul am 12. April 1992.

orthodox-christlichen Kirche in Mosul donnerten zwei dieser Kampfjets in maximal hundert Meter Höhe mit geöffneten Düsenklappen über uns hinweg; die Häuser wackelten, und unsere Köpfe dröhnten. Zwei Medizinstudenten erzählten uns, daß bei den täglichen Überflügen Fensterscheiben zu Bruch gingen und jeden Tag Schockpatienten in die Krankenhäuser eingeliefert würden, da sich bei vielen die Erinnerung an das Dauerbombardement bei Tag und Nacht in traumatischer Weise erneuere, ferner hätten zahlreiche schwangere Frauen nach diesen Terroraktionen Früh- und Fehlgeburten erlitten. Während unseres Aufenthaltes im Irak protestierte die Regierung regelmäßig gegen die durchschnittlich einhundert bis einhundertdreißig Überflüge pro Woche und forderte die sofortige Einstellung dieser permanenten Verletzung irakischer Souveränität – sie erhielt keine Antwort, wohl aber neue Drohungen von amerikanischer Seite. In dieser Zeit forderte Saddam Hussein die irakischen Kurden auf, die "Ausländer" aus eigener Kraft loszuwerden – dies ist auch unseres Erachtens die größte Herausforderung für das irakische kurdische Volk in seiner langen Leidensgeschichte, will es den Sklavenstatus einer mittelamerikanischen Bananenrepublik vermeiden.

Die Aussichten hierfür stehen indes nicht günstig; was die Amerikaner in den Klauen halten, lassen sie so schnell nicht wieder los. Vor allem hat sich Talabani, mittlerweile Vorsitzender der Patriotischen Union Kurdistans (PUK), vom Kurdenführer zu einem offenen Parteigänger Bushs gewandelt. Vergessen sind nun die im April 1991 getroffenen Vereinbarungen mit der irakischen Regierung; ein "Irak ohne Saddam Hussein" ist das neue Ziel Talabanis, der wenig später sogar für einen Anschluß Nordiraks an die Türkei plädierte. Wie diese Wandlung zustande kam, entzieht sich unserer Kenntnis; Illusionen über den Charakter der amerikanischen oder türkischen Herrschaft dürften dabei die geringste Rolle gespielt haben, wohl aber Erpressung oder Bestechung oder beides zusammen – hier war die amerikanische Regierung noch nie um Mittel verlegen. Als sich im Juni 1992 ein sogenannter "Irakischer Nationalkongreß" in Wien konstituierte, der sich als Gegenregierung versteht und Anspruch auf die eingefrorenen irakischen Gelder im Ausland erhebt, wurde das neue Kriegsziel offen proklamiert (und wie gut erkennt man die amerikanische Handschrift!): Saddam Hussein solle gestürzt und ihm anschließend der "Prozeß nach Nürnberger Vorbild" gemacht werden. Die Rolle des okkupierten Nordirak in dieser Strategie wird unumwunden zugegeben: "Die 750.000 Quadratkilometer" (hier muß ein Irrtum vorliegen: die Gesamtfläche des Irak beträgt 438.317 qkm, gemeint war wohl: 75.000 qkm) "befreites Kurdistan werden den Brückenkopf bilden, von dem aus Saddam gestürzt wird", sagte auf dieser Konferenz ein gewisser Saadi Piret, enger Vertrauter von Talabani. Damit ist die Marschroute für die nächsten Monate und Jahre vorgegeben; an westlicher Unterstützung wird es dabei nicht fehlen.

Der Westen und das "freie Kurdistan" im Irak – keine Heuchelei ist hier zu abgeschmackt, jede Farce willkommen. So durfte beispielsweise der "Rambo"-Darsteller Silvester Stallone endlich einmal im wirklichen Leben Rambo spielen und einen von der französischen Ministerpräsidentengattin Mitterrand georderten Truck mit "Hilfsgütern" eigenhändig ins wilde Kurdistan steuern, mit einem Geschmack von Freiheit und Abenteuer. Doch dies ist noch nichts im Vergleich zu den Ende Mai 1992 abgehaltenen Wahlen, die der Westen dort abhalten ließ. Der Ministerpräsident des Bundeslandes Nordrhein-Westfalen ließ einen Lastwagen mit Papier und Tinte beladen – zur Markierung der Wähler, um Mehrfachabstimmungen zu vermeiden – und schickte ihn auf Kosten der deutschen Steuerzahler nach Nordirak. Die Tinte taugte nichts, so wie die ganze Landesregierung, und deshalb mußte die Wahl verschoben werden. Dann fand sie schließlich doch statt und zeitigte folgendes Ergebnis: Die "Patriotische Union

Kurdistans" von Talabani erhielt 44,8%, die "Demokratische Partei Kurdistans" – deren Führer Masud Barsani noch für den Anschluß an den Irak plädiert – 47,5% der Stimmen. Zahlreiche kleinere Parteien, die den Sprung ins Parlament nicht geschafft hatten, beschweren sich über Wahlfälschungen, von denen westliche "Beobachter" allerdings nichts bemerkt haben wollen. Freilich hieß es wenig später in der 'Zeit' mit einer entwaffnenden Offenheit, die dem kuwaitischen Kronprinzen in nichts nachsteht: "Von den Wahlfälschungen wird nicht mehr gern gesprochen. Tausende von Wählern hatten ihre Finger in Schwefelsäure getaucht, um die zur Markierung dienende Tinte wegzuätzen und sich wieder hinten anzustellen. Abertausende gaben in mehreren Lokalen ihre Stimmen ab: einmal ausgewiesen mit dem Paß, dann mit der Waffenkarte, dann mit dem Führerschein..." Aber wie verfuhr man nun weiter? Einfache Sache: fifty-fifty. Wir zitieren eine westdeutsche Zeitung: "Nach tagelangen Gesprächen einigten sich die Kurdenführer Barsani und Talabani darauf, mit je fünfzig Abgeordneten ins neue Parlament einzuziehen." So etwas nennt man praktizierte Demokratie. Fünf Sitze des neuen Parlaments blieben übrigens leer: für zukünftige Abgeordnete aus der Ölstadt Kirkuk, die sich gegenwärtig noch unter irakischer Kontrolle befindet, aber in das neue Gebiet einverleibt werden soll. Über den zukünftigen Status dieser Region als US-Provinz ließ der Westen – Wahlen hin und Wahlen her – keinen Zweifel: "So oder so bleibt dieses Gebilde auf Gedeih und Verderb abhängig von der alliierten Schutzmacht", heißt es in der 'Badischen Zeitung'. Die kurdischen Vertreter im "Irakischen Nationalkongreß" verbreiten dagegen Optimismus: "Die Bevölkerung Kurdistans verfolgt die täglichen TV-Übertragungen von den Sitzungen des neugebildeten Parlamentes mit der gleichen Begeisterung wie Fußballübertragungen." Wenn das nur kein Eigentor gibt...

*

Die Situation der Schiiten im Irak unterscheidet sich in mehrfacher Hinsicht von der Kurden-Problematik. Stellen die Kurden eine ethnische Minderheit des mehrheitlich arabisch besiedelten Landes dar, so gehört ungefähr die Hälfte der irakischen Bevölkerung der schiitischen Glaubensrichtung an: Von den 95% Moslems im Irak sind etwas über 50% Schiiten, der andere Teil Sunniten. Etwa 4% der Bevölkerung gehören der orthodoxen christlichen Kirche an, der Rest verteilt sich auf kleinere Glaubensgemeinschaften, die im übrigen wie alle anderen unbehelligt ihren Glauben praktizieren können. Der hohe Anteil von

Schiiten an der Gesamtbevölkerung des Landes – im Irak befinden sich die höchsten schiitischen Heiligtümer wie der Grabschrein von Ali, dem Schwiegersohn des Propheten Mohammed, in Najaf und der Schrein des Märtyrers Al-Hussein in Kerbala – bringt Spannungen teils grundsätzlicher, teils aktuell politischer Art mit sich, die in Zeiten äußerer wie innerer Stabilität zwar nicht ins Gewicht fallen, in Krisen aber eine explosive Wirkung entfalten können. Konkret bedeutet dies folgendes: Die im Irak regierende Baath-Partei ist ihrem Wesen nach eine säkulare, bürgerlich-fortschrittliche Organisation, die sich seit ihrer Gründung der Einheit aller arabischen Staaten, der Unabhängigkeit von westlicher Bevormundung und einer Form von "Sozialismus" verschrieben hat, die allerdings nichts mit der Gesellschaftsform der untergegangenen Ostblockländer und erst recht nichts mit den von Marx und Engels genannten Kriterien für eine sozialistische Gesellschaft zu tun hat. Der "Sozialismus" der Baath-Partei verbindet die Enteignung ausländischer Ölkonzerne mit der Zulassung von Privatbesitz an Produktionsmitteln im eigenen Land, er ist also in ökonomischer Hinsicht national-bürgerlich. Er strebt nicht die Beseitigung der Klassen von Besitzenden und Besitzlosen, sondern eine Art harmonisches Zusammenleben von reich und arm an; das "sozialistische" Element besteht in der – im Vergleich zu den arabischen wie mittlerweile auch europäischen Staaten – vorbildlichen staatlichen Sozialpolitik. In ähnlicher Weise soll durch eine Neuverteilung der Reichtümer das krasse Gefälle zwischen den wohlhabenden und armen arabischen Staaten ausgeglichen werden. Die Religionspolitik der irakischen Baath-Partei ist – oder war bis vor wenigen Jahren – entsprechend liberal und wie das ökonomische Konzept den westeuropäischen Nationalstaaten in der zweiten Hälfte des 19. Jahrhunderts vergleichbar (das Deutsche Reich allerdings ausgenommen): Glaube und Religionsausübung sollen auf das Privatleben beschränkt bleiben; der Islam darf kein bestimmendes Element in der Politik, dem Recht oder der Bildung sein. Angestrebt ist also ein tendenziell säkularer Staat, der zwar die Religion duldet, sie nach eigenen Aussagen sogar respektiert, aber sie in bestimmte Grenzen verweist. Diese Darstellung bedarf sicher im einzelnen der Korrektur – wir waren, wie bereits geschildert, Augenzeugen und leider auch Leidtragende des gegenwärtig zunehmenden Einflusses des Islams –, aber wichtig ist hier nur der folgende grundlegende Gedanke: der Religion wird im <u>staatlichen System</u> die uneingeschränkte Herrschaft über die Menschen verboten, das heißt: keine Scharia. Damit hebt sich der Irak wohltuend von der finsteren Umgebung der Ölemirate und des benachbarten Iran ab. Das bedeutet, alle Kompromisse und Rücknahmen der letzten Zeit ungeachtet: die Religionspolitik der irakischen Baath-Partei stellt eine <u>tendenzielle Ermutigung und Bestärkung jedes Einzelnen in Richtung Freiheit</u> dar. Dies verdeutlichen geschminkte Frauen in langen Hosen oder kurzen Röcken und sich küssende oder umarmende Paare in den Parks der Großstädte besser als jede wortreiche Abhandlung; es droht kein Säureattentat und keine mit Prügeln und Gewehren bewaffnete Sittenpolizei. Um sich eine Vorstellung von dem zwar nur relativen, aber nicht zu unterschätzenden Fortschritt im Schutz der Menschenwürde zu machen, zitieren wir einen erwiesenen Feind Saddam Husseins, einen westlichen Journalisten, der rechtzeitig vor Beginn der US-Aggression eine Schnellschuß-Biographie über den irakischen Präsidenten herausgab und darin nicht mit Schimpfworten, Unterstellungen und Verleumdungen spart. Über die ersten Regierungsmaßnahmen Saddam Husseins heißt es dort: "In den ersten Monaten seiner Regentschaft präsentierte sich Saddam Hussein als aufgeklärter Regent: Mit der 1972 bereits vollzogenen Verstaatlichung der Erdöl-Industrie hatte die Baath-Partei die Voraussetzungen für die wirtschaftliche und politische Unabhängigkeit des Landes geschaffen. (...) Saddam Hussein investierte danach in den modernen Ausbau der Infrastruktur, mit Hilfe der Petrodollars ließ er Fabriken und Schulen bauen, er überwand weitgehend den bis dahin im Land herrschenden Analphabetismus, ermöglichte den Technokraten" (was immer das heißen mag; vermutlich: Personen mit Universitätsabschluß) "den Zugang zur staatlichen Verwaltung und räumte – innerhalb der islamischen Welt eine Ungeheuerlichkeit – den Frauen sämtliche Berufsrechte ein." Fehlt nicht noch etwas? Ach ja: "Das alles konnte aber nicht darüber hinwegtäuschen, daß Saddam Hussein zugleich eine gnadenlose orientalische Despotie aufbaute."[5] Geschenkt, Meister, kann man hier nur sagen, ähnliches hat man schon zuvor über Lenin vernommen. Nennen wir das Wesentliche dieses Berichts aus Feindesfeder noch einmal beim Namen: der Ölreichtum gehört dem Volk, nicht den ausländischen Konzernen; der Mensch gehört sich selbst, nicht den Mullahs. Damit war der Konflikt mit zumindest einem Teil des schiitischen und auch des sunnitischen Klerus vorprogrammiert, denn selbstverständlich waren diese, wie ihre christlichen oder hinduistischen Brüder im Geiste auf der ganzen Welt, der Meinung, daß ihnen der ganze Mensch gehöre, und zwar ohne Ausnahme. Sehr bald wurde gegen Saddam Hussein der Vorwurf der "Ungläubigkeit", des "Atheismus" laut, und eine fundamentalistische Schiiten-Organisation "Dawa" wurde mit dem Ziel

---

[5] Ulrich Encke, Saddam Hussein. Ein Portrait, p.18 seq.

gegründet, diese Zustände zu beseitigen und das Mittelalter – das heißt die uneingeschränkte Herrschaft der Religion – wieder zu etablieren.

Das Konfliktpotential zwischen der irakischen Regierung und Teilen des schiitischen, auch sunnitischen Klerus liegt also in dem Gegensatz zwischen tendenziell säkularer, liberaler Religionspolitik des irakischen Staates und dem Streben nach uneingeschränkter Herrschaft der Religion über den Menschen begründet. Sehr bald kam ein Ereignis hinzu, das diesen Konflikt gefährlich verschärfte: die Machtübernahme Khomeinis im benachbarten Iran, dessen Bevölkerung zu 90% schiitisch ist. Zu der Auseinandersetzung zwischen Staat und Klerus – Menschenrecht gegen Gottesrecht, bürgerliches Gesetzbuch gegen Scharia, Vernunft gegen Mittelalter – war eine zwischenstaatliche Konfrontation hinzugekommen, die an Brisanz nicht zu unterschätzen war. Die Schiiten im Irak und im Iran waren zwar durch eine Grenze getrennt, aber die Glaubensbindung konnte sich als stärker erweisen; dies galt umgekehrt schon zu Zeiten des persischen Schahs, der Khomeini zwar in das irakische Exil auswies, sich aber auch dann noch nicht sicher fühlte und deshalb bei der irakischen Regierung die Abschiebung Khomeinis ins ferne Paris erwirkte. Nun drohte der Funke des Schiiten-Aufstands vom Iran auf den Irak überzuspringen; Khomeini hatte entsprechende Absichten bereits geäußert, und es kam im Irak zunehmend zu Unruhen, die bald bürgerkriegsähnlichen Charakter annahmen. Wenn die Schiiten ihren Aufstand damit rechtfertigten, daß sie in den staatlichen Führungsgremien im Vergleich zu den Sunniten und Christen unterrepräsentiert und damit benachteiligt seien, so entsprach dies nur der halben Wahrheit: Es ging ihnen diesmal nicht um den Proporz,[1] sondern um die Macht. Saddam Hussein griff in dieser bedrohlichen Situation des Jahres 1980 entschlossen durch: Die Organisation "Dawa" wurde verboten, zwanzigtausend Aufständische wurden in den Iran ausgewiesen, und das Oberhaupt der irakischen Schiiten wurde wegen Hochverrats hingerichtet. Seit diesem Zeitpunkt befindet sich das Zentrum des irakisch-schiitischen Widerstands gegen Saddam Hussein in der persischen Hauptstadt Teheran. Von Khomeini und seinen Nachfolgern mit Geld und Propagandamöglichkeiten ausgestattet, organisierten sie sich neu, ergriffen während des irakisch-iranischen Krieges die Partei Khomeinis, arbeiteten auf den Umsturz im Irak hin und warteten auf eine günstige Gelegenheit.

Diese schien mit der Niederlage der irakischen Armee gegen die USA und deren Vasallen gekommen: der Irak lag militärisch und wirtschaftlich am Boden, die Kommunikationsverbindungen waren unterbrochen, im kurdischen Norden

1 Kürzel für Proportionalwahl (Verhältniswahl), Anteil der Sitze nach dem Verhältnis der abgegebenen Stimmen.

brachen Aufstände aus. Die chaotischen Umstände des Zusammenbruchs ausnutzend, infiltrierten die exilierten irakischen Schiiten und vor allem auch persische irreguläre Kampfverbände den Irak, in einer Gesamtstärke von insgesamt etwa 33.000 Mann. Zum Teil wurden sie in amerikanischen Kampfhubschraubern in den Irak geflogen und dort abgesetzt, zum Teil überquerten sie das unwegsame Sumpfgelände zwischen beiden Ländern in Schnellbooten, sickerten in die von amerikanischen Bomben verwüsteten Städte ein und zerstörten dort, was von den Amerikanern noch verschont geblieben war: Bibliotheken, Verwaltungseinrichtungen, Museen, Kindergärten, Schulen, Lebensmittellager, Fuhrparks mit Baufahrzeugen und Krankenhäuser, in denen sie verletzte irakische Soldaten, aber auch kranke Zivilpersonen erschossen, medizinisches Gerät zerschlugen und Medikamente verbrannten. Die Leitung der Sabotageaktionen oblag zwar formal der in Teheran ansässigen "Dawa"-Organisation, deren Führer, der Mullah Mohammed Bakr al-Hakim, sich als Leiter des "Volksaufstands" im Irak bezeichnete; die Fäden hielt allerdings die iranische Regierung in der Hand, die den Nachschub koordinierte und Marodeure in das besiegte Nachbarland schickte. Das war also der "Volksaufstand", der "Bürgerkrieg", von dem die westlichen Medien redeten und ihn als Zeichen des gerechten "Volkszorns" gegen das "Regime" des "Diktators" Saddam Hussein deuteten. Volksaufstand oder Intervention? Diese Frage ist eindeutig zu beantworten, und als Indiz mag wiederum die Berichterstattung der westdeutschen Presse dienen. Sie war sich in der Beurteilung dieser Sache nämlich nicht so sicher, denn diesmal war sie weniger vom Westen initiiert, sondern von einem Land, das die US-Marionette Schah Rezah Pahlewi vom Thron gestoßen und davongejagt hat, einem Land, dem die USA als "großer Satan" verhaßt ist. Man wußte: die Todfeindschaft des Irans gegen Saddam Hussein war alles andere als eine Gewähr dafür, daß eine neue, schiitische Regierung im Irak auch auf US-Kommando hören würde. Deshalb sagte der amerikanische Vizepräsident Dan Quayle auch zu dem Zeitpunkt, als der Ausgang der Kämpfe mit den aus dem Iran eingesickerten Banden noch nicht abzusehen war, er sehe gegenwärtig keine Alternative zu Saddam Hussein. Lieber einen geschwächten, weiter erpreßbaren Irak als ein unberechenbares schiitisches Großgebilde, das zusammen mit dem Iran die Golfregion dominieren könnte. In dieser Hinsicht waren die Kurden verläßlicher und nützlicher.

In der ersten Märzwoche 1991 hieß es, daß 70 Prozent des Iraks unter schiitischer Kontrolle seien; der Aufstand habe in nahezu 30 Städten gesiegt. Diese Meldung war, wenn nicht übertrieben, so doch voreilig; die Überreste der irakischen

Armee, die vom Schlachtfeld im Süden zurückkehrten, eroberten Stadt um Stadt zurück. Am heftigsten tobten die Kämpfe in Basra, das Haus für Haus freigekämpft werden mußte; wir haben ein Jahr danach kein Gebäude dort gesehen, das nicht von Geschoßgarben durchsiebt worden wäre. In den Städten Najaf und Kerbala hatten sich die Marodeure in den heiligen schiitischen Stätten verschanzt, nachdem sie zuvor die Goldplättchen von den Moscheenkuppeln gerissen, Bibliotheken in Brand gesetzt und wertvolle Schriften gestohlen hatten. Insgesamt 13 Krankenhäuser wurden in beiden Städten von den Banden angezündet; im Schrein des Märtyrers Hussein wurden nach Informationen von Ramsey Clark Funktionäre der Baath-Partei und Personen, die im Verdacht standen, solche zu sein, kurzerhand aufgehängt. Bevor die irakischen Truppen beide Städte eroberten, riefen sie von Hubschraubern aus über Megaphone die Bevölkerung auf, die Städte zu verlassen, um Mißverständnisse und unnötiges Blutvergießen zu vermeiden. Dann wurden die Städte befreit und die schiitischen Heiligtümer freigekämpft; die Westpresse versäumte es nicht, auch hieraus noch einen Vandalenakt zu machen. Die von irregulären iranischen Truppen und irakisch-schiitischen Exilanten angerichteten Verwüstungen erstreckten sich insgesamt auf zwölf Provinzen im Irak: die Verwaltungsgebiete Najaf, Sulaimania, Tameem, Arbil, Wasit, Babylon, Pohouk, Khanaqin, Muthanna, Kerbala, Maysan und Basra. Auf dem Höhepunkt der Kämpfe setzte die irakische Führung auch Kampfflugzeuge ein, von denen die Amerikaner eines in der Nähe von Takrit abschossen mit der ungeheuren Begründung, es habe die amerikanische Lufthoheit über dem Irak verletzt. Je mehr sich die Waagschale zugunsten der irakischen Truppen neigte und außerdem erste iranische Gefangene der Öffentlichkeit vorgestellt wurden, gab man auf westlicher Seite zu, daß es sich bei den Kämpfen nicht um einen Bürgerkrieg, sondern um einen iranischen Angriff handelte: "Iraner stoßen in den Irak sechzig Kilometer tief vor", lautet eine Überschrift in der 'Süddeutschen Zeitung' vom 19. März 1991, und ein anderes Blatt berichtet zwei Tage später: "Tatsächlich sprechen Flüchtlinge aus dem Kampfgebiet von Basra von endlosen, aus dem Iran kommenden Lastwagenkolonnen. Transportiert würden Zwiebeln, Kartoffeln, Mehlsäcke und Reis, freilich nicht ausschließlich. Unter der "humanitären Hilfe" seien in der Regel Gewehre, Panzerfäuste und Munition versteckt, die nach Einbruch der Dunkelheit an den Widerstand verteilt würden. Außerdem seien im irakischen Süden jetzt jene Schnellboote unterwegs, mit denen während des iranisch-irakischen Krieges persische Revolutionsgardisten Supertanker im Golf angegriffen hatten." Der persische Ministerpräsident Rafsandjani habe sich "gezwungen" gesehen, "die Glaubensbrüder im Irak aktiv zu unterstützen". Diese ausführlichen Zitate zur Gedächtnisstütze jener Leute, die nicht mehr wissen, was sie vor einem Jahr geschrieben oder gelesen haben.

Um das Ausmaß der Verheerungen zu illustrieren, das die Banden bei ihren Umtrieben nach dem amerikanischen Bombardement anrichteten, greifen wir exemplarisch die südlichste Provinz Iraks heraus. Im Verwaltungsbezirk Muthanna mit der Bezirkshauptstadt Samawa haben die Marodeure in drei Wochen, vom 5. bis zum 24. März 1991, alles zerstört, was ihnen noch unversehrt in die Hände gefallen war. Ihr besonderer Haß galt den Gebäuden der Baath-Partei, von denen sie insgesamt zwölf sprengten oder verbrannten, nachdem sie zuvor die Einrichtungsgegenstände geplündert oder zerschlagen hatten. Bei den Überfällen auf die Parteigebäude brachten sie 35 Menschen um, entweder Mitglieder, Sympathisanten oder Unterstützer der Baath-Partei; der Sachschaden allein bei den zerstörten Parteihäusern beläuft sich auf insgesamt 1.140.932 irakische Dinar[6]. Weit höher waren die Schäden bei der Infrastruktur der Südprovinz: Durch Plünderungen und Verwüstungen in Krankenhäusern, Gesundheitszentren und Medikamentenlagern entstand ein Schaden von über 3 Millionen Dinar; Vandalenakte in Grund-,

Ein von Marodeuren zerstörter Raum in einem Verwaltungsgebäude.

---

[6] Bei allen Schadensangaben in irakischer Währung muß der offizielle, vor dem Golfkrieg gültige Wechselkurs zugrunde gelegt werden. Ein irakischer Dinar entspricht demnach rund 3 US-Dollar oder 5,50 DM.

Mittel- und Oberschulen sowie Kindergärten richteten Zerstörungen in Höhe von rund 2½ Millionen Dinar an. Die größten Verheerungen wurden in Lebensmittellagern angerichtet; sie fallen mit mehr als 321 Millionen Dinar zu Buche. Trinkwasseraufbereitungsanlagen kamen mit 1½ Millionen Dinar zu Schaden, die staatliche Omnibusgesellschaft mit 2 Millionen, verschiedene Baustoff-Firmen mit 2½ Millionen. Bauunternehmen mit ihren Fuhrparks erlitten Einbußen von mehr als 85 Millionen Dinar; Notariate, Rathäuser, Steuerämter, Regierungspräsidien, Polizeidirektionen und Justizgebäude blieben nicht verschont. Eine Zementfabrik im Distrikt, mit modernsten elektronischen Geräten ausgestattet, erlitt mehr als 2 Millionen Dinar Sachschaden; eine Raffinerie wurde gleichermaßen beschädigt und ausgeraubt, die Kosten für den Wiederaufbau betragen hier über 28 Millionen Dinar. Noch ein Jahr nach den Überfällen waren die Verwüstungen überall zu erkennen: Lastwagen mit gesprengten Fahrerkabinen und durchschossenen Reifen; Kettenfahrzeuge für den Straßenbau, die beschädigt und unbrauchbar zu Hunderten auf dem Firmengelände stehen; Dampfwalzen, die mit Dynamitstangen funktionsunfähig gemacht wurden; Verwaltungsgebäude, an deren Betonfassade sich Rauchspuren hochziehen; ausgebrannte Bibliotheken, geplünderte Museen und vieles mehr. Allein in dem Verwaltungsbezirk Muthanna beträgt der von den Banden angerichtete Schaden – einschließlich der zerstörten Parteigebäude – insgesamt 453.734.138 irakische Dinar; ähnlich gestaltet sich die Bilanz in den anderen irakischen Provinzen. Volksaufstand oder Intervention? Noch nie in der Geschichte hat ein "rebellierendes Volk" in diesem Ausmaß gegen Einrichtungen gewütet, die ihm ja schließlich selbst zugute kommen. Sehr wohl aber tragen die Verwüstungen – insbesondere gegen die Bildungsinstitutionen und kulturellen Einrichtungen – die Handschrift religiösen Exzesses und zeugen vom Haß der aus dem Iran eingesickerten Pogrombanden gegen ein fortgeschrittenes und modernes Land.

Während unseres Aufenthaltes im März/April 1992 war es in vereinzelten Gebieten Südiraks immer noch nicht möglich, frei von Gefahren zu reisen. Die Besichtigung der am Westrand der Sümpfe gelegenen historischen Stätte Lagasch erwies sich als zu riskant, weil ein Überfall mit den besagten Schnellbooten nicht ausgeschlossen werden konnte. Die Besichtigung von Uruk, dreißig Kilometer östlich von Samawa in der Wüste gelegen, konnte nur mit der Schutzbegleitung von vier zum Teil mit Gewehren bewaffneten Soldaten erfolgen; Zwischenfälle beobachteten wir indes keine. Allerdings dürfte die Behauptung des selbsternannten "Irakischen Volkskongresses", daß sich in den Sumpfgebieten 300.000 schiitische Widerständler verborgen hielten, hoffnungslos übertrieben sein. Wie groß die Gefahr einer iranischen, von den USA geduldeten Intervention nach wie vor ist, konnten wir während unseres Aufenthaltes in Bagdad erfahren: neunzig Kilometer nordöstlich von der Hauptstadt entfernt, also tief im irakischen Staatsgebiet, hatten acht iranische Kampfflugzeuge Ziele angegriffen und bombardiert; eines der angreifenden Flugzeuge wurde von der irakischen Luftabwehr abgeschossen. Ohne von diesem erneuten bewaffneten Überfall etwas zu wissen, war uns doch die gespannte Atmosphäre in der Hauptstadt aufgefallen: auf wichtigen oder besonders hohen Häusern waren Flugabwehrkanonen in Kampfbereitschaft postiert; mehrere irakische Kampfflugzeuge kreisten um die Peripherie Bagdads, ohne diesmal von US-Kampfjets angegriffen zu werden. Der Irak hat gegen den iranischen Überfall beim Sicherheitsrat der Vereinten Nationen wegen Verletzung seiner staatlichen Souveränität protestiert. Er wurde zurechtgewiesen, weil er zu seiner Verteidigung Kampfflugzeuge starten ließ und damit die Bestimmungen der UNO-Resolutionen gebrochen habe.

Im August 1992 hat die ausländische Intervention im Südirak neue und weitaus gefährlichere Züge angenommen, denn der iranische Aggressor wurde durch den amerikanischen abgelöst, der mit der Errichtung einer "Schutzzone" für Schiiten seine Vorgehensweise im kurdischen Nordteil des Landes wiederholt und den Irak endgültig in Stücke zu reißen trachtet. Die nachfolgend (Seite 110) wiedergegebene Landkarte aus der 'Frankfurter Allgemeinen Zeitung' vom 20. August 1992 samt dem beigefügten, in Auszügen wiedergegebenen Kommentar in derselben Ausgabe zeigen an, wie der Irak der Zukunft beschaffen sein soll, und leitet zugleich zum nächsten Teilkapitel über, das alternative, zum Teil ältere Pläne zur Zerschlagung des irakischen Staatsgebiets vorstellt.

Das kleinere Übel

Zusammen machen die beiden Schutzzonen – für die Kurden nördlich des 36. Breitengrades, für die Schiiten südlich des 32. – annähernd die Hälfte des irakischen Territoriums aus. Der humanitäre Schritt hat politische Folgen: Er ist der Beginn einer Teilung des Landes.

Die Hoffnung, daß Saddam seine Niederlage politisch nicht überleben werde, hat sich zerschlagen. Die Probleme nach einer Teilung des Iraks gelten inzwischen als das kleinere Übel.

Die territoriale Zerstückelung Iraks

Stellen wir uns einmal folgendes Szenario vor: Deutschland hätte nach der Niederlage des Faschismus im Zweiten Weltkrieg nicht die Dollarmillionen des Marshallplans erhalten, mit denen es zur Waffenschmiede der Nato und als Schaufenster zum Ostblock hin aufgepäppelt wurde, sondern die Amerikaner hätten im Verbund mit den Franzosen und Engländern als Siegermächte den Morgenthau-Plan in die Tat umgesetzt: die im Krieg noch unzerstört gebliebenen Industrieanlagen wären demontiert, die Bergwerke überflutet oder gesprengt worden. Im Ruhrgebiet hätte sich eine internationale Besatzungsmacht eingenistet, Saar-, Rhein- und Moselgebiete wären an Frankreich gefallen, Ostpreußen und Schlesien wären an Polen und Rußland als den hauptsächlichen Opfern der faschistischen Aggression gefallen. Hätte sich in Deutschland irgendein Widerstand gegen die territoriale Zersplitterung geregt, dann hätte ein von den Siegermächten kontrolliertes internationales Gremium alte Verträge und Landkarten zum Beispiel aus dem Dreißigjährigen Krieg aus dem Hut gezaubert. Die dänische Minderheit im heutigen Schleswig-Holstein hätte weite Teile Norddeutschlands einschließlich Hamburg zugesprochen bekommen (denn schließlich waren dort ja auch einmal die Wikinger); eine Teilung Deutschlands entlang der konfessionellen Grenzen wäre in Betracht gezogen und vielleicht die Gründung einer Art Katholischen Liga proklamiert worden; zu ihrem Führer hätte man einen alten Rosengärtner ausgesucht, der zwar mit den Faschisten kollaboriert hatte, aber aus Angst vor Inhaftierung gern die amerikanische Marionette gespielt hätte. – Wir wissen, daß es anders gekommen ist; Deutschland wurde geteilt und mußte Gebiete abtreten, aber es wurde nicht zerschlagen und in Permanenz gedemütigt und in Armut niedergedrückt; der alte Rosenzüchter ist nicht Führer eines agrarisch-katholischen Rumpfstaates geworden, sondern erster Bundeskanzler der BRD, die mit alliierten Geldern die erste Wirtschafts- und Militärmacht auf dem europäischen Kontinent wurde, mit den alten Nazigarden in den Führungsriegen, mit KPD-Verbot und später den Berufsverboten, ein postfaschistisches Gebilde, das neue faschistische Züge aufweist, ein Krebsgeschwür, das nach allen Seiten Metastasen legt.

Diese Vision eines geschwächten, gedemütigten Morgenthau-Deutschlands ist für den Irak der Gegenwart Realität. Als Kriegsbeute werden Teile des irakischen Staatsgebiets abgezwackt und in den nimmersatten Rachen der kuwaitischen Emire geworfen; eine Zerstückelung des Territoriums entlang ethnischer und konfessioneller Grenzen wird anvisiert und ist zum Teil bereits in die Tat umgesetzt; selbst auf Stammesebene versucht man alte Rivalitäten wieder anzuheizen, alle Minderheiten gegeneinander auszuspielen und vor allem alle zusammen gegen die Bagdader Zentralgewalt aufzuhetzen. Programmatisch wird dies in einem "Strategiepapier" des saudi-arabischen Geheimdienst ausgesprochen, dem man mühelos die amerikanische Handschrift ansieht: "Um die irakische Mentalität zu verändern und weitere Saddams zu verhindern, müssen wir kleinere Gebilde im Zweistromland schaffen", heißt es da. Als Modell dafür dient die in viele Teilstaaten zerbrochene Sowjetunion bezüglich der ethnischen Differenzen und das Afghanistan der Gegenwart mit seiner Vielzahl verfeindeter Stämme, deren einzige Gemeinsamkeit, der Haß auf die "Kommunisten" in Kabul, mit amerikanischen Dollars und Waffen zustande gebracht wurde. Wie der Westen schließlich ethnische und religiöse Konflikte geschickt in seinem Sinne auszunützen weiß, um ein zuvor intaktes Staatsgebilde zu zerschlagen, dafür gibt das ehemalige Jugoslawien gegenwärtig ein trauriges Beispiel.
Bereits Anfang des Jahres 1992 meldete das kuwaitische Emirat bei den Ver-

einten Nationen seine Ansprüche auf territorialen Zuwachs an, es wünschte neue Hafenstädte, strategisch wichtige Inseln und mindestens sieben neue Ölquellen; alles auf Kosten des Iraks, versteht sich. Ende April wurde den Wünschen der durchlauchtigsten Öleminenzen stattgegeben: Im Erdölfeld Rumaila, das sich über beide Länder erstreckt, wurde die kuwaitische Grenze auf einer Länge von zwanzig Kilometern um sechshundert Meter nach Norden geschoben und damit zahlreiche Ölquellen den kuwaitischen Milliardären und ihren Bossen, den Ölkonzernen, zugeschanzt. Eine der beiden irakischen Verladeanlagen am Golf, der Hafen und Marinestützpunkt Um Qasr, der bis 1990 mit Raffinerien, petrochemischen Anlagen, Trockendocks und mit einem ausgebaggerten Meereszugang versehen worden ist, soll mindestens zur Hälfte an Kuwait fallen. Die der irakischen Halbinsel Fao vorgelagerten Inseln Warba und Bubiyan, von denen aus die irakische Schiffahrt kontrolliert und jederzeit gesperrt werden kann, sollen ebenfalls von Kuwait einkassiert werden. Die Pseudolegitimation für diesen Raub stellen verstaubte Dokumente aus dem Jahr 1932 dar, als Irak und Kuwait noch britische Kolonien waren; es handelt sich um einen Briefwechsel über die Grenzdemarkation zwischen beiden Kolonien, selbstverständlich seinerzeit von den Briten festgesetzt und von geographischen Ungenauigkeiten strotzend, um einen Briefwechsel, der von keiner Bagdader Regierung seit 1958 anerkannt wurde, da diese "Vereinbarungen" unter kolonialem Joch den Ländern aufgebürdet worden sind. Jetzt soll nachträglich der Räuber, Provokateur und Parasit für seine dreckigen Dienste mit Land und Ölquellen von einem Wert in Milliardenhöhe auch noch belohnt werden.

Noch tiefer und schmerzhafter soll die Amputation im irakischen Norden werden. Von der westlichen Besetzung des kurdisch besiedelten Teils bis zum 36. Breitengrad, der Beschlagnahmung eines Gebiets von rund 75.000 Quadratkilometern Größe, war bereits die Rede, doch soll es damit keineswegs sein Bewenden haben. Auch hier hat man in die koloniale Mottenkiste gegriffen und ein Dokument herausgezerrt, wiederum aus dem Jahr 1932, das eine Schweizer Tageszeitung schlichtweg als "sensationell" bewertet. Laut dieser sogenannten Irak-Deklaration vom 30. Mai 1932 werden kurdischen, assyrischen, turkmenischen, armenischen und anderen Stämmen rund um die Großstadt Mosul besondere Hoheitsrechte und insbesondere der Zugriff auf die reichen Ölressourcen eingeräumt; seinerzeit war dieses Dekret Akt eines kolonialen "divide et impera", mit dem der irakische Monarch geschwächt und die ebenfalls unter britischem Einfluß stehenden Stämme Nordiraks gegenüber der Zentralgewalt gestärkt werden sollten. Nach Aussage sogenannter internationaler "Rechtsexperten" ist der koloniale Ukas "heute nach wie vor gültig" und die "brisanten Rechtsgrundlagen" in Kraft, und die Tageszeitung erklärt auch, worin die Brisanz des ausgebuddelten Dokuments besteht: "Brisanz darum, weil der Nordirak, mit dem Völkerrecht im Rücken, auf dem Rechtsweg zum Beispiel via Sicherheitsrat-Entscheid vom Irak abgespalten werden könnte. Dadurch würde Bagdad auch "seine" größten Erdölfelder in Kirkuk und Mosul verlieren." Das Gebiet, das sich der Westen unter den Nagel reißen will, hat auch schon einen Namen: es heißt in der Weiterführung der kolonialen Tradition "Mosul Vilayet", umfaßt mit 91.000 Quadratkilometern mehr als ein Fünftel des irakischen Staatsgebiets und beherbergt rund fünf Millionen Menschen. Türkische Landbesitzer, so heißt es, hätten bereits ihre Ansprüche angemeldet, und die neue Nordgrenze Iraks würde dann nur etwa 50 Kilometer nördlich von Bagdad verlaufen. Erste Schritte hierfür haben die Siegermächte bereits in die Wege geleitet, und zwar bedienten sie sich diesmal nicht des ethnischen Spaltpilzes, sondern sie mobilisierten 75 "Stammesführer" aus jenem Gebiet, die sich bezeichnenderweise in der türkischen Hauptstadt Ankara eine "Selbstbestimmungsdeklaration" setzten, die natürlich schon den Segen der Vereinten Nationen hat. Die Kurdenführer Barsani und Talabani, die ihre Rolle als nützliche Instrumente in den Händen des Westens gespielt hatten, gerieten unter einen wie auch immer gearteten "Zugzwang" und mußten ihre Zustimmung signalisieren, jetzt ist die Reihe an den UNO-Behörden, dem Europaparlament, den türkischen Politikern und Militärs und selbstverständlich, hinter allen stehend, an den USA, die die Fäden in der Hand hält. Das Schweizer Blatt kündigte auch schon das weitere Vorgehen an: "Sollte Bagdad nicht sofort einlenken und dem Norden alle im Jahre 1932 garantierten Rechte zugestehen, müßte der Sicherheitsrat (...) die Konsequenzen ziehen: beispielsweise mit der Gründung eines von den irakischen Machthabern unabhängigen Mosul Vilayet unter der Schirmherrschaft der UNO." Vae victis![1] Auf diese Weise soll ein ehemals wohlhabendes, unabhängiges Land unter die Knute des Weltbeherrschers gebracht, ausgeplündert und erpreßt werden, auf daß es in saecula saeculorum nicht mehr das Haupt aus dem Sand erheben kann, in den es der amerikanische Militärstiefel getreten hat.

[1] Wehe den Besiegten

II.

Kriegsverbrechen gegen irakische Soldaten

Die bereits geschilderte Abschlachtung sich auf dem Rückzug befindender und daher wehrloser irakischer Soldaten auf der kuwaitischen Autobahn Richtung Basra ist eines der gravierendsten amerikanischen Kriegsverbrechen während der Kampfhandlungen, das in voller Absicht und auf Anordnung von Präsident Bush begangen wurde. Es soll daher hier noch einmal gesondert, herausgelöst aus der kursorischen Chronik der Kriegsereignisse, dargestellt werden[1].

In den frühen Morgenstunden des 26. Februar 1991 hatte Radio Bagdad angekündigt, daß auf der Grundlage des sowjetischen Friedensplans alle in Kuwait befindlichen irakischen Truppen den Rückzug antreten würden. Am Nachmittag desselben Tages hatte dann der Rückzug begonnen – nicht in geordneter Formation, wie dies das Wort nahelegt, sondern voller Hast und Panik, unkoordiniert und chaotisch. Bush ließ hingegen über seinen Sprecher Marlin Fitzwater mitteilen, "daß es keine Anzeichen gibt, die nahelegen, daß die irakische Armee sich zurückzieht. Tatsächlich setzen die irakischen Einheiten den Kampf fort... Wir werden den Krieg weiterführen." Durch diese Lüge sollte suggeriert werden, daß das nun folgende Massaker eine reguläre Kampfhandlung zwischen zwei Armeen sei; später modifizierte man die Lüge dahingehend, daß es sich nur um einen taktischen Rückzug der irakischen Armee gehandelt habe mit dem Ziel, die irakischen Streitkräfte neu zu formieren. Doch es gab nicht mehr viel zu formieren. Bereits am 23. Februar meinte der US-General Thomas Kelly, daß zu Beginn der Bodenoffensive "nicht viele von ihnen (den irakischen Soldaten) übrigbleiben werden." General Schwarzkopf war indes vor dem letzten vernichtenden Schlag von einer ganz anderen Sorge geplagt, wie er der Zeitung 'Newsweek' wenig später mitteilte: "Wie lange wird die Welt daneben stehen und zuschauen, wenn die Vereinigten Staaten aus dem Irak eine lebende Hölle machen, ohne zu sagen: 'Halt – genug ist genug'." Die Sorgen des Generals waren unbegründet. Die Welt schaute zu und schwieg, als die Vereinigten Staaten ihr Vorhaben in die Tat umsetzten, eine möglichst große Anzahl irakischer Soldaten vor dem Verkünden der Feuerpause umzubringen. Wohlgemerkt:

---

[1] Vgl. im folgenden: Joyce Chediac, The Massacre of Withdrawing Soldiers on "The Highway of Death", in: Ramsey Clark et al., War Crimes, p.90 seqq.

der Rückzug irakischer Truppen setzte 36 Stunden vor der Eroberung von Kuwait-City durch amerikanische Truppen ein, er war also kein Resultat vorausgegangener direkter Kämpfe, sondern eine Ausführung der von der irakischen Regierung ausgegebenen Order. Doch der tödliche Ring um die Truppen war bereits geschlossen, es ging der amerikanischen Regierung nicht um den Friedensschluß, sondern um die völlige Vernichtung der irakischen Verbände. Von Stabschef Powell ist die Bemerkung überliefert, daß alle irakischen Soldaten, die nach Kuwait geschickt worden waren, wissen müßten, daß dies ihr sicherer Tod sei – und sie infolgedessen selbst die Verantwortung dafür trügen. Dies wurde nun an wehrlosen Soldaten in die Tat umgesetzt.

Artikel 3 der Genfer Konvention verbietet das Töten von Soldaten, die nicht an Kampfhandlungen beteiligt sind. Die Haager Konvention des Jahres 1907 bezeichnet es als unrechtmäßig, auf dem Rückzug befindlichen Soldaten keine Gnade zu gewähren. Bush kündigte am 27. Februar an – der Rückzug war bereits in vollem Gange –, daß allen sich noch in Kuwait aufhaltenden irakischen Soldaten kein Pardon gegeben werde. Also starteten die amerikanischen Bomber und verrichteten ihr dreckiges Geschäft. Auf einer Länge von 90 Kilometern auf der Autobahn zwischen Kuwait-City und Basra wurde alles bombardiert, was sich bewegte, der Flüchtlingskonvoi aus 2.000 Fahrzeugen mit Zehntausenden von Soldaten wurde regelrecht eingeschmolzen. Zuvor waren die Flugzeuge wahllos mit allen zur Verfügung stehenden Bomben beladen worden; Splitterbomben und Sprengkörper von 500 Pfund Gewicht prasselten auf Lastwagen und Personenfahrzeuge, Busse und Militärautos nieder. Fahrerkabinen von Lkws wurden durch die Wucht der Detonation in den Sandboden gedrückt, von den Insassen verblieb keine Spur. Andere fand man als schwarze Hüllen in grotesker Todesstarre, aus dem Fenster eines Fahrzeuges gelehnt oder die Hände am Lenkrad verkrampft. Die Haare waren verbrannt, Uniform und Haut zu einer schwarzen Masse verschmolzen. Überlebende gab es keine. "Selbst in Vietnam habe ich etwas Vergleichbares nicht gesehen. Es ist bedauernswert", meinte ein altgedienter US-Offizier. Ein anderer bevorzugte dagegen den weniger sentimentalen Jägerjargon: Die Iraker seien wie "sich hinduckende Enten" gewesen, Schlachtvieh. Beider Vorgesetzte in Riad, die die Schlächterei anordneten, hatten dagegen andere Sorgen, ganz ähnlich wie General Schwarzkopf: Sie befürchteten, daß die Öffentlichkeit das Ende dieses gnadenlosen Gemetzels fordern könnte. Diese Sorge war, wie gesagt, unbegründet, und erst nach dem Abschluß des Massakers verkündete die amerikanische Regierung die Feuerpause. Übrigens bestand der Flüchtlingsstrom keineswegs nur aus Soldaten. Unter ihnen befanden sich etliche Zivilisten, Palästinenser zumeist, die mit ihrer gesamten Habe vor den amerikanischen Truppen und den Scheichs in deren Gefolge flohen. Ihren Besitz, der nach dem Massaker auf der Autobahn zerstreut herumlag, deklarierten die amerikanische Kriegspropaganda und mit ihr die anderen westlichen Medien postwendend zum Diebes- und Beutegut der irakischen Soldaten. –

Aber selbst nach der Feuereinstellung riß die Kette der amerikanischen Kriegsverbrechen gegen irakische Truppen nicht ab. Am 2. März 1991 attackierte die 24. US-Division vier Stunden lang irakische Einheiten westlich von Basra. 750 Militärfahrzeuge wurden bei diesem Überfall zerstört und Tausende irakische Soldaten getötet; die amerikanischen Truppen hatten keine Verluste. Ein amerikanischer Kommandeur versah diese Aktion mit dem mittlerweile bekannten kaltschnäuzigen Zynismus: "Wir haben sie richtig eingeschmolzen." Wie gesagt, die Kampfhandlungen waren offiziell beendet.

Im Mittelpunkt dieses Kapitels soll jedoch ein anderes amerikanisches Kriegsverbrechen stehen, das der Weltöffentlichkeit erst ein halbes Jahr später bekannt wurde und den westlichen Medien bestenfalls eine Marginalnotiz wert war: das Lebendigbegraben wehrloser irakischer Soldaten durch US-Truppen zu Beginn der Bodenoffensive. Das Verbrechen ereignete sich am 24. und 25. Februar 1991, unmittelbar vor dem Bodenangriff der amerikanischen Verbände, und wurde erst dann zögerlich zugegeben, als eine irakische Kommission – bestehend aus Militärs, Ärzten, Zivilpersonen, irakischen Fotografen und Journalisten – die verscharrten Opfer ausgrub, den Tathergang rekonstruierte und dann an die Öffentlichkeit brachte. Folgendes war geschehen: Nach tagelangem heftigsten Bombardement und schwerem Artilleriefeuer auf die vordersten irakischen Linien – Gräben, Unterstände und Bunker – rückten amerikanische Panzer auf einer Breite von 70 Kilometern gegen die irakischen Stellungen vor. Viele der irakischen Soldaten waren bereits getötet oder verwundet; der Rest verfügte über Handfeuerwaffen, aber über kein panzerbrechendes Kriegsgerät, war also wehrlos. In einem raschen Vorstoß wurden an diesem Frontabschnitt ungefähr acht Schneisen geschlagen; Kampfpanzer beschossen pausenlos die irakischen Stellungen, während weitere Panzer mit gigantischen Schaufeln und Pflügen seitlich der etwa 90 cm breiten und 1,80 m tiefen Gräben Stellung bezogen, in denen sich 8.000 bis 10.000 irakische Soldaten befanden. Dann ging alles sehr schnell: Von zwei Seiten wurden die Gräben von den Schaufelpanzern zugeschüttet und die irakischen Soldaten unter Tonnen von Sand begraben. Sie hatten es "bevorzugt", wie ein US-Militärsprecher sich auszudrücken beliebte, in ihren Stellungen zu bleiben, da ihnen ja nichts anderes übrigblieb: Ein Teil konnte sich nicht bewegen, da verwundet, über die Köpfe der restlichen Besatzung strichen die Panzergeschosse. Einige feuerten noch letzte, freilich wirkungslose Schüsse auf die Panzer ab; den wenigsten gelang es, aus den Gräben ins offene Feuer zu springen, die meisten erstickten in den Sandmassen. "Als wir da durchbrachen, war niemand mehr übrig", sagte ein gewisser Bennie Williams, der für seine Heldentaten mit einer silbernen Auszeichnung – vermutlich wegen Tapferkeit vor dem Feind – belohnt wurde. "Ich kam direkt nach der führenden Kompanie da durch", erzählte ein Colonel Moreno. "Was man dort sah, war eine Menge zugeschütteter Gräben, aus denen Arme und Gliedmaßen von Leuten ragten." Auch er hat seine Medaille bekommen. "Ich weiß, Leute lebendig zu begraben, klingt ziemlich beschissen", sagte ein Colonel Maggart, verlor jedoch die praktische Seite der Angelegenheit nicht aus den Augen: "Aber es wäre noch beschissener gewesen, wenn wir unsere Truppen in die Gräben geschickt hätten, um sie mit Bajonetten zu säubern." Und hier hat er die volle Unterstützung seiner obersten Vorgesetzten: "Ich möchte nicht schnippisch sein", äußerte sich der Sprecher des Pentagons Pete Williams, "aber es gibt keine nette Art und Weise, jemanden im Krieg zu töten." Kriegsminister Cheney erwähnte das Verbrechen in seinem vor dem amerikanischen Kongreß verlesenen Bericht über die "Operation Wüstensturm" erst gar nicht. Nach Bekanntwerden des Verbrechens verleugnete das Pentagon, daß diese Form des Massenmords genau vorausgeplant war, und überließ es der Öffentlichkeit, darüber zu befinden, ob es vielleicht Exzesse sogenannter Frontschweine waren, denen man dafür freilich eine Medaille an die Heldenbrust steckte. Andere, so zum Beispiel der amerikanische Armeesprecher Major Peter Keating, spielten das massenhafte Begraben lebender Personen als "vereinzelte Vorfälle" herunter. Tatsächlich war diese Bestialität jedoch sorgfältig ausgetüftelt und von langer Hand vorbereitet worden; sie war Teil einer Strategie, durch gezielten Terror den Kampfwillen der restlichen irakischen Truppen zu brechen und sie zur Aufgabe zu zwingen. Dies sagte der amerikanische Armee-Offizier Stephan Hawkins, Ingenieur der 1. Division, der im Vorfeld mit der Organisation und der Durchführung des Verbrechens betraut wurde. Zu diesem Zweck ließ er in der saudischen Wüste den Verlauf der irakischen Gräben und Frontlinien originalgetreu nachbauen und übte mit der Division wochenlang das Lebendigbegraben der irakischen Truppen: kaltblütig durchgeführter, nüchtern kalkulierter Mord in wenigstens 8.000 Fällen, ein sorgfältig präpariertes Verbrechen, das seine Wirkung nicht verfehlte: "Es verursachte ein regelrechtes Händehoch an vielen Stellen", hielt er mit zufriedenem

Unterton fest; andere Berichte sprechen, nicht weniger befriedigt, von "einer dramatischen Wirkung auf die irakischen Truppen". – Ähnliches läßt sich auch über die ersten massenhaften Judendeportationen in die Konzentrationslager und über deren Wirkung auf die jüdische Restbevölkerung in den Ghettos sagen – dramatisch, wirklich sehr dramatisch.

Doch selbst die hier geschilderten Verbrechen waren noch einer weiteren Steigerung fähig. In der südirakischen Wüste, 3,5 km westlich von der Ortschaft Safwan und 1,5 km südlich von Al-Abdeli, hatte die entmenschte US-Soldateska während ihres siegreichen Vormarsches in der Bodenoffensive gefangengenommene irakische Soldaten – Kriegsgefangene stehen bekanntlich unter besonderem Schutz internationaler Vereinbarungen – lebendig begraben. Suchtrupps fanden an dieser Stelle eine etwa 3×3 m große, mit Wolldecken, weißen Plastikplanen und Reifen abgedeckte Grube, in der mehrere auf diese Art und Weise umgebrachte irakische Soldaten lagen. Der nahebei lebende Bauer Hasan Hamdan war Augenzeuge dieses Verbrechens: Amerikanische Soldaten hatten die irakischen Kriegsgefangenen gezwungen, in diese Grube zu steigen; wer sich weigerte, wurde hineingeworfen. Dann mußten die Opfer in der Grube aufstehen und wurden so von Planierfahrzeugen zugeschüttet. Obduktionen an den Leichen ergaben stets denselben Befund: Tod durch Ersticken. Im Verlauf ihrer weiteren Tätigkeit entdeckte die Kommission zahlreiche andere Massengräber dieser Art, in denen nicht nur irakische Kriegsgefangene, sondern auch Zivilpersonen lagen, die bei lebendigem Leibe begraben wurden. Manche dieser Massengräber befanden sich sogar in Wohngebieten und Hausgärten. Und es gibt weitere Anzeichen, daß diese aufgedeckten Verbrechen nur ein winziger Bruchteil dessen sind, was in den letzten Kriegstagen in der südirakischen Wüste geschah. Der Generalsekretär der Indischen Rationalisten-Organisation Sanal Edamaruku erzählte uns, daß im indischen Fernsehen Bilder vom massenhaften Lebendigbegraben irakischer Kriegsgefangener gezeigt wurden: Irakische Gefangene seien von vermummten bewaffneten Soldaten durch die Wüste zu vorher ausgehobenen Gruben getrieben worden; dort angelangt, habe man den Opfern die Augen verbunden. Daraufhin seien Helikopter der US-Luftwaffe gelandet, aus denen weitere Vermummte sprangen. Die Gefangenen mußten sich vor der Grube aufstellen – man habe im Fernsehen einzelne angstverzerrte Gesichter erkennen können –, und dann seien sie in die Grube gestoßen worden. Manche hätten sich blind zur Wehr gesetzt, da sie durch die Schreie der in die Grube Geworfenen ihr Schicksal erahnten. Sodann habe man sehen können, wie Schaufelpanzer die Grube zuschütteten und die Unglücklichen lebendig begruben – "no bodycount". Man erwäge den Zynismus, daß eben jene Verbrecher jetzt einen "Nürnberger Prozeß" für den irakischen Präsidenten fordern; man erwäge des weiteren, wie frei die Berichterstattung eines Entwicklungslandes wie Indien im Vergleich zu den amerikanischen Vasallenstaaten in Europa ist, die sich ja gerade damit aufs verlogenste brüsten – Verfassungsrecht und Verfassungswirklichkeit, könnte jetzt ein deutscher Gemeinschaftskundelehrer sagen. –

Das letzte Wort soll hier jedoch den Leidtragenden und Opfern gehören. Die Zeitung 'Al Iraq' veröffentlichte am 25. September eine Forderung, der wir uns nur rückhaltlos anschließen können: "Das irakische Volk verlangt von den Menschenrechts- und internationalen Organisationen, vom Sicherheitsrat und von der UNO, dieses Verbrechen bekannt zu machen und für verabscheuungswürdig zu erklären (...) – von Organisationen, die noch immer den Boykott gegen den Irak und sein Volk aufrechterhalten." – Die folgenden Fotos von den Opfern dieses Verbrechens, hiermit erstmals im Westen veröffentlicht, haben wir von einem irakischen Journalisten in Basra erhalten. Er war Mitglied jener irakischen Kommission, die die Stätten des Verbrechens aufspürte und die Beweise für die Nachwelt sicherstellte.

Leichen lebendig begrabener irakischer Soldaten im südirakischen Wüstengebiet (alle Bilder: Abdulah Jasin, Basra).

Viele Leichen konnten aufgrund der Pässe identifiziert werden.

III.

Kriegsverbrechen gegen die irakische Zivilbevölkerung

"Wenn alles zu Schutt gebombt wird, verliert eine Stadt ihre Seele", sinnierte der 'Spiegel' im Sommer 1992. Anlaß zu dieser tiefschürfenden Reflexion gab freilich nicht das zerbombte Bagdad, das zerstörte Basra, sondern der Anblick einer von serbischen Verbänden belagerten Kleinstadt in Bosnien-Herzegowina; jetzt, wo die Serben zumindest zeitweise den Irak als Feind Nr.1 des Westens abgelöst hatten, war in den Medien auf einmal wieder Platz für pseudohumanitäre Betrachtungen über die Schrecken des Krieges im allgemeinen und im besonderen, vor allem dann, wenn man sie dem politischen und militärischen Gegner zuschustern zu können glaubte. Dabei machen die Zerstörungen während des jugoslawischen Bürgerkriegs, für die der Westen durch die von Anfang an intendierte und mittels Unterstützung von Separatisten in die Tat umgesetzte Zerschlagung des Vielvölkerstaats die Hauptverantwortung trägt, nur einen Bruchteil der Verheerungen aus, die die amerikanischen und britischen Bomber im Irak anrichteten, auch wenn die 'Frankfurter Allgemeine Zeitung' am 10. August 1992 verlogen lamentierte, der jugoslawische Bürgerkrieg mit seinen 50.000 Toten habe "zwei- oder dreimal mehr Opfer gefordert als der Golfkrieg": Hier wird das nächste Verbrechen vorbereitet.

Gewiß, taub und blind konnten sich die westlichen Medien nicht völlig stellen, als sich das Ausmaß der Zerstörungen im Irak nicht mehr unter den freiheitlich-demokratischen Teppich kehren ließ. In der kurzen Chronik der laufenden Kriegsereignisse haben wir bereits gesehen, wie hier und da eine kleine Nachricht über Kriegsgreuel gegen die irakische Zivilbevölkerung durch das engmaschige Netz der amerikanischen Militärzensur schlüpfte und ihr bescheidenes Plätzchen in der Berichterstattung fand; wir haben aber auch gesehen, wie diese Nachrichten sogleich vom Kriegsgeschrei übertönt und nach Kriegsende revidiert, das heißt "nach unten" gelogen wurden. Mit dem amerikanischen Sieg war plötzlich kein Thema mehr, was nach vier Wochen Krieg selbst der 'Stern' nicht unterschlagen konnte: "Die Alliierten sind dabei, den Irak totzubomben. Nichts geht mehr in der Hauptstadt. Es gibt kein elektrisches Licht, kein fließendes Wasser, kein Benzin. Der Bürgermeister warnt vor einer drohenden Cholera- und Typhus-Epidemie. Alle Telefone sind außer Betrieb. Die Schulen sind geschlossen. In den Fabriken wird nicht mehr gearbeitet. In den Kanälen stauen sich stinkende Abwässer. Das Transportsystem ist zusammengebrochen. (...) Ganze Straßenzüge liegen in Schutt und Asche." So lautet in knapper Auflistung, korrekt bis hin zur Abfolge von Subjekt, Prädikat und Objekt, der Bericht des Reporters vom 21. Februar 1991. Und einem anderen Journalisten, der noch während des Bombardements sich in einem Hubschrauber der irakischen Hauptstadt näherte – er mußte dabei mehrmals amerikanischen Bombern ausweichen, die über der Metropole kreisten –, bot sich folgender Anblick: "Dann taucht am Horizont das auf, was einmal Bagdad war. (...) Ein Hauch von Tausend-und-einer-Nacht war der früheren Kalifenstadt (...) immer geblieben, bis in diesen Januar 1991. Was jetzt zu sehen ist, gleicht einer Mondlandschaft: Krater neben Krater, nackte Schuttberge, wie Skelette ausgebrannte Hotels, Regierungspaläste und Parkhäuser. Ein Bild wie in der Innenstadt von Beirut auf dem Höhepunkt des libanesischen Bürgerkrieges." So weit die Berichte von Augenzeugen, geschrieben unter dem unmittelbaren Eindruck beim Anblick Bagdads während des Krieges.

Doch keine zwei Monate sollten vergehen, und alles war plötzlich ganz anders. Ein Team von 'Stern'-Reportern begab sich im Mai 1991 in den Irak, über den sie in einem "UN-Bericht" gelesen hatten, er sei ins "vorindustrielle Zeitalter" zurückgebombt worden (eigenartig: schon allein die Lektüre ihrer eigenen Postille hätte sie zwei Monate zuvor zu demselben Ergebnis gebracht, aber – war da was?). Gleichwohl: In Bagdad angekommen, befleißigten sich die Journalisten ihrer Pflicht zur Objektivität: "Wir halten Ausschau nach Kriegsschäden." Und sie gelangen zu folgendem Ergebnis: "Tatsächlich wirkt Bagdad über weite Teile so, als wäre nicht das geringste geschehen." War da was? Nöö... Nun gut, zugegeben: "...hin und wieder sind Ruinen zu sehen – die Kongreßhalle, einige Ministerien, einige Kommunikationszentren, zwei von sieben Brücken über den Tigris" – aber was ist das schon. Begierig nach weiteren Informationen, richtig kleine Nimmersatts, schwärmen sie dann übers Land aus: "Wir (...) begeben uns auf die Suche nach der Wahrheit über dieses sonderbare Land." Suchen mußten sie also, die wackeren Forscher nach Wahrheit, die Recken der Objektivität, und sie fanden auch – sonderbar, sonderbar – so einiges: In erster Linie Opfer des amerikanischen Bombenterrors, die den USA die Schuld für ihr Elend zuwiesen und die irakische Regierung verteidigten. Das war den unermüdlichen Streitern für Wahrheit und Klarheit denn doch zuviel – aber zitieren wir sie besser in ihrem unübertreffbaren Originalton: "Es ist, als wären wir in ein schlecht inszeniertes Theaterstück geraten. In der Hauptrolle: Saddam Hussein. In einer tragischen Nebenrolle: das irakische Volk. In der Rolle der Knallchargen: die

Journalisten. 'Das lassen wir uns nicht gefallen!' brüllen wir. 'Wir wollen zu den Amerikanern. Sofort!'" – Vielleicht ist es nun manchem unserer Leser einsichtiger, warum wir das Gros der Journalisten als Prostituierte der Macht bezeichnen.

Picken wir das Körnchen Wahrheit, das unter diesem Haufen von Unflat begraben ist, heraus und nennen es beim Namen: In der Tat waren schon kurz nach Kriegsende die lebenswichtigen Sektoren wieder notdürftig in Betrieb: Elektrizität stand in Maßen zur Verfügung; Treibstoff konnte erstmals wieder gekauft werden; Nahrungsmittel wurden durch ein improvisiertes Verteilungssystem unter die Bevölkerung gebracht; der gröbste Schutt und Dreck, den die Bomber hinterlassen hatten, war zur Seite geräumt; die Toten waren begraben; mit unglaublicher Energie nahm man nun die Aufbauarbeit in Angriff. Daraus zu schließen, daß die Zerstörungen gar nicht stattgefunden hätten, liegt an der berufsbedingten Blindheit der Lügner vom Dienst, die Leugnung der Zerstörungen vor Ort ist nichts anderes als kaltblütiger Zynismus. Als wir uns ein knappes Jahr später auf denselben Weg wie die 'Stern'-Journalisten machten, war es immer noch unmöglich, die Schäden des Bombenkriegs zu "übersehen"; sie begegneten uns auf Schritt und Tritt, jeden Tag, jede Stunde unseres Aufenthaltes. Dies begann beim Überschreiten der Grenze von Jordanien in den Irak – die jordanische Grenzstation war unversehrt, die irakische lag in Schutt und Asche und war durch ein Provisorium ersetzt –, begleitete uns auf der Autobahnfahrt nach Bagdad – die Autobahn, von der Journaille als "intakt" beschrieben, wies zahllose Einschläge von Bordkanonen und Sprengkörpern auf, die notdürftig überteert wurden; man nahm sie allein durch das Rütteln des Fahrzeugs wahr – und waren während der ganzen Zeit im Irak überall mit Augen zu sehen und mit Händen zu greifen. Es sei hier noch erwähnt, wie die Überschrift des besagten 'Stern'-Artikels lautete: "Im Land der Lüge", die einprägsame Alliteration als Merkhilfe fürs Untertanenhirn. Bevor wir jedoch mit unserem Bericht die professionellen Lügner als solche überführen – ein anstrengendes und mit viel Aufwand verbundenes Unterfangen, das sich allerdings lohnt –, sei noch eine allgemeine Bemerkung zum Thema vorangestellt.

Selbstverständlich sind Kriegsverbrechen durch internationale Konventionen geächtet; dies gilt bezüglich der an Kriegshandlungen beteiligten Soldaten, erst recht aber – besonders im allgemeinen Empfinden – für die an den Kämpfen unbeteiligte Zivilbevölkerung. Während der militärischen Aggression gegen den Irak gaben die Vereinigten Staaten den Anschein, als respektierten sie prinzipiell diese Vereinbarungen, als sei deren Bruch in nachgewiesenen Fällen nichts weiter als eine bedauerliche Ausnahme dieser nach wie vor gültigen Vereinbarungen. Es war am Beispiel der vorsätzlich durchgeführten Massenermordung wehrloser, sich auf der Flucht befindender irakischer Soldaten bereits aufgezeigt worden, daß die Verletzung internationaler Bestimmungen bezüglich Kriegsverbrechen nicht die Ausnahme, sondern das Prinzip der amerikanischen Kriegführung darstellt; bemäntelt wurde dies mit flapsigen Bemerkungen dergestalt, daß Krieg eben "die Hölle" sei und deshalb solche Schlächtereien auch in Ordnung gingen – Kriegsrecht hin, Genfer Konvention her. Damit hatten sich die amerikanische Regierung und ihre ausführenden militärischen Organe offen zum Bruch der sonst angeblich so hoch gehaltenen Bestimmungen bekannt, und dies konnte nur unbemerkt und ungeahndet bleiben in einer Welt, in der die Gültigkeit allgemeinverbindlicher Verträge zunehmend nur einen Mückenschiß wiegt gegen die Exzesse der Macht, in der das allgemeine Rechtsempfinden und in der Folge das Pochen auf Einhaltung von Vereinbarungen gegen Null geht, da man nur noch die Sprache der Gewalt kennt und akzeptiert.

Mit dem Schutz der Zivilbevölkerung vor Kriegsverbrechen hat es indes eine besondere Bewandtnis: Zwar sind Kriegsverbrechen dieser Art durch das Völkerrecht und, nach den Erfahrungen des Zweiten Weltkriegs, durch die Genfer Konvention geächtet und diese Vereinbarung von 165 Staaten unterschrieben; die amerikanischen Kriegsverbrechen gegen die vietnamesische Bevölkerung hatten indes dazu geführt, daß – spät, im Falle Vietnams zu spät – die entsprechenden Bestimmungen präzisiert wurden und damit zukünftige Massaker dieses Ausmaßes unmöglich gemacht, bei Zuwiderhandlung in jedem Fall aber bestraft werden sollten. Im Jahre 1977 wurde ein Zusatzprotokoll zu den Genfer Konventionen verabschiedet, welches die Kriegsverbrechen gegen die Zivilbevölkerung genauer als bislang geschehen faßt: Verboten ist demnach ein Angriff, "bei dem damit zu rechnen ist, daß er auch Verluste an Menschenleben unter der Zivilbevölkerung, die Verwundung von Zivilpersonen, die Beschädigung ziviler Objekte oder mehrere derartige Folgen zusammen verursacht, die in keinem Verhältnis zum erwarteten konkreten und unmittelbar militärischen Vorteil stehen." So der Wortlaut der Erklärung, die zwar den Krieg als solchen nicht ächtet, aber genau den Rahmen der militärischen Operationen absteckt, insbesondere Kriegshandlungen untersagt, die auf die Einschüchterung und Demoralisierung gegen die Zivilbevölkerung zielen – eine Vereinbarung nicht nur zugunsten der Zivilbevölkerung im allgemeinen, sondern vor allem auch zugunsten der schwächeren Kriegspartei, zu deren Schutz vor Willkür und Erpressung. Diese Bestimmung wurde zum gültigen Vertrag durch die Unterschriften von Repräsentanten aus 97 Ländern. Aber: Sowohl die Vereinigten

Staaten wie auch England und Frankreich verweigerten die Unterschrift – warum wohl, wenn sich diese Staaten nicht in Zukunft das Begehen genau dieser Verbrechen weiterhin offenhalten wollen? Zwar suggerierte die amerikanische Regierung noch während des Bombenterrors gegen den Irak, daß sie die irakische Bevölkerung, gegen die sie angeblich nichts habe, schonen wolle. So ließ beispielsweise das Pentagon – allerdings mit einer bemerkenswerten Einschränkung – verlautbaren: "Obwohl die alliierten Piloten alles tun, um nicht-militärische Einrichtungen und Zivilisten zu verschonen, ist es nicht immer möglich, zwischen militärischem und zivilem Verkehr zu unterscheiden." Diese Aussage war geheuchelt, denn sie unterschlug, daß die amerikanische Regierung entsprechende internationale Vereinbarungen nie anerkannt hat; diese Aussage war eine Lüge, denn zu diesem Zeitpunkt lag bereits ein Großteil des Iraks in Trümmern; sie war um so mehr eine Lüge, als der Oberkommandierende der amerikanischen Luftwaffe, General Michael Dugan, der Zerstörung ziviler Einrichtungen im Irak oberste Priorität eingeräumt hatte, vier Monate vor Kriegsbeginn, am 16. September 1990: "... Weitere Ziele schließen die irakische Energieversorgung, Straßen, Eisenbahnen und vielleicht auch die Erdölraffinerien ein ... Das ist eine nette Liste von Angriffszielen, und ich könnte sie auch akzeptieren, aber es ist nicht genug. Ich habe die mit der Planung beauftragten Personen darum gebeten, Akademiker, Journalisten, ehemalige Angehörige der Streitkräfte und irakische Überläufer zu befragen, um herauszubekommen, was an der irakischen Kultur einzigartig ist und was die Iraker am meisten wertschätzen. Dies bedeutet, daß man der Bevölkerung und dem Regime im Irak psychologisch einen Schlag versetzt." Und so wurde der Krieg dann auch geführt – dreckig von der ersten Minute an, unter Bruch aller internationalen Vereinbarungen. Nur die Knechte Washingtons wollten dies nicht wahrnehmen, während des Krieges nicht und auch nicht danach. Und die Weltöffentlichkeit, im Unterschied zum Vietnamkrieg bald willenlos und lethargisch, ließ sich von ihnen das Brett vor den Kopf nageln und die Trense anlegen. Widmen wir uns nun diesen Kriegsverbrechen, von denen wieder einmal niemand etwas gewußt haben will.

Die Zahl von rund 100.000 zivilen Bombentoten wurde bereits angeführt; sie deckt sich in etwa mit den Angaben des jordanischen Roten Halbmonds, nach denen ungefähr 113.000 Zivilisten im Irak durch das Bombardement umgebracht wurden. Die Anklageschrift Ramsey Clarks spricht von mindestens 20.000 zerstörten Häusern in den Städten und Dörfern des Landes. Jeder unserer Gesprächspartner im Irak schilderte uns ein Jahr nach dem Terror plastisch die

Schrecken der Bombennächte, als hätten sie sich gerade vor einem Tag ereignet. Ein Archäologe erzählte uns, wie sein nahe am Flughafen in Bagdad gelegenes Haus, in dem sich seine gesamte Verwandtschaft aufhielt, jeden Tag durch Detonationswellen erschüttert wurde und einzustürzen drohte. Ein Bagdader Taxifahrer, Besitzer eines Hauses in einem Vorort der Hauptstadt, berichtete uns, wie sich seine Kinder während der kontinuierlichen Bombenabwürfe in den Betten oder unter die Tische verkrochen hatten; er selbst hatte in dieser Zeit die Ritzen an Fenstern und Türen mit Klebeband abgedichtet, da man allgemein befürchtete, daß die Bomben chemische Kampfstoffe oder strahlendes Material enthielten – ein Verdacht, der keineswegs so unbegründet war, wie die erschreckend große Zunahme verstümmelter Neugeborener ein Jahr nach dem Bombardement nahelegt. Hotelangestellte aus dem Sudan, die wir nach ihren Eindrücken in jener Zeit befragten, sagten mit sichtlicher Erschütterung nur den einen Satz: "You can't imagine, you really can't imagine." Sie meinten jene Zeit, in der deutsche Offiziere aus der Türkei ihren Frontbericht "Bombenstimmung über Bagdad" nach Bonn kabelten und damit schon amerikanisches Format bewiesen. Indische, sudanesische, palästinensische und jordanische Gastarbeiter, die dem Inferno glücklich entronnen waren, berichteten in den Zeitungen ihrer Heimatländer, daß im Irak nichts verschont geblieben sei – "keine Brücken, keine Fabriken, keine Elektrizität, kein Wasser und keine Nahrungsmittel. Für einen Dinar kann man vielleicht noch zwei Fladenbrote bekommen, die so hart sind, daß sie nicht einmal ein Hund fressen würde. Man muß sie zuerst in Wasser eintunken"; so der Bericht des vierzigjährigen indischen Gastarbeiters Mohammed Deedar Ahmed Khwaza in der Zeitung 'India Today' vom 28. Februar 1991. Der zweiundzwanzig Jahre alte Jemenite Shuja Ali Saleh berichtet im selben Magazin: "Nichts ist übriggeblieben. Häuser, Nachtclubs, Moscheen – alles ist zerstört." Obwohl internationale Konventionen und selbst amerikanische Handbücher zur Kriegführung vorschreiben, daß in zivilen Ballungszentren gelegene militärische Ziele nur des Nachts angegriffen werden dürfen, um die Opfer unter der Bevölkerung möglichst gering zu halten, wurden sie gerade tagsüber attackiert, als die Leute auf den Straßen waren, arbeiteten oder einkauften. In dem schon öfter zitierten britischen Kriegsjournal liest sich das dann beispielsweise so (für Dienstag, den 14. Februar 1991, 30. Tag des Bombardements): "Auf dem Marktplatz von Fallujah werden 50 irakische Zivilisten von einer britischen Bombe getötet, als diese auf eine Brücke abgeworfene Bombe ihr Ziel verfehlte." Und so brachte man "aus Versehen" mehr als 100.000 Menschen um, im ganzen Land. In Nasirija starben über 100 Menschen bei einem am Nachmittag ausgeführten Angriff auf eine Brücke; 80 Personen blieben schwerverletzt liegen. In Samawa gingen Bomben auf einen Markt während der Haupteinkaufszeit nieder; mehr als 100 Menschen wurden zerfetzt. In Hilla wurde um 2 Uhr nachmittags eine Unterwäsche-Fabrik dem Erdboden gleichgemacht und sieben Arbeiter getötet – bei normalem Arbeitsbetrieb wären es mehr als 200 gewesen, hätte der Fabrikdirektor nicht den regulären Schichtbetrieb aufgehoben und nur die notwendigsten Arbeiten durchführen lassen. In derselben Stadt griffen die Bomber eine Verteilungsstelle für Brennstoff zum Kochen und Heizen an, gerade zu dem Zeitpunkt, als viele Menschen um das begehrte Material anstanden. Über 200 von ihnen blieben tot zurück, Tatzeit: halb vier Uhr nachmittags. Und so ließe sich die Chronologie des Schreckens endlos weiterführen, Ort für Ort, Tag für Tag, und sie würde den Leser ermüden, der doch jetzt bei der serbischen Belagerung von Sarajevo brav seinen Vers von den schrecklichen Kriegsverbrechen der Serben herunterleiern und den Sturz der Regierung Milosević begeistert beklatschen soll – setzt man beide Ereignisse zueinander in Bezug, wäre ein Nürnberger Prozeß für die amerikanische Regierung geradezu ein Ausbund an Humanität. Wir wollen den Leser nicht ermüden, ihm aber auch nicht vorenthalten, was er nicht wissen soll, und ihn daran erinnern, was er vergessen will. Der Bombenterror gegen den Irak erstreckte sich nicht nur auf zivile Ballungszentren – diese Geschichte des Krieges muß erst noch geschrieben werden –, sondern bezog auch entlegenste Ziele mit ein, um den erwünschten Effekt der Einschüchterung und Demoralisierung zu erzielen. So blieben selbst die Beduinenzelte im westirakischen Wüstengebiet – fernab von jeder Straße, erst recht von jedem militärisch relevanten Ziel – nicht verschont. Diese Zelte der viehhaltenden Nomaden sind aus schwarzen Ziegenfellen gebaut; mit einer Länge von etwa dreißig Metern und einer Breite von fünf bis acht Metern sind sie in der kargen Landschaft aus der Luft leicht auszumachen. Am 22. Januar 1991 beschossen vier Flugzeuge drei solche Zelte mit zwölf Raketen; die nächste Autobahn war hundert Kilometer entfernt, weit und breit waren keine irakischen Truppen in Sicht. Eine Person überlebte das Massaker, in dem ihre zwölf Familienangehörigen und zwei weitere Personen ums Leben gekommen waren. Ein weiteres bevorzugtes Ziel der tieffliegenden F16-Kampfflugzeuge waren zivile Fahrzeuge auf den Autobahnen im Westirak – nach Jordanien gehend oder von dort kommend –, neben Lastwagen, die lebenswichtige Güter wie Brennstoff oder Nahrungsmittel transportierten, vor allem Busse mit flüchtenden Zivilisten, die ihre ganze Habe auf die Dächer der Fahrzeuge geladen hatten. Vor allem Tankfahrzeuge gerieten unter Beschuß, da sie, wie die Sprecherin des amerikanischen Außenministeriums Margaret Tutwiler ausführte, "die Sanktionsbestimmungen verletzten". Gleichwohl verneinte sie die absichtliche und systematische Bombardierung jener Fahrzeuge; dies sei nicht "Koalitionspolitik". Klarer drückt sich wieder einmal ein amerikanischer Militär, der Generalleutnant Thomas Kelly, aus: "Wenn ein Lastwagen es bevorzugt, in diesem Gebiet zu operieren, dann besteht da ein gewisses Risiko." Nun – diese Trucks "operierten" nicht aus Lust und Laune auf den Autobahnen, sondern zu dem Zweck, die jordanische Bevölkerung mit irakischem Öl und im Gegenzug die irakische Bevölkerung mit Nahrungsmitteln aus Jordanien zu versorgen. Die Fahrer der Lastfahrzeuge, anfangs noch mit großen Summen für ihre lebensgefährliche Arbeit bezahlt, stellten aus verständlichen Gründen bald die Fahrten ein. Jede Unternehmung dieser Art war eine sichere Fahrt in den Tod, und in der westlichen Kriegspropaganda wurde dieses Verbrechen dann als Abschuß mobiler Scud-Einheiten verkauft. So zog sich die Schlinge um den Hals eines jeden Irakers – ob Mann, Frau oder Kind – weiter zu, während das Leiden und die Angst sich in den Städten von Tag zu Tag steigerten. Führen wir wieder die Stimme eines Opfers an, eines Irakers palästinensischer Abstammung[1]: "Diese Nacht schien ein ganzes Leben zu dauern. Ich wohne nahe beim Muthana-Flughafen. Mein Haus wackelte beständig. Elf Leute hielten sich während des Bombardements in meinem Haus auf. Jeder schrie, und um die Mutter war das Wimmern besonders groß. Meine Tocher näßt seitdem das Bett. Alle Kinder sagten: Bush kommt. Nicht Amerika, Bush." Auch in westdeutschen Zeitungen waren nach vier Wochen in spärlicher Dosierung und sorgfältiger ideologischer Verpackung – es wird gleich deutlich werden, was damit gemeint ist – Berichte wie derjenige der irakischen Hausfrau Fatmeh zu lesen: "Jeden Abend, wenn es dunkel wird, wimmern die Kinder in ihren Betten. Schon wenn ein Nachbar nur an die Tür klopft, fangen sie an, laut zu schreien." Ihr jüngstes Kind, der achtjährige Abdul, verlasse das Haus nicht mehr, seit er gehört hatte, daß sein Freund Hassan bei einem Angriff von herunterstürzenden Mauerteilen erschlagen worden war. Ihr Mann, Textilingenieur und Mitglied der Baath-Partei, hört ihren Bericht schweigend an und steuert dann eine Bemerkung bei, die die 'Stern'-Reporter ein weiteres Mal auf die Palme treibt. Zitieren wir ihren Bericht im Wortlaut, denn er ist sehr aufschlußreich. Der 38jährige Khalil Abdullah sagt also: "'Wir müssen alle Opfer bringen. Lieber ein toter Löwe als ein lebendiger Hund!' Fatmeh starrt ihn mit offenem Mund an, als wolle sie sagen: Liebster, für die starken Sprüche

---

[1] Zitat in: Adeeb Abed und Gavrielle Gemma, Impact of War on Iraqi Society, loc. cit. p.110.

ist nach einem Monat Krieg eigentlich nur noch Radio Bagdad zuständig." Hier treibt die westdeutsche Ideologie wieder einmal aufs schönste ihre Sumpfblüten: Der Widerstands- und Durchhaltewille erscheint als das Hirngespinst eines durchgeknallten Diktators und seiner Propagandamaschinerie; ist der Wille zu Würde und Rückgrat in der Bevölkerung nicht zu verleugnen, wird er sehr geschickt feministisch diffamiert: 'Krieg – was Männerwahn anrichtet und wie Frauen Widerstand leisten' lautet der jüngste Buchtitel von Alice Schwarzer, und darin könnte auch die irakische Hausfrau Fatmeh ihr vorgewärmtes Plätzchen finden nach dem Motto: "Fanatischer Angehöriger der Baath-Partei opfert seine Kinder auf dem Altar der Staatsräson." Aus der amerikanischen Aggression ist damit flugs ein Geschlechterkampf geworden, bei dem die Frontlinie nicht mehr in Kuwait verläuft, sondern mitten in den irakischen Familien. Verweilen wir bei diesem Stück westdeutscher Niedertracht noch ein wenig länger.

Würde, Ausdauer, Mut – nicht im Sonderangebot zu erhalten und nicht kampflos zu bekommen, mitunter mit dem Preis des Lebens zu bezahlen – zeichnet nach unserer Ansicht den Menschen in charakterlicher wie moralischer Hinsicht am meisten aus, und von der Menschheit wollen wir, kraft Definition, die Frauen nicht ausgeschlossen wissen. Nun soll aber diese Haltung aus biologischen Gründen auf einen Teil der Menschheit reduziert werden; die Kinder sind zu jung, die Frauen sind eben – Frauen, die Männer sind Männer, als solche unbelehrbar und deshalb zu bekämpfen. Diese Tautologie ist anödend, ihre Konsequenz ekelerregend; es ist kaum eine größere Beschmutzung der Menschenwürde denkbar, als jemandem aus Gründen der Geschlechtszugehörigkeit Freiheitswillen und Vernunft abzusprechen; eine in Geschlechtermystik verhüllte Sklavenmoral, die sich in den feministischen Blocks während der Demonstrationen gegen den Golfkrieg in der unsäglich blöden und abstoßenden Parole äußerte: "Männer an den Herd!". Vor zwanzig Jahren hätten in analoger Situation, wenn schon das Geschlecht unbedingt hätte thematisiert werden müssen, die Parolen etwa so gelautet: "Irakische Frauen zu den Waffen – Solidarität mit dem irakischen Volk", und in diese Richtung zielten ja auch unsere Parolen. Dieser Vergleich illustriert schon allein den galoppierenden Niedergang der Vernunft in Westeuropa und die sich breitmachende Dekadenz, die für Deutschland mittlerweile so charakteristisch ist und von der wir im Irak zu unserer Erleichterung nichts oder nur wenig verspürten. Dort waren die Frauen durchschnittlich wesentlich intelligenter und entschlossener, als sie der 'Stern' in böswilliger Absicht zeichnete und sie von feministischen Wortführern jetzt vielleicht dargestellt werden: Ihnen war jedenfalls in ihrer großen Mehrheit klar, daß der Verbrecher in Washington sitzt und nicht im eigenen Haus. Wäre diese Haltung ein Resultat des "Patriarchats" gewesen, dann sei das "Patriarchat" in diesem Fall gepriesen; tatsächlich war es aber eine Äußerung der Vernunft, als solche den Feminatsdemagogen verhaßt und von ihnen entsprechend in den Schmutz gezogen. –

Aber neben diesen Niederungen, in die sich nur niedrige Geister gern begeben, gibt es noch ein zweite – gemäßigtere, häufiger anzutreffende, bei weitem nicht so abstoßende, dennoch aber schädliche – Haltung, die sich nach der Zerstörung des Iraks in etwa folgendermaßen artikuliert: Dieser Krieg sei besonders schlimm, sogar "sinnlos" gewesen, weil Unschuldige – besonders Kinder – darunter gelitten hätten. In der Tat haben Kinder gelitten, und das ist verbrecherisch. Wir haben Kinder mit schlechten Prothesen als Beinersatz gesehen, wir haben Säuglinge mit angeschwollenen Hungerbäuchen in den Intensivstationen gesehen, die die nächsten Tage und Wochen sicher nicht überlebten; dieser Anblick dauert jeden, wenn er nicht vollkommen verroht und abgestumpft ist; wenn er vernünftig ist, ballt er die Faust, wenn er noch vernünftiger ist, wird er alles tun, um die Verantwortlichen zur Rechenschaft zu ziehen. Aber gerade das bewirken die im Fernsehen und in den Zeitungen gezeigten Bilder "unschuldiger" Opfer, Kinder zumal, nie. Man nimmt sie zur Kenntnis, mit Bedauern und Mitleid vielleicht, und geht dann zur Tagesordnung über, und dieser Vorgang wiederholt sich, tage- und monatelang, vielleicht ein ganzes Leben lang, ohne die geringste Konsequenz. Woran liegt das? Ohne Zweifel daran, daß es nicht nur erlaubt, sondern dringend geboten ist, zu leiden, ohne zu begreifen, warum. Das ist bei den Kindern zumeist der Fall (obwohl sie auch hier gewöhnlich klüger sind, als abgestumpfte Erwachsene glauben; Stichwort: "Bush kommt"), daher sind sie "unschuldig" und Sympathiemagnet für Personen, deren Hauptcharakteristikum darin besteht, der Frage nach Recht oder Unrecht auszuweichen. Und dabei ist man ja so humanitär ... Wir haben indessen nicht nur bedauernswerte irakische Kinder gesehen, sondern noch mehr. Im Stadtbild vor allem von Bagdad fallen Menschen mit Bewegungsstörungen im gleichförmigen Passantenstrom auf, Kriegsverletzte mit amerikanischen Schrapnells in den Knochen. Ein Reservist fällt auf der Straße um, weil die Prothese für den abgerissenen Unterschenkel nicht richtig sitzt, und Passanten helfen ihm wieder hoch. Ein vielleicht zwanzigjähriger junger Mann geht hinkend in den traurigen Überresten des Bagdader Zoos spazieren und füttert die wenigen Tiere, die Krieg und Embargo überstanden haben; sein Haar ist nicht schwarz, sondern grau. Unser Fahrer von Bagdad nach Amman wird nie wieder richtig gehen können, weil ihm ein

Splitter das Knie durchschlagen hat. Diese Leute sind wie Hunderttausende andere invalide, sind Krüppel, nicht – weil sie "unschuldig" sind, sondern weil sie keine Knechte Amerikas sein wollten. Und hier ist die sogenannte öffentliche Meinung sogleich viel unbarmherziger: wer weiß, warum er sich wehrt, soll die Suppe gefälligst alleine auslöffeln, hat die Konsequenzen gefälligst selbst zu tragen. Oder in anderen Worten: Der Haßschwerpunkt liegt hier auf der bewußten Gegenwehr, und diese gehört bestraft. Wer hingegen stirbt oder leidet, ohne so recht zu wissen, warum, der wird mit Mitleid überschüttet, das im Wortsinne keinen Pfifferling, nicht einmal eine Tüte Milchpulver wert ist. Die amerikanische Kriegsstrategie ist genau identisch, nur ohne Sentimentalitäten für den nicht kämpfenden, aber dennoch leidenden Bevölkerungsteil. Den nimmt man nicht nur in Kauf, sondern man quält ihn geradezu mit Vorsatz, um Verzweiflung und Resignation zu verbreiten, die Vernunft dort auszuhungern, wo sie nicht auszubomben war. Zu dieser Strategie paßt die angestrebte Ermordung des irakischen Präsidenten wie der Dreck zum Mülleimer; und jeder, der auch nur im Verdacht steht – kraft Staatszugehörigkeit –, dessen Haltung zu teilen, soll eben mithängen. Dieser Krieg war von vorneherein ein Verbrechen, nicht erst bezüglich seiner Exzesse gegen hilflose Soldaten, wehrlose Zivilisten und Kinder. Doch dieses Verbrechen wird in keiner internationalen Konvention geächtet. Hier ist die Vernunft wahrhaft vogelfrei; der amerikanische Jäger darf auf die Pirsch gehen, und die Welt ruft Halali, wunderbarer Blattschuß, gekonnte Ausweidung, nur mit der Brut hätte man vielleicht etwas schonender umgehen können. – Dies sollte im folgenden im Gedächtnis bleiben, wenn einzelne amerikanische Kriegsverbrechen gegen zivile Ziele im Irak exemplarisch vorgeführt werden. Wie die europäischen Humanisten schon vor einem halben Jahrtausend sagten: Nihil sine causa.

Die Bombardierung des Bagdader Stadtteils Al Adahmia

Am 25. März 1992 besichtigten wir das Stadtviertel Al Adahmia in Bagdad, rund eine halbe Autostunde vom Zentrum der Hauptstadt entfernt. Es handelt sich hier ausschließlich um Wohngebiet; militärische Anlagen existierten ebensowenig wie zivile Einrichtungen, die die amerikanischen Militärs als kriegswichtig deklarierten, also eine Rundfunkstation etwa oder eine Brücke. Auf eine Länge von circa 500 Metern und eine Breite von rund 200 Metern waren sämtliche Häuser zerstört. Zum Teil stapelten sich Betonplatten, ehemals Fußböden der verschiedenen Stockwerke, in Mannshöhe übereinander; alles, was sich zwischen ihnen befand, war zerquetscht. Zum Teil standen die Grundmauern noch; verkohlte Gebäudehülsen mit verbranntem Inhalt. In den Häuserruinen entdeckten wir noch Spuren ehemaligen Lebens: Zerbeulte Kücheneinrichtungen wie Herd und Spüle, eine durchsiebte, aus den Angeln gehobene Holztür mit einem kleinen Konterfei von Saddam Hussein; im ersten Stock an der Decke ein verschmorter Ventilator, dessen Rotorblätter, von der Hitze geschmolzen, schlapp nach unten hingen. Über Berge von Schutt steigend, entdeckten wir in den Gärten hier und da traurige Hinterlassenschaften. Ein Frauenschuh unter einer in der Mitte abgerissenen Palme, einen Unterrock auf der Terrasse, Schulhefte mit Schreibübungen von Kindern, durchweicht und mittlerweile fast unleserlich, mit verkohlten Blatträndern. Als wir das Gelände besichtigten, gesellten sich zwei Knaben im Alter von sieben oder acht Jahren zu uns. Sie erzählten uns in gebrochenem Englisch, daß sie in der Nachbarschaft lebten und Augenzeugen der Bombennacht gewesen seien. Auf unsere Bitte hin erzählten sie in Arabisch, was sie erlebt und beobachtet hatten. Im folgenden ist das Tonprotokoll ihres Berichts ungekürzt wiedergegeben.

A: An diesem Tag waren wir in unserem Haus. Natürlich kamen die amerikanischen Flugzeuge und haben den Ort fotografiert, bevor sie ihn bombardiert haben. Es waren Tarnflugzeuge, Phantoms. Danach flogen sie weg, und andere, ähnliche, kamen. Unsere Nachbarn saßen bei uns im Haus. Sie sahen die zwei Raketen heranfliegen, die die Häuser getroffen haben. Zuerst dachten wir, daß sie die Brücke bombardieren, aber dann sahen wir sie. Ich war der erste, der sie gesehen hat und der aufgesprungen ist, meine Mutter die zweite; sie war auch zuhause. Ich spüre die Explosion noch. Es waren zwei, eine nach der anderen. Das Fensterglas zersplitterte vor unseren Gesichtern. Ich habe eine Decke über mich gezogen, alle haben Decken über sich gezogen. Die Splitter haben uns verletzt.
Wir, die Bewohner des Viertels, haben dann bemerkt, daß Feuer ausgebrochen ist, da kamen wir alle. Es war genau gegenüber unserem Haus. Wir kamen im Dunkeln und barfuß, um zu sehen, was los ist. Der Himmel war wolkenverhangen. Wir haben das Feuer gesehen, und die Leute fingen plötzlich an zu schreien und zu weinen. Von allen Straßen kamen die Leute her zu dem Haus.
B: Es gab da viele tote Kinder.
A: Keine Köpfe, keine Körper, einfach zerrissen.
B: Die Bürgerwehr hat den kahlen Kopf eines Mädchens begraben und auch ihren Körper. Die anderen wurden von ihren Eltern begraben.

Die beiden Augenzeugen der Zerstörung des Bagdader Stadtteils Al Adahmia.

A: Vor diesem Angriff kamen wir hierher. Die Kinder waren oben im Zimmer eingesperrt. Die jungen Männer wollten sie herausholen. Sie brachten nasse Decken, umwickelten sich damit und wollten hochgehen. Aber bevor sie losklettern konnten, begann die Decke bei einem zu brennen. Er rannte hin und her, bis er stolperte und an seinen Verbrennungen starb. Der Junge war sehr groß, wie der eine von der Bürgerwehr. Er stammte aus einer armen Familie, die gerade an dem Tag aus Mosul kam. Die kleine Schwester war gerade aufgewacht und verlangte Wasser zum Trinken von der Mutter.
B: Die Mutter wollte sie wickeln und ihr dann zu trinken geben. Die Rakete schlug ein und beide kamen ums Leben. Wir fanden sie, die Mutter schützend über die Tochter gelegt, um sie vor dem Angriff zu schützen, aber vergeblich - verbrannt und tot.
A: Und in diesem Haus... Das Kind hieß Hiba und ihre Mutter Umm Hiba. Sie waren in der Küche, als die Rakete kam. Die Mauer stürzte ein, und beide waren plötzlich auf der Straße. Sie sind die einzigen, die gerettet wurden. Der Mutter ist das Ohr abgerissen, sie hat jetzt keins mehr. Es war eine bedauernswerte einfache Familie, und da ist kein militärisches Gelände oder so. Die Flugzeuge haben bombardiert und sind weggeflogen. Danach kamen die Leute schreiend und weinend.
B: Es waren Libanesen hier.
A: Palästinenser.

Blick in das Innere eines zerstörten Wohnhauses.

B: Ja, Palästinenser. Keiner wurde gerettet. Nur ein Vater und sein Sohn. Aber der Unterkiefer des Vaters ist schwer verletzt gewesen, und er ist später im Krankenhaus gestorben. Der Sohn wurde dreimal am Auge operiert.

A: Der Junge wurde von ausländischen Ärzten im Ausland am Auge operiert. Aber er kann nicht mehr richtig sehen. An dem Tag kamen viele Leute in den Ort. Der Platz war voll von Fotografen und vielen Schreienden. Nach diesem Angriff wurde gesagt, daß sie den Ort noch einmal angreifen würden. Alle Leute haben den Ort verlassen, keiner ist geblieben außer in diesem Haus und in jenem Haus; der Rest ist weg. Die Leute sagten, sie würden alle ums Leben kommen.

In diesem Haus war eine bedauernswerte Familie aus Mosul. Unter ihnen war kein - wie man sagen könnte - angesehener Mann, z.B. von hohem militärischem Rang, sondern nur ein einfacher Offizier. Das heißt einfache Leute. Sie stammen aus dem Norden, aus Mosul. Diese Familie war auf dem Balkon eingesperrt; sie konnten nicht raus, weil die Treppe zerstört war. Sie wollten vom Balkon runterspringen. Einer hat das gemacht und ist dabei ums Leben gekommen.

B: Der Rest ist oben geblieben. Am nächsten Tag wurden sie verbrannt gefunden.

A: Das Mädchen war groß und sehr hübsch.

B: Ihre Haare und Kleider waren da (zeigt nach oben).

A: Ihre Kleider waren hier auf diesem Baum und die Haare waren auf der Elektroleitung. Es war eine unvorstellbare Tragödie an diesem Tag. Der Himmel wurde rot, und es gab so gut wie keinen irakischen Widerstand.

Mein Vater war hier... Nach einigen Tagen wurden Einheiten der irakischen Flugabwehr hergebracht. Wie du weißt, war der Himmel an diesem Tag rot von Schüssen und

Raketen. Wir glauben nicht, daß die Rakete aus einem Flugzeug kam, nein, weil die Explosion sehr stark war und lange gedauert hat, so daß das Tal bebte. Als wir kamen, dröhnte es weiter, als ob die Düsen vom Flugzeug noch arbeiten. Das Flugzeug war in der Nähe. Wie ich sagte, sie fotografierten und sind weg und fotografierten und sind weg und fotografierten und sind weg. Das heißt, sie haben das Haus beobachtet, bevor sie es angegriffen haben.
Natürlich haben alle Leute sich hier versammelt. Die Frau ist die einzige, die gerettet wurde. Die Leute sind zu bedauern, ihre Häuser sind kaputt, die Hälfte ist umgekommen, darunter Säuglinge und Kinder.
B: Auf der Straße...
A: ... die Hälfte ist umgekommen. Die Armen waren in ihren Betten im Tiefschlaf.
B: Sie wurden begraben...
A: Manche saßen und sahen, wie die Mauern ihrer Häuser einstürzten über ihnen, wie mein Vater und ich. Mein Vater hat geschlafen, da fiel ein Stück von der Decke herunter auf seinen Kopf. Er wurde leicht verletzt. Die kleine Schwester hat auch geschlafen. Als meine Mutter die Glassplitter auf sie zukommen sah, hat sie sich über sie gelegt, um sie zu schützen. Es war eine Katastrophe an diesem Tag. Alle Kinder konnten nicht schlafen. Das ist die Geschichte.

Zerstörte Häuser im Stadtteil Al Adahmia.

Zerbrochene Betonplatten und Mauern eines Wohngebäudes.

Demolierte Kücheneinrichtung.

Die Bombardierung des Amiria-Schutzbunkers

Am frühen Mittwochmorgen, den 13. Februar 1991, schlugen um halb fünf Uhr zwei präzisionsgeleitete Bomben in den im Bagdader Stadtteil Amiria gelegenen Zivilschutzbunker ein. Zwei Tarnkappenbomber vom Typ Stealth hatten sich ihrem Ziel unbemerkt genähert und ihre tödliche Fracht abgeladen: zwei GBU-Gleitbomben, jede 900 Kilogramm schwer, mit einem Hartmetallmantel von 700 Kilogramm versehen. Die Sprengkörper fielen in einem Abstand von fünf Minuten genau auf die Mitte des Bunkerdachs, durchschlugen die drei Meter dicke Decke aus Stahl und Beton und explodierten im Bunkerinnern, in dem zwischen 1.100 und 1.500 Menschen, darunter etwa 400 Kinder, Schutz vor den Bombenflugzeugen gesucht hatten. Durch die Wucht der Detonation wurden die Menschen auf gräßliche Weise zerrissen, ein Feuerball verzehrte in wenigen Sekunden den gesamten Sauerstoff, so daß, wer nicht zerstückelt wurde, den Feuer- oder Erstickungstod starb. Die Hitze war so groß, daß selbst Metallteile schmolzen. Bei der Besichtigung des Bunkers konnten wir feststellen, daß die zweite Bombe durch den Trichter gefallen sein mußte, den die erste geschlagen hatte; die zweite Bombe war es wohl auch, die den Bunkerboden durchschlug – um diesen Krater war der Betonboden im Durchmesser von etwa zehn Metern um einen Meter gesunken – und in der tieferen Etage explodierte, in der sich Gerätschaften zur Sauerstoffversorgung, sanitäre Einrichtungen und Vorratskammern befanden. Die schnell herbeigeeilten Feuerwehrtrupps und sanitären Einheiten waren zur Hilflosigkeit verdammt; nur etwa zehn Insassen konnten mit schwersten Verletzungen lebend geborgen werden, der Rest war bis zur Unkenntlichkeit verstümmelt und verbrannt. Unter lebensgefährlichem Einsatz begannen die Rettungskräfte mit den Löscharbeiten; die Opfer wurden auf Bahren ins Freie transportiert und auf Decken gelegt. Den herbeigeeilten Nachbarn und den ersten nach und nach eintreffenden Westjournalisten bot sich ein Bild des Schreckens: Menschentorsi mit abgeschlagenen Beinen und Armen, vom Rumpf getrennte Köpfe, Kinder und Erwachsene in verkrümmter Haltung, manchmal aneinander geklammert; bei anderen die Haare versengt, das Gesicht mumienartig zerschmolzen, die Lippen und Ohren weggebrannt, schmerzverzerrte Mimik in grotesker Erstarrung. Manche Familien wurden vollständig ausgerottet, eine hatte siebzehn Angehörige verloren; manche Schulklassen im Amiria-Viertel waren um die Hälfte dezimiert.

Amerikanische Sprecher, die die Zahl der bei dem Massaker Getöteten auf 300 bis 400 heruntierlogen, rechtfertigten den Vandalismus mit dem Verdacht, es hätte in diesem Bunker eine militärische Kommandozentrale versteckt sein können, außerdem sei das Dach des Bunkers mit Tarnfarbe bestrichen gewesen, ein Stacheldrahtzaun umgebe das Gelände, und vor zwei Tagen habe man dort in der Nähe zwei Militärfahrzeuge beobachtet. Die Lügen waren schnell als solche entlarvt: der Bunker befindet sich, wie auch wir bei der Besichtigung des Schutzraums nochmals feststellen konnten, in einem reinen Wohngebiet mit ein- bis zweistöckigen Häusern und vorgelagerten Gartengrundstücken. Kein einziger Militär hatte sich in dem Bunker aufgehalten; das Dach war nicht mit Tarnfarbe angestrichen; nur das mit dem Maschenzaun stimmte. Da das Verbrechen diesmal nicht wie gewohnt verheimlicht, bemäntelt und beschönigt werden konnte – denn diesmal war die internationale Öffentlichkeit mit Fotoapparaten und Kameras präsent –, verlegten sich die amerikanischen Verantwortlichen auf eine andere Lüge: Zwar seien, zugegeben, alle Opfer Zivilpersonen, aber es habe sich bei ihnen um Angehörige der politischen und militärischen Führung gehandelt. Auch dies war, wie gesagt, gelogen, doch man erwäge den Zynismus: Wird ein Mord an wehrlosen Kindern, Frauen und alten Leuten dadurch besser, daß es sich um Verwandte des Führungspersonals handelt? Und als sich die tatsächlichen Verhältnisse nicht mehr verleugnen ließen, erreichte der Zynismus erst seinen Höhepunkt. Zitieren wir wiederum das britische Kriegsjournal: "Amerikanische Sprecher in Washington und Riad vermuten, Saddam habe die Zivilisten absichtlich dort untergebracht, für den schaurigen Versuch, die öffentliche Meinung zu gewinnen." Es gibt bestimmte Dinge, die sprachlos machen können, das ist eines davon. Aber hier haben wir die westliche Propaganda in nuce; bei anderem Anlaß lautet sie ja ganz ähnlich perfide, Saddam Hussein würde die "Hungerwaffe" gegen sein Volk einsetzen, das – wohlgemerkt – wegen des US/UN-Embargos darbte und immer noch darbt. – Als sich nach der Bombardierung des Bunkers schon zaghaft erste Proteste regten, kommentierte der amerikanische Brigadegeneral Richard Neal im saudischen Riad das Verbrechen mit kaltschnäuziger Killermentalität: "Aus militärischer Sicht ging nichts daneben." Stimmt: der Bunker war getroffen, aber das Kriegsziel war in diesem Punkt dennoch verfehlt, nämlich durch Terror die Bevölkerung zu demoralisieren. Als Beleg hierfür diene ein Bericht des 'Stern': "Wenn Leute aus der Menschenmenge ausländische Journalisten erkennen, werden ihnen Verwünschungen zugebrüllt: 'Das ist sie also, die Überlegenheit eurer westlichen Zivilisation', oder: 'Ihr werdet auch noch brennen'." Irakische Soldaten mußten die West-Journalisten vor der aufgebrachten Menge schützen. Dabei hätten zumindest manche von ihnen durchaus einen Schlag verdient, etwa das 'Spiegel'-Team, das sich bei der nächtlichen Bombardierung von Bagdad wohlig-schaurig "immer ein wenig an Silvester in Deutschland" erinnert fühlte. Jetzt freilich, angesichts der Unbeugsamkeit der irakischen Bevölkerung, blieb ihnen fast nichts anderes übrig als die Wahrheit: "Eine schreiende Menschenmenge macht Präsident Bush für den massenhaften Tod verantwortlich. Ein junger Mann, der in dem Bunker seinen Bruder verloren hat, schwört Rache. Er ruft, er werde notfalls zehn Jahre dazu warten." Und der Protest gegen das Verbrechen dehnte sich weltweit aus. Jordanische Medien sprachen von "Völkermord", Protestdemonstrationen fanden in den arabischen Ländern vom US-Verbündeten Ägypten bis Tunesien statt. In der jordanischen Hauptstadt skandierten Demonstranten den Spruch "Saddam, setz nun deine chemischen Waffen ein", und palästinensische Demonstranten in den von Israel besetzten Gebieten forderten den irakischen Präsidenten auf, "endlich mit Giftgas loszuschlagen", um der amerikanischen Aggression Einhalt zu gebieten. Saddam Hussein verzichtete klugerweise darauf, denn die amerikanische Antwort hätte sicher in Form eines Atombombenschlages bestanden, und bei diesem Massaker wäre dann der gesamte Westen wieder stramm gestanden, es wäre ja auch eine "gerechte Vergeltung" gewesen, nicht wahr? Doch so waren die westlichen Verantwortlichen gezwungen, wenigstens Sturzbetroffenheit zu heucheln. Der britische Kriegsminister Tom King betonte, die Alliierten unternähmen alles, um die irakische Zivilbevölkerung zu schonen – schön gesagt angesichts der Bilder aus dem Bunker –, und selbst die fetten saudischen Scheichs konnten dem Verbrechen nur "wenig Verständnis" entgegenbringen. Sogar der Sprecher von Bush, Marlin Fitzwater, preßte sich eine unverbindliche Heuchelträne ab: "Der Tod von Zivilisten ist ein wahrhaft tragisches Ereignis von Kriegen", schweifte er verklärt ins unbedeutend-Allgemeine. Immerhin: Es fanden mittlerweile weltweit Demonstrationen gegen die USA statt; vereinzelt wurden Anschläge auf amerikanische Einrichtungen verübt. Die amerikanische Regierung sah sich schließlich dazu veranlaßt, eine "Überprüfung der strategischen Ziele" einzuleiten – wozu bislang also offenkundig auch Zivilschutzbunker zählten – und die Bombardierung im Südirak, namentlich Basra, und in Kuwait zu intensivieren. Sie bombten also dort weiter, wo weniger zugeschaut wurde, und betrachteten damit die Angelegenheit als erledigt. Sie konnten dies um so mehr, als mittlerweile die westliche Kriegspropaganda die Heimatfront wieder in den Griff bekommen hatte: "Saddam hat jene Leute wahrscheinlich in dem Wissen dorthin geschickt, daß wir (!) die Anlage bombardieren würden", repetierte eine junge Amerikanerin aus St. Louis folgsam den hausgemachten Pressemist, und auch der 'Spiegel' knödelte pseudokritisch an den ach so geheimen

Beweggründen des amerikanischen Herrn herum, den man verurteilen mußte, aber versöhnen wollte, von dem sich zu distanzieren opportun erschien, den es aber zu unterstützen galt. Wasch den amerikanischen Pelz, aber mach ihn nicht naß – so lautete die zugegebenermaßen schwierige Aufgabe, und der 'Spiegel' löste sie auf seine Weise, wie das nachfolgende Zitat belegen mag: Es gebe "nur zwei denkbare Erklärungen" für das Verbrechen (das der 'Spiegel' wohlweislich nicht als solches bezeichnet): "Entweder will die amerikanische Militärführung die irakische Bevölkerung in Angst und Schrecken versetzen, oder sie ist einer Fehlinformation aufgesessen. Wenn die erste Erklärung zutrifft, dann haben die Politiker in den Vereinigten Staaten überhaupt nicht begriffen, gegen wen sie ihre Streitkräfte hier in Stellung gebracht haben. Dann haben sie die Stimmung hier vollkommen falsch eingeschätzt. Dann haben sie, weiß Gott, seit Vietnam nichts dazugelernt." Das müssen sie, weiß Gott, auch gar nicht, solange es in den amerikanischen Kolonien Zeitungen wie den 'Spiegel' in hoher Verkaufsauflage gibt. Und mit eindringlichem Ton wird das fürchterliche Dilemma geschildert, in dem sich die amerikanischen Weltherren befinden: "Sie können nicht verstehen, daß die Iraker nicht darauf warten, von ihrer Regierung befreit zu werden." Auch das war schön gesagt. Und die amerikanische Konsequenz lautete fürderhin, vom 'Spiegel' treu unterstützt: Ja da muß man doch einfach draufbomben ...

Ein Ermordeter von 1.500.

Das Massaker im Bagdader Stadtteil Amiria hat für kurze Zeit ein grelles Licht auf die verbrecherische Kriegführung der USA geworfen, und da dies nicht zu verleugnen war, zeitigte der Protest für kurze Zeit einige laue Halb- und Viertelskonsequenzen nur verbaler Art. Aber Amiria steht stellvertretend für die amerikanischen Kriegsverbrechen gegen den gesamten Irak, vor dem 13. Februar 1991 und danach. Der Protest gegen das Massaker von Amiria gebot dem systematischen Morden keinen Einhalt – dazu war die Weltöffentlichkeit zu schwankend und zu feige –, aber dadurch war für kurze Zeit und für jeden wahrnehmbar die häßliche Fratze des Kriegsverbrechers hinter der vorgehaltenen Freiheitsmaske bloßgelegt.

Der Amiria-Bunker, im wesentlichen in dem Zustand belassen, in den ihn die amerikanischen Bomben versetzt hatten, ist heute eine öffentliche Gedenkstätte für die Ermordeten, ein dauerhaftes Monument aus Stahl und Beton, das die Erinnerung an die amerikanischen Kriegsverbrechen wach erhält. Im Bunker- innern sind von Blumen umrankte Bilder einzelner Opfer zu sehen; die Fassade ist mit auf Holz gemalten Blumen geschmückt, in deren Zentrum Fotografien der Getöteten angebracht sind.

Das Dach des Amiria-Bunkers (jetziger Zustand) mit dem Einschlagskrater der beiden Bomben.

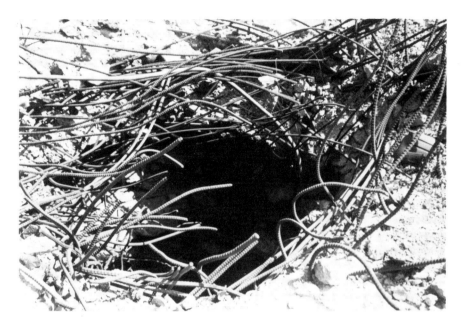

Der Bombenkrater im Bunkerdach von oben...

... und von unten.

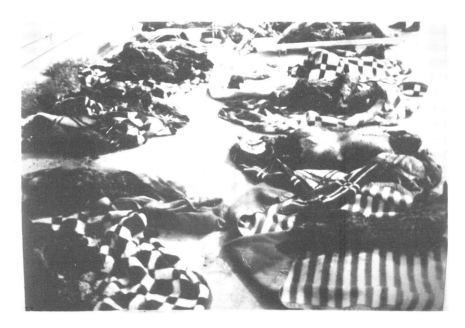

Zerfetzte Bunkerinsassen unmittelbar nach dem Angriff.

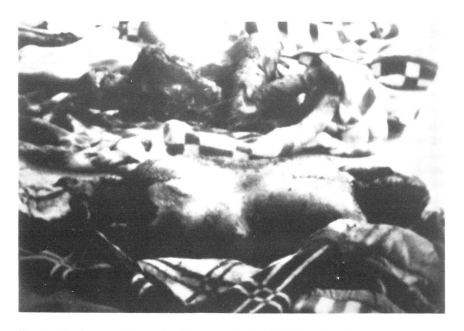

Der im Vordergrund liegenden Frau wurden beide Beine abgerissen.

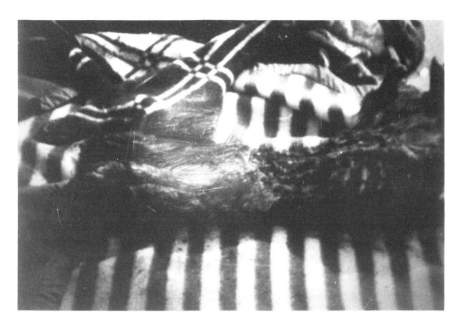

Dieses Opfer konnte nicht identifiziert werden.

Die Außenfassade des zum Denkmal umgewandelten Bunkers mit Flammen und Blumenteppich.

In der Mitte der Blumen sind Fotos der Opfer angebracht.

Die Zerstörung der Kindermilchfabrik bei Bagdad

Rund zwanzig Kilometer von Bagdad entfernt, nahe bei der Autobahn nach Amman gelegen, befand sich die von ausländischen Firmen gebaute und ausgerüstete Kindermilchfabrik, die einzige ihrer Art im gesamten Irak. Die Anlage wurde auf einer Fläche von 60.000 Quadratmetern gebaut und kostete 32,5 Millionen Dollar; 360 Arbeitskräfte – Techniker und Ungelernte – arbeiteten in zwei Schichten und produzierten jährlich 12.000 Tonnen Milchpulver in 240 Millionen Dosen mit je einem halben Kilogramm Inhalt. Der Maschinenpark bestand aus drei Produktionsstraßen, von denen eine zwei Tonnen Milchpulver in der Stunde und die zwei anderen je eine Tonne Milchpulver pro Stunde herstellten. Des weiteren standen eine Dosenfabrik, ein Kesselhaus, Geschäfte und Laboratorien auf dem Gelände. Die Anlage war, wie kaum weiter ausgeführt zu werden braucht, für die Ernährung der irakischen Kinder von zentraler Bedeutung. Da der Irak über keinen nennenswerten Bestand an Milchvieh verfügt und einen großen Teil seines Bedarfs an Milchpulver aus Auslandsimporten deckte, war nach der Verhängung des Embargos die Fabrik im Wortsinne nahezu die einzige Nahrungsquelle für die irakischen Kinder. Zwei Zahlen mögen diesen Tatbestand verdeutlichen: In den ersten sieben Monaten des Jahres 1990, bis zur Verhängung der Embargos, verbrauchte der Irak monatlich 2.500 Tonnen Säuglingsmilchpulver. Vom 1. November 1990 bis zum 7. Februar 1991 konnte das Land aufgrund der Blockade dagegen nur 17 Tonnen Milchpulver importieren. – Am 21. Januar 1991 bombardierte die amerikanische Luftwaffe um fünf Uhr morgens die Anlage unter dem Vorwand, es handele sich hierbei um eine Produktionsstätte für biologische Kampfstoffe. Bei diesem ersten Angriff wurde die gesamte Produktionsfläche zerstört. Einen Tag später machten die Kampfflugzeuge die restlichen Einrichtungen dem Erdboden gleich; die Fabrik war zu hundert Prozent zerstört, und die Gesamtkosten für den Wiederaufbau belaufen sich auf das knapp Sechsfache der ursprünglichen Erstellungskosten, auf 175 Millionen US-Dollar. Der 'Baghdad Observer' nannte den Grund für die Zerstörung dieser wichtigen Fabrik beim Namen: "Es schien der Koalition gegen den Irak nicht zu genügen, eine Wirtschaftsblockade zu verhängen, welche die Kinder der vom Ausland kommenden Nahrung beraubte, sondern man versuchte, die Nahrungsquelle im Land selbst zu kappen." Die amerikanische Militärführung reagierte schnell, wie der Bericht des englischen Kriegsjournals belegt: "In Washington weist Colin Powell die irakische Klage zornig ab, die alliierte Luftwaffe habe eine Fabrik zerstört, deren einzige Funktion es sei, Milchpulver für Babys zu produzieren. Die zerstörte Tafel mit der Inschrift 'Milchfabrik' wurde im CNN-Programm gezeigt. Er betont, dieses sei eine getarnte Fabrik für die Herstellung von biologischen Waffen gewesen." Der damalige deutsche Außenminister Genscher reagierte sofort und sandte einen Scheck über 300 Millionen Dollar – selbstverständlich nicht nach Bagdad, um die weitere Versorgung der irakischen Kinder sicherzustellen, sondern nach Israel, für den Kauf neuer Waffen. Die Zerstörung der Kindermilchfabrik zeitigte die beabsichtigten verheerenden Folgen: Nach Angaben des irakischen Gesundheitsministeriums und ausländischer humanitärer Organisationen starben allein 1991 60.000 irakische Kinder an Unterernährung; weitere Zehntausende drohen den im Gefolge von Hunger und mangelhafter Nahrung auftretenden Krankheiten zu erliegen. Für 1992 sagen westliche Kommissionen, die nach dem Krieg den Irak besuchten, eine vermutlich noch größere Zahl verhungerter Kinder voraus: 170.000 tote Kinder unter fünf Jahren; nach Angaben der kubanischen Zeitung 'Granma' sind 300.000 irakische Kinder vom Hungertod akut bedroht. Selbst die amerikanische 'Newsweek' gesteht nach einem Jahr ein, daß sich keine irakische Familie den Hungerklauen entziehen könne: Milch sei nicht verfügbar, und wo sich noch Reste des begehrten Milchpulvers befänden, seien die Preise ins Astronomische gestiegen, unbezahlbar für die allermeisten. Die Zeitung erwähnt den Fall der Irakerin Ragheb Mozah, die ihren drei Monate alten Sohn seit dessen Geburt nur mit abgekochtem Reiswasser ernähren konnte; das Kind, das in seinem kurzen Leben nie gelacht hat, werde in Kürze sterben oder aber lebenslang einen Gehirnschaden davontragen. Wir selbst waren Zeuge, wie sehr gerade die fehlende Milch beziehungsweise die unbezahlbaren Preise dafür die Menschen plagten. Ein Archäologe, der uns mit großer Sachkenntnis durch den Süden Iraks führte, erzählte uns, daß sein jüngstes Kind, eine Tochter im Alter von sechs Monaten, an einer im Grunde genommen harmlosen Infektionskrankheit gestorben sei; die Ursache war Unterernährung, verbunden mit dem Mangel selbst an einfachsten Medikamenten. Noch zur Zeit unseres Besuches, ein Jahr nach Kriegsende, sahen wir ausgemergelte Kleinkinder mit uralten Gesichtern in ihren Betten liegen, lethargisch an die Zimmerdecke starrend, zu schwach zum Weinen, zukünftige Beute irgendeiner banalen Krankheit. Bei den Kleinkindern im Alter zwischen drei und acht Monaten konnten wir keine nennenswerten Größenunterschiede feststellen. Ja, die "Hungerwaffe" Saddam Husseins gegen das eigene Volk: Im April 1992 hat der irakische Präsident den Aufbau der Kindermilchfabrik mit den bescheidenen Mitteln, die dem Irak verbleiben, angeordnet; zuvor hatte die irakische Regierung eine internationale Spendenaktion zum Wiederaufbau der Kindermilchfabrik angeregt, die im Westen weitgehend ungehört verhallte. Nach Angaben des irakischen Botschafters in Wien soll die improvisierte Anlage bis Jahresende fertiggestellt sein und wenigstens eine Jahresleistung von 1000 Tonnen Milchpulver erbringen.

Aber die "Hungerwaffe" des irakischen Präsidenten ist keineswegs die einzige perfide Lüge, die die Kriegsverbrecher in Washington in die Welt setzen, während sie ein gesamtes Volk aushungern. Hartnäckig gehalten hat sich auch die Lüge, daß die Kindermilchfabrik eine Produktionsstätte biologischer Kampfstoffe gewesen sei. Jene zwei bereits erwähnten jungen Dänen in UN/US-Diensten berichteten uns von einem "sonderbaren Geruch", den sie auf der Autobahn nahe der Kindermilchfabrik wahrgenommen haben wollten und der sicherlich von irgendwelchen Kampfstoffen stamme. Wir erwiderten, daß sie, wenn sie ihrer Sache so sicher seien, doch einfach hochoffiziell und hochnotpeinlich mit einer UN-Kommission das Gelände inspizieren sollten; der Nachweis verbotener, international geächteter Substanzen zur Kriegführung wäre für die UN-Kommission doch nicht nur ein gefundenes Fressen, sondern geradezu ein triumphaler Beweis für die Richtigkeit ihrer gegen den Irak erhobenen Beschuldigungen.

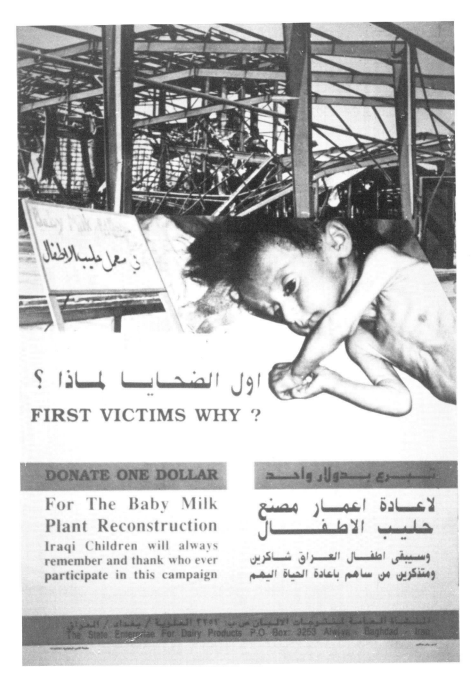

Plakat zur Kampagne des Wiederaufbaus der Kindermilchfabrik.

Das Stahlskelett der Fabrikhalle.

Darauf erwiderten die wackeren Dänen, daß die Kampfstoffe sicher schon längst beiseite geschafft worden seien. Auf unseren Hinweis, daß nichts "seltsam riechen" kann, wo nichts ist, wußten sie nichts mehr zu erwidern, waren aber nach wie vor der festen Überzeugung, daß dort die entsprechenden Kampfstoffe hergestellt worden seien und der Irak nach wie vor eine Bedrohung für die gesamte westliche Welt darstelle – treu, blind und doof bis in den Tod.

Wir haben das Gelände am 25. März 1992 besichtigt. Wir sahen: eine grotesk verbogene Stahlkonstruktion, der Skelettrest der Fabrikanlage. An ihr hingen Teile von Wellblech, das ehemalige Dach des Hauptgebäudes; sie schlugen vom Wind bewegt klappernd gegen die Stahlträger. Des weiteren sahen wir riesige Silos, von Geschossen durchlöchert und die Eisenbeine eingeknickt. Wir sahen ausgebrannte Fließbänder, verkohlte Lastwagen, zerstörte Büroräume und Berge verrosteter Büchsendeckel. Und wir sahen noch mehr: Mehr als mannshohe Behälter, aus denen das Milchpulver geriesel war, das jetzt einen Teil des Bodens bedeckte. Des weiteren eine Maschine, die Plastiklöffelchen mit der Aufschrift "Milchpulver" automatisch in die gefüllten Dosen stecken sollte, ein Teil der Löffel freilich zerbrochen und zerschmolzen. Doch wir sahen noch mehr:

Die zerstörten Silos der Anlage.

die Fließbandanlagen und die Steuerungsapparate stammten von der bayerischen Firma Müpeck, in einem Nebentrakt entdeckten wir in der Nähe der verrosteten Deckel eine Maschine aus der Firma Krupp, die das Verschließen der Dosen besorgte. Und wir entdeckten noch mehr: Generatoren aus englischer Produktion, Plastikfragmente mit Schaltkreisen und britischem Firmenzeichen. Ein französisches Unternehmen hat das Fabrikgebäude errichtet, deutsche Firmen haben die Innenausstattung geliefert, englische Betriebe schließlich haben die Elektroinstallation vorgenommen. Keine einzige dieser Firmen wurde angeklagt, den Irak aus Profitgier bei der Produktion verbotener Massenvernichtungsmittel unterstützt zu haben – was die Amerikaner bei eindeutiger Beweislage ja sofort getan hätten –; keine dieser Firmen hatte aber auch die amerikanische Kriegslüge richtiggestellt, daß die von ihnen erbaute und ausgerüstete Fabrik Milchpulver herstellte. So viel ist jedenfalls sicher: Die amerikanische Luftflotte hat eine Kindermilchfabrik bombardiert, die eine wirkliche Kindermilchfabrik war und wirkliches Milchpulver produzierte, dies geschah mit wirklichen Bomben aus wirklichen Flugzeugen. Dieses Verbrechen zahlen Zehntausende irakischer Kinder mit ihrem Leben, unschuldige Opfer, wie es immer heißt, und die Weltöffentlichkeit hält Maulaffen feil.

Steuerungsapparat an den Produktionsstraßen von der westdeutschen Firma Müpeck.

Plastikfragment mit Schaltkreis für einen Generator, "made in Great Britain".

oben links:
Diese Maschine steckte die gut sichtbaren Plastiklöffelchen in die Dosen.

oben rechts:
Viele der Plastiklöffel weisen noch Reste von Milchpulver auf.

unten links:
Diese Maschine der Firma Krupp verschloß die Dosen mit den im Bildvordergrund sichtbaren Deckeln.

Die Bombardierung des Bagdader Kongreßzentrums

In unmittelbarer Nachbarschaft zum Al Rashid-Hotel, durch eine mehrspurige, vielbefahrene Straße von diesem getrennt, liegt das Bagdader Kongreßzentrum, "eines von Saddams Mausoleen der Macht", wie der 'Stern' wissend schreibt, um die Zerstörung dieses Gebäudekomplexes zu rechtfertigen. Das Kongreßgebäude wurde im Jahr 1982 nach dreijähriger Bauzeit fertiggestellt, an den Arbeiten beteiligten sich fünfzehn ausländische Unternehmen, und die Gesamtkosten beliefen sich auf 200 Millionen irakische Dinar (nach dem damaligen Wechselkurs ungefähr 700 Millionen Dollar oder 1,1 Milliarden DM). In dem Gebäude fanden lokale, arabische und internationale Konferenzen statt, darüber hinaus aber auch kulturelle Veranstaltungen, wie Theateraufführungen, Konzerte und Festivals. Zu diesem Zweck beherbergte der Komplex fünf Hallen, die zwischen 420 und 2.000 Personen faßten. Sie waren großzügig und komfortabel ausgestattet und verfügten über die modernsten elektronischen Anlagen. Das Gebäude wurde während des Krieges viermal angegriffen; ferngelenkte Marschflugkörper verrichteten ihr Vernichtungswerk ebenso wie die etwa eine Tonne schweren

Das Eingangsportal des Kongreßgebäudes.

Innenansicht der größten, 2.000 Personen fassenden Halle. Der Raum ist ausgebrannt, das Dach völlig zerstört.

präzisionsgeleiteten Bomben. Durch die Wucht der Explosionen gingen die Fensterscheiben des Al Rashid-Hotels zu Bruch, umherfliegende Splitter schlugen bis faustgroße Löcher in die das Hotel umgebende Betonmauer. Äußerlich scheint der Kongreßpalast nahezu unbeschädigt, die Fassade ist weitgehend intakt. Doch die fünf Hallen sind völlig zerstört: Die weitgespannte Überdachung ist im größten Saal völlig weggerissen, bei den anderen Sälen schwer beschädigt. Die tribünenartig angelegten Zuschauerränge sind ausgebrannt, die Belüftungsanlagen zerstört, Heizungs- und elektrische Einrichtungen demoliert, die hydraulischen Anlagen der Bühnen wie auch die Licht- und Tonanlagen außer Funktion. Dieses präzise Bombardement war, wie auch bei vielen Industrieanlagen, wohl nur durch die genaue Kenntnis der Konstruktionspläne möglich, die sich das Pentagon bei den am Bau beteiligten Firmen besorgt hatte. Das Kongreßzentrum ist indes nicht nur ein Beleg für den Vandalismus des amerikanischen Bomben- und Raketenkriegs, es dokumentiert auch exemplarisch die erstaunliche Aufbauarbeit, die die irakischen Firmen ohne ausländische Unterstützung in kürzester Zeit leisteten. Die Planungsarbeiten für den Wiederaufbau des Kongreßzentrums waren innerhalb eines Monats abgeschlossen. Die Arbeiten setzten am 7. Oktober 1991 ein und sollen Ende 1992 abgeschlossen sein. Bei der Besichtigung des Gebäudes schien es uns kaum glaubhaft, daß die schweren Zerstörungen binnen so kurzer Zeit beseitigt und die Einrichtungen ihrem ursprünglichen Zweck wieder zugeführt werden könnten. Die leitenden Ingenieure erläuterten uns die einzelnen Arbeitsetappen und zeigten sich zuversichtlich, den geplanten zeitlichen Rahmen einzuhalten. Für sie gilt wie für das gesamte Land das Motto des Wiederaufbaus: "Die guten Menschen bauen auf, was die bösen zerstört haben." Und wenn nicht amerikanische Bomben und Raketen das Gebäude ein zweites Mal zerstören, wird das "Mausoleum der Macht" dem irakischen Volk bald wieder zur Verfügung stehen.

Bombenschäden auf dem Dach des Kongreßzentrums.

Die Bombardierung ziviler Ziele in Basra und Mosul

Basra, die Stadt Sindbads des Seefahrers, ist für den Irak das Tor zur Welt. Die zweitgrößte Stadt des Landes liegt direkt am Schatt el-Arab und ist neben der Hafenstadt Um Qasr der wichtigste Umschlagplatz für Waren aller Art, die auf dem Seeweg angeliefert werden. Zugleich ist Basra das Zentrum der Petroindustrie, hier wird das aus dem Rumaila-Ölfeld stammende Erdöl verladen und verschifft; außer der durch die Türkei führenden Pipeline – für die die Türkei die Gebühren in Mafia-Manier drastisch erhöht hat – verfügt der Irak über kaum

Eines von mehreren tausend zerstörten Wohnhäusern in Basra.

eine andere Möglichkeit, sein wertvollstes Exportgut auszuliefern. Reisende aus früherer Zeit rühmten Basra als das "Venedig des Ostens", und tatsächlich durchziehen viele Kanäle die Stadt, die von Holzerkerhäusern mit prächtigen Ornamentschnitzereien gesäumt sind. Hin und wieder finden sich alte Kolonialhäuser; großzügig angelegte Alleen führen zu Parks mit Palmenwäldern. Im Süden der Stadt stehen die Ruinen der alten Abbasidenstadt mit einer der ältesten Moscheen der Welt, zahlreichen Ruinen und Grabschreinen. Die Stadt, schon während des achtjährigen Kriegs mit dem Iran schwer in Mitleidenschaft gezogen, unterlag während der amerikanischen Aggression einem sechswöchigen Dauerbombardement. Keine Brücke in der weiteren Umgebung Basras ist unversehrt geblieben; noch ein Jahr nach Kriegsende sind Strommasten zerknickt, Kraftwerke verwüstet; die Förderanlagen liegen brach und können erst allmählich wieder in Betrieb genommen werden, die Schiffahrt ist wegen versenkter und nur schwer zu bergender Tanker zum Erliegen gekommen. Das Sheraton-Hotel, eines der modernen Wahrzeichen Basras, ist ausgebrannt, das Museum geplündert, die ältesten Moscheen aus der Abbasidenzeit zerstört. Die Straßen sind mit Teerflicken übersät, die Brücken sind notdürftige Provisorien, an denen der Verkehr zum Stocken kommt. Das mehrstöckige Postamt ist ein Schutthaufen von etwa einem Meter Höhe, vornehme Villen sind ausgebrannt, ganze Straßenzüge liegen in Trümmern. Jedes noch bewohnbare Haus weist Einschläge von Granaten, Bombensplittern und Geschoßgarben auf, die zum Teil von den heftigen, mehrwöchigen Straßenkämpfen gegen iranische Marodeure und schiitisch-irakische Banden stammen. Doch die Schäden, die beim Zurückschlagen der iranischen Intervention entstanden sind, machen immer noch nur einen Bruchteil dessen aus, was amerikanische und britische Bomber verheerten. Der Bombenteppich war so dicht, daß ein indischer Gastarbeiter, dem nach fünf Tagen Bombardement die Flucht gelungen war, in der ganzen Zeit wegen des Rauchs und des aufgewirbelten Staubs die Sonne nicht mehr gesehen hatte. Bei unserer Fahrt durch die Stadt sahen wir Häuser, deren obere Stockwerke weggerissen waren, Bettgestelle und zerstörte Wohnungseinrichtungen ragten aus der oberen Etage in die Luft. Die Pepsi-Cola-Fabrik in Basra ist buchstäblich eingeschmolzen, die benachbarte Straßenzeile ist völig zerstört. Pkws liegen unter Gesteinsmassen begraben, Abrißkommandos bearbeiteten mit Vorschlaghämmern die Häuserruinen; andere versuchten, aus den kümmerlichen Resten sich ein neues Zuhause zu bauen.

Die Amerikaner rechtfertigten das Dauerbombardement Basras mit dem Hinweis, daß sich in der Stadt das militärische Oberkommando des Iraks befinde und von dort aus der Einmarsch nach Kuwait organisiert worden sei. Das mag zwar sein, doch hat der Militärstab mit Sicherheit nicht im Postamt, den Elektrizitätswerken, der Pepsi-Cola-Fabrik oder in einem der Häuser der mehr als 5.000 Menschen getagt, die im Bombenhagel und in den Feuerstürmen ums Leben kamen. Basra, eine der schönsten Städte des Landes, sollte dem Erdboden gleichgemacht werden. Und was mögen die Einwohner wohl empfunden haben, als zu Beginn der Bodenoffensive mit den Bomben Flugblätter folgenden Inhalts auf die Stadt regneten, mit der charakteristischen Mischung aus Zynismus und Lüge: "Irakische Bürger! Die verbündeten Truppen nähern sich Euch sehr schnell und beginnen bald mit der Bombardierung des Ortes. Wir wollen aber keine unschuldigen Zivilisten treffen. Verlaßt daher dieses Gebiet und begebt euch nach Norden. Die Wohnviertel in Bagdad werden nicht bombardiert. Flieht sofort!"

Aus Bagdad, der neben Basra am heftigsten bombardierten Stadt des Landes, waren zu diesem Zeitpunkt schon viele Zivilisten geflüchtet, teils zu Verwandten auf das Land, teils in entfernter gelegene Städte, die, wie man glaubte, von den Bomben verschont geblieben wären. Eine dieser Städte war Mosul, die Hauptstadt der Provinz Ninive und mit mehr als 800.000 Einwohnern die größte Stadt Nordiraks. Wie das südliche Basra ist Mosul ein wirtschaftliches und kulturelles Zentrum. Hier werden die Stoffe hergestellt, die der Stadt den Namen gaben, die Musseline; hier befinden sich die Ruinen der assyrischen Metropole Ninive. Über die Stadtsilhouette ragt das 52 Meter hohe, schiefe Minarett der im 12. Jahrhundert erbauten Nurid-Moschee mit seinem schönen Ziegelmuster. Hoch über dem Tigris stehen die Reste einer osmanischen Burganlage, von der aus man den besten Überblick über die gesamte Stadt hat. Von hier aus erschlossen sich uns aber nicht nur die Sehenswürdigkeiten von Mosul, wir konnten auch sehen, wie amerikanische Kampfflugzeuge im Tiefflug über die Stadt hinwegdonnerten, an der Peripherie hochzogen und nach einer längeren Schleife ihr perfides Manöver wiederholten. Am Tigrisufer befinden sich ferner der sogenannte Schwarze Palast und ein einzigartiges Mausoleum mit spitz zulaufendem, achteckigem Dach, beide aus dem 13. Jahrhundert. In der Altstadt winden sich zwischen historischen Gebäuden Gäßchen mit Arkaden, die schließlich in den großen Marktplatz münden. Hierher, nach Mosul mit seinem angenehm kühlen Klima, waren also auch Verzweifelte aus Bagdad geflüchtet. Zehn von ihnen fanden Unterschlupf in der christlich-orthodoxen Kirche Maria und Josef im Stadtteil Neu-Mosul. Diese Kirche wurde von drei Bomben getroffen, zwei davon explodierten. Sechs der Flüchtlinge wurden sofort getötet, den anderen vier wurden Hände und Unterarme abgerissen. Die Kirche, ein kleiner, schmuckloser Bau, liegt inmitten eines Wohnviertels. Zu ihrer Besichtigung mußten wir ein Nachbargrundstück betreten, dessen Bewohner uns freundlich willkommen hießen und uns die Ereignisse der Bombennacht schilderten, sodann stiegen wir über eine Mauer auf das Kirchengelände. Schon der Nachbargarten, den wir durchschritten, zeigte Spuren des Bombardements. Die Metallständer einer Hollywood-Schaukel waren von Bombensplittern durchschlagen, Haus und Gartenmauer wiesen zahlreiche Löcher auf. Just in diesem Moment flogen zwei der Kampfflugzeuge, die wir zuvor aus der Entfernung beobachtet hatten, so dicht über uns hinweg, daß ihre Beschriftung sogar noch zu erkennen war. Jeder von uns hatte im Angesicht der zerstörten Kirche denselben Gedanken: sie waren hier, sie sind hier, sie kommen wieder.

Derselbe Terror wiederholte sich bei der Besichtigung des zerstörten historischen Stadtteils Nabi Jarjes, der in der ersten Kriegswoche von vier Raketen getroffen worden war und in dem mehr als 500 Menschen starben. Beim Betreten des Stadtviertels begegneten wir einer älteren Frau, die, sobald sie uns sah, mit schriller Stimme zu schreien anfing und uns wohl verwünschte und verfluchte. Die Erklärung unseres Begleiters, die Frau beklage die Bombentoten und durchlebe die Schrecken des Krieges noch einmal, war vermutlich eher der arabischen Gastfreundschaft und Höflichkeit geschuldet. Beim Anblick der Trümmerberge war die Reaktion der Frau mehr als verständlich, und wir hatten uns ohnehin schon gewundert, daß ein Volk, das vom Westen so viel erlitten hatte und weiterhin erleiden mußte, uns in seiner überwiegenden Mehrheit zurückhaltend gegenübertrat und freundlich behandelte. Hier, in Nabi Jarjes, war in vergangenen Jahrhunderten dicht auf dicht gebaut worden; auf den Schutthügeln stehend, umringt von kleinen Kindern, die die tief fliegenden Kampfflugzeuge stets schneller entdeckten als wir, konnten wir uns ein ungefähres Bild von dem Aussehen dieses ehemals belebten Stadtteils machen. Eine Arkade ragte aus den Steinmassen hervor, eine Wand mit Stuckverzierung war zu sehen, eine Treppe führte aus Kellergewölben ins Nichts, verschachtelt angelegte Grundmauern zwischen freigeräumten Wegen. Und noch einmal derselbe Anblick im Stadtteil Wadi Alin, der ebenfalls in der ersten Kriegswoche zerstört wurde. Drei Bomber hatten das vielleicht einen halben Kilometer entfernte Elektrizitätswerk angegriffen und im Überflug das nahegelegene Stadtviertel gleich mit ausgetilgt. Die Häuser, in denen mehr als 400 Menschen starben, waren neuerer Bauart; hier waren Betonplatten, ehemalige Etagenfußböden, aufeinander gelegt und ineinander gefaltet; Türen aus Blech waren aus den Angeln gerissen, auf den freigeräumten Wegen sickerten Rinnsale, in denen halbnackte Kinder spielten. – Dies unsere Beobachtungen an einem Tag in einer Stadt, die, wenn es nach dem Willen der Amerikaner geht, in nächster Zukunft aus dem irakischen Staatsgebiet gerissen und einer Marionette zugeschustert werden soll.

Das ehemalige Postgebäude in Basra.

Die zerstörte Pepsi-Cola-Fabrik in Basra...

... mit dem angrenzenden Wohngebiet. Hier kamen etwa 60 Menschen ums Leben.

Ein VW, etwa 200 m von der Pepsi-Cola-Fabrik entfernt.

Zerstörter Innenraum der orthodoxen Kirche Maria und Josef in Mosul.

Häuserruinen im historischen Stadtteil Nabi Jarjes in Mosul.

In diesen eng gebauten Häusern gab es keine Überlebenden.

Der Stadtteil Wadi Alin in Mosul, ebenfalls dem Erdboden gleichgemacht.

Das Embargo

Die Aufnahme dieses Teilkapitels in die Liste der amerikanischen Kriegsverbrechen gegen das irakische Volk ist aus mehreren Gründen gerechtfertigt. Zunächst einmal in quantitativer Hinsicht, denn Zahlen sprechen eine sehr klare Sprache. Seit der Beendigung der Kampfhandlungen sind allein im Jahr 1991 mehr irakische Zivilpersonen ums Leben gekommen als während des Bombardements. Nach Angaben einer Harvard-Studie, die ihre Ergebnisse durch Reisen im Irak und durch repräsentative Befragungen gewann[2], kamen allein in den Monaten März bis Dezember 1991 über 150.000 Menschen im Irak wegen des Embargos ums Leben. Eine Veröffentlichung des irakischen Gesundheitsministeriums vom April 1992 nennt die Zahl von 145.000 durch die Blockade umgebrachten Personen, davon 60.000 Kinder unter fünf Jahren. Diese Studie enthält eine exakte Aufschlüsselung der verschiedenen Todesursachen, die

---

[2] Diese Studie wurde in 11 Serien im März/April 1992 in der Zeitung 'Baghdad Observer' veröffentlicht unter dem Titel: "International study surveys impact of war on iraqi people".

sämtlichst auf die völlige Isolierung des Landes, den Mangel an Nahrung, Medizin, Energie usw., zurückzuführen sind; es kann indes mit Sicherheit davon ausgegangen werden, daß diese genauen Statistiken nur einen Teil des Elends erfassen, die Dunkelziffer dürfte insbesondere in den unzugänglicheren ländlichen Gebieten oder in den umkämpften Regionen erheblich größer sein. Der zweite Grund, das Embargo zu der Reihe der amerikanischen Kriegsverbrechen zu zählen, ist gewissermaßen völkerrechtlicher Art: Jede Resolution, die den Irak von lebensnotwendigen Gütern abschneidet, ist ein tödlicher Schlag gegen jeden der 18 Millionen Iraker; zudem verhält es sich so, daß die Vereinigten Staaten durch die Aufrechterhaltung der totalen Blockade jene Bestimmungen in den Resolutionen brechen – die sie selbst in der UNO durchgepeitscht hatten –, die gewisse Lieferungen zu humanitären Zwecken nicht nur zulassen, sondern direkt vorschreiben. Die Resolutionen 661 und 666 nennen "medizinische und für die Gesundheit relevante Lieferungen" sowie "Nahrungsmittel" als vom Embargo ausgenommene Güter; Resolution 687 erwähnt "grundlegende zivile Bedürfnisse", die durch das Embargo nicht zu Schaden kommen dürften. Diese Bedingungen scheren den amerikanischen Weltherrn einen Dreck, wie die entsprechenden internationalen Vereinbarungen über die Kriegführung. Abgesehen von den minimalen Lieferungen humanitärer Organisationen, die nur einen winzigen Bruchteil des tatsächlichen Bedarfs decken, kommen nach wie vor keine Nahrungsmittel und keine Medikamente in den Irak, selbst wenn solche Lieferungen <u>vor</u> der Verhängung des Embargos bestellt und bezahlt worden waren. Die Blockade wirkt wie eine Garotte, die langsam, langsam den Hals des Opfers enger zusammendrückt. Die Gründerin der Irakisch-Amerikanischen Humanitären Organisation, Christin Oram, hat durchaus recht, wenn sie feststellt: "Das irakische Volk ist zu einem langsamen Tod verurteilt worden." Auch die irakische Führung hat durchaus recht, wenn sie konstatiert, daß Sonne und Luft – falls sie kontingentiert werden könnten – ebenfalls unter das Embargo fallen würden. Wieder einmal eine Übertreibung? Zitieren wir eine Überschrift aus der 'Süddeutschen Zeitung' vom 14. Februar 1992: "Auch Teddybären dürfen nicht in den Irak", lautet die Headline, und der erste Satz des Artikels stellt klar: "Das Embargo der UNO gegen den Irak gilt auch für Teddybären." Was hier als kuriose, sonderbare Anekdote anmutet, hat durchaus System – es ist das System des von den Nazis hermetisch abgeriegelten Warschauer Ghettos –, wenn man diesen Vorfall und vor allem die Verlautbarungen der amerikanischen Regierung hierzu etwas näher betrachtet: Die im kalifornischen Santa Barbara lebende Krankenschwester Dianne Judice hatte in einer Privatinitiative 2.000 Teddybären gesammelt, um sie den in den Bombenhageln verwundeten irakischen Kindern als "letzten Trost" zukommen zu lassen. Die in drei großen Kisten verpackten Kuscheltiere wurden jedoch vom amerikanischen Zoll beschlagnahmt und mit einem strikten Ausfuhrverbot belegt. Das amerikanische Außenministerium bestätigte diese Maßnahme durch die Feststellung, die Sendung stelle eine "Gefährdung der äußeren Sicherheit der Vereinigten Staaten" dar. – Handelt es sich hier um Spinner, Sadisten, die verstümmelten Kindern in Feindesland auch die kleinste letzte Freude nicht gönnen, um Pathologen mit paranoischem Einschlag? Vielleicht ja, aber das ist nicht das Entscheidende. Entscheidend ist vielmehr das systematische Vorgehen, die Absicht, die dieser Maßnahme zugrunde liegt, und die lautet in der Formulierung des amerikanischen State Departments so: Zwar "dürften aus humanitären Gründen nur Arzneimittel und unter bestimmten Voraussetzungen auch Lebensmittel in den Irak befördert werden. Alle anderen Sendungen seien jedoch geeignet, die Wirtschaftskraft des Landes, die Fähigkeit zum Wiederaufbau des Militärs und die Moral der Bevölkerung zu stärken. Deshalb falle auch Spielzeug in die Kategorie der verbotenen Hilfsgüter." Vae victis! Wie harmlos war dazu im Vergleich die Demütigung der besiegten Römer durch den keltischen Heerführer! Selbst die Nazis beschränkten sich unseres Wissens bei der Aushungerung der Juden in Warschau auf die Beschlagnahmung von Kartoffelsäcken oder von unter den Kleidern versteckten Rüben; eine Konfiszierung von Spielzeug, weil dies "die Moral der jüdischen Bevölkerung stärken" könne, ist uns jedoch bis dato nicht bekannt. Und was die zynische Konzedierung[1] von Lieferungen wie Arzneimitteln und in Ausnahmefällen "auch Lebensmitteln" anbelangt: Kein Iraki hat auch nur ein Gramm Weizenmehl oder eine Penicillintablette zu sehen, geschweige denn zu schmecken bekommen.

Diesem Aspekt wollen wir uns im Folgenden widmen. Wir schränken dabei das gegen den Irak verhängte Embargo in diesem Abschnitt bewußt auf Nahrungsmittel, Trinkwasserversorgung und medizinische Güter ein, denn Essen und Trinken sowie die körperliche Unversehrtheit, soweit sie vom Stand der Medizin und dem Können der Ärzte abhängt, gehören ja wohl zu den "grundlegenden zivilen Bedürfnissen", von denen die Resolutionen so schön sprechen. Freilich ist das Embargo – das die Einführung dieser Artikel dem Wort nach ja erlaubt – noch weitgefächerter und engmaschiger, es beinhaltet auch andere Konsumgüter, Industrieartikel, Rohstoffe, Maschinen, Ersatzteile; eben alles Denkbare, das dem Irak vorenthalten wird und wodurch er in den Kolonial- oder Sklavenstatus niedergedrückt werden soll. Es fehlt dort schlichtweg an allem: von der Näh-

[1] Genehmigung

nadel bis zur Kleidung, von der Schraube bis zum Kompressor, vom Ventilator bis zum Kühlschrank, und wer die Geschichte der gescheiterten russischen Revolution, das heißt die Werke Leo Trotzkis kennt, der kennt auch die Absichten der amerikanischen Regierung bezüglich dem Irak: durch Umzingelung Mangel an Lebensnotwendigem zu schaffen; die Verteilung der mangelnden Güter erfordert eine Bürokratie, die Kriterien zur Distribution festlegt; da sich der Mangel aber nicht verteilen läßt und es dabei auch zu Unregelmäßigkeiten kommen kann – der Bevorzugung der Verteilerkaste nämlich –, sind Unzufriedenheit und schließlich vielleicht sogar Revolten die Folge. Dies ein kurzer Abriß der kurzen Geschichte der inzwischen so unrühmlich untergegangenen Sowjetunion, dies aber auch das dem Irak von den Amerikanern zugedachte zukünftige Schicksal. Schon wieder eine Übertreibung? Zitieren wir diesmal die amerikanische 'Newsweek' vom 20. Januar 1992: "Das von der amerikanischen Regierung am meisten bevorzugte Szenario besteht darin, daß Hungeraufstände Saddams Machtbasis zersetzen; die Armee soll zu der Alternative gezwungen werden, entweder auf das Volk zu schießen oder Saddam den Gehorsam aufzukündigen." So das Kalkül des Weltherrschers.

Und dieses Kalkül ist gefährlich. Noch in der Mitte des Jahres 1990, nach dem langen und verlustreichen Krieg gegen den Iran, "näherte sich der Irak in mehrfacher Hinsicht einem Standard, der dem einiger europäischer Länder vergleichbar ist", wie der Exekutivdelegierte der UNO Sadruddin Aga Khan in seiner im Folgenden öfter zitierten Studie über die Auswirkungen des Embargos schreibt[3]. Man muß sogar sagen: die soziale Fürsorge im Irak war in vielen Belangen dem Standard der meisten europäischen Staaten, von den USA ganz zu schweigen, überlegen: die Versorgung mit medizinischen Gütern war grundsätzlich frei; bei Erkrankung mußte ein Dinar täglich, unabhängig von der Schwere der Krankheit und den Kosten der Behandlung, bezahlt werden; die Ausgaben für medizinische Versorgung kosteten jeden Iraker durchschnittlich 1,6 Prozent seines Einkommens. Der Zugang zu Elementar- und weiterführenden Schulen bis hin zur Universität stand jedermann offen, ungeachtet des Geschlechts, der Rasse oder der religiösen Zugehörigkeit; für alle Stufen der Ausbildung galt die Lernmittelfreiheit – also keine soziale Benachteiligung, die etwa wie in der BRD zu 12 Prozent studierenden Arbeiterkindern mit fallender Tendenz führt. In mehreren Industriezweigen stand der Irak an der Schwelle zur Autarkie; Nahrungsmittel

---

[3] Report to the Secretary-General on Humanitarian Needs in Iraq by a Mission led by Sadruddin Aga Khan, Executive Delegate of the Secretary-General, dated 15 July 1991, p.15.

waren in so reicher Auswahl und zu so niedrigen Preisen vorhanden, daß an den Wochenenden Menschen aus den benachbarten Ländern in den Irak reisten, um sich mit Konsumgütern und anderen Artikeln einzudecken. Ein leitender Ingenieur aus Jugoslawien, der seit vielen Jahren im Irak arbeitete, erzählte uns, er habe in diesem Land das beste und zugleich preiswerteste Spielzeug für seine Kinder gefunden, selbstverständlich auch anderes wie Kleidung, Ledertaschen, verschiedene Gebrauchsgegenstände des alltäglichen Lebens, Kupfer- und Metallwaren, Teppiche usw.–

Die häufigsten Worte, die wir hingegen von den Einheimischen jetzt vernahmen, lauteten: "No spare parts" – keine Ersatzteile. Man winkt in der belebten Bagdader Innenstadt eines der vielen weiß-roten Taxis heran, nimmt auf dem Rücksitz Platz und gibt den Zielort an, aber nichts bewegt sich: Es dampft aus dem Kühler, der Fahrer öffnet die Haube und kommt, sich entschuldigend, zurück: "No spare parts". Man fährt über die Al-Jumhurija-Brücke, und neben einem kommt mit lautem Knall ein Auto zu stehen: "No spare parts". Ein Aufzug im Hotel fällt aus, die Reparatur gestaltet sich langwierig und schwierig: "No spare parts". Man besichtigt den Wiederaufbau der zerbombten Brücke des 14. Juli und spricht mit dem Konstrukteur; das Hauptproblem: "No spare parts". Auf der Rückfahrt nach Amman, nachts mitten in der Wüste, hält unser irakischer Fahrer plötzlich an und humpelt auf die gegenüberliegende Straßenseite. Er kommt zurück, einen abgefahrenen Autoreifen in der Hand: "No spare parts in Iraq", und weiter geht's. So sieht mittlerweile der Alltag in einem ehemals reichen Land aus, das seine Reichtümer auch gerecht verteilte – gerechter jedenfalls als in den Emiraten und in ihren europäisch-amerikanischen Schutzmächten – und das deshalb zum kolonialen Knecht erniedrigt werden soll.

Spricht man mit Repräsentanten der irakischen Führung oder auch mit anderen Personen, die man zufällig auf der Straße oder in Restaurants trifft, und bringt man die Sprache auf das niederträchtige amerikanische Kalkül, dann lautet die Antwort meist: "They will never succeed" – das werden sie nie schaffen, vergleichbar dem "no pasaran" (sie kommen nicht durch) der nicaraguanischen Sandinisten. Aber letztere sind, allen markigen Parolen zum Trotz, zu Fall gekommen – nicht in erster Linie, weil sie zu schwach waren, sondern weil sie sich in Illusionen wiegten und in der belagerten Festung dem Todfeind nicht nur die Kapitulation signalisierten, sondern ihn auch noch herein ließen: Macht hoch das Tor, die Tür macht weit, wenn der Heilige Vater kommt und gegen die sandinistische Revolution hetzt; der Außenminister Cardenal darf ihm dafür noch in aller Öffentlichkeit den Bischofsring küssen. "Meinungsfreiheit"? Ja, insbesondere für bestochene Lügner und Hetzer wie die gegenwärtige Präsidentin Chamorro, die mit US-Millionen durch ihren Zeitungskonzern Gift und Galle gegen die gutmütig-dummen Sandinisten spritzte. "Freie Wahlen"? Aber ja, vor allem wenn das Volk nichts zu essen hat und im Dschungelkampf gegen die US-Contras verblutet, die sogenannte Opposition aber mit Dollarmillionen "ihren" Wahlkampf führen und gewinnen darf. Das war bekanntlich das Ende vom Lied, Nicaragua ist wieder US-Provinz, und alles geschah auch noch so demokratisch ... Im Unterschied zu den Sandinisten neigt die irakische Führung, vor allem Saddam Hussein, viel weniger zu Illusionen, wie beispielsweise die Ausführungen zur Schiiten-Problematik gezeigt haben, aber die Beschwörung eigener Stärke und Unbeugsamkeit – so gerechtfertigt sie auch immer ist – kann doch schematisch und formelhaft werden, vor allem wenn sie die allgemein vorherrschende Stimmung verkennt oder Ansätze in eine unerwünschte, gefährliche Richtung nicht wahrhaben will. Das heißt konkret: Nicht jeder ist ein Held, oder besser: nicht jeder ist standhaft und unerpreßbar, wenn der Magen knurrt und das eigene Kind Hungers stirbt. Nichts beschäftigte unsere Gesprächspartner – verständlicherweise – mehr als die gestiegenen Preise für Nahrungsmittel. Steigerungsraten für Öl, Zucker, Linsen, Reis, Milch, Tomaten, Fleisch, Geflügel, Gemüse wurden unaufgefordert sofort genannt, in absoluten Zahlen und Prozenten, mit stetem Verweis auf frühere bessere Zeiten. Nicht selten schloß sich daran die ängstlich-besorgte Frage an: Ob wir etwas Neues von den Verhandlungen mit der UN-Kommission wüßten, ob dem Irak vielleicht bald erlaubt sei, sein Öl zu verkaufen? Wir waren nämlich des öfteren spätnachmittags zugegen, wenn diese Damen und Herren vor dem Sheraton-Hotel wohlgelaunt in Shorts aus den Bussen stiegen, zurückgekehrt von ihrer schweißtreibenden Arbeit, und der Delegationsleiter, ein Brite mit Tropenkäppi, süffisant grinsend vor laufenden Kameras verlautbarte: Man sei mit den Irakern sehr zufrieden, unbrauchbare Raketen seien gefunden worden – nein, keine näheren Angaben bitte, keine weiteren Fragen, ich muß zuerst mit meinem Dienstherrn in New York telefonieren – und ab ins Hotel zum Diner, Kolonialistenfresse mit schnatterndem Anhang, und morgen ist auch noch ein Tag. Das steigert die Spannung, und da der Mensch nicht nur ein Gehirn und bestenfalls ein Langzeitgedächtnis hat, sondern auch aus Muskeln und Nerven besteht, kann das beständige Schwanken zwischen Hoffnung und Enttäuschung auch irgendwann einmal zerrütten. Das war der unausgesprochene Hintergrund der an uns gerichteten Fragen, zunehmend interessant war, <u>wann</u> dies alles ein Ende hat, nicht: <u>unter welchen Bedingungen</u>, und das ist der Keil, den die amerikanische Regierung zwischen das irakische

Der britische Leiter der UN-Kommission in Bagdad, April 1992.

Volk und seine Führung zu treiben versucht. Wenn wir dies in Interviews mit irakischen Zeitungen oder im Fernsehen erläuterten, wenn wir entsprechende Solidaritätsadressen verfaßten und auf diesen entscheidenden Punkt der niederträchtigen amerikanischen Strategie verwiesen, dann war das Resultat meist Zurückhaltung und Distanz (als könnten wir verweichlichte Europäer uns keine Vorstellung von dem Durchhaltewillen des irakischen Volkes machen; aber der Hunger ist international, die Schwäche des Menschen leider auch), die Antwort bestand in den besagten Formeln, die wir kannten und so weit wertschätzten, wie sie es wirklich verdienten, und unsere entscheidenden Ausführungen waren schließlich in keiner Zeitung zu finden, auch nicht in der Zeitung Al-Jumhurija, die einen Artikel über uns veröffentlichte. Gerade bei jüngeren Leuten konnten wir hier und da Unwillen und eine verständliche Ungeduld feststellen: der Krieg war lange und verlustreich gewesen, nach seinem Ende geht das Darben weiter, von Parolen allein kann man nicht leben, vor allem nicht gut, also: Man will die besten Jahre genießen, so – wie im Westen. Wenn wir dann ausführten, daß dort keineswegs die Brathühner durch die Luft segelten, Arbeits- und Obdachlosigkeit voranschritten und daß die soziale Verelendung die direkte Konsequenz der Liquidierung jeder politischen Opposition ist – gerade in Westdeutschland als Viertem Reich, dem verrottetsten Staat in Europa –, dann war meist ungläubiges Staunen die Folge[4]. Am wenigsten

---

[4] Aus diesem Grund hielten wir den im Anhang abgedruckten Vortrag "Drei Illusionen über Deutschland" zweimal an der Bagdader Universität – welcher Iraker könnte wohl an einer deutschen Universität so über sein Land sprechen? Aber immer diese rhetorischen Fragen...

Illusionen trafen wir bei Personen mit qualifizierter Ausbildung an; sie verstanden unsere Argumente und konnten sie durch eigene Beobachtungen, gewonnen in Gesprächen mit Westlern, oder durch eigene Kenntnisse bereichern. Hinzugefügt werden muß auch, daß solche kontroversen Debatten zwischen den Irakern ruhig und sachlich geführt wurden, obwohl es um keine geringere Frage als die Kapitulation gegenüber einem Land ging, das den Irak zerstört hatte und nun mit Erpressungen, Lügen und Glitzer seinen Kriegs- und Propagandazug fortsetzte. So viel zur Erosion der Loyalität, zur Aushungerung der Vernunft im militärisch besiegten Irak, und wer es vermag, soll uns der Einseitigkeit und Parteilichkeit zeihen.

Essen und Trinken, der wirksamste Hebel der amerikanischen Erpressungspolitik, die Fortsetzung des Kriegs mit anderen Mitteln, um einen populären Satz des alten Clausewitz umzukehren und einer dialektischen Nutzanwendung zuzuführen: die sich steigernde Quantität an Repressalien gegen das irakische Volk soll zu einer neuen Qualität, einem US-hörigen Marionettenregime, führen. Das ist keine Verliebtheit in altlinke Wortklaubereien, sondern bitterste Realität, insbesondere für die 18 Millionen Iraker. Essen und Trinken also: Vor der US-Aggression war sauberes Trinkwasser im Irak die Norm. 1.500 Wasseraufbereitungsanlagen versorgten in dem Wüstenland 90% der Bevölkerung oder 16,8 Millionen Irakis mit sauberem Wasser; die restlichen zwei Millionen, meist in entlegenen Gebieten lebend, entnahmen das Wasser örtlichen Quellen und Flüssen, die wegen fehlender industrieller Anlagen auch nicht verunreinigt waren. Mitte 1990 konsumierte der Irak 7 Millionen Kubikmeter Wasser am Tag; jeder einzelne Iraker verbrauchte im statistischen Mittel 416 Liter Wasser täglich. Da die Ballungszentren des Landes an den beiden Flüssen Euphrat und Tigris liegen – zugleich das wichtigste und größte Reservoir für die Wasserversorgung –, konnte das vorbildliche Verteilungsnetz nur durch hochtechnisierte Abwasseraufbereitungsanlagen aufrechterhalten werden. Die amerikanischen Bomben zerstörten allein 300 Quellen und die dazugehörigen technischen Einrichtungen im Norden des Landes. Die großen Anlagen von Al-Khadir nahe Samawa und in Ramadi wurden dem Erdboden gleichgemacht. In Bagdad war nach der Bombardierung der beiden größten Brücken ein Fünftel der Stadtbevölkerung ohne Wasser. Unterirdische Leitungen waren und sind in allen größeren Städten perforiert. In Amara, Bagdad und Basra überfluteten Fäkalien die Straßen, da die Abwasseranlagen zerstört, Pumpen und Kompressoren defekt waren. Eine amerikanische Augenzeugin berichtet darüber folgendes: "In Basra, (...) das während des Krieges schwer bombardiert worden war, standen die Abwässer in den Straßen so hoch, daß tote Tiere darin trieben. Ganze Stadtbezirke sind stinkende Kloaken geworden." Da die Filter nicht mehr funktionierten, verseuchten Krankheitserreger aller Art das Wasser; da Chemikalien fehlten, waren die Aufbereitungsanlagen, Kanäle und Leitungen mit Tang und Seegras bedeckt und bald verstopft. Seuchen wie Typhus und Cholera sowie epidemisch auftretende Durchfallerkrankungen waren die Folge, mit entsprechend hohen Todesraten vor allem unter Kindern, Alten und Kranken. Noch im Sommer 1991 lag trotz fieberhafter Reparaturarbeiten der Gesamtverbrauch an Wasser unter einem Viertel der Vorkriegsrate; 2,5 Millionen Menschen waren nicht mehr an das Verteilungssystem angeschlossen. Das verfügbare Wasser war und ist von zweifelhafter Qualität, da die Ersatzteile zum Wiederaufbau des zerstörten Maschinenparks fehlen; die mittlerweile in Betrieb genommenen Anlagen laufen mit den unzerstörten Teilen anderer, nicht mehr funktionsfähiger Anlagen, die natürlich jetzt fehlen; bei absehbarem Materialverschleiß und mangelndem Nachschub ist es nur eine Frage der Zeit, bis auch die improvisierten Anlagen wieder ausfallen (dies gilt im übrigen auch für sämtliche nach dem Krieg wieder in Betrieb genommenen industriellen Anlagen im Irak). Das Wasser ist auch deshalb von schlechter, gesundheitsgefährdender oder -zerstörender Qualität, weil mit Chlor und Aluminiumsulfat die wichtigsten Chemikalien zur Wasseraufbereitung fehlen und nicht importiert werden dürfen. Elektrische Energie, der Garant jeder modernen Zivilisation, ist ohnehin nur in sehr eingeschränktem Maße verfügbar. Detektoren zum Aufspüren von Lecks in den Wasserleitungen, hierzulande eine Selbstverständlichkeit in der Ausrüstung einer jeden Gemeinde, gibt es nicht mehr. Tankfahrzeuge für den Wassertransport in rückständige, entlegene Regionen fehlen. Von humanitären Organisationen gespendete Chemikalien reichten, alle Lieferungen bis Mai 1991 berücksichtigt, gerade für 14 Tage, funktionierende Pumpen vorausgesetzt. Auf diesem Wege gelieferte Ersatzteile für die Wasseraufbereitungsanlagen deckten den tatsächlichen Bedarf nicht einmal zu einem Prozent. Aga Khan beziffert die Summe, die zum Aufbau der Vorkriegskapazitäten in der Wasserversorgung erforderlich ist, auf 450 Millionen Dollar; alternativ hierzu schlägt er ein auf ein Jahr befristetes Soforthilfeprogramm vor, das 180 Millionen Dollar kosten würde; als absolutes Minimum nennt er eine 80 Millionen Dollar teure, auf vier Monate begrenzte Sofortinitiative, die wie alle anderen auch aus den wiedererlaubten Ölverkäufen Iraks oder aus den eingefrorenen irakischen Auslandsguthaben zu finanzieren wäre. Viel dreckiges Wasser ist seit dem 15. Juli 1991, als diese Vorschläge gemacht und den Vereinten Nationen unterbreitet worden waren, den Euphrat und Tigris hinuntergeflossen, viele Menschen sind daran gestorben. Geändert hat sich aber nichts.

Die Ernährungslage gestaltet sich für die durchschnittliche irakische Familie um nichts besser. Bereits zu Zeiten guter Ernte deckte die Nahrungsmittelproduktion im Irak lediglich 30–35% des Bedarfs; drei Viertel der benötigten Nahrungsgüter mußten aus dem Ausland importiert werden. Mit dem seit August 1990 verhängten Embargo verschärfte sich die Situation dramatisch: Die Vereinigten Staaten, die den irakischen Bedarf an Getreide zu 100% und an Reis zu 90% deckten, stellten ihre Lieferungen ein und zwangen alle anderen Länder, an der Aushungerungsstrategie teilzunehmen. So weigerte sich beispielsweise die Türkei, 12.000 Tonnen Nahrungsmittel und 32.000 Tonnen Milchpulver in den Irak zu schicken, obwohl diese Lieferung vertraglich vereinbart und mit 100 Millionen Barrel irakischem Öl bereits bezahlt worden war. Die Verheerungen des Bombardements verschärften die Ernährungslage weiter: Obwohl die Anbaufläche um die Hälfte erweitert worden war, fiel die landwirtschaftliche Produktion auf ein Viertel des Vorkriegsstandes. Das Bewässerungssystem – Lebensnerv der irakischen Landwirtschaft – war beschädigt, die Hälfte aller landwirtschaftlichen Maschinen war zerstört oder mangels Ersatzteilen außer Funktion, Saatgut war nicht mehr in ausreichendem Maß erhältlich, Pestizide standen nicht mehr zur Verfügung, da die entsprechenden landwirtschaftlichen Anlagen zum Großteil zerstört worden waren; Viehseuchen breiteten sich wegen fehlender Impfstoffe aus, die Notschlachtungen schmälerten den ohnehin nicht sehr großen Viehbestand beträchtlich. Die wenigen Vorräte der Haushalte in den Ballungszentren verdarben, da wegen der Bombardierung der Elektrizitätswerke die Kühlschränke ausfielen. Der Preis für Weizen stieg während der Kriegswochen auf das 140fache des Vorkriegsniveaus, die Nahrungsmittellieferungen vom Land in die Städte waren unterbrochen, und dort breiteten sich in der Folge Hungersnöte aus. Beobachter berichteten von Verteilungskämpfen in den Familien, die bis zu Handgreiflichkeiten ausarten konnten; die Menschen aßen die Blätter von Sträuchern und Bäumen, Kinder rupften das Gras in den Parkanlagen. In der Jahresspanne von August 1990 bis August 1991 verteuerten sich die Nahrungsmittel im Durchschnitt um 1.500 bis 2.000 Prozent, bei wichtigen Grundnahrungsmitteln lag die Teuerungsrate noch höher. Im März 1991, unmittelbar nach Kriegsende, kostete Weizenmehl das 48fache des Vorkriegspreises, Reis war 22mal so teuer, Zucker mußte mit dem 21fachen bezahlt werden, Speiseöl war 20mal so teuer, Tee kostete das 19fache, der Preis für Käse war um 700% gestiegen, für Linsen um 1.200%; Geflügel war im ganzen Land nicht mehr zu erhalten. Die irakische Bevölkerung erlitt das Schicksal, das der amerikanische Präsident Reagan der sowjetischen Bevölkerung in der Endphase des Totrüstens zugedacht hatte: Sie sollte, wie Reagan es seinerzeit zynisch-feixend formulierte, auf "Sägemehldiät" gesetzt werden; die Kapitulation der Sowjetunion sollte durch Hochrüstung und gleichzeitige Aushungerung herbeigezwungen werden, und dieses Konzept ist ja bekanntlich auch aufgegangen. Da im Irak nach dem Krieg die durchschnittlichen Einkommen stagnierten, fiel die Kaufkraft des irakischen Dinars bei der galoppierenden Inflation auf 5–7% des Vorkriegswertes; kostete die Versorgung einer sechsköpfigen Familie vor dem Krieg 66 Dinar im Monat, so waren nach dem Krieg tausend Dinar dafür aufzuwenden. Um überleben zu können, verkauften die Familien Schmuck, Möbel, Teppiche und teures Geschirr für Mehl, Zucker und Reis. Immer mehr Menschen betätigten sich als Tagelöhner oder Kleinhändler in den Straßen der Großstädte. Ihr Tagesverdienst betrug durchschnittlich 5 Dinar oder den Gegenwert von 2 kg Mehl, sofern dieses erhältlich war. Die meisten irakischen Familien fielen unter die Elendsgrenze; ihr "Lebensstandard", um einen in diesem Zusammenhang viel zu vornehmen Begriff der Sozialstatistik zu verwenden, war dem Niveau in den unterentwickelten ländlichen Gebieten in den ärmsten Ländern der Welt vergleichbar, oder in anschaulicheren Worten: Viele Iraker fristeten nach dem Krieg ein Dasein wie ein ungelernter Landarbeiter in Indien. Durch Embargo und Krieg war der Irak ein riesiges Warschauer Ghetto geworden. Zur Zeit unseres Besuches, ein Jahr nach Kriegsende, mußte für Zucker das 40fache des Vorkriegspreises bezahlt werden, für Reis das 24fache; der Preis für Fleisch war um 600% gestiegen. Alle unsere Gesprächspartner erzählten unaufgefordert von den ungeheuren Schwierigkeiten, sich und ihre Familie zu ernähren; einmal begegnete uns der erschreckende Umstand, daß uns ein Soldat um ein paar Dinar anbettelte, um sich etwas zum Essen kaufen zu können – alltäglicher Überlebenskampf in einem Land, das ein Paria unter amerikanischer Knute werden soll. Die irakische Regierung suchte der Not durch ein Verteilungssystem zu steuern, das sie unmittelbar nach der Verhängung des Embargos organisierte. Nach diesem System war jeder Iraki zum Bezug verbilligter, weil staatlich subventionierter Lebensmittel berechtigt. Ein Netz von 48.000 Zwischenhändlern, meist lokale Kaufleute, verteilte gegen eine Vermittlungsprovision die Güter an die Bedürftigen; durch geschickte organisatorische Vorkehrungen waren Bereicherung auf seiten der Vermittler oder Mehrfachbezug der verteilten Güter auf seiten der Bedürftigen ausgeschlossen. Die Ration, bestehend aus Getreide, Zucker, Reis, Kochöl, Tee sowie einem geringen Quantum an Seife und anderen Hygieneartikeln, deckt den Bedarf von 1.400 Kalorien pro Tag und ist um die Hälfte niedriger als die Vorkriegszuteilung. Der Kalorienbedarf eines Erwachsenen ist damit zu 40%, der eines Kindes zu 60% gedeckt: zuwenig zum Leben und zuviel zum Sterben. Die Gutachter der bereits zitierten Harvard-Studie – wir bezeichnen sie wegen ihrer sachlich-emotionslosen, das heißt das Unrecht nicht beim Namen nennenden und daher es rechtfertigenden Berichterstattung als "Buchhalter der Strangulierung", die für ihre akademisch unterkühlte Feldforschung ohne weiteres den Doktortitel an einer westlichen Universität bekommen könnten – diese pseudosachlichen Statistikhuber also nennen das irakische Verteilungssystem "bemerkenswert umfassend, gerecht und effizient". Das stimmt zwar, aber was bedeutet dies in einer Situation grundlegenden Mangels an allem Lebensnotwendigen? Der Studie des Prinzen Aga Khan zufolge sind 300.000 irakische Kinder unter sechs Jahren unterernährt und vom Hungertod bedroht; eine andere statistische Erhebung prognostiziert für das Jahr 1992 den Hungertod für 170.000 Kinder unter fünf Jahren[5]. Und was heißt unter diesen Bedingungen "umfassend" und "effizient"? Wir waren zufällig Beobachter einer solchen Verteilung in der südirakischen Stadt Samawa; die Bedürftigen erhielten hier allerdings keine Nahrungsmittel, sondern pro Kopf eine gewisse Summe Geld aus der Regierungskasse. Männer und Frauen, darunter viele alte und auch kränkliche Menschen, kauerten stundenlang auf dem Fußboden des kleinen Häuschens, in dem das Geld ausgegeben werden sollte, und auf der Straße draußen. In dem engen, überfüllten Raum roch es nach Schweiß und Elend; bei dem geringsten vermeintlichen Anzeichen, daß die Verteilung beginne, gab es ein Schreien, Drängen, Stoßen und Schieben, das nur durch das energische Einschreiten von Beamten in halbwegs geordnete Bahnen gelenkt werden konnte. Das Verteilungssystem ist effizient, kein Zweifel, und nicht alle der Ärmsten verhungern, das ist wahr, aber so ist die Realität beschaffen, wenn der Weltherrscher ein Volk auf "Sägemehldiät" setzt. Um der rasch voranschreitenden Verelendung Einhalt zu gebieten, gewährt die irakische Regierung des weiteren günstige Sofortkredite mit niedrigem Zinssatz und langer Laufzeit; aber es liegt auf der Hand, daß diese Maßnahme die Not nur lindern, nicht aber beseitigen kann. Die Kommission von Aga Khan schätzt den Jahresbedarf an Lebensmitteln für den gesamten Irak auf 7,5 Millionen Tonnen im Wert von rund zweieinhalb Milliarden Dollar; überlebensnotwendige Lieferungen für die Landwirtschaft – Maschinenteile, Saatgut, Pestizide usw. – beziffert sie auf eine

---

[5] Cf. Harvard study team report: Public Health in Iraq after the Gulf War, Mai 1991, p. 9.

Höhe von 500 Millionen Dollar pro Jahr. Doch getan hat sich nichts; die westliche Presse geifert gegen die "Hungerwaffe" des angeblich im Wohlstand schwelgenden irakischen Präsidenten und hetzt zur weiteren Aushungerung. Den Preis für diese Niedertracht bezahlt das irakische Volk mit Hunderttausenden von Toten.

Der Mangel an sauberem Trinkwasser, das Fehlen der wichtigsten Nahrungsmittel, kurz: die katastrophale Versorgungslage im Irak hat natürlich die nachhaltigsten Auswirkungen auf den Gesundheitssektor, jener dritten Säule der "grundlegenden zivilen Bedürfnisse", von denen die Resolution 687 der Vereinten Nationen so trefflich zu reden weiß. Vor dem amerikanischen Bombardement waren 97% der städtischen und 80% der ländlichen Bevölkerung in das vorbildliche, moderne und äußerst billige Gesundheitssystem einbezogen. Ein Netz von 131 teils staatlichen, teils privaten Krankenhäusern war über das gesamte Land verteilt, ergänzt um 851 kommunale Gesundheitszentren. Alle diese Einrichtungen verfügten über moderne Geräte zur Diagnostik, über alle erforderlichen Medikamente und Impfstoffe sowie über einen ausgedehnten Fuhrpark, der die medizinische Versorgung in den abgelegenen ländlichen Gebieten garantierte. Zwischen 1982 und 1991 wurden 18 große Krankenhäuser im Irak erbaut, die mit ihrer hochtechnisierten Ausrüstung zu den besten im gesamten Mittleren Osten zählten. 70% der Entbindungen wurden in Krankenhäusern vorgenommen; die medizinische Betreuung der kleinen Kinder war vorbildhaft. Hygienische Verhältnisse und Reihenimpfungen senkten die Rate der Kindersterblichkeit auf ein Minimum und stellten eine wirksame Prophylaxe gegen die Verbreitung ansteckender Krankheiten dar. Der Irak ist ferner das einzige Land der Welt, das für alle Einreisende die Untersuchung auf eine AIDS-Infektion vorschreibt. Er ist damit für verhetzte Westler wohl so "faschistisch" wie die Seerepublik Venedig, die zu Zeiten Casanovas alle Einreisende auf ansteckende Krankheiten untersuchen ließ und erst bei negativem Ergebnis den Aufenthalt bewilligte.

Dieses effiziente Gesundheitssystem ist durch den Bombenterror zerschlagen und nur noch äußerst eingeschränkt funktionsfähig. Die Versorgung mit Elektrizität setzte in den Kriegswochen völlig aus und kam danach nur stockend wieder in Gang; alle Medikamente, die gekühlt gelagert werden müssen, sind in dieser Zeit verdorben und konnten bislang kaum ersetzt werden. So fehlen Antibiotika, Impfstoffe und Anaesthetika; Operationen können nur in dringendsten Fällen vorgenommen werden, häufig ohne Betäubung. Die Amerikanerin irakischer Abstammung Christin Oram war Augenzeuge einer solchen an einem achtjährigen Jungen vorgenommenen Operation; er mußte wegen einer klaffenden Wunde am Bauch genäht werden: "Er schrie in seiner Pein, während sein Vater und ein Assistent ihn festhielten, so daß der Arzt seine Wunde in einer von Keimen durchseuchten Umgebung nähen konnte. Zuerst schrie er nach seiner Mutter, immer und immer wieder: 'Mammi, Mammi, Mammi, komm bitte zu mir'. Sie saß auf einem Stuhl und weinte. Als er mich und einen anderen Assistenten vor sich erblickte, rief er uns laut zu, so laut er konnte: 'Bitte, beendet die Qual. Sagt ihnen, sie sollen aufhören.'" Um die Perfidie auf die Spitze zu treiben, verbreiteten die westlichen Medien die Meldung, Saddam Hussein halte die Betäubungsmittel absichtlich zurück, um solche Operationen öffentlichkeitswirksam inszenieren zu können – dasselbe Strickmuster der Lüge und Demagogie, wie man es bei der Bombardierung des Amiria-Bunkers beobachten konnte. – Da zwei Drittel aller Generatoren in den irakischen Krankenhäusern zerstört waren, verdarben die Blutkonserven. Wegen fehlendem Insulin mußten bei an Diabetes erkrankten Personen Gliedamputationen vorgenommen werden. Herzkranke Menschen und Dialyse-Patienten sterben, weil ihnen keine entsprechende medizinische Behandlung zuteil werden kann; Krebserkrankungen müssen unbehandelt bleiben. Die Röntgenapparate sind zerstört oder wegen fehlender Ersatzteile funktionsunfähig; Chirurgen arbeiten monatelang mit nur einem Paar Handschuhe und mit einer Maske, ohne die Möglichkeit, ihr Arbeitsgerät und die Operationssäle sterilisieren zu können. Wie uns ein in der Kinderabteilung eines Bagdader Krankenhauses tätiger Arzt mitteilte, stehen operierende Ärzte oft vor der Alternative, ihre Patienten entweder an der Verwundung oder Krankheit sterben zu lassen oder aber ein hohes Infektionsrisiko für den Patienten mit wahrscheinlich gleichem Ausgang in Kauf zu nehmen. Der Bagdader Krankenhausarzt Dr. Talaat Tabal,

Ein zerstörtes Krankenhaus.

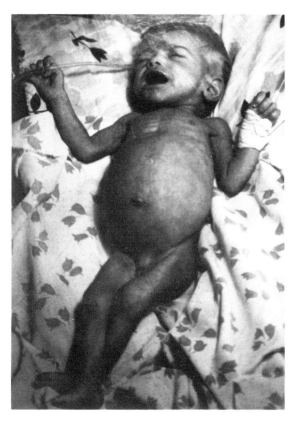

Das Todesurteil für die Jüngsten: Verhungern durch Embargo.

der Mitgliedern der Kommission von Ramsey Clark über die katastrophalen Verhältnisse in seinem Krankenhaus berichtete, brach während seiner Schilderungen mit einem Weinkrampf zusammen. Das Krankenhaus, in dem er arbeitete, war im Unterschied zu vielen anderen aber noch halbwegs funktionsfähig. Im Regierungsbezirk Arbil im Norden des Landes waren nach dem Bombardement nur noch fünf von 42 Gesundheitszentren in Betrieb, im Regierungsbezirk Sulaimania sechs von 20, im Regierungsbezirk Basra fünf von 19. Das Al-Batein Gesundheitszentrum in Basra, das normalerweise 40.000 Menschen versorgte, war plötzlich für 150.000 Personen zuständig und selbstverständlich völlig überfordert. Das Kinderhospital in Arbil mußte seinen für einen Monat ausreichenden Vorrat an Medikamenten auf vier Monate strecken, zudem hatte es durch das Bombardement zwei Drittel seiner Ärzte und die Hälfte der Krankenschwestern verloren. In allen Krankenhäusern des Landes fehlt es an Nadeln und Verbandsmaterial; bei 70% von ihnen waren die sanitären Verhältnisse nach dem Krieg mangelhaft bis katastrophal. Wegen fehlender medizinischer Prophylaxe hat sich die Rate der Kindersterblichkeit verdreifacht bis vervierfacht. Hungersnot und Medikamentenmangel hatten typische, im Irak bis dahin unbekannte Krankheiten zur Folge, wie Marasmus, eine durch Unterernährung bedingte hochgradige Abmagerung mit Kräfteschwund und allgemeinen Verfallssymptomen, oder Kwashiorkor, eine tropische Form des durch Proteinmangel bedingten Mehlnährschadens mit Wachstumsstörungen, Apathie und Blutarmut. Medizinische Lehrbücher empfeh-

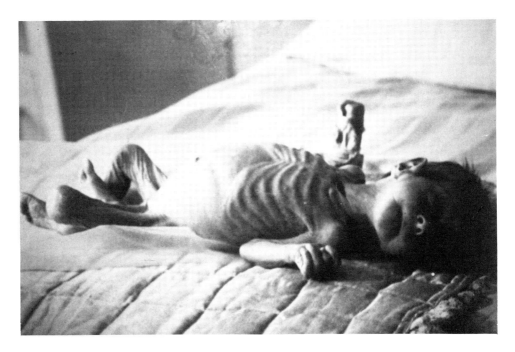

Auch dieses Kind ist zum Tod verurteilt.

len als Therapie Eiweißmilch mit langsam steigender Nährzucker-Beimengung, aber dem haben die Amerikaner durch die Bombardierung der Kindermilchfabrik vorgebeugt. Bei sehr vielen Kleinkindern sind deshalb Wachstumsstörungen zu beobachten, ein großer Teil von ihnen leidet an Durchfallerkrankungen. Ansteckende Krankheiten sind im gesamten Land auf dem Vormarsch: "Die Cholera hat mittlerweile epidemische Ausmaße erreicht", vermeldet die Harvard-Studie über das irakische Gesundheitswesen, Stand Mai 1991. Allein das Bagdader Al-Qadisia-Krankenhaus registrierte im April 1991 30 bis 35 Fälle von Cholera wöchentlich; eine Therapie war wegen fehlender Antibiotika nicht möglich. Zahlreiche Fälle von Typhus registrierte die Kommission in Bagdad, Basra, Arbil, Kerbala, Kirkuk und Sulaimania; insgesamt verzeichnet sie einen "dramatischen Anstieg" dieser Krankheit, da es im ganzen Land am Medikament Chloramphenicol mangele. Insbesondere in den Sumpfgebieten ist die Malaria auf dem Vormarsch, da es an Insektiziden und Ausrüstungsgegenständen zum Versprühen fehlt. Die einst nahezu ausgerottete Bilharziose nimmt im gesamten Land wieder zu; innerhalb von zwei Monaten wurden mehr als 100 Fälle dieser heimtückischen Krankheit bekannt. Allein in den ersten zwei Monaten des Jahres 1992 starben 21.000 Iraker wegen der verheerenden Lage im Gesundheitssektor, über

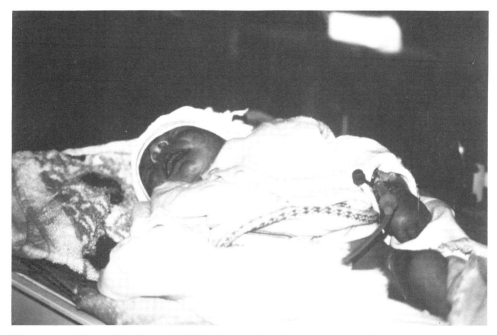

Ein unterernährter Säugling mit Erkrankung der Atemwege im Al-Qadisia-Krankenhaus, Bagdad, der die kommenden Tage nicht überlebt haben dürfte.

8.000 von ihnen waren Kinder. Einem Bericht des irakischen Gesundheitsministeriums zufolge litten im Jahr 1991 über eine Million Menschen an Unterernährung mit den entsprechenden Folgeerkrankungen. Nach den "konservativen", das heißt vermutlich zu niedrig angesetzten Schätzungen des Harvard-Teams werden, wie bereits erwähnt, Unterernährung und schlechte medizinische Versorgung im Jahr 1992 ungefähr 170.000 Kinder das Leben kosten. Nennen wir für das Jahr 1991 einige weitere Zahlen, von denen jede einzelne ein Beleg für das am irakischen Volk begangene Verbrechen ist: Die Zahl der Operationen ging um 57% im Vergleich zum Jahr 1989 zurück, um denselben Prozentsatz fiel die Zahl der Laborproben. 17.524 Fälle von Typhus wurden gemeldet, 58.311 Fälle von Amöbenruhr, 11.135 Fälle von Hepatitis, 5.792 von Meningitis. Malariaerkrankungen wurden 7.105mal verzeichnet, Schwarzes Fieber 3.713mal; Krätze, Tollwut, Wundstarrkrampf waren in steilem Anstieg begriffen, Masern und Mumps nahmen ebenfalls dramatisch zu. Noch im Frühjahr 1992 bot sich uns dasselbe Bild, das die Statistiken mit grausamer Stereotypie zeichnen. Wir besuchten das bereits erwähnte Al-Qadisia-Krankenhaus im Bagdader Stadtteil Saddam-City, das mit einer Kapazität von 325 Betten ein Einzugsgebiet von einer

Der leitende Direktor des Al-Qadisia-Krankenhauses in Bagdad, Dr. Tallal Ibrahim Allo; auf dem Arbeitstisch die von den Autoren mitgebrachten Medikamente.

Million meist ärmerer Menschen zu betreuen hat. Der leitende Direktor Dr. Tallal Ibrahim Allo zeigte uns zahlreiche Säuglinge und Kleinkinder mit allen Symptomen der Hungerkrankheiten; nach seiner Aussage stellen Unterernährung und Infektionskrankheiten durch schlechtes Wasser nach wie vor die Hauptprobleme dar. Eine korrekte medizinische Behandlung war in keinem Fall wegen fehlender Medikamente oder Ersatzteile möglich. Wir sahen einen halbverhungerten Säugling von 20 Tagen, der von chronischen Erstickungsanfällen geplagt wurde, unter einem durchlöcherten Sauerstoffzelt lag und die nächsten Tage nicht überlebt haben dürfte. Dr. Tallal schilderte uns eindringlich die Nöte, mit einem auf das Minimum reduzierten Etat haushalten zu müssen. So kostete ein einfacher Elektroofen, für die Versorgung Frühgeborener besonders wichtig, das 20fache des Vorkriegspreises, 500 statt 25 Dinar. Selbst Glühbirnen waren Mangelware, von einer gründlichen Diagnostik und sorgfältigen Therapie konnte keine Rede sein. Die spärlich sickernde ausländische Hilfe, insbesondere von humanitären Organisationen, deckte weniger als 10% des Bedarfs in diesem Krankenhaus. Dr. Tallal zeigte uns in seinem Arbeitszimmer zwei an die Wand geheftete Statistiken, die eine um das Fünffache angestiegene Rate der Kindersterblichkeit in diesem Krankenhaus belegten; derselbe Zuwachs war bei Mißgeburten zu verzeichnen, für die es, mangels geeigneter Geräte, zwar keine genaue Erklärung gab, die aber die Vermutung nahelegen, daß die amerikanischen Bomben mit verstrahltem oder verseuchtem Material versehen waren. Es war uns eine besondere Genugtuung, Dr. Tallal Antibiotika in einem Wert von mehr als 10.000 DM zu übergeben, die wir in einem Koffer in den Irak transportiert hatten. Es war, die Verhältnisse im Krankenhaus vor Augen, ein Tropfen auf den heißen Stein, aber Dr. Tallal wußte es zu schätzen: Hunderten von Personen sei damit geholfen. Aber bleiben wir bei diesem Bild vom heißen Stein, den der Westen am Glühen hält: Die von Aga Khan geleitete Kommission schätzt den Jahresbedarf an Finanzmitteln, mit denen eine adäquate Gesundheitspolitik wie in Zeiten vor dem Krieg garantiert wäre, auf eine halbe Milliarde Dollar; zu dieser Summe kämen 13 Millionen Dollar hinzu, um in einer Sofortmaßnahme die Unterernährung bei Kleinkindern unter fünf Jahren zu beseitigen. Für unabdingbar hielt die Kommission eine Soforthilfe in Höhe von 167 Millionen Dollar für die letzten vier Monate des Jahres 1991. Nichts ist seitdem geschehen, die "grundlegenden zivilen Bedürfnisse" betreffend, und das irakische Volk ist zu weiterem Siechtum verdammt.

Ein abschließendes Wort zum Embargo ist hier noch anzufügen. Die westlichen Medien verbreiten den Eindruck, als habe die Blockade keine Auswirkungen, da Nahrungsgüter vor allem über Jordanien in den Irak gelangten. Lastwagentransporte gibt es zwar, doch reichen diese in keinem Fall aus, um die grundlegendsten Bedürfnisse eines 18 Millionen-Volkes zu decken. Zudem wird diese Lücke im engmaschigen Netz jetzt auch noch gestopft. Gegen Ende unseres Aufenthaltes im Irak, im April 1992, reiste der jordanische König in die westlichen Länder, um Finanzhilfen für das verarmte Land herauszuholen. Der Westen, der dem König seine neutrale Haltung während des Krieges gegen den Irak nicht vergessen und vor allem nicht verziehen hatte, machte die Gewährung von Krediten offenkundig davon abhängig, daß der ohnehin spärliche Warenfluß zwischen Jordanien und Irak gedrosselt, das Embargo also verschärft werde. Bei unserer Ausreise sahen wir des Nachts auf der jordanischen Seite der mit dem Irak gemeinsamen Grenze einen Lastwagenkonvoi von mehreren Kilometern Länge, der zögerlich und schikanös von den jordanischen Grenzbeamten abgefertigt wurde; so lud man bei einem Lastwagen, der Säcke mit Mehl oder Zucker transportierte, Sack für Sack ab und durchstocherte diese mit länglichen Gegenständen. Der jordanische Bettelmonarch hat also wieder einen Schwenk vollzogen, und die Garotte um den Hals des irakischen Volkes schließt sich enger und enger.

IV.

Die Zerstörung der Infrastruktur

Bereits im September 1990 hatte der US-General Dugan, wie zitiert, die völlige Zerstörung der irakischen Infrastruktur angekündigt, die völlige Einebnung all dessen, was die irakische Bevölkerung am Leben erhält und was sie besonders wertschätzt. Damit sollten – der General machte aus seinem Herzen keine Mördergrube – der irakischen Regierung die Grundlagen der Macht entzogen und dem irakischen Volk, wie er sich ausdrückte, "psychologisch" ein kräftiger Schlag versetzt werden. General Dugan wurde nach diesem Interview aus dem Dienst entlassen – nicht wegen des verbrecherischen Charakters seiner Aussage, sondern weil er die Kriegspläne des Pentagons zu früh ausgeplaudert hatte und damit ein massiver internationaler Protest gegen den sich in Vorbereitung befindenden amerikanischen Vernichtungskrieg nicht auszuschließen war. Doch die Regierungen fast aller Länder übten sich in Treue und Gehorsam; der anfangs beträchtliche, dann immer zögerlicher und inkonsequenter werdende Protest, der sich hier und dort regte, versickerte schließlich mit dem ersten Bombenhagel in Resignation, und die Ankündigung des voreiligen Generals konnte in die Tat umgesetzt werden: der Irak wurde in die Steinzeit gebombt. Wenn internationale Kommissionen und humanitäre Organisationen diesen Terminus verwenden, um die Situation im Irak nach dem Krieg zu beschreiben, dann meinen sie damit nicht, was sich vielleicht klein Hänschen vorstellt oder der durchschnittliche Deutsche dabei denkt, der sich sein Weltbild durch TV-Infusionen gewinnt: daß die irakische Bevölkerung mit der Keule in der Hand ein Dasein als Jäger und Sammler fristet; ganz schön übertrieben, ha ha, mir kann man doch nichts erzählen usw. Und doch ist dieser Begriff zutreffend, denn er bezeichnet die flächendeckende, systematische Verwüstung eines ehemals modernen Landes, die Lähmung all jener Bereiche des zivilen Lebens – Soziologen würden von "Subsystemen" quasseln –, die durch den Stand der Technik, die Qualität der wirtschaftlichen Produktion und durch ein gut organisiertes, gerechtes Verteilungssystem einen vergleichsweise hohen Lebensstandard garantieren. Um diesen Aspekt soll es im Folgenden gehen.

Wie soll man aber das Ausmaß der Zerstörungen in diesem Bereich plastisch wiedergeben, ohne durch Aufzählungen, Statistiken, Zahlen über gesunkene Produktionsziffern, Prozentpunkte über gefallene Import- und Exportraten den geneigten Leser zu ermüden, der nur farbig verpackte und leicht verdauliche geistige Kost erträgt? Denn zerstört wurde ja schlechthin alles: Kraftwerke, Schaltanlagen und Stromnetze, chemische Fabriken und Atomanlagen, Textilfirmen und Lagerhallen für Lebensmittel, Funktürme und Satellitenstationen, Telefonzentren, Radio- und Fernsehanlagen, Raffinerien und Pipelines, Öltanks und Pumpstationen, pharmazeutische Betriebe und Laboratorien, Krankenhäuser und Fabriken für medizinische Instrumente, Bankgebäude und Einkaufszentren, Autofirmen und andere Betriebe der Konsumgüterindustrie. Es seien daher zunächst einige Zahlen vorgeführt, die einen Überblick vermitteln, bevor wir an ausgewählten Beispielen in die Einzelheiten gehen.

Von allen Bomben und Raketen, die während des sechswöchigen Kriegs auf den Irak niedergingen, galten nur 40% militärischen Objekten, 60% der Sprengkörper waren gegen zivile Ziele gerichtet. Die Zahl der zerstörten ökonomischen Anlagen beläuft sich den Angaben Ramsey Clarks zufolge auf 26.000 Firmen und Lagerhallen. Die meisten von ihnen wurden mehrmals bombardiert, so daß der durchschnittliche Grad der Zerstörung zwischen 70 und 100 Prozent beträgt. Die Expertise des Harvard-Teams spricht davon, daß die Bombardierungen der durch die Sanktionen ohnehin angeschlagenen irakischen Wirtschaft den "Todesstoß" versetzten. Aga Khan – um eine weitere Stimme zu nennen, die sich des Prädikats "überparteilich" erfreuen kann – beziffert die minimalen Kosten für den Wiederaufbau der zivilen Ökonomie auf jährlich 22 Milliarden Dollar. Bei alledem gilt es zu bedenken, daß das Gros der industriellen Anlagen, der Maschinenparks und der für den fortlaufenden Betrieb unabdingbaren Ersatzteile aus ausländischer Produktion stammt, der Aufbau aus eigener Kraft für den Irak daher nur bedingt zu leisten ist und er bei absehbarem Materialverschleiß in den kommenden Monaten und Jahren wieder zum Erliegen kommen muß, falls das Embargo nicht aufgehoben wird und dem Land ohne demütigende Einschränkungen und Bedingungen der Ölexport erlaubt wird. Es bedarf kaum der Erwähnung, daß die Lähmung sämtlicher wirtschaftlicher Sektoren die nachhaltigsten Auswirkungen auf die Lebensqualität einer jeden irakischen Familie hat; dies betrifft nicht nur die bereits erörterte Versorgung mit Nahrung, Trinkwasser und Arznei, die lebensnotwendigen alltäglichen Subsistenzmittel also, sondern geht viel weiter: in den kalten Wintermonaten müssen die Heizungen funktionieren, im heißen Sommer die Kühlanlagen und Ventilatoren. Kühlschränke sind unabdingbar für jeden Haushalt, in den Ballungszentren braucht man ein Auto oder ein gut strukturiertes, billiges öffentliches Nahverkehrssystem. Traktoren müssen laufen, Wasserpumpen intakt sein. Schulkinder brauchen Schreibstifte und Hefte, Studenten Fachbücher und Labore; Handwerker brauchen Werkzeuge, Arbeiter Rohstoffe und Maschinen. Nennen wir, um das Ausmaß der Einschränkungen für jeden Haushalt zu illustrieren, schließlich ein banal anmutendes Beispiel: Viele irakische Frauen bevorzugen es, die Kleider für sich und die Kinder selbst zu nähen, und sie tun dies mit Hingabe und einigem Geschick. Doch Stoffe sind selten geworden, die Preise unerschwinglich teuer; selbst Modezeitschriften aus dem Hause Burda, früher an den Kiosken im Irak erhältlich, sind jetzt Opfer des Embargos – weil sie vermutlich, wie die oben erwähnten Teddybären, die "Moral der irakischen Bevölkerung stärken". Wie systematisch die US-Regierung bei der Destabilisierung der ohnehin in Grund und Boden gebombten irakischen Wirtschaft vorgeht, zeigt die Tatsache, daß gefälschte Geldscheine im Wert von vielen Milliarden in das Land geschleust werden. Es handelt sich dabei um 50 Dinar-Scheine, nicht, wie der 'Spiegel' einmal kurz meldete, um 100 Dinar-Scheine (die gibt es nämlich gar nicht). Die Fälschungen – im wesentlichen aus drei Abweichungen vom Original bestehend – sind mit bloßem Auge nicht zu erkennen. Man benötigt dafür ein UV-Gerät, das sich mittlerweile an jedem Kiosk, in jedem Lebensmittelgeschäft, in jedem Hotel und in jeder Gaststätte befindet. Jede alltägliche Betätigung, die mit Geld zu tun hat, wird so zum aufreibenden Kleinkrieg: gültig oder nicht? Auch so kann man der irakischen Bevölkerung "psychologisch" einen Schlag versetzen. Die USA, mit dem Vorwurf wirtschaftskrimineller Praktiken konfrontiert, antwortete mit einem diplomatischen Rülpser: Sie wollte ihre Urheberschaft "weder bestätigen noch dementieren".

Bleibt noch die Frage nach unseren Quellen zu erörtern. Neben den erwähnten Studien des Harvard-Teams, dem Report des UN-Beauftragten Aga Khan und den Berichten Ramsey Clarks sind es in erster Linie eigene Beobachtungen und Recherchen. Die ersten zerstörten Anlagen sahen wir am ersten Tag unseres Aufenthalts, auf der Fahrt von Amman nach Bagdad. Etwa 400 km vor der irakischen Hauptstadt sahen wir ein ausgebranntes kleines Elektrizitätswerk unweit der Autobahn, es folgten zwei demolierte Fabriken, eine zerbombte Kiesförderanlage und eine in die Luft gesprengte Rundfunkstation; kurz vor Bagdad schließlich erblickten wir das Stahlskelett der bereits ausführlich vorgestellten Kindermilchfabrik. In Bagdad und Umgebung sahen wir die rauchgeschwärzten Überreste von Zementfabriken, die zerstörten Hangars des Flughafens, zerbombte Ministerien, Verwaltungs- und Parteigebäude. Auf der Fahrt nach Süden erblickten wir ausgebrannte Fabriken in Amara, dem Erdboden gleichgemachte Textilfirmen in Diwanija, zerstörte Elektrizitätswerke in Nasirija,

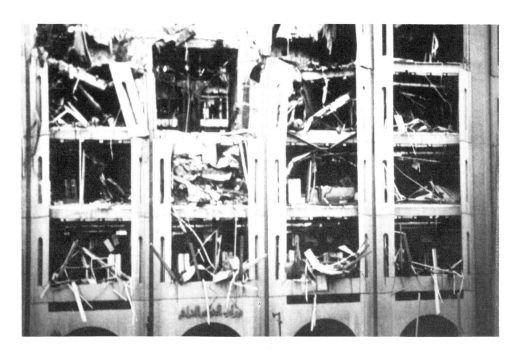

Das ausgebombte Verteidigungsministerium in Bagdad.

die zerbombten Kais und eingeschmolzenen Ladekräne im Hafen von Basra; im Rumaila-Ölfeld sahen wir, zwischen zerknickten Strommasten hindurch, die Feuerfahnen der ersten wieder in Betrieb genommenen Raffinerien neben anderen, immer noch darniederliegenden Förderanlagen. Freilich war es uns während der sechs Wochen unseres Aufenthaltes nicht möglich, uns durch Augenschein einen auch nur annähernden Überblick über das Ausmaß der Zerstörungen zu verschaffen. Viele zerstörte Betriebe blieben namenlos, weil nicht notiert; bei dem einförmigen Einerlei der zahlreichen Verwüstungen kann die Aufmerksamkeit selbst des interessierten Beobachters erlahmen. Eine wichtige Hilfe in unseren Nachforschungen war eine Ausstellung über die Kriegsschäden in den Räumen des Erziehungsministeriums am Tigrisufer in Bagdad. In zahlreichen Räumen, Hunderte auf Hunderte von Metern, reihten sich, nach Wirtschaftssektoren unterteilt, Bilder mit zerstörten Fabriken und Modelle von zerbombten Industrieanlagen, sorgfältig und detailliert hergestellt, den Zerstörungsgrad und, sofern geschehen, den Zustand nach dem Wiederaufbau zeigend. Auf Schautafeln waren Produktionsziffern wiedergegeben, ebenso aber die Bilder der bei den Bombardements Ermordeten und die Konterfeis der Personen, die sich beim Aufbau der Betriebe besondere Verdienste erworben hatten. Die Ausstellung war durchgehend gut besucht, neben zahlreichen Einzelpersonen waren es vor allem Schulklassen, die hier eine anschauliche Aufklärung über das Ausmaß des amerikanischen Vandalismus erhielten. Ein US-Korrespondent, seit längerem im Irak tätig, bestätigte den Organisatoren der Ausstellung, daß die Modelle der zerstörten Fabrikanlagen "sehr realistisch" seien. Als ihn ein irakisches Schulmädchen, das gerade die Ausstellung besuchte, danach fragte, warum die Amerikaner die Blockade gegen das irakische Volk aufrechterhielten, wo doch ohnehin nahezu alles zerstört sei, lautete die unwirsche Antwort des Journalisten, linientreu und mit bellendem Unterton: "Ihr solltet mal sehen, was ihr in Kuwait angerichtet habt" – es fehlte nur noch der Zusatz "mit unserem Öl". Betrachten wir im folgenden anhand einiger repräsentativer Beispiele, was die amerikanischen Truppen im Irak angerichtet haben.

Industrie und Landwirtschaft

In den irakischen Industriebetrieben waren nach dem Stand des Jahres 1987 rund 7% der erwachsenen Bevölkerung beschäftigt. Die Industrialisierung des Landes hatte seit Anfang der siebziger Jahre oberste Priorität; das Ziel der irakischen Regierung bestand darin, von den Erdölexporten als einziger Quelle des nationalen Reichtums unabhängiger zu werden und damit weniger erpreßbar zu sein. In der Dekade zwischen 1970 und 1980 wurden enorme Summen in den Aufbau von Schlüsselindustrien investiert; zahlreiche Firmen aus Europa, den Vereinigten Staaten, aus Japan und Korea wurden ins Land geholt, um die Grundlage für eine industrielle Autarkie Iraks zu schaffen. Wichtigster Motor dieser Entwicklung war die Förderung und der Export von Rohöl. Der Irak verfügt mit rund 85 Milliarden Barrel über die zweitgrößten Vorräte der Welt nach Saudi-Arabien, und nach der Enteignung der internationalen Ölkonzerne und der Übertragung aller Rechte an die staatliche Iraq National Oil Company wurde die Förderquote drastisch erhöht: In dem Jahrzehnt zwischen 1970 und 1980 stieg die Ölförderung von 75 auf 170 Millionen Tonnen jährlich; der Erlös aus den Verkäufen steigerte sich im selben Zeitraum von 520 Millionen auf 26 Milliarden Dollar. Ein Teil des Gewinns floß in den weiteren Ausbau der Kapazitäten zur Erdölförderung und -verarbeitung, die Errichtung weiterer Raffinerien, eines Netzes von Erdölleitungen sowie die Schaffung einer Tankerflotte; der Großteil der Erlöse wurde indes für den Aufbau der industriellen Infrastruktur verwendet. In Fünf-Jahres-Plänen legte man die wirtschaftliche Entwicklung fest; die industriellen Großbetriebe waren überwiegend in staatlichem, zum Teil aber auch in Privatbesitz. Bis zum Ende der achtziger Jahre hatte die Versorgung der Bevölkerung mit Gebrauchsgütern Vorrang; neben der Petroindustrie war demnach die Konsumgüterindustrie von zentraler Bedeutung. Die vollständige Elektrifizierung des Landes, die Intensivierung der landwirtschaftlichen Produktion, der Ausbau des Verkehrswesens und des Gütertransports standen im Mittelpunkt der Aktivitäten, um eine adäquate Versorgung der Bevölkerung mit den wichtigsten Gütern zu gewährleisten. Zahlreiche Zementfabriken lieferten den Grundstoff für die Modernisierung der Städte und die verkehrsmäßige Erschließung des Landes; staatliche Baukonzerne erstellten Wohnhäuser und ein Straßennetz, das dem Vergleich mit einem europäischen Industriestaat durchaus standhält. Die Ausweitung der Düngemittelfabrikation sollte die Abhängigkeit des Landes von Nahrungsmittelimporten abschwächen; jedoch machte sich hier, wie in allen Ländern der sogenannten Dritten Welt, das Fehlen einer staatlichen Politik zur Geburtenkontrolle – zum Beispiel durch kostenlose Vergabe von Verhütungsmitteln und steuerliche Begünstigung von Familien mit einem Kind – sträflich bemerkbar. Die Ausweitung der landwirtschaftlichen Anbaufläche und die Intensivierung der Produktion konnten mit der rapiden Bevölkerungszunahme nicht Schritt halten. Der Irak blieb hier von ausländischen Nahrungsmittelimporten abhängig, ein Umstand, der sich besonders seit der Verhängung des Embargos verheerend auswirkt.

Der industrielle Sektor war unter allen Wirtschaftsbereichen des Landes am schlimmsten vom amerikanischen Bombardement betroffen. Allein in der Jahresspanne von August 1990 bis August 1991 fiel die industrielle Produktion um mindestens 50%, ebenfalls wenigstens die Hälfte der Arbeiter verlor in diesem Zeitraum die Beschäftigung. Der rapide Einbruch in der Produktion und die sprunghafte Zunahme der Arbeitslosigkeit ist das direkte Resultat der gezielten Bombardierung der meisten Industrieanlagen. Die Ölförderanlagen im Norden und vor allem im Süden des Landes, die schon während des Kriegs mit dem Iran schwer in Mitleidenschaft gezogen waren, erlitten durch das Bombardement die größten Verluste. So wurde die staatliche ad-Daura-Raffinerie mit 92.000 Barrel Tagesproduktion während der US-Aggression zweimal angegriffen, am 19. Januar und am 7. Februar. Die Fettraffinerie wurde zur Hälfte, das Röhrennetz zu 80% zerstört; 24 Sammelbecken mit je 40.000 m^3 Fassungsvermögen wurden in Brand geschossen, 16 weitere schwer beschädigt. Die Anlage, die Benzin für Autos, Diesel- und Heizöl produzierte und Schmierfette, Kerzen, Teer und Vaseline herstellte, war damit außer Betrieb; nach mühevollen Aufbauarbeiten

Die ad-Daura-Raffinerie nach den Bombenangriffen.

konnten jedoch bereits Mitte April 1991 etwa 66.000 Barrel täglich gefördert werden. Nennen wir noch einige weitere Beispiele aus der Petroindustrie: Eine staatliche Gesellschaft, die über eine Tankerflotte von 17 großen und vier kleinen Schiffen mit einer Transportkapazität von insgesamt 1,5 Millionen Tonnen verfügte, erlitt durch Bombardierung und Beschuß ihrer Fahrzeuge in heimischen und kuwaitischen Häfen einen Verlust von annähernd 30 Millionen Dinar. Völlig zerstört wurde die Förderanlage bei Basra mit einem Tagesausstoß von 700.000 Barrel. Übrigens: trotz der ungeheuren Verwüstungen in der Petroindustrie wäre der Irak aufgrund der eilig vorgenommenen Reparaturen bereits im Sommer 1991 in der Lage gewesen, jährlich Öl im Wert von 5,5 Milliarden Dollar zu verkaufen und damit das Land aufzubauen – aber er durfte nicht. Um eine Ölförderquote wie vor dem amerikanischen Überfall wieder zu erreichen, sind nach den Schätzungen der Aga Khan-Kommission Investitionen in Höhe von 6 Milliarden Dollar innerhalb von zwei Jahren notwendig, davon sofort 3 Milliarden Dollar für die Beschaffung von Ersatzteilen. Es ist fast überflüssig zu erwähnen, daß auch diese Empfehlungen auf taube Ohren stießen. Doch befassen wir uns wenigstens auszugsweise mit einigen weiteren Zerstörungen in anderen Industriezweigen von zentraler Bedeutung.

Ein staatlicher Maschinenbaukonzern, unter dessen Regie 31 Bohranlagen und 20 Spezialtransportmaschinen standen, verlor durch den Bombenkrieg und die anschließende iranische Intervention die Hälfte aller Bohranlagen und das Gros seiner Transportfahrzeuge. Das in Staatsbesitz befindliche Zementwerk in Najaf mit einer Jahresproduktion von 1,8 Millionen Tonnen wurde vom 20. Januar an ununterbrochen bombardiert, vier Produktionsstraßen und Leitungen von mehr als 22 km Länge wurden zerstört; der Schaden beträgt 21 Millionen Dinar. Die Zementfabrik in Kerbala erlitt Schäden in Höhe von 34 Millionen Dinar. Die Anlage, die jährlich 2 Millionen Tonnen Zement herstellte, wurde durch Angriffe am 19. und am 25. Januar völlig zerstört. Sämtliche elektronischen Kontrollgeräte und alle Stromkabel waren verbrannt, alle Laboratorien demoliert, die meisten Gerätschaften und Maschinen außer Betrieb. Das Al Muthanna-Zementwerk im Süden des Landes, das im Jahr 2 Millionen Tonnen salzresistenten Zement herstellt, wurde ebenfalls zerstört, desgleichen das Al Qa'im-Zementwerk, das mit einer Schadenshöhe von 750.000 Dinar erst nach der Aufhebung der Sanktionen repariert und wieder in Betrieb genommen werden kann. Die staatliche Phosphatfabrik in der westlichen Provinz Al Anbar, ein Schlüsselbetrieb für die Düngemittelproduktion und die chemische Industrie des Landes, wurde ebenfalls schwer in Mitleidenschaft gezogen. Das Werk gewinnt jährlich etwa 3,5 Millionen Tonnen Phosphatgestein aus den Bergwerken Iraks und stellt daraus 1,7 Tonnen Phosphat im Jahr her. Internationale Experten bestätigten die hohe Qualität der dort produzierten, körnigen Düngemittel (Jahresquantum: 250.000 Tonnen). Des weiteren versorgt die Firma die chemische Industrie mit den Basisstoffen Schwefelsäure (1,5 Millionen Tonnen jährlich), Phosphorsäure (400.000 Tonnen jährlich) und Fluoridsalz (11.000 Tonnen jährlich). Die in dem Betrieb hergestellten Substanzen sind von grundlegender Bedeutung für das Betreiben von Wasser-, Kühl-, Dampf-, Elektrizitäts- und Recycling-Anlagen. Das Bombardement verursachte schwerste Schäden, die Produktionsanlagen und die Firmenlaboratorien wurden bis zu 100% zerstört. Gleiches gilt für die staatlichen Gesellschaften der Aluminiumindustrie sowie für Draht- und Kabelfirmen. Lassen wir es mit diesen wenigen ausgewählten Beispielen sein Bewenden haben. Auch Betriebe, die durch das Bombardement nicht direkt beschädigt wurden, mußten in der Folge die Produktion drosseln oder völlig einstellen, da keine elektrische Energie zur Verfügung stand, die Wasserversorgung ausgefallen war, viele Transportwege unbenutzbar waren und die Zulieferung von Rohstoffen und Ersatzteilen ausfiel.

Aus diesem Grund kam auch die Konsumgüterindustrie zum Erliegen, da sie

Eine zerstörte Lagerhalle für Baumwollartikel.

zum überwiegenden Teil darauf spezialisiert war, aus dem Ausland kommende Rohstoffe zu verarbeiten und an den Verbraucher weiterzuleiten. Zur Zeit unseres Aufenthalts beschränkten sich zahlreiche Betriebe darauf, die notwendigsten Reparaturen durchzuführen und die Aufnahme der Produktion nach der Beendigung des Embargos vorzubereiten. Die vorsätzliche, systematische Zerstörung der industriellen Kapazitäten des Landes hat natürlich nicht nur schwere Beeinträchtigungen für die Versorgung der Bevölkerung mit lebensnotwendigen Gütern zur Folge, sondern wirkt sich auch verheerend für alle Beschäftigten in diesem Sektor aus. Die Arbeiter in den staatlichen Betrieben erhalten zwar ihre Grundlöhne nach dem Vorkriegsniveau weiterhin, selbst wenn es keine Arbeit gibt; sie müssen lediglich einmal am Tag im Betrieb erscheinen, damit sie ihren Anspruch auf Lohnfortzahlung nicht verlieren. Freilich können sie aufgrund der Teuerungen mit diesem Geld ihr Dasein nicht fristen und sind daher auf Nebenerwerbe, meist Klein- und Straßenhandel, angewiesen – eine Art der Betätigung, die das Harvard-Team mit der vornehmen Bezeichnung "informeller Sektor" belegt; nun ja, so informiert man sich eben über Überlebensmöglichkeiten in einem zerstörten Land. Noch schlimmer gestaltet sich die Situation für die Angestellten und Arbeiter in den privaten

Betrieben. Hier ist die Rate der Entlassungen wesentlich höher, auch gibt es hier keine Lohnfortzahlung wie in den staatlichen Firmen. Die Betriebseigner stellen statt dessen wesentlich billigere Gelegenheitsarbeiter mit Zeitkontrakten ein, die durchschnittlich 15 - 20 Tage im Monat beschäftigt werden und ein Salär von etwa fünfzehn Dinar am Tag erhalten. Das Ausmaß der Verelendung kann man sich vielleicht vorstellen.

Zur katastrophalen Lage der irakischen Landwirtschaft wurde bereits im Abschnitt über das Embargo Wesentliches ausgeführt. Die Engpässe in der Nahrungsmittelproduktion – schon zu Friedenszeiten ein Problem, das jedoch durch umfangreiche Importe gelöst wurde – sind zum einen geographisch bedingt: Vier Fünftel des irakischen Staatsgebiets sind unfruchtbare Wüste; landwirtschaftlicher Anbau ist nur im relativ regenreichen Norden des Landes und in der Zweistromebene, wie schon zu Zeiten der Sumerer durch Bewässerungssysteme, möglich. Ein ständiges Problem ist hier freilich das Versanden der Kanäle und das Versalzen der Böden, so daß selbst bei intensiver Bewirtschaftung und bei Vergrößerung des Anbaugebiets die Ernten starken Schwankungen unterworfen sind, zumal nach längeren Dürreperioden.

Die Landwirtschaft, in der etwa ein Drittel der Iraker beschäftigt ist, ist wie der industrielle Sektor teils staatlich, teils privat organisiert. Nach dem Sturz der Monarchie wurde der feudale Großgrundbesitz enteignet und unter der besitzlosen Landbevölkerung aufgeteilt, ganz ähnlich wie in der Russischen Revolution schuf man damit eine große Zahl ländlicher Kleineigentümer. In mehreren Reformschritten trieb man dann die Modernisierung der Landwirtschaft voran: Staatsfarmen wurden geschaffen und nach dem Prinzip großer Kooperativen aufgebaut; daneben existierten Genossenschaften, in denen Bauern ihren privaten Grund und Boden mit staatlichen Maschinen bewirtschafteten; des weiteren gab es Pachtsysteme. Mitte der achtziger Jahre fanden in vermehrtem Umfang wieder Privatisierungen statt, so daß sich gegenwärtig mehr als die Hälfte des bebauten Bodens in Privatbesitz befindet. – Es liegt auf der Hand, daß das Zusammenwirken mehrerer Faktoren für die gegenwärtig miserable Lage der irakischen Landwirtschaft verantwortlich ist: Neben den bereits erwähnten geographischen Gegebenheiten und der Überbevölkerung waren es indes die Bombenangriffe, die der irakischen Landwirtschaft wie der Industrie den "Todesstoß" versetzten. Zahlreiche Wasserpumpen wurden beschädigt oder fielen wegen Mangel an Ersatzteilen aus; die Verödung von Anbaugebieten und die Versandung von Feldern wurden durch Tonnen aufgewirbelten Staubs noch beschleunigt. Zugmaschinen wurden zerstört oder waren wegen Treibstoff- und Ersatzteilmangel außer Betrieb. Saatgut fehlt, und wegen der Bombardierung der Düngemittelbetriebe sind Düngemittel Mangelware. Viehseuchen breiteten sich wegen fehlender Impfstoffe aus, Notschlachtungen schmälerten den Viehbestand empfindlich. Das Getreide verdirbt am Halm, weil Insektizide und Gerätschaften zum Versprühen fehlen. Zur Zeit unseres Aufenthaltes mußte die irakische Regierung eine Sondergenehmigung beim amerikanischen Weltherrn einholen, um Felder von kleinen Flugzeugen aus mit Pestiziden zu besprühen, da ja ein generelles Flugverbot für den Irak ausgesprochen war. Man genehmigte diese Flüge schließlich unter der Bedingung, daß die Flugzeuge von ausländischen Piloten gesteuert würden, und mit Mühe und Not konnte man, verspätet noch dazu, zwei polnische Piloten für dieses Vorhaben gewinnen. Auch diese Anekdote zeigt, daß die Schäbigkeit des Siegers keine Grenzen kennt, ihm keine Demütigung zu niederträchtig ist. – Der Bestand an Dattelpalmen, einer der natürlichen Reichtümer des Landes, wurde in den Kriegs- und Nachkriegsmonaten durch Holzschlag empfindlich ausgedünnt, da die Menschen wegen fehlender Elektrizität und fehlendem Öl auf Holz zum Kochen und Heizen angewiesen waren. Zwar konnten wir zum Teil umfangreiche Pflanzungs- und Aufforstungsarbeiten beobachten, aber es braucht nicht weiter hinzugefügt zu werden, daß bis zum Erreichen des Vorkriegsniveaus Jahre, wenn nicht Jahrzehnte vergehen werden. Die zwangsläufige Konsequenz des Bombenterrors bestand darin, daß die Ernte im Jahr 1991 nur noch ein Viertel dessen einbrachte, was die Rekordernte im Jahr zuvor geliefert hatte. Zwangsläufige Folge ist ferner die dramatische Verknappung und Verteuerung der Nahrungsmittel in den geschilderten Ausmaßen und Auswirkungen. Des weiteren haben sich die Einkommen der Bauern drastisch verschlechtert: Obwohl die Regierung für Weizen und Gerste doppelt soviel wie vor dem Krieg bezahlt – um sie zu subventionierten Preisen an Bedürftige weiterzuleiten –, halten viele Produzenten das Getreide zurück, als Reserve für kommende Notzeiten, zum Teil wohl auch aus Spekulation, was indes streng verfolgt und bestraft wird. Dennoch konnte umfangreicher Viehschmuggel in die benachbarten Länder nicht verhindert werden, in denen Schafe und Rinder immer noch um ein Mehrfaches als im Irak verkauft werden können. Zwangsläufige Konsequenz all dessen, kurz und bündig gesagt: Hungertod für die Schwächsten und Ärmsten, Hungersnot für die meisten, verursacht durch die USA und abgesegnet von der UNO. Man ermesse nun, diese Situation vor Augen, die subtile Niedertracht folgender Sätze, geschrieben von 'Stern'-Reportern bei ihrem Besuch im Irak wenige Wochen nach dem Krieg: '"Es gibt sehr viele dünne Leute zur Zeit', sagt der Minder

(= Aufsichtsperson) pflichtbewußt, 'wegen des Embargos.' Dann kauft er Hefe und Lammfleisch." Die 'Stern'-Reporter wären vermutlich erst dann zufrieden gewesen, wenn achtzehn Millionen den Staub auf der Straße gefressen hätten.

Kommunikationsanlagen, Elektrizitäts- und Kraftwerke

Bereits nach den ersten Tagen des Bombenkrieges hatten die amerikanischen Truppen das gesamte Kommunikationssystem im Irak zerstört. Die vernichtenden Schläge hatten keineswegs nur das Ziel, wie amerikanische Militärsprecher stets verlauten ließen, die Nachrichtenlinien zwischen dem irakischen Generalstab und den an der Front befindlichen Einheiten zu unterbinden. Vielmehr sollte jede Verbindung im ganzen Land zerstört werden, vor allem aber: jede aus dem Ausland kommende Nachricht sollte gestoppt und der Irak außerstande gesetzt werden, Signale an die Weltöffentlichkeit zu senden. "Erst abschneiden und dann töten" – diese Devise Colin Powells galt nicht nur den in Kuwait stationierten irakischen Soldaten, sondern dem ganzen Land.[1] Wie gründlich dies gelungen ist, mag allein der Umstand belegen, daß es uns ein Jahr nach Kriegsende nicht möglich war, von den großen Bagdader Hotels Fax-Nachrichten ins Ausland zu senden – "the line is cut", lautete die stereotype Auskunft. Nach den sechs Wochen Bombardement waren von den 900.000 Telefonverbindungen im Land 400.000 völlig zerstört, der Rest größtenteils schwer beschädigt und kaum zu gebrauchen. Selbst die Kurzwellen-Stationen in den Städten waren eingeebnet, mit verheerenden Folgen für die Noteinsätze von Krankenwagen und Feuerwehren. Alle Telekommunikationszentren nicht nur in der irakischen Hauptstadt, sondern im ganzen Land waren dem Erdboden gleichgemacht. Von dem 117 m hohen, aus Stahlbeton gebauten Funkturm des Bagdader Al Mamun-Telekommunikationszentrums blieb nur ein 25 m hoher Schutthaufen übrig. Alle

---

[1] Gleiches geschah übrigens wenig später mit dem durch die Blockade isolierten, völlig abgeschnittenen Serbien: Alle jugoslawischen Tageszeitungen wurden an der Grenze beschlagnahmt und sind für Zehntausende von Abonnenten in der BRD nicht mehr erhältlich; das Embargo setzt offensichtlich auch Artikel 5 des Grundgesetzes außer Kraft. Das jugoslawische Satellitenfernsehen, von einem privaten Nachrichtenkonzern betrieben, sollte auf Anordnung von Bush außer Gefecht gesetzt werden; da dies jedoch nicht ganz unproblematisch war - denn Geschädigter wäre ja auch der Konzern gewesen -, verlegte sich die amerikanische Regierung auf die Störung der jugoslawischen Nachrichten und Sendungen.

Anlagen dieser Art wurden mehrmals angegriffen, mit Marschflugkörpern und Präzisionsbomben; zum Teil wurden die Einrichtungen mit Minen und Zeitbomben eingedeckt, die in unregelmäßigen Zeitintervallen explodierten. Die elektronischen Installationen des für Inlandflüge zuständigen Al Muthanna-Flughafens in Bagdad wurden insgesamt 19mal bombardiert. Die Satellitenstationen von Al Dijail und Al Lattifija in den Außenbezirken der Hauptstadt waren ebenfalls völlig demoliert; von den ersten Kriegstagen an konnte beispielsweise die Dijail-Station keine ausländischen Fernsehsendungen empfangen. Das Kommunikationszentrum in Falluja erlitt Millionenschäden durch unablässige Luftangriffe; gleiches gilt für die Nachrichtenübermittlungsstationen in Hilla (Provinz Babylon), Diwanija (Provinz Al Qadisia), Amara (Provinz Misan) und – selbstverständlich, möchte man schon fast sagen – in Basra. In Al Qadisia hatten die amerikanischen Bomberpiloten ein nahe der Station gelegenes Hotel für das Kommunikationszentrum gehalten und es bombardiert und mit Raketen beschossen. Das Hotel war voll besetzt mit Familien, die hier dem Bombenterror entgehen zu können glaubten. Keiner von ihnen hat das Massaker überlebt. – Frau Azhar al Qaysi, Generaldirektorin für den Wiederaufbau der Kommunikationsprojekte, erläuterte im März 1992 in einem Referat das Ausmaß der bei diesen Anlagen angerichteten Schäden und die Schwierigkeiten des Wiederaufbaus angesichts des Embargos. Wie bei zahlreichen Industriebetrieben und Kraftwerken hatte sich das Pentagon auch für die irakischen Kommunikationszentren die Konstruktionspläne bei den ausländischen Baufirmen besorgt und seine Bombenangriffe danach ausgerichtet. Frau al Qaysi: "Das war uns eine Lehre." Der Wiederaufbau wenigstens der wichtigsten Sende- und Empfangsstationen – für die man unbeschädigtes Material aus Arsenalen oder noch funktionstüchtige Teile aus zerstörten Zentren verwendete – erfolgte ohne Hinzuziehung ausländischer Experten, selbst wenn diese gewillt waren, ihr Wissen trotz der Blockade zur Verfügung zu stellen. Ein besonderes Hindernis für die Reparaturen ergab sich aus dem Umstand, daß die irakischen Ingenieure über keinerlei Erfahrung mit der Stahlbeton-Bauweise verfügten. Aber auch diese Schwierigkeiten wurden bewältigt. "Heute brauchen wir keine japanischen, französischen oder andere ausländische Fachleute mehr, um Gebäude dieser Art zu erstellen", lautete das stolze Resümee von Frau al Qaysi.

Mit derselben Gründlichkeit gingen die amerikanischen Streitkräfte bei der Zerstörung der irakischen Elektrizitäts- und Kraftwerke vor. Gerade die Lähmung der gesamten Energieversorgung berechtigt zu der Aussage, daß die Amerikaner den Irak in das "vorindustrielle Zeitalter", in die "Steinzeit" zurückbombten, das Land "totbombten", wie es im 'Stern' einmal durchaus treffend hieß. Alle wichtigen Anlagen zur Energiegewinnung – insgesamt zwanzig an der Zahl – liegen in der Nähe großer Industrieansiedlungen und in den Ballungszentren. Ohne elektrische Energie kommt die industrielle Produktion zum Erliegen; ohne Strom ist der Bevölkerung das Messer an die Gurgel gesetzt – man muß dabei wissen, daß 70% aller Iraker in Städten leben. Ohne Elektrizität funktionieren die Wasseraufbereitungsanlagen nicht mehr, verderben empfindliche Medikamente, können keine Operationen durchgeführt werden, versagen die Kühlschränke ihren Dienst, gibt es weder Licht noch Wärme. Und genau dies war von den amerikanischen Militärstrategen beabsichtigt. So ließ ein mit der Planung der Luftangriffe beauftragter Beamter der US-Air Force in einem Interview mit der 'Washington Post' das irakische Volk wissen: "Wir werden weder Saddam Hussein noch sein Regime dulden. Bringt das in Ordnung, und wir richten eure Elektrizität wieder ein." Klare Aussage, klare Handlung; perfides Kalkül und verbrecherische Tat: Von den zwanzig Generatoren waren nach wenigen Kriegstagen dreizehn zerstört. Am Ende des Krieges waren 96% der Dampfkraftanlagen außer Betrieb, 85% der Gaskraftwerke und 84% der Wasserkraftwerke. Im März 1991 produzierten die wenigen übriggebliebenen Kraft- und Elektrizitätswerke noch 4% der Energiemenge des Vorkriegsstandes. Vergegenwärtigen wir uns einige Etappen dieses gigantischen Zerstörungswerks. Das Thermalkraftwerk von Beji, eines der größten Kraftwerke Iraks mit einer Gesamtleistung von 1.320 Megawatt von landesweit insgesamt 9.500 Megawatt, wurde zweimal während des Krieges attackiert. Am 17. Januar warfen die Flugzeuge Metallfäden über dem Leitungsnetz ab, die zahlreiche Kurzschlüsse auslösten und das Kraftwerk stillegten. Einen Tag später kamen die Flugzeuge wieder, diesmal mit Bomben und Raketen. Die erste Bombe schlug in den Maschinenraum ein und zerstörte die Turbinen und Kontrolleinrichtungen. Die weiteren Bomben demolierten den Schaltraum, die Transformatoren, Isolierungen, Hochspannungsmasten und Energiespeicher. Nach diesem Muster fanden die Angriffe im gesamten Land statt. Die Anlage in Samarra wurde am 7. Februar mit Raketen beschossen und vollständig zerstört; die Arbeiten zum Wiederaufbau werden mindestens zwei Jahre beanspruchen. Die Anlage in Dibbis im Nordirak, die unter anderem die Wasserkläranlage für Kirkuk betrieb, wurde viermal mit Bomben und Raketen angegriffen: am 20., 23., 24. und 27. Januar. Alle Werkseinheiten wurden zerstört; von den vier Gasturbinen können voraussichtlich nur zwei den Betrieb wieder aufnehmen. Taji, eine Energiegewinnungsanlage im Randbezirk von Bagdad, wurde mit Streubomben beworfen; Kontroll- und

Verwaltungsräume waren verwüstet, das mit Gas betriebene Kraftwerk geriet in Brand. Das Daura-Kraftwerk, ebenfalls in Bagdad gelegen, wurde fünfmal angegriffen und dem Erdboden gleichgemacht. Im Süden des Landes wurde das größte Kraftwerk, Al Hartha, insgesamt 13mal angegriffen, das letzte Mal am Tag des Waffenstillstands. Von der Anlage ist kaum etwas übriggeblieben; sie wird erst dann wieder funktionstüchtig sein, wenn die Sanktionen aufgehoben werden und Ersatzteile ins Land kommen können. Das Kraftwerk von Najiba, das die Metropole Basra versorgt, wurde ebenfalls schwer beschädigt und produziert gegenwärtig nur einen Bruchteil der ursprünglichen Energiemenge. Besonders ausgeklügelt war schließlich die Bombardierung des Musajib-Thermalkraftwerks 70 km südlich von Bagdad, das zweitgrößte Kraftwerk des Landes. In zwei Angriffen, am 17. und 26. Januar, zerstörten die Amerikaner die gesamte Anlage, mit einer bezeichnenden, fast unglaublichen Ausnahme: Von den vier hochragenden Schloten des Kraftwerks blieb einer, der zweite von rechts in Frontalansicht, unversehrt, und zwar aus folgendem Grund: die Anlage, von einer südkoreanischen Firma erstellt, war nahezu vollständig abbezahlt – bis auf diesen Kamin. Offensichtlich wollten die Amerikaner ihren fernöstlichen Verbündeten nicht den Tort antun, auf die Restsumme verzichten zu müssen – keine Versicherung begleicht durch Krieg verursachte Schäden –, und wie schön ist es doch außerdem, den Feind gezielt zu demütigen. Auch dies, nebenbei, wieder ein gewichtiges Indiz für den Umstand, daß sich das Pentagon in den fünf Monaten der Kriegsvorbereitung alle nur verfügbaren Unterlagen von ausländischen Firmen beschaffte, die im Irak zivile Gebäude von repräsentativer Bedeutung oder industrielle Anlagen errichteten.

Die Aggressoren ließen es indes nicht bei der Zerstörung der zwanzig wichtigsten Anlagen zur Energiegewinnung bewenden. Opfer der Luftangriffe waren ebenso die zahlreichen, über das Land verstreuten Transmitter- oder Übertragungsstationen. Freilich war hier der Zerstörungsgrad etwas geringer als bei den Hauptgeneratoren; so gründlich die Bombergeschwader auch vorgingen, so konnten sie doch nicht alle Anlagen dieser Art ausfindig machen und vernichten. Was indes die Flugzeuge übrigließen, besorgte die amerikanische Infanterie bei der Bodenoffensive nach besten Kräften: So zerstörten die vormarschierenden GI's im Südirak beispielsweise eine 400 Kilovolt-Anlage zwischen Basra und Nasirija und verwüsteten eine 132 Kilovolt-Anlage auf dem Rumaila-Ölfeld, wichtig für die Erdölförderung und -verarbeitung.

Es wurden bereits die Zahlen genannt, die das Ausmaß der Schäden auf dem Sektor der Energiegewinnung umrissen: Ganze 4% der Energiemenge vom

Modell des zerstörten Musajib-Thermal-Kraftwerks. Nur der zweite Schlot von rechts blieb unbeschädigt, während die anderen Kamine unterschiedlich schwere Schäden davontrugen.

Vorkriegsstand hatte der Irak im März 1991 noch zur Verfügung. Bis in den Sommer 1991 hatten es die Aufbautrupps immerhin zuwege gebracht, das Land mit einem Viertel der Energie des Vorkriegsniveaus zu versorgen. Viele Reparaturen erfolgten jedoch provisorisch, mit großer Gefahr für die Beteiligten, und sind nicht auf lange Zeit konzipiert, sondern zur akuten Überbrückung des Notstands gedacht. Alle mittlerweile in Betrieb befindlichen Anlagen sind extrem störanfällig; das Ausfallen einer Wasserpumpe, das Versagen eines Kühlsystems kann die endgültige Stillegung des gesamten Werks zur Folge haben. Die Kommission des UN-Beauftragten Aga Khan schätzt die Mindestkosten für den Aufbau des irakischen Energiesystems auf 12 Milliarden Dollar; bei dieser Berechnung sind die notdürftig instand gesetzten Elektrizitäts- und Kraftwerke nicht miteinbezogen. Die vollständige Wiederherstellung des gesamten Energiesektors auf Vorkriegsniveau wird von der Kommission auf 20 Milliarden Dollar veranschlagt; von dieser Summe müßten 2,2 Milliarden Dollar sofort investiert werden. Der Konjunktiv zeigt an, daß hier so wenig wie in anderen Bereichen geschehen ist.

Eine völlig zerstörte 400 Kilovolt-Übertragungsstation.

Das Kalkül der amerikanischen Kriegsplaner war niederträchtig, das steht außer Frage, die Kriegshandlungen waren entsprechend verbrecherisch. Wie soll man dann aber die Ausführungen der 'Stern'-Reporter bezeichnen, die sich zwei Monate nach Kriegsende auf die "Wahrheitssuche" in jenem "sonderbaren Land" begaben und dann so einen sonderbaren Bericht wie den folgenden absonderten? "Er" – der irakische Beamte Sadoun – "reicht uns ein Papier, und wir lesen, daß der Bürgermeister von Bagdad Epidemien fürchtet und erklärt hat: 'Das wichtigste ist Elektrizität und nochmals Elektrizität.' – 'Aber es gibt doch Elektrizität!' – 'Nein', sagt Sadoun. 'Doch', schreien wir. Schließlich sitzen wir in einem hell erleuchteten Raum, und draußen schimmert mittlerweile ein Lichtermeer." Die Kürze dieses Zitats genügt, um einen Übelkeitsanfall zu provozieren. Wahrscheinlich kamen sich diese unterbelichteten Geister noch besonders kritisch vor, als sie von einer Glühlampe ultraklug auf die Stromversorgung eines ganzen Landes schlossen – klassischer Kurzschluß im Hirn eines deutschen Journalisten, in dem es finster wie die Nacht ist. Aber lassen wir den deutschen Medien volle Gerechtigkeit angedeihen. Kurze Zeit nachdem dieser Schmierartikel über das "Land der Lüge" im 'Stern' erschienen war, war in der 'Süddeutschen Zeitung'

Diese Rakete, mit Fäden aus Fiberglas gefüllt, wurde gegen Hochspannungsleitungen eingesetzt.

folgende Überschrift zu lesen: "Schäden im Irak angeblich größer als beabsichtigt" (man beachte die Wörtlein "angeblich" und "beabsichtigt", und schon hat man die Rechtfertigungsstrategie der amerikanischen Kriegsverbrecher beim Schopf). In diesem Artikel heißt es dann über die Kriegsschäden, die niemand gewollt haben will und die man selbst im Land nicht bemerkt haben will, weiter: "Wie die New York Times (...) berichtete, ist vor allem das Stromnetz so schwer beschädigt worden, daß noch heute, drei Monate nach dem Ende der Kämpfe, 80% der Einrichtungen nicht funktionieren. Die Ausschaltung des Stromnetzes sei auf den Einsatz neuartiger Bomben zurückzuführen, mit denen Metallfäden auf Leitungen verstreut würden. Dadurch würden Kurzschlüsse von gigantischem Ausmaß verursacht." Zwischen dem Artikel des 'Stern' und demjenigen der 'Süddeutschen Zeitung' liegen nicht einmal vier Wochen. Wir wollen der deutschen Presse Gerechtigkeit angedeihen lassen: Besser hätte es das "Ministerium für Wahrheit" in Orwells Roman '1984' nicht machen können.

Das Verkehrsnetz: Straßen und Brücken

Das amerikanische Bombardement zielte nicht nur gegen die industrielle Kapazität des Irak, sondern bezog systematisch alle Transportwege und -mittel mit ein. Die Bomben fielen auf das Schienennetz und auf die Autobahnen, sie zerstörten Züge, Bus-Depots, Brücken, Überführungen an Verkehrsknotenpunkten, dezimierten die Fuhrparks der Krankenhäuser und Feuerwehren und richteten sich nicht nur gegen Konvois von Militärfahrzeugen, sondern ebenso gegen Transport-, Geschäfts- und Privatfahrzeuge. Von der Zerstörung der Verkehrsverbindungen waren vor allem die südlichen Provinzen des Landes betroffen; diese Angriffe erfolgten mit der Absicht, die in Kuwait stationierten irakischen Truppen vom Nachschub abzuschneiden. Nach etwa zwei bis drei Wochen hatte die amerikanische Luftwaffe ihr Ziel erreicht: Die militärische Logistik und die Versorgungswege waren unterbrochen; die irakischen Verbände in Kuwait erhielten auf Umwegen nur noch ein Zehntel ihres Proviants an Nahrungsmitteln und Trinkwasser. Doch die Zerstörungen der Straßen und Brücken im Irak erfolgten keineswegs nur aus militärisch-strategischen Gründen, vielmehr sollte damit auch die Versorgung der irakischen Bevölkerung unterbunden und durch wahllose Angriffe auf zivile Fahrzeuge allgemein Furcht und Schrecken verbreitet werden. Aus diesem Grund waren die Autobahnverbindungen in der westirakischen Provinz Al Anbar heftigem Bombardement ausgesetzt; auf diesen Straßen rollte der Lastverkehr nach Jordanien, um das westliche Nachbarland, das wegen seiner neutralen Haltung im Krieg kein saudisches Öl mehr erhielt, mit Öl aus irakischen Raffinerien zu versorgen und im Gegenzug Nahrung in den Irak zu transportieren. Die in beide Richtungen dreispurig geführte, moderne Autobahn wurde an verschiedenen Stellen über 700mal bombardiert und mit Bordkanonen beschossen; noch ein Jahr danach säumten ausgebrannte Tankstellen, Reparaturwerkstätten und Raststätten die Strecke. Auf mehrere 100 Kilometer verläuft links und rechts dieser nach Jordanien führenden Autobahn ein durchgehender Maschenzaun, der vermutlich verhindern soll, daß die Fahrzeuge durch die Wüste fahren. An zahlreichen Stellen sahen wir den Maschenzaun durchbrochen, niedergewalzt von Lastwagen, deren Fahrer in Panik den Bomben und dem Kanonenbeschuß aus angreifenden Flugzeugen zu entkommen suchten. Die ausgebrannten Wracks dieser Fahrzeuge standen 50 - 100 Meter neben der Autobahn im Wüstensand; weiter waren sie in der Regel nicht gekommen.

Aber auch Busse mit flüchtenden Zivilisten waren ein bevorzugtes Ziel der Bomberpiloten. Bei Rutbah, ungefähr 130 km von der jordanischen Grenze entfernt, geriet ein Bus mit 35 sudanesischen Gastarbeitern unter Beschuß; alle Insassen kamen ums Leben. Dasselbe wiederholte sich am 15. Februar 1991 um vier Uhr nachmittags, als 10 km westlich von Rutbah ein Bus mit 36 pakistanischen Gastarbeitern von Flugzeugen angegriffen wurde, insgesamt viermal in Intervallen von zwei bis drei Minuten. Dabei ist zu bedenken, daß das Gepäck der Fahrgäste in beiden Fällen auf dem Dach der Busse verstaut war und die Fahrzeuge daher von den tieffliegenden Piloten mühelos als zivile Objekte identifiziert werden konnten. Dasselbe galt für die zahlreichen Busse, die flüchtende Zivilisten aus Kuwait-City durch den Irak nach Jordanien bringen sollten. Etliche dieser Fahrzeuge wurden bereits kurz nach Verlassen der kuwaitischen Hauptstadt aus der Luft attackiert; so beispielsweise ein Bus mit 57 Passagieren am 1. Februar 1991. Der Busfahrer, der diesen Angriff überlebt hatte, ein 47 Jahre alter Palästinenser, berichtete über diesen Angriff[2]: "Um halb drei Uhr nachmittags überraschte mich ein Schlag im hinteren Teil des Busses. Ich mußte anhalten und die Tür öffnen. Die Leute verließen den Bus. Innerhalb weniger Minuten war die Hälfte der Passagiere draußen. Das geschah bei Mutla, etwa 20 km von Kuwait-City entfernt. Es waren noch andere zivile Fahrzeuge auf der Straße, aber kein einziges Militärfahrzeug. Plötzlich schlug eine zweite Rakete in der Mitte des Busses ein. Die Leute rannten in die Wüste, ungefähr 200 Meter weit. Eine dritte Rakete explodierte inmitten dieser Gruppe. Alle Personen waren ganz offenkundig Zivilisten. Der Bus stand in Flammen. Ungefähr 25 Menschen verbrannten im Bus. Ich sah entsetzliche Szenen. Ich sah Beine ohne Körper. Ich selbst war am rechten Bein verwundet. Ich stützte mich mit meiner rechten Hand auf eine Frau und hielt ein Kind mit meiner linken. Wir rannten quer durch die Wüste. Die Frau wurde getroffen, und das Kind schrie: 'Ich will nicht sterben! Ich will nicht sterben!' Die Leute rannten alle weg, doch die Flugzeuge verfolgten sie und beschossen sie mit Maschinengewehren. Ich sah Leute neben dem Bus, sie standen lichterloh in Flammen und schrien. Es war mir nicht möglich, ihnen zu helfen. Ich stand, vom Schock gebannt, und schaute nur..." Ähnliches ereignete sich am 9. Februar, unweit der kuwaitisch-irakischen Grenze. Um zwei Uhr nachmittags wurde ein Bus mit flüchtenden Zivilisten von mehreren Raketen getroffen; 27 Passagiere kamen ums Leben, vier weitere Zivilisten starben in zwei nachfolgenden Personenwagen, die ebenfalls von Geschossen durchsiebt wurden. Und diese beiden Ereignisse geben nur einen winzigen Ausschnitt jener Tragödien wieder, die sich während des sechswöchigen Bombardements auf den Straßen des Landes abspielten. –

Als besonders schwerwiegend erwies sich die Zerstörung der Brücken im gesamten Irak; dadurch waren wichtige Verbindungen oft auf Monate, in vielen Fällen mehr als ein Jahr, unterbrochen. Die Bergung der tonnenschweren Zement- und

---

[2] Zitat in: Ramsey Clark, War Crimes, p.123 seq.

Stahlteile aus Euphrat und Tigris stellte die Bautrupps vor nahezu unlösbare Probleme, und der Wiederaufbau von Brücken mit bis zu 600 Metern Spannweite stellte für Ingenieure, Konstrukteure und Arbeiter um so mehr eine Herausforderung dar, als sie auf jede ausländische Hilfe verzichten mußten. Die erste zerstörte Brücke sahen wir am ersten Tag unseres Aufenthalts im Irak, auf der Fahrt von Amman nach Bagdad; sie überquerte bei Falluja den Euphrat. Eine Spur der Brücke war notdürftig wiederhergestellt und für den Verkehr freigegeben; die andere Seite war noch im Rohbau, mit auf Schiffen montierten Kränen wurden schwere Stahlträger und Zementteile an den Pfeilern angebracht. In Bagdad mußten wir oft große Umwege durch die dichtbefahrene Innenstadt in Kauf nehmen, da die "Brücke des 14. Juli" trotz fieberhafter Arbeiten immer noch nicht in Betrieb genommen werden kann; Eiltransporte ins Krankenhaus und Feuerlöschzüge müssen sich in Notfällen durch den dichten Verkehr drängeln und verlieren dabei wichtige, oft lebenswichtige Zeit. In Nasirija, der Hauptstadt des Verwaltungsbezirks Zi Qar, sahen wir moderne, breite Brücken, deren Anfangsteile zu beiden Seiten schräg aus dem Euphrat ragten, der Mittelteil war nach wie vor im Fluß versenkt. Rings um Basra steht kaum eine Brücke mehr, der Verkehr fließt teils über aufgeschüttete Dämme, teils über notdürftig hergestellte Behelfskonstruktionen. Vielerorts behalf man sich mit Provisorien, zum Beispiel Pontonbrücken mit Holzbohlen, auf denen Fußgänger und kleinere Fahrzeuge passieren können. Die Kommission von Ramsey Clark zählte insgesamt 61 zerstörte Brücken im Land, doch diese Zahl, gewonnen zu einer Zeit, als das Reisen im Irak sehr schwierig und mühevoll war, ist zu gering. Es wurden 135 Brücken zerstört, viele davon an wichtigen Verkehrsknotenpunkten in den Ballungszentren und den durch das Land führenden Hauptverkehrswegen. Die nachfolgend wiedergegebene Tabelle zeigt an, wie viele Brücken in welchen Provinzen zerstört wurden. Die Liste, nicht ganz vollständig, umfaßt 110 Objekte; dennoch können daraus einige interessante Beobachtungen über die Schwerpunkte der Zerstörungen abgeleitet werden. Am meisten ist die Provinz Basra in Mitleidenschaft gezogen worden, fast ein Viertel aller zerstörten Brücken des Landes befindet sich in der näheren Umgebung der südirakischen Großstadt. Es folgt die Provinz Zi Qar mit einem Anteil von etwas über 18% an allen zerstörten Brücken des Landes, sodann die südlichen Provinzen Muthanna, Qadisia und Najaf mit einem Anteil von jeweils 10%. In den südlichen Provinzen – die Verwaltungsbezirke Wasit und Misan eingerechnet – ist somit der größte Teil der zerstörten Brücken mit einem Anteil von rund 80% an der Gesamtzahl konzentriert. Schwere Schäden an den Brücken weist ferner die Westprovinz

Die Jumhurija-Brücke in Bagdad nach dem Bombenangriff.

Eine zerstörte Brücke in der südirakischen Stadt Nasirija (Stand: April 1992).

Die Al Gharb-Brücke (Nr. 73 der Liste) nach dem Luftangriff.

Die zerstörte Khaled ibn Walid-Brücke (Nr.18 der Liste).

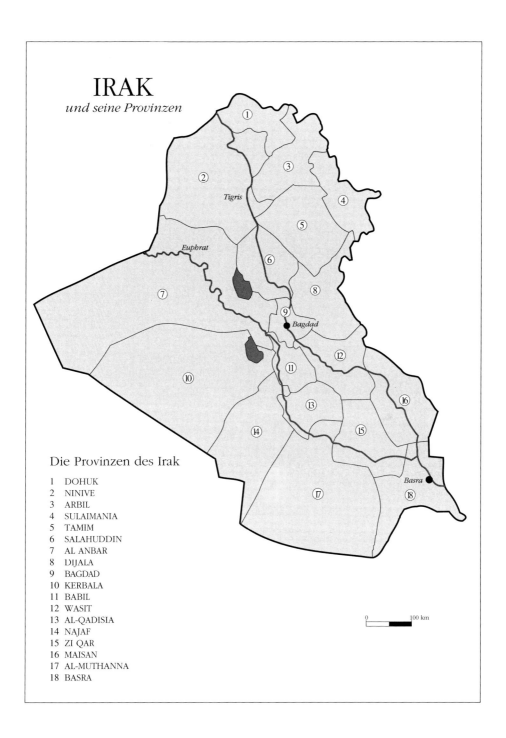

Anbar mit ihren Hauptverkehrsstraßen nach Jordanien und Syrien auf, hier befinden sich 10% aller zerstörten Brücken des Landes. Der Tabelle kann ferner entnommen werden, daß fast die Hälfte aller zerstörten Brücken, rund 45%, neueren Datums ist, sie also in den achtziger und Anfang der neunziger Jahre

	Name der Brücke	Art	Ort bzw. Provinz	Baujahr	Zeit des Angriffs Datum	Uhrzeit	Beginn des Wiederaufbaus
1	Al-Gumhuriyya-B.	Eisen	Bagdad	1958	29.01.91 05.02.91	5.00 morgens 17.00	15.05.91
2	Hängebrücke des 14. Juli	Eisen	Bagdad	1958	09.02.91	20.00	-
3	Al-Shuhada-B.	Eisen	Bagdad	1939	09.02.91	21.00	09.05.91
4	Al-Karama-B.	Eisen	Wasit	1957	01.02.91	20.15	-
5	Al-Numaniyya-B.	Beton	Wasit	1975/78	08.02.91	24.00	18.07.91
6	Al-Sabidiyya-B.	Ponton	Wasit	1975	13.02.91	1.30	15.04.91
7	Al-Imarahal-awwal	Eisen	Misan	1958	24.01.91 06./11.02.91	2.30 -	20.04.91
8	Al-Imarahath-thani	Beton	Misan	1981	11./16.02.91	-	13.05.91
9	Sadr-al-Magar/al-Zahab	Beton	Misan	1960	16./18.02.91	-	13.05.91
10	Sadr-al-Magar/al-Iyab	Beton	Misan	-	16./18.02.91	-	13.05.91
11	Al-Magariyya	Beton	Misan	1975	10.02.91	-	11.05.91
12	Qalaat-Saleh	Ponton	Misan	1973	11.02.91	-	10.06.91
13	Al-Qarna al-gadid/zahab	Beton	Basra	1986	24.01.91	nachts	10.08.91
14	Al Qarna al-gadid/al-Iyab	Beton	Basra	1986	25.01.91	nachts	10.08.91
15	al-Qarna alqadim	Eisen	Basra	1956/59	01.02.91	-	12.11.91
16	Karmat Ali/Zahab	Beton	Basra	1984	24.01.91	7.30	01.08.91
17	Karmat Ali/Iyab	Beton	Basra	1984	24.01.91	nachts	11.11.91
18	Khaled ibn Walid	Beton	Basra	1976	30.01.91	-	-
19	Al-Madina	Beton	Basra	1979	25.01.91	23.00	11.11.91
20	532 Safwan	Beton	Basra	1986	während der Besatzung	-	11.11.91
21	552 Safwan	Beton	Basra	1986	während der Besatzung	-	16.09.91
22	Al Fathiyya	Eisen	Basra	1980	24.01.91	nachts	28.05.91

erbaut worden sind. Die Kurzbeschreibung der an den Brücken angerichteten Schäden mag eine Vorstellung davon vermitteln, mit welchen Schwierigkeiten der Aufbau in diesem von jeglichem Nachschub abgeschnittenen Land verbunden ist.

Ende des Wiederaufbaus	Tag der Inspektion	Kurze Darstellung der Schäden
04.11.91	20.03.91	3 Pylone völlig zerstört, der 4. beschädigt
in Arbeit		fast ganz zerstört
13.06.91	20.03.91	Loch an der Seite, Schäden an den Hauptträgern
in Arbeit	23.04.91	fast ganz zerstört
06.10.91	24.04.91	Durchfahrt für Schiffe und 2 Träger beschädigt
06.05.91	24.04.91	7 Stützen gesunken
11.12.91	21.04.91	mittlerer Pylon eingefallen auf einer Länge von 350 m, aber nicht abgestürzt
in Arbeit	21.04.91	6 Pylone beschädigt; Zerstörung der Stützen anderer Pylone
01.09.91	21.04.91	ein Pylon eingestürzt, in einem anderen ein Loch
07.11.91	21.04.91	3 Pylone zerstört; Schäden an den Trägern
01.06.91	21.04.91	2 Pylone zerstört
20.07.91	21.04.91	3 Stützen gesunken
in Arbeit	21.04.91	Zerstörung von 3 Pylonen, Säulen und Trägern
in Arbeit	21.04.91	1 Pylon und 8 Träger zerstört
in Arbeit	21.04.91	nach der 2. Säule ist die Brücke eingestürzt; Brückenpfeiler zerstört
in Arbeit	21.04.91	1 Pylon zerstört; Durchfahrt für Schiffe verschoben
in Arbeit	21.04.91	Durchfahrt für Schiffe zerstört; ihr Fundament und 2 Pylone beschädigt
in Arbeit	21.04.91	Zerstörung von 3 Pylonen der Ostseite; Brücke verschoben
in Arbeit	23.04.91	der 6. Pylon Richtung Basra und der 3. Richtung Medina eingestürzt
26.11.91	-	Träger und Durchgänge zerstört; 6. Pylon Richtung Medina zerstört
12.10.91	-	s.o.
15.06.91	23.04.91	Stahlträger zerstört; 20x4 m Fläche zerstört

	Name der Brücke	Art	Ort bzw. Provinz	Baujahr	Zeit des Angriffs Datum	Zeit des Angriffs Uhrzeit	Beginn des Wiederaufbaus
23	Az-Zubair	Beton	Basra	1978	30.01.91	nachts	02.10.91
24	Muhammad Al-Qasim	Beton	Basra	1980	02.02.91	nachts	22.11.91
25	Autobahn-B./Zahab	Beton	Basra	1987	24.01.91	nachts	-
26	Autobahn-B./Iyab	Beton	Basra	1987	24.01.91	nachts	-
27	Al Magidiyya al awwal	Beton	Basra	1958	während der Unruhen	-	-
28	Al Magidiyya ath-thani	Beton	Basra	1982	während der Unruhen	-	-
29	Nr. 1	Beton	Basra	1986	Februar 91	-	15.11.91
30	Nr. 2	Beton	Basra	1986	Februar 91	-	15.11.91
31	Nr. 3	Beton	Basra	1986	Februar 91	-	15.11.91
32	Nr. 4	Beton	Basra	1986	Februar 91	-	15.11.91
33	Tahtani (Autobahn Km 5)	Beton	Basra	1986	-	-	10.01.91
34	An-Nashwa	Ponton	Basra	1980	12.02.91	-	01.12.91
35	Muhammad al-Qasim	Ponton	Basra	1981	03.02.91	-	01.10.91
36	Al-Haritha	Ponton	Basra	1980	Februar 91	-	20.08.91
37	At-Taalimi	Ponton	Basra	1988	02.02.91	-	zurückgestellt
38	Ad-Dair	Ponton	Basra	1979	Februar 91	-	24.09.91
39	Al-Nasiriyya al-awwal	Eisen	Zi Qar	1957	04.02.91	15.00	-
40	Zi Qar-Autobahn-B.	Beton	Zi Qar	1981	23./28.01.91	15.30/21.00	01.06.91
41	Al-Hulandi	Beton	Zi Qar	1981	06.02.91	morgens	20.10.91
42	Al Islah	Eisen	Zi Qar	1982	06.02.91	morgens	06.07.91
43	Al Masabb al-Am	Eisen	Zi Qar	1982	08.02.91	morgens	23.05.91
44	Al-Fuhut	Beton	Zi Qar	1982	Februar 91	-	20.11.91
45	At-Tar	Eisen	Zi Qar	1982	21.02.91	-	01.06.91
46	Al-Akika	Eisen	Zi Qar	1982	-	-	10.06.91
47	Suq as-Shuyuch al-qadim	Eisen	Zi Qar	1963	-	-	20.06.91
48	Suq as-Shuyuch al-gadid	Beton	Zi Qar	1981	08.02.91	morgens	07.09.91
49	Al-Gharaf	Beton	Zi Qar	1968	09.02.91	-	15.05.91
50	Suq as-Shuyuch-Kreuzung	Beton	Zi Qar	1988	während der Besatzung	-	16.06.91
51	Hur al-Hamar	Beton	Zi Qar	1981	während der Unruhen	-	03.09.91

Ende des Wiederaufbaus	Tag der Inspektion	Kurze Darstellung der Schäden
in Arbeit	23.04.91	Durchfahrt für Schiffe auf 75 m Länge zerstört, einige Träger zerstört
in Arbeit	23.04.91	wie az-Zubair
in Arbeit	23.04.91	fast völlig zerstört
in Arbeit	23.04.91	fast völlig zerstört
-	23.04.91	völlig zerstört
-	23.04.91	völlig zerstört
in Arbeit	-	2 Pylone zerstört
in Arbeit	-	5 Pylone zerstört
in Arbeit	-	völlig zerstört
in Arbeit	-	-
-	-	-
31.12.91	23.04.91	fast völlig zerstört
30.10.91	23.04.91	fast völlig zerstört
9.10.91	23.04.91	fast völlig zerstört
-	23.04.91	fast völlig zerstört
11.11.91	23.04.91	fast völlig zerstört
in Arbeit	23.04.91	fast völlig zerstört; starke Schäden
in Arbeit	23.04.91	große Schäden an Trägern und Pylonen
in Arbeit	23.04.91	große Schäden
30.10.91	23.04.91	Stahlträger zerstört
16.07.91	23.06.91	völlig zerstört; in den Fluß gestürzt
in Arbeit	23.04.91	Pylone der Nebenseiten zerstört; Träger zerstört
08.07.91	23.04.91	3 Pylone zerstört
28.11.91	23.04.91	5 Pylone völlig zerstört
15.08.91	23.04.91	Durchfahrt für Schiffe zerstört
04.12.91	23.04.91	Schäden an Stützen und Unterführung
15.09.91	23.04.91	4 Träger zerstört, ebenso 2 Pylone
16.09.91	23.04.91	Loch in der Fahrbahn mind. 2 m ⌀; einige Träger zerstört
06.11.91	-	ein Teil des 3. Pylons beschädigt auf 3x4 m

	Name der Brücke	Art	Ort bzw. Provinz	Baujahr	Zeit des Angriffs Datum	Zeit des Angriffs Uhrzeit	Beginn des Wiederaufbaus
52	Az-Zaitun	Ponton	Zi Qar	1982	03./06.02.91	nachts	16.07.91
53	An-Nasiriyya	Ponton	Zi Qar	1982	03./08.02.91	nachts	-
54	Al-Fadiliyya	Ponton	Zi Qar	1982	11./12.02.91	nachts	20.11.91
55	Galion	Ponton	Zi Qar	1982	13.02.91	nachts	25.11.91
56	Al Batha	Ponton	Zi Qar	1982	12.02.91	nachmittags	17.09.91
57	At Tahrir	Ponton	Zi Qar	1982	13.02.91	-	20.11.91
58	Sayyed Tahir	Ponton	Zi Qar	-	während der Unruhen	-	20.11.91
59	As-Samawa al-muallag	Eisen	Al Muthanna	1956	24./25.02.91	nachts	-
60	Al-Chidr	Beton	Al Muthanna	1984	07.02.91	-	-
61	As-Sued	Beton	Al Muthanna	-	28.01.91	nachts	10.04.91
62	Ad-Daragi	Beton	Al Muthanna	-	05./08.02.91	morgens	08.06.91
63	Al-Chidre	Ponton	Al Muthanna	-	Februar 91	-	ausgesetzt
64	As-Samawa	Ponton	Al Muthanna	-	06.02.91	nachts	ausgesetzt
65	Al-Atschan	Ponton	Al Muthanna	-	Februar 91	-	09.07.91
66	Al-Hilal	Ponton	Al Muthanna	-	Februar 91	-	12.10.91
67	Al Magd	Ponton	Al Muthanna	-	13.02.91	-	07.06.91
68	Ad-Daragi	Ponton	Al Muthanna	-	Februar 91	-	14.09.91
69	As Samawa-Eisenb.	Ponton	Al Muthanna	-	Februar 91	-	14.05.91
70	Ash-Shinafiyya	Beton	Al Qadisia	1986	15.02.91	nachts	-
71	Ash-Shamiyya	Beton	Al Qadisia	1965	29.01.91	nachts	05.05.91
72	An-Nakara Abi-Haggar	Eisen	Al Qadisia	-	Februar 91	-	09.05.91
73	Al-Gharb	Eisen	Al Qadisia	-	15.02.91	nachts	12.05.91
74	Al-Chasaf al qadim	Eisen	Al Qadisia	1956	15.02.91	nachts	ausgesetzt
75	Al Chasaf al gadid	Eisen	Al Qadisia	im Bau	15.02.91	nachts	15.05.91
76	Al-Uruba	Eisen	Al Qadisia	-	Februar 91	-	25.05.91
77	Tabral Ibrahim	Eisen	Al Qadisia	1958	22.02.91	nachmittags	22.05.91
78	Tabral Ibrahim Abd al-Kasem	Eisen	Al Qadisia	1958/61	22.02.91	nachmittags	12.05.91
79	As-Salahiyya	Ponton	Al Qadisia	1968	15.02.91	nachts	04.05.91
80	Um Shawarif	Ponton	Al Qadisia	1966	18.02.91	17.00	06.05.91
81	Al Kufa	Eisen	Najaf	1955	Februar 91	-	07.07.91

Ende des Wiederaufbaus	Tag der Inspektion	Kurze Darstellung der Schäden
15.01.92	22.03.91	Hauptträger gesunken; stark beschädigt
-	23.04.91	Schäden an Stützen; ganze Brücke in Teile zersprengt
31.12.91	23.04.91	fast völlig zerstört
28.12.91	23.04.91	fast völlig zerstört
17.11.91	23.04.91	fast völlig zerstört
Ersatzbrücke in Arbeit	23.04.91	fast völlig zerstört
05.12.91	23.04.91	fast völlig zerstört
in Arbeit	24.04.91	fast völlig zerstört
18.09.91	24.04.91	2 Pylone und einige Träger zerstört
05.05.91	24.04.91	3 Pylone, Brückenpfeiler und Säulen zerstört
05.12.91	24.04.91	Einsturz der Brückenpfeiler Richtung Samawa, Schäden an den Säulen
repariert	24.04.91	völlig zerstört
repariert	02.03.91	völlig zerstört
08.08.91	03.03.91	völlig zerstört
25.12.91	02.02.91	völlig zerstört
21.06.91	03.03.91	völlig zerstört
15.10.91	03.03.91	völlig zerstört
15.08.91	03.03.91	völlig zerstört
in Arbeit	03.03.91	2. Durchfahrt für Schiffe und einige Träger zerstört
20.05.91	21.04.91	3. Träger der rechten Seite beschädigt
15.10.91	03.03.91	1. Pylon verschoben, 2. Pylon auf 45 m Länge eingestürzt
04.07.91	21.04.91	5 Pylone zerstört, andere beschädigt
repariert	03.03.91	10. u. 11. Pylon eingestürzt; Schäden an den Trägern, am 12. und 30. Pylon
14.10.91	03.03.91	Pylone eingestürzt; Schäden an Stützen
31.05.91	02.03.91	Schäden am Geländer
14.07.91	02.03.91	Starke Beschädigung infolge des Einsturzes des 2. u. 3. Pylons
31.05.91	02.03.91	Einsturz der ersten Durchfahrt für Schiffe
20.06.91	02.03.91	völlig zerstört
06.06.91	02.03.91	2 Stützen zerstört und gesunken
21.10.91	08.04.91	Schäden an Hauptträgern, weitere Beschädigungen

	Name der Brücke	Art	Ort bzw. Provinz	Baujahr	Zeit des Angriffs Datum	Uhrzeit	Beginn des Wiederaufbaus
82	Abu Sahir	Beton	Najaf	1970	13.02.91	17.00	05.05.91
83	Al Abbasiyat al gadid	Beton	Najaf	1989	25./29./31.01. 10.02.91	3.00/3.00/2.00 -	01.12.91
84	Al Abbasiyat al gadim	Eisen	Najaf	1957	23./29./31.01.	3.00/3.00/22.00	ausgesetzt
85	Al Qadisiyya/As-Safiyya	Beton	Najaf	1979	15.02.91	16.30	20.04.91
86	An Nikara	Eisen	Najaf	-	29.01.91	nachts	-
87	Al Hafar	Beton	Najaf	1985	Februar 91	-	27.05.91
88	An Nachishiyya	Ponton	Najaf	1987	15.02.91	16.30	20.10.91
89	Al Michshab	Ponton	Najaf	-	12./15.02.91	20.00/16.30	08.06.91
90	Al Qadisiyya	Ponton	Najaf	1990	17.02.91	19.00	07.09.91
91	Suq Shalan	Ponton	Najaf	1978	13.02.91	20.00/14.00/ 15.00	03.06.91
92	Al Kifl	Beton	Babylon	1987	Februar 91	-	01.05.91
93	Al-Hashimiyya	Beton	Babylon	1976	18.02.91	nachts	25.04.91
94	Wadi Silki	Beton	Kerbala	im Bau	Februar 91	-	-
95	Autobahn Km 89/Zahab	Beton	Al Anbar	1986	19.01.91	-	25.05.91
96	Autobahn Km 89/Iyab	Beton	Al Anbar	1986	19.01.91	-	25.05.91
97	Tahtani (Autobahn Km 341)	Beton	Al Anbar	-	Februar 91	-	12.08.91
98	Tahtani (Km 335)	Beton	Al Anbar	-	Februar 91	-	11.05.91
99	Tahtani (Km 313)	Beton	Al Anbar	-	Februar 91	-	12.08.91
100	Tahtani (Km 302)	Beton	Al Anbar	-	Februar 91	-	12.08.91
101	Tahtani (Km 281)	Beton	Al Anbar	-	Februar 91	-	12.08.91
102	Tahtani (Km 514)	Beton	Al Anbar	-	Februar 91	-	11.05.91
103	Muazi der Autobahnbrücke bei Ar-Ramadi	Eisen	Al Anbar	-	19.01.91	-	-
104	Al-Faluga	Beton	Al Anbar	1962	25.01.91	-	16.03.91
105	Ad-Dulab	Ponton	Al Anbar	-	Februar 91	-	25.01.91
106	Tikrit	Beton	Salah-ad-Din	1968/72	Februar 91	-	-
107	Shishin al-qadin	Beton	Salah-ad-Din	1972/75	Februar 91	-	25.05.91
108	Shishin al gadid	Beton	Salah-ad-Din	1981/85	Februar 91	-	04.06.91
109	Ibrahim al-Khahl al qadim	Beton	Dohuk	1970	März 91 (Unruhen)	-	-
110	Ibrahim al-Khahl al gadid	Beton	Dohuk	1986	März 91 (Unruhen)	-	-

Ende des Wiederaufbaus	Tag der Inspektion	Kurze Darstellung der Schäden
25.09.91	08.04.91	2 Pylone eingestürzt, weitere Beschädigungen
in Arbeit	08.04.91	Schäden am 2. - 7. Pylon und an zahlreichen Trägern
repariert	08.04.91	Einsturz des mittleren Eisen-Pylons und aller Säulen
14.12.91	08.04.91	3 Pylone zerstört
13.07.91	21.04.91	mittlerer Pylon auf 30 m Länge völlig zerstört
27.06.91	21.04.91	Träger zerstört
10.12.91	21.04.91	völlig zerstört
12.07.91	21.04.91	völlig zerstört
01.10.91	21.04.91	völlig zerstört
03.07.91	21.04.91	4 Träger zerstört
14.10.91	08.04.91	Löcher; Träger und 3. u. 9. Pylon beschädigt
10.06.91	24.04.91	1. u. 2. Pylon beschädigt; Zerstörung einiger Träger
in Arbeit	-	1. u. 2. Pylon eingestürzt; Schäden an Stützen
in Arbeit	13.03.91	Einsturz eines Pylons, zwei weitere beschädigt
in Arbeit	13.03.91	große Schäden an einigen Pylonen
30.08.91	28.04.91	Loch in der Fahrbahn
14.07.91	28.04.91	5 Träger zerstört auf der linken Seite
30.08.91	28.04.91	Loch in der Fahrbahn mit 2 m^2 Fläche
30.08.91	28.04.91	Löcher im Asphalt
30.08.91	28.04.91	Löcher im Asphalt
30.08.91	-	3 Träger zerstört; Verstärkungspfeiler beschädigt
-	-	gesamter Pylon auf 100 m Länge eingestürzt
13.04.91	07.04.91	gesamter Pylon zerstört; Schäden an Fahrbahn und Trägern
28.01.91	-	Träger beschädigt
10.11.91	08.04.91	große Schäden am 13. Pylon Richtung Kirkuk
01.07.91	08.04.91	Zerstörung eines Pylons
12.07.91	08.04.91	Zerstörung eines Pylons
-	-	5 Pylone völlig zerstört; Träger Richtung Süden zerstört
-	-	4. Pylon Richtung Süden völlig zerstört

Dem aufmerksamen Betrachter der Tabelle wird aufgefallen sein, daß in der Hauptstadt Bagdad nicht zwei Brücken zerstört wurden, wie die unentwegten Wahrheitssucher des 'Stern'-Teams vermeldeten und dies auch noch als besondere Nachsicht des Stabschefs Powell werteten, sondern drei: neben der "Brücke des 14. Juli" und der Jumhurija-Brücke auch die Schuhada-Brücke – dies ist von besonderer Bedeutung, da sich in der Nähe der letztgenannten Brücke die schönsten Bauwerke Bagdads aus der Abbasidenzeit befinden, über deren Beschädigung weiter unten die Rede ist. Mit der Zerstörung dieser drei Brücken waren die Lebensnerven der Hauptstadt gekappt; allein die Jumhurija-Brücke verband die zwei wichtigsten Stadtteile der Metropole mit den meisten Regierungsämtern, Verwaltungsstellen und Dienstleistungsbetrieben. Doch mit der Zerstörung dieser Brücken war nicht nur die Lebensader der Metropole getroffen, sondern es war damit noch eine weitergehende Demütigung verbunden: die Jumhurija-Brücke ist die "Brücke der Republik", die "Brücke des 14. Juli" erinnert an den Sturz der britischen Marionette Faisal II. im Jahr 1958, mit dem die Monarchie beseitigt und die Republik ins Leben gerufen wurde. Die Absicht war also, neben der Unterbindung zentraler Verkehrswege, die gezielte politische Demütigung, gerade so, als hätten die Deutschen im Zweiten Weltkrieg die Freiheitsstatue in New York gesprengt oder die Tower Bridge in der Themse versenkt. Aus diesem Grund versammelten sich zahlreiche Bagdader Einwohner auch am Tag nach dem Bombardement am Tigrisufer, kletterten auf die Überreste der zerstörten Brücken und riefen: "Bush, wir warten auf Dich!" Ein solches Volk ist einfach schlecht zu unterwerfen...

Die Zerstörung der drei Bagdader Brücken belegt indes nicht nur einmal mehr die Niedertracht, die der Strategie des amerikanischen Bombenkriegs gegen den Irak zugrunde liegt. Die Geschichte des Wiederaufbaus dieser Brücken zeigt, daß Widerstandswille und Durchhaltevermögen des irakischen Volkes stärker sind als die hochtechnisierte Barbarei des Weltherrschers. Zuerst wurde der Wiederaufbau der Jumhurija-Brücke in Angriff genommen. Die Arbeiten begannen am 15. Juni, drei Schichten mit je hundert Beschäftigten arbeiteten unter der Anleitung von 25 Ingenieuren rund um die Uhr. Am 15. November 1991, ein halbes Jahr später, war der Wiederaufbau beendet und die Brücke für den Verkehr freigegeben. Im April 1992 erlebten wir die offizielle Einweihung dieser für die Geschichte Bagdads und des Iraks so wichtigen, symbolträchtigen Brücke. An der Brückenauffahrt zum Stadtzentrum hin wurde ein Denkmal enthüllt, ein dreizehn Meter hohes, 35 Tonnen schweres Stahlmonument, das giebelförmig über der Brücke schließt und den bezeichnenden Namen Al Tahadi (= die

Herausforderung) trägt. Unter der Giebelspitze ist ein farbiges Portrait des irakischen Präsidenten angebracht; seitlich an den Sockeln befinden sich Inschrifttafeln mit blutigen Handabdrücken auf weißem Stein. Bei der feierlichen Eröffnung der Brücke waren Zehntausende zugegen, die Saddam Hussein zujubelten, als er über die Brücke schritt.

Der Wiederaufbau der "Brücke des 14. Juli" gestaltet sich hingegen wesentlich schwieriger. Bei der Bombardierung am 9. Februar 1991 wurde der südliche Pylon der Hängebrücke völlig zerstört; zwei Menschen, Insassen eines Pkw, stürzten mit den Trümmern in den Tigris. Mitte Mai setzten die Reparaturarbeiten ein, für die Bauzeit wurden eineinhalb Jahre veranschlagt. Als wir die Brücke besichtigten, wurden gerade zwei Behelfsbrücken zum Heben der versunkenen Trümmerteile errichtet. Wie uns der leitende Ingenieur mitteilte, beträgt das Gewicht der auf den Flußgrund gesunkenen Teile etwa 2.500 Tonnen. Das irakische Ölministerium hatte einen speziellen Apparat entwickelt, mit dem die Zementteile unter Wasser auseinandergesägt werden können, in drei gleich große Teile von rund 830 Tonnen Gewicht. Für das Zersägen zweier versenkter Eisenträger von jeweils 336 Meter Länge war die Entwicklung eines weiteren speziellen Gerätes erforderlich; die Arbeiten hierfür waren zur Zeit unserer Besichtigung unterbrochen, da der Tigris schlammiges Wasser führte und die Sicht ungenügend war. In einem zweiten Arbeitsschritt sollen dann die Pylone mit eigens konstruierten Kränen (je 80 Tonnen Hebefähigkeit) aufgerichtet werden. Alle Arbeiten wurden, wie überall im Land, ohne ausländische Unterstützung durchgeführt. Den Bedarf an 750.000 Stahlnieten, seinerzeit aus dem Ausland importiert, deckt man durch die Umstellung der Produktion einer Eisenfabrik in Basra, die 10.000 Stück Stahlnieten pro Tag ausstößt und binnen zweieinhalb Monaten die erforderliche Anzahl fertigstellt. Da die ausländischen Firmen alle Konstruktionspläne für die Brücke mitgenommen hatten, benötigten die irakischen Ingenieure ein halbes Jahr, um die vierzig Konstruktionszeichnungen zu erstellen. Die Kosten der Reparaturarbeiten belaufen sich auf etwa 20 Millionen irakische Dinar. Der leitende Ingenieur beendete das Gespräch mit dem stolzen und zuversichtlichen Satz: "Es ist eine Herausforderung". Er und die 300 Arbeiter werden diese Herausforderung bestehen, wenn ihnen nicht amerikanische Bomben und Raketen erneut einen Strich durch die Rechnung machen. Auch dies nur ein winziger Ausschnitt aus der gewaltigen, mit viel Einfallsreichtum und wenig Mitteln ausgeführten Aufbauarbeit im ganzen Land.

Schließen wir dieses Kapitel mit dem Auszug aus einer Rede, die der irakische Präsident am 29. Juni 1991 an die Bewohner der Provinz Muthanna gehalten hat:

"Die Amerikaner kamen, um unseren Verstand zu schlagen – dafür seien sie verachtet –, weniger um unserer Betriebe willen. Denn sie wissen, daß Firmen verschwinden und Ersatz für sie geschaffen wird. Wenn sie aber unseren Geist schädigen, dann sind alle Betriebe der Welt wertlos." Dieses Zitat leitet zum zweiten Teil des Buches über, das die barbarischen Attacken der USA gegen die kulturellen Güter im Irak zum Gegenstand hat und mit denen die materiellen Grundlagen des Geistes beseitigt werden sollten. Für die nachfolgend aufgeführten Zerstörungen gibt es, allerdings, keinen Ersatz mehr.

LITERATUR UND QUELLEN

Kapitel I.: Ramsey Clark (ed.) et al.: War Crimes. A Report on United States War Crimes Against Iraq, Washington D.C. 1992; Ulrich Encke: Saddam Hussein. Ein Portrait, München 1991; Henner Fürtig: Saddam Hussein – der neue Saladdin? Irak und der Golfkrieg, Berlin 1991; Karam Khella: Golfkrieg. Vorgeschichte – Zusammenhänge – Hintergründe – Folgen, Hamburg 1991.
Zeitungen und Zeitschriften: Die Wochenzeitungen Stern, Spiegel und Die Zeit von August 1990 bis August 1992; die Tageszeitungen Badische Zeitung, Frankfurter Allgemeine Zeitung, Frankfurter Rundschau, Leipziger Volkszeitung, Schwäbische Zeitung, Süddeutsche Zeitung vom Januar bis Juli 1991; die Basler Zeitung vom 7.7.1992; die Neue Züricher Zeitung vom 30.4.1992; die International Herald Tribune vom 24.4., 23.6. und 15.7.1992; Der Standard (Wien) vom 17.6.1992; die Zeitung India Today von Oktober 1990 bis April 1991; Art. "The day Bush stopped the war", in: Newsweek (New York), 20.1.1992. Das Periodicum The Chronicle. A news bulletin on Iraq's affairs, Bagdad, vom März/April 1992.
Broschüren: Die Anklageschrift von Ramsey Clark gegen die Regierung der Vereinigten Staaten (Commission of Inquiry for the International War Crimes Tribunal), ed. Friedenskomitee 2000 (Starnberg); Frieden 2000 (ed. Alfred Mechtersheimer) vom 5.11., 6.12.1991, 9.1., 11.3. und 14.4.1992; Golfkrieg. Gesamtübersicht des Golfkriegs, Exklusive Ausgabe in Wort und Bild. Surrey (Großbritannien), April 1991; Kenneth Roth: Humanitarian Law Issues And the Gulf Conflict (Reihe: US Gulf War Crimes), Bagdad 1991; US Aggression Against Iraq, Phase 2, Bagdad 1991.
Kapitel II.: Die Zeitungen Al Iraq vom 25.9.1991; Al Jumhurija vom 23.9.1991; Daily Telegraph vom 13.9.1991; The Guardian vom 13.9.1991; The Times vom 13.9.1991.
Kapitel III.: Neben der in Kap. I. aufgeführten Literatur und den dort erwähnten Zeitungen und Zeitschriften: Baghdad Observer vom März/April 1992; Harvard Study Team Report: Public Health in Iraq after the Gulf War, May 1991; Iraq is being denied the right to life (Reihe: US Gulf War Crimes, Bagdad 1991); Anne McIlroy: Environmental Nightmare (Reihe: US Gulf War Crimes, Bagdad 1991); Report to the Secretary-General on Humanitarian Needs in Iraq by a Mission led by Sadruddin Aga Khan, Executive Delegate of the Secretary-General, dated 15 July 1991.
Kapitel IV.: Siehe die in den Kapiteln I und III angegebene Literatur.

2. Teil

Die Zerstörung der Kulturgüter Iraks

Einleitung

> "Nein; nach dem nächstn Kriege, (also in diesem Jahrhundert noch), werden wieder lange, kulturlose Zeiträume komm'm – wie damals; zwischen 400 und 1100 – durchaus möglich, daß die Schrift verloren geht."
>
> *Arno Schmidt*

Einer der Hauptgründe unserer sechswöchigen Reise in den Irak im März/April 1992 war unser Ziel, das Ausmaß der Zerstörung der einmaligen irakischen Kulturstätten und Kulturgüter durch den Angriff der Amerikaner und ihrer Vasallen zu dokumentieren – die westlichen Zeitungen schweigen sich darüber aus, sie fanden diesen Punkt auch vor Beginn des Bombardements nicht erwähnenswert. Nach unserer Rückkehr erfuhren wir, daß die irakische Regierung vor dem Angriff ein Schreiben an alle größeren archäologischen Institute geschickt hatte mit der Bitte, den Kulturreichtum des Irak zu veröffentlichen, um so Druck auf die westlichen Regierungen auszuüben und eventuell das Flächenbombardement zu verhindern. Darüber wurde hierzulande in den Zeitungen jedoch nichts berichtet; wer hier die Informationen unterschlagen hat, wird schwerlich zu eruieren sein, doch nach unseren Erfahrungen tippen wir auf Arbeitsteilung von Presse und westdeutschen Professoren.

Die ersten öffentlichen Warnungen erschienen am 12. Februar 1991 in der 'Washington Post', in denen die amerikanischen Archäologen Dr. Robert Adams und Prudence Harper darauf hinweisen, daß man den gesamten Irak zum archäologischen Ausgrabungsgebiet erklären müßte und die durch den Krieg entstehenden Verluste für die Menschheit unersetzlich seien. Das beeindruckte Bush und seine Bomber jedoch gar nicht, der Hinweis kam auch trotz allem etwas spät, denn seit dem 15. Januar waren sogleich in den ersten Kriegstagen etliche Kulturdenkmäler beschädigt oder sogar gezielt bombardiert worden; die Zikkurat von Ur ist ein Beispiel dafür, auf sie wurden fünf Raketen abgefeuert. In der 'Frankfurter Rundschau' vom 25. Februar 1991 erschien ein Artikel mit dem Titel "Was bleibt von den Götter-Türmen?", in welchem die Bombardierung der Kulturdenkmäler angekündigt (dabei hatte sie schon lange angefangen) und entschuldigt wurde; zum Beispiel im Falle von Samarra durch die angebliche Existenz einer Giftgasfabrik, die wir jedoch an Ort und Stelle nicht fanden. Der einzige Artikel, der in dieser Zeit die Bombardierung der Kulturstätten verurteilte, stammt bezeichnenderweise von Peter Priskil und ist unter dem Titel "Kulturvandalismus im

Schatten des Vernichtungskrieges" in der Nr. 23 der 'Ketzerbriefe', der Sonderausgabe 'Golfkrieg spezial' erschienen.

Der einzige Angriff gegen diese Barbarei kam also nicht von einem Archäologen, von dem man eine Verteidigung der Grundlage seines Faches selbstverständlich erwartet hätte. Ganz im Gegenteil: die renommierte britische archäologische Fachzeitschrift 'Minerva' verbreitete in ihrer Ausgabe vom Februar 1992, daß Ur zum Glück durch den Krieg nicht beschädigt worden sei, obwohl längst Berichte der irakischen Altertumsverwaltung über das Ausmaß der Zerstörung vorlagen.

Dieses Bild veröffentlichte die Zeitschrift 'Minerva' im Februar 1992 mit folgendem Begleittext: "Amerikanische Soldaten auf der Zikkurat in Ur, einer jener archäologischen Stätten, die während des Golfkriegs nicht beschädigt wurden."

Und erhob sich doch die Stimme eines Archäologen zum Protest, so wurde er von Kollegen angegriffen, die mit Denunziation drohten, wie uns Dr. Muayad Sa'eed von einem deutschen Kollegen berichtete, der daraufhin wieder verstummte. In dem sehr verdienstvollen Buch von Ramsey Clark über die amerikanischen Kriegsverbrechen im Irak findet verwunderlicherweise der Punkt eine besondere Erwähnung, daß keine irakischen Archäologen von den amerikanischen Kriegsplanern zu Rate gezogen wurden, ein Punkt, der immer noch den Weg für eine Entschuldigung der Bombardierung des Irak offenläßt. Doch für die absichtliche Zerstörung kultureller Denkmäler, in diesem Fall Grundlage jeder Zivilisation und Kultur, die im Irak ihren Ursprung hat, gibt es keine Entschuldigung. Richard Cheney behauptete, daß die irakische Regierung absichtlich ihre Militäranlagen oder Kriegsgerätschaften wie Panzer und Flugzeuge in der Nähe von Kulturdenkmälern oder Wohngebieten untergebracht hätte, damit die Amerikaner gezwungen wären, diese mitzuvernichten und dann in der Öffentlichkeit als Barbaren dastehen würden, so laute das Kalkül Saddam Husseins. Nun, zur Vermeidung dieses Eindrucks hätten wir einen Vorschlag: Keine Einmischung der amerikanischen Regierung in Angelegenheiten, die sie nichts angehen, keine Bombardierung von Hatra, keine Tiefflüge über Ktesiphon, kein Raketenbeschuß von Ur, und der Verdacht wäre in diesem Krieg nicht aufgekommen, haben die Amerikaner doch zum Beispiel durch die Zerstörung der alten vietnamesischen Kaiserstadt Hue ihren Ruf schon genug ruiniert, aber dann lebt es sich ja bekanntlich gänzlich ungeniert.

Eine offene Frage ist, warum die Amerikaner gerade die kulturellen Stätten bombardiert haben, Raubgrabungen in archäologischen Gebieten unternommen haben, woher ihre nicht zu bremsende Zerstörungswut kommt, die nicht einmal vor historischen Denkmälern und Errungenschaften haltmacht, die Jahrtausende älter sind als die zweifelhafte Zivilisationsgeschichte der USA. Damit dürfte ein Teil der Antwort schon gegeben sein, denn Disneyland ist zwar – im Gegensatz zu den 15.000 Kulturstätten im Irak – unendlich reproduzierbar, aber auch unendlich primitiv, und Pluto wirkt neben einem Flügellöwen nun mal einfach lächerlich und ist nicht besonders dazu geeignet, Einsichten und Kenntnisse zu vermitteln und damit Selbstbewußtsein und Rückgrat zu stärken. Viele Iraker sagten uns während unseres Aufenthaltes, daß Bush mit der Zerstörung des kulturellen Erbes nichts anderes vorhabe als die Vernichtung der Identität der irakischen Bevölkerung; Kinder wie Erwachsene waren stolz darauf, Einwohner des Landes mit der ältesten Zivilisation und Kultur der Welt zu sein.

Als George Smith 1872 Teile des Gilgamesch-Epos übersetzte und dabei auf eine Geschichte stieß, die ihm in allen Einzelheiten bekannt vorkam – er hatte den Anfang der Geschichte Utnapischtims, des sumerischen Noah, entdeckt –, und veröffentlichte, versetzte er das bibelfeste England in helle Aufregung. Eine Belohnung von 1000 Guinees wurde ausgesetzt, falls es jemandem gelänge, im fernen Ninive den Rest der Geschichte zu finden; Smith nahm die Herausforderung an, und ihm gelang, was kein Mensch jemals für möglich gehalten hatte – er fand 384 Keilschrifttäfelchen, darunter weitere bedeutende Teile des Epos. Eines war George Smith danach klar, und das ließ ihm keine Ruhe mehr: Wer auch immer die Noah-Geschichte erdacht und niedergeschrieben hat, eine Eingebung des Heiligen Geistes war sie nicht, denn sie hatte ein 2000 Jahre älteres Vorbild. Durch die Möglichkeit des Vergleichs war er für die Zukunft ein skeptischerer Mensch geworden, denn sein Fund war der Beweis, daß die Bibel ältere Vorläufer hatte und damit nicht der Weisheit letzter Schluß ist. Vergleichsmöglichkeiten dieser Art wurden nun mit den Bomben der Amerikaner vernichtet. Skeptischen Menschen kann man nicht so viel Blödsinn erzählen, sie sind unerpreßbar, und das ist es, was die neuen Kolonialherren zwischen Disneyland und Coca-Cola gerade nicht gebrauchen können.

Man könnte nun auf den Gedanken kommen, daß die Archäologen die unbestechlichsten Menschen sein müßten, doch ist dieser Schluß leider falsch, wie die Geschichte der 'Minerva' beweist; denn ist jemand zur geistigen Prostitution zugunsten der Amerikaner bereit, dann nützt auch die Kenntnis dieser oder in ihrer Wirkung ähnlicher Geschichten nichts mehr. Die 'Schwäbische Zeitung' berichtete am 17. Februar 1992 von einem Archäologenkongreß, in dessen Rahmen sich die Stimmen mehrten, "die von der irakischen Regierung eine genaue Auflistung der Schäden verlangen". Diejenigen, die an der Zerstörung der kulturellen Stätten zumindest indirekt beteiligt waren, <u>verlangen</u> von dem geschädigten, in die Steinzeit zurückgebombten Land die Dokumentation ihres Elends – vae victis. Dabei hat die irakische Regierung trotz Embargo, trotz Hunger und Not der Bevölkerung, den Etat für die Altertumsverwaltung immer noch auf 7,5 Millionen Iraqi-Dinar pro Jahr belassen; das ist zwar weniger als vor dem Krieg, aber der Beweis, daß der Irak alles für die <u>Erhaltung</u> seiner Kulturschätze unternimmt. Leider kann das Geld tatsächlich nur noch zur Erhaltung verwendet werden, zum Beispiel zum Bau von Dämmen, damit in Senken gelegene unerforschte Kulturschutthügel nicht durch Überflutung vernichtet werden, und nicht für weitere Ausgrabungen. Dieser Punkt war den westlichen Archäologen keinen Tropfen Spucke oder Tinte wert, obwohl vor dem Angriff zwischen 15 und 40 Ausgrabungen jährlich stattfanden. Doch noch ein weiterer Vorschlag fiel auf dem Kongreß: "... die Kulturgüter Iraks unter die Schirmherrschaft der UNESCO zu stellen. Damit wäre der Weg für eine Bestandsaufnahme durch internationale Wissenschaftler frei." Genau dieses, eine vom Irak unabhängige Bestandsaufnahme, hatte die irakische Altertumsverwaltung der UNESCO direkt nach dem Golfkrieg vorgeschlagen, doch diese hat sich bis auf den heutigen Tag nicht gemeldet. Man kann sich sehr gut vorstellen, welcher amerikanische Zeigefinger sich da zum Veto erhoben hat, und so wird eine vollständige Schadenserhebung nicht durchgeführt werden. Natürlich waren auch unsere Zeit und Möglichkeiten als Nichtspezialisten begrenzt, doch die Ergebnisse sind exemplarisch und können auf das ganze Land übertragen werden.

Wie die Öffentlichkeit dagegen falsch informiert und in die Irre geleitet wird, zeigt der am 7. Juli 1992 in der 'Frankfurter Allgemeinen Zeitung' erschienene Artikel mit der bezeichnenden Überschrift "Unversehrte Ruinen": "Als der zweite Golfkrieg am 15. Januar 1991 ausbrach, zitterte die Welt um die Kulturstätten des Irak." Schon einmal die erste Lüge, denn hätte die Welt um die Kulturstätten gezittert und nicht vor den Bomben der Amerikaner, hätte sie zumindest den Versuch unternommen, die Zerstörung zu verhindern. "Glücklicherweise sind die Schäden an den Kulturstätten im Irak geringer, als auf Grund der Pressemitteilungen zu befürchten war. Die beschädigten Museen liegen in der Provinz." Das hinderte aber Amerikaner, Kurden und Iraner nicht an der Plünderung derselben; außerdem waren bekanntermaßen sämtliche Exponate aus dem Irak-Museum in Bagdad in die Provinzen transportiert worden. "Die Schäden (...) am (sic) Zikkurat von Ur (...) sind geringer, als Pressemeldungen befürchten ließen. (...) Vierhundert Einschüsse und Einschläge von Granatsplittern wurden registriert, vor allem an den Ziegeln der Stufenpyramide."

Durch die vierhundert Einschläge – die Zahl stimmt tatsächlich – ähnelt die Südmauer der Zikkurat eher einem Sieb als einem Tempelturm, wie anhand unserer Fotos überprüft werden kann. Mit diesen wenigen Zitaten ist die Tendenz des Artikels, der die Schäden im einzelnen recht genau aufführt, eindeutig. Das entscheidende ist jedoch der ständig wiederholte Zusatz, alles sei nicht so schlimm wie erwartet, es hätte weitaus schlimmer kommen können. Damit soll jeder weitere Bericht über das in Wirklichkeit verheerende Ausmaß der Beschädigungen an kulturellen Stätten neutralisiert und entwertet werden. Die damit verbundene Drohung, daß die Amerikaner noch weitaus mehr hätten zerstören können, wenn sie nur gewollt hätten – also seid dankbar für die Barmherzigkeit unseres gnädigen Massas Bush –, soll jeglicher objektiver Beurteilung ihrer Barbarei, deren logische Konsequenz die Verurteilung wäre, zuvorkommen. Das ist der Grund, warum über die Zerstörung der Kulturstätten keine oder verharmlosende Berichte erscheinen; Bilder von zerstörten Fabriken, von getöteten Menschen, von zerbombten Häusern sind alles Anblicke, bei denen ein gewisser Gewöhnungseffekt eingetreten ist, bei den Bildern zerbombter Tempel, Paläste oder Ruinen jedoch nicht. Wir können nur jedem unserer Leser nahelegen – die Zeiten sind schwarz genug, und die Faszination, die ein C.W. Ceram mit seinen Berichten vor 20 Jahren noch ausgelöst hat, ist weitgehend durch Video und

Fernsehen ersetzt –, die Stärkung, die ein Nicht-Archäologe wie George Smith erfahren und hinterlassen hat, aufzugreifen und dem entgegenzuwirken, daß ein in Babylon gefundenes Keilschrifttäfelchen recht bekommt: "Schaust du hin, so sind die Menschen insgesamt blöde."

I.

Durch das Bombardement direkt beschädigte Kulturstätten

Ur

Die Geschichte Urs begann im späten Neolithikum, in der Obeid-Periode, und endete ca. 400 v.u.Z., als die Stadt vermutlich verlassen wurde; die Gründe sind bis heute nicht sicher auszumachen. Die prähistorischen Schichten befinden sich tief unter den Ablagerungen der späteren, wurden jedoch durch Gräben sichtbar gemacht, zuerst von Sir Leonard Woolley, der die Stadt in den Jahren 1922-1934 ausgrub. Die Anhäufung großer Mengen Flußschlamms gaben zu der Vermutung Anlaß, daß man auf Spuren der Sintflut gestoßen sei, später stellte sich jedoch heraus, daß es sich um eine Überschwemmung des noch nicht mit Dämmen und Kanälen versehenen Euphrat handelte. Das "Ur der Chaldäer" wird in der Bibel als die Heimatstadt Abrahams bezeichnet, doch zu seiner ersten Blütezeit gelangte Ur unter der Dynastie, die von König Mes-Anepada im frühen 2. Jahrtausend v.u.Z. begründet wurde und über die uns zahlreiche Inschriften in Ur und in Tell-el-Obeid berichten. Einen der großartigsten und einzigartigsten Funde der mesopotamischen Geschichte machte Woolley am letzten Tag der Grabungszeit 1926/27, als er auf den Eingang der Königsgräber stieß, die interessantesten unter den 2.000 Gräbern, die er in Ur freilegte. Er fand hier den berühmten Dolch von Ur, mit einem Lapislazuligriff und einer Scheide, die aus so feiner filigraner Goldarbeit besteht, daß sie von Experten, die über die Fundumstände nicht Bescheid wußten, für eine arabische Arbeit des 13. Jahrhunderts u.Z. gehalten wurde. Die Gräber stammten jedoch aus der Zeit 2600/2500 v.u.Z. und bargen insgesamt einen ungeheuren Schatz in sich; die Harfe von Ur mit einem Rinderkopf aus Gold und Lapislazuli, der prächtige Kopfschmuck der Königin Puabi mit Blumen und Blättern aus Gold, Lapislazuli und Karneol, der Helm des Königs Meskalamdug aus gehämmertem Elektrum,[1] mit haarfeinen Locken und einem Zopf, den Kopf umgebend, verziert, die Statuen zweier Böcke aus Gold, Silber, Lapislazuli und Muscheln, die aufgerichtet an einem goldenen Strauch stehen, und natürlich die sogenannte Standarte von Ur, die vermutlich der Resonanzkörper eines Musikinstrumentes war. Sie besteht aus in Bitumen eingelegten Muscheln auf einem Lapislazuli-Hintergrund, deren eine Seite einen Feldzug und eine Schlacht mit Kriegswagen und kämpfenden Soldaten zeigt, die andere ein Festmahl, zahlreiche Tiere und lastentragende Menschen (vielleicht die Besiegten der umseitigen Schlacht, die den Siegern als Sklaven dienen mußten). Die diffizile Bergung und sorgfältige Konservierung der Ur-Standarte durch Woolley ist noch heute Vorbild für die archäologische Arbeit und liest sich so spannend wie ein Kriminalroman. Dieser umfangreiche Fund bewies den Reichtum, den das Königshaus von Ur besessen haben muß; die Gräber wiesen jedoch noch eine andere Besonderheit auf, die in ganz Mesopotamien keine Parallele hat und die man ansonsten aus dem China der Shang-Zeit, dem frühdynastischen Ägypten oder dem Melanesien des 13. Jahrhunderts u.Z. kennt: Am Eingang eines unterhalb eines anderen gelegenen Grabes fand Woolley die Skelette von sechs Soldaten, die Überreste von zwei vierrädrigen Wagen mit je drei Ochsen mit silbernen Zügelringen. Hinter den Wagen lagen die Skelette von fünfzig Männern und Frauen, in Festbekleidung und prächtig geschmückt, in einer anderen Grabkammer eine weitere Gruppe von Toten, wiederum festlich gekleidet und offensichtlich von einem raschen Tod ereilt, denn die Finger eines Toten berührten noch die Saiten der Harfe, auf der er gespielt hatte. Diese Gräber sind die einzigen Zeugnisse des Mitbestattens der Verwandtschaft beim Tod des Königs, der vermutlich – von späteren sumerischen Herrschern ist es bekannt – als Gott galt. Am Ende der frühdynastischen Periode war Sumer von Unruhen durchzogen, die Herrscher wechselten, und der endgültige Zusammenbruch kam mit dem Sturz König Lugalzagesis von Uruk im Jahre 2334 v.u.Z. durch den legendenbehafteten Sargon von Akkad, dessen Geschichte eine ähnliche ist wie die des Moses aus der Bibel (ein mit Bitumen versiegeltes Schilfkörbchen, das den Euphrat hinuntertreibt), aber erheblich früher schriftlich niedergelegt wurde.

Eine weitere Blütezeit Urs begann mit der Begründung der 3. Dynastie durch Ur-Nammu (2112-2095 v.u.Z.), der über Ur, Uruk und Eridu herrschte. Zahlreiche Bauten in Nippur, Larsa, Kisch, Adad und Umma entstanden auf seine Weisungen hin, und er installierte den stabilsten Verwaltungsapparat der damaligen Zeit; sein Einfluß reichte bis weit in den Norden des Landes. Durch diplomatische Bündnisse war er bei seinen Nachbarn gut angesehen. Ur war das Kulturzentrum für den Mondgott Nannar (Sin), und Ur-Nammu ließ ihm zu Ehren die berühmte Zikkurat bauen, sein Sohn Schulgi (2095-2047) vollendete sie. In der ursprünglichen Form bestand sie vermutlich aus drei Terrassen, auf der obersten befand sich der Schrein aus sonnengetrockneten Ziegeln, umgeben von einer

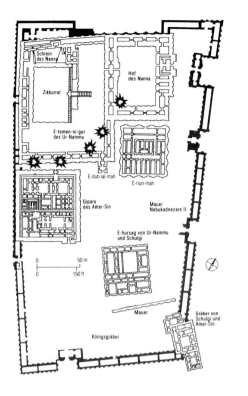

Lageplan der historischen Stätten in Ur mit Raketeneinschlägen (1-5).

dicken Schicht gebrannter Lehmziegel. 1.500 Jahre später wurde die Zikkurat, die neben denen von Uruk, Eridu und Nippur die erste dieser Art war, von Nabonid restauriert und erhielt (vermutlich) vier weitere Terrassen. Während der Regierungsperiode von Schulgi entstand die erste zentrale Verwaltung von Sumer und Akkad mit Gouverneuren und Militärkommandeuren, die für die Kontrolle und Eintreibung der Steuer außerhalb der ihm direkt unterstellten Gebiete verantwortlich waren. Durch diesen erheblichen Verwaltungsaufwand wurde unter Schulgi – der einer der wenigen Könige war, der selbst die Keilschrift beherrschte – die Schreibtechnik und die Aufzeichnungsmethode verbessert, mehr Schriftkundige ausgebildet, das bekannte Gewichts- und Maßsystem mit der Enteneinheit sowie ein neuer Kalender eingeführt. Er ist der Verfasser des ersten existierenden Gesetzbuches, das zwar noch sehr unvollständig, aber dem Hammurabi-Kodex recht ähnlich war. Seine Söhne Amar-Sin und vor allem Schu-Sin (2037-2029) bauten eine Mauer zwischen Euphrat und Tigris, um die einfallenden Amuriter abzuhalten. Doch während der Regierungszeit seines Enkels Ibbi-Sin (2028-2004) zerfiel das riesige Reich, ein Gebiet nach dem anderen wurde unabhängig, und die Elamiten machten der Dynastie 2004 v.u.Z. ein Ende, drangen in Ur ein und plünderten es. Durch die Verbesserung der Schreibtechnik und die Ausweitung der Schriftkenntnis ist die sumerisch-akkadische Periode eine der am besten dokumentierten, es existieren Zehntausende von Täfelchen über Politik, Verwaltung, Kultgebräuche, Recht, Wissenschaft und Handel, allein in Mari fand man 20.000 Exemplare.

Im Jahre 1961 ließ die irakische Altertumsverwaltung die erste Terrasse der Zikkurat wieder in ihrer ursprünglichen Form aufbauen, es wurden jedoch seit damals keine weiteren Grabungen oder Restaurierungen vorgenommen, da Ur inmitten eines Militärgebietes liegt. Wir halten das für einen unverzeihlichen Fehler der irakischen Regierung, auch wenn die Militärbasis von den früheren englischen Kolonialherren aufgebaut wurde, da die Gefahr einer Beschädigung oder Zerstörung im Kriegsfall erheblich steigt, es ist aber keine Entschuldigung für die Barbarei der Amerikaner, die Ur tatsächlich am 24. Januar 1991 um 0.30 Uhr bombardierten. Der Vorwand von Kriegsminister Cheney (sonst wird er allerdings in orwellscher Sprache "Verteidigungsminister" genannt) lautete, daß die Iraker zwei MIG-21 Kampfflugzeuge "direkt neben der Pyramide" abgestellt hätten (bezeichnend ist seine Ignoranz, ob Zikkurat oder Pyramide, Hauptsache, wir können es in die Luft sprengen, denn die Iraker scheinen daraus einen Teil ihres Selbstbewußtseins zu ziehen); nach Inaugenscheinnahme des Geländes können wir sagen, daß das unmöglich ist! Sie bombardierten nicht nur die militärischen Einrichtungen, sondern gezielt die Zikkurat. Fünf Raketen (vier große und eine kleine) schlugen in unmittelbarer Nähe des Tempelturmes ein und rissen tiefe Krater in noch nicht ausgegrabenes Gelände. Von der Hitze zerschmolzene Eisenteile der Geschosse sind über das gesamte Ausgrabungsgebiet verteilt. Zwei der großen Raketen explodierten in 50-70 m Entfernung von der Südseite der Zikkurat (die Krater haben einen Durchmesser von ca. 7 m), eine kleine ca. 50 m von der Südostecke entfernt, 20 m neben dem E-Nun-Mah Tempel aus der 3. Dynastie, in welchem zwei kleine Statuen gefunden wurden und sich noch Inschriften im Mauerwerk befinden (er wurde zum Glück durch die Bombardierung nicht beschädigt). Wiederum eine große Rakete schlug auf der Ostseite der Zikkurat, im Hof des Nannar ein, 70 m vom Turm entfernt und 30 m vom E-Nun-Mah Tempel. Ein modernes Gebäude in ca. 300 m Entfernung wurde durch die fünfte Rakete vollständig zerstört. Die Südseite der Zikkurat und der Treppenaufgang mit seinen 123 Stufen sind in ihrer gesamten Länge mit Löchern, die von Geschoßteilen und umherfliegenden Steinen in die Wand geschlagen wurden, übersät – über 400 Einschlagslöcher unterschiedlicher Größe, die kleinsten faustgroß, die größten haben einen Durchmesser von einem Meter, wurden von der irakischen Altertumsverwaltung gezählt. Auch diese Schäden wurden von westlichen Archäologen verschwiegen, die 'Minerva' schreibt in ihrer Ausgabe vom Februar 1992 als Kommentar zu einem Foto der Zikkurat, auf der sich gerade zwei amerikanische GI's tummeln: "Amerikanische Soldaten auf der Zikkurat in Ur, eine jener archäologischen Stätten im Irak, die während des Golfkrieges nicht beschädigt wurden." Dreist gelogen im Dienste der Macht,

Die Zikkurat von Ur, von Süden her gesehen. Im Bildvordergrund der Krater eines Raketeneinschlags; die Person hält ein Eisenteil des Geschosses in der Hand.

Die Zikkurat von Ur; Blick von Südosten. Im Bildvordergrund wiederum ein durch eine Rakete verursachter Krater (Hof des Nanna).

Blick von der Zikkurat nach Süden. In der Bildmitte sind drei Krater zu sehen (Pfeile). Links hinten die Grundmauern des E-Hursag-Palastes; rechts dahinter das Areal der Königsgräber, in dem Raubgrabungen vorgenommen wurden.

aber die GI's richteten auf ihrem Bildungsurlaub in Ur (oder wie soll man die Besichtigung der Zikkurat sonst verstehen; irakischen Soldaten, die dort stationiert waren, war das Betreten des Ausgrabungsgebietes strikt untersagt) noch zahlreiche weitere Schäden an: Ur, ca. 120 km nordwestlich von Basra gelegen, gehörte zu dem Teil des Landes, der im Verlauf der Bodenoffensive von amerikanischen Truppen besetzt war. Die Truppen hatten in Tell-el-Obeid, 6 km westlich von Ur, und vor allem in Tell-al-Lahm, 20 km südlich, ihre Lager aufgeschlagen, und zwar mitten in den dortigen Ausgrabungsgebieten. Sie hoben im noch unerforschten Gelände Schützengräben von 4 m Länge und 2 m Breite aus, schlugen ihre Zelte auf und nahmen die im flachen Wüstengelände aus der Luft markante Sichtpunkte darstellenden Kulturschutthügel als Landeplatz für Hubschrauber. Sie fuhren mit schweren Militärfahrzeugen über den porösen Lehmboden unzähliger Kulturschichten (allein die Zerstörung durch das Gewicht ist unvorstellbar). Sowohl in einem Tempel in Tell-el-Obeid als auch im E-Hursag-Palast in Ur fielen durch die Erschütterungen, die von den schweren Kettenfahrzeugen hervorgerufen wurden, Lehmziegelmauern um, andere Teile

Die Südwand der Zikkurat, von Einschlägen übersät (Ausschnitt).

verschoben sich. Aber selbst damit ist es nicht genug; die wackeren Kämpen wollten sich noch ein paar Souvenirs für die Wohnzimmervitrine mitnehmen, um die schöne Zeit im Irak nicht zu vergessen. Die gesamten Gebiete von Ur, Tell-al-Lahm und Tell-el-Obeid sind von Scherben, glasierten Ziegelbruchstücken, Gefäßen und anderen Zeugnissen der Vergangenheit übersät, da seit 1961 keine weiteren Grabungen stattfanden. Im südlichen Bereich des Ausgrabungsgeländes, ganz in der Nähe der von Woolley entdeckten Königsgräber, nahmen GI's Raubgrabungen vor und stahlen eine bis heute unbekannte Anzahl an Schätzen. In der ca. 10 m hohen Wand einer großen Vertiefung gruben sie mit ihren Bajonetten Löcher, zum Teil 20 cm tief mit einem Durchmesser von 30 cm. Die durch die scharfen Kanten der Bajonette entstandenen Einstiche sind deutlich zu erkennen. Täglich patrouillierten 500-700 amerikanische Soldaten über das Ausgrabungsgelände, unternahmen Raubzüge und hinterließen ihre Spuren in dem weichen, lehmigen Boden, trampelten Pfade über die unausgegrabenen empfindlichen Hügel. Auf eine Beschwerde der irakischen Altertumsverwaltung, in der sie den Vereinten Nationen die Raubgrabungen mitteilte und die Zurückgabe der gestohlenen Gegenstände forderte, erhielt sie eine kleine Kiste mit Keramikgefäßen, zum größten Teil zerbrochen und sicherlich nicht einmal ein Prozent der in Ur entwendeten Schätze (über die fast 4.500 aus den Museen gestohlenen Stücke berichten wir an anderer Stelle, die aus Ur sind jedoch in der Liste nicht aufgenommen, da sie nicht registriert waren) – ein eindeutiges Eingeständnis, aber das nützt dem Irak nichts, solange der Rest der Welt die Frage "Wieviel dürfen sich

Mit Bajonetten gegrabene Löcher in der Nähe der Königsgräber.

Stiefelabdruck eines GI nahe bei den Königsgräbern.

die neuen Kolonialherren gestatten?" mit der Verteidigung der amerikanischen Verbrechen beantwortet, sei es durch Verschweigen derselben – über Ur berichtete mit Ausnahme des verlogenen Kommentars der 'Minerva' keine Zeitung – oder durch Lethargie, Desinteresse und Feigheit.

Nimrud

"Eines Morgens stürzten von der zweiten Grabungsstelle, von der Nordwestecke des Hügels her, aufgeregte Arbeiter herbei. Sie schwenkten ihre Hacken, schrien, tanzten. Und es schien, als sei ihre Erregung ein wunderliches Gemisch aus Furcht und Freude. 'Eile, o Bey!' riefen sie. 'Gott ist groß, und Mohammed ist sein Prophet! Nimrud haben wir gefunden, Nimrud selber! Mit eigenen Augen haben wir ihn gesehen!' Layard eilte hinüber. Eine Hoffnung beflügelte seine Schritte. (...) Und dann sah er den gewaltigen Skulpturen-Torso. Es war der aus Alabaster gehauene Riesenkopf eines geflügelten Löwen."[1]

Austen Henry Layard hatte tatsächlich – obwohl er sich zuerst in Ninive vermutete – im Jahre 1845 den Nordwestpalast von Nimrud (oder Kalchu, das Kalach der Bibel) entdeckt, ausgegraben und die verborgenen Schätze nach 2.500 Jahren ans Tageslicht gefördert. Er hatte den prächtigsten der assyrischen Paläste, gebaut von Assurnasirpal II. (883-859 v.u.Z.), dem dritten spätassyrischen König, der seinen Regierungssitz von Assur nach Nimrud verlegte, entdeckt und den größten Teil der zahllosen Reliefs, Statuen, Elfenbeinschnitzereien und Goldschätze nach London transportiert, wo sie noch heute im British National Museum bewundert werden können. Nach dem Untergang des Mittelassyrischen Reiches gelang es erst Adad-ninari II. (911-891 v.u.Z.), die Vormachtstellung der Assyrer wieder zu festigen, er sicherte die Grenzen, stabilisierte die Wirtschaft und begann Expansionen in alle vier Himmelsrichtungen, bei denen er unter anderem Babylon besiegte, mit welchem sich die Assyrer direkt im Anschluß an die Schlacht verbündeten; besiegelt wurde das Bündnis durch den Austausch der Töchter als Gattinnen. Sein Sohn und sein Enkel führten erfolgreich die typische assyrische Politik fort, die hauptsächlich darin bestand, möglichst viele Völker und Gebiete zu unterwerfen und sich an ihnen zu bereichern. Ein besonderes

---

[1] Zitat aus C. W. Ceram: Götter, Gräber und Gelehrte. Roman der Archäologie. Berlin (DDR) 1980 (Reprint der Ausgabe Hamburg 1972), p. 244.

Schema der Eroberungen hatte sich bewährt: Die Assyrer empfingen unabhängige Herrscher (meist kleinere Fürsten), nahmen von ihnen Geschenke an und erklärten sie zu ihren Vasallen. Folgten weitere Tributzahlungen nicht pünktlich und vollständig, so wurde dies als Rebellion gedeutet und hatte den (immer zum Erfolg führenden) Überfall durch die assyrischen Streitkräfte und die Unterwerfung zur Folge. Die früheren Fürsten wurden durch assyrertreue Statthalter ersetzt – alles in allem ein durchaus modernes amerikanisches System, wenn man sich in Südamerika oder am Golf umschaut. War in einem eroberten Landstrich die Bevölkerung zur Unterwerfung bereit, so ließen die Assyrer meist von unnötigen Grausamkeiten ab, und das Schicksal der Besiegten bestand in der Verschleppung eines großen Teils als Sklaven, von denen zahlreiche für den Bau der prächtigen Paläste benötigt wurden, andernfalls war das Lebendigbegraben ausgewählter Vertreter durchaus an der Tagesordnung. Man kann also sagen, daß die Assyrer ein recht unsympathisches Volk waren, wiederum vergleichbar mit den Amerikanern heute. Was sie jedoch gründlich von diesen unterschied, war ihre Kunstfertigkeit, wie man sie an den Statuen, den majestätischen Flügelstieren und -löwen, den einst in schwarz, weiß, rot und blau bemalten unzähligen Reliefs bewundern kann, die allein im British Museum etliche Kilometer Museumswände schmücken und die uns die assyrische Geschichte erzählen. Gewonnene Schlachten (die verlorenen wurden unterschlagen oder als gewonnen deklariert) über mehrere Meter Stein, mit einer sorgfältigen Detailgenauigkeit im Umgang mit den besiegten Feinden, aber auch der Aufbau der Stadt, der Transport von Flügelstieren über Berge und Flüsse, der König, in einer Gartenlaube ruhend, umgeben von Dienerinnen und verschiedenen Tieren, sogar eine winzige Heuschrecke sitzt auf einem Palmenblatt. Wir konnten uns in Nimrud ausgezeichnet vorstellen, wie malerisch der Palast einst gewesen sein muß. Assurnasirpal ließ 878 v.u.Z. den Bau von Nimrud beginnen, das erste waren die acht Kilometer lange Stadtmauer, die aus 700 Millionen Lehmziegeln errichtet wurde und eine Fläche von 360 Hektar einschloß, die Wasserkanäle, der Palast, und nach 15 Jahren feierte er mit 69.574 geladenen Gästen aus allen Distrikten sowie den 16.000 Bewohnern Nimruds ein bis dahin einmaliges Einweihungsfest, während dessen zehntägiger Dauer 14.000 Schafe und 10.000 Schläuche Wein verschnabuliert wurden, wie auf einer Keilschrifttafel vermerkt ist. Nimrud war 150 Jahre lang die Metropole des Assyrerreiches, bis Sargon II. von Babylon im Jahre 722 v.u.Z. den Thron bestieg und den Königssitz nach Ninive verlegte. Die genauen Kenntnisse über die Politik, die Lebensweise, die Zeitvertreibe, von denen der beliebteste die Jagd war – eine spezielle Vorliebe war die Löwenjagd, die eher an die römischen Zirkusspiele erinnert, aber auch der Fang lebendiger Tiere, die in mittelassyrischer Tradition in Tierparks untergebracht wurden –, über die Götter und ihre Verehrungsgebräuche stammen aus jenen aufs feinste in den Stein gemeißelten Reliefdarstellungen und zahlreichen schriftlichen Quellen in Form von Tausenden von Keilschrifttafeln. Die Assyrer verfertigten die genauesten Schlachtendarstellungen, wie sie erst etliche Jahrhunderte später an den römischen Säulen des Trajan und des Marc Aurel wiederzufinden sind. Assurnasirpal II. ließ sich einen Palast bauen, dessen Fundament auf einer 120 Stufen hohen Terrasse stand, mit acht Palasttoren, jedes aus einem anderen Holz, mit feingehämmerten Kupferbeschlägen, im gesamten Nordwestpalast waren die Wände und Decken über den Reliefs mit vielfarbigen Malereien und blauglasierten Ziegeln ausgekleidet.

Auch Nimrud, nach dem Kriegsgott Ninurta benannt, was übersetzt – und passend zur assyrischen Lebensweise – "Großer Jäger vor dem Herrn" bedeutet, blieb von den Angriffen der Amerikaner und ihrer Vasallen nicht verschont. Es wurde zwar nicht direkt bombardiert, aber ein 1,5 km entfernt gelegenes landwirtschaftliches Institut wurde dem Erdboden gleichgemacht, die Lagerhallen vernichtet und die Wohngebäude für Studenten weitgehend zerstört. Am nördlichen Eingang wurde einem der 3 m hohen geflügelten Löwen durch die Heftigkeit der Druckwelle eine Hand abgerissen. Den großen äußeren Hof durchschreitend, erreicht man den 47 m langen und 10 m breiten Thronsaal, der vollständig mit Reliefs ausgestattet war, jedes 2,5 m hoch, 1,8 m breit und 20 cm dick, auf denen König Assurnasirpal in übermenschlicher Größe bei verschiedenerlei Tätigkeiten, beim Empfang fremder Gesandter, von Göttern umgeben am Lebensbaum stehend, aber auch geflügelte Götter selbst mit Vogelköpfen, gerade die rituelle Waschung von Blüten mittels eines zapfenähnlichen Gerätes durchführend, zu sehen sind. Sie tragen teilweise noch die originale Bemalung und sind in der Mitte von einem 50 cm breiten Band von Keilschriftzeichen durchzogen. Sich dem Thronsaal direkt anschließend, liegt ein Raum, der offiziellen Anlässen diente und mit 15 ebensolchen Steintafeln, die ausschließlich mit langen Keilschrifttexten beschrieben waren, ausgekleidet ist. Durch die Druckwelle und die Erschütterungen der Explosionen sind mindestens acht dieser gewaltigen Steintafeln umgestürzt und zerbrochen, teilweise in zwei, aber auch in mehrere Teile. Sie sind an zahlreichen Stellen unlesbar geworden, weil ganze Textpassagen fehlen. Daß der Inhalt der Tafeln nicht auf ewig verloren ist, ist ausschließlich der gründlichen Dokumentation der Ausgräber und der sorgfältigen Archivierung der irakischen Altertumsverwaltung zu verdanken, die zahlrei-

Geflügelter Löwe, eine der vier Portalfiguren des Nordwestpalastes. Durch die Erschütterungswellen der Detonationen wurde eine Hand abgerissen.

che Kopien und Fotografien erstellten, übersetzt sind sie noch lange nicht alle.

Im südlichen Teil des Palastes befinden sich die Grabstätten der Könige, von denen zwei erst vor einigen Jahren entdeckt wurden, die einen Goldschatz von allein 57 kg Gewicht bargen. Er wurde aus Schutzgründen vor einem erneuten amerikanischen Angriff in Kisten verpackt und irgendwo im Land versteckt (wir sprachen mit dem Entdecker der Gräber, einem alten Araber, der schon seit 50 Jahren im Palast arbeitet und natürlich sehr stolz auf seinen Fund, aber auch sehr empört über die Barbarei der Amerikaner war). In unmittelbarer Nähe dieser Gräber ist eine rekonstruierte Lehmziegelmauer von 20 m Länge und 3 m Höhe durch die Erschütterungen eingestürzt, woran man nochmals die Heftigkeit der Detonationen und die Vielzahl der Überflüge ermessen kann. Zum Zeitpunkt unseres Aufenthaltes waren die Steintafeln wieder zusammengesetzt – aber die Bruchstellen hinterlassen ewige Narben – und die Lehmziegelmauer wieder aufgebaut.

Als wir im Nordwestpalast damit beschäftigt waren, die Schäden aufzunehmen, hörten wir plötzlich das laute Geräusch eines sehr schnell und in großer Höhe fliegenden Flugzeuges. Es war das erste Mal während unseres nun schon drei Wochen dauernden Aufenthaltes – kein Wunder, ist doch der gesamte Flugverkehr über dem Irak von den UN/USA verboten worden. Das gilt aber natürlich nicht für Amerikaner, denn um diese, genauer gesagt um das Spionageflugzeug U2, das in ca. 25 km Höhe fliegt, handelte es sich. Fast täglich finden drei bis vier Spionageflüge (in Nimrud waren es drei in einer Stunde) und fünf bis acht

Scheinangriffe statt, aber dieser Punkt fand schon ausführlich in den vorangegangenen Kapiteln Beachtung.

Nimrud: Blick von der Zikkurat auf den Nordwestpalast von Assurnasirpal II.

Das 1,5 km von Nimrud entfernte landwirtschaftliche Institut, das durch siebenmalige Bombardierung völlig dem Erdboden gleichgemacht wurde.

Steintafeln mit Keilschrifttexten hinter dem Thronsaal des Nordwestpalastes. Die Tafeln stürzten während des Bombardements um und zerbrachen in mehrere Teile.

Detail einer Steintafel.

Während des Bombardements stürzte diese (rekonstruierte) Mauer im hinteren Teil des Nordwestpalastes um; sie wurde mittlerweile wieder aufgebaut.

Hatra

Mit der alten Partherhauptstadt konnte sich in ihrer Blütezeit keine andere Stadt messen, weder das 50 km südöstlich gelegene Assur noch das 130 km nordöstlich gelegene Ninive. Hatra lag günstig an der Karawanenroute Seleukia – Damaskus und kontrollierte so den größten Teil des Handels mit Indien und China, woher Seide, Edelsteine, Holz und Parfüms für den Mittelmeerraum transportiert wurden. Entstanden ist die Stadt zwischen dem 2. Jahrhundert v.u.Z. und dem 1. Jahrhundert u.Z., die großen Paläste und die eine Fläche von 6 qkm einschließenden Befestigungswälle wurden in den Jahren 80-150 u.Z. auf Weisung der "Maryas", der Herren von Hatra, gebaut. Danach setzte für 100 Jahre die Blütezeit Hatras ein, in der sich die Herrscher so leuchtende Titel wie "König der Araber" (Sanatruk I., 167-190 u.Z.) oder "Der glänzende König über die arabischen Städte" (Sanatruk II., 200-240 u.Z.) gaben, bis im Jahre 241 u.Z. die Stadt durch den Sassanidenkönig Shapur I. zerstört wurde und das Partherreich zerbrach. Die Kontakte mit dem Westen waren zahlreich, und schon mit den

Eroberungszügen Alexanders des Großen (336-323 v.u.Z.) machte sich der hellenistische Einfluß bemerkbar. Die Partherkönige bezeichneten sich selber als "Philhellenen", als Hellenenfreunde, und so wurde Hatra zu einer faszinierenden Mischung aus hellenistisch, römisch und assyrisch beeinflußter Baukunst.

Verweilen wir vor der Auflistung der Schäden noch einen kurzen Moment bei dem interessanten Volk der Parther, einerseits, da sie von den Archäologen das am wenigsten beachtete der mesopotamischen Völker waren (zumindest so lange, bis Walter Andrae, ein begeisterter und gelehriger Schüler Koldeweys, bei dessen Grabungen in Babylon er die Zeichnungen erstellte und dessen Ausgrabungstechniken er später übertraf, seine Beschreibung von Hatra im Jahre 1912 herausgab. Er wird uns noch in Assur, welches er, nach Babylon selbst von der Faszination der Archäologie gefesselt, in den Jahren 1903-1914 ausgegraben hat, begegnen) und es nicht ohne Aufwand möglich ist, sich außerhalb der römischen Originalquellen über sie zu informieren, andererseits, weil der Widerstand der Parther gegen Rom, dessen Kaiser glaubten, sie könnten Mesopotamien mühelos als Provinz dem römischen Reich einverleiben, einen Vergleich mit dem irakischen Kampf um Souveränität gegen die Amerikaner zuläßt. Man kann durchaus sagen, daß – hätten die Amerikaner nicht die ungeheure Zerstörungskraft ihrer Luftwaffe gehabt – sie vermutlich an der Kampfmoral und der Stärke der Iraker im Bodenkrieg gescheitert wären, wie die Einnahme der saudi-arabischen Stadt Khafji nahelegt. Auch den Parthern gelang es durch geschicktes taktisches Vorgehen, die als unbesiegbar geltenden römischen Legionen zu schlagen: der unverwundbaren römischen Phalanx gegenüberstehend, wandten sie sich mitten im Kampfgetümmel zur Flucht, die fest geschlossenen römischen Reihen lösten sich auf, um den zu Pferde fliehenden Feind besser verfolgen zu können, und bemerkten zu spät die tödliche Falle. Sie wurden von den – als Wüstenvolk mit hervorragenden Reitern ausgestattet – sich im Sattel umwendenden parthischen Soldaten mit Pfeil und Bogen beschossen und besiegt. Nicht nur zahlreiche römische Soldaten bezahlten dies mit dem Leben, sondern auch der Dichter Ovid, der eine Siegeshymne auf den triumphalen Sieg der Truppen Augustus' über die Parther verfaßt hatte, bekam – durch die noch sehr mangelhafte Nachrichtenübermittlung – zu spät Kunde von der Niederlage und wurde wegen Verhöhnung des Kaisers in die kleinasiatischen Sümpfe verbannt, wo er am Fieber starb. Der Provokationsgrad, den die Parther bei den Römern auslösten, muß eine ähnliche Größenordnung gehabt haben wie der Haß der Amerikaner auf den Unabhängigkeitswillen und das Rückgrat der Iraker. Wie anders ist es zu erklären, daß Ovid in seiner "Kunst des Liebens" den abgeschmackten Ratschlag an den römischen Jüngling gibt: "Liebe die Mädchen und schlage die Parther", wo diese hier doch gewiß nichts verloren haben. Und auch der Tod eines großtönenden Patriziers wie des Triumvirn Crassus, der sich damit brüstete, allein von den Zinsen seines Vermögens eine Armee unterhalten zu können, die die Parther zu schlagen vermöchte, hat ähnliche Empörung ausgelöst wie der Sturz eines fettbäuchigen Milliardenscheichleins von seinem Ölthron. Doch im Gegensatz zu den Römern – obwohl es sonst zahlreiche Parallelen gibt – hatten die Amerikaner die bestausgerüstete Luftwaffe der Welt zur Verfügung und setzten diese auch in Hatra ein.

Die Parther hatten – im Gegensatz zu ihren sumerischen und assyrischen Vorgängern – die Eigenart, sehr wenig zu schreiben. Bis heute wurden nur an die 400 aramäische, einige griechische und römische Inschriften gefunden, meistens kurze Gebete und Segenssprüche beinhaltend, deren Informationswert über die Geschichte relativ dürftig ist. Die zuverlässigsten Auskünfte geben die – häufig durch das recht geringe Alter noch in originaler Bausubstanz erhaltenen – Gebäude, die Paläste und Tempel mit wunderschönen Reliefs, wie das des säugenden Dromedars mit seinem Jungtier; sie sind somit die wichtigste Überlieferungsquelle. Hatra, das mitten in der Wüste liegt, umgeben nur von Sand und Felsen, kein strategisch wichtiger Punkt, keine Industrieanlage, kein Elektrizitätswerk, keine Eisenbahnlinie in einem Umkreis von 40 km, wurde direkt von den Amerikanern bombardiert, weil es – dem Zynismus des Weltherrschers sind keine Grenzen gesetzt – aus der Luft "wie eine moderne Militäranlage aussieht". Und flugs-flugs beeilen sich die staatstreuen Archäologen wieder, den amerikanischen Stiefel zu lecken, und – keine Ausrede ist zu blöd und der Rücken noch lange nicht krumm genug – übernehmen diese Lüge. Die 'Minerva': "Aus der Luft aber sieht die Örtlichkeit wie ein modernes Militär-Camp aus und könnte irrtümlich für ein solches gehalten worden sein." Zur Veranschaulichung für den Leser haben wir eine Luftaufnahme des "Militär-Camps" Hatra (die den Archäologen natürlich bekannt ist) in den Bildteil aufgenommen. Der Ausgrabungsleiter in Hatra, Herr Hikmat Basher Al-Aswad, erzählte uns, daß die Fahrzeuge der archäologischen Teams (von denen vor dem Krieg auch zahlreiche aus Westeuropa stammten, inzwischen sind alle Ausgrabungen bis auf weiteres eingestellt) von Flugzeugen aus beschossen und bombardiert wurden – vermutlich sahen diese wie moderne Panzer aus –, ebenso wie die Unterkünfte, und die gesamte Anlage vibrierte durch die ständigen Tiefflüge. Wir zählten insgesamt 15 Risse, die alle neu entstanden sind und von denen jeder einzelne eine akute Einsturzgefahr des betroffenen Gebäudes bedeutet. In der linken Ecke der

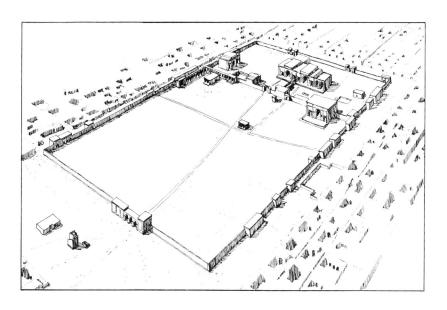

Rekonstruktion von Hatra (Abbildung aus: Memoirs of the Connecticut Academy of Arts & Sciences, Vol. XII, New Haven, Tafel I).

Rückwand des Tempels mit dem Dromedar-Relief befindet sich ein Riß von 3-10 cm Breite, der die gesamte Wand hinunterläuft, ebenso wie zwei Risse gleicher Größe in der linken vorderen Ecke. Der Tempel ist aus der originalen Bausubstanz und wurde noch nie restauriert, jetzt drohen beide Wände zusammenzustürzen. Der große Palast im Zentrum der Stadt ist in mehrere Gebäudeteile untergliedert. Auf der westlichen Seite befinden sich zwei ca. 12 m hohe Gebäude, die durch einen Hof getrennt sind, der wiederum einen Gang in einen hinteren Palastkomplex bildet. Eine dieser Häuserwände des mittleren Teils wies schon vor der Bombardierung eine so starke Schrägneigung auf, daß Stützpfeiler dringend vonnöten gewesen wären; durch die Erschütterungen sind drei Risse entstanden, jeweils ca. 2-4 cm breit und die gesamte Höhe der Mauer durchlaufend, zusätzlich hat die Wand ihre Schräglage verstärkt, so daß der Ingenieur Asmieel Rasheed, der uns gründlich und geduldig führte, meinte, er wüßte keinen Weg mehr, um den drohenden Einsturz abzuwenden. Der westliche Gebäudekomplex, der im Aufbau dem mittleren ähnelt, weist drei Risse in der 12 m hohen Mauer auf, hat jedoch glücklicherweise keine Schrägneigung. Nichtsdestotrotz besteht Einsturzgefahr. Auch diese beiden Gebäudekomplexe sind aus der ursprünglichen Bausubstanz und wurden teilrestauriert, um sie in ihrem einstigen Aussehen wiedererstehen zu lassen. Begibt man sich durch den oben beschriebenen Gang, so befindet man sich in einem Rundgang um einen quadratischen Tempel. In der südlichen Wand dieses Rundganges sind die großen Steinquader um 5-8 cm verschoben und bilden so einen breiten Spalt, und in jeder der vier brückenartigen Verbindungen zwischen Tempel und Außenmauer sind ebenfalls sämtliche Steine verschoben, jeweils ca. 2-5 cm weit. Auch dieses – wiederum original-parthische – Gebäude ist akut einsturzgefährdet. Von den in Hatra verbliebenen Statuen (der größte Teil befindet oder befand sich in den über das ganze Land verstreuten Museen, über deren Schicksal man in dem entsprechenden Kapitel nachlesen kann) und den römisch beeinflußten, mit Tier- und Menschenköpfen geschmückten Torbögen sind zum Glück keine Zerstörungen mitzuteilen, sie sind unbeschädigt geblieben. Weite Teile in Hatra werden unmöglich oder nur sehr schwer zu reparieren sein, vor allem solange der Westen seine Unterstützung und sogar die Lieferung der nötigen Geräte verweigert. Doch wer behauptet, die Amerikaner hätten diese Stadt aus Versehen bombardiert, lädt den gleichen Schuldanteil an der Zerstörung auf sich wie die Verantwortlichen.

Luftaufnahme des Palastkomplexes in Hatra, den die Bomberpiloten für ein "Militär-Camp" gehalten haben wollen (aus: Sumer - Assur - Babylon, p. 33).

An Vorbildern der griechischen und römischen Antike orientierter Tempelbau in Hatra.

Tempel mit Dromedarreliefs. Im bogenförmigen Mauerteil (Bildmitte) sind durch die Erschütterungen der Bombenabwürfe Risse aufgetreten.

Von vier Rissen durchzogene Wand im Palastkomplex.

Einer der vier Steinbögen des Rundgangs, die alle in derselben Weise beschädigt sind. Die breiten Risse signalisieren akute Einsturzgefahr.

Durch Bombendetonationen verursachte Risse am Tempel mit den Dromedarreliefs (originale Bausubstanz).

Detail der rechten Wandseite (vgl. Abb. S. 249 oben)

Detail aus der Wandmitte, das den von unten nach oben verlaufenden Riß deutlich erkennen läßt.

Rundgang mit Gewölbebogen. Durch die Wucht der Detonationen haben sich die Steine an den Fugen verschoben.

Eine weitere interessante Information erhielten wir vom Ausgrabungsleiter: Das ZDF hielt sich ein halbes Jahr vor unserer Reise in Hatra auf und dokumentierte die Schäden aufs genaueste in zahlreichen Filmen; doch diese dürften auf ewig in den Archiven vermodern, der Öffentlichkeit wurden sie bis heute vorenthalten und werden es mit Sicherheit auch weiterhin.

Ktesiphon

Am gegenüberliegenden Tigrisufer der ersten Partherhauptstadt Seleukia unter Mithridates I. (171-138 v.u.Z.) wurde im 2. Jahrhundert u.Z. die Stadt Ktesiphon gegründet und kurze Zeit nach dem Sturz des Partherreiches durch die Sassaniden wegen ihrer fruchtbaren Umgebung als Residenz des Königs erwählt. Das Sassanidenreich, das einerseits wegen des quer durch Mesopotamien führenden Handelsweges zwischen dem Mittelmeerraum und dem fernen Orient zu erheblichem Reichtum gelangte, andererseits in der Tradition der iranischen Gartenbaukunst ein Bewässerungssystem entwickelte, das an Qualität dem des 20. Jahrhunderts gleichkam und so eine einzigartige Stufe in der Landwirtschaft erreichte, stieß in Syrien und Kleinasien an die Grenzen des römischen Herrschaftsbereiches, wodurch eine beständige Konkurrenz zwischen beiden entstand. Goldene und silberne Trinkgefäße waren nach römischem Vorbild am Grund mit dem Bild des Königs verziert, Fürsten und reiche Kaufleute kleideten sich in prunkvolle, mit Perlen bestickte Gewänder. Das beeindruckendste Zeugnis der römisch-sassanidischen Rivalität ist der Bogen von Ktesiphon, der Taq-e Kisra, der die Thronhalle des ursprünglich 12 ha umfassenden Palastes von König Chosrow II. (590-628 u. Z.) überspannte. Dieser gewaltige Thronsaal mit einer Höhe von 37 m, einer Tiefe von 48 m und einer Kuppel-Spannweite von 25 m war die sassanidische Antwort auf den Bau der Hagia Sophia in Konstantinopel unter Kaiser Justinian, seine Decken und Wände waren über und über mit Mosaiken ausgekleidet, und der Boden war von einem riesigen, mit Gold und Perlen bestickten Teppich bedeckt. Von diesem Palast ist heute nur noch der Lehmziegelbogen des Thronsaales erhalten, weltweit der größte noch existierende. Um dieses einzigartige Zeugnis menschlicher Baukunst vor 1.500 Jahren zu erhalten, wurden vor einigen Jahren die linke Fassade und die Reste der rechten restauriert. Doch trotz dieser Maßnahmen weist die linke Fassade eine starke Schrägneigung nach vorne auf und hätte auch ohne den Krieg dringend einer Stabilisierung bedurft. Aber die Amerikaner haben es eventuell geschafft, diesem

Gesamtansicht der Thronhalle in Ktesiphon mit dem Lehmziegelbogen Taq-e Kisra. Die Pfeile 1-5 geben den Verlauf der Risse an (vgl. S. 253).

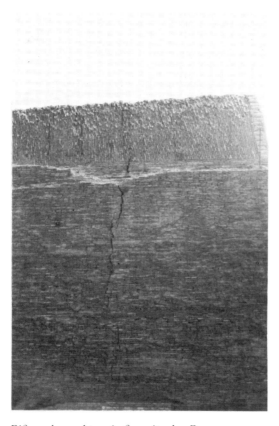
Riß an der rechten Außenseite des Bogens.

einmaligen Gewölbe ein Ende zu setzen. Während des Krieges bombardierten sie etliche Male eine ca. 1 km entfernte Atomanlage, und trotz der Treffgenauigkeit, auf die sie anderweitig so stolz sind, schlugen drei Raketen 500 m neben dem Bogen ein. Die nahe gelegene Stadt Salman Pak, die zusätzlich – in Form einer Moschee mit typisch islamischer Architektur – den Schrein Salman al-Farisis, eines Gefährten Mohammeds birgt, wurde des öfteren Opfer von Luftangriffen. Allein die Erschütterungen der Explosionen hatten ausgereicht, um den Bogen massiv zu beschädigen, aber damit nicht genug: nach Aussage des ständig dort anwesenden Angestellten und der Dorfbevölkerung von Salman Pak flogen die Amerikaner zahlreiche Tiefflüge mit geöffneten Triebwerksklappen direkt über dem Bogen. Wir selbst haben solche Scheinangriffe in Mosul erlebt, bei denen durch die Schall- und Druckwelle ganze Häuser vibrierten, der Boden unter uns schwankte und Fensterscheiben zersprangen. Die Amerikaner haben es damit geschafft, den Bogen von Ktesiphon mit seinen 7 m dicken Stützmauern, der selbst dem Ansturm der Mongolen standhielt, zu einem der durch den Krieg am meisten in Mitleidenschaft gezogenen Denkmäler zu machen: es besteht akute Einsturzgefahr. Wir zählten insgesamt vier Risse im Gewölbe, von denen ein Teil neu entstanden ist; die anderen wurden durch die Erschütterung verbreitert. Der Riß in der rechten Stützmauer zieht sich immer breiter werdend vom oberen Drittel der Gewölbekuppel bis zur Erde, an seiner breitesten Stelle mißt er ca. 20 cm, die Breite eines Lehmziegels. Dieser Riß pflanzt sich durch die gesamten 7 m bis in den Innenraum des Thronsaales fort und läuft dort in einer

Derselbe Riß an der rechten Innenseite des Bogens.

Breite zwischen 3 und 8 cm vom Dach der Kuppel bis zum Boden (Pfeil 1+2); er dürfte für die Statik des Bogens am gefährlichsten sein, doch wiederum wurden Untersuchungen darüber vom Westen verweigert. Einen weiteren Riß (2-4 cm breit) zeigt die Stützmauer in der rechten hinteren Ecke (Pfeil 3), und genau gegenüberliegend mit gleicher Breite (Pfeil 4) findet sich einer in der linken Gewölbeseite. Pfeil 5 zeigt einen 1-4 cm breiten Riß, vom Boden durch die Stützmauer bis in das Gewölbe hineinreichend. Daß unseren Größenangaben der Risse keine exakten Messungen zugrunde liegen, liegt daran, daß das gesamte Gelände von einem Zaun umgeben ist (was zum Schutz sehr sinnvoll ist, denn Ktesiphon ist ein beliebtes Freitags-Ausflugsziel der Bagdader Stadtbevölkerung) und nur Archäologen der Zutritt gestattet ist. Doch diese glänzten wieder einmal durch Abwesenheit, und so waren wir auf unsere Ferngläser und die Teleobjektive von Foto- und Video-Kamera angewiesen. Und auch Ktesiphon war der nun schon häufiger zitierten 'Minerva' nur eine müde, aber aufschlußreiche Bemerkung wert: "... Die benachbarte Stadt Salman Pak ist bombardiert worden, und anscheinend sind die Stoßwellen der Explosionen für die starken Risse im Bogen verantwortlich." Ja was denn sonst, uns ist bis heute nicht zu Ohren gekommen, daß in dieser Zeit ein Erdbeben stattgefunden hätte. In der Westpresse begründeten die Amerikaner die Bombardierung von Ktesiphon damit, daß zwei Panzer in einer Entfernung von einem Kilometer gesichtet worden seien, wahrhaftig ein Ausdruck der Arroganz der Macht, der jedoch nur durch Lethargie und Desinteresse des Restes gedeckt entstehen kann.

Samarra

Samarra hatte seine erste Blütezeit bereits 6300 v.u.Z., zwar nicht als Stadt, denn diese entstand erst knapp 2.000 Jahre später, aber als eigene Kultur, deren Einfluß sich durch den gesamten mittleren Irak zog. Man fand unter den schon sehr großen Häusern aus Lehmziegeln über 100 Gräber, hauptsächlich von Kindern und mit zahlreichen Grabbeigaben versehen, wie zum Beispiel Statuetten und Gefäße aus Alabaster, Perlen und einen völlig neuen Typ von prachtvoll bemalter Keramik: Tänzer mit wehenden Haaren, umgeben von skorpionähnlichen Wesen, zahlreiche Tierdarstellungen, meist eine Girlande um das Gefäß bildend, von denen der größte Teil bis heute nicht endgültig gedeutet werden konnte. Man müßte weiter graben, mehr Dokumente ans Tageslicht fördern.

Zu ihrer heutigen Gestalt und ihrer glänzendsten Periode gelangte die Stadt jedoch erst 836 u.Z., als der abbasidische Kalif Al-Mutasin sie zu seiner Hauptstadt erwählte und den Regierungssitz der islamischen Dynastie von Bagdad nach Samarra verlegte (dessen ursprünglicher aramäischer Name "Surra man ra'a" lautete, "Glücklich, wer sie sieht"). Etwas mehr als 200 Jahre nach dem Tod Mohammeds wurden hier von Kalif Al-Mutawakkil die größte Moschee der Welt gebaut – mit 38.000 qm bietet sie Platz für 100.000 Gläubige – sowie das bekannte, 50 m hohe Al-Malwiya-Minarett errichtet, auf welches der Muezzin fünfmal täglich (teilweise zu Pferd) hinaufstieg und betete. Dieses Minarett ist einzigartig in der moslemischen Welt, abgesehen von der Ibn-Tulun-Moschee in Kairo, deren wesentlich kleineres Minarett jedoch nur einen schwachen Abglanz dessen in Samarra darstellt. Ganz im Stil der abbasidischen Zeit sind die Mauern dieser riesigen Moschee mit ihren 44 Türmen auf einer Länge von 240 m und einer Breite von 156 m mit feinen, exakt aus den Steinen gefeilten geometrischen Stuckornamenten versehen.

Diese zwei – inzwischen auch im Zusammenhang mit dem Golfkrieg durch die Presse gegangenen – bekanntesten Gebäude in Samarra sind jedoch noch lange nicht alles, was das archäologische Gebiet aufzuweisen hat. Der gesamte Ausgrabungsbereich umfaßt 64,75 qkm und ist damit einer der größten existierenden überhaupt (als Hauptstadt des abbasidischen Kalifats bedeckte Samarra sogar eine Fläche von 155 qkm und war damit eine der größten Städte der Welt); von den zahlreichen Kulturschichten, die sich in den 8.000 Jahren Geschichte übereinander angesammelt haben, sind die meisten noch unerforscht. Es wäre eine Aufgabe für einige Jahrzehnte, dieses Gebiet zu erschließen und der Menschheit Zeugnisse ihrer bis zu 8.000 Jahren alten Vorgänger vorzustellen.

Doch was passierte mit dieser gewaltigen, zu den ältesten Kulturdenkmälern der Welt zählenden Stätte während des Golfkriegs? Wir hatten allen Grund zur Besorgnis, wurde doch schon während des Krieges in der 'Schwäbischen Zeitung' verbreitet, das Minarett "habe es erwischt", oder die Öffentlichkeit durch Rechtfertigung der Bombardierung auf die Zerstörung vorbereitet. So schrieb zum Beispiel die 'Frankfurter Rundschau' am 25. Februar 1991 in dem bereits erwähnten Artikel mit der Überschrift "Was bleibt von den Götter-Türmen?": "Das über 50 m hohe "Spindelminarett" der ersten Moschee von Sumatra" (sic! abschreiben ist wohl nicht die Stärke der Autorin, und auch wenn Indonesien zu 80% islamisch ist, haben die Moslems dort nie Bauten wie diese zustande gebracht, doch bei ihr werden auch die akkadischen Fürsten zu "akademischen Herrschern". Es lebe die Unbildung, Hauptsache die Ideologievermittlung

Das Spiralminarett von Samarra mit der Breitseite des Moschee-Gevierts.

klappt) "ist wegen seiner Lage heute noch mehr bedroht als die anderen Baudenkmäler... Was Samarra heute so gefährdet, sieht man von dort (der Spitze des Minaretts, Anm. d. Verf.) aus nicht: die militärischen Anlagen, die Giftgasfabriken. Sollten sie Angriffsziel sein, könnte das Spindelminarett dem Krieg zum Opfer fallen."

Nun, wir sind – erleichtert, daß der hämische Beitrag der 'Schwäbischen Zeitung' eine Falschmeldung war und 80 km nördlich von Bagdad am Horizont das Minarett auftauchte und die goldene Kuppel der nahe gelegenen Askari-Moschee in der Sonne blinkte – auf das Spiralminarett hinaufgestiegen und fanden einen Teil des Artikels bestätigt: von dem 50 m hohen Turm sind (trotz Einsatzes unserer Ferngläser) keine militärischen Anlagen und keine Giftgasfabriken zu entdecken. Warum? Kein Wunder aus Tausendundeiner Nacht, sondern weil sie nicht existieren. Was sich jedoch in 500 m Entfernung befindet – man muß sagen: befand – war eine Fabrik für medizinische Instrumente wie Spritzen, Kanülen, Operationsbestecke, alles was für eine optimale medizinische Versorgung der Bevölkerung vonnöten war. Diese war während des Krieges siebenmal Raketenangriffen ausgesetzt und wurde dadurch vollständig zerstört.– Nur der massiven Bauweise (am Fuß beträgt der Durchmesser 33 m) ist es zu verdanken, daß das Minarett durch diese Erschütterungen nicht zusammengestürzt ist – ob jedoch statische Schäden entstanden sind, ist bis heute unbekannt; dem Irak fehlen die nötigen Gerätschaften zur Überprüfung, der Westen verweigert die Entsendung eines Expertenteams sowie die Lieferung der Geräte wegen des Embargos. Aber noch mehr läßt sich von hier oben erblicken: das einmalige riesige Ausgrabungsgelände ist in einem Umkreis von etlichen Kilometern zerpflügt, von Bombenkratern übersät und gleicht durch und durch einer Mondlandschaft. Kein Gedanke an die mehr als 13 Kulturschichten, an Alabastergefäße und Keramik, an Tänzer und Tierdarstellungen – diese wurden pulverisiert, als hätten sie nie existiert. Der Schaden, der durch die Bombardierung Samarras entstanden ist, wird nie ermessen werden können, da der größte Teil dieses Gebietes unerforschtes Neuland war und damit eine Goldgrube für jeden Archäologen darstellte. Doch selbst die archäologische Fachzeitung 'Minerva' rechtfertigte in ihrer Ausgabe 2/1991 die Zerstörung, indem sie den amerikanischen Vorwand unbesehen übernahm: "In Mitleidenschaft gezogen wurde Samarra durch die Luftangriffe auf die nahegelegene wichtigste Chemiewaffen-Fabrik des Irak." Kein Bedauern, keine Verurteilung der Bombardierung, der Krieg fordert nun einmal seine Opfer, und auch wir Archäologen müssen zur Zerstörung Iraks unser Scherflein beitragen. Was dem Zahn der Zeit in 8.000 Jahren nicht gelang, schafften die Amerikaner und ihre Vasallen in wenigen Tagen.

II.

Sekundär beschädigte Kulturstätten

Assur

Die Assyrerhauptstadt Assur liegt auf einem Felsvorsprung über dem Tigris, doch ihre Geschichte ist älter als die des Stammes der Assyrer, denen die Stadt ihren Namen gab, und sie überstand Aufstieg und Fall aller drei Dynastien. Erstmals besiedelt wurde das Gebiet der späteren Stadt um 3000 v.u.Z., einer Zeit, in der sich in ganz Südmesopotamien Gemeinden bildeten, die straff organisiert waren. Die ersten Herrscher Assurs waren "Könige, die in Zelten wohnten", und wenig später (zwischen 2800 und 2700 v.u.Z.) wurde der Ishtar-Tempel, der älteste Tempel Assurs, erbaut, in welchem zwei frühdynastische Statuen gefunden wurden und dessen Inneneinrichtung viel über das Leben vor 4.800 Jahren berichtet. Bereits im 2. Jahrtausend v.u.Z. gründeten die Kaufleute Assurs Handelskolonien in Anatolien; Assur gehörte zum großen Reich Schamschi-Adads I. (die Angaben seiner Regierungszeit differieren zwischen 1813-1781 und 1749-1717), der zahlreiche Tempel dort bauen ließ; später geriet es unter die Herrschaft der Könige von Mitanni. Nach dem Untergang des Mitanni-Reiches expandierte Assur erneut, in der Mittelassyrischen Periode jedoch lösten sich fähige und unfähige Herrscher ab, die letztendlich zum Untergang der 2. Dynastie führten. Unschlagbar war die Militärmacht der aufeinanderfolgenden Könige Adad-ninari (1305-1274), Salmanassar I. (1273-1244) und Tukulti-Ninurta (1243-1207), der 1207 v.u.Z. von seinem Sohn ermordet wurde, und im Verlauf weiterer 180 Jahre zerfiel das Reich wieder, das sich vorher vom Euphrat bis in die Berge Irans erstreckt hatte. Die Könige der Jungassyrischen Periode verlegten den Regierungssitz zwar nach Nimrud, pflegten Assur aber als religiöses Zentrum ihrer Dynastie, und Salmanassar III., ein Sohn Assurnasirpals II., errichtete auf den Grundfesten des inzwischen 2.000 Jahre alten Ishtar-Tempels einen neuen, wesentlich größeren. Um diesen Tempel in seiner damaligen Gestalt wieder erstehen zu lassen, bemühten sich seit den Grabungen Walter Andraes zahlreiche Archäologen, 1980 wurde sogar eigens dafür eine Lehmziegelbrennerei nach Assur befördert und der Wiederaufbau begonnen. Doch

Die Zikkurat von Assur am Tigrisufer.

auch Assur ist ein Opfer des US-Angriffs geworden, nicht durch direkte Bombardierung, sondern durch das Embargo und seine Folgen, das heißt die fehlenden Geldmittel, um die Grabungen und Rekonstruktionen weiterführen zu können, zusätzlich durch den Mangel an Ersatzteilen und nicht zuletzt durch den Abzug aller westlichen Archäologen. Der teilweise rekonstruierte Ishtar-Tempel liegt brach und ist vor dem erneuten Verfall nur durch Plastikplanen geschützt, wie Dr. Muayad Sa'eed der Zeitschrift 'Middle-East' in einem Interview im März 1992 mitteilte (dessen Veröffentlichung allerdings keinerlei Konsequenzen hatte) und wovon wir uns an Ort und Stelle überzeugten. Aber auch das dortige Museum, das für einen nicht abzusehenden Zeitraum geschlossen wurde, ist in einem bedauernswerten Zustand: die Fensterscheiben zerbrochen, die Tür mit Brettern vernagelt; es bedürfte dringend regelmäßiger Wartung. Das gesamte Ausgrabungsgelände ist von Keramikbruchstücken bedeckt, die in verschiedenerlei Weise bemalt sind und in ein Museum gehörten, jetzt aber der Witterung preisgegeben sind. So erfuhren die verdienstvollen aufwendigen Ausgrabungen von Walter Andrae, der dafür spezielle, noch nie angewandte Techniken entwickelte, und seinen Mitarbeitern nur eine kurze Zeitlang die Wertschätzung, die sie verdienen.

Kisch

Kisch, 100 km südlich von Bagdad gelegen, war schon in der Obeid-Zeit besiedelt, zu seiner eigentlichen Blüte gelangte es aber im 3. Jahrtausend v.u.Z., es wurde der erste Stadtstaat Mesopotamiens. In der sumerischen Königsliste wird es als erste Dynastie nach der Flut erwähnt, ein Teil der Angaben konnte durch Grabungen bestätigt werden: "5 Städte, 8 Könige regierten 241.200 Jahre. Dann kam die Flut. Nachdem die Flut gekommen und das Königtum vom Himmel gestiegen war, wurde Kisch der Sitz einer Königsdynastie." Es werden 23 Könige von Kisch aufgeführt, der 22. ist Enmebaragesi, "der die Waffen des Landes Elam als Beute davontrug, König wurde und 900 Jahre regierte". Inschriften von König Mebaragesi ("En" ist der Titel) wurden auf Vasen und in einem Tempel östlich von Bagdad gefunden, damit war eine neuartige Datierung möglich. Sein Sohn, König Aka von Kisch, soll nach einem sumerischen, 115 Zeilen umfassenden Epos mit Gilgamesch von Uruk in Kämpfe verwickelt gewesen sein, und tatsächlich ging in dieser Zeit das Königtum von Kisch nach Uruk über. Bei allen Kämpfen um die Vormachtstellung in Süd-Mesopotamien spielte die Einnahme

Die Frontfassade des Palastes aus der Mesalim-Zeit.

Witterungsbedingte Schäden am Palastkomplex von Kisch: Große Stücke brechen aus der Mauer heraus, der Erosionsprozeß beschleunigt sich.

von Kisch eine entscheidende Rolle, da die Stadt als erster Dynastiesitz nach der Flut eine besondere Bedeutung hatte. Herrscher wie König Mesalim (2700 v.u.Z.), Sargon II., Hammurabi, Nebukadnezar und andere ließen während ihrer Regierungszeiten Paläste und Tempel in Kisch bauen. Der auffälligste Bau, den man schon von der inzwischen nahebei verlaufenden Autobahn sieht, ist die rote Zikkurat auf dem Tell-Al-Uchaimir, die Sargon zu Ehren des Kriegsgottes und Schutzherren von Kisch, Zababa, hatte errichten lassen. Man fand einen riesigen sumerischen Palast aus der Zeit Mesalims, Reste von sassanidischen Häusern, zwei weitere Zikkurats und zwei Tempel, die König Nebukadnezar im 7. Jahrhundert v.u.Z. bauen ließ. In der Nähe des Tell-el-Hazneh wurde eine große Anzahl Schrifttäfelchen gefunden, wodurch der Hügel zu seinem Namen kam: 'Hazneh' bedeutet Schatz. In Kisch wurden schon vor einigen Jahren Grabungen vorgenommen, und für das Frühjahr 1992 hatte sich ein japanisches Archäologenteam angekündigt – aber wieder war zum Zeitpunkt unseres Aufenthaltes unklar, ob die Grabung nicht doch abgesagt wird. Zwischen den Hügeln ziehen sich Pfade durch die Ruinen; auf dem empfindlichen, porösen Lehm hinterläßt jeder Schritt einen 3 cm tiefen Abdruck. An mehreren Stellen sind große Teile aus den Ruinen abgebrochen und abgerutscht, durch den Regen werden sie dann endgültig aufgelöst. Um der Hungersnot, die durch das Embargo ausgelöst wurde, ein wenig Abhilfe zu leisten, sind Teile des Ausgrabungsgebietes zur landwirtschaftlichen Nutzung freigegeben worden, was für die Ruinen aus Lehmziegeln natürlich tödlich ist – unseres Erachtens eine sehr fragwürdige Maßnahme. Der Grund für diese Maßnahme ist natürlich ein humanitärer und nur durch die erbarmungslose Erpressung via Embargo zustande gekommen, das einen eisernen Ring um den ganzen Irak legt.

Uruk

Uruks Mauer

Schau auf der Mauer Fries, der glänzt wie Erz,
Blick auf den Sockel, der da ohnegleichen,
Rühr an die Schwelle, die seit alters steht,
Nah dich Eanna, Ishtars reinem Wohnsitz:
Kein künftiger Fürst, kein Mensch kann solches schaffen!
Ersteige Uruks Mauer, schreit' sie ab,
Blick auf die Gründung, sieh das Ziegelwerk,
Ob es nicht völlig aus gebranntem Stein:
Die sieben Weisen legten ihren Grund! [1]

Diese stolzen Worte auf den ewigen Wall Uruks, das Werk König Gilgameschs im 3. Jahrtausend v.u.Z., sind die Einleitung des ersten großen Epos der Weltliteratur, des Gilgamesch-Epos, das die Abenteuer und Taten des sagenumwobenen Halbgottes und Königs von Uruk und seines Freundes Enkidu erzählt. Zuerst niedergeschrieben wurde es in verschiedenen Einzelgeschichten in der letzten Blütezeit Sumers, der 3. Dynastie Urs, und fast 500 Jahre später hat es ein altbabylonischer Dichter, der noch die Sintflutgeschichte von Utnapischtim, dem sumerischen Noah, hinzufügte, in eine fortlaufende Geschichte auf 12 Tontafeln umgeschrieben. Nach zahlreichen gemeinsam bestandenen Abenteuern, die aber den frühen Tod Enkidus zur Folge hatten, gilt Gilgameschs einziges Streben,

---

[1] Das Gilgamesch-Epos. Eingeführt, rhythmisch übertragen und mit Anmerkungen versehen von Hartmut Schmökel, Stuttgart-Berlin-Köln, [8]1992, p. 23 seq.

diesen Zwang der Natur zu überwinden und unsterblich zu werden. Es war ihm, dessen Name übersetzt "Der Alte ist ein Held" bedeutet, nicht vergönnt, obwohl seine Regierungszeit nach einer sumerischen Königsliste 126 Jahre währte. Aber Uruks Mauern stehen in ihrem Grundriß noch heute.

Der endgültige Übergang von Dorfzusammenschlüssen zur Stadt vollzog sich zwischen den Jahren 4300 und 3450 v.u.Z., und schon in dieser Zeit war Uruk die bedeutendste Stadt Mesopotamiens. Zu ihr gehörten zwei Kulturzentren: Kullaba mit dem Tempel des Himmelsgottes Anu, und Eanna mit einem Tempel zur Verehrung Inannas, der späteren Liebes- und Kriegsgöttin Ishtar. In Eanna wurden die ersten Schriftstücke gefunden, ca. 600 Lehmtäfelchen mit Zeichen; jedes entsprach einem Wort oder Begriff und war mit einem spitzen Griffel in den Lehm gedrückt worden. Die ältesten wurden 3300 v.u.Z. geschrieben. Wenig später waren bereits 700 Zeichen geläufig, die Schrift wurde weiterentwickelt und war abstrakter geworden, die Anordnung komplexer. 3.000 Tafeln dieser Phase stammen aus Uruk, meist beinhalten sie Wirtschaftsdaten. Die Keilschrift, wie sie uns bekannt ist, entstand in der frühdynastischen Periode (2900-2334 v.u.Z.), die mit der Thronbesteigung Sargons von Akkad endete. Die Schrift war linear und wurde mit einem kantigen Gegenstand in weichen Lehm gedrückt; sie war um 90° gedreht worden, so daß die Schriftzeichen waagerecht lagen. Zum ersten Mal wurden Briefe, Geschichten, Gebäudeinschriften und Gebete neben den Wirtschaftstexten schriftlich festgehalten, der Grundstein für jede weitere Literatur war gelegt.

Uruk war von Anfang an Ausgrabungsgebiet deutscher Archäologen. Der im Laufe der Zeit vielfach überbaute und vergrößerte Tempel in Eanna ließ sie auf die unterschiedlichsten Zeugnisse in der jeweiligen Kulturschicht stoßen: eine Doppeltreppe mit einer Säulenreihe, verziert mit vierfarbigen Mosaiken aus kegelförmigen Ton- und Steinstiften, die, als Zick-Zack-Band oder geometrisches Muster angeordnet, in den Lehmverputz gesteckt wurden. Für eine spätere Vergrößerung benötigte man Balken von mehr als 10 m Länge. Vermutlich stammten sie aus dem Zedernwald des Amanus-Gebirges und wurden über den Landweg nach Uruk transportiert, auch eine Heldentat Gilgameschs, wenn man sich an das Epos hält. Man fand den Anu-Tempel, wegen seines Gipsputzes auch weißer Tempel genannt, der ein Vorläufer der Zikkurats war, des weiteren Tierknochen und Brandopferreste, einen Schatz mit wertvollen Gegenständen wie feingeschnittene Rollsiegel (auch bei diesen stammen die ältesten bekannten aus Uruk, sie wurden auf die zweite Hälfte des 4. Jahrtausends v.u.Z. datiert), Keramik aller Art, Schmuck aus Gold, Silber, Lapislazuli, Karneol und anderen

Rekonstruierter Tieftempel im frühsumerischen Tempelbezirk Uruks. Rechts hinten im Bild sind die von einer deutschen Grabungsexpedition bereitgestellten Steine zu sehen, die seit August 1990 ihrer weiteren Verwendung harren.

Materialien. Bis heute ist das gesamte Gelände übersät mit Scherben, glasierten Ziegeln, Kegelstiften in rot und schwarz, wir konnten stundenlang durch das riesige Ausgrabungsgelände wandern, das wir wegen sich eventuell in der Nähe verbergender schiitischer Verbände nur unter Polizeischutz besichtigen durften. Schon seit Jahrzehnten führen deutsche Archäologen dreimonatige Grabungen, meist eine pro Jahr, durch und haben große Teile von Uruk freigelegt, es bleibt allerdings für weitere Jahrzehnte immer noch genug in der Erde verborgen. Auf dem Gelände wurde eigens für den Materialtransport eine kleine Eisenbahn aufgebaut, es war begonnen worden, einen frühsumerischen Tempel wieder aufzubauen; die dafür herangeschafften Steine befinden sich noch an Ort und Stelle. Doch seit dem Golfkrieg wurden alle Grabungen abgesagt, die Archäologen kommen nicht mehr, die Eisenbahn steht still, und die Rekonstruktionen sind wieder dem langsamen Verfall ausgesetzt. Teils wurden wegen des Embargos die Gelder für die Grabungen gestrichen, teils wollten die Archäologen selber nicht mehr in den Irak; den Amerikanern Gehorsam zu demonstrieren, ist offensichtlich wichtiger, und so neigt sich auch für Gilgameschs ewige Mauer nach fast 5.000 Jahren die Zeit dem Ende zu.

Babylon

"bab-ilu", das akkadische Wort für "Tor des Gottes", beschreibt eine der legendärsten Städte in Mesopotamien, die durch die Grabungen Robert Koldeweys von 1899 bis 1917 wieder aus der Versenkung auftauchte. Zwei der sieben antiken Weltwunder wurden hier errichtet, die Hängenden Gärten von Semiramis, die sich im Süden der Stadt befinden, und die Stadtmauern, von denen die äußere acht Kilometer lang und nach dem Bericht Herodots so breit war, daß ein vierspänniger Wagen auf ihr wenden konnte; auch in den christlichen Legenden fand die "Hure Babylon" Erwähnung, vor allem durch den Bau von Etemnank, dem Turm zu Babel, nach dem man lange suchte und für den irrtümlicherweise sowohl die Zikkurat von Borsippa als auch die von Agar-Quf gehalten wurden.

Babylon wurde das erste Mal unter König Hammurabi (1792-1750 v.u.Z.) zum kulturellen und religiösen Zentrum. Hammurabi führte das erste umfangreiche Gesetzesbuch mit 282 Artikeln ein, den Kodex Hammurabi, der Handelsrecht, Familienrecht, Preise, Löhne, Eigentumsrecht und Sklavereivorschriften enthält. Die erste Dynastie wurde 1595 v.u.Z. von den Hethitern unter Murschili gestürzt und die Stadt zerstört. Seine zweite und letzte Blütezeit hatte Babylon im 7. Jahrhundert v.u.Z., als König Nabopolassar (625-605 v.u.Z.) die Assyrer schlug und zusammen mit seinem Sohn Nebukadnezar II. (604-562 v.u.Z.) die Stadt wieder in ihrem einstigen Glanz aufbauen ließ. Im 6. Jahrhundert fiel Babylon an das Perserreich, später wurde es endgültig von Alexander dem Großen eingenommen, der Babylon zu seiner Hauptstadt machen wollte, jedoch vor Vollendung seiner Baupläne im Jahre 323 v.u.Z. starb.

Robert Koldewey, der Babylon entdeckte und es unter Gefahren und Schwierigkeiten aufs sorgfältigste ausgrub – wer kennt nicht die Löwen, Stiere und Drachen des blau-gelb glasierten Ishtar-Tors – und vor Plünderungen bewahrte, gab seinen Grabungsbericht zusammen mit den Zeichnungen Walter Andraes 1912 heraus. Seit dieser Zeit nahmen die Grabungen in Babylon kein Ende, seit etlichen Jahren werden die Paläste wieder in ihrer ursprünglichen Form aufgebaut – das Ishtar-Tor, der 52.000 Quadratmeter große Palast Nebukadnezars II., der Tempel des Nabu, die Prozessionsstraße und der Tempel von Nin-mach. In den kommenden Jahren sollten die innere Stadtmauer, die Nebukadnezar-Brücke und ein Teil der Prozessionsstraße wiederaufgebaut werden; diesem Plan wurde allerdings durch den US-Angriff ein Ende gesetzt. Babylon wurde zwar nicht bombardiert (in der Provinz Babylon wurde indessen der Nabu-Shakhari-Tempel direkt beschädigt), doch müssen aufgrund des Embargos und wegen des notwendigen Wiederaufbaus des Landes die Gelder für die Restaurierungen gestrichen werden. Damit ist auch Babylon wieder dem schleichenden Verfall preisgegeben.

Das Ishtar-Tor in Babylon (Kopie) mit seinen fortlaufenden Reihen von (im Original bemalten) Tierreliefs. Oben der Stier als Attribut des Wetter- und Sturmgottes Adad, in der Mitte das drachenartige Fabelwesen Muchschuch, Tier des Stadtgottes Marduk.

Borsippa

Borsippa war eine heilige Stadt Babylons, die Stadt des Gottes Nabu mit seinem Tempel Ezida, aus welchem anläßlich des alljährlichen Neujahrsfestes der Marduk-Priester goldene und hölzerne Nabu-Statuen 25 km durch die Wüste nach Babylon trug, die dann am sechsten Tag des Festes geköpft wurden. Tiglatpilesar III. (744-727 v.u.Z.) gelang nach einer langen Schwächeperiode seiner Vorgänger der erneute Aufstieg des Assyrerreiches, er wurde König von Sumer und Akkad und ließ sich in den heiligen Tempeln von Babylon, Borsippa und Kutha die Überreste der Opfergaben überreichen, eine Ehre, die ansonsten den babylonischen Königen vorbehalten war. Xerxes I., ein Sohn des Darius (welcher wie sein Vorläufer Kyros den Ruf eines toleranten Herrschers hatte), war wesentlich strenger als sein Vater; er ließ im Jahre 482 v.u.Z. als Strafe für wiederholte Aufstände der Priesterschaft die Zikkurat von Borsippa zerstören und beschlagnahmte die goldene Statue des Marduk aus Esagila. Damit konnte das Neujahrsfest, das bedeutendste Ereignis für die Bevölkerung, nicht mehr stattfinden, erst sein Nachfolger Artaxerxes ließ den Marduk-Kult wieder zu und gab den Prie-

Die 40 m hohe Zikkurat von Borsippa.

Bruchstücke von Keilschrifttafeln auf der Zikkurat von Borsippa.

stern die entwendeten Statuen zurück.

Borsippa wurde zum ersten Mal von Robert Koldewey während dessen Grabungen in Babylon untersucht und vor der Plünderung durch Ziegelräuber bewahrt. Diese stahlen in Borsippa, Babylon und anderen Stätten das begehrte Baumaterial für den Aufbau von Dämmen und Kanälen. Koldewey übte, soweit es in seiner Macht stand, Druck auf die türkische Verwaltung aus, und diese verhinderte durch regelmäßige Kontrollen die weitere Abtragung der Zikkurat von Borsippa.

In Borsippa wurde seit Koldewey nie systematisch gegraben, nur die Reste der 40 m hohen Zikkurat mit Eisenstangen vor dem Einsturz bewahrt. Nach einer längeren Fahrt durch die von Kanälen durchzogene Wüstengegend, die auf diese Weise leidlich fruchtbar gemacht wurde, erreichten wir die Stätte und fanden sie übersät von zerbrochenen, mit Keilschrift beschriebenen Ziegeln, auf einigen Blöcken der Zikkurat die typischen Namenszeichen ihrer Bauherren. Die trotz des fortschreitenden Verfalls beeindruckende Zikkurat, von der man einen weiten Ausblick über das flache Land hat, ist von Vögeln bewohnt, die die Mauerritzen als Brutplätze nutzen, und immer wieder bröckeln kleinere Ziegelstückchen herab. Borsippa ist kein abgeschlossenes Gelände wie Assur, das heißt nicht durch einen Zaun geschützt, und auf den unausgegrabenen Kulturschutthügeln ziehen sich Wege von Fußspuren den Hang hinauf zur Zikkurat. Auch hier wäre dringend eine dauerhafte, regelmäßige Pflege als Schutz vor weiterem Verfall nötig. Dr. Muayad Sa'eed erzählte uns, daß ein österreichisches Archäologenteam eine Grabung für April/Mai 1992 geplant hatte, dies allerdings vor dem Krieg, und zum Zeitpunkt unseres Aufenthaltes sah es eher so aus, als ob sie wieder abgesagt würde.

III.

Moscheen und Kirchen

Beruhigend wirken sollte die Verlautbarung der englischen Regierung vom 28. Januar 1991, in der sie ihre Diplomaten in den islamischen Ländern anwies, den dortigen Regierungen zu versichern, daß während des Angriffs auf den Irak keine religiösen Heiligtümer beschädigt oder zerstört würden. Verlogen war sie, da zu diesem Zeitpunkt – mitten während des Flächenbombardements – ein Teil der über das ganze Land verteilten Moscheen und Kirchen schon zerbombt, ausgeraubt oder abgebrannt war; bis zum Ende des Krieges wuchs die Zahl auf 157 zerstörte Moscheen und 15 Kirchen. Einige wollen wir exemplarisch vorstellen.

Die zerstörte Al-Kawaz-Moschee in Basra.

Schon in der ersten Kriegswoche wurde die Al-Kawaz-Moschee, die älteste Moschee Basras, die im Jahre 1514 erbaut wurde, also während der abbasidischen Periode, direkt von einer Rakete getroffen. Die Kuppel der Moschee, ursprünglich mit leuchtenden grün, schwarz, weiß und blau glasierten Kacheln bedeckt, wurde durch den Einschlag zu drei Vierteln abgesprengt, der Kern des Gewölbes steht als trauriger Überrest. In einer Umgebung von 300 m kann man die Bruchstücke der bunten Kacheln finden. Ein wenig jüngeres benachbartes Minarett wurde durch umherfliegende Splitter leicht beschädigt, die Moschee dagegen ist für immer verloren. Sie befand sich im südlichen Teil Basras mitten auf einer Verkehrsinsel in einem reinen Wohngebiet, damit bleibt keine Ausrede für die Bomber und ihre Auftraggeber, es hätte sich um ein Versehen gehandelt.

Auf eine weitere Moschee Basras, die ca. 2 km vom Hafen entfernt liegt, wurden drei Raketen abgefeuert; nur eine Wand des Gebäudes ist stehengeblieben. Sie wurde im Jahre 1580 gebaut, und wiederum waren Kuppel und Wände mit glasierten Kacheln ausgekleidet, diese jedoch noch farbenfroher und mit feineren Mustern und Schrift versehen. Auch dieses Gelände ist übersät mit Kachelresten, immer wieder findet man zwischen den Trümmern Teile der Raketen aus 2 cm dickem Eisen, von der Hitze zerschmolzen und verbogen, als sei es Aluminium. Bei der Bombardierung dieser Moschee starben zwölf Menschen, vier im Gebäude selbst, acht in einem nahe gelegenen Haus; der Krater, 3 m tief und mit einem Durchmesser von 6 m, ist knapp 3 m von der Ruine des Hauses entfernt.

Die zweite, völlig zerstörte Moschee in Basra.

Die prächtige Kuppel wurde vollständig pulverisiert...

... und nur einige Kachelreste sind übriggeblieben.

In Mosul mußte der Schrein des Imam Yahya, der Mashad Yahya Abul Kassem, ein Mausoleum aus dem 13.Jahrhundert, das für seine beeindruckende Innenausstattung bekannt ist, geschlossen werden, da der aus Gipsstein gebaute 25 m hohe Dom einzustürzen droht. Risse im Mauerwerk wurden durch das Bombardement vergrößert und werden es weiterhin durch die täglichen Scheinangriffe der amerikanischen Tiefflieger über Mosul. Vor dem Krieg war eine italienische Firma mit der Restaurierung des Mausoleums beschäftigt, doch verfügt der Irak nicht mehr über ausreichende Finanzmittel, um den Auftrag aufrechtzuerhalten, wie Dr. Muayad Sa'eed der Zeitschrift 'Middle East' im März 1992 mitteilte; die Italiener sagten nur, daß es ihnen aufgrund des Embargos unmöglich sei, die Arbeiten wieder aufzunehmen. Auch die Mar Tuma, die St. Thomaskirche, mit 900 Jahren eine der ältesten Kirchen Mosuls, sowie die syrisch-katholische Al-Tahiras-Kirche, die zuletzt im Jahre 1743 renoviert wurde, sind durch die Bombardierung der Stadt in Mitleidenschaft gezogen worden; ferner wurde das Marmetti-Kloster, dessen Geschichte bis ins 4. Jahrhundert reicht, bombardiert. Risse in den Mauern durch die Explosionserschütterungen, Beschädigungen der Fassaden durch umherfliegende Trümmer und Granatsplitter sind Schäden, die viele der sich in der Umgebung Mosuls befindenden Klöster und Kirchen aufweisen.

In Bagdad wurde die Marjan-Moschee, die im Jahre 1357 als Koranschule errichtet wurde, architektonisch im typisch abbasidischen Stil gebaut und mit feinen Stuckornamenten, vor allem am großen Eingangsportal, versehen ist, durch die Bombardierung des Stadtteils um die Rashid-Straße beschädigt. Granatsplitter und Steine zerschlugen Teile der Stuckornamente, von denen jedes einzelne in mühseliger Handarbeit nachgearbeitet werden muß. Auch die Qabalanija-Moschee weist Schäden durch indirekte Bombardierung auf, wie das irakische Ministerium für Kultur und Information der UNESCO mitteilte.

Dieser kleine Ausschnitt aus drei Städten, den wir hier ausführlicher beschrieben haben, steht exemplarisch für die Zerstörung von Moscheen und sakralen Gebäuden im gesamten Irak. Einige Moscheen, die nicht im amerikanischen Bombenhagel beschädigt wurden, hatten unter den gegen Ende des Krieges einfallenden iranischen Marodeuren zu leiden, von denen als Beispiel der Al-Abbas-Schrein in Kerbala im ersten Kapitel erwähnt wurde. Ja: "Religiöse Heiligtümer werden nicht beschädigt", so lautete die Lüge, mit der die islamischen Regierungen der umliegenden Länder abgehalten werden sollten, ein Verteidigungsbündnis mit dem Irak einzugehen und ihn wenn schon nicht aus politischen, so doch aus religiösen Gründen zu unterstützen.

IV.

Gebäude aus der abbasidischen Periode und historische Stadtviertel

Die arabischen Kalifen der abbasidischen Epoche erreichten nicht nur durch die Paläste und Moscheen, die sie erbauen ließen, eine neue, höhere Stufe in der Entwicklung der Architektur, sondern waren auch am Fortschritt der verschiedensten Wissenschaften interessiert, die sie erheblich unterstützten. Der 37. Kalif, Al-Mustansir Billah, der von 1227 bis 1242 u.Z. regierte, ließ die nach ihm benannte Mustansirija-Universität errichten, die nach sechsjähriger Bauzeit im Jahre 1234 fertiggestellt wurde. Das rechteckige Gebäude aus Ziegeln hat eine Länge von 105 m und umfaßt eine Fläche von fast 5.000 qm. Die Außenfassade, die ein großes arabisches Schriftband trägt, ist immer wieder von größeren Stuckornamenten durchbrochen, am beeindruckendsten ist das fast 16 m hohe Eingangsportal, dessen Bögen, mit feinen geometrischen Stuckarbeiten verziert, in der Sonne ein verwirrendes Licht- und Schattenspiel zeigen. Der Innenhof ist von doppelstöckigen Arkaden eingerahmt, deren Bögen alle gleich kunstvolle, aber lauter verschiedene Ornamentverzierungen aus filigran gemeißeltem Stein tragen. Der Gebäudekomplex bestand neben den Lehr- und Wohnräumen aus einer eigenen Moschee, einem Krankenhaus, einer Apotheke, einem Bad, einem Garten und einer Bibliothek, die 80.000 Bände umfaßte. Diese wurden bedauerlicherweise von den das Land überfallenden Mongolen unter Hulagu, einem Nachkommen Dschingis Khans, im Jahre 1258 und unter Tamerlan im Jahre 1400 verbrannt – nach fast 600 Jahren haben sie in den Amerikanern würdige Nachfolger gefunden. Gelehrt wurde an der Universität Mathematik, Medizin, Arabisch, Astronomie, Pharmazie und Theologie, in einer Liste sind über 120 Professoren aufgeführt, die nach den Kriterien der fachlichen Kompetenz und der moralischen Zuverlässigkeit ausgewählt wurden.

Die Mustansirija-Universität wurde durch die Bombardierung der nahegelegenen al-Schuhada-Brücke erheblich beschädigt; wir sahen im Innenhof Arkadenbögen und Arabesken, deren gesamte Stuckverzierung fehlte; einzelne Teile lagen noch auf der Erde. Durch die Explosion in die Luft geschleuderte Steine richteten zahlreiche Schäden an, und es wird Jahre dauern, bis diese behoben sind. Wir hatten die Gelegenheit, zwei Steinmetze bei ihrer komplizierten Arbeit, der Herstellung geometrischer Ornamente, zu beobachten. Jedes einzelne Element eines Bogens hat seine eigene Originalvorlage aus Stein, nach dieser wird die Kopie gefeilt, die dann an der richtigen Stelle (es gibt nur eine) eingesetzt werden muß, da sonst das dreidimensional wirkende Muster unterbrochen ist. Noch schwieriger gestaltet sich diese Arbeit bei den stalaktitenförmig gearbeiteten Liwanen, da noch die Dreidimensionalität des kegelförmigen Bogens beachtet werden muß. Durch die Erschütterungen während der Bombardierung sind die über einen Meter dicken Grundmauern so sehr in Schwingung geraten, daß sie an einigen Stellen Risse bekamen und sich verschoben. Um diese zu restaurieren, muß die gesamte Verzierung erst entfernt und nach erfolgreicher Reparatur des Mauerwerks wieder angebracht werden.

Der ca. 700 m nördlich der Universität ebenfalls am Tigrisufer gelegene Abbasidenpalast, der unter Kalif Al-Nassir-li-din-Allah ungefähr im Jahre 1190 errichtet wurde, ist ähnlich aufgebaut und ebenso kunstvoll verziert wie die Mustansirija-Universität. Der große Innenhof ist von einem Rundgang aus doppelstöckigen Arkaden umgeben, hinter jedem Bogen ist der Innenraum stalaktitenförmig überdacht. Der Abbasidenpalast ist in der islamischen Welt das Bauwerk mit der kunstfertigsten Steindekoration unter freiem Himmel, das heißt ungeschützt vor Wettereinflüssen und Bombensplittern. Das Bild, das er dem Betrachter bis in die jüngste Vergangenheit bot, war das Ergebnis der aufwendigen Erhaltungs- und Restaurierungsarbeiten seit 1934. Doch was selbst den Mongolen zu anstrengend war, die Beschädigung der meterdicken Mauern, schafften Bush und seine Luftwaffe mühelos. Durch die Bombardierung einer nahegelegenen Brücke erhielt das

Beschädigtes Eingangsportal des Abbasidenpalasts in Bagdad.

Mauerwerk mehrere Risse, Stuckornamente am Eingangsportal auf der Tigrisseite fielen herab oder wurden von umherfliegenden Trümmern beschädigt. In fast jedem Gewölbebogen fanden wir abgebrochene Verzierungen, Risse oder Verschiebungen der Steine. Statische Untersuchungen konnten sowohl am Palast als auch an der Universität mangels der notwendigen Gerätschaften nicht vorgenommen werden.

Auch die in der Nähe der Marjan-Moschee gelegene Khan Marjan, die 1358 erbaut wurde und die einzige vollständig überdachte Karawanserei des Irak ist, wurde durch die Bombardierung der nahegelegenen Zentralbank in ähnlicher Weise beschädigt. Das Eingangstor, welches mit Inschriften versehen ist, zeigt etliche Einschlagslöcher von Granatsplittern und Steinen.

Die Behebung der Schäden an den Gebäuden der abbasidischen Periode gehört zu den aufwendigsten und damit auch teuersten, und wiederum sind die hier ausführlicher vorgestellten Gebäude nur ein kleiner Teil der insgesamt vom Bombardement betroffenen islamischen Architektur.

Auch zahlreiche historische Stadtteile und Plätze im ganzen Irak wurden, teils durch direkte Bombardierung, teils durch Bombardierung nahegelegener anderer Ziele und teils durch Zerstörungsakte von Terrorgruppen in insgesamt zwölf überfallenen Provinzen beschädigt. Da wir während unseres Aufenthaltes nicht alle Teile des Landes bereisen konnten, beziehen sich die nachfolgenden

Rundgang im Innenhof des Abbasidenpalastes mit stalaktitenförmigen, ornamentverzierten Gewölben.

Risse wie die in dieser Abbildung gezeigten durchziehen nahezu alle Gewölbe des Abbasidenpalasts.

Angaben zum Teil auf unsere eigenen Beobachtungen, zum anderen Teil auf Mitteilungen des irakischen Ministeriums für Kultur und Information an die UNESCO.

1. Das Maidanviertel in Mosul, ein Altstadtwohnviertel mit vielen Gäßchen und Arkaden, wurde direkt bombardiert. 400 Menschen starben in den Trümmern, von den eng gebauten Häusern aus den letzten zwei Jahrhunderten sind nur noch Ruinen übrig.

2. Basra, das "Venedig des Ostens", das im 7. Jahrhundert gegründet wurde und dessen Altstadt von zahlreichen Kanälen durchzogen ist, besitzt Häuser im alten Kolonialstil, oft verkleidet mit feingeschnitzten Holzfassaden, Balkonen über den Flußseitenarmen, wiederum mit geschwungenen Holzschnitzereien verziert. Es existiert jedoch kein Haus in der Stadt, das nicht durch Bombensplitter oder durch Exzesse randalierender Banden beschädigt wäre, zum Teil wurden die Häuser von den iranischen Marodeurstruppen in Brand gesteckt.

Zerstörtes historisches Stadtviertel in Mosul.

3. Das Karimat-Stadtviertel in Bagdad wurde durch einen direkten Luftangriff beschädigt, ebenso die alte Bagdad-Kaserne und die al-Schuhada-Brücke, die Märtyrerbrücke. Auch das alte Gebäude, in dem das Verteidigungsministerium früher untergebracht war, wurde infolge der Luftangriffe schwer beschädigt.

4. Alte Räume der Zitadelle in Arbil, vor dessen Stadttoren das Perserreich unter Darius III. eine Niederlage gegen Alexander den Großen erlitt, wurden durch Zerstörungsversuche kurdischer Terrortruppen beschädigt.

V.

Zerstörte Museen und eine Liste mit 2.364 gestohlenen Kunstschätzen

Während des 42 Tage andauernden unablässigen Bombardements hatten die Altertumsverwaltung unter Dr. Muayad Sa'eed und das Personal der vierzehn sich in den verschiedenen Provinzen des Landes befindenden Museen alle Hände voll zu tun, um die ausgestellten Kunstschätze in Sicherheit zu bringen, oft unter Einsatz ihres Lebens, in einigen Fällen sogar mit dem Verlust Familienangehöriger verbunden, deren Sicherheit sie zum Schutz des ihnen anvertrauten Menschheitserbes vernachlässigen mußten. Doch trotz dieses Aufwandes konnte nicht verhindert werden, daß sieben Museen vollständig zerstört und ausgeraubt wurden, sechs Museumsbibliotheken geplündert wurden und bis heute über 200.000 Exponate dem langsamen Zerfall durch zwangsweise unsachgemäße Lagerung, fehlende Konservierungsmöglichkeiten und Chemikalien preisgegeben sind. Das einzige Museum, dessen Ausstellungsstücke während des Krieges unbeschädigt blieben, ist bezeichnenderweise das Kuwaitische Landesmuseum, doch ist dies ausschließlich den Irakern zu verdanken. Angesichts des Krieges in Kuwait und des drohenden Angriffs der Amerikaner organisierten und leiteten die Beschäftigten der Altertumsverwaltung einen Lastwagentreck nach Kuwait-City, lagerten dort sämtliche 25.000 Exponate und die Archive aus und transportierten sie in den Irak, wo sie sicher versteckt wurden, da klar war, daß Kuwait-City durch den Krieg extrem in Mitleidenschaft gezogen würde. Die UNESCO war über diese Maßnahme im Herbst 1990 informiert worden. Direkt nach Kriegsbeendigung wurde der Irak in der Weltpresse beschuldigt, nichts anderes im Sinn gehabt zu haben, als die Gegenstände zu stehlen, und die UNO schickte eine Forderung nach Bagdad, des Inhalts, die 2.500 (sic!) Stücke (die Kuwaiter selbst hatten nur 17.000 schriftliche Registrierungen in ihren Archiven) zurückzugeben. Die Iraker transportierten jedoch alle 25.000 Ausstellungsstücke (von denen jedoch nur ein kleiner Teil jemals öffentlich ausgestellt wurde) auf eigene Kosten – wie auch schon bei der Rettungsaktion – zurück und richteten das Museum wieder ein. Kein Hahn und schon gar kein Kuwaiter hätte nach den 8.000 fehlenden Gegenständen gekräht, aber man kann sich wieder ausgezeichnet die verhetzt quäkenden Journalisten vorstellen, die behaupten, das wäre alles Absicht von irakischer Seite gewesen, um sich in ein besseres Licht zu rücken, oder ähnliche Absurditäten. Zur besonderen Demütigung erhielt die irakische Altertumsverwaltung ein Schreiben der UNESCO, in welchem sie die Iraker für ihre Sorgfalt und Vorsicht lobte und sich bedankte; die gleiche UNESCO, die auf die Zusendung der Liste mit 4.500 aus irakischen Museen gestohlenen Kunstschätzen während des Krieges und einer Aufforderung, diese an alle Mitgliedsstaaten weiterzuleiten, damit der Irak wieder in den Besitz derselben käme, nur geantwortet hat: "Zuviel Papierarbeit". Doch zu der Liste und ihrer Veröffentlichung kommen wir am Ende dieses Kapitels.

Das irakische Nationalmuseum in Bagdad, das allein über 150.000 Exponate besitzt, wurde durch die Bombardierung des wenige Meter entfernt gelegenen Salhiya-Telekommunikationszentrums sowie durch das Maschinengewehrfeuer eines Piloten beschädigt. Als wir das Museum betraten, konnten wir noch Blutspuren eines Angestellten auf dem Steinfußboden sehen, der während des Angriffs schwer verwundet worden war. Der Direktor des Museums, Dr. Sabah Jassim, der sich während des Bombardements dort aufgehalten hatte, zeigte uns eine Statue des Gottes Nabu, mehrere Statuen aus Hatra und Marmorreliefs aus Samarra, die aufgrund ihrer Größe und ihres Gewichts nicht in Sicherheit gebracht werden konnten und durch Splitter beschädigt wurden. Die Exponate des Museums wurden vor der Bombardierung in größter Eile verpackt und in die Provinzen des Landes transportiert, da man vermutete, daß hauptsächlich Bagdad bombardiert würde – ein Kalkül, das sich nicht bestätigen sollte. Allein bei dieser Maßnahme gingen etliche Keilschrifttafeln und kleinere Gegenstände zu Bruch, weitere bei dem zwangsweise unsanften Transport in Lastwagen, die die Kisten in die entlegensten Ecken des Landes beförderten. Da die Amerikaner seit Ende des Krieges mit ihren Erpressungen nicht einhalten und ständig mit einer erneuten Bombardierung Bagdads drohen, sind die Kisten in ihren Verstecken belassen worden, in Kellern deponiert und damit der Feuchtigkeit ausgesetzt, ungeschützt vor Versalzung, die bei den empfindlichen Tontafeln auch unter normalen Umständen Schwierigkeiten bereitet. Über 10.000 unentzifferte Keilschrifttafeln – gedruckt, so errechnete Dr. Jassim, wären das mehr als 50 Bücher, jedes mit 250 Seiten – sind langsam, aber sicher dabei, sich in ihre Bestandteile aufzulösen. Sollten diese Tafeln verloren gehen, so wäre das ein unschätzbarer Verlust für die Kenntnis der Geschichte des Nahen Ostens.

In Mosul zersprangen durch die Bombardierung des nahegelegenen Ninive-Telekommunikationszentrums zahlreiche Scheiben und Ausstellungsvitrinen des Museums. In einem Interview berichtete uns dessen Direktor Dr. Menel Jeber, daß mehrere kleine Statuen durch die Erschütterungen umfielen und zerbrachen, teilweise von den umfallenden Vitrinen beschädigt wurden und auch noch nicht entzifferte Keilschrifttäfelchen zerstört wurden. Einige Kisten aus Bagdad waren hier "in Sicherheit" gebracht. Doch die Museen im Norden Iraks waren noch einer ganz anderen Bedrohung ausgesetzt, als hätte die Bombardierung nicht ausgereicht. Die – zumindest seit Beendigung des Golfkrieges – vom Westen bezahlten Aufstände auf kurdischem Gebiet führten zur Plünderung und Zerstörung zahlreicher Museen; auch die amerikanischen Truppen, die nach Festlegung der willkürlichen "Grenze" des 36. Breitengrades das Nordterritorium besetzten, machten mit ihren Raubzügen vor den Museen nicht halt. Aus Sicherheitsgründen konnten wir diesen Teil des Landes nicht bereisen, doch erzählten kurdische Museumsangestellte aus Dohuk und Sulaimanija, daß sie schweren Drangsalierungen ausgesetzt gewesen seien und in der ersten Zeit die Museen nur durch abwechselnde 24-Stunden-Einsätze vor Plünderungen bewahren konnten, aber schließlich mußten sie ihre Stellungen doch räumen. Einer der Angestellten meinte, daß es keine irakischen Kurden gewesen seien, sie seien ungeheuer aggressiv, ließen nicht mit sich reden und sprächen einen anderen Akzent. Vermutlich sind sie über die geöffneten Grenzen aus der Türkei und dem Iran ins Land eingedrungen. Im Norden wurden die Museen von Kirkuk (das Taamim-Museum und das Antiquitäten-Museum), Sulaimanija und Dohuk vollständig ausgeraubt, die Gebäude teilweise oder vollständig zerstört. Das Museum von Arbil wurde teilweise geplündert, die Bibliothek vernichtet. In Kirkuk wurde sowohl die städtische Bibliothek als auch die Jakob Sarkis-Bibliothek des Museums, die zahlreiche alte Originalhandschriften enthielt, ausgeraubt; einige wenige Exemplare wurden nach den Barbarenakten außerhalb der Stadt aufgefunden. Die nicht wiedergefundenen Ausstellungsstücke werden momentan auf dem Weltmarkt – im Norden via Türkei und Iran, im Süden via Saudi-Arabien und Kuwait – verhökert.

Fährt man im Irak weiter nach Süden, so sind die Ursachen für die Zerstörung zwar andere, das Ausmaß jedoch das gleiche. Das Museum von Amara in der Provinz Maysan wurde von iranischen Marodeurtruppen einschließlich der Bibliothek vollständig geplündert, das Gebäude teilweise zerstört. Der Museumsdirektor und seine Familie wurden von den Banden in den Iran entführt, konnten jedoch nach einigen Wochen fliehen, doch sein vierjähriger Sohn wurde ermordet. Auch in Kufa wurden die gesamte Ausstattung des Museums und die Bibliothek gestohlen, das Gebäude dem Erdboden gleichgemacht. Kufa war für seine seltene Sammlung islamischer Kunstschätze bekannt. Das Al-Qadisia-Museum wurde teilweise ausgeraubt, das Gebäude beschädigt. Das Museum in

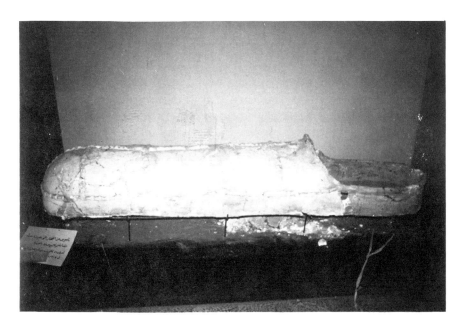

Pantoffelförmiger Sarg aus parthischer Zeit (2. Jh. u.Z.) im Archäologischen Museum von Nasirija. Die eine Seite weist zahllose große Risse auf...

...die andere Seite ist durch Geschoßsplitter zerstört.

Nasirija entging größeren Schäden nur wegen der geschickten Vorgehensweise der Direktorin. Angesichts des Bombardements und der Besetzung durch amerikanische Truppen ließ sie alle tragbaren Exponate aus dem Museum entfernen und versteckte sie teilweise in ihrem eigenen Haus, teilweise bei Freunden; ihre (berechtigte) Vermutung war, daß eher das Museum absichtlich bombardiert würde als die Stadt dem Erdboden gleichgemacht und so auf jeden Fall mehr Stücke die Bombardierung überstehen würden. Sie behielt recht, in der Nähe des Museums schlugen Raketen ein, die das Gebäude beschädigten, und von den aufgrund ihrer Größe im Museum verbliebenen Kunstschätzen wurde ein pantoffelförmiger Sarkophag aus der Parther-Zeit von herabfallenden Trümmern zerstört sowie die Kopie eines Reliefs aus Nimrud von Geschossen durchschlagen. Auch das Museum von Nasirija ist aus Sicherheitsgründen bis auf den heutigen Tag nicht wieder eingerichtet. Daß das Antiquitätenmuseum in Basra mit seinen 800 Ausstellungsstücken und der gesamten Bibliothek ausgeraubt worden war, hatten wir schon in Bagdad erfahren, der Anblick dieses Aktes von Barbarei und brutaler Zerstörungswut schockte uns jedoch noch einmal mehr als das bloße Wissen dieser Tatsache. Schon beim Betreten der im Erdgeschoß gelegenen Ausstellungsräume stießen wir auf die ersten Spuren: die Räume waren finster, die Deckenlampen und Strahler zerschlagen, Elektroleitungen aus der Wand gerissen, und um überhaupt etwas sehen zu können, mußten wir den starken Strahler unserer Videokamera einsetzen. Was wir dann

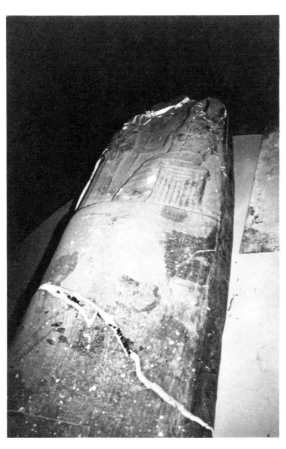

Die zerstörte Gesetzesstele des Hammurabi (Kopie) im Museum von Basra.

erblickten, machte uns sprachlos. Alle Vitrinen waren leergeräumt, die Scheiben zerschlagen, jemand hatte sich die Mühe gemacht, die Scherben notdürftig wegzufegen, in der Mitte des Raumes stand eine viereckige Glasvitrine, die ehemals das Betrachten einer Statue von allen Seiten ermöglicht hatte, doch als trauriges Skelett waren nur noch der Metallfuß und die Eckenverstärkungen übriggeblieben. In einer Ecke lag eine Kopie der 2 m hohen Gesetzesstele des Hammurabi; sie war zu schwer, um mitgenommen zu werden, deswegen hatten die Randalierer sie in ihrer Zerstörungswut umgeworfen; durch den Aufprall zersprang sie in der Mitte, der obere Teil war abgebrochen. (Das Original der Stele befindet sich im Louvre, nicht nur sicher vor Terrorgruppen, sondern auch vor den Augen der Museumsbesucher, da die mesopotamische Abteilung mindestens bis Ende des Jahres 1992 geschlossen ist.) In jedem Raum des Museums bot sich uns das gleiche Bild: zerschlagene, ausgeraubte Vitrinen, ein paar Scherbenreste von bemalter oder glasierter Keramik, lebensgroße Statuen, mit Schaufeln, Brechstangen oder Gewehrkolben zerschlagen. Von einer Herkules-Statue aus Hatra wurden Kopf und Füße mitgenommen, der Rumpf blieb als trauriger Überrest. Eine mit Intarsien aus Elfenbein, Ebenholz und Perlmutt verzierte 4 m hohe Kamintür aus der islamischen Epoche war mit mehreren schweren Schlä-

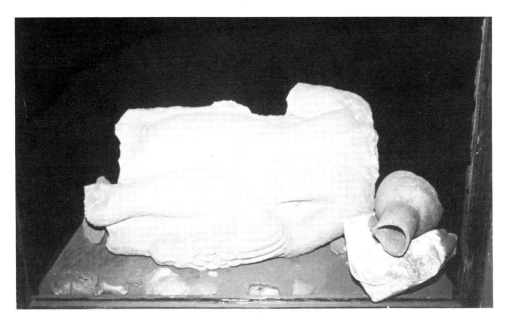

Eine zerschlagene Herkulesstatue (erkenntlich u.a. an dem über den linken Unterarm hängenden Löwenfell) aus Hatra.

Einer der Räume im Antiquitätenmuseum von Basra. Die Scheiben der Vitrinen sind zerschlagen, der Inhalt ist geraubt, einige Bruchstücke von zerschlagenen Exponaten sind zurückgeblieben.

gen zertrümmert worden. "Don't touch" war als Verhaltensregel für die früheren Museumsbesucher an die Wand geschrieben, das muß die Zerstörer besonders provoziert haben.

Das Museum von Basra ist wie die anderen sechs für immer verloren, allein der Wiederaufbau aller Museen und die Einrichtung mit neuen Sammlungen würde 2,5 Millionen Dollar kosten, wie die irakische Altertumsverwaltung errechnete. Entscheidend ist jedoch die Tatsache, daß sich die USA und einige andere Länder geweigert haben, ein Abkommen zu unterzeichnen, das die Rückführung der gestohlenen Gegenstände in den Irak sowie ein gerichtliches Vorgehen gegen Antiquitätenhändler, welche die Kunstschätze momentan zu Höchstpreisen verkaufen, beinhaltet. Im Frühjahr 1992 wurde in Paris eine Statue für 950.000 Francs, also über 300.000 DM, versteigert. Man kann gespannt sein, welche amerikanische, japanische, englische, französische oder deutsche Privatvilla sie jetzt schmückt.

Doch wiederum sind es die Vereinigungen, die sich den Schutz und die Erhaltung des Kulturerbes der ganzen Welt auf die Fahnen geschrieben haben, die sofort bereit sind, die Amerikaner zu verteidigen und die Grundlage ihres

Spezialgebietes zugunsten der Knechtschaft aufzugeben. Die UNESCO, deren zynischer Kommentar zur Veröffentlichung der Liste eingangs erwähnt wurde, ist weit davon entfernt, ihr weltweites Netz und damit ihren Wirkungsgrad in der Öffentlichkeit, der natürlich erheblich größer ist als der unsere, auszunutzen; im Gegenteil, sie probiert so gut wie möglich das Bekanntwerden der Schäden und Zerstörungen zu verhindern. Doch auch andere archäologische Organisationen glänzen dadurch, daß sie sich an das Sprichwort "Reden ist Silber, Schweigen ist Gold" halten. Wir haben es als kleine Organisation von NichtArchäologen geschafft, den bis dato vorhandenen Teil der Liste (der Rest wird von der irakischen Altertumsverwaltung bis Ende des Jahres fertiggestellt) innerhalb von sechs Monaten zu übersetzen, zu drucken und an die größten Auktionshäuser in der ganzen Welt zu verschicken, damit keine Ausreden wie "man habe die Gegenstände nicht gekannt" oder ähnlich verlogene Ausflüchte möglich sind.

Zerstörte Kamintür mit Intarsien, islamische Epoche.

Seit Juli 1992 existiert ein Katalog der 'American Association for Research in Baghdad', in dem 200 der gestohlenen Gegenstände, sofern vorhanden mit Foto, aufgelistet und dokumentiert sind. Es ist eine sehr verdienstvolle Arbeit (vor allem wegen der Fotos), doch bedauerlicherweise, aber nicht untypisch, entwerten die Verfasser sofort mit den ersten Sätzen der Einleitung einen Teil ihrer Arbeit, die durchaus eine Anklage der Verbrechen hätte werden können, indem sie den Angriff der Amerikaner und ihrer Vasallen als Ergebnis ethnischer und religiöser Unterschiede, die auf der ganzen Welt existieren, darstellen und als zusätzliche Erkenntnis noch in den Raum stellen, daß die moderne Kriegführung

Detail der Kamintür.

nun mal ihren Tribut von Mensch und Kultur fordert. Damit ist die Verurteilung jedes einzelnen Verbrechens, von denen sie einige aufzählen, letztendlich unwirksam, da den eigentlichen Verantwortlichen der Kopf aus der Schlinge gezogen wurde und die Zerstörung der Kulturgüter nicht als Absicht, sondern als bedauerliche Nebenwirkung dargestellt wird. Und noch einen Zynismus erfuhren wir über diese Broschüre: die von GI's oder iranischen oder kurdischen Marodeuren aus dem Land geschafften Kunstschätze fallen unter das Embargo der USA, das heißt, sie dürfen nicht wieder in den Irak eingeführt werden. Das ist die altbekannte Arroganz der Kolonialherren, die sich sicher sind, daß ihnen niemand etwas entgegensetzen kann.

Im folgenden nun die Liste der bis jetzt von der irakischen Altertumsverwaltung dokumentierten 2364 Gegenstände. Wir drucken sie zwar nicht auf Hochglanz, aber dafür vollständig und schnell ab, um jeden weiteren Verkauf zu erschweren. Die kleine Schriftgröße ist durch drucktechnische Erfordernisse bedingt und in der Absicht geschehen, den Umfang des Buches nicht übermäßig anschwellen zu lassen. In größerer, bequemer lesbarer Schrifttype verbreiten wir diese Liste als gesonderte Broschüre (Preis: DM 10.- plus Porto). Aber man unterziehe sich der mühevollen Lektüre wenigstens teilweise und ermesse, welche Schätze mit diesen Statuen, Rollsiegeln, Keramikgefäßen, Schmuckstücken aus Edelmetall und Halbedelsteinen, Keilschrifttexten, Gold- und Silbermünzen vermutlich für immer verloren sind. Alle Angaben des englischen Originals sind hier übernommen, ebenso die Orthographie der Orts- und Personennamen. Die Jahresangaben bei den sassanidischen und islamischen Münzen haben wir um die

Jahre der bei uns üblichen Zeitrechnung ergänzt. Wir schlugen durchgängig den islamischen Zeitangaben 622 Jahre zu; die chronologische Feinarbeit wollen wir im Einzelfall den Fachleuten in den orientalischen Instituten überlassen: Sie werden dafür bezahlt.

Literatur

Walter Andrae: Das wiedererstandene Assur, ed. Barthel Hroudr, München (Reprint) 1977; C. W. Ceram: Götter, Gräber und Gelehrte. Roman der Archäologie, Berlin (DDR) 1980 (Reprint der Ausgabe Hamburg 1972); Das Gilgamesch-Epos. Eingeführt, rhythmisch übertragen und mit Anmerkungen versehen von Hartmut Schmökel, Stuttgart - Berlin - Köln ^{8}1992; Fadwa El Guindi: Waging War on Civilization, in: Ramsey Clark (ed), War Crimes, loc. a7. p.146-157; Steffen Kleuser, Irak, Kiel 1990 (Reiseführer); Robert Koldewey: Das wieder entstehende Babylon, 5., überarbeitete und erweiterte Auflage, ed. Barthel Hrouda, München 1990; Károly Földes-Papp: Vom Felsbild zum Alphabet. Die Geschichte der Schrift von ihren frühesten Vorstufen bis zur modernen lateinischen Schreibschrift, Stuttgart – Zürich 1987; David Steinke, Irak, 1. Auflage München 1989 (Reiseführer); Sumer – Assur – Babylon. Sieben Jahrtausende Kunst und Kultur an Euphrat und Tigris (Ausstellungskatalog, Frankfurt 1978); Helmut Uhlig: Die Sumerer. Ein Volk am Anfang der Geschichte, Bergisch Gladbach 1989; Das Vorderasiatische Museum, Museumsführer der Staatlichen Museen zu Berlin, Berlin 1990 (1987); Weltatlas der alten Kulturen. Mesopotamien. Geschichte – Kunst – Lebensformen, ed. Michael Roaf, München 1991 (Oxford 1990).

Zeitungen, Zeitschriften, Broschüren:
Leon Barkho: Iraq's heritage under threat, in: The Middle East. The International Business and Current Affairs Monthly, March 1992, p.46 seq.; Traudl Brenner: Was bleibt von den Götter-Türmen, in: Frankfurter Rundschau 25.2.1991; Boulos Harb: Unversehrte Ruinen, in: Frankfurter Allgemeine Zeitung 7.7.1992; Kulturdenkmale des Irak im Krieg beschädigt, in: Schwäbische Zeitung 17.2.1992; Iraq's antiquities damaged, looted, in: The Chronicle. A fortnightly news bulletin on Iraq's affairs, March 1992; Lost Heritage. Antiquities Stolen from Iraq's Regional Museums, Fascicle 1, ed. McGuire Gibsan and Augusta McMahon, American Association for Research in Baghdad, Chicago 1992; Minerva 2, 1992; 3, 1992; englischsprachige Broschüren des irakischen Ministeriums für Kultur und Information zu den historischen Stätten Abbasidenpalast (Bagdad), Hatra, Mustansirija-Universität (Bagdad), Nimrud und Samarra.

Ser.Nr.	Museums-Nr.	Photo	Maße	Objekt	Ort
00001	52875		33 x 20 mm	Rollsiegel. Schwarzer Steatit. Grauer Stein. Kampfszene. Vollständig.	Dohuk
00002	IM 40927		32 x 20 mm	Rollsiegel. Grauer Stein. Kampfszene.	Dohuk
00003	IM 15619	ja	33 x 19 mm	Rollsiegel. Muschel. Zwei sitzende Götter mit einem Mann dazwischen. Abgenutzt.	Dohuk
00004	IM 14234	ja	50 x 38 x 10 mm	Stempelsiegel. Achat. Kreuzschraffur.	Dohuk
00005	IM 30362	ja	14 x 46 x 16 mm	Stempelsiegel. Schwarzer Stein, weiß geädert. Halbkugelig-ovale Form, mit Tierfiguren verzierter Boden.	Dohuk
00006	IM 59204		48 x 22 mm	Stempelsiegel. Weißer Alabaster. Flacher Boden, verziert mit stilisierten Tieren. Horizontal durchbohrt.	Dohuk
00007	IM 61183		3,6 x 1,9 x 2,3 cm	Stempelsiegel. Hellgrüner Stein. Tierform.	Dohuk
00008	IM 9332	ja	5 x 3,5 cm	Stempelsiegel. Brauner Stein. Liegender Stier, durchbohrt.	Dohuk
00009	IM 21620		27 x 18 x 12 mm	Stempelsiegel. Marmor. Kauerndes Tier. Archaisch.	Dohuk
00010	IM 9650	ja	28 x 10 mm	Rollsiegel. Bläulicher Stein. Reihe schwimmender Enten.	Dohuk
00011	IM 74733		7 x 2,6 cm	Rollsiegel. Grauer Stein. Ritualszene.	Dohuk
00012	IM 120580		16 x 8 cm	Rollsiegel. Stein. Ritualszene.	Dohuk
00013	IM 27302	ja	6,5 x 1,5 cm	Rollsiegel. Steatit. Geometrisches Muster.	Dohuk
00014	IM 33284	ja	26 x 20 mm	Rollsiegel. Schwarzer Stein. Gazellen und Altarszene.	Dohuk
00015	IM 110233		9 x 4 cm	Lampe. Glasierte Keramik. Zerbrochen.	Dohuk
00016	IM 83702		1,3 x 2,5 cm	Rollsiegel. Hämatit. Ritualszene.	Dohuk
00017	IM 21964	ja	17 x 11 mm	Rollsiegel. Onyx. Zwei unvollendete Figuren.	Dohuk
00018	IM 18065		12 x 9 mm	Rollsiegel. Achat. Mann, einen Stab haltend.	Dohuk
00019	IM 21622		28 x 90 x 10 mm	Stempelsiegel. Brauner Stein. Kopf eines Schweines.	Dohuk
00020	IM 24516	ja	13,5 x 7 cm	Becher. Keramik. Konische Form, bemalt und unvollständig.	Dohuk
00021	IM 21689	ja	38 x 11 mm	Rollsiegel. Grauer Stein. Geometrisches Muster.	Dohuk
00022	IM 69839		5,4 x 1,5 cm	Rollsiegel. Grauer Stein. Pflanzenmotiv.	Dohuk
00023	IM 35569		5,9 x 14,6 cm	Kelch. Keramik. Durch Kragsteine gestützter Boden.	Dohuk
00024	IM 24378	ja	55 x 13 mm	Rollsiegel. Weicher Kalkstein. Geometrisches Muster.	Dohuk
00025	IM 120169			Stempelsiegel. Alabaster. Tierform.	Dohuk
00026	IM 10072	ja	19 x 19 mm	Rollsiegel. Roter Stein. Trinkszene. Archaisch.	Dohuk
00027	IM 87895		3 x 1,8 cm	Rollsiegel. Marmor. Tierkampfszene.	Dohuk
00028	IM 22180		27 x 13 mm	Rollsiegel. Muschel. Trinkszene.	Dohuk
00029	IM 4254	ja		Rollsiegel. Lapislazuli. Tierkampfszene.	Dohuk
00030	IM 18908			Rollsiegel. Lapislazuli.	Dohuk
00031	IM 105034		L: 12 cm	Lidstift. Bronze. Zerbrochen.	Dohuk
00032	IM 104085		8,9 cm	Fußkettchen. Eisen. Zerbrochen.	Dohuk
00033	IM 110334		L: 8 cm	Lidstift. Bronze. Ein Ende spitz zulaufend, das andere in Form eines Vogels.	Dohuk
00034	IM 129985			Krug. Keramik. Schwarz und rot bemalt. Zerbrochen und restauriert.	Dohuk
00035	IM 102203		27,8 x 21,3 cm	Krug. Keramik. Runder Körper, schwarz und rot bemalt. Boden fehlt.	Dohuk
00036	IM 71758		18,6 x 13,3 cm	Krug. Keramik. Rot bemalt, flacher Boden. Vollständig.	Dohuk
00037	IM 80979			Lidstift. Knochen. Unvollständig.	Dohuk
00038	IM 102855		18 x 1,5 cm	Messer. Kupfer. Unvollständig.	Dohuk
00039	IM 102834		7,6 x 0,2 cm	Nagel. Bronze. Zerbrochen.	Dohuk
00040	IM 102817		10,4 x 0,5 cm	Nadel. Bronze. Zerbrochen.	Dohuk
00041	IM 104084		1,8 x 0,5 x 1,3 cm	Ohrring. Kupfer und Karneol.	Dohuk
00042	IM 104079		6,2 cm	Pfeilspitze. Eisen.	Dohuk
00043	IM 69602		1,4 x 2,7 cm	Rollsiegel. Hämatit. Ritualszene.	Dohuk
00044	IM 18918		38 x 11 mm	Rollsiegel. Lapislazuli. Verziert, mit zwei Registern.	Dohuk
00045	IM 87597		2,3 x 1,3 cm	Rollsiegel. Schwarzer Stein. Ritualszene.	Dohuk
00046	IM 86338		1,5 x 2,4 cm	Rollsiegel. Schwarzer Stein. Ritualszene.	Dohuk
00047	IM 16259		28 x 10 mm	Rollsiegel. Schwarzer Steatit. Zeremonialszene und Skorpione.	Dohuk
00048	IM 98707		2,7 x 1,3 cm	Rollsiegel. Schwarzer Stein. Tierkampfszene.	Dohuk
00049	IM 21614		30 x 10 mm	Stempelsiegel. Archaisch.	Dohuk
00050	IM 9393		33 x 31 x 10 mm	Stempelsiegel. Roter Stein. Viereckig. Archaisch.	Dohuk
00051	IM 11443		35 x 25 x 23 mm	Stempelsiegel. Grünlicher Alabaster. Liegender Stier.	Dohuk
00052	IM 9187		25 x 23 x 8 mm	Siegel. Brauner Stein. Durchbohrt.	Dohuk
00053	IM 27833		24 mm	Knopfsiegel. Brauner Stein. Geometrisches Muster. Durchlöchert und zerbrochen.	
00054	IM 21616		33 x 13 mm	Stempelsiegel. Marmor. Archaisch.	Dohuk
00055	IM 107348		13,3 cm	Nadel. Eisen.	Dohuk
00056	IM 102858			Nagel. Kupfer.	Dohuk
00057	IM 102815		6,2 x 0,3 cm	Armband. Fehlt zur Hälfte.	Dohuk
00058	IM 104989		8,5 cm	Vase. Keramik. Rot.	Dohuk
00059	IM 103993		20 cm	Krug. Keramik. Runder Körper. Rand fehlt zum Teil. Rötliche Farbe.	Dohuk
00060	IM 120169			Stempelsiegel. Alabaster. Tierform.	
00061	IM 105000		7,5 cm	Teller. Keramik. Schwarz bemalt, zerbrochen und restauriert.	Dohuk
00062	IM 60263		70 x 60 mm	Tasse. Keramik. Zylindrische Form, durch Kragsteine gestützter Boden, zerbrochen, restauriert und unvollständig.	Dohuk
00063	IM 98987		30,5 cm	Krug. Keramik. Mit geometrischen Mustern verziert.	Dohuk
00064	IM 68326		7 x 16 x 7,5 cm	Vase. Keramik. Verziert, flacher Boden, zerbrochen und restauriert.	Dohuk
00065	IM 89526		27 cm	Teller. Keramik. Rot.	Dohuk

Ser.Nr.	Museums-Nr.	Photo	Maße	Objekt	Ort
00066	IM 79739		11,5 x 20 x 13,5 x 0,5 cm	Vase. Keramik. Flacher Standring, verziert mit drei Friesen, zerbrochen und restauriert.	Dohuk
00067	IM 77298	ja	4 x 2,5 cm	Rollsiegel. Schwarzer Stein. Mit Tieren kämpfende Helden.	Dohuk
00068	IM 78054		4,2 x 2,5 cm	Rollsiegel. Weißer Stein. Kampfszene.	Dohuk
00069	IM 77302			Rollsiegel. Schwarzer Stein. Held mit zwei Löwen, die zwei gehörnte Tiere angreifen.	Dohuk
00070	IM 14715		37 x 21 mm	Rollsiegel. Grünlicher Alabaster. Tierkampfszene.	Dohuk
00071	IM 47650		31 x 27 mm	Rollsiegel. Weißer Marmor. Mehrere Steinböcke mit langen Hörnern.	Dohuk
00072	IM 15637		34 x 20 mm	Rollsiegel. Muschel. Tierkampfszene.	Dohuk
00073	IM 49519		2,1 x 1,4 cm	Rollsiegel. Lapislazuli. Tierkampfszene. Leicht beschädigt.	Dohuk
00074	IM 62299		3,2 x 3,9 cm	Rollsiegel. Schwarzer Stein. Pflanzenmotiv. Vollständig.	Dohuk
00075	IM 60299	ja	2,7 x 1,6 cm	Rollsiegel. Schwarzer Stein. Gottheit, die einem sitzenden Gott zwei Menschen darbringt.	Dohuk
00076	IM 14656	ja	29 x 17 mm	Rollsiegel. Muschel. Altar, auf dem Rücken eines Stieres, mit einer Gottheit dahinter.	Dohuk
00077	IM 9639	ja	20 x 10 mm	Rollsiegel. Schwarzer Stein. Sitzende Gottheit mit zwei Anbetern.	Dohuk
00078	IM 27205		29 x 17 mm	Rollsiegel. Weicher weißer Stein. Kampfszene.	Dohuk
00079	IM 15615	ja	1,5 x 1,1 cm	Rollsiegel. Marmor. Zwei Register.	Dohuk
00080	IM 26655		42 x 85 mm	Rollsiegel. Weißer Marmor. Tierkampfszene.	Dohuk
00081	IM 26859		18 x 9 mm	Rollsiegel. Elfenbein. Tierkampfszene.	Dohuk
00082	IM 120650		3,2 x 2 cm	Rollsiegel. Weißer Stein. Tierkampfszene mit einem Mann.	Dohuk
00083	IM 23609	ja	28 x 11 mm	Rollsiegel. Brauner Stein. Jagdszene mit einem Baum.	Dohuk
00084	IM 120363		2,5 x 1 cm	Rollsiegel. Keramik. Tierkampfszene. Zerbrochen.	Dohuk
00085	IM 44485		50 x 50 mm	Fläschchen. Grünes Glas, eingedrückter Rand, fehlender Boden, vertikale Linien auf dem Körper.	Dohuk
00086	IM 14225		21 x 21 mm	Rollsiegel. Brauner Stein. Archaisch.	Dohuk
00087	IM 263			Lampe. Kupfer. Mit einem Griff.	Dohuk
00088	IM 2404			Perlenkette. Verschiedene Steine, einschließlich Karneol und Lapislazuli.	Dohuk
00089	IM 104083		11,5 cm	Prisma. Bronze.	Dohuk
00090	IM 59043			Perlenkette. Glas und verschiedene Steine.	Dohuk
00091	IM 74718		0,8 x 1,7 x 2 cm	Stempelsiegel. Grauer Stein. Geometrisches Muster.	Dohuk
00092	IM 23909		12 x 11 mm	Stempelsiegel. Grüner Stein. Eingeritzte Linie.	Dohuk
00093	IM 72570		1,5 x 1,1 cm	Stempelsiegel. Fritte. Schmetterlingsform.	Dohuk
00094	IM 65411		5,8 x 3,9 cm	Relief. Elfenbein. Stier, verbrannt und größtenteils unvollständig.	Dohuk
00095	IM 60528		80 x 60 mm	Relief. Elfenbein. Konkav. Palmbaum und blütenbesetzte Äste.	Dohuk
00096	IM 26437		87 x 62 x 53 cm	Statuette. Terrakotta. Grob gearbeitet, weiblich, in Form einer Schlange. Vollständig.	Dohuk
00097	IM 2440			Perlenkette. Karneol.	Dohuk
00098	IM 97927			Perlenkette. Fritte. Verschiedene Formen.	Dohuk
00099	IM 31979			Perlenkette. Kalzit und Fritte, ein geriffelter Lapislazuli.	Dohuk
00100	IM 103987			Halskette. Verschiedene kleine Perlen.	Dohuk
00101	IM 81030			Perlenkette. Fritte. Verschiedene Größen.	Dohuk
00102	IM 97233			Perlenkette. Fritte. Verschiedene Formen.	Dohuk
00103	IM 110335		L: 11 cm	Lidstift. Bronze.	Dohuk
00104	IM 1122		5 x 3,5 cm	Drei Armbänder. Kupfer.	Dohuk
00105	IM 1042		7 cm	Armband. Eisen.	Dohuk
00106	IM 27202	ja	25 x 14 mm	Rollsiegel. Grüner Steatit. Held, mit einem Löwen und einem Stier kämpfend.	Dohuk
00107	IM 97553		2,3 x 2,1 cm	Rollsiegel. Weißer Stein. Eine Gottheit mit einem Tier.	Dohuk
00108	IM 27345	ja	33 x 9 mm	Rollsiegel. Pinkfarbener Kalkstein. Geometrisches Muster.	Dohuk
00109	IM 120037		9 x 19 mm	Rollsiegel. Grauer Stein. Ritualszene.	Dohuk
00110	IM 70491		1,6 x 3,6 cm	Stempelsiegel. Schwarzer Stein. Ein gehörntes Tier.	Dohuk
00111	IM 20430	ja	29 mm	Stempelsiegel. Marmor. Tierszene. Angeschlagen.	Dohuk
00112	IM 87719		1,6 cm	Stempelsiegel. Karneol. Rundes Siegel mit arabischer Inschrift.	Dohuk
00113	IM 87734		1,8 cm	Stempelsiegel. Ovale Form, mit arabischer Inschrift. Vollständig.	Dohuk
00114	IM 61225		1,8 x 2,8 cm	Rollsiegel. Schwarzer Stein mit weißer Aderung. Kampfszene. Mann mit Tier.	Dohuk
00115	IM 16091	ja	27 x 11 mm	Rollsiegel. Terrakotta. Glasiert. Fortlaufendes Muster mit Spiralen und Fischen.	Dohuk
00116	IM 18130		23 x 18 mm	Stempelsiegel. Amethyst. Konische Form.	Dohuk
00117	IM 87736		1,4 cm	Stempelsiegel. Karneol. Ovale Form mit arabischer Inschrift.	Dohuk
00118	IM 15867 MS			Münze. Silber. Quara Quyunlu Mohammed Ibn Qara Yusuf.	Dohuk
00119	IM 14558 MS			Münze. Gold. Osmanisch. Salim III. Ibn Mustafa. Jahr: 1293 AH (1915 u.Z.).	Dohuk
00120	IM 14559 MS			Münze. Gold. Osmanisch. Jahr: 1203 AH (1825 u.Z.).	Dohuk

Ser.Nr.	Museums-Nr.	Photo	Maße	Ort	Objekt
00121	IM 25339 MS			Dohuk	Münze. Silber. Ajjubidisch. Salah ed Din.
00122	IM 2534 MS			Dohuk	Münze. Silber. Ajjubidisch. Adh Dhahir Ghazi.
00123	IM 8862 MS			Dohuk	Münze. Gold. Ajjubidisch. Othman Ibn Qara Yusuf.
00124	IM 15872 MS			Dohuk	Münze. Gold. Atabeg. Badr ed Din Lulu. Jahr. 631 AH (1235 u.Z.).
00125	IM 16458 MS			Dohuk	Münze. Gold. Atabeg. Badr ed Din Lulu. Jahr. 631 AH (1235 u.Z.).
00126	IM 8800 MS			Dohuk	Münze. Gold. Ilkhanidisch. Muhammed Khado Bauda. Jahr. 703 AH (1325 u.Z.).
00127	IM 3891 MS			Dohuk	Münze. Silber. Hamdanidisch. Al Muttaci Billah.
00128	IM 15008 MS			Dohuk	Münze. Gold. Atabeg. Izz ed Din Masud. Jahr: 576 AH (1198 u.Z). Mosul.
00129	IM 8884 MS			Dohuk	Münze. Gold. Atabeg. Badr ed Din Lulu. Jahr: 576 AH (1198 u.Z.). Mosul.
00130	IM 4286 MS			Dohuk	Münze. Kupfer. Abbasidisch. Kalif Al Mustansir Billah. Jahr: 632 AH (1254 u.Z.).
00131	IM 18590 MS			Dohuk	Münze. Gold. Abbasidisch. Kalif Al Mustasim Billah. Jahr: 641 AH (1263 u.Z.).
00132	IM 5446 MS			Dohuk	Münze. Gold. Hamdanidisch. Al Muttaci Billah. Jahr: 331 AH (953 u.Z.).
00133	IM 18131 MS			Dohuk	Münze. Silber. Abbasidisch. Kalif Al-Radhi. Wasit.
00134	IM 18421 MS			Dohuk	Münze. Gold. Abbasidisch. Kalif Al Mustarshid. Wasit.
00135	IM 6939 MS			Dohuk	Münze. Gold. Abbasidisch. Kalif Al Nasir. Madinat al Salam.
00136	IM 5294 MS			Dohuk	Münze. Gold. Abbasidisch. Kalif Al Muktafi. Jahr: 292 AH (914 u.Z.). Misr.
00137	IM 11343 MS			Dohuk	Münze. Gold. Abbasidisch. Kalif Al Muktadir. Jahr: 306 AH (928 u.Z.). Madinat al Salam.
00138	IM 18136 MS			Dohuk	Münze. Silber. Abbasidisch. Kalif Al Muktadir. Samarra.
00139	IM 11530 MS			Dohuk	Münze. Gold. Abbasidisch. Kalif Muhammed Al Amin. Jahr: 195 AH (817 u.Z).
00140	IM 13190 MS			Dohuk	Münze. Silber. Abbasidisch. Kalif Muhammed Al Amin. Jahr: 197 AH (819 u.Z.). Samarkand.
00141	IM 5255 MS			Dohuk	Münze. Gold. Abbasidisch. Kalif Abdulla Al Ma'mun. Jahr: 204 AH (826 u.Z.).
00142	IM 4951 MS			Dohuk	Münze Silber Abbasidisch. Kalif Harun Al Raschid. Jahr: 180 AH (802 u.Z.).
00143	IM 32681 MS			Dohuk	Münze. Abbasidisch. Kalif Harun Al Raschid. Jahr: 180 AH (802 u.Z.).
00144	IM 6032 MS			Dohuk	Münze. Silber. Abbasidisch. Kalif Muhammed Al Amin. Jahr: 194 AH (816 u.Z.).
00145	IM 14349 MS			Dohuk	Münze. Gold. Abbasidisch. Kalif Mousa Al Hadi. Jahr: 169 AH (791 u.Z.).
00146	IM 15096 MS			Dohuk	Münze. Gold. Abbasidisch. Kalif Harun Al Raschid. Jahr: 180 AH (802 u.Z.).
00147	IM 11313 MS			Dohuk	Münze. Gold. Abbasidisch. Kalif Harun Al Raschid. Jahr: 182 AH (804 u.Z.).
00148	IM 5245 MS			Dohuk	Münze. Gold. Abbasidisch. Kalif Muhammed Al Mahdi. Jahr: 160 AH (782 u.Z.).
00149	IM 32658 MS			Dohuk	Münze. Silber. Abbasidisch. Jhalifa Muhammed Al Mahdi. Jahr: 166 AH (788 u.Z.).
00150	IM 5082 MS			Dohuk	Münze. Silber. Abbasidisch. Kalif Muhammed Al Mahdi. Jahr: 161 AH (783 u.Z.).
00151	IM 26796 MS			Dohuk	Münze. Kupfer. Abbasidisch. Kalif Abu Jafar Al Mansur. Jahr: 157 AH (779 u.Z.).
00152	IM 23373 MS			Dohuk	Münze. Kupfer. Abbasidisch. Kalif Abu Jafar Al Mansur.
00153	IM 11595 MS			Dohuk	Münze. Gold. Abbasidisch. Kalif Mohammed Al Mahdi. Jahr: 168 AH (790 u.Z.).
00154	IM 5136 MS			Dohuk	Münze. Gold. Abbasidisch. Kalif Abu Jafar Al Mansur. Jahr: 141 AH (763 u.Z.).
00155	IM 5140 MS			Dohuk	Münze. Gold. Abbasidisch. Kalif Abu Jafar Al Mansur. Jahr: 155 AH (777 u.Z.).
00156	IM 18463 MS			Dohuk	Münze. Silber. Abbasidisch. Kalif Abu Jafar Al Mansur. Jahr: 158 AH (780 u.Z.).
00157	IM 7772 MS			Dohuk	Münze. Silber. Omajjadisch. Kalif Marwan II. Jahr: 127 AH (749 u.Z.). Wasit.
00158	IM 32601 MS			Dohuk	Münze. Silber. Omajjadisch. Kalif Ibrahim Ibn Al Walid. Jahr: 126 AH (748 u.Z.). Damaskus.
00159	IM 7296 MS			Dohuk	Münze. Silber. Omajjadisch. Kalif Marwan. Jahr: 126 AH (748 u.Z.). Wasit.
00160	IM32592 MS			Dohuk	Münze. Silber. Omajjadisch. Kalif Umar Bin Abd Al Aziz. Jahr: 66 AH (688 u.Z.). Wasit.
00161	IM 18608 MS			Al Qadisia	Münze. Silber. Omajjadisch. Kalif Umar Bin Abd Aziz. Jahr: 100 AH (722 u.Z.). Basra.
00162	IM 11999 MS			Dohuk	Münze. Silber. Omajjadisch. Kalif Kisham Bin Abd Al Malik. Jahr: 121 AH (743 u.Z.). Wasit
00163	IM 13701 MS			Dohuk	Münze. Silber. Omajjadisch. Kalif Al Walid Ibn Abd Al Malik. Jahr: 95 AH (717 u.Z.). Wasit.

Ser.Nr.	Museums-Nr.	Photo	Maße	Objekt	Ort
00164	IM 3811 MS			Münze. Silber. Kalif Al Walid Bin Abd Al Malik. Jahr. 91 AH (713 u.Z.). Damaskus.	Dohuk
00165	IM 18607 MS			Münze. Silber. Omajjadisch. Kalif Al Walid Bin Abd Al Malik. Jahr: 95 AH (717 u.Z.). Wasit.	Dohuk
00166	IM 17799 MS			Münze. Kupfer Omajjadisch. Kalif Abd Al Malik Bin Marwan. Mosul.	Dohuk
00167	IM 18617 MS			Münze. Silber. Omajjadisch. Kalif Abd Al Malik Bin Marwan. Jahr: 79 AH (701 u.Z.). Basra.	Dohuk
00168	IM 13707 MS			Münzen (2). Gold. Omajjadisch. Kalif Al Walid Ibn Abd Al Malik. Jahr: 90 AH (712 u.Z.). Wasit.	Dohuk
00169	IM 27153 MS			Münze. Silber. Osmanisch. Mahmud Ibn Musteria. Jahr: 1143 AH (1765 u.Z.).	Dohuk
00170	IM 12829 MS			Münze. Silber. Seleukidisch. Antiochus. Jahr: 65 v.u.Z.	Dohuk
00171	IM 13626 MS			Münze. Silber. Seleukidisch. Alexander (2). Jahr: 128 - 123 v.u.Z.	Dohuk
00172	IM 5434 MS			Münze. Gold. Hamdanidisch. Al Muttaki Billah. Jahr: 331 AH (953 u.Z.).	Dohuk
00173	IM 6672 MS			Münze. Silber. Hamdanidisch. Al Muttaki Billah. Jahr: 331 AH (953 u.Z.). Mosul.	Dohuk
00174	IM 3899 MS			Münze. Silber. Hamdanidisch. Al Muttaki Billah. Jahr: 331 AH (953 u.Z.).	Dohuk
00175	IM 1349 MS			Münze. Gold. Abbasidisch. Kalif Abdulla Al Ma'mun. Jahr: 204 AH (826 u.Z.).	Dohuk
00176	IM 28538 MS			Münze. Silber. Abbasidisch. Kalif Abdulla Al Ma'mun. Jahr: 205 AH (827 u.Z.). Muhamadia.	Dohuk
00177	IM 11339 MS			Münze. Gold. Abbasidisch. Kalif Muhamad Al Mustadii. Jahr: 249 AH (871 u.Z.). Mfsr.	Dohuk
00178	IM 8830 MS			Münze. Gold. Ilkhanidisch. Abu Said Bahadir Khan. Jahr: 701 AH (1323 u.Z.). Bagdad.	Dohuk
00179	IM 16883 MS			Münze. Gold. Ilkhanidisch. Ghazan Mahmud Ibn Arghun. Jahr: 703 AH (1325 u.Z.). Allepo.	Dohuk
00180	IM 25384 MS			Münze. Silber. Ajjubidisch. Salah ed Dn. Allepo.	Dohuk
00181	IM 10041	ja	65 x 53 mm	Tafel. Terrakotta. Kopf der Statuette eines Dämons.	Sulaimania
00182	IM 41756	ja	65 x 53 mm	Statuette. Terrakotta. Kopf der Statuette eines Dämons.	Sulaimania
00183	IM 56763		116,28 x 17,5 cm	Statue. Kalkstein. Herkules. Kopf, linke Hand und unterer Teil der Beine fehlen (Hatra).	Sulaimania
00184	IM 117459			Flasche. Keramik. Ein Henkel, innen Erdpech. Fehlt zur Hälfte.	Sulaimania
00185	IM 16310	ja	9,5 x 8,5 x 4 cm	Rassel. Terrakotta. Vogelform (Tello-1359).	Sulaimania
00186	IM 62684		7,2 x 7 cm	Schmucktafel. Elfenbein. Zwei Figuren. Zerbrochen und restauriert (Nimrud-80/69).	Sulaimania
00187	IM 54163		122 x 108 x 26 mm	Breitbeil. Silex. In der Mitte durchbohrt.	Sulaimania
00188	IM 32928		337 x 385 x 420 mm	Gefäß. Keramik. Urne (Tepe Gawra).	Sulaimania
00189	IM 45292		310 x 226 mm	Großer Krug. Keramik. Ritzdekor auf der Schulter. Langer Hals, weit ausgebogener Rand. Braune Ware.	Sulaimania
00190	M-110			Großer Krug. Keramik. Gewölbte Form.	Sulaimania
00191	IM 124			Großer Krug. Keramik. Runde Form mit eingeritzten Mustern auf dem Körper.	Sulaimania
00192	MS 124			Krug. Keramik. Zerbrochen und restauriert.	Sulaimania
00193	MS 132			Großer Krug. Keramik. Zerbrochener Ausguß, unvollständig.	Sulaimania
00194	MS 1437			Sieb. Keramik.	Sulaimania
00195	IM 116133			Rassel. Keramik. Runde Form mit fünf Löchern.	Sulaimania
00196	IM 116045			Feuerstein. Zerbrochen.	Sulaimania
00197	IM 116140			Halskette. Mit in Form und Material verschiedenen Perlen.	Sulaimania
00198	IM 9240		23 x 15 mm	Stempelsiegel. Achat. Konische Form. Sassanidische Periode.	Kirkuk
00199	IM 8067	ja	29 x 15 mm	Rollsiegel. Grünlicher Stein. Sitzende Göttin und ein zwei Löwen packender Gott. Akkadische Periode. Ur.	Kirkuk
00200	IM 51825	ja	31 x 15 mm	Rollsiegel. Schwarzer Hämatit. Gott Adad, einen Donnerkeil in einer Hand haltend, einen Fuß auf dem Rücken eines liegenden Tieres, Keilschrifttext. Tell Harmal.	Kirkuk
00201	IM 15629	ja	28 x 16 mm	Rollsiegel. Schwarzer Steatit. Eine Gottheit und Figur eines Anbeters. Tell Asmar.	Kirkuk
00202	IM 16235	ja	26 x 13 mm	Rollsiegel. Gottheiten mit Keilschrifttext. Tello.	Kirkuk
00203	IM 16280	ja	26 x 11 mm	Rollsiegel. Schwarzer Steatit. Eine Gottheit mit zwei Anbetern. Tello.	Kirkuk
00204	IM 14677	ja	25 x 12 mm	Rollsiegel. Gräulicher Marmor. Gottheiten und menschliche Figur. Tell Asmar.	Kirkuk
00205	IM 22348		18 x 9 mm	Rollsiegel. Glasierte Fritte. Schwer beschädigt. Nuzi.	Kirkuk
00206	IM 51084	ja	34 x 32 mm	Rollsiegel. Blau geäderter grauer Marmor. Sitzender Gott mit kleinerer Göttin. Akkadische Periode. Tell Harmal.	Kirkuk
00207	IM 24382	ja	22 x 8 mm	Rollsiegel. Pinkfarbener Stein. Schemati-	Kirkuk

Ser.Nr.	Museums-Nr.	Photo	Maße	Ort	Objekt
					sche Darstellung laufender Gazellen. Tell Asmar.
00208	IM 13226		17 x 10 mm	Kirkuk	Rollsiegel. Muschel. Gazellen. Jemdat Nasr-Periode. Kisch.
00209	Im 14686	ja	27 x 17 mm	Kirkuk	Rollsiegel. Weißer Marmor. Gazellen und Menschen anfallende Löwen. Khafji. Frühdynastische Zeit.
00210	IM 27317	ja	50 x 13 mm	Kirkuk	Rollsiegel. Grüner Stein. Gazellen. Tell Ajrab.
00211	IM 7745	ja	3,5 cm	Kirkuk	Rollsiegel. Lapislazuli. Zwei Register. Oben eine Trinkszene, weiter unten ein Imdugud (löwenköpfiger Adler). Frühdynastische Zeit. Ur.
00212	IM 16260	ja	30 x 16 mm	Kirkuk	Rollsiegel. Schwarzer Steatit. Eine Gottheit mit zwei kämpfenden Tieren und ein Keilschrifttext. Tello.
00213	IM 31408	ja	27 x 18 mm	Kirkuk	Rollsiegel. Muschel. Laufende Gazellen.
00214	IM 24424	ja	37 x 14 mm	Kirkuk	Rollsiegel. Fritte. Geometrisches Muster, beschädigt. Jemdat Nasr-Periode.
00215	IM 3992	ja		Kirkuk	Rollsiegel. Muschel. Zwei Register mit ländlicher Szene über Tieren. Frühdynastische Zeit. Ur.
00216	IM 15624	ja	33 x 18 mm	Kirkuk	Rollsiegel. Muschel. Sitzende Gottheit und Anbeter. Frühdynastische Zeit Tell Asmar.
00217	IM 22335		28 x 13 mm	Kirkuk	Rollsiegel. Weißer Marmor. Zwei Menschen und zwei Tiere. Nuzi.
00218	2811/Warka			Kirkuk	Rollsiegel. Brauner Stein. Warka.
00219	IM 14573	ja	13 x 13 mm	Kirkuk	Rollsiegel. Marmor. Laufende Gazellen. Warka.
00220	As. 440		3,8 x 0,8 mm	Kirkuk	Rollsiegel. Brauner Stein. Tell Asmar.
00221	IM 15633	ja	19 x 10 mm	Kirkuk	Rollsiegel. Schwarzer Steatit. Adler auf dem Rücken zweier Steinböcke. Tell Asmar.
00222	IM 47024		67 x 55 mm	Kirkuk	Keulenkopf. Weißer Marmor. Birnenförmig, vollständig.
00223	IM 60655	ja	29 x 15,5 x 29 x 14 cm	Kirkuk	Säule. Schwarzer und weißer Stein. Intarsien mit Dreiecken in verschiedenen Farben. Restaurierte Oberfläche.
00224	IM 13829		16 x 11 cm	Kirkuk	Vase. Alabaster. Dem Gott Nina gewidmet. Unvollständig und restauriert.
00225	IM 51850	ja	25 x 13 mm	Kirkuk	Rollsiegel. Hämatit. Ein Gott mit gehörntem Kopfschmuck und geblümtem Gewand, mit einer vor das Gesicht erhobenen Hand. Keilschrifttext. Tell Harmal.
00226	IM 13865		29 x 14 mm	Kirkuk	Rollsiegel. Roter Hämatit. Mit Gravur und Inschrift, abgenutzt.
00227	IM 27318	ja	42 x 13 mm	Kirkuk	Rollsiegel. Dunkelgrauer Stein. Laufende Gazellen und Fische.
00228	IM 24448	ja	37 x 33,6 x 12 mm	Kirkuk	Stempelsiegel. Marmor. Oval. Jemdat Nasr-Periode. Ishchali.

Ser.Nr.	Museums-Nr.	Photo	Maße	Ort	Objekt
00229	IM 2293	ja	35 x 33 mm	Kirkuk	Stempelsiegel. Kalkstein. Oval. Perlenform. Tierfigur?
00230	IM 21617		30 x 12 mm	Kirkuk	Stempelsiegel. Grünlich geäderter Alabaster. Nuzi.
00231	IM 17499		11,5 x 3 cm	Kirkuk	Statuette. Elfenbein. Nackte Frau, Füße fehlen.
00232	IM 26364	ja	6,5 x 6,5 x 4 cm	Kirkuk	Statuette. Terrakotta. Frauenkopf, am Hals abgebrochen.
00233	IM 72738		7,1 x 6,6 cm	Kirkuk	Tafel. Terrakotta. Bärtiger nackter Mann, unvollständig.
00234	IM 41772		40 mm	Kirkuk	Gußform. Terrakotta. Runder Kopf des Krankheitsdämons Pazuzu.
00235	IM 71250		6,4 x 5,3 cm	Kirkuk	Statuette. Terrakotta. Kopf des Krankheitsdämons Pazuzu mit großer Nase und Augen.
00236	IM 29931	ja	9,4 x 3,2 cm	Kirkuk	Tafel. Terrakotta. Relief von nackter Frau, Beine fehlen. Zerbrochen und restauriert.
00237	IM 56798		15,5 x 5,5 cm	Kirkuk	Statuette. Terrakotta. Frau, ein Kind haltend, dessen oberer Teil fehlt.
00238	IM 24712	ja	8,5 x 6 x 3 cm	Kirkuk	Statuette. Terrakotta. Tier mit Reiter, größtenteils unvollständig.
00239	IM 29795		10 x 7 x 3,5 cm	Kirkuk	Statuette. Terrakotta. Tier, möglicherweise ein Widder.
00240	IM 69241			Kirkuk	Wurfstein. Schwarzer Stein.
00241	IM 68923			Kirkuk	Wurfstein. Schwarzer Stein.
00242	IM 73181	ja	8,5 x 3,1 cm	Kirkuk	Statuette eines Mannes. Alabaster. Teil el Siwwan.
00243	IM A-7212		5,7 x 4,2 cm	Kirkuk	Fläschchen. Glas. Zylindrisch, unvollständig.
00244	IM 74753		13,3 x 13,5 cm	Kirkuk	Krugständer. Keramik. Zylindrische Form, flacher Rand und segmentierter Boden.
00245	IM 60570	ja	280 x 150 mm	Kirkuk	Krug. Keramik. Ovale Form mit engem, kurzem Hals. Grünliche Ware.
00246	IM A-1718		11,9 x 9,8 cm	Kirkuk	Fläschchen. Glas. Nur Hals erhalten. Geriffelt.
00247	IM A-10736		H: 10,9 cm	Kirkuk	Fläschchen. Glas. Runde Form mit konkavem Boden.
00248	IM A-11013		8,6 x 3,3 cm	Kirkuk	Schale. Glas. Runde Form mit flachem Boden.
00249	IM 39117		8,1 x 4,7 cm	Kirkuk	Statuette. Terrakotta. Oberer Teil einer weiblichen Figur, ein Kleid und eine verzierte Kopfbedeckung tragend.
00250	IM 26568	ja	9,5 x 5 x 5 cm	Kirkuk	Statuette. Terrakotta. Sitzende weibliche Figur, einen Topf auf der linken Schulter haltend.
00251	IM 33592		12 x 4 x 4,6 cm	Kirkuk	Statuette. Terrakotta. Frau mit Kind, unterer Teil fehlt.
00252	IM 24623			Kirkuk	Perlenkette. 14 Goldperlen mit Lapislazuli, Karneol und Türkis.
00253	As.p.36 A			Kirkuk	Gefäß. Keramik. Runder Boden.

Ser.Nr.	Museums-Nr.	Photo	Maße	Objekt	Ort
00254	IM 60572	ja	190 x 150 mm	Krug. Keramik. Kugelform, enge Öffnung mit einem Hals an der Schulter. Scheibenförmiger Boden.	Kirkuk
00255	IM 74566	ja	6,2 x 3,3 cm	Statuette. Alabaster. Muttergottheit. Tell el Siwwan.	Kirkuk
00256	IM 74567		5,4 x 3 cm	Statuette. Alabaster. Muttergottheit. Tell el Siwwan.	Kirkuk
00257	IM 20562	ja	17,5 x 9,5 cm	Schale. Grüner Steatit.	Kirkuk
00258	IM 20582	ja	10,7 x 5,5 cm	Schale. Grober Kalkstein.	Kirkuk
00259	IM 19030	ja	40 x 30 x 17 mm	Stempelsiegel. Roter Stein. Liegendes Kalb. Jemdat Nasr-Periode.	Kirkuk
00260	IM 19702	ja	6 x 4 x 2,5 cm	Stempelsiegel. Schwarzer Stein. Liegendes Tier, mit Gravur auf dem Rücken. Khafji.	Kirkuk
00261	IM 17773	ja	60 x 53 mm	Stempelsiegel. Grüner Stein. Flach, groß. Jemdat Nasr-Periode.	Kirkuk
00262	IM 22342		40 x 11 mm	Rollsiegel. Schwarz geädert Stein. Nuzi.	Kirkuk
00263	IM 15634		29 x 18 mm	Rollsiegel. Schwarzer Steatit. Gottheiten und menschliche Figuren. Tell Asmar.	Kirkuk
00264	IM 14700	ja	24 x 11 mm	Rollsiegel. Bräunlicher Stein. Menschliche Figuren. Tell Asmar.	Kirkuk
00265	IM A-11650		82 cm	Schwert. Eisen mit Elfenbeinhandgriff. Islamische Periode.	Kirkuk
00266	IM A-11651	ja	86,5 cm	Schwert. Eisen mit arabischer Inschrift an einer Seite nahe des Griffs. Islamische Periode.	Kirkuk
00267	IM 50757		8,8 x 6,7 x 2,5 cm	Tafel. Gebrannter Ton mit Inschrift. Längliche Form, mit Siegel-Abdruck. Mittlere Assyrische Periode, ca. 1500 v.u.Z.	Kirkuk
00268	IM 54500		22 und 30 cm	Zwei kupferne Speerköpfe. Blatt-Form. Frühdynastische Zeit.	Kirkuk
00269	IM 19501	ja	8 x 6 cm	Statuette. Terrakotta. Unvollständige Büste eines bärtigen Mannes.	Kirkuk
00270	IM 81016		7,8 x 6,5 x 2 cm	Statuette. Terrakotta. Oberer Teil einer weiblichen Figur, die Hände auf der Brust.	Kirkuk
00271	IM 65883		8,9 x 6,9 cm	Schmucktafel. Elfenbein. Sitzender Mann, ein kurzes Kleid und eine Kopfbedeckung tragend.	Kirkuk
00272	IM 65929		2 x 5,9 cm	Schmucktafel. Elfenbein. Geflügeltes Tier mit Widderkopf.	Kirkuk
00273	IM 17113 A			Tafel. Terrakotta. Sitzende Göttin, ein langes Kleid tragend. Kopf fehlt.	Kirkuk
00274	IM 56582			Krug. Keramik. Beinahe zylindrische Form, flacher Rand.	Kirkuk
00275	IM 65914		22,6 x 5,2 cm	Schmucktafel. Elfenbein. Assyrischer heiliger Baum, Einlegearbeit aus Gold.	Kirkuk
00276	IM 65896		5,9 x 9,7 cm	Schmucktafel. Elfenbein. Längliche Form. Sitzender Mann, eine Lotusblüte haltend.	Kirkuk
00277	IM 11146		5 x 31,8 cm	Flasche. Glas. Runde Form mit zylindrischem, langem Hals, konkaver Standring.	Kirkuk
00278	IM A-10082	ja	4,5 x 2,4 x 1,5 cm	Fläschchen. Glas. Klein, viereckige Form mit zylindrischem Hals und viereckigem Boden. Blaue Farbe. Kleiner Teil fehlt.	Kirkuk
00279	IM A-11179		8,1 x 2,6 x 5,3 cm	Fläschchen. Grünes Glas. Einige Verzierungen auf dem Körper. Geriffelter Boden. Zerbrochen und restauriert.	Kirkuk
00280	IM 65894		10,5 x 7,8 cm	Statuette. Elfenbein. Kopf einer Statuette. Nase fehlt, mit großen Augen.	Kirkuk
00281	IM 65910		14,9 x 6,1 cm	Schmucktafel. Elfenbein. Ein geflügeltes Tier mit Widderkopf, einen ägyptischen Kopfschmuck tragend.	Kirkuk
00282	IM 65947		9,3 x 7,9 cm	Statuette. Elfenbein. Ein geflügeltes Tier. Teile der Beine fehlen.	Kirkuk
00283	IM 73127		4,6 x 16,6 x 7,6 cm	Lampe. Keramik. Form eines Bootes mit Doppelrand. Zerbrochen und restauriert.	Kirkuk
00284	IM 37346		4,4 x 11,5 cm	Lampe. Glasierte Keramik. Langer Griff und wulstiger Rand.	Kirkuk
00285	IM 37502		10,5 x 3,5 cm	Lampe. Glasierte Keramik. Dicker, vorspringender Rand.	Kirkuk
00286	IM 61363		L. 6,8 cm	Statuette. Bronze. Kleiner stehender Mann. Beine fehlen.	Kirkuk
00287	IM 72792		5,7 x 2,2 cm	Statuette. Elfenbein. Kleine nackte Frau mit die Brüste stützenden Händen.	Kirkuk
00288	IM 72990		10 x 6,6 cm	Statuette. Terrakotta. Geflügelter Engel.	Kirkuk
00289	IM 51350		7,8 x 4,7 x 2,7 cm	Tafel. Ungebrannter Ton. In schlechtem Zustand. Ökonomischer Text, Behälter für Gerste (HL 2.32).	Kirkuk
00290	IM 6823	ja	3,5 x 3,5 cm	Tafel. Gebrannter Ton. Ökonomischer Text, Behälter für Gerste. Assyrische Periode.	Kirkuk
00291	IM 5303			Tafel. Ton. Ein Ehevertrag mit 6 Zeugen und einem Schreiber. Nuzi.	Kirkuk
00292	IM 6820		5 x 6 cm	Tafel. Gebrannter Ton. Quadratisch, ökonomischer Text, Gerstenrationen. Nuzi.	Kirkuk
00293	IM 67547		2,8 x 6,6 x 13,1 cm	Tafel. Ton. Großes Fragment mit historischem Text. Assyrische Periode.	Kirkuk
00294	IM 51360		7,3 x 4,8 x 2,7 cm	Tafel. Gebrannter Ton. Längliche Form, ökonomischer Text. Vollständig. Altbabylonische Periode.	Kirkuk
00295	IM 73298		6,1 x 7,4 cm	Tafel. Ton. Längliche Form. Gerstenrationen. Mittlere Assyrische Periode.	Kirkuk
00296	IM 70404		5 x 5,3 x 1,8 cm	Tafel. Ton. Längliche Form. Brief. Mittlere Assyrische Periode.	Kirkuk
00297	IM 22356		7,7 x 6 cm	Platte. Kalkstein. Längliche Form mit eingravierten Tieren. Nuzi.	Kirkuk
00298	IM A-998		3 x 6,5 cm	Fläschchen. Glas. Nur Hals mit Henkel erhalten. Weiß verziert.	Kirkuk

Ser.Nr.	Museums-Nr.	Photo	Maße	Objekt	Ort
00299	IM A-10904		2,3 x 4,5 cm	Schälchen. Grünes Glas. Weiter Rand mit rundem, konkavem Boden.	Kirkuk
00300	IM A-10493		3,5 x 4,9 cm	Fläschchen. Glas. Halbkugelförmig, mit kurzem Hals und konkavem Boden.	Kirkuk
00301	IM 37596		8,8 x 7,8 cm	Statuette. Gips. Nur Kopf erhalten. Hohl.	Kirkuk
00302	IM 33781		6 x 4,5 cm	Statuette. Terrakotta. Nur Kopf erhalten, weiblich.	Kirkuk
00303	IM 41772		Dm: 40 mm	Gußform. Terrakotta. Runder Kopf des Krankheitsdämons Pazuzu.	Kirkuk
00304	IM 40418		3,5 x 8,7 cm	Lampe. Keramik. Grüne Ware, dekoriert.	Kirkuk
00305	IM 16975		7 x 5 cm	Statuette. Terrakotta. Figur eines Mannes, Hände und Füße zerbrochen.	Kirkuk
00306	IM 72991		2,3 x 7,9 cm	Statuette. Weißer Marmor. Weibliche Figur, Teile des Körpers und der Schulter fehlen.	Kirkuk
00307	IMP-26			Armband. 10 Perlen aus Gold und 10 aus Lapislazuli. Dreieckige Form.	Kirkuk
00308	IMP-10			Halskette. 42 Perlen aus Gold und 56 aus Lapislazuli.	Kirkuk
00309	IM			Wasserkrug. Kupfer. Kugelförmig. Mit langem Hals und einem Henkel, der mit einem Granatapfel verziert ist. Auf dem Hals sind zwei Zeilen einer arabischen Inschrift eingeritzt.	Kirkuk
00310	IM 6420		10 x 6 cm	Sieb. Ton. Klein.	Kirkuk
00311	IM 6643		8,5 cm	Becher. Keramik. Konkave Seiten.	Kirkuk
00312	IM 6443		12 x 3 cm	Becher. Keramik. Unvollständig.	Kirkuk
00313	IM 2410/90			Kegel. Gebrannter Ton. Versehen mit einem sich auf ein Gebäude beziehenden Text von Gudea an Nin Dar A.	Kirkuk
00314	IM 2411/16			Kegel. Gebrannter Ton. Versehen mit einem sich auf ein Gebäude beziehenden Text von Gudea an Nin Dar A.	Kirkuk
00315	IM 6668			Becher. Keramik. Klein. Mit konkaven Seiten. Nahezu vollständig.	Kirkuk
00316	IM 55862		6,5 x 5,5 cm	Tafel. Terrakotta. Bärtiger Mann mit einer vor ihm stehenden Frau. Unterer Teil zerbrochen.	Kirkuk
00317	IM 52727		11 x 6,3 x 5 cm	Statuette. Terrakotta. Bärtiger Mann, ein Arm abgebrochen.	Kirkuk
00318	IM 72572		7,5 x 6,8 x 14,5 cm	Flasche. Glas. Teil des Körpers und Halses erhalten, auf dem langen Hals einige weiße und gelbe Verzierungen.	Kirkuk
00319	IM 71560		15,3 x 3,5 x 7,7 cm	Flasche. Glas. Ovaler Körper mit breitem Rand und konkavem Boden.	Kirkuk
00320	IM 44487		65 x 35 mm	Fläschchen. Glas. Zylindrischer Körper mit ausbiegendem Rand, kurzer Hals, horizontale Schulter und einige Verzierungen auf dem Körper.	Kirkuk
00321	IM 9355			Flasche. Weißes Glas. Kugelförmiger Körper mit zylindrischem Hals. Unvollständig.	Kirkuk
00322	IM 54290		19,3 x 10,5 cm	Fläschchen. Glas.	Kirkuk
00323	IM 74992		5 x 8,8 cm	Fläschchen. Weißes Glas. Klein. Mit Standring und langem zylindrischem Hals.	Kirkuk
00324	IM A-11147		H: 9,6 cm	Fläschchen. Glas. Kugelförmiger Körper mit zylindrischem kurzem Hals und konkavem Boden.	Kirkuk
00325	IM A-10020		3,8 x 5 x 5,5 cm	Tintenfaß. Grünes Glas. Standring.	Kirkuk
00326	IM A-10034		10,5 x 9 x 3,7 cm	Fläschchen. Glas. Zylindrische Form, auf dem Rücken eines Tieres, dem ein Bein fehlt.	Kirkuk
00327	56/644		8,4 x 8,3 cm	Statuette. Terrakotta. Nackte Frau mit die Brüste stützenden Händen.	Kirkuk
00328	IM 502		10,7 x 0,5 cm	Haarnadel. Knochen. Eingeritzt. Zerbrochen.	Kirkuk
00329	C7/7440		14 x 0,7 cm	Haarnadel. Knochen. Eingeritzt und verziert.	Kirkuk
00330	IM 52376		11,5 x 7,5 cm	Krug. Glas. Enger Hals, schlaufenförmiger Henkel. Zerbrochen und restauriert.	Kirkuk
00331	IM 71516		4,5 x 2,5 x 11,2 cm	Fläschchen. Grünes Glas. Konischer Körper mit breitem Rand, einem Griff und rundem, konkavem Boden.	Kirkuk
00332	IM 71332		2,7 x 10,6 cm	Fläschchen. Weißes Glas. Zylindrischer Körper mit einigen Verzierungen.	Kirkuk
00333	C7 7442		0,7 x 11,3 cm	Haarnadel. Knochen. Verziert.	Kirkuk
00334	C/10041			Haarnadel. Knochen.	Kirkuk
00335	56/345		6,3 x 12,2 x 3,9 cm	Statuette. Keramik. Teil eines Armes mit Armreif erhalten.	Kirkuk
00336	IM A-10052		16,5 x 12,5 cm	Kelch. Glas. Groß, mit breitem Rand. Runder, konkaver Boden, hervorspringende Verzierungen auf dem Körper. Zerbrochen und restauriert.	Kirkuk
00337	IM 6991/2		2 x 6,3 cm	Fläschchen. Glas. Griff mit einigen Verzierungen erhalten.	Kirkuk
00338	IM A-10730		5,9 x 4,3 cm	Fläschchen. Glas. Kugelförmiger Körper mit kurzem Hals und einigen Verzierungen auf der Schulter. Runder, konkaver Boden.	Kirkuk
00339	IM 21615		32 x 15 mm	Stempelsiegel. Marmor. Halbkugelform. Nuzi.	Kirkuk
00340	IM 11441	ja	35 x 27 x 17 mm	Stempelsiegel. Grünlicher Alabaster. Liegendes Tier. Jemdat Nasr-Periode.	Kirkuk
00341	IM 27499	ja	50 x 35 mm	Stempelsiegel. Marmor. Amulett in Form eines Stieres. Tell Ajrab.	Kirkuk
00342	IM 3803			Schale. Kalkstein. Eingeritzter Rand. Zerbrochen und restauriert.	Kirkuk
00343	IM 66172	ja	6,8 x 9,5 x 19,2 cm	Statue. Weißer Kalkstein. Stehende Frau, Anbeterin, mit langen Haaren und mit	Kirkuk

Ser.Nr.	Museums-Nr.	Photo	Maße	Objekt	Ort	Ser.Nr.	Museums-Nr.	Photo	Maße	Objekt	Ort
00344	IM 15545	ja	35 x 18 x 13 mm	aus Muscheln eingelegten Augen. Zerbrochen und restauriert (N7-163).	Kirkuk					Öffnung.	
						00369	IM 74125		5,3 x 2,9 x 5,4 cm	Gefäß. Alabaster. Klein. Birnenform mit runder Öffnung und ohne Hals.	Kirkuk
00345	IM 2080	ja	3,5 cm	Statue. Kalkstein. Sitzender, bärtiger Mann, mit unter der Brust gefalteten Händen, Kopf fehlt, zerbrochen und restauriert (Kh-103).	Kirkuk	00370	IM 74186		4,5 x 6,3 x 3,6 cm	Gefäß. Alabaster. Klein. Mit runder Öffnung und ovalem Boden, unvollständig.	Kirkuk
00346	IM 25773		28 x 22 x 13 mm	Stempelsiegel. Schwarzer Stein. Stehender, nach links gewandter nackter Mann.	Kirkuk	00371	IM 74168		6,2 x 3,2 x 6,2 cm	Krug. Alabaster. Klein. Mit runder Öffnung und kurzem Hals. Flacher Boden.	Kirkuk
00347	IM 17777	ja	25 x 22 x 18 mm	Stempelsiegel. Amethyst. Konische Form. Sassanidische Periode.	Kirkuk	00372	IM 14171		3,5 x 6,1 cm	Gefäß. Alabaster. Klein. Mit flachem Rand.	Kirkuk
				Stempelsiegel. Brauner Achat. Pflanzenmotiv.		00373	IM 74192		4,6 x 4,7 cm	Krug. Alabaster. Klein. Mit runder Öffnung. ovale Form.	Kirkuk
00348	IM 56288		115 x 75 mm	Schale. Geäderter Stein. Unvollständig. Halbkugel mit grob eingeritztem Band um die Lippe.	Kirkuk	00374	IM 74154		6,8 x 2,3 cm	Gefäß. Alabaster. Klein. Mit rundem Körper und Boden.	Kirkuk
00349	IM 56329		H: 37 mm	Statuette. Ton. Teil eines menschlichen Torsos, geschlossener Boden. Kopf und ein Arm abgebrochen.	Kirkuk	00375	IM 66059		8 x 17,2 x 12,3 cm	Schale. Weißer Stein. Weiter Rand und kleiner flacher Boden. Keilschrifttext. Restauriert (N5 152).	Kirkuk
00350	IM 68799			Wurfstein. Diorit. Zwei Stück.	Kirkuk	00376	IM 30718		175 mm	Schale. Kalkstein. Zerbrochen und restauriert (U.19948).	Kirkuk
00351	IM 54489		16 x 13,2 cm	Axt. Kupfer. Vollständig und hohl. Frühdynastische Zeit.	Kirkuk	00377	IM 16795		186 x 60 mm	Statue. Diorit. Zerbrochen und restauriert (U.18472).	Kirkuk
00352	IM 54518		9,8 x 5,5 cm	Tasse. Kupfer. Zylindrischer Körper, ein Henkel. Vollständig. Frühdynastische Zeit.	Kirkuk	00378	IM 72982		5,7 x 23,5 cm	Statue. Kupfer. Sockel in Form eines Nagels. Mann mit einer gehörnten Krone und gefalteten Händen. Mit Keilschrift (H.112B).	Kirkuk
00353	IM 94590		9 x 4 cm	Flache Schale. Keramik. Unvollständig.	Kirkuk	00379	IM 72986		5,5 x 23,4 cm	Statue. Kupfer. Sockel in Form eines Nagels. Mann mit gehörnter Krone und gefalteten Händen. Mit Keilschrift (H.117B).	Kirkuk
00354	IM 69384		5 x 4,6 cm	Gefäß. Alabaster. Anhänger mit zwei Einritzungen in der Mitte und zwei Löchern auf jeder Seite.	Kirkuk						
00355	GR 5/8			Krug. Keramik. Klein. Mit rundem Boden. Vollständig.	Kirkuk	00380	IM 31064		80 x 63 mm	Keulenkopf. Pinkfarben geäderter Marmor. Perlenform. Leicht gerifelt.	Kirkuk
00356	As.p-36 A			Röhre. Keramik. Runde Basis.	Kirkuk	00381	IM 7672			7 Goldbänder (U.11234).	Kirkuk
00357	IM 36138		74 x 134 x 67 mm	Modell eines Bootes. Unvollständig.	Kirkuk	00382	IM 7733			Halskette. 45 kleine, 21 größere Goldperlen mit 57 Perlen aus Lapislazuli und 12 aus Karneol (U.p.G.1421).	Kirkuk
00358	IM 2039		14 x 10 cm	Krug. Keramik. Schon verarbeitet, glatte Oberfläche, Boden hinzugefügt. Frühdynastische Zeit.	Kirkuk						
00359	IM 2452			Krug. Keramik. Weite Öffnung.	Kirkuk	00383	IM 9608			Halskette. Perlen aus Gold. Lapislazuli, weißer und blauer Tonmasse in drei Gruppen mit 7 Zwischenstücken in Form von Goldbarren (U.12381, 15489, 12460).	Kirkuk
00360	IM 70647			Modell eines Hauses. Ton.	Kirkuk						
00361	IM 32453		46 x 81 mm	Schale. Keramik. Verzierung in schwarzer Farbe, innen und außen rot überzogen. Nahezu vollständig.	Kirkuk						
00362	GR/131			Wasserkrug. Keramik. Teile des Bodens fehlen.	Kirkuk	00384	IM 19389			Halskette. 120 Karneol- und 49 Kristallperlen (W.14759 c).	Kirkuk
00363	IM 14717		12 x 9 cm	Krug. Keramik. Vollständig.	Kirkuk	00385	IM 7843			Armband. 5 Gold- und 12 Lapislazuli-Dreiecke für 7 Stränge (U.10807 A).	Kirkuk
00364	IM 15162		10,5 x 13 cm	Vase. Keramik. Zerbrochener Hals. Bemalt.	Kirkuk	00386	IM 31956			Halskette. 31 Muschelperlen, ringförmig (Ag:36.3).	Kirkuk
00365	IM 79384			Schale. Keramik, roter Ton. Weite Öffnung.	Kirkuk	00387	IM 7756			Halskette. 47 goldene, gewundene Perlen. Mit Lapislazuli, Karneol und einem Achatanhänger (U.11215).	Kirkuk
00366	IM 75686		9,3 x 4,7 x 7,5 cm	Krug. Alabaster. Klein.	Kirkuk						
00367	IM 74134		10,5 x 5,2 x 8,5 cm	Krug. Alabaster. Klein. Mit runder Öffnung und flachem Boden.	Kirkuk	00388	IM 7647			Halskette. 31 Perlen aus Gold und Lapislazuli, doppelkonische Form.	Kirkuk
00368	IM 69427		7,1 cm	Schale. Alabaster. Klein. Mit runder	Kirkuk	00389	IM 7317			Ein Paar goldene Ohrringe (U.12412).	Kirkuk

Ser.Nr.	Museums-Nr.	Photo	Maße	Ort	Objekt
00390	IM 27745			Kirkuk	Halskette 126 Perlen aus weißem Stein und 127 Perlen aus schwarzem Stein (Ag-35.1099).
00391	IM 20980			Kirkuk	Halskette. 17 Goldperlen in verschiedenen Formen und 12 Perlen aus Karneol, 16 aus Onyx und 3 aus Lapislazuli (U.17807).
00392	IM 20982		17 x 17 mm	Kirkuk	Ein Paar Goldohrringe. Imitation, mondförmig (U.17788).
00393	IM A-11010		10 x 6 cm	Kirkuk	Fläschchen. Glas. Konischer Körper mit zylindrischem, kurzem Hals und rundem, flachem Boden.
00394	IM A-11081		11,2 x 4,7 x 16,3 cm	Kirkuk	Kelch. Glas. Zylindrischer Körper mit breitem Rand und Fries mit Inschrift. Runder Boden. Zerbrochen und restauriert.
00395	IM A-2709	ja	14 x 4,8 cm	Kirkuk	Henkel eines Gefäßes. Grünes Glas.
00396	IM 65614		L: 2,3 cm B: 1,1 cm	Kirkuk	Rollsiegel. Grüner Hämatit. Gottheit mit Fuß auf dem Rücken eines Tieres, vor ihm ein stehender Anbeter, ein Tier tragend.
00397	IM 22174		22 x 10 mm	Kirkuk	Rollsiegel. Hämatit. Eine Gottheit, Anbeter und Stiermann. Tell Billa.
00398	IM 8152/26			Kirkuk	Stele Gräulicher Marmor. 3 Teile, eingemeißelt in Basrelief, Frau mit Haargeflecht, Krieger. Kopf und Füße fehlen, mit verziertem Gewand, 12zeilige aramäische Inschrift (Hatra-57).
00399	IM 911			Kirkuk	Statue. Kalkstein. Herkules. Nackt auf einem quadratischen, flachen Sockel stehend, in einer Hand die Mähne eines Löwen haltend, dessen Kopf fehlt (Hatra-911).
00400	IM 20363			Kirkuk	Halskette. Verschiedene Perlen. Lapislazuli- und 7 Achatperlen (U.19431).
00401	U.8226			Kirkuk	Nadel. Bronze.
00402	U.9609			Kirkuk	Nadel. Bronze.
00403	IM 162			Kirkuk	Halskette. 38 Karneol-, 14 Achat-, 2 Amethyst- und Alabasterperlen (Ur-500 L).
00404	IM 163			Kirkuk	Halskette. 33 Achatperlen in verschiedener Form und Größe (Ur-500 N).
00405	IM 164			Kirkuk	Halskette. 66 Perlen aus Lapislazuli, 66 aus Karneol, in verschiedenen Formen (Ur-500 p).
00406	IM 31764			Kirkuk	Perlen. Zwei Karneole.
00407	IM 76529			Kirkuk	Halskette. Verschiedene Perlen. Lapislazuli, Karneol, Gold und weißer Stein.
00408	IB-201/A			Kirkuk	Ein Paar Ohrringe. Einer zerbrochen.
00409	IM 35629		4 x 13 cm	Kirkuk	Gefäß. Glasierte Keramik. Konischer Körper mit kleinem Henkel.
00410	IM 71276		8,5 x 6,5 x 22,5 cm	Kirkuk	Krug. Keramik. Ovaler Körper mit einem Henkel und rundem Boden. Drei Einritzungen auf der Schulter.
00411	IM 15397		14 x 19 cm	Kirkuk	Krug. Glasierte Keramik. Eingedruckter Ausguß, mit einem Henkel.
00412	IM 40750		12 x 8 cm	Kirkuk	Krug. Glasierte Keramik. Runder Körper, mit zwei Henkeln und flachem Boden.
00413	IM 71594		11,5 x 3,5 x 7,5 cm	Kirkuk	Krug. Keramik. Klein. Konischer Körper, schmale Öffnung mit Ausguß, kurzer Hals, ein Henkel und flacher Boden.
00414	IM 41002		14,5 x 8 cm	Kirkuk	Krug. Keramik. Blau glasiert, langer Hals und Henkel.
00415	IM 73179		17,7 x 12,4 cm	Kirkuk	Boden eines Gefäßes. Bemalte Keramik.
00416	IM 73176		20 x 12 cm	Kirkuk	Boden einer Schale. Bemalte Keramik.
00417	IM 33517		15,7 x 25 cm	Kirkuk	Krug. Keramik. Oberer Teil mit schwarzer Verzierung, bemalt, gut gebrannt, braune Ware. Unvollständig.
00418	IM 79400		36 x 19,5 x 26 cm	Kirkuk	Gefäß. Keramik. Groß. Mit menschlichen Gestalten.
00419	IM 44986		70 x 31 cm	Kirkuk	Schale. Keramik. Tief. Bräunliche Ware, Zeichnung in dunkelbrauner Farbe, runder Boden. Unvollständig.
00420	IM 32975			Kirkuk	Vase. Keramik. Bemalt. Unvollständig.
00421	IM 72155		3 cm	Kirkuk	Spinnwirtel. Ton.
00422	IM 72162		3 cm	Kirkuk	Spinnwirtel. Ton.
00423	IM 72163		3 cm	Kirkuk	Spinnwirtel. Ton.
00424	IM 67510		19 x 11 cm	Kirkuk	Krug. Alabaster. Klein. Runder Boden, ein Teil des Randes fehlt.
00425	IM 75624		5,5 x 11,6 x 11,2 x 8,3 cm	Kirkuk	Gefäß. Alabaster. Klein. Ovaler Körper, ein Teil des Randes fehlt. Unvollständig.
00426	IM 75695		8,3 cm	Kirkuk	Schale. Alabaster. Groß. Runder Körper.
00427	IM 42772		10 x 17 cm	Kirkuk	Schale. Keramik, grau-grüne Ware. Rundes Schleifen- und Hanamuster unter dem Rand in brauner Farbe.
00428	IM 42234			Kirkuk	Krug. Keramik. Bräunliche Ware, groß, mit ausbiegendem Rand und runder Standfläche.
00429	IM 79399			Kirkuk	Gefäß. Keramik. Groß, mit gemalten Verzierungen.
00430	IM A-11667		37 x 19 x 14 cm	Kirkuk	Kästchen. Kupfer. Groß, ovale Form, mit Deckel versehen. Verziert mit geometrischen und Blumenmustern. Arabische Inschrift. Islamische Periode.
00431	IM A-11870		5 x 35 cm	Kirkuk	Flache Schale. Kupfer. Gezackter Rand mit geometrischen und Blumenmustern und arabischer Inschrift.
00432	IM A-12063		27 x 23,3 cm	Kirkuk	Lampe. Bronze. Öllampe mit 7 Ausgüssen und einem Griff. Sternförmig, groß. Islamische Periode.
00433	IM 50717		12,5 x 7,8 x 3 cm	Kirkuk	Tafel. Gebrannter Ton. Groß, aber unvollständig. Mittlere Assyrische Periode, ca. 1500 v.u.Z.

Ser.Nr.	Museums-Nr.	Photo	Maße	Ort	Objekt
00434	IM 82073		2,5 x 5,1 x 8,6 cm	Kirkuk	Tafel. Gebrannter Ton. Ökonomischer Text mit Siegelabdrücken.
00435	IM 10903			Kirkuk	Tafel. Gebrannter Ton, rot. Vollständig, mit Siegelabdrücken. Altbabylonische Periode.
00436	IM 47084		9,1 x 6,5 x 2,8 cm	Kirkuk	Statuette. Terrakotta. Grob und grotesk modelliert, auf flacher Standfläche stehend.
00437	IM 87796		10 x 5,5 x 5 cm	Kirkuk	Statuette. Ton. Tier, Beine und Schwanz fehlen.
00438	IM 77561		13 x 4,5 cm	Kirkuk	Statuette. Ton. Nackte Frau, eine Halskette tragend. Arme fehlen.
00439	IM 22348		18 x 8 mm	Kirkuk	Rollsiegel. Fritte.
00440	IM 9240		23 x 15 mm	Kirkuk	Stempelsiegel. Achat. Konische Form.
00441	IM 13865		29 x 14 mm	Kirkuk	Rollsiegel. Roter Hämatit. Anbetungsszene mit Inschrift.
00442	IM 56306			Kirkuk	Perle. Hellgrüner Stein. Faßförmig.
00443	IM 56332			Kirkuk	Intarsie? Ton. Dreieckig.
00444	IM 56334			Kirkuk	Perle. Ton. Flach, rund, schlicht. Im Querschnitt oval.
00445	IM 56309			Kirkuk	Kugel. Rund und poliert.
00446	IM 56318			Kirkuk	Kleine Axt. Stein. Beide Seiten poliert.
00447	IM 56341			Kirkuk	Hohlmeißel. Knochen. Unteres Ende spitz zulaufend.
00448	IM 21617		30 x 12 mm	Kirkuk	Stempelsiegel. Grün geädertet Alabaster. Halbkugelform. Archaisch.
00449	IM 25773		28 x 22 x 13 mm	Kirkuk	Stempelsiegel. Amethyst. Konische Form, leicht beschädigt. Späte Periode.
00450	IM 22342		40 x 11 mm	Kirkuk	Rollsiegel. Schwarz geäderter Stein. Szene mit von Pferden gezogenem Wagen.
00451	IM 65614		2,3 x 1,1 cm	Kirkuk	Rollsiegel. Hämatit. Anbeter, einer Gottheit ein Tier opfernd.
00452	IM 22174		22 x 10 mm	Kirkuk	Rollsiegel. Hämatit. Wassergott mit Anbeter und Stiermann.
00453	IM 21615		32 x 15 mm	Kirkuk	Stempelsiegel. Marmor. Halbkugelform. Archaisch.
00454	IM 22591			Kirkuk	Perlen. Fritte und Karneol. Ringform.
00455	IM 23746		13 x 12,5 cm	Kirkuk	Halsring. Kupfer. Mit Perle aus Fritte. Ein Ende beschädigt.
00456	IM 22335	ja	28 x 13 mm	Kirkuk	Rollsiegel. Weißer Marmor. Zwei Menschen und zwei Tiere.
00457	IM 94657		10 x 5 cm	Kirkuk	Flache Schale. Keramik. Klein. Mit weiter, runder Öffnung, Runder, flacher Boden, rote Ware.
00458	IM 93753		17,2 x 4,9 x 9 cm	Kirkuk	Krug. Keramik. Runde Öffnung, langer Hals, ovaler Körper mit zwei eingeritzten Linien und kleinem Boden.
00459	IM 94644		8,2 x 9 x 4,5 cm	Kirkuk	Krug. Keramik. Klein. Mit kurzem Hals, runder Öffnung und flachem Boden. Drei eingeritzte Linien auf dem Körper.
00460	IM 58835		8,7 x 6,2 cm	Kirkuk	Tafel. Gebrannter Ton. Drei Zeilen eines Textes in Keilschrift. Neubabylonische Periode.
00461	IM 94638		4 x 10,5 cm	Kirkuk	Krug. Keramik. Klein, mit rundem Körper ohne Boden. Teil der Öffnung fehlt.
00462	IM 94661		5 x 12 x 0,5 cm	Kirkuk	Gefäß. Keramik. Klein und glockenförmig, mit flachem Boden.
00463	IM 51699		3 cm	Kirkuk	Urkunde. Ungebrannter Ton. Mit Inschrift, vollständig, Altbabylonische Periode.
00464	IM 51710		3 cm	Kirkuk	Urkunde. Ungebrannter Ton. Mit Inschrift, vollständig. Neubabylonische Periode.
00465	IM 37986		8 x 8,4 cm	Kirkuk	Tafel. Gebrannter Ton, rot. Nahezu vollständig. Neubabylonische Periode.
00466	IM 22593			Kirkuk	Halskette. Verschiedene Perlen, Fritte, Karneol und andere Steine. Ringform.
00467	IM 19167		45 cm	Kirkuk	Halskette. Kette aus Karneol-, Bergkristall-, Lapislazuliperlen und Muscheln. Verschiedene Formen und Größen.
00468	IM 22645		32,5 cm	Kirkuk	Perlen. Fünf Steine aus Alabaster. Zylindrische Form.
00469	IM 68159		15,9 x 11 x 29,6 cm	Kirkuk	Krug. Keramik. Groß und mit Ausguß.
00470	IM 76628			Kirkuk	Gefäß. Kupfer. Klein, Form eines Bootes.
00471	IM 74580			Kirkuk	Stück aus Alabaster. Zylindrische Form. Möglicherweise einen Penis symbolisierend.
00472	IM 62424		2,9 x 5,5 cm	Kirkuk	Stück aus Alabaster. Zylindrische Form. Möglicherweise einen Penis symbolisierend.
00473	IM 69617			Kirkuk	Stück aus Alabaster. Zylindrische Form. Möglicherweise einen Penis symbolisierend.
00474	IM 72157		2,5 cm	Kirkuk	Spinnwirtel. Ton.
00475	IM 32583		35 x 50 mm	Kirkuk	Keulenkopf.
00476	56/254			Kirkuk	Tafel. Terrakotta. Fragment, das eine Frau mit Kleid zeigt.
00477	57/7147			Kirkuk	Statuette. Terrakotta. Eine nackte weibliche Gestalt mit zerbrochenen Beinen.
00478	IM 63951		8 x 14,3 cm	Kirkuk	Ausguß eines Gefäßes. Keramik. Unvollständig.
00479	A/60/235			Kirkuk	Gefäß. Keramik. Fragment einer bemalten Ware.
00480	GR 4/117			Kirkuk	Krug. Keramik. Unvollständig.
00481	G2/82			Kirkuk	Krug. Keramik. Oberer Teil erhalten.
00482	1092 Sawwan			Kirkuk	Krug. Alabaster. Rot bemalt. Tell el Sawwan.
00483	871 Sawwan (6)			Kirkuk	Gefäß. Alabaster. Unvollständig.
00484	IM 74173		L: 6,4 cm	Kirkuk	Gefäß. Alabaster. Klein, mit Loch nahe dem Rand.
00485	IM 74150		11,3 x 4,3 cm	Kirkuk	Stück aus Alabaster. Zylindrische Form.

Ser.Nr.	Museums-Nr. Photo	Maße	Objekt	Ort
00486	IM 21636	20 cm	Möglicherweise einen Penis symbolisierend.	Kirkuk
00487	IM 24772	4 x 3 cm	Halskette. Schwarz und weiß glasierte Perlen aus Fritte.	Kirkuk
00488	IM 46491	4,8 cm	Anhänger. Lapislazuli. Kreuziform.	Kirkuk
00489	IM 34976	18,5 x 4,5 cm	Fußkettchen. Kupfer. Mit 13 kugelförmigen Verzierungen.	Kirkuk
00490	IM 59474	5,5 cm	Teller. Grün glasierte Keramik. Scheibengedreht.	Kirkuk
00491	IM A-10993	6,3 x 0,5 cm	Armband. Silber. Paar. Rund, mit überlappenden Enden in der Form von Kalbsköpfen, ein Ende fehlt.	Kirkuk
00492	IM A-9573		Armband. Kupfer. Vollständig.	Kirkuk
00493	IM A-9572		Halskette. Fritte und Glasperlen mit einem Feuerstein und einer Muschel.	Kirkuk
00494	IM 21533/4/5/6		Halskette. Verschiedene Steinperlen. Halskette. 25 Fritte- und Steinperlen. Alle mit IM-Nummern, 8574, 6575, 6576.	Kirkuk
00495	IM A-10285	22,4 cm	Schale. Glasierte Keramik. Tief, verziert mit geometrischem Muster. Zerbrochen und restauriert.	Kirkuk
00496	IM A-3287	6,3 x 7 cm	Gefäß. Glasiertes und bemaltes Fragment.	Kirkuk
00497	IM A-10877	10 x 4,2 cm	Löffel. Glasierte Keramik, dunkelgrün. Ein Teil des Griffs fehlt.	Kirkuk
00498	IM A-6424/2	12 x 4 cm	Gefäß. Keramik. Blaue und schwarze Glasur des unteren Teils erhalten.	Kirkuk
00499	IM A-3122	9 x 2,5 cm	Gefäß. Glasierte Keramik, blau und weiß. Unterer Teil erhalten.	Kirkuk
00500	IM A-2294	2,7 x 9,9 cm	Lampe. Keramik, blau glasiert. Ein Griff abgebrochen und restauriert.	Kirkuk
00501	110 Wasit (6)	10 x 21 cm	Schale. Keramik, blau glasiert. Geometrische Muster, Rand angeschlagen.	Kirkuk
00502	540 Kufa (8)		Krug. Keramik. Hals erhalten, mit Blumen- und Tiermustern.	Kirkuk
00503	45 Wasit (6)	15,7 x 12 cm	Krug. Keramik. Runder Körper, arabische Inschrift auf der Schulter. Der untere Teil ist verziert mit parallelen Einritzungen. Unvollständig.	Kirkuk
00504	IM A-7221	25,8 x 18 cm	Krug. Marmor. Langer, zylindrischer Körper und hoher Boden. Leicht beschädigt.	
00505	IM A-10703	7,5 x 3,6 cm	Öllampe. Kupfer. Halbkugelform. Langer Ausguß, runder, flacher Boden und drei Griffe, der erste groß, der zweite klein, der dritte fehlt.	Kirkuk
00506	IM A-9947	17 x 12,3 cm	Mörser. Kupfer. Mit Verzierung und Schrift.	Kirkuk
00507	357 Samarra (5)	8 x 8 cm	Gefäß. Glasierte Keramik. Fragment, verziert mit blauen Blumenmustern.	Kirkuk
00508	75 Kufa (6)		Gefäß. Glasierte Keramik. Verziertes Fragment.	Kirkuk

Ser.Nr.	Museums-Nr. Photo	Maße	Objekt	Ort
00509	542 Kufa (8)		Öllampe. Glasierte Keramik. Hat einen Griff, Teil des Ausgusses fehlt.	Kirkuk
00510	7228 Seleukia (7)	2,3 x 9,1 x 4,7 cm	Flache Schale. Keramik. Grün glasiert. Runder Boden.	Kirkuk
00511	16 Abu-Skhair	17,5 x 15 cm	Krug. Glasierte Keramik. Klein. Mit zwei Henkeln, einer abgebrochen. Glasur fehlt größtenteils.	Kirkuk
00512	51 Wasit (3)		Gefäß. Glasierte Keramik. Fragment, mit gemalter Verzierung.	Kirkuk
00513	A-5451	33,5 x 7 cm	Flache Schale. Hellgrünes Porzellan. Gestauchter Rand und verzierter Boden.	Kirkuk
00514	A-10042	28,5 x 13,5 cm	Wasserflasche. Keramik. Kleine, runde Form mit zwei Henkeln, kleine Öffnung und runder, konkaver Boden. Zwei Löcher im Körper.	Kirkuk
00515	A-10848	15,2 x 6,1 cm	Krug. Keramik. Verziert mit Blumen- und geometrischen Mustern, Tierfiguren. Runder, konkaver Boden. Unvollständig.	Kirkuk
00516	A-10906	3,2 x 11 cm	Messergriff. Knochen. In der Oberfläche Datum und Palmblatt eingraviert.	Kirkuk
00517	A-6142	11,8 x 3,6 cm	Gefäß. Grün glasierte Keramik. Unterteil erhalten, innen und außen mit geometrischen Mustern verziert.	Kirkuk
00518	A-2270	2,5 x 9,5 cm	Gefäß. Weiß glasierte Keramik. Unterteil erhalten, mit schwarzer Zeichnung eines Vogels.	Kirkuk
00519	IM 45339	20,7 x 7,6 cm	Krug. Keramik. Klein. Mit spitz zulaufender Standfläche und großen Henkeln. Braun.	Kirkuk
00520	IM 73110	7 x 2,4 cm	Unterteil. Bronze. Bootsform, mit Loch in der Mitte, auf einer Seite verziert.	Kirkuk
00521	IM 73105	6,7 x 5,5 cm	Maske. Bronze. Korrodiert. Nase perforiert.	Kirkuk
00522	A-11088	35,5 x 28 cm	Krug. Barbotine-Ware. Unvollständig, verziert mit Kreisen, Zickzacks, Sternen und kleinen Blumen. Zwei Henkel.	Kirkuk
00523	IM 72639	10,5 x 8,5 x 3,3 cm	Krug. Keramik. Klein, birnenförmig, runder, konkaver Boden, abgeschrägter Rand, der zum größten Teil fehlt. Eingeritzte Muster auf der Schulter.	Kirkuk
00524	A-6426	14,5 x 10 cm	Krug. Keramik. Zylindrischer Hals, ein Henkel und flacher Boden. Der Körper ist mit eingeritzten Mustern verziert. Rand angeschlagen.	Kirkuk
00525	7227 Seleukia (7) / K 2,6 x 8,4 cm		Öllampe. Glasierte Keramik. Kein Griff. Zerbrochen und restauriert.	Kirkuk
00526	302 Hatra (9)	7,6 x 6,3 cm	Statuette. Bronze. Oberer Teil einer Gottheit, die einen römischen Helm trägt. Aramäische Inschrift, um den Hals. Namen Bermerin erwähnt, um den Hals.	Kirkuk
00527	7422 C7	4,3 x 15,6 cm	Gefäß. Glasierte Keramik, weißlich. Tief.	Kirkuk

Ser.Nr.	Museums-Nr.	Photo	Maße	Objekt	Ort
00528	7421 C7		4,3 x 15,7 cm	Gefäß. Glasierte Keramik, weißlich. Tief.	Kirkuk
00529	655 C			Gefäß. Glasierte Keramik, hellblau. Tief.	Kirkuk
00530	A-10731		5,5 x 19 cm	Gefäß. Glasierte Keramik. Unvollständig. Über den ganzen Körper grün und braun verziert.	Kirkuk
00531	A-1892		12,7 x 4,5 cm	Flache Schale. Glasierte Keramik, golden und rot. Fragment.	Kirkuk
00532	A-11121		11,9 x 7,9 cm	Becher. Glasierte Keramik. Innen und außen mit Bändern und Blumenmustern verziert. Unvollständig.	Kirkuk
00533	IM 59476		Dm: 4,3 cm; 3,1 cm	Ohrringe. Silber. 4 Paare, jedes mit kleinen runden Teilen vor einem größeren. Filigranarbeit.	Kirkuk
00534	IM 62222		2 cm	Ring. Gold.	Kirkuk
00535	IM 75500		30,2 x 20,3 cm	Kopf einer Statue. Gips. Bärtiger Mann mit großen Augen, langem Schnauzbart und dickem Haar, einen Kopfschmuck tragend.	Kirkuk
00536	A-10629		18,2 x 7,3 x 3,2 cm	Öllampe. Bronze. Zwei Ausgüsse und Griffe sowie runder, konkaver Boden.	Kirkuk
00537	A-11177		15,5 x 7,6 cm	Griff. Kupfer. Türgriff mit von Blättern umgebenem Menschengesicht, zwei Hörner an beiden Seiten des Kopfes.	Kirkuk
00538	IM 59305		12,2 x 8,2 cm	Krug. Keramik. Miniatur mit kleinem, gerilfeltem, engem Hals, ein Henkel, kugelförmiger Körper und kleiner Boden.	Kirkuk
00539	IM 71572		13,3 x 13,8 x 16 cm	Krug. Glasierte Keramik, blau. Zylindrischer Körper mit einem Henkel und flachem Boden. Drei Eintrizungen auf der Schulter.	Kirkuk
00540	A-10280		17,2 x 14 x 6 cm	Krug. Keramik. Unvollständig. Runder Körper, runder, konkaver Boden. Streifen und Verzierungen sowie arabische Inschrift auf dem Körper.	Kirkuk
00541	A-10281		12,1 x 14,2 x 6 cm	Krug. Keramik. Unvollständig. Runder Körper, runder, konkaver Boden, Blumenmuster und arabische Inschrift.	Kirkuk
00542	A-10702		11,5 x 8,7 cm	Krug. Keramik. Klein, birnenförmig, mit zylindrischem Hals, rundem, flachem Boden und Eintrizungen auf Körper und Schulter. Henkel und Öffnung fehlen.	Kirkuk
00543	A-4821		13,9 x 14,5 cm	Schale. Keramik. Tief mit drei Henkeln und gewölbtem Boden. Verziert mit roten, parallelen Linien.	Kirkuk
00544	1447 Tikrit		15,2 x 8,9 cm	Topf. Rotes Kupfer. Kleiner Medizin- oder Milchtopf für ein Kind. Ein Henkel, zylindrischer Ausguß.	Kirkuk
00545	IM 56568		20 x 30 cm	Krug. Keramik. Henkel, gefurchte Schulter und ausbiegender Rand.	Kirkuk
00546	5105 MS			Münze. Silber. Parthisch. Gotarzes. Jahr 40-50 u.Z.	Kirkuk
00547	7468 MS			Münze. Silber. Parthisch. Gotarzes, Jahr 40-50 u.Z.	Kirkuk
00548	7481 MS			Münze. Silber. Parthisch. Vologases III. Jahr: 147-191 u.Z.	Kirkuk
00549	10727 MS			Münze. Silber. Parthisch. Orodes I. Jahr: 37-57 v.u.Z.	Kirkuk
00550	14964 MS			Münzen (3). Silber. Sassanidisch. Chosroe II. Nemper 3.	Kirkuk
00551	5681 MS			Münze. Silber. Islamischer Dirham sassanidischer Herkunft. Abdullah bin Zayd Darobjard.	Kirkuk
00552	IM 5692 MS			Münze. Silber. Islamischer Dirham des Sassaniden Abd ill bin Zeed bes Haboor.	Kirkuk
00553	IM 14295 MS			Münze. Silber. Islamischer Dirham des Sassaniden Omar bin Abdillh. Jahr: 67 AH.Istakhr.	Kirkuk
00554	IM 5878 MS			Münze. Silber. Islamischer Dirham des Sassaniden Omar bin Abdillh. Jahr: 67 AH. Ardesheer Khurrah.	Kirkuk
00555	IM 14301 MS			Münze. Silber. Islamischer Dirham des Sassaniden Omar bin Abdillh. Jahr: 67 AH. Istakhr.	Kirkuk
00556	IM 14222 MS			Münze. Silber. Islamischer Dirham des Sassaniden Al Hajjaj Ibn Yusif. Jahr: 76 AH. Be Shaboor.	Kirkuk
00557	IM 1427 MS			Münze. Silber. Islamischer Dirham des Sassaniden Al Hajjaj Ibn Yusif. Jahr: 76 AH. Be-Shaboor.	Kirkuk
00558	IM 3994 MS			Münze. Gold. Omajjadisch. Kalif Abd Al Malik bin Marwan. Jahr: 79 AH (701 u.Z.).	Kirkuk
00559	IM 5319 MS			Münze. Silber. Omajjadisch. Kalif Abd Al Malik bin Marwan. Jahr: 80 AH (702 u.Z.). Basra.	Kirkuk
00560	IM 2913 MS			Münze. Gold. Omajjadisch. Kalif Al Walid I. Jahr: 88 AH (710 u.Z.)	Kirkuk
00561	IM 9387 MS			Münze. Silber. Omajjadisch. Kalif Al Walid I. Jahr: 90 AH (712 u.Z.). Damaskus.	Kirkuk
00562	IM 3969 MS			Münze. Gold. Omajjadisch. Kalif Suleiman bin Al Malik. Jahr: 98 AH (720 u.Z.).	Kirkuk
00563	IM 409 MS			Münze. Silber. Omajjadisch. Kalif Omar bin Abd Al Aziz. Jahr: 100 AH (722 u.Z.). Basra.	Kirkuk
00564	IM 3971 MS			Münze. Gold. Omajjadisch. Kalif Omar bin Abd Al Aziz. Jahr: 100 AH (722 u.Z.)	Kirkuk
00565	IM 3975 MS			Münze. Gold. Omajjadisch. Kalif Yazid II. Jahr: 104 AH (726 u.Z.).	Kirkuk
00566	IM 5382 MS			Münze. Silber. Omajjadisch. Kalif Hisham bin Abd Al Malik. Jahr: 100 AH	Kirkuk

Ser.Nr.	Museums-Nr.	Photo	Maße	Ort	Objekt
00567	IM 2916 MS			Kirkuk	(722 u.Z.). Wasit.
00568	IM 930 MS			Kirkuk	Münze. Gold. Omajjadisch. Kalif Hisham bin Abd Al Malik. Jahr: 123 AH (745 u.Z.).
00569	IM 2917 MS			Kirkuk	Münze. Silber. Omajjadisch. Kalif Marwan II. Jahr: 127 AH (749 u.Z.). Wasit.
00570	IM 2215 MS			Kirkuk	Münze. Gold. Omajjadisch. Kalif Marwan II. Jahr: 129 AH (751 u.Z.).
00571	IM 9450 MS			Kirkuk	Münze. Omajjadisch. Kalif Marwan II. Jahr: 131 AH (753 u.Z.). Wasit.
00572	IM 2837 MS			Kirkuk	Münze Silber Omajjadisch, aus Spanien (Andalusien). Abd al Rahman. Jahr: 171 AH (793 u.Z.).
00573	IM 196 MS			Kirkuk	Münze Silber Omajjadisch, aus Spanien (Andalusien). Hisham II. Jahr: 398 AH (1020 u.Z.).
00574	IM 4523 MS			Kirkuk	Münze. Silber. Abbasidisch. Kalif Abdullah al Saffah. Jahr: 132 AH (754 u.Z.). Kufa.
00575	IM 6504 MS			Kirkuk	Münze. Gold. Abbasidisch. Kalif Abdullah al Saffah. Jahr: 136 AH (758 u.Z.).
00576	IM 9713 MS			Kirkuk	Münze. Gold. Abbasidisch. Kalif Abu Jafar al Mansur. Jahr: 149 AH (771 u.Z.).
00577	IM 11968 MS			Kirkuk	Münze. Silber. Abbasidisch. Kalif Abu Jafar al Mansur. Jahr: 156 AH (778 u.Z.). Madinat al Salam.
00578	IM 2800 MS			Kirkuk	Münze. Silber. Abbasidisch. Kalif Muhammed al Mahdi. Jahr: 160 AH (782 u.Z.). Madinat al Salam.
00579	IM 5242 MS			Kirkuk	Münze. Gold. Abbasidisch. Kalif Muhammed al Mahdi. Jahr: 168 AH (790 u.Z.).
00580	IM 10305 MS			Kirkuk	Münze. Gold. Abbasidisch. Kalif Musa al Hadi. Jahr: 169 AH (791 u.Z.).
00581	IM 5247 MS			Kirkuk	Münze. Silber. Abbasidisch. Kalif Harun al Raschid. Jahr: 172 AH (794 u.Z.). Al Abbasiya.
00582	IM 1398 MS			Kirkuk	Münze. Gold. Abbasidisch. Kalif Harun al Raschid. Jahr: 180 AH (802 u.Z.).
00583	IM 2974 MS			Kirkuk	Münze. Silber. Abbasidisch. Kalif Muhammed al Amin. Jahr: 182 AH (804 u.Z.). Madinat al Salam.
00584	IM 5264 MS			Kirkuk	Münze. Gold. Abbasidisch. Kalif Abdullah al Ma'mun. Jahr: 199 AH (821 u.Z.). Irak.
00585	IM 12391 MS			Kirkuk	Münze. Gold. Abbasidisch. Kalif Musta'in. Jahr: 205 AH (827 u.Z.). Samarra.
00586	IM 5257 MS			Kirkuk	Münze. Silber. Abbasidisch. Kalif Abdullah al Ma'mun. Jahr: 209 AH (831 u.Z.). Istahan.
00587	IM 10774 MS			Kirkuk	Münze. Gold. Abbasidisch. Kalif Al Mu'tasim. Jahr: 225 AH (847 u.Z.). Madinat al Salam.
00588	IM 5262 MS			Kirkuk	Münze. Gold. Abbasidisch. Kalif Al Wathiq. Jahr: 229 AH (851 u.Z.). Madinat al Salam.
00589	IM 11147 MS			Kirkuk	Münze. Gold. Abbasidisch. Kalif Muttawakil. Jahr: 243 AH (865 u.Z.). Misr.
00590	IM 10641 MS			Kirkuk	Münze. Gold. Abbasidisch. Kalif Abu Jafar al Mansur. Jahr: 152 AH (774 u.Z.).
00591	IM 2071 MS			Kirkuk	Münze. Silber. Abbasidisch. Kalif Al Muktadir. Jahr: 314 AH (936 u.Z.). Samarra.
00592	IM 4284 MS			Kirkuk	Münze. Gold. Abbasidisch. Kalif Al Muktadir. Jahr: 319 AH (941 u.Z.). Madinat al Salam.
00593	IM 997 MS			Kirkuk	Münze. Silber. Abbasidisch. Kalif Al Qahir. Jahr: 321 AH (943 u.Z.). Madinat al Salam.
00594	IM 673 MS			Kirkuk	Münze. Silber. Abbasidisch. Kalif Al Radhi. Jahr: 323 AH (945 u.Z.). Ras al 'Ayn.
00595	IM 12643 MS			Kirkuk	Münze. Silber. Abbasidisch. Kalif Al Mustakfi. Jahr: 333 AH (955 u.Z.). Madinat al Salam.
00596	IM 10517 MS			Kirkuk	Münze. Kupfer. Abbasidisch. Kalif Al Mustansir. Jahr: 631 AH (1253 u.Z.).
00597	IM 521 MS			Kirkuk	Münze. Gold. Abbasidisch. Kalif Al Nasir li Din Illah. Jahr: 606 AH (1228 u.Z.).
00598	IM 5364 MS			Kirkuk	Münze. Silber. Abbasidisch. Kalif Al Musta'sim. Jahr: 609 AH (1231 u.Z.).
00599	IM 5371 MS			Kirkuk	Münze. Gold. Seldschukisch. Malikschah. Jahr: 485 AH (1107 u.Z.).
00600	IM 1026/1 MS			Kirkuk	Münze. Gold. Seldschukisch. Giyath al Din Muhammed. Jahr: 502 AH (1124 u.Z.). Madinat al Salam.
00601	IM 11879 MS			Kirkuk	Münze. Kupfer. Ilkhanidisch. Hulaku Khan.
00602	IM 1588 MS			Kirkuk	Münze. Gold. Ilkhanidisch. Hulaku. Jahr: 672 AH (1294 u.Z.). Mosul.
00603	IM 2141/4 MS			Kirkuk	Münze. Silber. Ilkhanidisch. Ghazen Muhammed. Jahr: 700 AH (1322 u.Z.). Bagdad.
00604	IM 5360 MS			Kirkuk	Münze Gold. Seldschukisch. Giyath al Din Muhammed. Jahr: 510 AH (1132 u.Z.).
				Kirkuk	Münze. Gold. Tulunidisch.

Ser.Nr.	Museums-Nr.	Photo	Maße	Objekt	Ort
00605	IM 5349 MS			Khumarawayh bin Ahmed. Jahr: 278 AH (900 AH u.Z.). Misr.	Kirkuk
00606	IM 755 MS			Münze. Gold. Tulunidisch. Harun bin Khumarawauh. Jahr: 288 AH (910 u.Z.). Misr.	Kirkuk
00607	IM 2929/1 MS			Münze. Silber. Buwaihidisch. Mu'iz al Dawla. Jahr: 339 AH (961 u.Z.). Madinat al Salam.	Kirkuk
00608	IM 5399 MS			Münze. Gold. Buwaihidisch. Mu'iz al Dawla und Rukn al Dawla. Jahr: 362 AH (984 u.Z.). Madinat al Salam.	Kirkuk
00609	IM 1338 MS			Münze. Gold. Hamdanidisch. Al Muttaki Billah. Jahr: 331 AH (953 u.Z.). Madinat al Salam	Kirkuk
00610	IM 838/1 MS			Münze Silber.Ilkhanidisch. Muhammed Khuda Bunda. Jahr: 714 AH (1336 u.Z.). Mosul.	Kirkuk
00611	IM 6721 MS			Münze. Silber. Ilkhanidisch. Abu Said. Jahr: 733 AH (1355 u.Z.). Mosul.	Kirkuk
00612	IM 8880 MS			Münze. Gold. Ilkhanidisch. Abu Said. Jahr: 730 AH (1352 u.Z.). Istahan.	Kirkuk
00613	IM 7102 MS			Münze Gold. Atabeg. Badr ed Din Lulu. Jahr: 642 AH (1264 u.Z.). Mosul.	Kirkuk
00614	IM 2341 MS			Münze. Kupfer. Atabeg. Nasir al Din Mahmud. Jahr: 627 AH (1249 u.Z.). Mosul.	Kirkuk
00615	IM 1523 MS			Münze. Kupfer. Atabeg. Badr ed Din Lulu. Jahr: 656 AH (1278 u.Z.).	Kirkuk
00616	IM 877 MS			Münze. Silber. Ilkhanidisch. Satibeg. Jahr: 739 AH (1361 u.Z.).	Kirkuk
00617	IM 1563 MS			Münze.Silber. Safawidisch. Schah Ismail al Safawi. Jahr: 1167 AH (1789 u.Z.). Mazindar.	Kirkuk
00618	IM 11825 MS			Münze. Silber. Safawidisch. Tahmasp II. Jahr: 1043 AH (1665 u.Z.). Istahan.	Kirkuk
00619	IM 9828 MS			Münze. Gold. Ghaznawidisch. Mahmud al Ghaznawi. Jahr: 392 AH (1014 u.Z.). Nishapur.	Kirkuk
00620	IM 6604 MS			Münze. Gold. Fatimidisch. Al Mu'iz li Din Illah. Jahr: 361 AH (983 u.Z.). Misr.	Kirkuk
00621	IM 8832 MS			Münze. Gold. Fatimidisch. Al Mustansir Billah. Jahr: 463 AH (1085 u.Z.). Akka.	Kirkuk
00622	IM 1280 MS			Münze. Gold. Fatimidisch. Al Aziz. Jahr: 405 AH (1027 u.Z.). Akka	Kirkuk
00623	IM 9701 MS			Münze. Kupfer. Atabeg. Mudhaffar ed Din Kuk Buri. Erbil.	Kirkuk
00624	IM 5105 MS			Münze. Kupfer. Atabeg. Imad ed Din Zenji. Jahr: 582 AH (1204 u.Z.). Sinar.	Kirkuk
00625	IM 7468 MS			Münze. Silber. Parthisch. Gotarzes. Jahr: 40-51 u.Z.	Kirkuk
00626	IM 7481 MS			Münze. Silber. Parthisch. Gologases III. Jahr: 147-191 u.Z. Misr.	Kirkuk
00627	IM 10727 MS			Münze. Silber. Parthisch. Orodes I. Jahr: 37-57 v.u.Z.	Kirkuk
00628	IM 14964 MS			Münze. Silber. Sassanidisch. Chosroes II. Nemper 3.	Kirkuk
00629	IM 5681 MS			Münze. Silber. Islamisch. Dirham sassanidischer Herkunft. Abdullah bin Zayd Darobjard.	Kirkuk
00630	IM 11882 MS			Münze. Gold. Osmanisch. Schah Suleiman. Jahr: 926 AH (1548 u.Z.). Aleppo.	Kirkuk
00631	IM 14522 MS			Münze. Gold. Osmanisch. Schah Suleiman. Jahr: 1115 AH (1737 u.Z.). Misr.	Kirkuk
00632	IM 11396 MS			Münze. Gold. Osmanisch. Mustafa III. Ibn Ahmad. Jahr: 1171 AH (1793 u.Z.). Misr.	Kirkuk
00633				Ethnographisch. Zwei Nasenstifte.	Kirkuk
00634				Ethnographisch. Korbdeckel.	Kirkuk
00635				Ethnographisch. Vier Korbe.	Kirkuk
00636				Ethnographisch. Korb aus Stroh.	Kirkuk
00637				Ethnographisch. Kleiner Korb aus Stroh.	Kirkuk
00638				Ethnographisch. Wasserpfeife aus Glas.	Kirkuk
00639				Ethnographisch. Strohkorb.	Kirkuk
00640				Ethnographisch. Kübel. Kupfer.	Kirkuk
00641				Ethnographisch. Schale. Kupfer.	Kirkuk
00642				Ethnographisch. Drei Teller mit Deckel.	Kirkuk
00643				Ethnographisch. Drei Lampen. Glas.	Kirkuk
00644				Ethnographisch. Boden einer Lampe zerbrochen. Stück eines Stoffes. Weiß.	Kirkuk
00645				Ethnographisch. Bohrer. Holz.	Kirkuk
00646				Ethnographisch. Spindel. Holz.	Kirkuk
00647				Ethnographisch. Drei Fächer.	Kirkuk
00648				Ethnographisch. Drei große Löffel.	Kirkuk
00649				Ethnographisch. Kupferstücke, mit Farben verziert.	Kirkuk
00650				Ethnographisch. Teppich. Klein, mit Vogelmustern.	Kirkuk
00651				Ethnographisch. Teppich. Klein, mit dem Bild des Samarra-Minaretts.	Kirkuk
00652				Ethnographisch. Zwei flache hölzerne Löffel.	Kirkuk
00653				Ethnographisch. Kleiner hölzerner Löffel.	Kirkuk
00654				Ethnographisch. Laterne. Glas.	Kirkuk
00655				Ethnographisch. Kleiner Korb mit Stoffbezug.	Kirkuk
00656				Ethnographisch. Kleiner Korb.	Kirkuk
00657				Ethnographisch. Spindel. Holz.	Kirkuk
00658				Ethnographisch. Holzmörser mit Stößel.	Kirkuk

Ser.Nr.	Museums-Nr.	Photo	Maße	Objekt	Ort
00659				Ethnographisch. Wasserpfeife. Holz. Klein.	Kirkuk
00660				Ethnographisch. Gebetskette mit verschiedenen Perlen.	Kirkuk
00661				Ethnographisch. Griff eines Pflugs. Holz.	Kirkuk
00662				Ethnographisch. Hölzerner Kamm.	Kirkuk
00663				Ethnographisch. Drei kleine Krüge. Glasierte Keramik.	Kirkuk
00664				Ethnographisch. Hölzerne, flache Schale.	Kirkuk
00665				Ethnographisch. Türklopfer. Kupfer.	Kirkuk
00666				Ethnographisch. Handschellen. Eisen.	Kirkuk
00667				Ethnographisch. Satteltasche. Kashan.	Kirkuk
00668				Ethnographisch. Rechteckiger Teppich.	Kirkuk
00669				Ethnographisch. Teppich. Handarbeit.	Kirkuk
00670				Ethnographisch. 16 Kopfkissen. Stoff.	Kirkuk
00671				Ethnographisch. 14 Kissen, Stoff.	Kirkuk
00672				Ethnographisch. Teile aus Stoff.	Kirkuk
00673				Ethnographisch. Hölzerner Stuhl. Bemalt, für Hochzeitsleiern benutzt.	Kirkuk
00674				Ethnographisch. Sense zum Grasmähen.	Kirkuk
00675				Ethnographisch. Zwei Fibeln.	Kirkuk
00676				Ethnographisch. Hölzerner Pflug.	Kirkuk
00677				Ethnographisch. Eiserne Schaufeln.	Kirkuk
00678				Ethnographisch. 4 hölzerne Schaufeln.	Kirkuk
00679				Ethnographisch. Hölzerne Schale. Maß für Gerste und Weizen.	Kirkuk
00680				Ethnographisch. 5 wollene Seilstücke mit hölzernen Griffen, um Gras zu binden.	Kirkuk
00681				Ethnographisch. 7 hölzerne Mörser. 4 für Weizen und Gerste.	Kirkuk
00682				Ethnographisch. 3 Sicheln. Metall.	Kirkuk
00683				Ethnographisch. 4 Sicheln. Metall.	Kirkuk
00684				Ethnographisch. 3 Siebe aus Holz.	Kirkuk
00685	IM 634			Ethnographisch. Wasserkrug. Weißes Glas mit Verzierung.	Kirkuk
00686	IM 1545		L: 280 cm; B: 79 cm	Ethnographisch. Brücke. Wolle. Verziert mit geometrischen Mustern.	Kirkuk
00687	IM 1707			Ethnographisch. Wollkissen. Verziert mit dünnen, farbigen Linien.	Kirkuk
00688	IM 547		Dm: 8,2 cm; H: 21 cm	Ethnographisch. Gefäß. Bronze. Groß, geriffelt, mit einem runden Deckel. Spitz zulaufender Boden.	Kirkuk
00689	IM 435		H: 17 cm	Ethnographisch. Kerzenständer. Bronze. Schlangenform.	Kirkuk
00690	IM 282		L: 31,3 cm	Ethnographisch. Kelle. Silber. Breiter Griff, verziert und perforiert.	Kirkuk
00691	IM 1764			Ethnographisch. Tablett. Rechteckig, mit Porzellanboden, verziert.	Kirkuk
00692	IM 110		L: 35,5 cm; Dm: 13 cm	Ethnographisch. Wasserkrug. Metall. Halbkugelförmiger Körper, mit Deckel, ausbiegendem Rand, hohem Boden, langem Schnabel und großem Henkel.	Kirkuk
00693	IM 112		L: 42 cm; Dm: 9,7 cm	Ethnographisch. Kanne. Metall. Konischer Körper, langer Hals, Deckel und flacher Boden.	Kirkuk
00694	IM 233			Ethnographisch. Kugel. Metall. Eine Anzahl Kiesel darin. Rassel?	Kirkuk
00695	IM 244			Ethnographisch. Kaffeekanne. Kupfer. Langer Henkel, Ausguß und Deckel, mit einem Vogel verziert.	Kirkuk
00696	IM 103			Ethnographisch. Lampe. Kupfer. Langer Schnabel und Griff. Verziert mit einem Blattmuster.	Kirkuk
00697	IM 520			Ethnographisch. Kohlenpfanne. Bronze. Runder Körper mit gestauchtem Rand und Griff. Der Boden hat ebenfalls einen gestauchten Rand und vier Füße.	Kirkuk
00698	IM 97			Ethnographisch. Kohlenpfanne. Kupfer. Drei Füße, verziert mit Halbmond und Lüster.	Kirkuk
00699	IM 750			Ethnographisch. Kohlenpfanne. Kupfer. Abgerundeter und gestauchter Rand. Boden gerundet mit 2 Griffen. Innen rund.	Kirkuk
00700	IM 566			Ethnographisch. Wasserkrug. Kupfer. Klein, halbovaler Körper. Langer Hals, mit Ausguß, mit Einritzungen. Rand oben mit Blumenmustern. Ein Henkel. Deckel in Kegelform.	Kirkuk
00701	IM 161			Ethnographisch. Becher. Metall. Mit Inschrift, verziert mit geometrischen und Blumenmustern.	Kirkuk
00702	IM 167			Ethnographisch. Tablett. Silber. Rechteckig, mit gestauchtem Rand. Innen mit Blumen- und geometrischen Mustern verziert.	Kirkuk
00703				Ethnographisch. Pinzette. Kupfer. Verziert mit eingeritzten Linien.	Kirkuk
00704	IM 1108			Ethnographisch. Zigarettenkästchen. Silber. Verziert und mit eingelegter Emaille. Deckel mit Inschrift des Namens Ali Qassim.	Kirkuk
00705	IM 1479			Ethnographisch. Gefäß. Silber. Klein, rund mit großem, auslaufendem Ausguß. Körper eingraviert und verziert mit Blumenmustern. Boden mit einer großen Blume verziert.	Kirkuk
00706				Ethnographisch. Nargileh (Wasserpfeife). Glas und Holz.	Kirkuk
00707				Ethnographisch. Becher. Grünes Glas.	Kirkuk
00708				Ethnographisch. Photographie.	Kirkuk
00709				Ethnographisch. 4 Wasserkrüge. Kupfer.	Kirkuk
00710				Ethnographisch. Kupferschale.	Kirkuk

Ser.Nr.	Museums-Nr.	Photo	Maße	Objekt	Ort
00711				Ethnographisch. 2 Kupfertabletts.	Kirkuk
00712				Ethnographisch. Kupfervase.	Kirkuk
00713				Ethnographisch. Kupfermörser.	Kirkuk
00714				Ethnographisch. Kupferschale.	Kirkuk
00715	IM 111			Ethnographisch. Wasserkrug. Silber. Ovaler Körper mit flachem Boden und zylindrischem Hals.	Kirkuk
00716	IM 896			Ethnographisch. Drei Pferdedecken.	Kirkuk
00717	IM 880			Ethnographisch. Quadratisches Tuch (buqča). Pinkfarben.	Kirkuk
00718	IM 718			Ethnographisch. Halskette. Silber mit zwei Glockenanhängern.	Kirkuk
00719	IM 165			Ethnographisch. Ein Paar Armbänder. Silber. Verziert mit Ringen und Rosetten.	Kirkuk
00720	IM 205			Ethnographisch. Zigarettenkästchen. Metall. Körper mit Blumenmuster verziert.	Kirkuk
00721	IM 1080 oder 188			Ethnographisch. Große Schale. Kupfer. Kelchform, außen verziert mit Reihen von Blumenmustern und einer Inschrift in der Mitte.	Kirkuk
00722	IM 1342			Ethnographisch. Hölzerner Mörser. Zylindrisch, mit einer runden Öffnung.	Kirkuk
00723	IM 588			Ethnographisch. Kupferkanne. Birnenförmig, mit einem Henkel. Wulstiger Boden. Verziert mit geometrischen und Blumenmustern sowie einer Inschrift.	Kirkuk
00724	IM 109			Ethnographisch. Ein Paar Ohrringe. Silber. Dreieckform mit fünf Verzierungen.	Kirkuk
00725	IM 111-110			Ethnographisch. Ein Paar Ohrringe. Silber. Kugelform.	Kirkuk
00726	IM 375			Ethnographisch. Zigarettenkästchen. Metall. Mit beweglichen Füßen in Spiralform. Griff mit Bögen verziert. Oben die Figur eines Löwen.	Kirkuk
00727	IM 301			Ethnographisch. Gefäß. Weißes Porzellan. Innen verziert.	Kirkuk
00728	IM 367			Ethnographisch. Silbertablett. Durchlöchert.	Kirkuk
00729	IM 127			Ethnographisch. Haarnadel. Silber. Aus 19 kleinen Kugeln.	Kirkuk
00730	IM 729			Ethnographisch. Kaffeemühle. Holz. Quadratisch, mit Bronzegriff.	Kirkuk
00731	IM 540			Ethnographisch. Zuckerschale. Glas. Gerippter Körper mit gestauchtem Rand, auf einem Ständer stehend, Boden gerundet.	Kirkuk
00732	IM 311			Ethnographisch. Tischspiegel. Hölzerne, ovale Standfläche mit zwei Säulen auf jeder Seite.	Kirkuk
00733	IM 688			Ethnographisch. Großer Spiegel. Hölzerner Rahmen, verziert mit Blumenmustern. Oben zwei Hasen.	Kirkuk
00734	IM 147			Ethnographisch. Porzellangefäß. Groß, innen mit Blumenmustern verziert.	Kirkuk
00735	IM 141			Ethnographisch. Porzellanschale. Grün. Mit Blumenverzierung und hohem Boden.	Kirkuk
00736	IM 567		L: 56,5 cm; Dm: 24,6 cm	Ethnographisch. Kerzenständer. Bronze. Hoch, gestaucht, mit einem breiten Rand.	Kirkuk
00737	IM 1546			Ethnographisch. Kopf einer Nargileh (Wasserpfeife). Silber. Hölzerne Standfläche und verzierte Einfassung.	Kirkuk
00738	IM 1351			Ethnographisch. Unterer Teil einer Nargileh (Wasserpfeife). Metall mit Verzierung.	Kirkuk
00739	IM 1117			Ethnographisch. Kleine Flasche. Glas.	Kirkuk
00740	IM 637			Ethnographisch. Vase. Rotes Glas. Verzierter Körper.	Kirkuk
00741	IM 604			Ethnographisch. Zuckerschale. Glas, mit goldenem Deckel.	Kirkuk
00742	IM 174			Ethnographisch. Rosenwassersprenkler. Metall, eine Seite mit Spiegel.	Kirkuk
00743	IM 393			Ethnographisch. Kupferschale. Tief, mit gestauchtem und angeschlagenem Rand.	Kirkuk
00744	IM 84			Ethnographisch. Spiegel. Verzierter hölzerner Rahmen, vergoldet.	Kirkuk
00745	IM 153			Ethnographisch. Behälter mit 3 Wölbungen.	Kirkuk
00746	IM 154			Ethnographisch. Behälter. Ovale Form mit vier Wölbungen und einem Henkel in Form eines Vogels.	Kirkuk
00747	IM 279			Ethnographisch. Schmuckkästchen. Verziert mit vier erhabenen Verzierungen, Vogelform.	Kirkuk
00748	IM 157			Ethnographisch. Samowar. Kupfer. Klein, mit quadratischem Boden und 2 Griffen.	Kirkuk
00749	IM 298			Ethnographisch. Behälter für Nahrungsmittel (safar tasi). Fünf Töpfe für Nahrungsmittel.	Kirkuk
00750	IM 533			Ethnographisch. Flache Schale. Kupfer. Klein und verziert. Gestauchter Rand.	Kirkuk
00751	IM 587			Ethnographisch. Gefäß. Kupfer. Groß, mit Inschrift und einem Fries eines geometrischen Musters an der Basis.	Kirkuk
00752	IM 1066			Ethnographisch. Gefäß. Kupfer. Groß, kugelförmig, mit Inschrift und einer Kette zum Aufhängen.	Kirkuk
00753	IM 687			Ethnographisch. Tablett. Kupfer. Groß, verziert und mit Inschrift.	Kirkuk

Ser.Nr.	Museums-Nr.	Photo	Maße	Ort	Objekt
00754	IM 1399			Kirkuk	Ethnographisch. Behälter für Gewehrpulver. Verziert mit Blumenmustern. Mit Deckel und Lederriemen.
00755	IM 1045			Kirkuk	Ethnographisch. Badebehälter (Hammam). Kupfer. Kugelige Form mit Griff und geometrischen Mustern.
00756	IM 969			Kirkuk	Ethnographisch. Tablett. Kupfer. Geriffelter Rand, geometrischen Blumenmuster und Inschrift.
00757	IM 604			Kirkuk	Ethnographisch. Fliegenklatsche. Silber. Mit geriffeltem, rundem Griff. Verziert mit geometrischen, eingeritzten Mustern.
00758	IM 156			Kirkuk	Ethnographisch. Samowar. Quadratischer Boden, zwei Griffe, runder Körper und gezackte Verzierungen.
00759	IM 1340			Kirkuk	Ethnographisch. Gewehr. Eisen. Mit Elfenbeingriff. Datiert auf 1915.
00760	IM 1352			Kirkuk	Ethnographisch. Dolch. Kupfer. Einlegearbeit aus Silber und Emaille. Gekrümmt. Zwei Ringe zum Aufhängen, hölzerner Griff, Einlegearbeit mit silbernen Blumenmotiven.
00761	IM 1462			Kirkuk	Ethnographisch. Dolch. Silberne Scheide und hölzerner Griff.
00762	IM 241			Kirkuk	Ethnographisch. Räuchergefäß. Kupfer. Mit Inschrift.
00763	IM 1389			Kirkuk	Ethnographisch. Flache Schale. Kupfer. Eingeritzte geometrische und Blumenmuster.
00764	IM 1391			Kirkuk	Ethnographisch. Flache Schale. Kupfer. Groß, mit Blumen- und geometrischen Mustern.
00765				Kirkuk	Ethnographisch. Dolch. Groß, mit silberverzierter Scheide.
00766	IM 602			Kirkuk	Ethnographisch. Dolch. Silber. Gekrümmt, mit verziertem Griff. Die Scheide ist mit geometrischen Blumenmustern und mit Inschriften verziert.
00767	IM 469			Kirkuk	Ethnographisch. Dolch. Gekrümmt.
00768	IM 601			Kirkuk	Ethnographisch. Dolch. Silber. Silbergriff und Scheide verziert. Halfter mit eingeritzten geometrischen und Blumenmustern.
00769	IM 1367			Kirkuk	Ethnographisch. Schale. Kupfer. Klein. Mit rundem Rand, zylindrischem Hals, Teil des Bodens fehlt. Mit Deckel.
00770				Kirkuk	Ethnographisch. Ein Paar Wasserpfeifen (Nargileh). Verzierte hölzerne und silberne Teile.
00771	IM 828			Kirkuk	Ethnographisch. Vier Kaffeekannen. Kugelform, mit Deckeln und einem Vogel auf jedem Ausguß.
00772	IM 892			Kirkuk	Ethnographisch. Weißes Gewebe. Verziert mit geometrischen Mustern.
00773	IM 888			Kirkuk	Ethnographisch. Gewebe. Rechteckig mit braunen, gelben und blauen Blumenmustern.
00774				Kirkuk	Ethnographisch. Teppich. Handarbeit.
00775	IM 889			Kirkuk	Ethnographisch. Armbandpaar. Breit und verziert.
00776				Kirkuk	Ethnographisch. Ein Paar Ohrringe. Silber.
00777				Kirkuk	Ethnographisch. Kopfbedeckung. Silber.
00778				Kirkuk	Ethnographisch. Zuckerdose mit Deckel.
00779				Kirkuk	Ethnographisch. Lange Tabakpfeife aus Holz.
00780				Kirkuk	Ethnographisch. Vase. Holz.
00781				Kirkuk	Ethnographisch. Ein Paar wollene Schuhe. Handarbeit.
00782				Kirkuk	Ethnographisch. Großes Kupfergefäß.
00783				Kirkuk	Ethnographisch. Große Kupferplatte.
00784				Kirkuk	Ethnographisch. Silberne Haarnadel.
00785				Kirkuk	Ethnographisch. Fibel.
00786				Kirkuk	Ethnographisch. Silberketten.
00787				Kirkuk	Ethnographisch. Silberfibel.
00788				Kirkuk	Ethnographisch. Ein Paar breite Silberarmbänder.
00789				Kirkuk	Ethnographisch. Langes Frauenkleid.
00790				Kirkuk	Ethnographisch. Zwei große Kupfertabletts mit hölzernem Boden.
00791				Kirkuk	Ethnographisch. Kleine kupferne Wasserpfeife (Nargileh).
00792				Kirkuk	Ethnographisch. Vier hölzerne Kästen.
00793				Kirkuk	Ethnographisch. Silberanhänger.
00794				Kirkuk	Ethnographisch. Silberanhänger. Zylindrische Form mit einem dreieckigen Teil.
00795				Kirkuk	Ethnographisch. Ein Paar Silberarmbänder.
00796				Kirkuk	Ethnographisch. Kleidungsstück aus Leder.
00797				Kirkuk	Ethnographisch. Großer, roter Korb.
00798				Kirkuk	Ethnographisch. Großer Steinmörser.
00799				Kirkuk	Ethnographisch. Kleine Tasche.
00800				Kirkuk	Ethnographisch. Quadratischer Stoff aus Brokat (bugcha).
00801				Kirkuk	Ethnographisch. Drei Zinnkästen.
00802				Kirkuk	Ethnographisch. Männerbekleidung.
00803				Kirkuk	Ethnographisch. Nahrungsmittelbehälter. Kupfer.
00804				Kirkuk	Ethnographisch. Kupferner Wasserkrug.
00805				Kirkuk	Ethnographisch. Zwei kupferne Wasch-

Ser.Nr.	Museums-Nr.	Photo	Maße	Objekt	Ort
00806				Ethnographisch. ...schüsseln.	Kirkuk
00807				Ethnographisch. Kleiner Kupfereimer.	Kirkuk
00808				Ethnographisch. Kupferne Schöpfkelle.	Kirkuk
00809				Ethnographisch. Kupferne, flache Schale.	Kirkuk
00810				Ethnographisch. Kupfertopf.	Kirkuk
00811				Ethnographisch. Kupferplatte.	Kirkuk
00812				Ethnographisch. Strohhut.	Kirkuk
00813				Ethnographisch. Bemalter Korb mit einem Deckel.	Kirkuk
00814				Ethnographisch. Zwei Stoffkleider.	Kirkuk
00815				Ethnographisch. Wollmantel.	Kirkuk
00816				Ethnographisch. Spindel mit Schiffchen.	Kirkuk
00817				Ethnographisch. Keramikgefäß mit 2 Griffen.	Kirkuk
00818				Ethnographisch. Wollasche.	Kirkuk
00819				Ethnographisch. Zwei Wasserbecher. Konisch, aus Schilfrohr mit Bitumen beschichtet, mit Henkel aus Holz.	Kirkuk
00820				Ethnographisch. Großer Wasserkrug mit Ständer aus Holz.	Kirkuk
00821				Ethnographisch. Brennform für Ziegel.	Kirkuk
00822				Ethnographisch. Wasserkrug aus Eisen.	Kirkuk
00823				Ethnographisch. Tasche.	Kirkuk
00824				Ethnographisch. Wolldecke.	Kirkuk
00825				Ethnographisch. Zwei Tabletts aus Kupfer.	Kirkuk
00826				Ethnographisch. Kupferschüssel.	Kirkuk
00827				Ethnographisch. Nahrungsbehälter.	Kirkuk
00828				Ethnographisch. Mörser und Stößel aus Kupfer.	Kirkuk
00829				Ethnographisch. Wasserbecken aus Kupfer.	Kirkuk
00830				Ethnographisch. Ein Paar Steigbügel aus Eisen.	Kirkuk
00831				Ethnographisch. Kupferteller mit Deckel.	Kirkuk
00832				Ethnographisch. Holzmörser.	Kirkuk
00833				Ethnographisch. Tablett aus Kupfer.	Kirkuk
00834				Ethnographisch. Drei verzierte Kaffeekannen.	Kirkuk
00835	IM 362			Ethnographisch. Kleines, verziertes Tablett.	Kirkuk
00836	IM 746			Ethnographisch. Woll- und Seidenteppich, rot und türkis.	Kirkuk
00837	IM 255			Ethnographisch. Uhr aus Holz mit verziertem Rahmen, geometrische und Blumenmuster.	Kirkuk
00838	IM 155			Ethnographisch. Zwei Regale aus Holz. Verziert mit Zeichnung eines Pfaus.	Kirkuk
00839	IM 224			Ethnographisch. Silberschale. Runde Form mit erhabenen Verzierungen, gestauchter Rand.	Kirkuk
00840	IM 197			Ethnographisch. Löffel mit verziertem Griff.	Kirkuk
00841	IM 263			Ethnographisch. Vier Holzstühle.	Kirkuk
00842	IM 263			Ethnographisch. Zwei Holzstühle.	Kirkuk
00843	IM 294			Ethnographisch. Zwei verzierte Sofas aus Holz.	Kirkuk
00844	IM 264			Ethnographisch. Verziertes Sofa aus Holz.	Kirkuk
00845	IM 264			Ethnographisch. Zwei Holzstühle.	Kirkuk
00846	IM 264			Ethnographisch. Zwei Holzstühle.	Kirkuk
00847	IM 9810			Ethnographisch. Tintenfaß aus Kupfer.	Kirkuk
00848	IM 1263			Ethnographisch. Kleine Silberschere mit Ritzdekor am Griff.	Kirkuk
00849	IM 1392			Ethnographisch. Kupferschale. Verziert mit geometrischen und Blumenmustern.	Kirkuk
00850	IM 896			Ethnographisch. Handtuch. Verziert mit farbigen Blumenmustern.	Kirkuk
00851	IM 1444			Ethnographisch. Badekleid, mit 13 Silberstücken bestückt.	Kirkuk
00852	IM 1069			Ethnographisch. Kupfernes Räuchergefäß. Zylindrisch, mit Deckel und Henkel. Löcher im oberen Teil.	Kirkuk
00853	IM 105			Ethnographisch. Kleine Kupferschale. Mit Griff und zylindrischem Hals.	Kirkuk
00854	IM 1118			Ethnographisch. Kanne mit Deckel. Purpurfarben.	Kirkuk
00855	IM 296			Ethnographisch. Steinaxt. Vogelform. Mit schwarzer Verzierung und Griff.	Kirkuk
00856	IM 1475		Dm: 5,8 cm	Ethnographisch. Kleiner Kupferbehälter. Geriffelte Oberfläche mit Inschrift und zwei Griffen.	Kirkuk
00857	IM 49			Ethnographisch. Brillenetui mit Brille.	Kirkuk
00858	IM 743			Ethnographisch. Kupferschale, verziert.	Kirkuk
00859				Ethnographisch. Ein Paar Eisenschilder.	Kirkuk
00860				Ethnographisch. Rote Glasvase, verziert.	Kirkuk
00861	IM 432			Ethnographisch. Gelbe Kupferschale.	Kirkuk
00862				Ethnographisch. Verzierter Gürtel.	Kirkuk
00863	IM 230			Ethnographisch. Hölzerner Mörser, geformt wie eine Axt.	Kirkuk
00864	IM 10			Ethnographisch. Hölzernes Gefäß. Mit rundem Deckel, zerbrochen. Zylindrisch.	Kirkuk
00865				Ethnographisch. Zwei Teppiche, mit roten, blauen und weißen Farben.	Kirkuk
00866				Ethnographisch. Zwei Glaslampen, blau und rot.	Kirkuk
00867	IM 1742		Dm: 16,7 cm; H: 8,1 cm	Ethnographisch. Strohkorb. Rund, geometrisches Muster mit bunten Fäden und mit einem Deckel.	Kirkuk
00868	IM 103		L: 29 cm	Ethnographisch. Rosenwassersprenkler. Silber. Kugelförmiger Körper mit	Kirkuk

Ser.Nr.	Museums-Nr.	Photo	Maße	Ort	Objekt
00869	IM 476			Kirkuk	hohem, konkavem Boden und langem Hals, mit einer Nuß als Attache.
					Ethnographisch. Kupferner Samowar. Zwei Porzellanhenkel, einer dekoriert mit einem blumigen Motiv. Kugelförmiger Körper mit einem kupfernen Stiel, quadratischer Boden.
00870	IM 565			Kirkuk	Ethnographisch. Kupferner Wasserkrug. Ovaler Körper mit eingeritzten Linien, runde Öffnung, langer Hals mit Ausguß, Deckel und Henkel.
00871	IM 104		L: 23,5 cm	Kirkuk	Ethnographisch. Metallener Rosenwassersprenkler. Kugelförmiger Körper mit hohem, konkavem Boden und langem Hals, mit Nuß als Attache.
00872	IM 624		H: 30,5, B. 5,2 cm	Kirkuk	Ethnographisch. Kupferner Kronleuchter. Zwei runde Teile, der obere durchbohrt und verziert. Der untere Teil hat eine kleine Kugel in der Mitte.
00873	IM 1551		L: 286 cm; B: 92 cm	Kirkuk	Ethnographisch. Wollteppich. Verziert mit vier großen Kreisen in verschiedenen Farben.
00874	IM 1577		L: 284 cm; B: 84 cm	Kirkuk	Ethnographisch. Wollteppich. Verziert mit vier Kreisen in verschiedenen Farben.
00875	IM 502		H: 31 cm; Dm: 8,2 cm	Kirkuk	Ethnographisch. Metallene Kaffeekanne, gelbes Messing. Deckel endet mit einem bronzenen, ovalen und gestauchten Element.
00876	IM 516		Dm: 9,2 cm; H: 31 cm	Kirkuk	Ethnographisch. Kupferne Kaffeekanne. Groß, mit ausgestelltem Körper. Segmentierter Deckel mit bronzenem Teil auf der Spitze. Tülle ist abnehmbar, angeschlagen.
00877	IM 622		Dm: 19,5 cm; H: 5,5 cm	Kirkuk	Ethnographisch. Kupferne Schale. Verziert und eingraviert, mit einem runden, gewölbten Boden. Inschrift: Ayia Sophia.
00878	IM 430		Dm: 15,5 cm	Kirkuk	Ethnographisch. Kupferne Schale. Dick, innen eingraviert mit Blumenmuster. Breiter Rand mit eingeritzten vertikalen Linien.
00879	IM 113		L: 33,7 cm; Dm: 10,5 cm	Kirkuk	Ethnographisch. Metallene Kanne. Konischer Körper, hoher Boden und große Henkel.
00880	IM 533		Dm: 6 cm; H: 29 cm	Kirkuk	Ethnographisch. Metallener Wasserkrug. Kugelförmig, mit Ausguß und Deckel. Runder, gewölbter Boden.
00881	IM 551		Dm: 19,8 cm; H: 7,6 cm	Kirkuk	Ethnographisch. Kupferner Kochtopf mit zwei seitlichen Griffen und rundem Deckel.
00882	IM 464		Dm: 43 u. 21,3 cm	Kirkuk	Ethnographisch. Kupfernes Waschbecken. Rand verziert mit Sternenreihe, eingeschlossen in Kreisen. Deckel ist in der Mitte mit eingeritzten Linien verziert und durchbohrt.
00883				Kirkuk	Ethnographisch. Hölzernes Teil, durchbohrt, mit Intarsien.
00884				Kirkuk	Ethnographisch. Achteckiger Tisch, Seiten mit Kacheln verziert.
00885	IM 1058			Kirkuk	Ethnographisch. Bronzene Kaffekanne. Eingeritzter Hals, kugelförmiger Körper, konischer Deckel mit eingeritzten Linien verziert, in einer Krone endend. Henkel und Tülle.
00886	IM 1133			Kirkuk	Ethnographisch. Hölzerner Koranständer mit goldener Blumenverzierung.
00887	IM 495			Kirkuk	Ethnographisch. Kupferne Kaffeekanne, groß.
00888	IM 588			Kirkuk	Ethnographisch. Großer kupferner Krug. Verziert.
00889	IM 203			Kirkuk	Ethnographisch. Silberne Vase. Verziert, mit gestauchtem Rand.
00890	IM 1441			Kirkuk	Ethnographisch. Pistole.
00891	IM 227			Kirkuk	Ethnographisch. Silbernes Teesieb. Gestauchter Rand. Griff trägt den Namen des Herstellers, David.
00892				Kirkuk	Ethnographisch. Silberner Teelöffel, trägt Namen des Herstellers, David.
00893	IM 226			Kirkuk	Ethnographisch. Silberlöffel.
00894	IM 226			Kirkuk	Ethnographisch. Silberner Tafellöffel.
00895	IM 33139		99 x 38 mm	Kufa	Tafel. Keramik. Weibliche Figur.
00896	IM 27777	ja	90 x 40 mm	Kufa	Statuette. Keramik. Frau, Füße und Arme fehlen.
00897	IM 79031		6 x 6,8 cm	Kufa	Statuette. Keramik. Nackte Frau, liegend, Füße fehlen.
00898	IM 535			Kufa	Gefäß Glasierte Keramik, nur der Boden erhalten.
00899	IM 10704		9,5 x 4 cm	Kufa	Lampe. Blau glasierte Keramik. Kleiner Ausguß.
00900	IM 447			Kufa	Bruchstückhaft glasierte Schale.
00901	IM 79025		10 x 3,5 cm	Kufa	Statuette. Keramik. Stehende Frau mit einem langen Gewand, Kopf fehlt.
00902	IM 79115		5,5 x 3,2 cm	Kufa	Statuette. Keramik. Frauenkopf.
00903	IM 40415		36 x 83 mm	Kufa	Lampe. Keramik. Eingeritzt, mit Standring.
00904	IM A-10459		2,7 cm	Kufa	Spinnwirtel. Knochen. Eine Seite flach, die andere konvex mit eingeritztem Muster.
00905	IM A-10790		2,8 x 8 cm	Kufa	Lampe. Glasierte Keramik. Runde Form, mit einem Griff und flachem Boden.
00906	IM A-9836		10,3 x 6,5 cm	Kufa	Henkel eines Keramikgefäßes in Gestalt eines Vogels, darauf Schlangenverzierung.
00907	IM A-10739		11,1 x 11,8 cm	Kufa	Fragment eines Keramikgefäßes, verziert

Ser.Nr.	Museums-Nr.	Photo	Maße	Objekt	Ort
00908	IM 63		6 x 6,2 cm	mit einer Schlange am Henkel, geometrischen Mustern am Hals, Blumenmustern auf der Schulter.	Kufa
00909	IM A-10922		8,8 x 2,8 cm	Tafel. Kachel eines Mosaiks, mehrfarbig.	Kufa
00910	Kufa (55)		4,6 x 4,6 cm	Lampe, glasierte Keramik. Lampe. Blau glasierte Keramik, runde Form, mit schmalem Rand	Kufa
00911	IM A-11485		4 x 6,9 x 3,3 cm	Fragment eines Keramikgefäßes, weiß glasiert mit grünem Blumenmuster, innen grün glasiert, konkaver Boden.	Kufa
00912	Kufa (8)		2,5 x 4,3 x 3 cm	Tasse. Glasierte Keramik. Klein, mit rundem Boden. Oberer Teil fehlt.	Kufa
00913	IM 39889		92 x 97 mm	Glasierte Keramikplatte. Gewölbter Boden.	Kufa
00914	IM 33816		65 x 38 mm	Kopf einer Statuette. Keramik. Widderförmig.	Kufa
00915	IM 21497		5 x 3,5 x 1,5 cm	Tierstatuette. Keramik. Hund.	Kufa
00916	IM A-2118		21 x 18 cm	Stuck-Dekoration. Gips. Islamische Periode.	Kufa
00917	IM A-2150		38 x 20 cm	Stuck-Dekoration. Gips. Islamische Periode.	Kufa
00918	IM A-2151		24 x 13 cm	Stuck-Dekoration. Gips. Islamische Periode.	Kufa
00919	IM 36926		6,2 x 18,6 cm	Keramikvase. Hellgrün. Kleiner Boden.	Kufa
00920	IM 39547		12,4 x 10 x 9,9 cm	Flasche aus Keramik. Zwei Henkel. Rand zerbrochen.	Kufa
00921	IM 75455		15 x 11,7 cm	Glasierte Flasche aus Keramik. Runde Form mit zwei Henkeln, Hals zerbrochen.	Kufa
00922	IM 271		6,5 cm	Henkel eines Keramikgefäßes. Tierform.	Kufa
00923	IM 409			Henkel eines Keramikgefäßes. Geflochten.	Kufa
00924	IM 399			Henkel eines Keramikgefäßes in Form eines Tieres.	Kufa
00925	IM A-2737		62 x 40 cm	Fragment einer marmornen Stele. Gemeißelt. Islamische Periode.	Kufa
00926			6 x 4,8 cm	Kleines Keramikgefäß. Schnabelförmiger Ausguß.	Kufa
00927	IM 40441		5,5 x 5,5 cm	Wasserkrug aus Keramik. Zerbrochen, mit einem kleinen Henkel.	Kufa
00928	IM A-11486		13,2 x 13,2 cm	Keramikgefäß. Knickwand, flacher Boden mit einem Griff, Teile fehlen. Einritzungen mit geometrischen Verzierungen, zerbrochen und antik restauriert.	Kufa
00929	IM A-10791		3,9 x 6,6 cm	Glasierte Keramikschale. Grau, mit weißen Linien. Klein. Mit konkavem Boden, unvollständig.	Kufa
00930	IM A-10427		3 x 6,7 cm	Kleine glasierte Keramikschale. Unvollständig.	Kufa
00931	IM 25306	ja	73 x 25 cm	Griff für Strick. Zwei konische Formen, in der Mitte tailliert.	Kufa
00932	IM 16991		6,5 x 5,5 x 4 cm	Kopf einer Statuette. Keramik.	Kufa
00933	IM A-10712		7,1 x 6,9 cm	Großer Keramikhenkel eines Kruges in der Form eines Vogels mit verziertem Schwanz, unterer Teil zerbrochen.	Kufa
00934	IM A-10892		6,8 x 5,5 cm	Henkel eines Keramikgefäßes in Form eines Tieres. Augen, Mund und Haare sind hinzugefügt.	Kufa
00935	IM A-10734		8,5 x 4,4 cm	Henkel eines Keramikgefäßes in Form eines Tieres. Ein Auge fehlt, der untere Teil ist zerbrochen.	Kufa
00936	IM 79098		5 x 3,2 cm	Statuette. Keramik. Frau, einen Umhang tragend, der untere Teil fehlt.	Kufa
00937	IM 36907		27 x 89 mm	Keramiktafel. Hellgrün. Klein. Mit konkavem Boden.	Kufa
00938	IM A-267		65 x 15,5 x 4,5 cm	Grabstein. Ziegel. Fragmente. Arabische Inschrift und Muster. Zerbrochen und restauriert. Islamische Periode.	Kufa
00939	IM 253/3		3 x 6,5 cm	Glasierte Keramiklampe. Runder Boden, offener Mund, kleiner Henkel und Ausguß.	Kufa
00940	IM 481			Henkel eines Keramikkruges in Form eines Sterns mit acht Seiten.	Kufa
00941	IM 72768		7 x 10,5 cm	Glasierte Keramiklampe. Grau. Scheibenförmig, mit einem Henkel. Teile fehlen.	Kufa
00942	IM 14614 MS			Münze. Gold. Osmanisch. Abd al Hamid II, Ibn Abd al Majid. Jahr: 1323 AH.	Kufa
00943	IM 27003 MS			Münze. Silber. Osmanisch. Abd al Hamid II, Ibn Abd al Majid.	Kufa
00944	IM 22914 MS			Münze. Silber. Osmanisch. Salim III. Ibn Mustafa. Jahr: 1203 AH.	Kufa
00945	IM 993 MS			Münze. Silber. Hamdanidisch. Al Nasir Saif al Dawla. Jahr: 334 AH (956 u.Z.). Harran.	Kufa
00946	IM 1048 MS			Münze. Silber. Hamdanidisch. Al Nasir Saif al Dawla. Jahr: 346 AH (968 u.Z.). Madinat al Salam.	Kufa
00947	IM 27816 MS			Münze. Silber. Osmanisch. Muhammed V. Rshad Ibn Abd al Majid. Jahr: 1327 AH. Konstantinopel.	Kufa
00948	IM 3164 MS			Münze. Kupfer. Atabeg. Badr ed Din Lulu. Jahr: 600 AH (1222 u.Z.). Mosul.	Kufa
00949	IM 29370 MS			Münze. Kupfer. Atabeg. Badr ed Din Lulu.	Kufa
00950	IM 29945 MS			Münze. Kupfer. Atabeg. Badr ed Din Lulu.	Kufa
00951	IM 18226 MS			Münze. Silber. Ajubidisch. Sultan Ahmed Ibn Uwais.	Kufa
00952	IM 26602 MS			Münze. Silber. Ajubidisch. Abu Bakir bin Ayyub.	Kufa
00953	IM 25304 MS			Münze. Silber. Ajubidisch. Salah ed Din. Jahr: 558 AH (1180 u.Z.). Aleppo.	Kufa
00954	IM 10773 MS			Münze. Gold. Abbasidisch. Kalif Al	Kufa

Ser.Nr.	Museums-Nr.	Photo	Maße	Objekt	Ort
00955	IM 18225 MS			Mustasim Billah. Jahr: 640 AH (1262 u.Z.). Madinat al Salam.	Kufa
00956	IM 2946 MS			Münze. Silber. Jalaʾ iriyah. Scheich Uwais Ibn Hassan al Jalaʾiriyah. Drei Münzen. Silber. Jalaʾiriyah. Sultan Ahmed Ibn Uwais.	Kufa
00957	IM 57/22 MS			Münze. Silber. Abbasidisch. Kalif Al Mustansir Billah. Jahr: 639 AH (1261 u.Z.). Madinat al Salam.	Kufa
00958	IM 28367 MS			Münze. Kupfer. Abbasidisch. Kalif Al Mustansir Billah. Jahr: 639 AH (1261 u.Z.). Madinat al Salam.	Kufa
00959	IM 11018 MS			Münze. Silber. Abbasidisch. Kalif Al Mustassim Billah. Jahr: 640 AH (1262 u.Z.).	Kufa
00960	IM 4419 MS			Zwei Münzen. Silber. Abbasidisch. Kalif Al Muttaki Billah. Jahr: 336 AH (958 u.Z.). Madinat al Salam.	Kufa
00961	IM 667 MS			Zwei Münzen. Silber. Abbasidisch. Kalif Al Mustakfi Billah. Jahr: 334 AH (956 u.Z.). Madinat al Salam.	Kufa
00962	IM 655 MS			Zwei Münzen. Silber. Abbasidisch. Kalif Al Mustakfi Billah. Jahr: 334 AH (956 u.Z.). Kufa.	Kufa
00963	IM 1228 MS			Münze. Silber. Abbasidisch. Kalif Al Radhi Billah. Jahr. 326 AH (948 u.Z.). Madinat al Salam.	Kufa
00964	Im 4293 MS			Zwei Münzen. Silber. Abbasidisch. Kalif Al Radhi Billah. Jahr: 322 AH (944 u.Z.).	Kufa
00965	IM 1226 MS			Münze. Silber. Abbasidisch. Kalif Al Radhi Billah. Jahr: 326 AH (948 u.Z.). Kufa.	Kufa
00966	IM 3434 MS			Münze. Silber. Abbasidisch. Kalif Al Muktadir Billah. Jahr: 300 AH (922 u.Z.). Madinat al Salam.	Kufa
00967	IM 932 MS			Münze. Silber. Abbasidisch. Kalif Al Muktadir Billah. Jahr: 303 AH (925 u.Z.). Kufa.	Kufa
00968	IM 143/1 MS			Münze. Silber. Abbasidisch. Kalif Al Qahi Billah. Jahr: 321 AH (943 u.Z.). Kufa.	Kufa
00969	IM 9428 MS			Münze. Silber. Abbasidisch. Kalif Al Mutadhid Billah. Jahr: 282 AH (904 u.Z.). Samarra.	Kufa
00970	IM 374 MS			Zwei Münzen. Silber. Abbasidisch. Kalif Al Muktafi Billah. Jahr: 293 AH (915 u.Z.). Kufa.	Kufa
00971	IM 2984 MS			Münze. Silber. Abbasidisch. Kalif Al Muktadir Billah. Jahr: 298 AH (920 u.Z.). Samarra.	Kufa
00972	IM 18079 MS			Münze. Silber. Abbasidisch. Kalif Abu	Kufa

Ser.Nr.	Museums-Nr.	Photo	Maße	Ort	Objekt
					Abdullah al Maʾmun. Jahr: 199 AH (821 u.Z.). Madinat al Salam.
00973	IM 28454 MS			Kufa	Münze. Silber. Abbasidisch. Kalif Abdullah al Maʾmun. Jahr: 200 AH (822 u.Z.). Madinat al Salam.
00974	IM 1101 MS			Kufa	Münze. Silber. Abbasidisch. Kalif Al Muʾtamid aia Allah. Jahr: 271 AH (893 u.Z.). Fars.
00975	IM 12321 MS			Kufa	Münze. Gold. Abbasidisch. Kalif Muhammed al Amin. Jahr: 193 AH (815 u.Z.). Madinat al Salam.
00976	IM 13187 MS			Kufa	Münze. Gold. Abbasidisch. Kalif Muhammed al Amin. Jahr: 197 AH (819 u.Z.). Basra
00977	IM 15091 MS			Kufa	Münze. Gold. Abbasidisch. Kalif Abdullah al Maʾmun. Jahr: 211 AH (833 u.Z.). Madinat al Salam.
00978	Im 6430 MS			Kufa	Münze. Gold. Abbasidisch. Kalif Harun al Raschid. Jahr: 189 AH (811 u.Z.). Madinat al Salam.
00979	IM 13225 MS			Kufa	Münze. Gold. Abbasidisch. Kalif Harun al Raschid. Jahr: 182 AH (804 u.Z.). Madinat al Salam.
00980	IM 13291 MS			Kufa	Münze. Gold. Abbasidisch. Kalif Muhammed al Amin. Jahr: 195 AH (817 u.Z.). Madinat al Salam.
00981	IM 13304 MS			Kufa	Münze. Silber. Abbasidisch. Kalif Mus al Hadi. Jahr: 169 AH (79) u.Z.). Al Mahdiya.
00982	IM 5156 MS			Kufa	Münze. Gold. Abbasidisch. Kalif al Raschid. Jahr: 186 AH (808 u.Z.).
00983	IM 13169 MS			Kufa	Münze. Gold. Abbasidisch. Kalif Harun al Raschid. Jahr: 180 AH (802 u.Z.). Kufa.
00984	IM 2948 MS			Kufa	Münze. Kupfer. Abbasidisch. Kalif Muhammed al Mahdi. Jahr: 166 AH (788 u.Z.). Kufa.
00985	IM 1940 MS			Kufa	Münze. Gold. Abbasidisch. Kalif Muhammed al Mahdi. Jahr: 164 AH (786 u.Z.).
00986	IM 13303 MS			Kufa	Münze. Silber. Abbasidisch. Kalif Musa al Hadi. Jahr: 169 AH (791 u.Z.). Jayy.
00987	IM 15437 MS			Kufa	Münze. Gold. Abbasidisch. Kalif Abu Jafar al Mansur. Jahr: 155 AH (777 u.Z.). Basra.
00988	IM 18475 MS			Kufa	Fünf Münzen. Silber. Abbasidisch. Kalif Abu Jafar al Mansur. Jahr: 158 AH (780 u.Z.). Madinat al Salam.
00989	IM 6436 MS			Kufa	Drei Münzen. Silber. Abbasidisch. Kalif Muhammed al Mahdi. Jahr: 164 AH (786 u.Z.). Madinat al Salam.
00990	IM 7822 MS			Kufa	Münze. Silber. Abbasidisch. Kalif Abu

Ser.Nr.	Museums-Nr.	Photo	Maße	Ort	Objekt
00991	IM 11269 MS			Kufa	Jafar al Mansur. Jahr: 139 AH (761 u.Z.). Kufa.
00992	IM 11832 MS			Kufa	Münze. Silber. Abbasidisch. Kalif Abu Jafar al Mansur. Jahr: 151 AH (773 u.Z.). Basra.
00993	IM 8451 MS			Kufa	Münze. Gold. Abbasidisch. Kalif Abu Jafar al Mansur. Jahr: 153 AH (775 u.Z.). Basra.
00994	IM 8174			Kufa	Münze. Silber. Abbasidisch. Kalif Abu al Abbass al Saffah. Jahr: 132 AH (754 u.Z.). Kufa.
00995	IM 13213 MS			Kufa	Münze. Silber. Abbasidisch. Kalif Abu al Abbass al Saffah. Jahr: 135 AH (757 u.Z.). Kufa.
00996	IM 22936 MS			Kufa	Münze. Silber. Omajjadisch. Kalif Marwan II. Jahr: 130 AH (752 u.Z.). Wasit.
00997	IM 11734 MS			Kufa	Münze. Silber. Abbasidisch. Kalif Abu Abbass al Saffah. Jahr: 133 AH (755 u.Z.). Kufa.
00998	IM 7920 MS			Kufa	Münze. Silber. Abbasidisch. Kalif Abu al Abbass al Saffah. Jahr: 134 AH (756 u.Z.). Kufa.
00999	IM 18512 MS			Kufa	Münze. Silber. Omajjadisch. Kalif Al Walid II. Jahr: 125 AH (747 u.Z.). Wasit.
01000	IM 9316 MS			Kufa	Münze. Silber. Omajjadisch. Kalif Ibrahim Ibn al Walid. Jahr 126 AH (748 u.Z.). Wasit.
01001	IM 12824 MS			Kufa	Münze. Silber. Omajjadisch. Kalif Marwan II. Jahr: 131 AH (753 u.Z.). Al Jazira.
01002	IM 7798 MS			Kufa	Münze. Silber. Omajjadisch. Kalif Hisham bin Abd al Malik. Jahr: 121 AH (743 u.Z.). Wasit.
01003	IM 7818 MS			Kufa	Münze. Silber. Omajjadisch. Kalif Hisham bin Abd al Malik. Jahr: 123 AH (744 u.Z.). Kufa.
01004	IM 6368 MS			Kufa	Münze. Silber. Omajjadisch. Kalif Al Walid II. Jahr: 125 AH (747 u.Z.). Wasit.
01005	IM 28408 MS			Kufa	Münze. Silber. Omajjadisch. Kalif Hisham bin Abd al Malik. Jahr: 122 AH (744 u.Z.). Wasit.
01006	IM 5183 MS			Kufa	Münze. Silber. Omajjadisch. Kalif Hisham bin Abd al Malik. Jahr: 121 AH (743 u.Z.). Wasit.
01007	IM 13679 MS			Kufa	Münze. Silber. Omajjadisch. Kalif Hisham bin Abd al Malik. Jahr: 124 AH (746 u.Z.). Wasit.
01008	IM 7299 MS			Kufa	Münze. Silber. Omajjadisch. Kalif Suleiman Ibn Abd al Malik. Jahr: 139 AH (718 u.Z.). Wasit.
01009	IM 489 MS			Kufa	Münze. Silber. Omajjadisch. Kalif Umar bin Abd al Aziz. Jahr: 100 AH (722 u.Z.). Basra.
01010	IM 23660 MS			Kufa	Münze. Silber. Omajjadisch. Kalif Yazid II. Jahr: 104 AH (726 u.Z.). Wasit.
01011	IM 5583 MS			Kufa	Münze. Silber. Omajjadisch. Kalif Al Walid bin Abd al Malik. Jahr: 92 AH (714 u.Z.). Wasit.
01012	IM 5286 MS			Kufa	Münze. Silber. Omajjadisch. Kalif Al Walid bin Abd al Malik. Jahr: 86 AH (708 u.Z.). Wasit.
01013	IM 7300 MS			Kufa	Vier Münzen. Silber. Omajjadisch. Kalif Suleiman Ibn Abd al Malik. Jahr 90 AH (712 u.Z.). Wasit.
01014	IM 12820 MS			Kufa	Zwei Münzen. Silber. Omajjadisch. Kalif Abd al Malik bin Marwan. Jahr: 83 AH (705 u.Z.). Basra.
01015	IM 18127			Kufa	Münze. Silber. Omajjadisch. Kalif Abd al Malik bin Marwan. Jahr: 85 AH (707 u.Z.). Wasit.
01016	IM 5080 MS			Kufa	Drei Münzen. Silber. Omajjadisch. Kalif Al Walid bin Abd al Malik. Jahr: 88 AH (710 u.Z.). Wasit.
01017	IM 4987 MS			Kufa	Vier Münzen. Silber. Parthisch. Phraates IV. Jahr: 38-37 v.u.Z.
01018	IM 7879 MS			Kufa	Münze. Silber. Parthisch. Vologases II. Jahr: 111-146 u.Z.
01019	IM 5300 MS			Kufa	Münze. Silber. Omajjadisch. Kalif Abd al Malik bin Marwan. Jahr: 84 AH (706 u.Z.). Damaskus.
01020	IM 7418 MS			Kufa	Münze. Silber. Griechisch. Alexander der Große. Jahr: 333-323 v.u.Z.
01021	IM 7667 MS			Kufa	Münze Silber. Griechisch. Alexander der Große. Jahr: 333-323 v.u.Z.
01022	IM 9838 MS			Kufa	Münze. Silber. Seleukidisch. Philip I.
01023	IM 23519 MS			Kufa	Münze. Kupfer. Hatra.
01024	IM 17895 MS			Kufa	Münze. Kupfer. Hatra.
01025	IM 49578 MS			Kufa	Münze. Silber. Parthisch. Atampelos II. Jahr: 30-29 v.u.Z.
01026	IM 18838		23 x 13 mm	Al Qadisia	Rollsiegel. Elfenbein. Opferszene mit Inschrift.
01027	IM 56654		2,5 x 1,3 cm	Al Qadisia	Rollsiegel. Weiße Muschel. In der Mitte ein Tisch mit Vase, an jeder Seite eine stehende Figur, eine hält einen Fächer, die andere eine Kugel. Zwei spitz zulaufende Keile in dem Feld und ein Baum.
01028	IM 62507		L: 4 cm	Al Qadisia	Kopf, pferdeförmig. Schwarzer Hämatit.
01029	IM 21615		32 x 15 mm	Al Qadisia	Stempelsiegel. Marmor. Archaisch, sumerisch.
01030	IM 18954		30 x 28 x 12 mm	Al Qadisia	Stempelsiegel. Grauer Steatit. Sitzende

Ser.Nr.	Museums-Nr.	Photo	Maße	Ort	Objekt
01031	IM 24476		18 x 11 mm	Al Qadisia	Gottheit mit stehender Figur. Schwarz, in Form eines Knopfes mit Loch. Archaisch.
01032	IM 16724		L: 40 cm	Al Qadisia	Anhänger. Karneol. Tropfenförmig.
01033	IM 102174			Al Qadisia	Halskette. Keramik. Perlenkette mit großen Perlen, unterbrochen durch kleinere.
01034	IM 20322		L: 48 cm	Al Qadisia	Halskette. Lapislazuli-, Karneol- und Silberperlen.
01035	IM 31983		L: 86 cm	Al Qadisia	Halskette. Kalzit. Perlenkette.
01036	IM 20396		L: 112 cm	Al Qadisia	Halskette. Perlen aus Muschel, Steatit und Perlmutt.
01037	IM 20403			Al Qadisia	Halskette. Perlen aus Fritte, einige sind verbrannt.
01038	IM 27516		7 x 5 x 15 mm	Al Qadisia	Kleine Gewichtsente. Hämatit.
01039	IM 27512		31 x 8 mm	Al Qadisia	Gewicht. Hämatit. Oval.
01040	IM 27515		19 x 11 x 11 mm	Al Qadisia	Gewichtsente. Hämatit.
01041	IM 11983		16 x 14 x 12 mm	Al Qadisia	Stempelsiegel. Weißer Karneol. Durchbohrt zum Aufhängen.
01042	IM 9398		26 x 10 mm	Al Qadisia	Stempelsiegel. Bläulicher Alabaster. Rund. Archaisch.
01043	IM 15471		35 x 25 x 17 mm	Al Qadisia	Stempelsiegel. Grünlicher Alabaster. Liegender Stier. Durchbohrt. Archaisch.
01044	IM 20357			Al Qadisia	Halskette. Verschiedene Perlen mit 4 Lapislazuli.
01045	IM 79475		2 x 1,3 cm	Al Qadisia	Gewicht. Hämatit. In Form eines Marienkäfers.
01046	IM 21633		22 x 9 mm	Al Qadisia	Gewicht. Brauner Stein. Ein Ende zerbrochen.
01047	IM 27509		37 x 19 mm	Al Qadisia	Gewicht. Hämatit. Oval.
01048	IM 31907			Al Qadisia	Gewicht. Kalkstein.
01049	IM 17572		20 x 10 mm	Al Qadisia	Steinwerkzeug. Grünlicher Alabaster. Miniatur.
01050	IM 27510		40 x 12 mm	Al Qadisia	Gewicht. Hämatit. Oval.
01051	IM 28251		L: 5 cm	Al Qadisia	Gewicht. Brauner Kieselstein.
01052	IM 27513		23 x 10 mm	Al Qadisia	Gewicht. Hämatit. Oval.
01053	IM 117750		6 x 5,7 cm	Al Qadisia	Schmucktafel. Elfenbein. Fragment verziert mit einem assyrischen Baum.
01054	IM 4022			Al Qadisia	Stempelsiegel. Steatit. Die Unterseite ist geformt.
01055	IM 56498		2 x 0,8 cm	Al Qadisia	Rollsiegel. Blau glasierte Fritte. Sphinx und Figur mit einer Säule zwischen ihnen. Achamenidisch.
01056	IM 9618			Al Qadisia	Halskette. Karneolperlen.
01057	IM 7459			Al Qadisia	Halskette. Karneol- und Lapislazuliperlen mit zwei Silberringen.
01058	IM 65406		5,8 x 6,1 cm	Al Qadisia	Tafel. Muschel. Fragment mit eingraviertem assyrischem Baum.
01059	IM 31973			Al Qadisia	Halskette. Kalzitperlen.
01060	IM 31969			Al Qadisia	Halskette. Fritteperlen.
01061	IM 56660			Al Qadisia	Halskette. Verschiedene Perlen.
01062	IM 20040		L: 22 cm	Al Qadisia	Halskette. Karneolperlen, ringförmig, 2 Lapislazuliperlen.
01063	IM 7268			Al Qadisia	Halskette. Lapislazuli- und Silberperlen.
01064	IM 3698			Al Qadisia	Zwei Herzmuscheln.
01065	IM 9678		27 x 15 mm	Al Qadisia	Rollsiegel. Alabaster. Schenkungsszene mit Inschrift, abgenutzt.
01066	IM 77821		L: 2,3 cm; Dm: 5,4 cm	Al Qadisia	Großes Rollsiegel. Weißer Stein. Tierszene, Jemdat Nasr-Periode.
01067	IM 7568			Al Qadisia	Ohrring. Gold. Groß. Mondförmig.
01068	IM 80826			Al Qadisia	Halskette. Fritteperlen, klein und rundlich.
01069	IM 8093			Al Qadisia	Halskette. Lapislazuli- und Karneolperlen.
01070	IM 7860			Al Qadisia	Halskette. Verschiedene Steinperlen.
01071	IM 117656		3,1 x 8,4 cm	Al Qadisia	Schmucktafel. Elfenbein. Fragment verziert mit dem Flügel eines Vogels.
01072	IM 59628		17 x 9 x 8 mm	Al Qadisia	Auge einer Statue. Knochen und Lapislazuli.
01073	IM			Al Qadisia	Drei Metalldolche.
01074				Al Qadisia	Fünf Metallschwerter.
01075				Al Qadisia	Zwei Teile einer Metallrüstung.
01076				Al Qadisia	Breitbeil. Metall.
01077	IM 61195		1,5 x 3,8 x 3,8 cm	Maysan	Tafel. Gebrannter Ton. Quadratförmig. Siegeleindrücke auf der Vorder- und Rückseite.
01078	IM 121979		4 x 3,5 x 1,8 cm	Maysan	Tafel. Ton. Ökonomischer Text.
01079	IM 56036	ja	25 x 11 mm	Maysan	Rollsiegel. Fritte. Stilisierter Mann und Pferd.
01080	IM 61329	ja	1,5 x 2,4 cm	Maysan	Rollsiegel. Jaspis. Person auf einem Tier und eine Figur.
01081	IM 78688		2,2 x 1,9 cm	Maysan	Stempelsiegel. Stein. Mit einer eingravierten Blume.
01082	IM 79233		1,9 x 1,4 cm	Maysan	Stempelsiegel. Roter Stein. Länglich, mit eingraviertem geometrischem Muster.
01083	IM 11454		27 x 23 x 17 mm	Maysan	Stempelsiegel. Stein. In der Form eines Löwenkopfes, nach links gewandt. Zerbrochen.
01084	IM 12048		20 x 10 mm	Maysan	Rollsiegel. Stein. Stier und Löwe.
01085	IM 14584		34 x 13 mm	Maysan	Rollsiegel. Lapislazuli. Zwei Register, ineinandergreifende Tiere.
01086	IM 2076	ja	L: 2 cm; Dm: 1 cm	Maysan	Rollsiegel. Weißer Stein. Sitzender Mann im Boot.
01087	IM 2185	ja	L: 22 mm, Dm: 12 mm	Maysan	Rollsiegel. Achat. Mann, Löwen und Stiere.
01088	IM 58716		102 x 7 mm	Maysan	Tafel. Gebrannter Ton. Vollständig und gut erhalten.
01089	IM 43040	ja	35 x 99 mm	Maysan	Gefäß. Braune Ware, roter Überzug. Kugelförmig, kurzer Hals und ausbiegender Rand.
01090	IM 70600		1,9 x 2 cm	Maysan	Stempelsiegel. Stein. Eingraviert mit einem Tier.

Ser.Nr.	Museums-Nr.	Photo	Maße	Ort	Objekt
01091	IM 70612		9 x 2,4 cm	Maysan	Stempelsiegel. Stein. Eingraviert mit geometrischen Linien.
01092	IM 33062		67 x 60 mm	Maysan	Keulenkopf. Gräulicher Stein. Der untere Teil fehlt.
01093	IM 33001		70 x 62 mm	Maysan	Keulenkopf. Brauner Stein. Birnenförmig.
01094	IM 26890	ja	30 x 19 mm	Maysan	Keulenkopf. Brauner Stein. Birnenförmig.
01095	IM 33293	ja	28 x 17 mm	Maysan	Rollsiegel. Schwarzer Stein. Sitzender Ea mit Dienern.
01096	IM 31966		L: 96 cm	Maysan	Halskette. Fritteperlen.
01097	IM 32001		L: 76 cm	Maysan	Halskette. Karneol- und Fritteperlen.
01098	IM 16716		L: 32 cm	Maysan	Halskette. Muschel und Fritteperlen.
01099	IM 9381	ja	3,3 x 2 cm	Maysan	Rollsiegel. Muschel. Kampfszene.
01100	IM 14018		10 x 2,7 x 4,5 cm	Maysan	Breitbeil. Kupfer.
01101	IM 43811	ja	30 x 10 mm	Maysan	Rollsiegel. Dunkler, gräulicher Stein. Zwei gegenüberstehende Figuren, zwischen ihnen ein Gefäß auf einem Ständer. Ein Baum und dahinter eine Sonnenscheibe.
01102	IM 62499	ja	2,6 x 1,6 x 2 cm	Maysan	Stempelsiegel. Grauer Stein. Kultszene. An der Spitze gelocht.
01103	IM 89456		11,6 x 6,6 cm	Maysan	Gefäß. Bemalte Keramik, rote und schwarze Bänder. Konische Form, geknickte Schulter und Standring. Verziert mit geometrischen Mustern. Restauriert. Hals fehlt.
01104	IM 5247		10 x 5,8 x 4,5 cm	Maysan	Gefäß. Bemalte Ware, rote geometrische Muster. Angeschlagener Rand. Geknickte Schulter.
01105	IM 89362			Maysan	Becher. Keramik, zylindrische Form, flacher Boden. Rand fehlt.
01106	IM 42313		90 x 80 x 85 mm	Maysan	Statuette. Terrakotta. Muttergottheit.
01107	IM 30462			Maysan	Modell eines Streitwagens. Gebrannter Ton. In viele Teile zerbrochen, aber vollständig.
01108	IM 30963	ja	65 x 40 x 54 mm	Maysan	Schale. Grauer Steatit. Fragment an der Außenseite mit eingeschnitzten Tierfiguren.
01109	IM 27615	ja	51 x 57 mm	Maysan	Keulenkopf. Stein.
01110	IM 31820		72 x 67 mm	Maysan	Keulenkopf. Weißer Kalkstein. Mit Knauf.
01111	IM 31811		71 x 55 mm	Maysan	Keulenkopf. Marmor. Eingeritzte Verzierungen.
01112	IM 112879		7,7 x 3,4 x 9,4 cm	Maysan	Fläschchen. Keramik. Birnenförmig, mit zwei Henkeln und rundem Boden.
01113	IM 25875		7,5 x 6 cm	Maysan	Tasse. Keramik, verziert mit eingeritzten Bändern. Runder Boden.
01114	IM 5925	ja	21 x 10 cm	Maysan	Vase. Keramik. Konische Form, verziert mit einer Linie auf der Schulter.
01115	IM 26051		135 x 20 mm	Maysan	Abschlag. Feuerstein. Rechteckige Form.
01116	IM 41317	ja		Maysan	Statuette. Terrakotta. Nackte Frau, mit den Händen ihre Bruste stützend. Füße beschädigt.
01117	IM 5247			Maysan	Gefäß. Bemalte Ware. Klein, mit roten geometrischen Mustern. Angeschlagen, Boden restauriert.
01118	IM 65427		3,5 x 3,4 cm	Maysan	Griff eines Messers. Knochen. Verziert mit Basrelief zweier Löwenköpfe. In der Mitte gelocht.
01119	IM 60526	ja	100 x 68 mm	Maysan	Schmucktafel. Elfenbein. Rechteckige Form. Relief eines sitzenden, bärtigen Mannes, Füße auf einem Hocker ruhend.
01120	IM 79550		H: 8,5 cm	Maysan	Stuhl. Elfenbein. Fragment eines Möbelstückes.
01121	IM A 14678		12 x 3,5 cm	Maysan	Krug. Keramik. Kleiner, runder Körper und Boden, unvollständig.
01122	IM A 14583		15 x 5 cm	Maysan	Gefäß Keramik. Birnenförmig, verzierter Körper mit rundem Boden. Unvollständig.
01123	IM A 11047	ja	8,6 cm	Maysan	Lampe, blau glasierte Keramik. Runde Form mit kleinem Ausguß und einem Griff, flacher Boden.
01124	IM 93607		2,9 x 10,5 x 4,8 cm	Maysan	Platte, Silbern glasierte Keramik, runder Rand und runder, flacher Boden.
01125	IM 3379			Maysan	Kupferne Pfeilspitze.
01126	IM 8118	ja	13,5 x 8,5 cm	Maysan	Kupferne Axt.
01127	IM 24865			Maysan	Spinnwirtel. Zweifach gebrannter Ton, schnittverzierte Kanten.
01128	IM 75652		8,7 x 10,3 cm	Maysan	Großes Gefäß. Alabaster. Tief. Runder und geknickter Körper, ein Teil des Randes fehlt.
01129	IM 69133		Rand: 13,1; Körper: 13,1cm	Maysan	Gefäß. Alabaster. Runde Öffnung und geknickte Schulter, runder, flacher Boden. Es hat ein Loch unter dem Rand.
01130	IM 27889		115 x 65 mm	Maysan	Vase. Grüner Stein. Fragment mit eingeschnitztem Relief.
01131	IM 22561		11 x 3 x 3,5 cm	Maysan	Statuette. Keramik. Frau, Vase vor der Brust haltend.
01132	IM 21570	ja	8,5 x 8,5 cm	Maysan	Räuchergefäß. Keramik. Würfelförmig, ein Fuß und ein Teil des Randes fehlen, verziert. Restauriert.
01133	IM 68863		4,7 x 7,3 x 6,5 cm	Maysan	Gefäß. Marmor. Runder Rand mit Loch darunter und Standring.
01134	IM 54633		56 x 34 mm	Maysan	Statuette. Keramik. Oberer Teil einer Muttergottheit mit vorstehender Brust. Beide Arme und Kopfbedeckung fehlen.
01135	IM 25134	ja	4,2 x 3,5 cm	Maysan	Statuette. Keramik. Büste einer einfachen Statuette, kegelförmige Kopfbedeckung, Arme fehlen.
01136	IM 9634		18 x 10 mm	Maysan	Rollsiegel. Weißer Marmor. Sitzende Göttin.
01137	IM 27220	ja	19 x 10 mm	Maysan	Rollsiegel. Hämatit. Kultszene.

Ser.Nr.	Museums-Nr.	Photo	Maße	Ort	Objekt
01138	IM 9376		Dm: 14 mm, L: 27 mm	Maysan	Rollsiegel. Brauner Stein. Opferszene.
01139	IM 120126		Dm: 16 mm, L: 38 mm	Maysan	Stempelsiegel. Bräunlicher Marmor, Halbkugelform. Tierszene (Katzen).
01140	IM 66076	ja	Dm: 2,1 cm; L: 2 cm	Maysan	Rollsiegel. Dunkelroter Stein. Arbeitende Frau. Jemdat Nasr-Periode.
01141	IM 22363		15,5 x 7,5 x 9 cm	Maysan	Brennschale. Gebrannter Ton. Dreieckige Form, ausgehöhlter Boden für das Feuer, zerbrochen.
01142	IM 8112	ja	15 x 8 mm	Maysan	Kupferaxt.
01143	IM 3749			Maysan	Kupferaxt.
01144	IM 25136	ja	3 x 2,5 x 2 cm	Maysan	Statuette. Keramik. Unterteil der Statuette mit Spuren von Bemalung.
01145	IM 25138	ja	6,5 x 2,2 cm	Maysan	Statuette. Keramik. Unterer Teil einer nackten Frau.
01146	IM 68499		3 x 5,7 cm	Maysan	Statuette. Alabaster. Sitzende Muttergottheit.
01147	IM 2917	ja		Maysan	Steinvase.
01148	IM 8417		15,5 x 9,5 cm	Maysan	Vase. Weißer Kalzit. Vollständig.
01149	IM 4099			Maysan	Kalzitvase.
01150	IM 16250	ja	Dm: 15 mm, L: 26 mm	Maysan	Rollsiegel. Schwarzer Steatit. Akkadische Periode.
01151	IM 9632	ja	Dm: 10 mm, L: 19 mm	Maysan	Rollsiegel. Grauer Stein. Gilgameschszene, grob geschnitzt.
01152	IM 9680		Dm: 15 mm, L: 30 mm	Maysan	Rollsiegel. Schwarzer Stein. Opferszene und Inschriften.
01153	IM 68490	ja	2,9 x 4,5 cm	Maysan	Statuette. Alabaster. Sitzende Muttergottheit, Arme fehlen.
01154	IM 69056		6,5 x 2,5 cm	Maysan	Statuette. Marmor. Menschliche Figur, Beine fehlen.
01155	IM 68500		2,5 x 9,8 cm	Maysan	Statuette. Alabaster. Nackte Frau, die linke Hand unter der Brust, mit zwei Löchern unter der Schulter.
01156	IM 107721		5,5 x 32 x 22 cm	Maysan	Teller. Keramik. Flacher Boden. Zerbrochen und restauriert.
01157	IM 1950	ja	H: 17,5 cm	Maysan	Krug. Keramik. Scheibengedreht und mit Überzug. Flacher, rauher Boden. Frühe Sumerische Periode.
01158	IM 60146		40 x 80 mm	Maysan	Sieb. Keramik. Halbkugelförmig, Roh, handgemacht. Rote Ware.
01159	IM 46223	ja	128 x 62 x 26 mm	Maysan	Statuette. Kalkstein. Torso einer Statuette in schlichtem Gewand. Kopf, rechte Schulter, Ellbogen und Fuß fehlen. Unterseite fixiert Kopf und Fuß. Hände unter den Brüsten haltend.
01160	IM 55429		95 x 95 mm	Maysan	Vase. Grünlicher Stein. Fragment eingraviert. Jemdat Nasr aus Uruk.
01161	IM 14719		12,2 x 6 cm	Maysan	Schale. Bemalte Keramik. Runder Boden, fast vollständig.
01162	IM 62155		1,7 x 3,1 cm	Maysan	Rollsiegel. Grauer Stein. Unterschiedliche Entwürfe von Menschen.
01163	IM 58262	ja	27 x 16 mm	Maysan	Rollsiegel. Schwarzer Stein. Kampf mythischer Bestien.
01164	IM 56492		2,4 x 1,16 x 1,2 cm	Maysan	Rollsiegel. Schwarzer Stein. Schenkungsszene. Spuren von Inschriften.
01165	IM 143182	ja	32 x 20 mm	Maysan	Rollsiegel. Stein. Anbetung sitzender Gottheiten.
01166	IM 18963	ja	34 x 11 mm	Maysan	Rollsiegel. Grüner Stein. Geometrisches Muster.
01167	IM 19028	ja	48 x 10 mm	Maysan	Rollsiegel. Grauer Stein. Geometrisches Muster. Archaisch.
01168	IM 47827		113 x 95 mm	Maysan	Tasse. Keramik. Konischer Boden, schwarz gemaltes Muster, die Hälfte des Randes fehlt.
01169	IM 72010		10,8 x 2 cm	Maysan	Fläschchen. Grünes Glas. Klein. Gerifelter Körper, weiter Rand, langer Hals und runder Boden.
01170	IM 83191		6,3 x 1,5 x 3,2 cm	Maysan	Fläschchen. Glas. Gerifelter Körper, langer, zylindrischer Hals und flacher Boden.
01171	IM 47824		7 x 7,2 cm	Maysan	Schale. Keramik. Einfache, dünne Ware. Klein. Runder Boden.
01172	IM 25420		20 x 13 cm	Maysan	Krug. Keramik. Gemalte Bänder. Hals und andere Teile fehlen.
01173	IM 117715			Maysan	Elfenbein. Fragment.
01174	IM 63304		8,4 x 8,8 cm	Maysan	Stück. Wangenstück (Helm). Elfenbein. Schildförmig, zehn Durchbohrungen, zwei längere Kanten. Beide Oberflächen sind schmuckslos. Ein Teil fehlt (ND 11/10385).
01175	IM 62555		18 x 10,5 cm	Maysan	Boot. Keramik. Flacher Boden, auslaufendes Ende.
01176	IM A 14454		4,5 x 7,5 cm	Maysan	Lampe. Grün glasierte Keramik. Rund geformt. Runder, flacher Boden. Mit Brandspuren.
01177	IM 117888			Maysan	Muschelschale.
01178	IM 26073		100 x 20 mm	Maysan	Abschlag. Feuerstein. Rechteckige Form.
01179	IM 26070		110 x 17 mm	Maysan	Abschlag. Feuerstein. Rechteckige Form.
01180	IM 27889		115 x 65 mm	Maysan	Vase. Grüner Stein. Fragment mit eingeritztem Relief.
01181	IM 25428		10,5 x 3,5 cm	Maysan	Vase. Keramik. Langer Hals und Boden. Gebrannt in roten Farben.
01182	IM 24766	ja	21,5 x 8,5 cm	Maysan	Flasche. Kupfer. Konischer Körper und langer Hals. Neubabylonisch.
01183	IM 108371		H: 14,2 cm	Maysan	Gefäß. Keramik. Birnenförmiger Körper, flacher Boden. Verziert mit Furchen, Körper unvollständig (Ø Boden: 6,2 cm; Ø Rand: 3,4 cm).
01184	IM 94312		H: 9,8 cm; B: 3,6 cm	Maysan	Statuette. Terrakotta. Nackte Frau, stehend und die Hände unter der Brust haltend, trägt Halskette und Ohrringe, Spuren roter Bemalung am Hals. Unterer Teil fehlt.
01185	IM 4838			Maysan	Scherbe. Schwarz bemalte Keramik.
01186	IM 8656	ja	8 x 2,5 x 5,5 cm	Maysan	Vase. Keramik. Klein, verziert mit Ösen.

Ser.Nr.	Museums-Nr.	Photo	Maße	Ort	Objekt
01187	IM 56023		25 x 15 mm	Maysan	Angeschlagen. Rollsiegel. Grauer Stein. Sitzende Gottheit mit zwei stehenden Menschen, gefolgt von einem Vogel und einem Skorpion, darüber ein Stern.
01188	IM 56030		20 x 12 mm	Maysan	Rollsiegel. Schwarzer Stein. Sitzende Gottheit mit zwei vor ihr stehenden Menschen.
01189	IM 56038	ja	25 x 12 mm	Maysan	Rollsiegel. Stein. Sitzende Gottheit mit zwei stehenden Personen.
01190	IM 27094	ja	26 x 15 mm	Maysan	Spinnwirtel. Gebrannter Ton, schnittverzierte Kante.
01191	IM 27097	ja	37 x 18 mm	Maysan	Spinnwirtel. Gebrannter Ton, eingeritzte Bänder auf einer Seite.
01192	IM 27092	ja	35 x 17 mm	Maysan	Spinnwirtel. Gebrannter Ton, schnittverzierte Kante.
01193	IM 15666		35 x 20 mm	Maysan	Rollsiegel. Grauer Stein. Kampfszene.
01194	18904	ja	23 x 10 mm	Maysan	Rollsiegel. Stein. Abgenutzt und beschädigt.
01195	IM 16482		L. 55 cm	Maysan	Halskette. Karneol. Strang linsenförmiger Perlen.
01196	IM 73358		8,1 cm	Maysan	Tontablett.
01197	IM 15666	ja	35 x 20 mm	Maysan	Rollsiegel. Stein. Kampfszene.
01198	IM 15836		25 mm	Maysan	Stempelsiegel. Keramik. Scheibenförmig.
01199	IM 57985		101 x 54 mm	Maysan	Tafel. Gebrannter Ton. Zerbrochen.
01200	IM 57425		78 x 30 x 13 mm	Maysan	Tafel. Gebrannter Ton. Aufzeichnungen in Keilschrift, Anweisung zum Bierbrauen aus Gerste. Fast vollständig.
01201	IM 59976	ja	35 x 22 mm	Maysan	Rollsiegel. Schwarzer Stein. Gott empfangt Gottheit und zwei Personen.
01202	IM 13612	ja	H: 7 mm; Dm: 2,2 cm	Maysan	Knopf aus Elfenbein. Eine Seite flach, die andere Seite konvex. In der Mitte durchbohrt. Rand verziert mit diagonalem und kreuzförmigem Muster. Angeschlagen.
01203	IM 63702		Dm: 3,5 cm	Maysan	Großer Ring. Bronze. Dick und schwer. Korrodiert.
01204	IM 17587		Dm: 17 mm	Maysan	Scheibe. Knochen. Verziert mit Rosette in kreisförmigem Muster. Durchloch.
01205	IM 47042		23 x 5 mm	Maysan	Spinnwirtel aus Muschel.
01206	IM 65429		3,7 x 8,3 cm, 7 x 3,7 cm	Maysan	Zwei Fragmente. Knochen. Halbzylindrische Form. Mit eingeritzten Mustern.
01207	IM 122030			Maysan	Halskette. Perlen. Verschiedene Steine, Farben und Größen.
01208	IM 122053			Maysan	Halskette. Karneol. Verschiedene Formen und Größen.
01209	IM 122062		5,8 x 3,5 cm	Maysan	Flaschchen. Glas. Runder Körper. Kurzer Hals, Boden mit drei Ausbuchtungen. Verziert.
01210	IM A-13161			Maysan	Türklopfer. Kupfer. Eingeritzte Muster.
01211	IM A-13163		Dm: 7 cm	Maysan	Fußkettchen aus Kupfer.
01212	IM A-13159			Maysan	Drei Glocken. Kupfer. Kugelförmig. Unterschiedlich.
01213	IM 122465			Maysan	Halskette. Muschel. Verschiedene Größen. Perlen.
01214	IM 122536			Maysan	Halskette. Karneol-, Fritte- und Muschelperlen verschiedener Größe.
01215	IM 122515			Maysan	Halskette. Karneol- und Fritteperlen verschiedener Größe.
01216	IM 3698			Maysan	Muschelschale.
01217	IM 3842			Maysan	Muschelschale.
01218	IM 3975			Maysan	Muschelschale.
01219	IM 9109		95 x 17 mm	Maysan	Stiftförmiger Pfriem. Knochen.
01220	IM 9110		93 x 13 mm	Maysan	Pfriem. Knochen. An der Seite gebrochen.
01221	IM 56645		18 x 2,4 x 0,2 cm	Maysan	Pfriem. Knochen. An einer Seite zugespitzt, an der anderen abgerundet.
01222	IM 117581			Maysan	Elfenbein-Fragment.
01223	IM 117749			Maysan	Elfenbein-Fragment.
01224	IM 117742			Maysan	Elfenbein-Fragment.
01225	IM 117886			Maysan	Muschelschale.
01226	IM 117843			Maysan	Muschelschale.
01227	IM 117840			Maysan	Muschelschale.
01228	IM 101350			Maysan	Pfriem. Elfenbein. Zugespitzt, zerbrochen.
01229	UR. 9732			Maysan	Muschelschale. Schwarz bemalt.
01230	Basra/54		9,7 x 4 cm	Maysan	Krug. Keramik. Klein, mit langem Hals und rundem, flachem Boden. Rand fehlt.
01231	IM 117798			Maysan	Elfenbein-Fragment.
01232	IM 117596			Maysan	Elfenbein-Fragment.
01233	IM 11800			Maysan	Elfenbein-Fragment.
01234	IM 72295		4,8 x 11,6 x 1,2 cm	Maysan	Schmucktafel. Elfenbein. Blumenverzierung mit Einlegearbeit aus Fritte, unvollständig.
01235	IM 100506			Maysan	Perle. Elfenbein. Ringförmig, durchlöchert.
01236	IM 109341			Maysan	Figur. Elfenbein. Fragment einer Tierdekoration.
01237	IM 26052		90 x 21 mm	Maysan	Feuerstein. Abschlag.
01238	IM 26069		91 x 17 mm	Maysan	Feuerstein. Abschlag.
01239	IM 26072		87 x 20 mm	Maysan	Feuerstein. Abschlag.
01240	IM 14148		16 x 4,5 cm	Maysan	Statuette. Terrakotta. Frau mit Harfe, ein Bein ist abgebrochen.
01241	IM 8184		L: 17 cm	Maysan	Lanzenspitze. Kupfer, hohl, mit Widerhaken versehen.
01242	IM 56646		10,2 x 3 x 0,2 cm	Maysan	Pfriem. Knochen. Zugespitzt an einer Seite und abgerundet an der anderen.
01243	IM 14882		5,2 x 3,3 x 1,2 cm	Maysan	Faustkeil. Schwarzer Stein. Oben zerbrochen, Schneidewerkzeug.
01244	IM 14877		5,2 x 3,2 x 1,2 cm	Maysan	Faustkeil. Grüner Stein. Schneidewerkzeug, vollständig.
01245	IM 14873		6 x 4,5 cm	Maysan	Faustkeil. Schwarzer Stein. Schneidewerkzeug, vollständig.

Ser.Nr.	Museums-Nr.	Photo	Maße	Ort	Objekt
01246	A. 13066		11,2 × 4,1 cm	Maysan	Flache Schüssel. Glasierte Keramik. Klein, mit breitem Rand und kleinem, rundem Boden, zerbrochen und restauriert.
01247	A. 2117		14 × 12,5 cm	Maysan	Fragment. Gips. Stuck-Fragment.
01248	A. 2140		14 × 16 cm	Maysan	Fragment. Gips. Stuck-Fragment.
01249	IM 17894		40 × 85 mm	Maysan	Fläschchen. Glas. Mit langem, engem Hals.
01250	IM 78845		10,2 × 0,9 cm	Maysan	Pfriem. Knochen. Am oberen Ende durchbohrt, mit einigen eingeritzten Verzierungen.
01251	IM 71518		4,5 × 2,5 × 6,4 cm	Maysan	Fläschchen. Glas. Kugelförmiger Körper, ausbiegender Rand, konkaver Standring und Wülste auf der Schulter.
01252	A. 14452		3,5 × 6,5 cm	Maysan	Lampe. Grün glasierte Keramik. Kleiner Ausguß und unregelmäßiger runder Boden, Brandspuren.
01253	A. 14630		7,5 × 4 cm	Maysan	Krug. Keramik. Klein, oberer Teil fehlt. Verzierter Körper und runder Boden.
01254	A. 14657			Maysan	Krug. Keramik. Klein, aufgetriebener Körper, Hals fehlt, runder, flacher Boden.
01255	A. 12202		9,2 cm	Maysan	Lampe. Blau glasierte Keramik. Gerundeter Körper, kleiner Ausguß seitlich des Randes.
01256	A. 13093		13,3 × 11,2 cm	Maysan	Krug. Keramik. Oberer Teil fehlt, aufgetriebene Form mit Teil eines Henkels.
01257	A. 10364		11 × 9,2 × 11 cm	Maysan	Gefäß. Keramik. Zylindrischer Körper, weiter Rand und ein Henkel.
01258	A. 12090		7 × 6 cm	Maysan	Tasse. Keramik. Zylindrische Form, mit breitem Rand und kleinem, flachem Boden.
01259	A. 3922		3 × 9 cm	Maysan	Lampe. Glasierte Keramik. Runder Körper mit kleinem Ausguß.
01260	IM 18146		70 × 50 mm	Maysan	Statuette. Terrakotta. Schwarz bemalt, linkes Horn fehlt.
01261	IM 122135		8,7 × 2,3 cm	Maysan	Fläschchen. Glas. Runder, aufgetriebener Körper, kurzer Hals und konkaver Boden.
01262	IM 122064			Maysan	Flasche. Grünes Glas. Runder, verzierter Körper mit kurzem Hals, der Boden hat drei Ausbuchtungen.
01263	IM 122363			Maysan	Halskette. Strang mit Perlen in verschiedenen Formen, Farben und Größen.
01264	IM 94409		2,5 × 3,3 × 8,4 cm	Maysan	Krug. Glas. Glockenförmiger Körper, weiter Rand, langer Hals und konkaver Boden, eingeritzte Verzierungen auf der Schulter.
01265	IM 94069		4,6 × 18,9 cm	Maysan	Schale. Keramik. Gerundeter Körper. Breiter, runder Rand, Brandspuren auf dem Körper. Teil des Randes fehlt.
01266	A. 13066		3,3 × 6,5 × 4 cm	Maysan	Fläschchen. Schwarzes Glas. Runder Körper mit kurzem Hals.
01267	IM 89456		11,6 × 6,6 cm	Maysan	Krug. Bemalte Keramik. Konischer Körper mit geknickter Schulter. Verziert mit roten und schwarzen Bändern und geometrischen Mustern auf der Schulter, Hals fehlt.
01268	IM 5654			Maysan	Säge aus Silex.
01269	IM 91417		14,2 × 2,4 cm	Maysan	Schleifstein. Stein. Rechteckiger Körper, auf einer Seite durchbohrt.
01270	A. 14616		3,5 × 6,5 cm	Maysan	Lampe. Grün glasierte Keramik, kleiner Henkel und runder, flacher Boden. Ausguß fehlt.
01271	A. 14723		18 × 5 cm	Maysan	Krug. Keramik. Birnenförmiger Körper, kleiner, runder Boden, eingeritzter Hals. Unvollständig.
01272	A. 14561		6,5 × 2,5 cm	Maysan	Krug. Keramik. Unregelmäßiger, birnenförmiger Körper, Hals fehlt. Unregelmäßiger, runder Boden.
01273	A. 14700		13 × 5,5 cm	Maysan	Krug. Keramik. Verzierter Körper, runder Boden, Teile des Halses und die Henkel fehlen.
01274	A. 14705		4 × 5 × 11 cm	Maysan	Schale. Keramik. Runder Boden, kleine Teile fehlen.
01275	A. 14522		3 × 5 cm	Maysan	Flache Schale. Keramik. Klein, unregelmäßig, mit rundem Boden.
01276	A. 42228		126 × 108 mm	Maysan	Krug. Bemalte Keramik. Birnenförmiger, gerundeter Körper mit engem ausbiegendem Rand, dunkle und rote Bemalung auf der Schulter.
01277	IM 32632		104 × 114 mm	Maysan	Krug. Bemalte Keramik. Birnenförmiger Körper, graue Ware mit Vogelzeichnungen, gut gebrannt, unvollständig.
01278	IM 102748		5,2 × 4,1 cm	Maysan	Krug. Keramik. Klein, Hals fehlt.
01279	IM 30923		4,5 × 3,2 × 1,4 cm	Maysan	Faustkeil. Grüner Steatit. Schneidewerkzeug, scharfe Kante.
01280	IM 30925		4,2 × 4,3 × 1,2 cm	Maysan	Faustkeil. Schwarzer Stein. Schneidewerkzeug, scharfe Kante.
01281	IM 30929		6,0 × 5,7 × 1,7 cm	Maysan	Faustkeil. Kalkstein, pinkfarben, Schneidewerkzeug.
01282	IM 87390		6 × 1,3 × 0,7 cm	Maysan	Pfeilspitze. Feuerstein. Zugespitzt, mit scharfer Kante, klein.
01283	IM 84670		L: 11 cm	Maysan	Pfriem. Knochen. Eingeritzte Verzierung.
01284	IM 26065		140 × 30 mm	Maysan	Abschlag. Feuerstein. Rechteckige Form.
01285	IM 71544		8 × 3 × 4,3 cm	Maysan	Fläschchen. Glas. Klein, konischer Körper mit langem Hals und unregelmäßig gerieftem Rand, vier Wülste auf dem Körper.
01286	IM 71559		3,5 × 5,4 × 7 cm	Maysan	Fläschchen. Glas. Kugelförmiger Körper, mit breitem Rand und konkavem Standring.

Ser.Nr.	Museums-Nr. Photo	Maße	Objekt	Ort
01287	IM 71510	5,3 x 3 x 6,3 cm	Fläschchen. Glas. Kugelförmiger Körper, mit breitem Rand und konkavem Standring und Wülsten auf der Schulter.	Maysan
01288	A. 13202/4	4,5 x 3,2 cm	Fläschchen. Glas. Klein, mit grüner Farbe, enger Öffnung und rundem, konkavem Boden. Teile fehlen.	Maysan
01289	A. 13202/5	4,2 x 3,2 cm	Fläschchen. Glas. Klein, mit enger Öffnung und rundem, konkavem Boden. Teile fehlen.	Maysan
01290	A. 13202/7	4 x 3,2 cm	Fläschchen. Glas. Klein, mit enger Öffnung und rundem, konkavem Boden. Teile fehlen.	Maysan
01291	A.12115	6,5 x 6,4 cm	Lampe. Keramik. Bauchiger Körper, mit breitem Rand. Flacher Boden, Brandspuren.	Maysan
01292	A.6201	2,6 x 7,8 x 8,5 cm	Lampe. Glasierte Keramik. Ein Teil fehlt, mit enger Öffnung und flachem Boden.	Maysan
01293	A.4551	5,3 x 8,5 x 7,5 cm	Lampe. Glasierte Keramik. Ein Teil fehlt.	Maysan
01294	A.12712	7,5 x 3,6 x 3,8 cm	Krug. Blasig glasierte Keramik. Birnenförmiger Körper mit kurzem Hals. Weiter Rand und runder, flacher Boden, mit Teil eines Henkels.	Maysan
01295	A.13094	16 x 8 cm	Krug. Keramik. Konischer Körper mit flachem Boden, breitem Rand und zwei Henkeln, von denen einer fehlt. Verzierung auf dem Körper.	Maysan
01296	A.4719	7,7 x 12 cm	Tasse. Schwarz glasierte Keramik. Fragment.	Maysan
01297	IM 122531		Halskette. Karneol- und Frittperlen verschiedener Größe.	Maysan
01298	IM 122588	8,5 x 2,2 x 3,5 cm	Fläschchen. Glas. Kugelförmiger Körper, verziert, mit schlankem Hals, breitem Rand und konkavem Boden, ein Henkel.	Maysan
01299	Basra 43	2,4 x 5,3 x 2,7 cm	Krug. Glasierte Keramik. Klein, mit wulstigem Rand und gerundetem Boden, aufgetriebene Form.	Maysan
01300	IM 921	L. 7 cm	Gewicht. Dunkelgrauer Kieselstein mit länglich-ovaler Form.	Maysan
01301	IM 69116	6,4 x 3,6 x 4,2 cm	Krug. Kleiner Alabasterkrug, konischer Körper, runde Öffnung, ovaler Boden.	Maysan
01302	IM 68252	4 x 11,5 x 5 cm	Kleines Gefäß. Alabaster, runde Öffnung und runder, wulstiger Boden.	Maysan
01303	IM 66143	7,5 x 4 x 6 cm	Schminkkästchen. Weißer Stein. Oben mit zwei Löchern versehen, rechteckiger Körper, eingemeißelte Trinkszene.	Maysan
01304	IM 36183	54 x 63 mm	Rassel. Keramik. Durchlöchert.	Maysan
01305	IM 11583	9 x 6 cm	Netzgewicht. Basalt. Runder Körper, darauf Spuren des Netzes.	Maysan
01306	IM 76517	5,6 x 4,8 cm	Becher. Alabaster. Zylindrischer Körper mit weiter, runder Öffnung und einem kleinen Loch darunter, quadratischer Boden mit vier Füßen.	Maysan

Ser.Nr.	Museums-Nr. Photo	Maße	Objekt	Ort
01307	IM 54522/6		Objekt. Weißer Kalzit, stilisierte Statuette. Frühdynastische Zeit.	Maysan
01308	IM 69071	4,7 x 15,6 cm	Schöpfkelle aus Alabaster.	Maysan
01309	IM 98501	8,6 x 15,9 x 4,2 cm	Schale. Rote Keramik. Konischer Körper, weite Öffnung, runder Boden, zerbrochen und restauriert.	Maysan
01310	IM 94236	6,1 x 7,2 cm	Glocke. Grüne Keramik mit kleinem Loch im Boden. Öffnung oval geformt.	Maysan
01311	IM 88698	17,5 x 11,5 x 11 cm	Krug. Keramik, weite Öffnung und konkaver Boden.	Maysan
01312	IM 85598	10,2 x 6,3 cm	Tafel. Gebrannter Ton. Rechteckige Form, literarischer Text. Bodylon-Periode.	Maysan
01313	IM 58699	7,8 x 6,4 cm	Tafel. Gebrannter Ton. Text, sumerische Literatur.	Maysan
01314	IM 77140	10 x 5,3 x 3,3 cm	Tafel. Große Tafel aus gebranntem Ton. Rechteckige Form, einige Teile fehlen, Ecken mit Keilschrift auf der Vorder- und Hinterseite versehen.	Maysan
01315	IM 63652	3,2 x 6 cm	Tafel. Gebrannter Ton. Kleiner Kegel, Keilschrift zu Sin-Kashid, König von Warka.	Maysan
01316	IM 67519	1,5 x 4,3 x 6,5 cm	Tafel. Gebrannter Ton. Rechteckige Form, ein Teil fehlt. Auf der Vorderseite archaische Inschriften.	Maysan
01317	IM 49793	5,6 x 5,9 x 2,6 cm	Tafel. Gebrannter Ton. Mit einer Zeile einer archaischen Inschrift.	Maysan
01318	IM 70261	4,3 x 4,2 cm	Tafel. Ton. Runde Form, Teil der Kante fehlt. Auf der Vorderseite Keilschrift (archaisch).	Maysan
01319	IM 58430	135 x 75 mm	Tafel. Gebrannter Ton. Mit Keilschrifttext sumerischer Literatur.	Maysan
01320	IM 61756	3,8 x 3,8 cm	Tafel. Ton. Quadratische Form, mit Keilschrift. 4 Zeilen auf der Vorderseite, auf der Rückseite 3 Zeilen mit Siegelabdruck. Enthält Auflistung von Gerste.	Maysan
01321	IM 68840	3 x 8,7 cm	Statuette. Alabaster. Stehende Muttergottheit, die linke Hand auf dem Bauch, die rechte auf dem Oberschenkel. Durchbohrt.	Maysan
01322	IM 69175	3,6 x 9,7 cm	Statuette. Alabaster. Stehende Muttergottheit, eine Hand auf dem Bauch, die andere auf dem Oberschenkel.	Maysan
01323	IM 26041	47 x 30 mm	Pfeilspitze. Feuerstein. Blattförmig.	Maysan
01324	IM 73358	8,1 cm	Tafel. Ton. Runde Form, Schulttext in Keilschrift.	Maysan
01325	IM 85461	13,2 x 9 cm	Tafel. Ton. Rechteckige Form, eine Ecke ist beschädigt, mit Keilschrift auf Vorder- und Rückseite, den Namen von König Narmsin enthaltend.	Maysan
01326	IM 70817	5 x 53 cm	Tafel. Ton. Rechteckige Form, auf der Vorderseite 13 Zeilen einer Inschrift, auf	Maysan

Ser.Nr.	Museums-Nr. Photo	Maße	Ort	Objekt
01327	IM 68813	3 x 10,4 cm	Maysan	der Rückseite eine Zeile und Siegelabdruck.
01328	IM 68496	2,9 x 9,5 cm	Maysan	Statuette. Alabaster, Muttergottheit, die linke Hand auf dem Bauch und die rechte auf dem Oberschenkel, mit Loch im Ellenbogen, der linke Fuß abgebrochen und mit rotem Material wieder befestigt.
01329	IM 68520	2,2 x 11 cm	Maysan	Statuette. Alabaster. Stehende Muttergottheit, die Augen mit Muscheln eingelegt, 2 Löcher in den Ellenbogen, die linke Hand auf dem Bauch und die rechte auf dem Oberschenkel.
01330	IM 69075	3,7 x 7,5 x 5,9 cm	Maysan	Statuette. Alabaster. Muttergottheit, schlanker Körper, linke Hand auf dem Bauch und rechte auf dem Oberschenkel.
01331	IM 68866	5,8 x 3 x 7 cm	Maysan	Gefäß. Alabaster. Runde Form, weiter Rand und Loch im Körper.
01332	IM 68996	1,5 x 8,7 x 4,5 cm	Maysan	Krug. Alabaster. Birnenförmig, enge, runde Öffnung, Teil des Randes fehlt, flacher Boden.
01333	IM 87761	12,4 mm	Maysan	Platte. Marmor. Rechteckige Form, mit Loch unter dem Rand, mit rechteckigem, flachem Boden.
01334	IM 2411/1		Maysan	Stempelsiegel. Karneol. Ovale Form, mit arabischer Inschrift.
01335	IM 2410/1		Maysan	Kegel. Gebrannter Ton. Inschrift eines auf ein Gebäude bezogenen Textes.
01336	IM 30930	44 x 13 mm	Maysan	Kegel. Gebrannter Ton. Inschrift eines auf ein Gebäude bezogenen Textes.
01337	IM 4395		Maysan	Pfeilspitze. Dunkler Obsidian.
01338	IM 26002	52 x 15 mm	Maysan	Pfeilspitze. Obsidian.
01339	IM 93343	4,3 x 3,5 cm	Maysan	Pfeilspitze. Feuerstein.
01340	IM 94966	22 x 3,4 cm	Maysan	Frauenkopf. Rote Keramik. Mit Kopfschmuck.
01341	IM 93097	6,7 x 4,7 x 3,1 cm	Maysan	Statuette. Keramik. Frau, die ihr Kind saugt, unterer Teil der Beine fehlt.
01342	IM 87740	1,2 cm	Maysan	Statuette. Keramik. Frau, die ihre Brüste hält, unterer Teil fehlt.
01343	IM 87720	1,2 cm	Maysan	Stempelsiegel. Karneol. Ovale Form, mit arabischer Inschrift.
01344	IM 13416	20,2 x 9,5 cm	Maysan	Stempelsiegel. Karneol. Ovale Form, mit arabischer Inschrift.
01345	IM 10777	16 x 5 cm	Maysan	Hacke. Kupfer. Mit zwei Schriftzeichen auf dem Stiel.
01346	IM 6419	12 x 8 cm	Maysan	Kupferbreitbeil.
01347	IM 6437	15 x 4,5 cm	Maysan	Keramiksieb.
01348	IM 42618	30 x 10 mm	Maysan	Topfdeckel. Ton. Deckel hat einen Knauf.
01349	IM 16507	30 x 22 mm	Maysan	Tonscheibe. Hellbraune Ware. Bemalung in dunkelbraun, 7 Bänder um den Rand der Scheibe.
01350	IM 927	L: 4,5 cm	Maysan	Pfeilspitze. Feuerstein. Geflügelt.
01351	IM 44870	37 x 16 mm	Maysan	Pfeilspitze. Feuerstein. Geflügelt, fein gearbeitet.
01352	IM 26030	30 x 20 mm	Maysan	Pfeilspitze. Feuerstein. Blattförmig.
01353	IM 26037	29 x 19 mm	Maysan	Pfeilspitze. Feuerstein. Blattförmig.
01354	IM 26024	38 x 26 mm	Maysan	Pfeilspitze. Feuerstein. Blattförmig.
01355	IM 25997	40 x 15 mm	Maysan	Pfeilspitze. Feuerstein.
01356	IM 25999	43 x 12 mm	Maysan	Pfeilspitze. Feuerstein.
01357	IM 25998	41 x 13 mm	Maysan	Pfeilspitze. Feuerstein.
01358	IM 26010	50 x 24 mm	Maysan	Pfeilspitze. Feuerstein. Blattförmig.
01359	IM 26017	38 x 26 mm	Maysan	Pfeilspitze. Feuerstein. Blattförmig.
01360	IM 26015	32 x 22 mm	Maysan	Pfeilspitze. Feuerstein. Blattförmig.
01361	IM 8452	20 x 12,5 cm	Maysan	Vase. Weißer Kalzit.
01362	IM 81163	13,8 x 21 x 10 cm	Maysan	Krug. Rote Keramik. Runde Form, kurzer Hals, weite Öffnung, ohne Boden, kleiner Teil fehlt.
01363	IM 6442	12 cm	Maysan	Schale. Ton, Dreifuß, vollständig.
01364	IM 47963	10,5 x 9 cm	Maysan	Sichel. Kleine Keramikschel, Teil fehlt.
01365	IM 47967	10 x 7,7 x 3,4 cm	Maysan	Breitbeil. Keramik.
01366	IM 84467	11,5 x 6,8 x 2,3 cm	Maysan	Axt. Grauer Stein. Mit kleinem Kopf.
01367	IM 68793	4 x 13 cm	Maysan	Sichel. Feuerstein. Teile mit Bitumen befestigt.
01368	IM 45880	205 x 60 mm		Flache Schale. Keramik. Flache Form. Schokoladenfarben bemalt, mit geometrischen Mustern. Zerbrochen und restauriert.
01369	IM 47881	120 x 50 mm	Maysan	Keramikglätter. Keramik. Halbmondformig.
01370	IM 27101	41 x 21 mm	Maysan	Spinnwirtel. Gebrannter Ton, engeritzt auf einer Seite.
01371	IM 25419	8,5 x 9 cm	Maysan	Krug. Keramik. Kugelform.
01372	IM 57985	101 x 54 mm	Maysan	Tafel. Gebrannter Ton, zerbrochen und unvollständig.
01373	IM 72201	2,1 x 0,8 cm	Maysan	Rollsiegel. Stein. Eingraviert sind ein Baum, Frau und Tier.
01374	IM 73201	5,3 x 6,9 cm	Maysan	Tafel. Ton. Mit ausgeschmückter Keilschrift.
01375	IM 73357	8,9 cm	Maysan	Tafel. Ton. Inschriften auf jeder Seite.
01376	IM 42349	10 x 18 mm		Stempelsiegel. Weißer Stein. Eintrizung auf jeder Seite, verschwommene Linien, die aus einem Fleck im Zentrum radial hervorgehen.
01377	IM 43811		Maysan	Rollsiegel. Dunkelgrau, dargestellt sind zwei menschliche Figuren, die sich ansehen, mit einem Baum und der Sonne zwischen ihnen.
01378	IM 31980	L: 80 cm	Maysan	Halskette. Kalzit- und Fritteperlen.
01379	IM 16483	L: 44 cm	Maysan	Halskette. Strang mit verschiedenen Perlen. Muschel. Kristall.
01380	IM 30657	101 x 8 mm	Maysan	Nadel. Silber. Quadratisch im Quer-

Ser.Nr.	Museums-Nr.	Photo	Maße	Ort	Objekt
01381	IM 15076		41 x 24 mm	Maysan	schnitt, durchbohrt. Blatt aus Obsidian.
01382	IM 77312		1,9 x 2,5 x 2,2 cm	Maysan	Stempelsiegel. Kieselstein. Grünliche Farbe, in Form eines Kalbs mit runden, tiefen Augen und abstehendem Schwanz. Im Körper ein Loch zum Aufhängen.
01383	IM 77573		2,3 x 1,1 cm	Maysan	Rollsiegel. Stein. Verschiedene Figuren sind dargestellt.
01384	IM 11442			Maysan	Stempelsiegel. Stein. In Form eines liegenden Bullen.
01385	IM 77554		2,7 cm	Maysan	Stempelsiegel. Schwarzer Stein. Die Seiten sind verziert.
01386	IM 76567		14,5 x 11,9 x 5,6 cm	Maysan	Teil eines Fundamentbelages. Bronze. Inschrift mit dem Namen von König Enatum.
01387	IM 42372		5 x 14 mm	Maysan	Perle. Weißer Stein. Außen herum sind gekreuzte Linien eingeritzt.
01388	Im 59658		33 x 31 mm	Maysan	Tafel. Gebrannter Ton. Einige Teile fehlen, mit deutlich erkennbarer Keilschrift.
01389	IM 58699		78 x 64 mm	Maysan	Tafel. Gebrannter Ton. Vollständig, Keilschrift-Text mit sumerischer Literatur.
01390	IM 57909		55 x 36 mm	Maysan	Tafel. Gebrannter Ton. Vollständig, mit konvex geformten Seiten.
01391	IM 18511		7,5 x 4,2 cm	Maysan	Fläschchen. Glasierte Keramik. Klein, mit schlankem Hals.
01392	IM 15575		25 x 25 x 8 mm	Maysan	Stempelsiegel. Kalkstein, rot, quadratisch. Archaisch (sumerisch).
01393	IM 16351		24 x 8 mm	Maysan	Stempelsiegel. Grüner Jaspis. Halbkugelförmig, Knopfsiegel.
01394	IM 18669		9 x 6,5 cm	Maysan	Becher. Keramik. Becher mit vier Henkeln und vier Löchern im Boden, eingeritzte, kreuzförmige Verzierungen.
01395	IM 15170		3 x 2,2 cm	Maysan	Faustkeil. Grauer Stein. Schneidewerkzeug, durchbohrt. Eingeritzte Markierung an einer Seite.
01396	IM 18727		9,5 x 7,5 cm	Maysan	Vase. Keramik. Rand zerbrochen.
01397	Im 60079		78 x 49 mm	Maysan	Becher. Keramik. Zylindrische Form mit gerundetem Boden. Mit Schmelzglasur, handgefertigt.
01398	IM 93707		Dm: 6,2 cm	Maysan	Gefäß. Glasierte Keramik. Gräulich-silberne Glasur, flach, mit offenem Ausguß. Gravur unter dem flachen Rand. Höhe: 6,9 cm.
01399	15 B/9049		H: 2,7 cm. L: 6,2 cm	Maysan	Ständer. Keramik. Zum Brennen von Tonware, dreigeteilte Form.
01400	IM 94115		7,11 x 13,1 x 4,2 cm	Maysan	Schale. Keramik. Mit unregelmäßigem Rand um den unregelmäßigen Boden. Restauriert.
01401	IM 91037		7,5 x 3,5 x 2,5 cm	Maysan	Fläschchen. Glas. Grün. Birnenförmig, mit weitem zylindrischem Hals, unregelmäßigem Rand und konvexem Boden.
01402	IM 91020		6,5 x 6 x 3,5 cm	Maysan	Fläschchen. Glas. Grün. Aufgetriebene Scheibenform mit weitem zylindrischem Hals, ausbiegendem Rand und flachem Boden.
01403	A.11286		7,3 x 4,3 cm	Maysan	Fläschchen. Grünes Glas, runde Form, mit zylindrischem Hals und konkavem Standring.
01404	A.13079		7 x 7,6 cm	Maysan	Becher. Blau glasierte Keramik, zylindrische Form mit ausbiegendem breiten Rand und gerundetem Boden.
01405	A.133091		14,7 x 11,8 x 6,8 cm	Maysan	Krug. Keramik. Aufgetriebene Form, mit zylindrischem Hals und zwei Henkeln, einer von diesen sowie ein Teil des Kruges fehlen. Auf dem Hals Schnitzverzierungen.
01406	IM 50248		L: 13 cm	Maysan	Werkzeug, Knochen, spitz zulaufend.
01407	IM 99128			Maysan	Ein Paar Hörner Knochen.
01408	IM 125098		10,4 x 6,3 cm	Maysan	Faustkeil aus Stein.
01409	IM 109418		10,8 x 6,9 x 2,2 cm	Maysan	Krug. Keramik. Kleine, kugelige Form mit angeschlagenem Rand, langem Hals und konkavem Boden.
01410	IM 108135		20,5 x 14,4 x 8,5 cm	Maysan	Gefäß. Keramik. Ovale Form, mit flachem Boden, geformt wie ein Boot.
01411	IM 97482		27 x 15,5 cm	Maysan	Ständer. Keramik. Zylindrische Form, mit vielen Löchern im Körper.
01412	IM 117757			Maysan	Elfenbein-Fragment.
01413	IM 117767			Maysan	Elfenbein-Fragment.
01414	IM 117748			Maysan	Elfenbein-Fragment.
01415	IM 76258			Maysan	Keulenkopf. Weißer Marmor. Birnenförmig, durchbohrt.
01416	IM 27601		75 x 52 mm	Maysan	Keulenkopf. Gräulicher Marmor. Geriffelt.
01417	IM 35294		10,5 x 3 cm	Maysan	Lampe. Glasierte Keramik. Mit schmalem Rand.
01418	A.14625		15 x 7,5 cm	Maysan	Krug. Keramik. Der obere Teil fehlt, mit rundem, flachem Boden.
01419	A.14568		12,5 x 7 cm	Maysan	Krug. Keramik. Unvollständig, kleiner runder Boden.
01420	A.14398		16 x 7 cm	Maysan	Krug. Keramik. Kugelform, mit Teil eines Henkels, die oberen Teile sind zerbrochen oder fehlen, restauriert.
01421	A.14486		6 x 3 cm	Maysan	Krug. Keramik. Klein, unvollständig, mit Schnitzverzierungen unter dem Hals und flachem Boden.
01422	A.14453		4,5 x 6,5 cm	Maysan	Lampe. Grün glasierte Keramik. Runde Form, mit Henkel und flachem Boden.
01423	A.14457		4 x 6 cm	Maysan	Tasse. Grün glasierte Keramik. Klein, mit flachem Boden, unvollständig.
01424	A.14421		11 x 6 cm	Maysan	Krug. Keramik. Birnenförmig, mit rundem Boden, unvollständig.

Ser.Nr.	Museums-Nr. Photo	Maße	Ort	Objekt
01425	A.14484	6 x 2,5 cm	Maysan	Krug. Keramik. Birnenförmig, mit breitem Rand und rundem, flachem Boden, kleine Teile fehlen.
01426	A.14591	9 x 4,4 cm	Maysan	Krug. Keramik. Konische Form, mit rundem Boden.
01427	12209 ND	8,45 x 4,35 x 1,1 cm	Maysan	Schmucktafel. Elfenbein-Fragment. Mit nach rechts gehendem Stier mit gesenktem Kopf, der mit seinem Rücken den oberen Rahmen der Tafel stützt, Hörner und Schwanz fehlen.
01428	1219б ND	10,6 x 3,24 x 1,4 cm	Maysan	Ornament. Elfenbein-Fragment. Das Ornament zeigt einen nach links gehenden Stier, Schwanz, Ohren und Beine fehlen.
01429	IM 88138	12,4 x 0,2 cm	Maysan	Bohrer. Knochenbohrer mit zugespitztem Ende.
01430	IM 88880		Maysan	Nadel. Aus Knochen.
01431	12223 ND	8,07 x 1,06 x 1,5 cm	Maysan	Elfenbein-Fragment. Ornament einer Kuh, die nach links geht, während sie ihren Kopf zu einem saugenden Kalb (ehtl) dreht, drei Beine der Kuh fehlen.
01432	IM 17618	8,5 cm	Maysan	Spatel. Kupfer. Flach und zerbrochen.
01433	17365 UR		Maysan	Halskette. Verschiedene Steinperlen.
01434	IM 7775	10,5 x 4,5 cm	Maysan	Band. 13 kleine Goldfragmente eines Bandes.
01435	IM 7621	7 cm	Maysan	Ohrring. Gold. Groß, mondförmig.
01436	IM 7277	7 cm	Maysan	Großer goldener Ohrring.
01437	IM 102174		Maysan	Halskette. Besteht aus 23 Fritteperlen.
01438	IM 102174 16:7		Maysan	Halskette. Besteht aus Fritte- und Steinperlen.
01439	IM 102147 16:12		Maysan	Halskette. Besteht aus 7 Strängen Fritteperlen.
01440	IM 3099		Maysan	Halskette. Besteht aus verschiedenen Perlen.
01441	IM 398		Maysan	Perlen. Fritte.
01442	IM 7515	15 cm	Maysan	Nadel. Kupfer.
01443	IM 4198		Maysan	Kupfernadel, mit goldenem Kopf.
01444	IM 22541		Maysan	Fritteperlen, ringförmig.
01445	IM 7804		Maysan	Kleine Fritte- und Steinperlen.
01446	IM 16729	40 cm	Maysan	Fritteperlen, ringförmig.
01447	IM 22778/A	156 cm	Maysan	Halskette. Besteht aus verschiedenen Perlen.
01448	IM 42535	74 cm	Maysan	Halskette. Besteht aus Muscheln und Steinen.
01449	IM 22778/B	152 cm	Maysan	Halskette. Besteht aus verschiedenen Perlen.
01450	IM 1119	11 cm	Maysan	Stück aus Bronze, leicht blasig, aber stabil.
01451	IM 20373		Maysan	Halskette. Besteht aus kleinen Muscheln.
01452	IM 3688		Maysan	Kleiner Goldring.
01453	IM 362		Maysan	Perlen. Gebrannter Ton. Perlen mit Spuren von Glasur.

Ser.Nr.	Museums-Nr. Photo	Maße	Ort	Objekt
01454	IM 20230	24,05 cm	Maysan	Nadel. Kupfer. Hat schwarzen Steinkopf. Spitze fehlt.
01455	IM 7766	20,5 cm	Maysan	Nadel. Kupfer.
01456	IM 48197	14 cm	Maysan	Strang verschiedener Perlen (Stein und Kupfer), die meisten linsenförmig.
01457	IM 27370	28 cm	Maysan	Perlen. Strang mit Muscheln und schwarz gefärbten Tonperlen.
01458	IM 3107		Maysan	Strang mit Fritteperlen.
01459	IM 16717	31 cm	Maysan	Strang mit Fritteperlen.
01460	IM 9497		Maysan	Halskette. Besteht aus Fritte- und Steinperlen.
01461	IM 21210	17,5 cm	Maysan	Halskette. Besteht aus Gold- und Steinperlen.
01462	IM 20279	12 cm	Maysan	Halskette. Besteht aus Goldperlen und verschiedenen kleinen Steinperlen.
01463	IM 20330	64 cm	Maysan	Strang mit Fritteperlen.
01464	IM 22593		Maysan	Eine große Anzahl verschiedener Perlen (Karneol, Fritte und Muschel).
01465	IM 16476	68 cm	Maysan	Strang aus Karneol- und Lapislazuliperlen.
01466	IM 3502		Maysan	Fritteperlen.
01467	IM 20060	28 cm	Maysan	Halskette. Besteht aus Karneol- und Lapislazuliperlen.
01468	IM 20055	32 cm	Maysan	Perlen. Karneol und Lapislazuli.
01469	IM 7535		Maysan	Perlen. Karneol und Lapislazuli.
01470	IM 4009		Maysan	Gruppe verschiedener Steinperlen.
01471	IM 117846		Maysan	Perle. Zylinderform.
01472	IM 117856		Maysan	Perle. Zylinderform.
01473	IM 117776		Maysan	Elfenbein-Fragment.
01474	IM 117587		Maysan	Elfenbein-Fragment.
01475	IM 117709		Maysan	Bohrer. Elfenbein.
01476	IM 117850		Maysan	Elfenbeinperle, längliche Form.
01477	13601/ND		Maysan	Elfenbein-Fragment.
01478	IM 117679		Maysan	Elfenbein-Fragment eines Tieres.
01479	IM 117781		Maysan	Elfenbein-Fragment.
01480	13094/ND		Maysan	Schmucktafel. Fragment einer Elfenbeintafel, die eine eingerahmte Frauenfigur zeigt.
01481	13460/ND		Maysan	Elfenbein-Fragment.
01482	13189/ND		Maysan	Elfenbeinstück, das eine Figur mit einer Blume zeigt.
01483	13146/ND		Maysan	Elfenbeinstück, wahrscheinlich Teil eines Bodens.
01484	IM 17662		Maysan	Elfenbein-Fragment.
01485	IM 104626	13 cm	Maysan	Bohrer. Knochenbohrer, mit einem durchbohrten Ende.
01486	IM 102249	9 x 2 cm	Maysan	Stück eines Knochens. Ein Ende ist ausgehöhlt. Unvollständig.
01487	IM 130864		Maysan	Bohrer. Knochenbohrer, unvollständig.
01488	IM 109321	7,5 cm	Maysan	Elfenbeinstück, verziert mit Blumenmustern, als Dekoration verwendet, unvollständig.

Ser.Nr.	Museums-Nr.	Photo	Maße	Ort	Objekt
01489	IM 109339			Maysan	Kleines dekoratives Elfenbeinstück. Unvollständig.
01490	IM 109346			Maysan	Elfenbeinstück verziert mit Blumenmustern. Unvollständig.
01491	IM 65228		5,7 x 4 cm	Maysan	Dekoratives Elfenbeinstück, eingeritzt.
01492	IM 65495		11,5 x 3,4 cm	Maysan	Schmucktafel. Längliche Tafel, die im Relief einen Pflaumenbaum zeigt. Einige Teile fehlen.
01493	IM 72080		11,3 x 13,2 x 2,7 cm	Maysan	Elfenbeinstück, halbzylindrische Form, zur Verzierung von Möbeln.
01494	IM 24358		6,5 x 6,5 cm	Maysan	Keulenkopf. Alabaster. Balliförmig, Aushöhlung für den Schaft.
01495	IM 20477		6,5 x 5 cm	Maysan	Keulenkopf. Gesprenkelter Marmor, angeschlagen.
01496	IM 33032		73 x 55 mm	Maysan	Keulenkopf. Hellgrau-weißer Marmor, birnenförmig.
01497	IM 94113		4 x 5,3 cm	Maysan	Ständer. Zum Brennen von Tonware, dreiteilig geformt.
01498	IM 78278		9,5 x 6,2 cm	Maysan	Schmucktafel. Keramik. Rechteckige Form, zeigt sitzenden Gott und Göttin.
01499	IM 111309			Maysan	Streitwagen. Keramik. Ein Teil fehlt (W-21699).
01500	IM 94301		H: 9,3 cm; Dm: 6,8 cm	Maysan	Fläschchen aus grauem Glas. Kugelförmig, mit zylindrischem Hals, Boden gerundet, der Körper verziert mit gerifelten und kreisförmigen Mustern.
01501	IM 34936		70 x 64 mm	Maysan	Glasfläschchen mit runden Wülsten.
01502	IM 11403		Dm: 21,3 cm; H: 28,8 cm	Maysan	Krug. Keramik. Kugelförmig. Runder, vorgewölbter Boden, zylindrischer Hals, mit Einritzungen vom Boden an, der Ausguß ist angeschlagen. Verziert mit Blumenmustern.
01503	IM 13016		H: 18 cm; Dm Sockel: 6 cm	Maysan	Krug. Keramik. Mittelteil, Hals und Ausguß fehlen, Körper vom Boden an ausgebuchtet, um den Körper verlaufen vier eingeritzte Linien. Konkav, mit Scheibe in der Mitte.
01504	IM 13540		H: 2 cm	Maysan	Fläschchen. Glas. Miniatur, mit kugelförmigem Körper, zylindrischem und relativ weitem Hals, Rand fehlt, Boden rund, in der Mitte konvex. Durchmesser von Körper und Hals: 1,8 cm.
01505	IM 13549		H: 7,4 cm	Maysan	Fläschchen. Glas. Geriffelt, mit relativ langem und zylindrischem Hals in runder Öffnung endend, Boden flach, Farbe mehr oder weniger schwarz. Durchmesser der Öffnung: 1,5 cm; Durchmesser des Körpers: 2 cm.
01506	IM 94684		H: 5,8 cm	Maysan	Wasserflasche. Glas. Kugelförmiger Körper mit schlankem Hals, flachem Boden, der teilweise zerbrochen ist. Durchmesser der Öffnung: 2,1 cm; des Bodens: 2,5 cm.
01507	IM 13553		H: 5,9 cm	Maysan	Fläschchen. Glas. Schwarz, zylindrisch, geriffelter Körper, langer zylindrischer Hals, runde Öffnung und flacher Boden. Durchmesser der Öffnung: 0,9 cm; des Körpers: 2,5 cm.
01508	IM 13522		H: 6 cm	Maysan	Fläschchen. Glas. Klein, mit geriffeltem Körper und relativ langem, in runder Öffnung endendem Hals. Der Boden ist konkav. Durchmesser der Öffnung: 1,4 cm; des Körpers: 2,4 cm.
01509	IM 13550		H: 5,9 cm	Maysan	Fläschchen. Weißes Glas. Geriffelter Körper, verziert mit geriffelten, verschiedenförmigen Linien, ursprünglich 4 prismatische Beine, Hals und Beine fehlen. Durchmesser des Körpers: 1,9 cm.
01510	IM 93112		H: 0,7 cm; Dm: 2,7 cm	Maysan	Spinnwirtel. Pinkfarbener Stein (Marmor). Eine Seite flach, die andere konvex. Durchbohrt.
01511	IM 99940		L: 48 cm	Maysan	Schöpfkelle aus Kupfer. Zylindrisch mit rundem hölzernem Stiel, Henkel, endet in einem Band zum Aufhängen, zerbrochen und restauriert.
01512	IM 65652		3,5 cm	Maysan	Pfeilspitze. Kupfer. Klein, Dreiecksform.
01513	IM 96112			Maysan	Lidstifte. Kupfer. Paar. Oberes Ende des einen unvollständig, Ende des anderen zugespitzt. Die Enden von beiden sind verziert mit parallel eingeritzten Linien und runden Flecken. Länge (1): 12,6 cm; Länge (2): 10,6 cm.
01514	IM 18480		6,5 x 4 cm	Maysan	Miniaturvase aus glasierter Keramik. Vollständig.
01515	IM 37700		70 x 74 mm	Maysan	Krüglein. Keramik. Klein, mit vorgewölbtem Boden und weiter Öffnung, der Ausguß ist zerbrochen. Glasiert mit verblaßter grüner Farbe.
01516	IM 13668		H: 1,6 cm	Maysan	Boden aus Elfenbein. Halbkugelförmig, durchlöchert, gelbe Farbe. Durchmesser des Körpers: 3,1 cm.
01517	IM 13644		3 x 6 cm	Maysan	Kopf eines Spinnwirtels. Elfenbein.
01518	IM 18516			Maysan	Vase aus glasierter Keramik. Klein, Rand angeschlagen.
01519	IM 75138		H: 7,3 cm	Maysan	Krug aus Keramik. Klein, mit ausgebuchtetem Körper und runder Öffnung, der Boden kugelförmig und vorgewölbt. Durchmesser des Körpers: 6,4 cm.
01520	IM 18544		8,5 x 5 cm	Maysan	Kanne aus Keramik. Klein, mit einem Henkel.
01521	IM 94255		H: 2,2 cm	Maysan	Ständer aus Keramik. Zum Brennen von Tonware benutzt, dreiteilig geformt, gelblich.

Ser.Nr.	Museums-Nr.	Photo	Maße	Ort	Objekt
01522	IM 42156		16 x 9,5 cm	Maysan	Vase aus Keramik. Glasiert. Mit zwei Henkeln und eingeritzter Kannelierung.
01523	IM 100133		H: 6,2 cm; Körper: 2,1 cm	Maysan	Fläschchen aus gelbem Glas. Ovale Form, mit konvexem Boden. Durchmesser der Öffnung: 1,5 cm.
01524	IM 100113		H: 5 cm; Körper: 3,9 cm	Maysan	Fläschchen aus weißem Glas. Kugelförmiger Körper, ovale Form. Flacher Rand und konvexer Boden.
01525	IM 35797		3,6 x 4,8 cm	Maysan	Kleiner Krug aus glasierter Keramik. Miniatur, mit weitem Ausguß.
01526	IM 94201		H: 6,2 cm; B: 4,7 cm	Maysan	Obere Hälfte eines Mannes. Der obere Teil der Statue zeigt einen bärtigen Mann mit ovalem Gesicht, großen Augen und breiter Nase, möglicherweise ein Gewand tragend.
01527	IM 33990		7,4 x 5,5 cm	Maysan	Glasfläschchen. Rand der Öffnung angeschlagen. Langer Hals.
01528	IM 13505		H: 5,2 cm	Maysan	Glasfläschchen. Weißes Glas. Form eines Parallelogramms. Hals mit Schnitzverzierungen und parallelen Linien, Teil der Öffnung fehlt. Durchmesser des Körpers: 2,2 cm; der Öffnung: 1,8 cm.
01529	IM 45501		9,5 x 6,7 x 2,7 cm	Maysan	Lampe aus Keramik. Bläulich-grün glasierte Innen- und Außenseite. Parthischer Stil, offener Ausguß. Schnabel mit Fang.
01530	IM 94630		H: 11,5 cm; B: 7,5 cm	Maysan	Schmucktafel aus Keramik. Relief einer weiblichen Figur. Fragment.
01531	IM 13608		H: 7 cm; Dm: 2,2 cm	Maysan	Spinnwirtel aus Elfenbein. Verziert mit kreisförmigen Mustern.
01532	IM 94685		H: 4,5 cm	Maysan	Wasserfläschchen. Glas, kugelförmig. Vollständig und dünnwandige Ware. Der Boden ist uniförmig. Durchmesser der Öffnung: 1,2 cm.
01533	IM 93154		H: 5 cm	Maysan	Fläschchen. Undurchsichtiges Glas. Der Körper ist oval geformt, die Öffnung relativ weit, der Boden konvex. Durchmesser der Öffnung: 2 cm; des Körpers: 3 cm.
01534	IM 783223		H: 26,8 cm	Maysan	Krug. Glasierte Keramik mit Einritzungen. Flache Schulter, verbunden mit zylindrischem und langem Hals, Doppelrand, zwei lange Henkel und Standring. Durchmesser der Öffnung: 11,9 cm; des Körpers: 19 cm.
01535	IM 13559		H: 10,4 cm	Maysan	Teil eines Gefäßes. Glasierte Keramik. Sehr tief, mit unverschlossener Öffnung und Standring. Braune Glasur mit Verzierungen auf der Unterseite.
01536	IM 29017			Maysan	Ein Paar Armbänder. Kupfer.
01537	IM 40831			Maysan	Ein Paar Fußkettchen. Kupfer.
01538	IM 1546		70 x 60 x 8 mm	Maysan	Frauenkopf. Glasierte Terrakotta.

Ser.Nr.	Museums-Nr.	Photo	Maße	Ort	Objekt
01539	IM 96070		L: 6,7 cm; Dm: 3,2 cm	Maysan	Objekt aus weißem Stein. Zylindrische Form, mit 7 eingeritzten Linien um den Körper, in der Mitte vertikal durchbohrt.
01540	IM 8896		4 x 2 cm	Maysan	Spinnwirtel. Keramik.
01541	IM 75049		H: 9,7 cm; B: 4 cm	Maysan	Terrakotta. Tierförmige Figur eines stehenden Mannes mit großem Kopf und offenem Mund, der einen Fuß in den Mund steckt und den anderen erhoben hält.
01542	IM 1686		105 x 50 mm	Maysan	Schleifstein. Sandstein, mit einem an die Handform angepaßten Griff.
01543	IM 78267		H: 10 cm; B: 3,5 cm	Maysan	Terrakotta. Tierfigur, auf der eine nackte Frau dargestellt ist, die ein Paar Fußkettchen trägt und ein nacktes Kind hält. Der Kopf ist durchbohrt.
01544	IM 74509		35 x 10 x 14,4 cm	Maysan	Gefäß. Keramik. Bläulich-grün glasiert, mit weiter Öffnung und birnenförmigem Körper. Der Boden ist rund, zerbrochen und restauriert.
01545	IM 100086		H: 14 cm; Dm: 35,7 cm	Maysan	Gefäß. Groß, halbkugelförmig, endet mit weiter Öffnung, eingeritzte Linien. Der Boden ist flach und leicht konkav. Blaue Farbe.
01546	IM 13004		H: 8,6 cm	Maysan	Gefäß. Weißlich-grün glasierte Innenseite, der Rand ist zerbrochen und restauriert. Teil des Körpers fehlt, innen mit schwarzer Farbe verziert, eingeritzt.
01547	IM 35667		13,5 cm	Maysan	Becher. Keramik. Blau glasiert, zerbrochen.
01548	IM 62401		H: 6,6 cm; Dicke: 0,5 cm	Maysan	Gefäß. Keramik. Glänzend schwarze Farbe, größter Teil des Randes ist zerbrochen, vorgewölbt. Mit großem, rundem Boden. Verziert mit Kreisen und runden Flecken.
01549	IM 62402		H: 6,3 cm	Maysan	Gefäß. Keramik. Glänzend schwarze Farbe. Rand teilweise zerbrochen und restauriert. Durchmesser der Öffnung: 20,5 cm; des Bodens: 10,4 cm.
01550	IM 94304		L: 8,6 cm; H: 11,8 cm	Maysan	Terrakotta. Vollständig. Tierförmiges Objekt. Beine sind ausgebessert.
01551	IM 94544		H: 12,5 cm; L: 8 cm	Maysan	Terrakotta. Tierförmige Figur mit kleinem Kopf und langem Hals, Spuren von schwarzer Farbe, weiß und rot bemalt.
01552	IM 562		5,5 cm	Maysan	Spinnwirtel. Gebrannter Ton. Gefunden in Tell Obeid.
01553	IM 93153		L: 13 cm; Dicke: 0,4 cm	Maysan	Löffel aus Kupfer. Klein, mit eingeritzten Linien, am zugespitzten Ende ausgebessert.
01554	9 Wasit (5)		54 x 30 mm	Maysan	Terrakotta. Zerbrochene Tierfigur in roter Farbe.
01555	111 Wasit (6)			Maysan	Schmucktafel aus Keramik. Zeigt unvoll-

Ser.Nr.	Museums-Nr.	Photo	Maße	Ort	Objekt
01556	IM 6405			Maysan	ständige Darstellung einer Frau. Teil einer Statuette. Terrakotta. Zeigt den oberen Teil einer Juwelen tragenden Frau.
01557	IM 18664		L: 7 cm	Maysan	Drei Pfeilspitzen aus Kupfer.
01558	IM 94804		L: 21 cm	Maysan	Messer aus Kupfer. Zerbrochen und stark korrodiert. Der Griff ist vollständig und in gutem Zustand.
01559	IM 59131		69 x 59 x 13 mm	Maysan	Objekt aus Kupfer. Stellt Tier mit aufgestelltem Schwanz dar, wahrscheinlich Türklopfer.
01560	61/Al-Hitti		Ht: 21,5 cm; Dm: 9,9 cm	Maysan	Kanne aus Keramik. Mittelteil birnenförmig, ein Henkel. Die Öffnung ist weit, der Hals zylindrisch, um den Hals eine eingeritzte Rille. Flacher, runder Boden. Durchmesser des Bodens: 6,4 cm.
01561	IM 22421		7 x 6,5 cm	Maysan	Vase aus Glas. Kanneliert.
01562	IM 13565		Ht: 8,7 cm	Maysan	Teil eines Gefäßes. Glasierte Keramik. Großteil fehlt, grüne Glasur und verzierte Glasur auf Unterseite, zerbrochen und restauriert, mit einem ausgebesserten Rand. Durchmesser der Öffnung: 26,5 cm. des Bodens: 11,3 cm.
01563	IM 26479		14 x 15 cm	Maysan	Fragment eines Kruges. Keramik. Islamische Verzierungen im Relief. Sehr dünnwandige Ware, stark beschädigt und teilweise restauriert.
01564	IM 10270 MS			Maysan	Münzen (5). Silber. Jalayride Al Sultan Ahmad Ibn Uwais. Bagdad.
01565	IM 14616 MS			Maysan	Münze. Gold. Osmanisch. Jahr: 1223 AH (1845 u.Z.). Konstantinopel.
01566	IM 17518 MS			Maysan	Münzen (3). Silber. Osmanisch. Jahr: 1223 AH (1845 u.Z.). Bagdad.
01567	IM 20 MS			Maysan	Münze. Gold. Atabeg An Nasir Yousif. Jahr: 521-660 AH (1143-1282 u.Z.).
01568	IM 3233 MS			Maysan	Münze. Kupfer. Atabeg An Nasir Yousif. Jahr: 521-600 AH (1143-1222 u.Z.).
01569	IM 4436 MS			Maysan	Münzen (2). Silber. Hamdanidisch. Al Muttaki Billah. Jahr: 331 AH (953 u.Z.). Kufa.
01570	IM 12033 MS			Maysan	Münze. Silber. Abbasidisch. Kalif Abu Al Abbas Al Saffah. Jahr: 133 AH (755 u.Z.). Kufa.
01571	IM 3214 MS			Maysan	Münzen (2). Kupfer. Abbasidisch. Kalif Abu Jafar Al Mansur. Jahr: 157 AH (779 u.Z.). Madinat al Salam.
01572	IM 18788 MS			Maysan	Münze. Kupfer. Abbasidisch. Kalif Abu Jafar Al Mansur. Jahr: 157 AH (779 u.Z.). Madinat al Salam.
01573	IM 3534 MS			Maysan	Münzen (2). Kupfer. Hatra.
01574	IM 9837 MS			Maysan	Münzen (2). Silber. Seleukidisch. Antiochus. Jahr: 260 v.u.Z.
01575	IM 7878 MS			Maysan	Münze. Silber. Parthisch. Vologases III. Jahr: 147-191 u.Z.
01576	IM 3872 MS			Maysan	Münze. Silber. Omajjadisch. Kalif Abd Al Malik bin Marwan. Jahr: 79 AH (701 u.Z.). Kufa.
01577	IM 28401 MS			Maysan	Münze. Silber. Omajjadisch. Kalif Al Walid bin Abd Al Malik bin Marwan. Jahr: 81 AH (703 u.Z.). Basra.
01578	IM 5321 MS			Maysan	Münzen (2). Silber. Omajjadisch. Kalif Al Walid Bin Abd al Malik bin Marwan. Jahr: 92 AH (714 u.Z.). Wasit.
01579	IM 8790 MS			Maysan	Münze. Silber. Abbasidisch. Kalif Al Muktafi Billah. Jahr: 295 AH (917 u.Z.).
01580	IM 3275 MS			Maysan	Münze. Silber. Abbasidisch. Kalif Al Muktafi Billah. Jahr: 289 AH (911 u.Z.). Madinat al Salam.
01581	IM 5297 MS			Maysan	Münze. Gold. Abbasidisch. Kalif Al Muktafi Billah. Jahr: 293 AH (915 u.Z.).
01582	IM 666 MS			Maysan	Münze. Silber. Abbasidisch. Kalif Al Mustaki Billah. Jahr: 332 AH (954 u.Z.). Madinat al Salam.
01583	IM 1207 MS			Maysan	Münze. Silber. Abbasidisch. Kalif Al Muttaki Billah. Jahr: 330 AH (952 u.Z.).
01584	IM 1200 MS			Maysan	Münze. Silber. Abbasidisch. Kalif Al Muttaki Billah. Jahr: 332 AH (954 u.Z.). Basra.
01585	IM 538 MS			Maysan	Münze. Gold. Omajjadisch. Kalif Hisham bin Abd Al Malik. Jahr: 120 AH (742 u.Z.).
01586	IM 17615 MS			Maysan	Münze. Silber. Omajjadisch. Kalif Hisham bin Adb Al Malik. Jahr: 121 AH (743 u.Z.). Wasit.
01587	IM 19581 MS			Maysan	Münze. Silber. Omajjadisch. Kalif Al Walid bin Abd Al Malik. Jahr: 125 AH (747 u.Z.). Wasit.
01588	IM 5308 MS			Maysan	Münze. Silber. Omajjadisch. Kalif Umar bin Abd Al Aziz. Jahr: 100 AH (722 u.Z.). Basra.
01589	IM 5329 MS			Maysan	Münze. Silber. Omajjadisch. Kalif Yazid II. Jahr: 103 AH (725 u.Z.). Wasit.
01590	IM 11477 MS			Maysan	Münze. Gold. Omajjadisch. Kalif Hisham bin Abd Al Malik. Jahr: 119 AH (741 u.Z.).
01591	IM 93/4 MS			Maysan	Münze. Silber. Omajjadisch. Kalif Ibrahim bin Al Walid. Jahr: 126 AH (748 u.Z.). Wasit.
01592	IM 193 MS			Maysan	Münze. Silber. Omajjadisch. Kalif Marwan bin Muhammad. Jahr: 130 AH (752 u.Z.). Wasit.
01593	IM 211 MS			Maysan	Münze. Silber. Abbasidisch. Kalif Abn Al Abbas Al Saffah. Jahr: 135 AH (757

Ser.Nr.	Museums-Nr.	Photo	Maße	Ort	Objekt
01594	IM 6198 MS			Maysan	Münze. Silber. Khorosan. Atampelos I. Jahr: 269-273 u.Z.). Basra.
01595	IM 17793 MS			Maysan	Münze. Kupfer. Omajjadischer Kalif.
01596	IM 26879 MS			Maysan	Münze. Kupfer. Omajjadischer Kalif.
01597	IM 1231 MS			Maysan	Münze. Silber. Abbasidisch. Kalif Ahmad Al Radhi. Jahr: 327 AH (949 u.Z.). Madinat al Salam.
01598	IM 1466 MS			Maysan	Münze. Silber. Abbasidisch. Kalif Ahmad Al Radhi. Jahr: 322 AH (944 u.Z.). Madinat al Salam.
01599	IM 3067 MS			Maysan	Münze. Silber. Abbasidisch. Kalif Al Fadhi al Muktadir Billah. Jahr: 309 AH (931 u.Z.). Madinat al Salam.
01600	IM 3068 MS			Maysan	Münze. Silber. Abbasidisch. Kalif Al Fadhi al Muktadir Billah. Jahr: 301 AH (923 u.Z.). Madinat al Salam.
01601	IM 10760 MS			Maysan	Münze. Silber. Abbasidisch. Kalif.
01602	IM 11858 MS			Maysan	Münze. Gold. Abbasidisch. Kalif Al Mustasim Billah. Jahr: 651 AH (1273 u.Z.). Madinat al Salam.
01603	IM 5196 MS			Maysan	Münze. Silber. Omajjadisch. Kalif Al Walid bin Abd Almalik. Jahr: 94 AH (716 u.Z.). Wasit.
01604	IM 11469 MS			Maysan	Münze. Gold. Omajjadisch. Kalif Al Walit bin Abd Almalik. Jahr: 94 AH (716 u.Z.).
01605	IM 11703 MS			Maysan	Münze. Silber. Omajjadisch. Kalif Suleiman Abn Abd Almalik. Jahr: 97 AH (719 u.Z.). Mahee.
01606	IM 7475 MS			Maysan	Münze. Silber. Parthisch. Pacoras II. Jahr: 78-109 u.Z.
01607	IM 18794 MS			Maysan	Münze. Kupfer. Khorosan.
01608	IM 18799 MS			Maysan	Münze. Kupfer. Khorosan.
01609	IM 18792 MS			Maysan	Münze. Kupfer. Khorosan.
01610	IM 8686 MS			Maysan	Münze. Silber. Khorosan. Atampelos I. Jahr: 269-273 u.Z.
01611	IM 495714 MS			Maysan	Münze. Silber. Khorosan. Atampelos II. Jahr: 29-30 u.Z.
01612	IM 18176 MS			Maysan	Münze. Silber. Römisch.
01613	IM 7681 MS			Maysan	Münze. Silber. Der Grieche Alexander. Jahr: 333-323 v.u.Z.
01614	IM 7686 MS			Maysan	Münze. Silber. Der Grieche Alexander. Jahr: 333-323 v.u.Z.
01615	IM 1360 MS			Maysan	Münze. Silber. Abbasidisch. Kalif Muhammad Al Amin. Jahr: 195 AH (817 u.Z.). Madinat al Salam.
01616	IM 14502 MS			Maysan	Münze. Gold. Abbasidisch. Kalif Abd Allah Al Ma'mun. Jahr: 201 AH (823 u.Z.).
01617	IM 4879 MS			Maysan	Münze. Silber. Abbasidisch. Kalif Abd Allah Al Ma'mun. Jahr: 207 AH (829 u.Z.). Madinat al Salam.
01618	IM 10976 MS			Maysan	Münze. Silber. Abbasidisch. Kalif Muhammad Al Mahdi. Jahr: 161 AH (783 u.Z.). Basra.
01619	IM 600 MS			Maysan	Münze. Silber. Abbasidisch. Kalif Muhammad Al Mahdi. Jahr: 162 AH (784 u.Z.). Madinat al Salam.
01620	IM 12454 MS			Maysan	Münze. Gold. Abbasidisch. Kalif Musa Al Hadi. Jahr: 169 AH (791 u.Z.).
01621	IM 18009 MS			Maysan	Münze. Silber. Abbasidisch. Kalif Abd Allah Al Ma'mun. Jahr: 118 AH (740 u.Z.). Madinat al Salam.
01622	IM 11427 MS			Maysan	Münze. Gold. Abbasidisch. Kalif Al Mutasim. Jahr: 225 AH (847 u.Z.). Masir.
01623	IM 11349 MS			Maysan	Münze. Gold. Abbasidisch. Kalif Al Mustanjid Billah.
01624	IM 13162 MS			Maysan	Münze. Silber. Abbasidisch. Kalif Harun Al Raschid. Jahr: 179 AH (801 u.Z.). Madinat al Salam.
01625	IM 15061 MS			Maysan	Münze. Gold. Abbasidisch. Kalif Muhammad Al Amin. Jahr: 194 AH (816 u.Z.). Madinat al Salam.
01626	IM 13010 MS			Maysan	Münze. Gold. Abbasidisch. Kalif Muhammad Al Amin. Jahr: 187 AH (809 u.Z.).
01627	IM 369 MS			Maysan	Münze. Silber. Abbasidisch. Kalif Abu Jafar Al Mansur. Jahr: 146 AH (768 u.Z.). Basra.
01628	IM 6501 MS			Maysan	Münze. Gold. Abbasidisch. Kalif Abu Jafar Al Mansur. Jahr: 148 AH (770 u.Z.).
01629	IM 5151 MS			Maysan	Münze. Gold. Abbasidisch. Kalif Muhammad Al Mahdi. Jahr: 166 AH (788 u.Z.).
01630	IM 23923 MS			Maysan	Münze. Silber. Ajjubidisch. Salah ed Din. Al Ayyubi. Jahr: 64-65 AH (686-687 u.Z.).
01631	IM 22928 MS			Maysan	Münze. Silber. Ajjubidisch. Salah ed Din. Al Ayyubi.
01632	IM 23946 MS			Maysan	Münze. Silber. Ajjubidisch. Salah ed Din. Al Ayyubi.
01633	IM 12158 MS			Maysan	Münze. Silber. Abbasidisch. Kalif Musa Al Hadi. Jahr: 169 AH (791 u.Z.). Madinat al Salam.
01634	IM 5158 MS			Maysan	Münze. Gold. Abbasidisch. Kalif Harun Al Raschid. Jahr: 162 AH (784 u.Z.).
01635	IM 2239 MS			Maysan	Münze. Silber. Abbasidisch. Kalif Harun Al Raschid. Jahr: 192 AH (814 u.Z.).
01636	IM 2808	ja		Basra	Rollsiegel. Drei Gazellen. Roter Marmor. Zerbrochen. Archaisch.
01637	IM 18129	ja	14 x 16 mm	Basra	Rollsiegel. Roter Kalkstein. Archaisch.
01638	IM 14578	ja	30 x 19 mm	Basra	Rollsiegel. Gesprenkelter Marmor. Gilgamesch kämpft mit einem Löwen.

Ser.Nr.	Museums-Nr.	Photo	Maße	Objekt	Ort
01639	IM 60597		16 x 8 mm	Rollsiegel. Grauer Stein. Eine sitzende Figur vor einem ansteigenden Stein (ND-6028).	Basra
01640	IM 59838	ja	3,1 x 1,4 cm	Rollsiegel. Fayence. Nicht identifiziertes Linien-Motiv (ND-5312).	Basra
01641	IM 22328		2,4 x 1,1 cm	Rollsiegel. Gräulicher Alabaster. Dargestellt sind Frösche (Nuzi-198).	Basra
01642	IM 9696	ja	21 x 13 mm	Rollsiegel. Brauner Stein. Schenkung an sitzende Göttin.	Basra
01643	IM 9694	ja	22 x 11 mm	Rollsiegel. Grüner Stein. Abdruck. Imdugud (Adler), zwei Gazellen haltend.	Basra
01644	IM 9695	ja	22 x 11 mm	Rollsiegel. Schwarzer Stein. Abdruck. Anbetung eines Baumes und Inschriften.	Basra
01645	IM 9699	ja	13 x 17 mm	Rollsiegel. Aus grünlichem Stein gefertigt, geschlängelter Abdruck.	Basra
01646	IM 625	ja	1,5 cm	Nach rechts schauender Gott, getrennt von Anbetern, vorgestellt durch eine Gottheit neben einem sitzenden Hund, auf der linken Hand des Gottes ein Skorpion. Spuren einer Inschrift.	
01647	IM 9710	ja	28 x 15 mm	Rollsiegel. Mit Inschrift.	Basra
01648	IM 18873		33 x 17 mm	Rollsiegel. Alabaster. Zwei Register, Tiere und Menschen.	Basra
01649	IM 14580		37 x 20 mm	Rollsiegel. Muschel. Kampfszene mit Inschriften.	Basra
01650	IM 3687			Rollsiegel. Lapislazuli.	Basra
01651	IM 28187	ja	33 x 13 mm	Siegel. Marmor. Halbkugelförmig, mit ausgehöhltem Muster.	Basra
01652	IM 2804			Siegel. Marmor. Quadratisch, zwei Tiere. Archaisch.	Basra
01653	IM 3507	ja		Rollsiegel. Kristall.	Basra
01654	IM 60022	ja	23 x 10 mm	Rollsiegel. Pinkfarbener Stein. Brokatgravur.	Basra
01655	IM 22329		28 x 16 mm	Rollsiegel. Grünlich-schwarzer Steatit. Mann, der einen Löwen tötet, mit Schlange und Skorpion auf der Rückseite und angreifender Stier.	Basra
01656	IM 2809	ja		Rollsiegel. Gazellen. Archaisch.	Basra
01657	IM 18860	ja	30 x 27 mm	Stempelsiegel. Schwarzer und weißer Stein. Archaisch.	Basra
01658	IM 59236	ja	39 x 34 x 14 mm	Stempelsiegel mit Loch. Flacher Boden mit eingraviertem, vertieftem Muster. Dunkelgrüner Stein.	Basra
01659	IM 22597		3 x 2 cm	Perle. Rautenförmig. Gekreuztes Muster, angeschlagen.	Basra
01660	IM 2638			Kleines Tier. Elfenbein. Nicht durchbohrt.	Basra
01661	IM 2836	ja		Amulett. Marmor. Klein, Insekt. Erworben.	Basra
01662	IM 3626			Rollsiegel. Marmor.	Basra
01663	IM 14714	ja	37 x 22 mm	Rollsiegel. Elfenbein. Kämpfende Tiere.	Basra
01664	IM 68160		28,8 x 11 x 15,9 cm	Gottheit und Skorpion. Großer Keramikkrug. Dekoration auf Schulter und Standring.	Basra
01665	IM 2638	ja		Topf. Ton. Rund, mit 4 nachgemachten Henkeln.	Basra
01666	IM 60429		43,5 x 36 cm	Stein. Zierstück. Zusammengesetzt aus 3 halbrunden Stäben, in jedem 7 Segmente aus schwarzem Stein eingefügt, parallel und diagonal eingeritzt, durch Streifen aus weißem Stein getrennt. Rekonstruiert.	Basra
01667	IM 4542		2 x 8,8 cm	Lampe aus glasierter Keramik. Ausbiegende Tassenform, ein Teil der Glasur ist abgeblättert. Islamisch.	Basra
01668	377 Wasit (3)		57 x 17 mm	Lampe aus glasierter Keramik. Tassenform, mit perforiertem Henkel. Innen und außen glasiert. Islamisch.	Basra
01669	IM 3853	ja	11 x 3 cm	Lampe aus Stein. Mit 12 Dochthaltern, angeschlagen. Islamische Rosette.	Basra
01670	IM 19987		8 x 10 cm	Vase. Grüner Steatit. Zylindrisch. Rand zerbrochen und unvollständig.	Basra
01671	IM 19953		13 x 8 cm	Schale. Marmor. Vollständig.	Basra
01672	IM 20578		11 x 9,5 cm	Schale. Grauer Steatit.	Basra
01673	IM 499			Künstliche Blume. Aus gebranntem Ton und farbigen Steinen, mit konischem Boden (sumerisch).	Basra
01674	IM 499			Künstliche Blume. Aus gebranntem Ton und farbigen Steinen, mit konischem Boden (sumerisch).	Basra
01675	IM 60473	ja	47,6 x 24,6 cm	Krug. Gräulich-grüne Ware. Weite Öffnung, runde Schulter, eiförmiger Körper, runder Boden. Unvollständig und restauriert.	Basra
01676	438 Wasit (3)		83 x 56 x 19 mm	Lampe aus Kupfer. Tassenform, mit kleinem Brenner, gestauchtem Henkel und zwei seitlichen Wülsten. Islamisch.	Basra
01677	IM 3756	ja	2 x 6 cm	Lampe aus Kupfer. Halbkugelförmige Lampe mit kleinem Wulst und abgeflachtem Rand, der Brenner fehlt. Islamisch.	Basra
01678	IM 4851		4,3 x 5,9 cm	Lampe aus Kupfer. Klein, Tassenform. Islamisch.	Basra
01679	IM 9826	ja	15,2 x 9,1 cm	Krug aus Keramik. Mit großem, gestauchtem Hals, schmalem Rand. Auf der Schulter eine Gruppe eingeritzter Linien, konkaver Boden. Islamisch.	Basra
01680	IM 3910		14,7 x 8,1 cm	Krug aus Keramik. Langer, angeschlagener Hals, gewölbter Boden, eingeritzt, Henkel fehlt. Islamisch.	Basra
01681	IM 3916		11,3 x 6,3 cm	Krug aus Keramik. Klein, mit weitem Hals. Islamisch.	Basra

Ser.Nr.	Museums-Nr.	Photo	Maße	Ort	Objekt
01682	IM 44269		164 x 38 mm	Basra	Schmucktafel. Große Tafel mit Inschriften, ein Teil schwer beschädigt. Feine Inschriften auf beiden Seiten. Viele kleine Fragmente.
01683	IM 55236		30 x 21 x 4,5 mm	Basra	Ziegel. Gebrannter Ton. Vier Säulen mit Keilschrift, die vom Tod des Prinzen von Lagasch Entemmna berichten.
01684	IM 8197	ja	10 x 4 mm	Basra	Stößel. Kalkstein. Kegelform, konvexe Enden.
01685	IM 6633		224 x 116 x 115 mm	Basra	Wasserflasche aus Keramik. Islamische Verzierung, leicht abgeflacht mit engem Hals und zwei Henkeln. Islamisch.
01686	IM 32229		23 x 17,5 x 13 cm	Basra	Wasserschale aus Keramik. Mit zwei Henkeln, einer ist abgebrochen. Aufgetrieben und verziert mit einem Reliefmuster. Islamisch.
01687	IM 32745	ja	27 x 190 mm	Basra	Wasserflasche aus Keramik. Mit zwei Henkeln. Flache Seiten, mit islamischer Verzierung, vollständig, Islamisch.
01688	IM 30084	ja	69 x 33 mm	Basra	Schale aus Keramik. Klein, farbig, und innen glasiert. Angeschlagen. Islamisch.
01689	IM 548 Wasit (3)		70 x 29 mm	Basra	Schale aus Keramik. Klein, innen und außen glasiert, innen schwarz und gelb gestreift. Islamisch.
01690	IM 9827	ja	17,6 x 8,6 cm	Basra	Vase aus Keramik. Oval geformt, mit Standring. Unvollständig, Islamisch.
01691	IM 23772		18 x 16 cm	Basra	Krug aus Keramik. Teil eines Keramikkrugs, verziert mit arabischem Muster in Reliefform. Islamisch.
01692	IM 26478		16 x 12 cm	Basra	Krug aus Keramik. Rand zerbrochen, ein Henkel, die eine Schulter verziert mit islamischem Muster in Reliefform. Islamisch.
01693	IM 32752	ja	190 x 165 mm	Basra	Krug aus Keramik. Hat einen Henkel und hervorstehenden, konkaven Boden mit Reliefverzierung. Islamisch.
01694	IM 28368		15 x 12,5 cm	Basra	Krug aus Keramik. Teil eines Keramikkrugs mit kufischer Inschrift. Unvollständig. Islamisch.
01695	IM 25833		11,5 x 12 cm	Basra	Vase aus Keramik. Mit Band einer Inschrift verziert. Islamisch.
01696	IM 4447			Basra	Krug aus Keramik. Kugelförmig, mit arabischer Inschrift auf der Außenseite. Islamisch.
01697	IM 9775		7,5 x 10,5 cm	Basra	Lampe aus Keramik. Klein, mit angeschlagenem Henkel, rundem Körper und kleinem Boden. Islamisch.
01698	IM 2300	ja	4 x 9,6 x 6,6 cm	Basra	Lampe aus Keramik. Ovale Form, verziert. Islamisch.
01699	IM 5854	ja	11 x 8,2 x 3,2 cm	Basra	Lampe aus Kupfer. Flach, mit langem Ausguß und unvollständigem Henkel. Islamisch.
01700	IM 3754		2,5 x 13,7 cm	Basra	Lampe aus Kupfer. Halbkugelförmig, Flacher, gestauchter Rand, langer und ausgebogener Brenner, gestauchter Henkel. Islamisch.
01701	IM 774		2,8 x 10,3 x 6,8 cm	Basra	Lampe aus Kupfer. Ausgebogen, klein, Tassenform. Mit kleinem Brenner auf dem Boden und vorgewölbtem Henkel. Islamisch.
01702	IM 753	ja	1,8 x 9 x 6,6 cm	Basra	Lampe aus Kupfer. Flacher Aufhänger. Mit ausgebogenem Rand. Verzierungen auf beiden Seiten, mit einem Henkel in Form einer Blume, der Brenner fehlt. Islamisch.
01703	IM 729	ja	3,4 x 13 x 9,5 cm	Basra	Lampe aus Kupfer. Halbkugelförmig, vorgewölbter Boden, dünner, schmaler Rand, an zwei Stellen hervorstehend. Runder, ausgebogener Henkel mit Verzierung, abgebrochener Ausguß, korrodiert. Islamisch.
01704	IM 776	ja	2,6 x 10,2 x 7,5 cm	Basra	Lampe aus Kupfer. Halbkugelform, ausgewölbter und verzierter Boden, langer, ausgebogener Brenner. Islamisch.
01705	IM 6677		86 x 70 x 25 mm	Basra	Lampe aus Kupfer. Becherform mit kleinem Boden. Ausguß und weißer Henkel, zwei seitliche Ausbuchtungen. Islamisch.
01706	IM 7490/1	ja	18,5 x 10 cm	Basra	Statuette. Keramik. Ein Pferd und einen Reiter darstellend. Unvollständig. Islamische Periode.
01707	IM 7490/14		18,5 x 10 cm	Basra	Statuette. Keramik. Ein Pferd und einen Reiter darstellend. Unvollständig. Islamische Periode.
01708	IM 7475/3	ja	10 cm	Basra	Scheibe. Keramik. Sieben Vögel, die auf einem runden Boden stehen. Islamische Periode.
01709	315 Wasit (3)		105 x 97 mm	Basra	Statuette. Keramik. Ein Tier darstellend, die Beine fehlen. Islamische Periode.
01710	IM 7470/2		10 x 10 cm	Basra	Statuette. Keramik. Einen Vogel darstellend. Unvollständig. Islamische Periode.
01711	IM 7473/6	ja	23,5 x 8 cm	Basra	Statuette. Keramik. Menschliche Figur, die einen Wasserkrug und ein Gefäß trägt. Islamische Periode.
01712	IM 76624		11,5 x 9,2 cm	Basra	Kopf einer Axt. Kupfer. Vollständig (sumerisch).
01713	8167	ja	16,5 cm	Basra	Kopf einer Axt. Kupfer. Vollständig.
01714	IM 76624		11,5 x 9,2 cm	Basra	Kopf einer Axt. Kupfer. Vollständig.
01715	IM 20672	ja	40 cm	Basra	Topf. Tief. Verziert, zusammengesetzte Keramik. Islamische Periode.
01716	IM 33271		18,5 x 15,0 cm	Basra	Wasserflasche. Keramik. Zweifach durchlöchert, mit Ösen. Islamische Periode.

Ser.Nr.	Museums-Nr.	Photo	Maße	Ort	Objekt
01717	IM 22454		17 x 14 cm	Basra	Krug, Keramik. Mit verziertem Fries und einzelnem Henkel. Islamische Periode.
01718	IM 7492			Basra	Messer. Kupfer. Vollständig.
01719	IM 8147	ja	23 cm	Basra	Zwei Speerspitzen. Kupfer. Vollständig.
01720	IM 76564		22,1 x 6 cm	Basra	Statuette. Kupfer. Eine stehende Gottheit darstellend, der untere Teil ist wie ein Nagel geformt, der obere Teil wie ein Mensch. Mit Keilschritzeichen.
01721	IM 11789	ja	14,5 x 30 cm	Basra	Teller. Kupfer. Mit zwei kurzen Zeilen einer kufischen Inschrift auf der Rückseite, mit rundem Boden. Islamische Periode.
01722	IM 7467/1		13 x 9,5 cm	Basra	Figur. Keramik. Ein Tier darstellend, der Schwanz fehlt. Islamische Periode.
01723	A-7466/3		16 x 10,5 cm	Basra	Figur. Keramik. Ein Tier (Pferd) darstellend, zerbrochen und restauriert. Islamische Periode.
01724	IM 32767	ja		Basra	Schale. Kupfer. Klein, aber schwer, konvexer Boden, umwunden von einem Band, arabische Inschrift. Islamische Periode.
01725	IM 32754	ja	240 x 35 mm	Basra	Teller. Kupfer. Mit durchbrochenem Rand, verziert mit arabischen Inschriften auf dem Rand und dem Grund, leicht hervorstehender Boden. Islamische Periode.
01726	IM 27314	ja	12,5 x 16,5 cm	Basra	Mörser. Bronze. Verziert mit verschiedenen Motiven. Kleiner Henkel in Form eines Tierkopfes. Islamische Periode.
01727	IM 20670	ja	30 x 24 cm	Basra	Helm. Eisen. Oben zugespitzt. Islamische Periode.
01728	IM A-810		4,4 x 17,5 cm	Basra	Stößel. Kupfer. Islamische Periode.
01729	IM 1362			Basra	Schwert. Eisen. Islamische Periode.
01730	IM 29029		150 x 120 mm	Basra	Mörser. Bronze. Islamische Periode.
01731	IM 28850	ja	17 x 12,5 cm	Basra	Mörser. Bronze. Verziert mit fein eingeritzten Mustern in oktogonaler Form, auf jeder Seite mit einer Wölbung in der Mitte. Zwei kleine Henkel in Form von Tierköpfen. Islamische Periode.
01732			220 mm	Basra	Scheibe. Kupfer. Arabische Schriftzeichen mit glückbringendem Text (als Amulett) auf beiden Seiten. Islamische Periode.
01733	IM 71503	ja	5,6 x 3 x 4,7 cm	Basra	Fläschchen. Kleine Glasflasche mit weiter Öffnung, langem Hals, konkavem Boden und verziertem Körper.
01734	IM 71521		7,2 x 3,3 x 5,8 cm	Basra	Fläschchen. Glas. Runde Form, weite Öffnung und konkaver Boden, zerbrochen und restauriert.
01735	IM 42052		10,5 x 6 cm	Basra	Krug. Glas. Verziert mit Glasreliefbändern in Spiralen.
01736	IM A-5803		18 x 12 cm	Basra	Mörser. Kupfer. Geriffelt, mit zwei Henkeln in Form von Tieren, verziert, am Boden durchlöchert. Islamische Periode.
01737	IM A-5838	ja	20 x 9,5 cm	Basra	Schale. Kupfer. Verziert, mit arabischer Inschrift. Islamische Periode.
01738	IM A-5847		8,8 x 17,5 cm	Basra	Schale. Kupfer. Verziert, mit arabischer Inschrift in drei Größen. Islamische Periode.
01739	IM 55735		3,3 x 2,5 x 1,1 cm	Basra	Hund. Kupfer. Miniatur, vollständig (ND-913).
01740	IM 61848	ja	2,5 cm	Basra	Ring. Kupfer (ND-8109).
01741	IM 59276	ja	13,1 x 6,1 cm	Basra	Ring. Kupfer (ND-4209).
01742	IM 25366		9 x 5 x 4,5 cm	Basra	Keulenkopf. Pinkfarbener Kalkstein, lange zylindrische Form.
01743	IM 27121	ja	26 x 35 mm	Basra	Keulenkopf. Weißer Marmor.
01744	IM 25370		6,2 x 5,2 cm	Basra	Keulenkopf. Schwarzer Stein, unförmig.
01745	IM A-5796/1			Basra	Kesselpauke. Bronze, hat einen Griff, verziert mit arabischer Inschrift. Islamische Periode.
01746	IM 30633	ja	17 x 12,8 cm	Basra	Mörser. Kupfer. Hat einen Griff, oktogonaler Körper. Islamische Periode.
01747	IM 30681	ja	209 x 77 mm	Basra	Schale. Kupfer. Mit verschiedenen Motiven und arabischer Inschrift aus kufischen Schriftzeichen. Islamisch.
01748	IM 25702	ja	11 x 3,5 cm	Basra	Statuette. Terrakotta. Nackte Frau, die ihr Kind stillt.
01749	IM 49411		11 x 8,5 cm	Basra	Tafel. Terrakotta. Basrelief, zerbrochen, aber größtenteils vollständig, 3 Figuren, 2 bärtige Männer, die einen Kilt und hohe Kopfbedeckungen tragen, dazwischen eine nackte Frau mit zylindrischer Kopfbedeckung.
01750	IM 27779	ja	8 x 6,4 cm	Basra	Oberer Teil einer Statuette. Terrakotta. Eine Göttin mit einem Stab in beiden Händen darstellend. Auf jeder Seite des Kopfes ein Mond und ein Stern darunter.
01751	IM 25318		18 x 5,5 cm	Basra	Schleifstein. Aus grauem Stein, vollständig.
01752	IM 25269		92 x 34 mm	Basra	Anhänger. Brauner Kieselstein.
01753	IM 25108		8,2 x 3,2 cm	Basra	Schleifstein. Aus braunem Kieselstein, durchlöchert.
01754	IM 2606		7 x 11,3 cm	Basra	Schale. Glasierte Keramik. Zylindrisch. Zerbrochen und restauriert. Islamisch.
01755	IM 9835	ja	21,3 x 8,7 cm	Basra	Gefäß. Keramik. Weite Öffnung, tief. Runder, breiter Boden. Dicker, runder Rand. Islamisch.
01756	IM 5004			Basra	Gefäß. Glasierte Keramik. Klein, Tassenform. Innen- und Außenseite glasiert.
01757	IM 14556	ja	29 x 22 x 18 cm	Basra	Wasserflasche. Keramik. Groß, angeschlagener Rand mit zwei restaurierten

325

Ser.Nr.	Museums-Nr.	Photo	Maße	Objekt	Ort		Ser.Nr.	Museums-Nr.	Photo	Maße	Objekt	Ort
01758	IM 32730	ja	16,7 x 14 cm	Henkeln, verziert. Islamisch. Wasserflasche. Keramik. Mit zwei Henkeln, von denen einer abgebrochen ist. Verziert mit Linien. Öffnung ist zerbrochen. Islamisch.	Basra						mit angeschlagenem Boden, innen glasiert. Islamisch.	
01759	IM 76734		10 x 3 x 8,7 x 5 cm	Krug. Blau glasierte Keramik. Klein, mit kurzem Hals.	Basra		01776	IM 4917		6,1 x 7,4 cm	Krug. Glasierte Keramik. Kleiner Krug mit kleinem Boden und zerbrochenem Hals. Islamisch.	Basra
01760	IM 76425		17 cm	Gefäß. Tiefgelb glasierte Keramik. Zerbrochen und restauriert.	Basra		01777	IM 5011		5,3 x 6,8 cm	Lampe. Glasierte Keramik. Kelchför-mig, mit rundem, ausgestelltem Boden. Glasur gebrochen und restauriert. Islamisch.	Basra
01761	IM 5372			Krug. Glasierte Keramik. Klein, mit kurzem Hals.	Basra		01778	IM 5002		5,2 x 7 cm	Gefäß. Glasierte Keramik. Kleines Gefäß, einer Tasse ähnlich. Islamisch.	Basra
01762	IM 35967		117 x 145 mm	Vase. Glasierte Keramik. Runde Form.	Basra		01779	IM 260		5,5 x 19 cm	Schale. Glasierte Keramik. Hand-gemacht, innen braun und grün verziert.	Basra
01763	IM 59118		27 x 12 cm	Schale. In Tiergestalt, mit dem Kopf einer Gazelle, zerbrochen und restauriert.	Basra		01780	143 Samarra (5)			Werkzeug. Kupfer. Hohles Gerät mit rundem Kopf. Islamisch.	Basra
01764	IM 7-564		4,5 x 2,1 x 6,5 cm	Flasche. Dunkelgelbes Glas. Kleine, runde Form.	Basra		01781	124 Wasit (5)		72 x 13,5 mm	Gerät. Kupfer. Zerbrochener Löffel. Islamisch.	Basra
01765	IM 32728	ja	245 x 120 mm	Wasserflasche. Keramik. Mit zwei Henkeln. Boden in einer Seite geschwärzt, zerbrochen und eine Öffnung. Relief-Verzierung. Islamisch.	Basra		01782	143 Samarra (5)			Gerät. Kupfer. Durchbohrt und beschriftet. Islamisch.	Basra
01766	IM 32727	ja	180 x 117 mm	Wasserflasche. Keramik. Mit zwei Henkeln. Zerbrochene Öffnung, auf beiden Seiten mit arabischem Relief-muster verziert. Islamisch.	Basra		01783	40 Samarra (5)		9 x 12 cm	Lampe. Keramik. Schalenförmig, mit kurzem Hals und flachem Boden. Brandspuren an der Öffnung und am Hals. Islamisch.	Basra
01767	IM 32631	ja	250 x 180 mm	Wasserflasche. Keramik. Boden ist in Stücke gebrochen. Mit zwei Henkeln und flachen Seiten. Verziert. Islamisch.	Basra		01784	IM 7215		120 x 50 mm	Kelch. Kupfer. Mit breitem Ausguß und drei Ösen, zwei davon sind abgebrochen und fehlen. Gestützt auf drei Füßen.	Basra
01768	IM 26899		12 x 13 cm	Vase. Keramik. Mit kufischer Inschrift. Henkel am Hals abgebrochen. Islamisch.	Basra		01785	IM 3755		7,7 x 12,5 cm	Lampe. Kupfer. Mit langem Hals und rautenförmigem Boden. Unvollständig. Islamisch.	Basra
01769	IM 32748		180 x 130 mm	Krug. Keramik. Klein, angeschlagener Rand, abgebrochener Henkel. Arabische Inschrift im Relief. Verziert mit Tier-figuren, die von einem Hund gejagte Gazellen darstellen. Hochrelief. Islamisch.	Basra		01786	33 Wasit (5)		132 x 5 mm	Stab. Kupfer. Gebogen, einfache Form. Islamisch.	Basra
							01787	46 Wasit (5)		108 x 6 mm	Röhre. Kupfer. Zerbrochene, zylin-drische Röhre, besteht aus dünnem Draht. Stark verrostet. Islamisch.	Basra
							01788	289 Samarra (5)			Teile aus Kupfer. Zwei Teile in verschie-denen Formen und Größen. Islamisch.	Basra
01770	IM 31031	ja	150 x 130 mm	Krug. Keramik. Mit arabischer Verzie-rung. In zwei Teile gebrochen, der Hals fehlt. Segmentiert, mit drei Henkeln.	Basra		01789	90 Wasit (5)		16 x 45 mm	Teil aus Kupfer. Verziertes, kleines Teil aus Kupfer in Form eines Schiffchens, in der Mitte durchbohrt. Islamisch.	Basra
01771	IM 1899		11,5 x 12,2 cm	Krug. Keramik. Zylindrisch, voll-ständig mit Zeichnung bedeckt. Islamisch.	Basra		01790	49 Wasit (5)		25 x 18,5 cm	Teil aus Kupfer. Kopfbedeckung. Halb-kugelförmig, mit Erhebungen, wahr-scheinlich ein Helm. Islamisch.	Basra
01772	IM 5005		10,5 x 18,5 cm	Becher. Glasierte Keramik. Mit gewölb-tem, ausgehöhltem Boden. Unvollstän-dig. Islamisch.	Basra		01791	IM 5282			Tafel. Ton. Vier Zeugen und ein Schreiber (Nuzi).	Basra
01773	IM 2303			Schale. Keramik. Klein, glasiert und gestreift, angeschlagen und restauriert. Islamisch.	Basra		01792	143 Samarra (5)			Gerät. Kupfer. An beiden Enden ange-schlagen. Islamisch.	Basra
01774	IM 5014		4,1 x 6,8 cm	Lampe. Keramik. In Form einer kugel-förmigen Schale, mit abgeflachtem Rand, innen glasiert. Zerbrochen und restau-riert. Islamisch.	Basra		01793	20 Wasit (4)		62 x 11 mm	Teil aus Kupfer. Langer Griff, wahr-scheinlich Löffel. Islamisch.	Basra
							01794	IM 4599		5,9 x 1,2 cm	Gerät. Kupfer. Breiter Kopf einer Pinzette. Islamisch.	Basra
01775	IM 5012		4 x 6,8 cm	Lampe. Glasierte Keramik. Kelchförmig,	Basra		01795	IM 1088		10,7 x 7 cm	Glasfläschchen. Durchsichtig, mit her-vorragendem Hals und ausbiegender	Basra

Ser.Nr.	Museums-Nr.	Photo	Maße	Ort	Objekt
01796	IM 234 (5)		56 x 3 mm	Basra	Öffnung. Islamisch.
01797	287 Wasit (4)		99 x 15 mm	Basra	Ornament aus Kupfer. Aus spiralförmigen Drähten, unregelmäßig, unvollständig. Islamisch.
01798	IM 3821		10,6 x 3,7 cm	Basra	Henkel eines Gefäßes. Kupfer. Lang, mit vier eingeritzten Linien. Islamisch.
01799	IM 1081		11,9 x 5,8 cm	Basra	Glasfläschchen. Konisch geformt mit spitzem Boden. Islamisch.
01800	IM 22458		10 x 5,5 cm	Basra	Glasfläschchen. Kugelförmig mit konkavem Boden, langem Hals und angeschlagenem Rand. Islamisch.
01801	34 Wasit (3)		65 x 55 mm	Basra	Gefäß aus Glas. Mit langem Henkel und eingedrücktem Ausguß. Ein Teil des Körpers fehlt.
01802	IM 1116		8,7 x 6,7 cm	Basra	Glasfläschchen. Zylindrische Form mit zerbrochenem Hals. Islamisch.
01803	IM 934		8,7 x 7,1 cm	Basra	Glasfläschchen. Weite Öffnung mit einem gewölbten Band, konkaver Boden. Islamisch.
01804	IM 23228		10,7 x 6,8 cm	Basra	Glasfläschchen. Hat sich erweiterndem Hals, dem Ende zu flacher und schmaler werdend, der Boden ist ausgestellt.
01805	IM 1132		10 x 6,4 cm	Basra	Glasfläschchen. Gerifelt, mit einem langen Hals, innen hohl, gestreift mit vertikalen, hervortretenden Linien. Konkaver Boden. Islamisch.
01806	IM 866		6,4 x 6,3 cm	Basra	Glasfläschchen. Kugelförmig, mit langem und breitem Hals. Dunkelbraune Farbe. Islamisch.
01807	IM 851		6,4 x 6,7 cm	Basra	Glasfläschchen. Kugelförmig, mit gewölbtem Boden und zerbrochenem Hals, gestreift mit hervortretenden Linien. Islamisch.
01808	IM 1093		8,6 x 6,7 cm	Basra	Glasfläschchen. Gestreift mit vertikalen, hervortretenden Linien vom Hals bis zum Boden, ausbiegender Rand. Innen hohl. Islamisch.
01809	IM 909		8,5 x 5,5 cm	Basra	Glasfläschchen. Konische Form, mit engem Hals und abgeflachtem Rand, der Boden ist leicht konkav. Islamisch.
01810	IM 25026		8 x 6,5 cm	Basra	Pfropf aus Glas. Fragmente sehr beschädigt, grüne Farbe. Islamisch.
01811	IM 9355		7,8 x 5,4 cm	Basra	Glasfläschchen. Gestreift mit vertikalen, hervortretenden Linien. Ausbiegender Rand und leicht konkaver Boden. Islamisch.
01812	164 Wasit (1)			Basra	Flasche aus Glas. Fragment einer glasierten Flasche, verziert mit geometrischen und Blumenmustern. Islamisch.
01813	IM 206 6		5 x 3,5 cm	Basra	Glasfläschchen. Kugelförmig, mit einem kurzen Hals und ausbiegendem Rand. Islamisch.
01814	IM 29561		3,9 x 4,9 x 4,5 x 4 cm	Basra	Krug. Glas. Klein, mit weitem Hals. Islamisch.
01815	IM 23227		12,5 x 8,5 cm	Basra	Glasflasche. Groß. Rand angeschlagen, verziert. Islamisch.
01816	IM 30314		13 x 9 cm	Basra	Glasflasche. Fragment einer großen Flasche mit langem Hals. Islamisch.
01817	IM 1084		11,5 x 7,3 cm	Basra	Glasflasche. Langer Hals, ausbiegender und unvollständiger Rand, konkav. Islamisch.
01818	IM 1083		12,6 x 6,14 cm	Basra	Glasflasche. Birnenförmig, mit langem, weitem Hals und flachem Rand. Islamisch.
01819	IM 25806		8 x 5 cm	Basra	Glasfläschchen. Vollständig, zylindrisch und konisch geformt, fast konkaver Boden. Islamisch.
01820	IM 25816		7 x 4 cm	Basra	Glasfläschchen. Vollständig, zylindrisch geformt, verzierter konkaver Boden, beschädigt. Islamisch.
01821	IM 4962		13,4 x 0,8 cm	Basra	Stab aus Glas. Spiralförmig. Islamisch.
01822	IM 4949		4,5 x 0,8 cm	Basra	Fragment aus Glas. Gestreifter Armreif, mit Kerben. Islamisch.
01823	IM 5438		7,3 x 3,4 cm	Basra	Glasfläschchen. Mit Standring, beschädigtem Rand und zylindrischem Hals. Islamisch.
01824	IM 23233		4,2 x 3,5 cm	Basra	Glasfläschchen. Kugelig, verziert mit grüner Farbe, der Hals fehlt. Islamisch.
01825	IM 32407		6,5 x 0,8 cm	Basra	Fragment aus Glas. Fragment eines Armreifs mit Verzierung. Islamisch.
01826	IM 3964		6,3 x 1,6 cm	Basra	Fragment aus Glas. Fragment eines Armreifs mit Verzierung. Islamisch.
01827	IM 32405		57 mm lang	Basra	Fragment aus Glas. Fragment eines Armreifs mit Verzierung. Islamisch.
01828	IM 32406		40 mm lang	Basra	Fragment aus Glas. Fragment eines Armreifs mit Verzierung. Islamisch.
01829	IM 3963		4 x 0,5 cm	Basra	Fragment aus Glas. Fragment eines Armreifs mit Verzierung. Islamisch.
01830	IM 32404		4,1 x 0,7 cm	Basra	Fragment aus Glas. Fragment eines Armreifs mit Verzierung. Islamisch.
01831	IM 32403		70 mm lang	Basra	Fragment aus Glas. Fragment eines Armreifs mit Verzierung. Islamisch.
01832	IM 32408		58 mm lang	Basra	Fragment aus Glas. Fragment eines Armreifs mit Verzierung. Islamisch.
01833	IM 32409		47 mm lang	Basra	Fragment aus Glas. Fragment eines Armreifs mit Verzierung. Islamisch.
01834	IM 4974		9,2 x 1,7 cm	Basra	Kopf eines Stabes aus Glas. Spiralförmig. Islamisch.
01835	IM 4976		10,5 x 0,5 cm	Basra	Stab aus Glas. Lang und dünn. Islamisch.
01836	IM 4948		3,9 x 0,8 cm	Basra	Fragment aus Glas. Gestreift und farbig.

Ser.Nr.	Museums-Nr. Photo	Maße	Ort	Objekt
01837	IM 26207	8,5 x 3,5 cm	Basra	Islamisch.
01838	IM 26206	5 x 2 cm	Basra	Glasfläschchen. Klein und gerifelt, der Boden ist zerbrochen. Islamisch.
01839	IM 5424	5,5 x 5,5 cm	Basra	Glasfläschchen. Kleines Parfümflakon, Hals zerbrochen, verziert. Islamisch.
01840	IM 4794	1,6 x 1 cm	Basra	Boden einer Schale. Glas. Konkav, verblaßtes Blau.
01841	292 Wasit (4)	18 x 9 mm	Basra	Fragment aus Kupfer. Islamisch.
01842	65 Wasit (2)	19 x 3 cm	Basra	Rechteckiges Kupferstück. Islamisch.
01843	IM 4858	Kopf 6,3; lang: 7,3 cm	Basra	Nagel. Kupfer. Kopf eines Nagels. Islamisch.
01844	IM 4802	Kopf 1,9; lang: 4,5 cm	Basra	Nagel. Nagelende mit breitem Kopf. Islamisch.
01845	17 Samarra (5)	Kopf 1 cm; lang: 4 cm	Basra	Nagel. Kupfer. Islamisch.
01846	IM 75066	8,7 x 5 x 8,7 cm	Basra	Statuette. Terrakotta. Statuette eines Vogels, aufgesteckt auf einen quadratischen Boden.
01847	IM 75074	14,7 x 8,2 cm	Basra	Statuette. Terrakotta. Sitzende Frau, mit kurzem Kleid, trägt ein krugähnliches Objekt über der Schulter und hält einen Stock in der rechten Hand. Frisiert.
01848	IM 75456	13,8 x 7,3 cm	Basra	Statuette. Terrakotta. Sitzender, nackter Mann, hält ein Kind auf dem linken Arm.
01849	IM 75152	9,8 x 5,7 cm	Basra	Lampe. Glasierte Keramik. Öllampe mit einem kleinen Henkel.
01850	IM 7661	13 x 3,7 cm	Basra	Lampe. Glasierte Keramik. Öllampe mit einem Henkel und einem Ausguß, glasiert mit grüner Farbe.
01851	IM 75076	13 x 6,4 cm	Basra	Kopf einer Statuette. Terrakotta. Dargestellt ist ein bärtiger Mann mit dickem Haar, weiten Augen, breitem Mund und Schnurrbart.
01852	IM 65276	1,1 x 8,9 x 8,9 cm	Basra	Schmucktafel. Elfenbein. Der obere Teil sieht wie ein ägyptisches Auge aus. Mit drei Löchern (ND-10322).
01853	IM 65293	7,4 x 8 x 9,3 cm	Basra	Schmucktafel. Elfenbein. Dreieckige Form, dargestellt ist eine nackte Frau, die auf einer sie zu beiden Seiten umgebenden Lotusblume steht (ND-10357).
01854	IM 72647	11 x 5,5 cm	Basra	Statuette. Keramik. Dargestellt ist ein Widder mit vielen Löchern auf seinem Körper. Eines der Vorderbeine und ein Teil des Schwanzes fehlen.
01855	IM 65899	6,7 x 8,8 cm	Basra	Schmucktafel. Elfenbein. Längliche Form, dargestellt ist ein sitzender Mann. Zerbrochen, restauriert.
01856	IM 65891	5,4 x 9,1 cm	Basra	Schmucktafel. Elfenbein. Längliche Form, verziert mit einem geflügelten Tier, das zwischen Zweigen umhergeht. Mit langen Flügeln.
01857	IM 65933	8 x 12,4 cm	Basra	Teile. Elfenbein. Einen großen Fuß eines Tieres (Löwe) darstellend, zerbrochen und restauriert.
01858	IM 70267	9,2 x 10 cm	Basra	Tafel. Ton. Längliche Form, der obere Teil fehlt. Mit archaischen Inschriften geprägt, ein Verzeichnis sumerischer Städte (Abs-188).
01859	IM 5288		Basra	Tafel. Ton. Ein Ehevertrag mit vier Zeugen und einem Schreiber. Assyrisch (Nuzi).
01860	IM 65955	8,7 x 6 cm	Basra	Schmucktafel. Elfenbein. Dargestellt ist ein saugendes Kalb. Ein Teil fehlt. Mit etwas blauer Farbe darauf.
01861	IM 74228	1,9 x 9,8 x 21,1 cm	Basra	Schale. Basalt. Runde Form. Mit dickem Rand und Standring.
01862	ND-11451/(12)	6 cm	Basra	Armreif. Kupfer. Klein und unvollständig.
01863	ND-2170/(4)	8,7 cm	Basra	Speerspitze. Eisen. Vollständig.
01864	ND-3369/(5)	8,9 cm	Basra	Armreif. Kupfer. Mit einem Schlangenkopf, unvollständig.
01865	ND-6055/(8)	5,5 cm	Basra	
01866	IM 65956	5,4 x 15 cm	Basra	Teil. Elfenbein. Längliche Form, dargestellt ist der assyrische Baum.
01867	IM 74811	18,8 x 5 cm	Basra	Schmucktafel. Elfenbein. Dargestellt ist ein geflügeltes Tier mit einem menschlichen Kopf und eingeschnitztem Bart. Der obere Teil des Kopfes und die Beine fehlen.
01868	IM 65884	9,6 x 10,9 cm	Basra	Objekt. Elfenbein. Längliche Form, verziert mit einem geflügeltem Tier, das in einem Garten steht und eine ägyptische Kopfbedeckung trägt.
01869	IM 75086	11,4 x 7,3 cm	Basra	Kopf einer Statuette. Terrakotta. Dargestellt ist ein kahler, bärtiger Mann mit weiten Augen, sehr kleinem Mund und Schnurrbart. Hohl.
01870	IM 75404	10,5 x 9,3 cm	Basra	Maske. Keramik. Figur mit weit geöffnetem Mund, Teile des Mundes und der Nase fehlen.
01871	IM 75474	17,2 x 6,6 cm	Basra	Statuette. Terrakotta. Eine nackte Frau, der Kopf und die Arme fehlen.
01872	IM 75103	12,1 x 12,7 cm	Basra	Lampe. Keramik. Öllampe mit 7 Ausgüssen. Braune Farbe, in der Mitte befindet sich ein Teil einer männlichen Figur.
01873	IM 76708	14 cm	Basra	Statuette. Hohle, rötlich gebrannte Tonstatuette einer Frau, ihre Hände auf ihrer Brust ruhend. Sie hält eine Säule in ihrer rechten Hand und trägt eine Krone auf ihrem Kopf, die Beine fehlen.
01874	IM 76694	9 cm	Basra	Kopf einer Statue. Marmor. Kopf einer Frau, die Augen sind eingraviert. Kurzes

Ser.Nr.	Museums-Nr. Photo	Maße	Ort	Objekt
01875	IM 74684	6,8 x 19,6 cm	Basra	Haar und eingeritzter Hals.
01876	IM 65313	13 x 7,2 cm	Basra	Schmuckkatel. Elfenbein. Dargestellt ist der vordere Teil eines Wagens mit einem Tierkörper und Frauenkopf, zerbrochen und restauriert.
01877	IM 72090	15,1 x 8,8 x 0,8 cm	Basra	Schmuckkatel. Elfenbein. Dargestellt ist ein geflügelter Löwe mit einem menschlichen Kopf, eine Halskette tragend.
01878	IM 45577	37 x 28 x 21 mm	Basra	Schmuckkatel. Elfenbein. Dargestellt ist ein stehender Mann, der ein langes, verziertes Gewand trägt, mit einer Glocke. Teil der Tafel fehlt.
01879	IM 2798		Basra	Stempelsiegel. Marmor. In Form eines Löwenkopfes. Archaisch.
01880	IM 2799		Basra	Amulettsiegel. Weißer Marmor. Liegender Löwe. Archaisch. Amulettsiegel. Grauer Marmor. Liegendes Schaf.
01881	IM 49964	92 x 27 mm	Basra	Diadem. Sehr dünnes Goldblech, oval.
01882	IM 74636		Basra	Perlen. Verschiedene Formen und Farben. Fritte, Glas, Muschel, eine aus Karneol.
01883	IM 3732		Basra	Perlenkette. Gold. Lapislazuli.
01884	IM 24631		Basra	Perlen. Karneol-, Türkis-, Fritte-, Lapislazuli- und Goldperlen.
01885	IM 19641	6,5 x 2,2 cm	Basra	Ausguß. Hergestellt aus Goldblech, konisch geformt.
01886	IM 19638	7,5 x 4,5 cm	Basra	Teil aus Gold.
01887	IM 76707	7 x 7,5 cm	Basra	Statuette. Gebrannte Tonstatuette eines Pferdes und Kriegers, die einen Helm trägt.
01888	IM 76720	5 cm	Basra	Teil einer Statuette. Grünlich gebrannter Ton, eine Frau, die eine Krone trägt, ein Teil ist zerbrochen. Zwei Löcher in der Schulter.
01889	IM 75083	14 x 14,3 cm	Basra	Lampe. Keramik. Öllampe in Form eines bärtigen Mannes, mit 5 Ausgüssen und rundem Boden.
01890	IM 76434	10,5 x 11,7 cm	Basra	Wasserfläschchen. Glasierte Keramik. Mit zwei kleinen Henkeln und kurzem Hals, zerbrochen und restauriert.
01891	IM 75033	9,5 x 8,5 cm	Basra	Wasserfläschchen. Keramik. Zweimal durchbohrt mit Ösen und einem verzierten Körper, der Hals fehlt.
01892	IM 73948	9,7 x 5,2 x 2,8 x 3 cm	Basra	Lampe. Keramik. Kleine Öllampe mit runder Öffnung, ein Teil ist mit einem eingeritzten Palmenwedel verziert. Flacher Boden.
01893	IM 76430		Basra	Krug. Keramik. Mit einem Henkel, abgeschrägtem Rand und kleinem, flachem Boden, zerbrochen und restauriert.
01894	IM 71369	13 x 4,8 x 4,8 cm	Basra	Halskette. Lange Halskette aus Glasperlen. Verschiedene Farben und Formen.
01895			Basra	Kleine Halskette aus verschiedenen Karneolperlen, runde Form.
01896	IM 75093	9,5 x 3 cm	Basra	Schale. Keramik. Klein, tief, gelb. Mit abgeschrägtem Rand und gewölbtem, konkavem Boden.
01897	IM 76395	12 x 4,5 cm	Basra	Gefäß. Tiefes, grünliches Keramikgefäß mit wulstigem Boden.
01898	IM 76390	8 x 18 cm	Basra	Gefäß. Blau glasiertes Keramikgefäß mit runder Öffnung und rundem, wulstigem Boden. Leicht beschädigt.
01899	IM 75088	19,7 x 5,7 cm	Basra	Flasche. Glas. Konisch, mit langem Hals und konkavem Boden.
01900	IM 75111	15,3 x 5,2 cm	Basra	Krug. Roter Keramikkrug mit langem Hals und rundem, abgeschrägtem Rand, zerbrochen und restauriert.
01901	IM 63919	28,4 x 9,3 cm	Basra	Waage. Kupfer. Unvollständig.
01902	IM 49042	8,7 x 7 cm	Basra	Stuhl. Terrakotta. Runde Form mit drei Beinen und Sonne als Verzierung (Al-Dair).
01903	IM 48985	28,6 x 8,5 cm	Basra	Schale. Leicht bräunliche Ware. Zylindrisch geformt. Mit konkavem Boden, ausbiegendem Rand und kurzem Hals (Al-Dair).
01904	N3-276		Basra	Oberer Teil einer Tafel. Terrakotta. Auf dem oberen Teil sind zwei Figuren dargestellt, eine männliche und eine weibliche.
01905	IM 27755	35,7 x 9,5 x 7,0 cm	Basra	Oberer Teil einer Tafel. Terrakotta. Frau mit sehr hoch frisiertem Haar, die Hände die Brüste stützend, eine kunstvolle Halskette mit Anhänger tragend, grob modelliert (Agrab-35.70).
01906	IM 41887	9,0 x 8,5 cm	Basra	Oberer Teil einer Statuette. Terrakotta. Bärtiger Mann mit Kopfbedeckung. Unvollständig.
01907	IM 49049	4,9 x 4,0 cm	Basra	Oberer Teil einer Statuette. Terrakotta. Stark stilisiert (Al-Dair).
01908	TA3 2720		Basra	Objekt. Vulkanischer Stein. Dunkelgrau. Eine Seite glatt, flach und rund in der Form, die andere rauh und in der Mitte konkav.
01909	IM 76093	6,2 x 13 cm	Basra	Objekt. Vulkanischer Stein. Dunkel und grau, runde Form. Der obere Teil ist glatt, der untere mit Gips umhüllt (Taya-2807).
01910	IM 5052		Basra	Krug. Keramik. Zerbrochen und restauriert (Babylon-34680).
01911	T-485		Basra	Tasse. Keramik. Zylindrische Form, ein Teil fehlt.
01912	H-509	13,5 x 9,6 cm	Basra	Krug. Keramik. Birnenförmig, mit

Ser.Nr.	Museums-Nr.	Photo	Maße	Ort	Objekt
01913	HL-558		17,5 x 11,2 cm	Basra	breitem Boden, zerbrochen und restauriert.
01914	IM 6796		13,5 cm	Basra	Krug. Keramik. Zylindrische Form, vollständig (Harmal).
01915	IM 6758		15 cm	Basra	Tasse. Keramik. Konische Form, mit kleinem Boden (T-157).
01916	IM 6638		7 cm	Basra	Tasse. Keramik. Zylindrische Form, mit kleinem Boden und breitem Rand, zerbrochen und restauriert (T-355).
01917	IM 49861		10,3 x 6,6 cm	Basra	Tasse. Keramik. Leicht konkave Seiten, unvollständig (T-277).
					Terrakotta-Gußform. Zum Herstellen von Statuetten. Reliefs von Gott und Göttin Seite an Seite, jeder trägt ein stark mit Volants besetztes Gewand, das bis zu den Füßen reicht (Ur-18031).
01918	IM 9807		11,5 x 6,5 cm	Basra	Statuette. Gebrannter Ton. Nackte, sitzende Frau (T-3093).
01919	IM 19211		30 x 14 cm	Basra	Krug. Keramik. Großer Krug einer Bestattungsgruppe, zerbrochen und restauriert. Unvollständig (Warka-15053).
01920	IM 39104		5 x 5,5 x 7,7 cm	Basra	Gefäß. Tief, runde Öffnung, Boden rund geformt.
01921	IM 33485		350 x 355 mm	Basra	Topf. Keramik. Gebrannte, hellgrüne Ware. Groß, schwarz bemalt, Spuren von Bitumen auf dem Boden. Unvollständig, aber gut restauriert.
01922	IM 75238		9,3 x 11 x 7,2 cm	Basra	Kleines Keramikgefäß. Rundliche Form, mit geometrischen, dunkel-braunen Mustern.
01923	IM 69341		4,8 cm	Basra	Wurfstein.
01924	IM 69366		5,4 cm	Basra	Wurfstein.
01925	IM 90408		7,4 x 12 x 3,3 cm	Basra	Gefäß. Marmor. Ovale Form. Hat ein Loch unter seinem Rand, Boden gerundet.
01926	IM 69410		2,2 x 7,1 x 4,3 cm	Basra	Kleines Marmorgefäß. Tief, runde Öffnung, Boden rund und flach.
01927	IM 69416		5,5 x 8 x 4,5 cm	Basra	Kleines Marmorgefäß. Tief, runde Öffnung, hat ein Loch unter seinem Rand, Boden gerundet.
01928	IM 69420		4 x 7,8 x 5,2 cm	Basra	Kleines Marmorgefäß. Tief, hat ein Loch unter seinem Rand.
01929	IM 52523		225 x 115 mm	Basra	Schale. Bemalte Keramik. Halbkugelförmig, mit grau gemalten Mustern, restauriert.
01930	IM 54846		271 x 80 mm	Basra	Flache Schale. Bemalte Keramik. Halbovalförmig, schokoladenfarbig bemalt mit geometrischen Mustern, zerbrochen und restauriert. Obeid.
01931	IM 54844		245 x 72 mm	Basra	Flache Schale. Bemalte Keramik. Leicht vertiefte Form, schwarz bemalt mit vielen Linien, zerbrochen und restauriert. Obeid.
01932	IM 75647		16 x 6,5 cm	Basra	Statuette. Alabaster. Stehende Frau, Muttergottheit darstellend, mit Kopfbedeckung, ihre linke Hand auf der linken Brust.
01933	IM 75510		11,4 x 3,7 cm	Basra	Statuette. Alabaster. Klein, Muttergottheit darstellend, mit eingeritzter konischer Kopfbedeckung.
01934	IM 76504		H: 18,5 cm	Basra	Statuette. Alabaster. Große, stehende Frau, Muttergottheit darstellend.
01935	IM 72046		12,4 x 1 x 1,2 cm	Basra	Schmucktafel. Elfenbein. Dargestellt sind zwei Lotusfriese und zwei Kühe.
01936	IM 74822		7,3 x 9,3 cm	Basra	Schmucktafel. Elfenbein. Dargestellt ist ein grasfressendes Tier.
01937	IM 65984			Basra	Perlenkette. Perlen verschiedener Form und Größe.
01938	IM 31991			Basra	Halskette. Fritte, schwarz und weiß, quadratische Form.
01939	367 Wasit (3)		68 x 60 mm	Basra	Ausguß. Keramik. Ausguß eines Wasserkruges, den Kopf eines Tieres darstellend. Islamisch.
01940	76 Wasit (3)		70 x 50 mm	Basra	Ausguß. Keramik. Den Kopf eines Tieres darstellend. Islamisch.
01941	IM A-7636		16 cm	Basra	Lampe. Kupfer. Mit drei Ausgüssen und einem Henkel. Islamisch.
01942	IM A-8183		210 x 30 mm	Basra	Lampe. Kupfer. Mit 5 Ausgüssen und einem Henkel. Runde Form, mit rundem Boden. Islamisch.
01943	418 Wasit (3)		132 x 20 u.70 x 23 mm	Basra	Fragmente eines Röhrchens. Kupfer. Ausgehöhlt, wahrscheinlich Teile eines Armreifs. Islamisch.
01944	23/1 Wasit (3)		33 mm	Basra	Scheibe aus Kupfer. Gewölbte Scheibe mit Bögen, wahrscheinlich Teile eines Henkels. Islamisch.
01945	IM 4598/2		6,1 x 4 cm	Basra	Türklopfer. Kupfer. Islamisch.
01946	IM 4859		Kopf: 4,1 cm; lang: 4,5 cm	Basra	Nagel. Kupferkopf eines Nagels. Islamisch.
01947	IM 33405		100 x 90 mm	Basra	Lampe. Grauer Stein. Quadratische Form, mit Rohrausguß. Rand an zwei Seiten angeschlagen. Islamisch.
01948	IM 4997		14,6 x 13,5 cm	Basra	Krug. Glasierte Keramik. Mit weitem Hals, bemalt mit brauner Farbe. Zerbrochen und restauriert. Islamisch.
01949	86 Wasit (3)		103 x 26 mm	Basra	Ausguß einer Kanne. Kupfer. Mit angeschlagenem, verrostetem Rand. Islamisch.
01950	IM 37498		13,3 x 13,1 cm	Basra	Krug. Keramik. Klein, Rand angeschlagen, Henkel zerbrochen. Wulstiger und konkaver Boden, ausgebleichtes Gelb. Islamisch.
01951	143/Samarra (5)			Basra	Gerät aus Kupfer. Durchbohrt, mit zwei Linien an der Keramik der Basis.

Ser.Nr.	Museums-Nr.	Photo	Maße	Objekt	Ort
01952	IM 2475		5,5 × 1 cm	Islamisch. Gerät aus Kupfer. Durchbohrtes und spitzes Gerät. Trägt Inschrift. Islamisch.	Basra
01953	IM 74980			Perlenkette. Perlen in verschiedenen Formen. Karneol.	Basra
01954	IM 32005			Perlenkette. Karneol und Fritte.	Basra
01955	IM 19385			Perlenkette. Strang ringförmiger Perlen, Steinkristall.	Basra
01956	IM 16891		11 × 14 cm	Schale. Steatit. Grau, konisch geformt, vollständig.	Basra
01957	IM 486		5 cm	Schale. Grauer Stein.	Basra
01958	IM 16773		11,5 × 9,2 cm	Becher. Grüner Steatit. Rand angeschlagen.	Basra
01959	IM 15700		25 × 12 cm	Schale. Kupfer. Restauriert.	Basra
01960	IM 15678			Lampe. Kupfer. Mit Ausguß.	Basra
01961	IM 76631		8,2 × 11,2 × 8,9 cm	Teil eines Kruges. Kupfer.	Basra
01962	IM 3651			Kopf einer Axt. Kupfer. Sumerisch.	Basra
01963	IM 3482			Kopf einer Axt. Kupfer. Sumerisch.	Basra
01964	IM 14644		13 × 4 × 2 cm	Kopf einer Axt. Kupfer. Restauriert (sumerisch).	Basra
01965	IM 2410/93			Kegel. Gebrannter Ton. Beschriftet mit auf Gebäude bezogenen Texten.	Basra
01966	IM 2410/812			Kegel. Gebrannter Ton. Beschriftet mit auf Gebäude bezogenen Texten.	Basra
01967	IM 2410/114			Kegel. Gebrannter Ton. Beschriftet mit auf Gebäude bezogenen Texten.	Basra
01968	IM 25529		7,5 × 6,5 cm	Keulenkopf. Grauer Kalkstein.	Basra
01969	IM 19039		7 × 6 cm	Keulenkopf. Kalkstein.	Basra
01970	IM 20526		7 × 4,7 cm	Keulenkopf. Kalkstein. Verziert mit Zopfmuster.	Basra
01971	IM 76530			Zwei Ohrringe. Gold. Spiralförmig.	Basra
01972	IM 3472		1,3 cm	Ohrring. Gold. Klein.	Basra
01973	IM 26761		8 × 2,5 cm	Dünnes Goldblech, vollständig.	Basra
01974	IM 70291		3,9 × 2,7 × 23,5 mm	Tafelfragment. Ton. Beschriftet mit fünf Kolumnen.	Basra
01975	IM 66186			Doppelstatue aus weißem Stein. Zwei kauernde Stiere darstellend.	Basra
01976	IM 77313		5,4 × 4,3 cm	Kopf einer Statue. Weißer Stein. Die Augen sind mit Muscheln eingelegt.	Basra
01977	IM 15692		10 × 5,5 cm	Schale. Kupfer. Ausgebessert.	Basra
01978	IM 68158		30,7 × 13,7 × 14 cm	Großer Keramikkrug. Mit Standring, eingeritzt.	Basra
01979	IM 68208		6,1 × 14 × 4,6 cm	Obstschale. Keramik. Unvollständig, ausgebessert.	Basra
01980	IM 56001/B			Zwei Perlenketten. Stein und Silber.	Basra
01981	IM 7421			Perlen. Lapislazuli.	Basra
01982	IM 27376			Perlenkette. Mit Granitanhängern und schwarzen Granit- und Lapislazuliperlen.	Basra
01983	65-Hatra (2)		9,5 × 1,5 cm	Ein langer Teil eines Knochens. Der obere Teil ist in Form eines menschlichen Gesichtes graviert, der untere Teil mit Einschnitten verziert.	Basra
01984	IM 2475		5,5 × 1 cm	Armreif. Zwei Teile eines Armreifs, wahrscheinlich aus Silber.	Basra
01985	504/Hatra (14)		2,3 cm	Ring. Kupfer.	Basra
01986	41/Hatra (5)		4,7 × 3 × 5,6 cm	Glasfläschchen. Klein, mit langem Hals und verziertem Körper.	Basra
01987	IM 71503		5,8 × 3,3 × 7,2 cm	Fläschchen. Rund geformt, mit weiter Öffnung, restauriert.	Basra
01988	IM 71521		105 × 60 mm	Glaskrug. Verziert mit Bändern aus Reliefglas in Spiralform.	Basra
01989	IM 42052		95 × 76 mm	Kännchen. Glasierte Keramik. Ein Henkel.	Basra
01990	IM 33875		74 × 67 mm	Krug. Glasierte Keramik. Weite Öffnung.	Basra
01991	IM 40433		8,5 × 7 cm	Krug. Grün glasierte Keramik. Rand angeschlagen.	Basra
01992	IM 75052			Teil. Gips. Mit bemaltem Blumenmuster.	Basra
01993	IM 74078		15 × 9,5 × 7 cm	Fragment einer Statue. Weißer Alabaster. Dargestellt ist die obere Hälfte eines jungen Menschen, der Kopf ist zerbrochen und restauriert.	Basra
01994	IM 59940		19 × 7 cm	Schale. Keramik. Innen und außen glasiert, mit gelber Bemalung.	Basra
01995	IM 76423		18 cm	Schale. Keramik. Mit aramäischem Beschwörungstext.	Basra
01996	IM 23786		1,9 × 8 cm	Gefäß. Glasierte Keramik. Klein, restauriert.	Basra
01997	IM 72716		6,4 × 8,4 cm	Krug. Glasierte Keramik. Klein, rund.	Basra
01998	IM 75104		19,7 × 5 × 5,7 cm	Flasche. Konische Glasflasche mit langem Hals und konkavem Boden.	Basra
01999	IM 75088		5,2 × 15,3 cm	Krug. Roter Keramikkrug mit langem Hals, zerbrochen und restauriert.	Basra
02000	IM 75111		28,4 × 9,3 cm	Waage. Kupfer. Einige Teile fehlen.	Basra
02001	IM 73919		9 × 6,7 cm	Grünes Glasfläschchen.	Basra
02002	IM A-11283		13,5 × 6,5 cm	Flasche. Schwarze, zylindrische Glasflasche, unvollständig.	Basra
02003	IM 75009		105 × 165 mm	Einhenkliger Glaskrug. Unvollständig, restauriert.	Basra
02004	IM 40557		4 × 15 cm	Schale. Keramik. Mit welliger und gefalteter Verzierung auf der Oberfläche. Islamisch.	Basra
02005	IM 4910		5,5 × 8,5 cm	Schale. Keramik. Vollständig, leicht ausgebogen. Islamisch.	Basra
02006	IM 5924		14 × 12,2 cm	Krug. Glasierte Keramik. Klein, kugelförmig, eingeritzt und verziert. Unvollständig. Islamisch.	Basra
02007	IM 3911		12 × 6,1 × 5 cm	Lampe aus grauem Stein. Dreieckige Form, leicht konvex, mit außen eingeritzter Verzierung. Mit zerbrochenem Henkel. Islamisch.	Basra
02008	IM 1146		60 × 26 mm	Lampe. Kupfer. Kelchförmig, angeschlagen, mit einem kleinen Brenner, mit zwei seitlichen Ausbuchtungen und	Basra
	57 Wasit (4)				

Ser.Nr.	Museums-Nr.	Photo	Maße	Objekt	Ort
02009	IM 17860		11 x 6 cm	flachem Rand. Islamisch. Lampe aus grauem Stein. Lampe für einen Docht. Islamisch.	Basra
02010	121 Samarra	(5)		Lampe. Glasierte Keramik. Blaue Farbe. Islamisch.	Basra
02011	210 Wasit	(3)	75 x 26 mm	Lampe. Glasierte Keramik. Kelchförmig, Griff ist zerbrochen, flacher Boden. Islamisch.	Basra
02012	111 Wasit	(5)	120 x 72 x 20 mm	Lampe. Kupfer. Kelchförmig, mit zwei Brennern. Henkel und gewölbtem Boden. Islamisch.	Basra
02013	IM 4592		2 x 1,7 cm	Kupferner Nagelkopf. Verziert, in Form eines Zylinders. Islamisch.	Basra
02014	IM 28316		12 x 6,5 cm	Lampe. Keramik. Mit Ausguß, neu-babylonischer Typ, angeschlagen.	Basra
02015	121 Samarra	(5)		Lampe. Keramik. Glasiert und farbig. Islamisch.	Basra
02016	427 Wasit	(3)	17 x 17 x 12 mm	Teil aus Kupfer. Kubische Form. Islamisch.	Basra
02017	453 Wasit	(3)	40 x 26 mm	Zylinder. Kupfer. Zylindrisches Teilstück. Islamisch.	Basra
02018	IM 4592		2 x 1,7 cm	Nagelkopf. Kupfer. Verziert, in Form eines Zylinders. Islamisch.	Basra
02019	33 Wasit	(5)	132 x 5 mm	Lidstift. Kupfer. Islamisch.	Basra
02020	IM 4602		9,4 x 1,2 cm	Lidstift. Kupfer. Islamisch.	Basra
02021	32 Wasit		132 x 12 mm	Nadel. Kupfer. Ein Ende spitz, das andere breit. Islamisch.	Basra
02022	154 Wasit	(5)	96 x 7 mm	Lidstift. Kupfer. Leicht gebogen. Islamisch.	Basra
02023	IM 4593		6,1 x 4 cm	Teil. Kupfer. Mit zwei gekrümmten Enden. Islamisch.	Basra
02024	473 Wasit	(3)	55 x 4 mm	Armreif. Kupfer. Spiralförmig. Islamisch.	Basra
02025	IM 4986		25 x 13 cm	Krug. Keramik. Mit langem Körper und einem Henkel. Islamisch.	Basra
02026	IM 3914		20,3 x 11,8 cm	Krug. Keramik. Ovaliförmig, mit langem Körper und dreieckigem Boden. Islamisch.	Basra
02027	60 Wasit	(3)	7,5 x 6,4 mm	Statuette. Keramik. Kopf einer weiblichen Figur. Islamisch.	Basra
02028	IM 4584		28 mm	Fingerring. Kupfer. Islamisch.	Basra
02029	93 Wasit	(3)	26 mm	Fingerring. Kupfer. Islamisch.	Basra
02030	138 Wasit	(3)	29 mm	Fingerring. Kupfer. Mit dreieckiger Fassung. Islamisch.	Basra
02031	26 Wasit	(4)	32 x 16 cm	Teil aus Kupfer. Runde Form, mit einem Motiv. Islamisch.	Basra
02032	IM 4763		4,7 x 2,2 cm	Teil aus Kupfer. Klein, mit einem Griff im oberen Bereich. Islamisch.	Basra
02033	IM 4762		3,3 x 3,3 cm	Teil aus Kupfer. Rund. Islamisch.	Basra
02034	291 Samarra	(5)		Teil aus Kupfer. Unförmig. Islamisch.	Basra
02035	246 Wasit	(3)	104 x 70 mm	Fragment. Kupfer. Islamisch.	Basra
02036	IM 4605			Schaber. Eisen. Islamisch.	Basra
02037	IM 4604		17,2 x 6 cm	Zwei Nadeln. Kupfer. Islamisch.	Basra

Ser.Nr.	Museums-Nr.	Photo	Maße	Ort	Objekt
02038	416 Wasit	(3)	27 x 16 mm	Basra	Kupferschlange. Gerollt, mit zwei Enden in Form zweier Schlangen. Islamisch.
02039	292 Samarra	(5)	L: 23 cm	Basra	Kette. Kupfer. Kettenglieder sind durch Draht verbunden. Islamisch.
02040	153 Wasit	(5)		Basra	Kette. Kupfer. Besteht aus 5 Ringen.
02041	75 Wasit	(5)	24 mm	Basra	Münze. Kupfer. Dem Kalifen Al Mustansir gewidmet, Billah-Prägung im Jahr 601 AH (1223 u.Z.).
02042	290 Wasit	(5)		Basra	Teile aus Kupfer. Zwei, verziert. Islamisch.
02043	22 Wasit	(5)	44 x 32 x 16,5 mm	Basra	Teile aus Kupfer. Bilden Teil einer Tür. Islamisch.
02044	98 Wasit	(1)	41 x 28 mm	Basra	Teile aus Kupfer. Rechteckige Form, gezackt. Islamisch.
02045	98 Wasit	(2)	41 x 28 mm	Basra	Teile aus Kupfer. Rechteckige Form, gezackt. Islamisch.
02046	289Samarra	(5)		Basra	Teil aus Kupfer. Kleines Teilstück einer Tür. Islamisch.
02047	289 Wasit	(3)		Basra	Teil aus Kupfer. Kleines Teilstück einer Tür. Islamisch.
02048	106 Samarra	(5)	60 mm	Basra	Haken. Kupfer. Mit spitz zulaufendem Ring. Islamisch.
02049	IM 4770		29 mm	Basra	Fingerring. Kupfer. Islamisch.
02050	433 Wasit	(3)	21 x 26 mm	Basra	Fingerring. Kupfer. Mit zwei Ausbuchtungen. Islamisch.
02051			21 mm	Basra	Fingerring. Kupfer. Islamisch.
02052	IM 4852		1,8 x 3,3 cm	Basra	Ohrring. Kupfer. Islamisch.
02053	281 Wasit	(2)	23 x 20 mm	Basra	Ring. Kupfer. Teil eines Fingerrings mit Fassung für den Stein. Islamisch.
02054	68 Wasit	(2)	20 x 15; 18 x 14 cm	Basra	Teil aus Kupfer. Zylindrische Form, mit zwei Enden.
02055	296 Samarra	(5)		Basra	Ring. Kupfer. Islamisch.
02056	147 Wasit	(5)	23,5 x 19,5 mm	Basra	Ring. Kupfer.
02057	IM 4853		4,1 x 1,7 cm	Basra	Kopf einer Nadel. Kupfer. Gekrümmt. Islamisch.
02058	IM 4856		2 x 1,9 cm	Basra	Manschettenknopf. Kupfer. Islamisch.
02059	260 Samarra	(5)	8,5 x 5 cm	Basra	Krug. Kupfer. Klein, oberer Teil fehlt, grüne Farbe. Islamisch.
02060	211 Wasit	(5)	83 x 19 mm	Basra	Pfeil. Kupferpfeil mit kurzem Schaft und spitzem Ende. Islamisch.
02061	2 Wasit	(3)	4,5 x 2,3 cm	Basra	Henkel. Kupfer. Islamisch.
02062	485 Wasit	(3)	34 x 21 mm	Basra	Vogel. Kupfernes Teilstück in Form eines Vogels. Sein Rücken ist eingeritzt. Islamisch.
02063	81 Wasit	(5)	34 x 39,5 mm	Basra	Vogel. Kupfer. In Form eines fliegenden Vogels, ein Teil fehlt. Islamisch.
02064	292 Samarra	(5)		Basra	Kleines Kupferteil. Islamisch.
02065	465 Wasit	(4)		Basra	Draht. Kupfer. Lang und dünn. Islamisch.
02066	143 Samarra	(5)	176 x 3,25 cm	Basra	Draht. Kupfer. Lang und dünn. Islamisch.
02067	IM 4604			Basra	Nagel. Kupfer. Islamisch.

Ser.Nr.	Museums-Nr.	Photo	Maße	Objekt	Ort
02068	IM 4764		8,4 x 0,9 cm	Lidstift. Kupfernadel. Islamisch.	Basra
02069	267 Wasit (5)		14,5 x 1 cm	Lidstift. Kupfer. Zylindrisch und verziert. Islamisch.	Basra
02070	IM 14821		35 x 24 x 7 cm	Schale. Keramik. Bootförmig, mit zwei eingedrückten Henkeln.	Basra
02071	IM 14743		14 x 7,5 cm	Schale. Bemalte Keramik. Kleine Teile fehlen, restauriert.	Basra
02072	IM 14757		14 x 9 cm	Schale. Bemalte Keramik. Vollständig, runder Boden.	Basra
02073	IM 14844		6,5 x 5 cm	Vase. Keramik. Klein.	Basra
02074	IM 14850		6 x 5,5 cm	Gefäß. Klein, einfache Ware und Form.	Basra
02075	IM 45154			Acht Geräte (Schleifsteien). Stein.	Basra
02076	IM 36591		11 x 50 mm	Spinnwirtel. Keramik. Durchbohrt.	Basra
02077	IM 36600		15 x 50 mm	Spinnwirtel. Keramik. Durchbohrt.	Basra
02078	IM 36574		15 x 47 mm	Spinnwirtel. Blaßgrüner Stein. Flach und durchbohrt.	Basra
02079	IM 36594		16 x 42 mm	Spinnwirtel. Keramik. Flach und durchbohrt.	Basra
02080	IM 36595		14 x 40 mm	Spinnwirtel. Keramik. Flach und durchbohrt.	Basra
02081	IM 36596		12 x 40 mm	Spinnwirtel. Keramik. Durchbohrt.	Basra
02082	IM 71704			Halskette. Lang, mit kleiner, grünlicher, zylindrischer Keramikgrundlage.	Basra
02083	IM 75667		7,2 x 6,8 cm	Gefäß. Alabaster. Klein, an einer Seite durchbohrt.	Basra
02084	IM 76515		7,5 x 4 cm	Krug. Marmor. Zylindrische Form, zweifach durchbohrt mit Ösen, verziert mit vier Linien.	Basra
02085	IM 44126		2,5 x 2,4 x 1 cm	Tafel. Ton. Quadratische Form, 7 Zeilen einer Inschrift auf der Vorder- und der Hälfte der Rückseite.	Basra
02086	IM 63757		10,2 x 20 cm	Krug. Keramik. Groß, runde Form, mit langem Hals (Babylon-114).	Basra
02087	IM 74506		14,5 x 9 x 9 cm	Krug. Keramik. Runde Form, mit rundem Boden und drei Henkeln. Auf Hals und Schultern sind einige geometrische Verzierungen eingeritzt. Babylon.	Basra
02088	IM 76518		6,3 x 3,7 x 5,5 cm	Statue. Kleiner Alabasterhase.	Basra
02089	IM 75670		1,3 x 7,3 x 5,5 cm	Gefäß. Alabaster. Rechteckig. Rand ist durchbohrt. Vollständig.	Basra
02090	IM 76516		7,5 x 3,8 cm	Krug. Tiefer Alabasterkrug.	Basra
02091	IM 76513		H: 8,5 cm	Statuette. Alabaster. Sitzende Frau, Muttergottheit darstellend.	Basra
02092	IM 75637		11,4 x 4,5 cm	Statuette. Alabaster. Stehende Frau, der Kopf ist mit Teer umhüllt, die Augen sind mit Muscheln eingelegt.	Basra
02093	IM 76505		H: 13,7 cm	Statuette. Alabaster. Stehende Frau, Muttergottheit darstellend.	Basra
02094	IM 51527		155 x 75 mm	Zylinder. Gebrannter Ton. Mit Inschriften, durchbohrt, beschriftet mit 8 Kolumnen, die Musik betreffend, leicht beschädigt (HL2-135).	Basra
02095	IM 10094		85 mm	Tafel. Gebrannter Ton. Rund geformt, zerbrochen.	Basra
02096	IM 58711		8,2 x 6,7 cm	Tafel. Gebrannter Ton. Kleinere Teile zerbrochen, (30). Inschriftenzeilen, die einen auf Gebäude bezogenen Text für den Gott Enki enthalten (Nippur-79).	Basra
02097	IM 57584		4,8 x 4,1 x 1,8 cm	Tafel. Ton. Längliche Form, enthält einen Brief.	Basra
02098	IM 67187		2,5 x 4,4 x 6,1 cm	Tafel. Ton. Längliche Form, enthält (23) Keilschrift-Reihen, die Schriftzeichen sind vollständig.	Basra
02099	IM 10852		7,5 x 5,5 cm	Tafel. Gebrannter Ton. Ökonomischer Text in Keilschrift, ein Teil der Umhüllung ist noch erhalten.	Basra
02100	IM 74507		14,5 x 9 x 9 cm	Krug mit Deckel. Keramik. Runde Form, mit drei Henkeln. Auf dem Hals und der Schulter sind geometrische Verzierungen eingeritzt. Babylon.	Basra
02101	IM 5051			Krug. Keramik. Mit rundem Boden und kurzem Hals. Babylon.	Basra
02102	HL2 532		19 x 9 cm	Krug. Keramik. Oval geformt, mit breitem Rand und langem Hals, ein Teil des Randes fehlt. Harmal.	Basra
02103	IM 76806		11,8 x 14,8 cm	Tafel. Ton. Längliche Form, auf der Vorder- und Rückseite 4zeilig beschriftet. Zerbrochen und restauriert.	Basra
02104	IM 73438		7,3 x 10 cm	Tafel. Ton. Längliche Form, enthält (35) Zeilen in Keilschrift, mit zwei Rollsiegeleindrücken. Zerbrochen und restauriert.	Basra
02105	IM 44129		2,5 x 2,5 x 1,2 cm	Tafel. Ton. Sehr klein, quadratförmig. Vorderseite mit 4 Zeilen beschriftet. Zerbrochen und restauriert.	Basra
02106	IM 7996		16 x 9 x 7,5 cm	Boot. Ton. Durchbohrt an beiden Enden (Ur-11832).	Basra
02107	IM 36095		9,2 x 16,7 x 7,5 cm	Boot. Keramik. Ein kleiner Teil fehlt.	Basra
02108	IM 36794		16 x 20,7 cm	Krug. Keramik. Ovale Form, mit kurzem Hals. Kleine Teile des Randes fehlen. Ur.	Basra
02109	H2 517		10,5 x 9,5 cm	Krug. Keramik. Klein, runde Form. Mit rundem Boden und breitem Rand (Harmal).	Basra
02110	IM 36796		13,8 x 19,4 cm	Krug. Keramik. Ovale Form, mit kurzem Hals. Kleine Teile des Randes fehlen. Ur.	Basra
02111	IM 36795		15 x 20,3 cm	Krug. Keramik. Ovale Form, mit kurzem Hals. Kleine Teile des Randes fehlen (Ur-12293).	Basra
02112	IM 6460		10 cm	Tasse. Keramik. Zylindrische Form, mit konkaven Seiten. Zerbrochen und restauriert. T-267.	Basra
02113	H3-186		12 x 7,5 cm	Krug. Keramik. Birnentörmig, mit rundem Boden. Auf dem Rand einige Ver-	Basra

Ser.Nr.	Museums-Nr.	Photo	Maße	Ort	Objekt
02114	IM 6682		7 cm	Basra	zierungen mit verblaßter Farbe. Unvollständig. Harmal.
02115	IM 68121		5,5 x 7,5 cm	Basra	Tasse. Keramik. Mit konkaven Seiten, einige Teile des Randes fehlen. T-344. Kopf eines Tieres. Keramik. Bärtiges Tier mit zwei großen Ohren und zwei gewundenen Hörnern (Ur-3-3-20).
02116	IM 42145		6,5 x 8,5 x 4 cm	Basra	Statuette. Terrakotta. Pferd und Reiter, das linke Vorderbein ist zerbrochen.
02117	IM 27786		4,3 x 3,7 cm	Basra	Statuette. Terrakotta. Kopf einer Statuette mit kunstvoller Kopfbedeckung, Agrab-35.36.
02118	IM 48968/B			Basra	Krug. Keramik. Zylindrische Form, eingeritzter Hals, mit Standring und rundem Rand.
02119	HL3-328		9 x 12 cm	Basra	Schale. Keramik. Ein Teil des Körpers fehlt, zerbrochen und restauriert. Harmal.
02120	HL3-336		12 x 10,5 cm	Basra	Krug. Keramik. Klein, mit breitem Rand und einigen eingeritzten Verzierungen auf der Schulter. Harmal.
02121	IM 5420			Basra	Krug. Keramik. Runde Form. Babylon-44664.
02122	IM 16425		9,5 x 9,5 x 3,0 cm	Basra	Modell eines Hockers. Terrakotta. Drei Beine zerbrochen. Ur-18708.
02123	IM 1560			Basra	Teil einer Tafel. Terrakotta. Bärtiger Mann, Fragment.
02124	IM 70688			Basra	Halskette. Fritte. Aus vielen Perlen, verschiedenförmigen Amuletten und einigen anderen tierförmigen Anhängern.
02125	IM 69744			Basra	Halskette. Fritte. Aus vielen Perlen, mit verschiedenen Farben, einige von ihnen sind eingeritzt.
02126	IM 72091		7,8 x 6,3 x 3,7 cm	Basra	Schmucktafel. Elfenbein. Zeigt vier Männer mit zwei Lichtern.
02127	IM 21621		3,8 x 2,5 x 1,4 cm	Basra	Stempelsiegel. Marmor. In Form eines kauernden Tieres.
02128	IM 70496		1,8 x 3,5 cm	Basra	Rollsiegel. Achat. Dargestellt ist ein bärtiger Gott, der einen Keulenkopf und einen Ring hält, und ein anderer bärtiger Gott, vor dem sich zwei weitere Personen befinden.
02129	IM 70497		1,5 x 3,2 cm	Basra	Rollsiegel. Achat. Dargestellt sind zwei bärtige Götter. Einer von ihnen hält einen Keulenkopf und einen Ring, vor dem anderen befinden sich zwei Personen.
02130	IM 69728			Basra	Perlen. Ein Teil aus Karneol, Perlen unterschiedlicher Form und Größe.
02131	IM 61888		8,2 x 7,2 x 11,2 cm	Basra	Schmucktafel. Elfenbein. Dargestellt ist ein geflügelter Mann mit langem Haar, der ein langes Gewand trägt und vor einer Säule steht, zerbrochen und restauriert, mit sichtbaren Brandspuren.
02132	IM 69679			Basra	Halskette. Fritte. Mehrere Perlen, ringförmig, verschiedene Größen und Farben.
02133	IM 3362			Basra	Halskette. Viele verschiedene Perlen, einige aus Gold und aus Karneol.
02134	IM 69727			Basra	Halskette. Verschiedene Perlenarten.
02135	IM 61846		7 cm	Basra	Fußkettchen. Kupfer. Ringförmig.
02136	IM 59292		10,8 x 3,8 cm	Basra	Statuette. Ton. Dargestellt ist ein bärtiger Mann, plastisch modelliert, mit Kopfbedeckung, Runde, konkave Standfläche.
02137	IM 65926		12 x 3,8 cm	Basra	Statuette. Gebrannter Ton. Dargestellt ist ein stehender Mann mit langem Bart, der einen Speer in seinen Händen hält. Mit Keilschrift auf dem Boden der Statuette.
02138	IM 65407		5,4 x 3 cm	Basra	Teil. Elfenbein. Dargestellt wird der assyrische Baum, ein Teil davon fehlt.
02139	ND6/3595			Basra	Lanzenkopf. Eisen. Vollständig.
02140	ND11/10959		11,5 cm	Basra	Schmuckreif. Bronzefußreif. Ringförmig, mit einer Schlange.
02141	ND11/10586		5,3 x 11,4 cm	Basra	Schmucktafel. Elfenbein. In Steinbockform, die Beine fehlen.
02142	IM 59880			Basra	Rollsiegel. Fritte. Ein Teil fehlt, dargestellt sind geometrische Muster.
02143	IM 65885		11 x 12,7 cm	Basra	Schmucktafel. Elfenbein. Dargestellt sind zwei Friese, in jedes von ihnen zeigt Ochsen, einigen Ochsen fehlt der Kopf.
02144	IM 72619		4,5 x 7 x 8,5 cm	Basra	Teil des Randes und Halses eines Fläschchens. Glas. Auf dem Hals verzierte Muster in weißer Farbe.
02145	IM 65890		5,4 x 9,3 cm	Basra	Schmucktafel. Elfenbein. Längliche Form, dargestellt sind zwei Kühe, einer fehlt der Kopf, sie säugt ihr Kalb.
02146	IM 65902		8,5 x 16,5 cm	Basra	Schmucktafel. Elfenbein. In Form eines geflügelten Widders mit gekrümmten Hörnern, rechts der assyrische Baum.
02147	IM 72085		17,3 x 9,5 cm	Basra	Schmucktafel. Elfenbein. Längliche Form, dargestellt ist ein geflügeltes Tier, das rechte Vorderteil fehlt.
02148	IM 65286		0,8 x 7,4 x 9,3 cm	Basra	Teil einer Schmucktafel. Elfenbein. Dargestellt ist eine Rosette mit zehn Löchern.
02149	IM 72089		12,3 x 9,4 x 8,6 cm	Basra	Schmucktafel. Elfenbein. Dargestellt ist ein geflügeltes Tier mit einem menschlichen Kopf, am Boden vier Löcher, unvollständig.
02150	IM 65315		7 x 13,7 cm	Basra	Schmucktafel. Elfenbein. Nackte Frau auf Löwin, flankiert von zwei anderen

Ser.Nr.	Museums-Nr. Photo	Maße	Ort	Objekt
02151	IM 65937	14 x 22,2 cm	Basra	Löwen, sie halt eine Lotusblüte in jeder Hand, geflügelte Sonnenscheibe oben. Schmucktafel. Elfenbein. Dargestellt sind zwei Friese, der erste zeigt Ochsen, der andere ein geflügeltes Tier, das mit einem anderen Tier kämpft.
02152	IM 65130	10,2 x 42 cm	Basra	Krug. Keramik. Ovale Form mit langem Hals und konvexem Boden.
02153	IM 65568	17 x 16,2 x 10,9 cm	Basra	Ständer eines Keramikkruges.
02154	YT 931		Basra	Krug. Keramik. Runde Form. Mit zylindrischem Hals und konvexem Boden. Teile des Halses und der Rand fehlen.
02155	W 22409/A		Basra	Schale. Gebrannter Ton, grob getiert. Tief. Zerbrochen und restauriert.
02156	IM A 390		Basra	Konvexer Boden. Innen braun bemalt. Schale. Keramik. Zerbrochen und restauriert. Obeid.
02157	90 Basra		Basra	Stuck. Gips. In Form eines halben Wedels. Islamisch.
02158	126 Basra		Basra	Teil. Gips. In Form einer Pflanze. Islamisch.
02159	55 Basra		Basra	Teil. Gips. In Form einer menschlichen rechten Faust, originalgetreuer Maßstab. Islamisch.
02160	IM A 726	19 x 16,6 x 25 cm	Basra	Lampe. Kupfer. Mit drei Dochtausgüssen und eingedrücktem Griff. Islamisch.
02161	1 Basra		Basra	Stuck. Gips. In Form einer Palme. Islamisch.
02162	56 Basra	8 cm	Basra	Stuck. Gips. In Form einer Blume, mit sechs Segmenten. Islamisch.
02163	IM A 4567	7,3 x 1,1 cm	Basra	Scheibe. Verzierte Keramikscheibe mit einem Loch in der Mitte. Unvollständig. Islamisch.
02164	IM A 4673	7,1 x 4,5 cm	Basra	Kopf einer Tierfigur. Kopf und Hals einer Pferdefigur. Keramik. Islamisch.
02165	IM A 3753	2,5 x 15,8 cm	Basra	Lampe. Klein. Kupfer. Mit drei Ausgüssen und verziertem Henkel. Islamisch.
02166	IM A 11073		Basra	Lampe. Bronze. Kugelförmiger Körper, verzierter Griff. Ausguß mit Deckel, runder Boden. Islamisch.
02167	IM A 4829	10,1 x 9,6 cm	Basra	Unterer Teil einer weiblichen Statuette. Keramik. Islamisch.
02168	IM A 4827	5,4 x 8 cm	Basra	Unterer Teil einer weiblichen Statuette. Keramik. Dargestellt ist eine Musikantin. Islamisch.
02169	IM A 11489	6,7 x 15 x 4,3 cm	Basra	Kleine glasierte Schale. Innen und außen mit geometrischen und Blumenmustern verziert, zerbrochen und restauriert. Islamisch.
02170	IM A 11487	8,5 x 20,5 x 6,5 cm	Basra	Schale. Glasiert. Verziert mit geometrischen und Blumenmustern. Auf der Innenseite arabische Inschriften. Islamisch.
02171	IM A 11491	14,3 x 8 x 6,2 cm	Basra	Kleiner glasierter Krug. Sein Körper ist mit langen Bändern verziert. Auf dem Hals arabische Inschriften. Ein Henkel. Islamisch.
02172	IM A 11492	33,7 x 8,1 x 15,6 cm	Basra	Kerzenleuchter. Kupfer. Verziert mit Blumenmustern und Tierfiguren. Islamisch.
02173	IM A 11494	32,8 x 6,2 x 10,5 cm	Basra	Kanne. Kupfer. Runder Körper und langer Hals, verziert mit Bändern in Reliefform. Zwei Zeilen mit arabischer Inschrift. Islamisch.
02174	IM A 10380	21,5 x 21,5 cm	Basra	Backstein. Quadratische Form, mit arabischer Inschrift. Eine Ecke fehlt. Als Stein benutzt. Islamisch.
02175	IM A 11495	13,8 x 7,3 x 2,7 cm	Basra	Stuck-Teil. Verziert mit geometrischen und Blumenmustern. Islamisch.
02176	IM A 11143	20,2 x 9,4 cm	Basra	Teil einer glasierten Keramik. Verziert mit geometrischen und Palmenmustern. In der Mitte abwechselnd mit grünen Rauten und Fischen verziert. Islamisch.
02177	IM A 11488	7,5 x 19,7 x 7,8 cm	Basra	Schale. Glasiert, flach. Verziert mit Blumenmotiv dargestellt. In der Nähe des Randes arabische Inschriften. Islamisch.
02178	IM 75460	17 x 4,4 cm	Basra	Statuette. Terrakotta. Statuette eines nackten Mannes, der eine Kopfbedeckung trägt. Ein Bein fehlt.
02179	1248 Ktesiphon		Basra	Grüne Glasflasche. Mit konkavem Boden. Ein Teil des Halses fehlt.
02180	IM A 11283	9 x 6,7 cm	Basra	Grünes Glasfläschchen. Geriffelter Körper. Zerbrochen und restauriert.
02181	IM 76703	12 x 12 cm	Basra	Statuette. Hohle Terrakottastatuette einer sitzenden Frau, die eine Krone auf ihrem Kopf trägt. Die Statuette ist von hinten durchbohrt.
02182	IM 76427	13,5 x 11 cm	Basra	Statuette. Hohle, gebrannte Tonstatuette eines Pferdes mit Reiter. Der Kopf des Reiters und Teile des Pferdes fehlen.
02183	IM 76696	7,5 x 6,5 cm	Basra	Statuette. Hohl, grünlich gebrannte Tonstatuette eines Kamels, den Hals zum Rücken hin wendend. Die oberen Teile seines Reiters fehlen.
02184	IM 73100	37,7 x 17,5 x 10 cm	Basra	Kopflose Statue aus Marmor. Dargestellt ist eine stehende Figur, die ein verziertes Kleid trägt und ein Schwert hält. Einige Teile fehlen.
02185	IM 36857	15,4 x 12,5 x 4,2 cm	Basra	Wasserflasche. Glasierte Keramik. Mit zwei kleinen Henkeln und enger Öffnung.
02186	IM 76401	15 x 12 x 2,5 cm	Basra	Wasserflasche. Glasierte Keramik. Mit

Ser.Nr.	Museums-Nr.	Photo	Maße	Ort	Objekt
02187	IM 74078			Basra	flasche. Runder, konkaver Boden. Unvollständig. zwei kleinen Henkeln und kurzem Hals. Teil. Gips. Unregelmäßig geformt, gezeichnete Blumenmuster, bemalt mit Wasserfarben (grün und gelb auf schwarzem Hintergrund).
02188	IM 56640		13 x 10,5 x 5,5 cm	Basra	Fragment einer Statue. Weißer Alabaster. Zeigt die obere Hälfte eines jungen Menschen, der in der rechten Hand einen Stab, in der linken den Griff eines Schwertes hält. Kopf zerbrochen und restauriert.
02189	IM 76423		19 x 7 cm	Basra	Schale. Tiefe Keramikschale. Innen und außen mit gelber Farbe glasiert. Zerbrochen und restauriert.
02190	IM 23786		18 x 8 cm	Basra	Schale. Keramik. Mit aramäischem Beschwörungstext. Flacher Boden.
02191	IM 72716		1,9 x 8 cm	Basra	Kleines Keramikgefäß. Innen und außen mit blauer Farbe glasiert. Breite Öffnung und runder Boden. Teil des Körpers fehlt. Zerbrochen und restauriert.
02192	IM 75104		8,4 x 6,4 cm	Basra	Kleiner Krug. Halbkugelförmig. Mit kurzem Hals, zwei kleinen Henkeln und rundem Boden. Glasiert mit blauer Farbe.
02193	IM 33875		95 x 76 mm	Basra	Kanne. Glasierte Keramik. Ein Henkel.
02194	IM 40433		6,7 x 7,4 cm	Basra	Krug. Kleiner glasierter Keramikkrug mit weiter Öffnung. Ein Teil der Glasur fehlt.
02195	IM 75052		8,5 x 7 cm	Basra	Krug. Grün glasierter Keramikkrug mit zylindrischem Hals und rundem Boden. Der Rand ist angeschlagen.
02196	IM 35467		14,5 x 17,7 cm	Basra	Glasierte Keramikvase. Runde Form mit kurzem und engem Hals.
02197	IM 59118		27 x 12 cm	Basra	Schale. Glasierte Keramik. Tierförmig, mit dem Kopf einer Gazelle, ausgehöhlt. Hörner und Ohren sind angeschlagen.
02198	IM 71564		6,5 x 2,1 x 4,5 cm	Basra	Kleines, dunkelgelbes Glasfläschchen. Runde Form, mit einem sehr engen Hals und abgeschrägtem Rand. Konkaver Boden.
02199	IM 76734		10 x 3 x 1,7 x 5 cm	Basra	Krug. Kleiner, blau glasierter Keramikkrug, kurzer Hals, abgeschrägter Rand und gewölbter Boden.
02200	IM 76425		17 cm	Basra	Gefäß. Gelb glasierte Keramik. Tief, mit konvexem Boden. Zerbrochen und restauriert.
02201	IM 5372			Basra	Vase. Kleines, glasiertes Keramikgefäß mit kurzem Hals.
02202	IM A 11283		4 x 6,7 cm	Basra	Grünes Glasfläschchen. Gerüttelter Körper und kleine Öffnung, mit abgeschrägtem Rand. Zerbrochen und restauriert.
02203	IM 75009		13,5 x 6,5 cm	Basra	Flasche. Schwarze, zylindrische Glas-
02204	IM 40557		165 x 105 mm	Basra	Krug. Ein Henkel. Unvollständig, restauriert.
02205	IM 75659		4 x 8,9 x 4 cm	Basra	Gefäß. Alabaster. Runder Körper, mit einem Loch im oberen Teil, flacher Boden.
02206	IM 75239		9,3 x 11 x 9 x 7,25 cm	Basra	Krug. Keramik. Mit geometrischem Muster verzierter Körper. Bemalt mit brauner Farbe.
02207	IM 42207		100 x 205 mm	Basra	Schale. Bemalte Keramik. Graue Ware, Verzierung mit Bändern und Schleifen.
02208	311 Wasit (3)		35 x 40 mm	Basra	Ring. Kupfer. Mit zwei Ausbuchtungen an den gegenüberliegenden Seiten. Unvollständig. Islamisch.
02209	IM 4847		4 x 3,7 cm	Basra	Großer Kupferring. Flacher Boden.
02210	IM 4761		4 cm	Basra	Ringe. Kupfer- und Eisenringe, aneinander befestigt. Islamisch.
02211	IM 59326		3,6 x 3 cm	Basra	Schnallenteil. Bronze. Filigranarbeit, exakt ausgeformt (fleur-de-lis).
02212	IM 63065		4,1 x 3 cm	Basra	Kleine Bronzeglocke. Vier Löcher. Unvollständig.
02213	IM 76742		17,5 x 2,5 cm	Basra	Gefäß. Keramik. Runde Form. Zwei eingeritzte Linien auf der Schulter. Langer Hals, flacher Rand und ein Henkel.
02214	IM 76741		23,5 x 2,5 cm	Basra	Flasche. Weißer Marmor. Zylindrische Form mit kleiner, runder Öffnung und leicht angeschlagenem Rand. In einer Seite ein Loch. Konvexer Boden.
02215	IM 59317		8 x 1,5 cm	Basra	Knochenfetisch. Ausgehöhlt. Außen eingeritzt mit stilisierten menschlichen Figuren und geometrischen Mustern.
02216	IM 59325		8 cm	Basra	Objekt. Kupfer. Wahrscheinlich ein Henkel. Halbmondförmig, mit zurückgewandtem bärtigen Kopf, rechteckiger Querschnitt.
02217	IM 7482/2		12 x 6,5 cm	Basra	Statuette. Ton. Dargestellt ist ein Musiker. Unvollständig. Islamisch.
02218	IM 4835		12,5 x 7,6 cm	Basra	Statuette. Keramik. Mittlerer Teil einer weiblichen Statuette. Unvollständig. Islamisch.
02219	368 Wasit (3)		75 x 40 mm	Basra	Ausguß. Keramik. Ausguß eines Wasserkruges. Dargestellt ist das Gesicht einer Figur. Islamisch.
02220	IM 4831		12 x 8,7 cm	Basra	Tontafel. Dargestellt ist ein menschliches Gesicht. Islamisch.
02221	IM 4840		8 x 5,4 cm	Basra	Tafel. Keramik. Abbildung eines weiblichen Gesichts mit verzierter Kopfbedeckung. Islamisch.
02222	IM 7484		9,5 x 7,5 cm	Basra	Statuette. Ton. Dargestellt ist ein sitzender Mann, der ein Musikinstrument

Ser.Nr.	Museums-Nr. Photo	Maße	Ort	Objekt
02223	264 Wasit (5)	62 x 2 mm	Basra	spielt. Islamisch.
02224	498 Wasit (3)		Basra	Scheibe. Kupfer. Rund gezacktes Teilstück. Islamisch.
02225	34 Wasit (5)	48,5 mm	Basra	Ein verziertes Kupferteil. Islamisch.
02226	IM 4781	5,2 x 4,5 cm	Basra	Scheibe. Kupfer. Islamisch.
02227	143 Samarra (5)		Basra	Oberer Teil eines Henkels. Kupfer. In Form einer Rosette. Islamisch.
02228	IM 4591	4,1 x 3,1 cm	Basra	Scheibe. Kupfer. Islamisch.
02229	IM 15849	15,5 x 14 cm	Basra	Schloß. Kupfernes Türschloß mit einer bronzenen Kette. Islamisch.
02230	IM 32751	20 x 13,5 cm	Basra	Kanne. Keramik. Außen Verzierungen, ein einzelner Henkel. Islamisch.
02231	IM 33547	110 x 170 mm	Basra	Krug. Keramik. Mit einem Henkel. Außen verziert. Islamisch.
02232	57 Hatra (2)	7 cm	Basra	Vase. Hals fehlt. An der Außenseite eine kufische Inschrift und Verzierungen. Islamisch.
02233	10 Hatra (5)	14 x 9 cm	Basra	Nadel. Kupfer. In gutem Zustand.
02234	IM 7290	1,4 x 1,3 cm	Basra	Kleiner Keramikkrug. Runde Form. Mit zwei Henkeln, enger Öffnung und Standring.
02235	IM 32747	158 x 140 mm	Basra	Ohrringe. Zwei kleine Goldohrringe. Halbmondförmig.
02236	IM 17059	10 x 10 cm	Basra	Kleiner Krug. Keramiköffnung ist zerbrochen und restauriert. Zerbrochener Henkel. Islamisch.
02237	IM A 4915	7,8 x 19 cm	Basra	Kleine Vase. Keramik. Mit zerbrochenem Henkel. Oberer Teil fehlt. Islamisch.
02238	IM 41208	22 x 16 mm	Basra	Gefäß. Keramik. In Form eines flachen Kruges, mit einem flachen Boden. Islamisch.
02239	IM 45451	25 x 8 mm	Basra	Amulett. Muschel in Form eines Tieres.
02240	IM 31482	77 x 50 mm	Basra	Amulett. Muschel in Form eines Tieres, gefleckte Löwin.
02241	IM 14287	16 x 17 cm	Basra	Vogelanhänger. Perlmutt.
02242	IM 19462	13,5 x 13,5 cm	Basra	Vase. Keramik. Mit arabischen Verzierungen, Hals zerbrochen. Islamisch.
02243	IM 30543	13 x 10,5 cm	Basra	Vase. Keramik. Mit kufischen Verzierungen. Hals und oberer Teil fehlen. Islamisch.
02244	IM 45453	30 x 10 mm	Basra	Vase. Verzierte Keramik. Oberer Teil fehlt. Islamisch.
02245	IM 23181	14 x 7 x 7 mm	Basra	Tieramulett. Muschel.
02246	IM 14620	8 x 6 x 4 mm	Basra	Einlegearbeit. Schneckenförmig. Lapislazuli.
02247	IM 20041		Basra	Amulett. Miniaturtier. Durchbohrt. Schwarzer Stein.
02248	IM 31998		Basra	Perlen. Ringförmig. Eine aus Fritte, der Rest aus Karneol.
02249	IM 20385		Basra	Perlenkette. Karneol.
02250	IM 49060	29 mm	Basra	Perlenkette. Kristall und Karneol.
02251	IM 49512	2,3 x 1,6 cm	Basra	Drei Entchen. Karneol. Skorpion. Hämatit.
02252	IM 49508	2,3 x 1,2 cm	Basra	Gewichtseite. Hämatit.
02253	IM 59494		Basra	Perlenkette. Verschiedene Formen und Materialien.
02254	IM 31986		Basra	Perlenkette. Kalzit.
02255	IM 27750	40 cm	Basra	Gürtel. Besteht aus dreißig Muschelringen.
02256	IM 49510	1,8 x 1 cm	Basra	Gewichtseite. Hämatit.
02257	IM 49511	1,6 x 0,8 cm	Basra	Gewichtseite. Hämatit.
02258	W 18011		Basra	Kleine Statuette. Tier aus Muschel.
02259	IM 64854		Basra	Tafel. Ton. Längliche Form, mit einer archaischen Inschrift auf der Vorderseite.
02260	IM 64849	2,7 x 4,8 x 7,8 cm	Basra	Tafel. Ton. Längliche Form, mit einer archaischen Inschrift auf der Vorderseite und vier Löchern auf der Rückseite.
02261	IM 64851	2,9 x 5,9 x 8,8 cm	Basra	Tafel. Ton. Längliche Form, mit einer archaischen Inschrift auf der Vorderseite. Zerbrochen und restauriert.
02262	IM 19733		Basra	13 Teile aus Gold. Zerknittertes Blech.
02263	IM 19634		Basra	11 Teile aus Gold. Zerknittertes Blech und zwei Nägel.
02264	IM 76357	18,8 cm	Basra	Statue. Alabaster. Teil des Kopfes fehlt. Beide Hände auf der Brust zusammengeschlossen, trägt einen Kilt. Teile der Statue sind aus der frühdynastischen Zeit.
02265	IM 527	16 cm	Basra	Schale. Weißer, feiner Kalkstein. Teilweise zerbrochen.
02266	IM 517	13 cm	Basra	Schale. Kalkstein.
02267	IM 76356	58 x 25,2 cm	Basra	Statue. Kalkstein. Dargestellt ist ein kahler Mann mit dicken Augenbrauen, trägt einen Kilt und sitzt auf dem Boden. Der frühdynastischen Zeit zugeschrieben.
02268	IB 202		Basra	Perlenkette.
02269	IM 42537		Basra	Perlenkette. Aus ringförmigen Karneolscheiben. Eine ist groß, aus Achat und in rechteckiger Form.
02270	IM 2024		Basra	Kette. Die Perlen sind außergewöhnlich gut gearbeitet und geschnitten, beinahe wie ein Werk heutiger Zeit.
02271	IM 19637		Basra	Teile aus Gold. 6 Teile aus Goldblech, eines mit 2 Kupfernägeln.
02272	IM 19632		Basra	Zwei Teile aus Gold. Zerknittertes Blech.
02273	IM 19640		Basra	Zwanzig Teile aus Gold. Zerknittertes Blech und Röhre.
02274	21 Wasit (4)	50 x 42 mm	Basra	Teil. Kupfer. Teil einer hölzernen Tür. Islamisch.
02275	IM 4590	7,4 x 33 cm	Basra	Scharnier. Kupfer. Teil eines Türscharniers. Islamisch.
02276	IM 4587	9,5 x 2,5 cm	Basra	Teil. Kupfer. Verziertes Teilstück einer

Ser.Nr.	Museums-Nr.	Photo	Maße	Ort	Objekt
02277	IM 4588		3,2 x 4,1 cm	Basra	hölzernen Tür. Islamisch. Kleine Statue. Kupfer. Stellt einen Vogel dar. Islamisch.
02278	143 Samarra (5)			Basra	Nadel. Kupfer. Islamisch.
02279	293 Samarra (5)			Basra	Nadel. Kupfer. Islamisch.
02280	296 Samarra (5)			Basra	Nadel. Kupfer. Islamisch.
02281	291 Samarra (5)			Basra	Kupferteil für eine Verzierung. Islamisch.
02282	66 Wasit (4)		53 x 40 mm	Basra	Bolzen. Kupfer. Teil eines Türbolzens. Islamisch.
02283	263 Samarra (5)			Basra	Ring. Kupfer. Gezickzackt. Islamisch.
02284	290 Samarra (5)			Basra	Ring. Kupfer. In Form eines geflügelten Vogels. Islamisch.
02285	143 Samarra (5)			Basra	Ring. Kupfer. Verziert. Islamisch.
02286	52 Hatra (2)		7,5 x 2 cm	Basra	Lampe. Keramik. Öllampe, runde Form. Zerbrochen und restauriert.
02287	IM 14887		3,7 x 3 cm	Basra	Schale. Bemalte Keramik. Miniatur. Vollständig.
02288	IM A 775	ja	2,8 x 10,3 x 6,8 cm	Basra	Lampe. Kupfer. Mit flachem Boden. Rand und Brenner sind angeschlagen. Islamisch.
02289	IM 6666.MS			Basra	Münze. Silber. Safawid Schah Husain.
02290	IM 2334.MS			Basra	Münze. Kupfer. Atabeg von Mosul, Qutb-ad Din Noori.
02291	IM 2241.MS			Basra	Münze. Kupfer. Atabeg von Irbit Qut-ad Din.
02292	IM 5194.MS			Basra	Münze. Silber. Omajjadisch. Kalif Abd Al Malik. Jahr: 80 AH (702 u.Z.). Basra.
02293	IM 6343.MS			Basra	Münze. Silber. Omajjadisch. Kalif Hisham Ibn Abd Al Malik. Jahr: 120 AH (742 u.Z.). Wasit.
02294	IM 5324.MS			Basra	Münze. Silber. Omajjadisch. Kalif Marwan II Ibn Muhammed. Jahr: 130 AH (752 u.Z.). Wasit.
02295	IM 596.MS				Münze. Silber. Omajjadisch. Kalif Hisham Ibn Abd Al Malik. Jahr : 125 AH (747 u.Z.). Wasit.
02296	IM 5375 MS			Basra	Münze. Silber. Omajjadisch. Kalif Abd Al Malik Ibn Marwan. Jahr: 82 AH (704 u.Z.). Basra.
02297	IM 6195 MS			Basra	Münze. Silber. Hamdanidische Dynastie.
02298	IM 3961 MS			Basra	Münze. Gold. Omajjadisch. Kalif Al Malik Ibn Marwan. Jahr: 79 AH (701 u.Z.).
02299	IM 11464 MS			Basra	Münze. Gold. Omajjadisch. Kalif Hisham Ibn Aba Al Malik. Jahr: 114 AH (736 u.Z.).
02300	IM 5372 MS			Basra	Münze. Silber. Omajjadisch. Kalif Al Walid Ibn Abd Al Malik. Jahr: 94 AH (716 u.Z.). Ahwaz.
02301	IM 5383 MS			Basra	Münze. Gold. Hamdanidische Dynastie Al Mutakki. Jahr: 330 AH (952 u.Z.).

Ser.Nr.	Museums-Nr.	Photo	Maße	Ort	Objekt
					Madinat al Salam.
02302	IM 11300 MS			Basra	Münze. Gold. Abbasidisch. Kalif Harun Al Raschid. Jahr: 178 AH (800 u.Z.). Madinat al Salam.
02303	IM 5154 MS			Basra	Münze. Gold. Abbasidisch. Kalif Harun Al Raschid. Jahr: 171 AH (793 u.Z.). Madinat al Salam.
02304	IM 15861 MS			Basra	Münze. Gold. Abbasidisch. Kalif Abu Jafar Al Mansur. Jahr: 148 AH (770 u.Z.). Madinat al Salam.
02305	IM 1145 MS			Basra	Münze. Gold. Abbasidisch. Kalif Abd Allah Al Ma'mun. Jahr: 196 AH (818 u.Z.). Madinat al Salam.
02306	IM 11544 MS			Basra	Münze. Gold. Abbasidisch. Kalif Abd Allah Al Ma'mun. Jahr: 209 AH (831 u.Z.). Madinat al Salam.
02307	IM 5142 MS			Basra	Münze. Gold. Abbasidisch. Kalif Abu Jafar Al Mansur. Jahr: 157 AH (779 u.Z.). Madinat al Salam.
02308	IM 15856 MS			Basra	Münze. Gold. Abbasidisch. Kalif Al Nasir li Din Illah. Jahr: 575 AH (1197 u.Z.). Madinat al Salam.
02309	IM 33 MS			Basra	Münze. Gold. Abbasidisch. Kalif Al Mutasim. Jahr: 218 AH (840 u.Z.). Madinat al Salam.
02310	IM 3862/1			Basra	Münze. Silber. Abbasidisch. Kalif Harun Al Raschid. Jahr: 183 AH (805 u.Z.). Madinat al Salam.
02311	IM 2325 MS			Basra	Münze. Silber. Abbasidisch. Kalif Abu Jafar Al Mansur. Jahr: 158 AH (780 u.Z.). Madinat al Salam.
02312	IM 2456 MS			Basra	Münze. Silber. Abbasidisch. Kalif Harun Al Raschid. Jahr: 175 AH (797 u.Z.). Mubarakeh.
02313	IM 2342 MS			Basra	Münze. Silber. Abbasidisch. Kalif Al Mugtadir Billa. Jahr: 310 AH (932 u.Z.). Madinat al Salam.
02314	IM 2893 MS			Basra	Münze. Silber. Abbasidisch. Kalif Al Mutasim. Jahr: 650 AH (1272 u.Z.). Madinat al Salam.
02315	IM 1286 MS			Basra	Münze. Kupfer. Ajjubidisch. Abu Barker Bin Ayyubid. Jahr: 564 AH (1186 u.Z.).
02316	IM 3193 MS			Basra	Münze. Silber. Jalayrid Ahmad Bahadir Khan. Jahr: 736 AH (1358 u.Z.). Bagdad.
02317	IM 6208 MS			Basra	Münze. Silber. Jalayrid Scheich Uwais.
02318	IM 6665 MS			Basra	Münze. Silber. Safawiden-Dynastie Tahmaspi.
02319	IM 5220 MS			Basra	Münze. Silber. Ilk Hamid Abu Said. Bagdad.
02320	IM 15287 MS			Basra	Münze. Silber. Parthisch. Mithridates II. Jahr: 123-88 v.u.Z.
02321	IM 15319 MS			Basra	Münze. Silber. Seleukidisch. Alexander

Ser.Nr.	Museums-Nr.	Photo	Maße	Ort	Objekt
02322	IM 5215 MS			Basra	der Große. Jahr: 333 v.u.Z.
02323	IM 5261 MS			Basra	Münze. Silber. Ilk Hanid Abu Said. Jahr: 773 AH (1395 u.Z.). Hilla.
02324	IM 1628 MS			Basra	Münze. Silber. Ilk Hanid Muhammud Khuda Banda. Jahr: 703 AH (1325 u.Z.).
02325	IM 1505 MS			Basra	Münze. Silber. Ilk Hanid Abu Said. Jahr: 736 AH (1358 u.Z.). Wasit.
02326	IM 6213 MS			Basra	Münze. Silber. Ilk Hanid Abu Said. Jahr: 739 AH (1361 u.Z.). Wasit.
02327	IM 5214 MS			Basra	Münze. Silber. Ilk Hanid Hulaku.
02328	IM 16658 MS			Basra	Münze. Silber. Ilk Hanid Abu Said. Jahr: 733 AH (1355 u.Z.). Maraga.
02329	IM 16670 MS			Basra	Münze. Silber. Der Sassanide Chosroes II. Hamadin.
02330	IM 14028 MS			Basra	Münze Silber Der Sassanide Hormizd XVII. Jahr: 3 T. Mario.
02331	IM 15292 MS			Basra	Münze. Silber. Der Parther Phraates III. Jahr: 70-57 v.u.Z.
02332	IM 6202 MS			Basra	Münze. Silber. Der Parther Pacoras II. Jahr: 77-109 u.Z.
02333	IM 2235 MS			Basra	Münze. Silber. Der Parther Vologases III. Jahr: 147 u.Z.
02334	IM 10094 MS			Basra	Münze. Silber. Der Parther Ordes I. Jahr: 57-37 v.u.Z.
02335	IM 4960/1 MS			Basra	Münze. Silber. Der Parther Vologases II. Jahr: 77-146 u.Z.
02336	IM 1649 MS			Basra	Münze. Silber. Der Sassanide Chosroes II. Jahr: 31-T Hamadin.
02337	IM 4957/11 MS			Basra	Münze. Silber. Khorosan. Atapelos II. Jahr: 29 v.u.Z.
02338	IM 4990 MS			Basra	Münze. Silber. Der Parther Phraates I. Jahr: 170-175 v.u.Z.
02339	IM 10090 MS			Basra	Münze. Silber. Der Parther Artaban II. Jahr: 40-11/10 v.u.Z.
02340	IM 16671 MS			Basra	Münze. Silber. Der Sassanide Hormizd XVII. Jahr: 17.T. Nahawund.
02341	IM 5126 MS			Basra	Münze. Silber. Khorosan. Atampelos I. Jahr: 269 u.Z.
02342	IM 15295 MS			Basra	Münze. Silber. Der Parther Phraates XVII. Jahr: 38-37 v.u.Z.
02343	IM 6890 MS			Basra	Münze. Gold. Abbasidisch. Kalif Al Magtadir Billah. Jahr: 310 AH (932 u.Z.). Basra.
02344	IM 6954 MS			Basra	Münze. Kupfer. Abbasidisch. Kalif Abu Jafar Al Mansur. Jahr: 157 AH (779 u.Z.). Madinat al Salam.
02345	IM 2052 MS			Basra	Münze. Silber. Abbasidisch. Kalif Harun Al Raschid. Jahr: 170 AH (792 u.Z.). Madinat al Salam.
02346	IM 4957/12 MS			Basra	Münze. Silber. Khorosan. Atampelos II. Jahr: 92-30 v.u.Z.
02347	IM 15270 MS			Basra	Münze. Silber. Der Parther Orodes I. Jahr: 57 v.u.Z.
02348	IM 10100 MS			Basra	Münze. Silber. Der Parther Cotarzes I. Jahr: 40 v.u.Z.
02349	IM 4964 MS			Basra	Münze. Silber. Der Parther Cotarzes I. Jahr: 40 v.u.Z.
02350	IM 6203 MS			Basra	Münze. Silber. Der Parther Vologeses III. Jahr: 147-161 u.Z.
02351	IM 15297 MS			Basra	Münze Silber. Der Parther Vologeses III. Jahr: 147-161 u.Z.
02352	IM 16662 MS			Basra	Münze. Silber. Der Sassanide Chosroes II. Jahr: 34-T.
02353	IM 16660 MS			Basra	Münze. Silber. Der Sassanide Chosroes II. Jahr. 36-T Hamadin.
02354	IM 16661 MS			Basra	Münze. Silber. Der Sassanide Chosroes II. Jahr: 23-T.
02355	IM 5126/1 MS			Basra	Münze. Silber. Khorosan. Atampelos I. Jahr: 269 v.u.Z.
02356	IM 15296 MS			Basra	Münze. Silber. Der Parther Cotarzes I. Jahr: 51-40 v.u.Z.
02357	IM 15271 MS			Basra	Münze. Silber. Der Parther Orodes I. Jahr: 45-37 v.u.Z.
02358	IM 2352 MS			Basra	Münze Kupfer. Atabeg von Mosul. Badr Al Din Lulu. Mosul.
02359	IM 8871 MS			Basra	Münze. Gold. Atabeg Badr Al Din Lulu. Jahr: 645 AH (1267 u.Z.).
02360	IM 155 MS			Basra	Münze. Silber. Ilk Hanid Jahan Schah.
02361	IM 16659 MS			Basra	Münze. Silber. Der Sassanide Chosroes II. Jahr: 31.T diar IB chard.
02362	IM 14024 MS			Basra	Münze. Silber. Der Sassanide Hormizd XVII. Jahr: 6.T.
02363	IM 14667 MS			Basra	Münze. Silber. Der Sassanide Hormizd XVII. Jahr: 31.T IB Urid.
02364	IM 15813 MS			Basra	Münze Silber. Der Parther Vologases III. Jahr: 147-191 u.Z.

VI.

Interview mit dem Leitenden Direktor der Irakischen Altertumsverwaltung, Dr. Muayad Sa'eed

Herr Dr. Muayad Sa'eed, während des Krieges der USA und ihrer mehr als dreißig Vasallen sind auch die irakischen Kulturgüter, insbesondere die historischen Stätten, schwer geschädigt worden. Unter Ihrer Verwaltung befinden sich annähernd 15.000 historische und kulturelle Stätten mit z.T. 6.000-8.000 Jahre alten Tempeln, darunter auch einzigartige Kulturgüter, Schrifttafeln mit Keilschriftzeichen usw. Können Sie einen kurzen Überblick über das Ausmaß der Schäden durch die US-Aggression geben?

Dr. Muayad Sa'eed

Die Schäden sind katastrophal, wie man so sagt. Bereits in der ersten Angriffsnacht mußten wir bemerken, daß die archäologischen Denkmäler im allgemeinen, die Museen und historischen Stätten im Irak, bedroht sind, stark bedroht. Das irakische Nationalmuseum in Bagdad wurde schwer beschädigt, weil sich ein Kommunikationszentrum ungefähr 150 Meter vom Museum entfernt befindet, und diese Einrichtung wurde während der ersten drei Kriegswochen insgesamt mindestens viermal aus der Luft angegriffen. Der Schock saß tief, wie Sie sich denken können. Zahlreiche Trümmer sind durch die Luft geflogen und haben das Museum getroffen. Sehr viele Leute, die sich während dieser Zeit im Museum aufgehalten haben, wurden von Splittern getroffen, einige sind schwer verwundet worden. Wenn Sie ins Museum gehen, sehen Sie immer noch Blutflecken auf dem Boden, unmittelbar vor dem Haupteingang. Am Tag nach dem ersten Angriff und in den Tagen danach haben wir uns einen ersten Überblick über das Ausmaß der Schäden in Bagdad verschafft, insbesondere in Alt-Bagdad. Wir haben festgestellt, daß sämtliche historischen Gebäude vom 12. bis zum 18. und 19. Jahrhundert getroffen und mehr oder weniger schwer beschädigt worden sind. Meist hatten die Bomber Ziele angegriffen, die für die moderne Infrastruktur von entscheidender Bedeutung sind und in deren Nähe sich Gebäude von historischem und kulturellem Wert befinden. In nicht allzuweiter Entfernung vom Abbasiden-Palast und der Mustansirija-Universität befinden sich beispielsweise Telekommunikationszentren, Telefonzentralen, Gebäude mit Computeretagen sowie zahlreiche Ämter von Behörden. Oder ein anderes Beispiel: eines der drei Gebäude der Zentralbank ist nicht weit weg von der Khan Marjan. Khan Marjan ist eine der ältesten Karawansereien oder, wenn Sie so wollen, Hotels aus dem 14. Jahrhundert. Viele Minarette alter Moscheen bis hin zu Moscheen aus dem 17. Jahrhundert wurden ebenfalls getroffen. Allgemein kann man sagen: In den ersten 2-3 Tagen haben wir bei unserem ersten Überblick eine sehr böse Ernte eingebracht. Wir haben sehr schnell versucht, bestimmte Sicherheitsmaßnahmen zu ergreifen, was wir eben unter diesen Umständen damals machen konnten. Und dann trafen nach und nach Nachrichten aus den anderen Provinzen des Irak bei uns ein, je nachdem, wie die Leute uns erreichen konnten. Sie müssen bedenken: Es gab keine Telefonverbindungen, kein Benzin für Autos, es war nahezu unmöglich, auf der Schnellstraße zu fahren, weil man nicht sicher davor war, aus der Luft angegriffen zu werden. Es war sehr traurig, was wir damals an Informationen über die Zerstörungen im Irak zusammengestellt haben, vom Norden bis zum Süden. In Nimrud beispielsweise wurde der Nordwestpalast des Königs Assurnasirpal II. aus dem 9. Jahrhundert indirekt getroffen. In Hatra wurden Fahrzeuge und Baumaschinen der Restaurateure und archäologischen Teams direkt angegriffen und demoliert. Wahrscheinlich hat man gedacht, daß unsere Bulldozer Militärfahrzeuge seien, doch sie befinden sich alle in einem Gebiet, in dem es überhaupt keine militärische Einrichtung gibt, nur Wüste und ein kleines Dorf mit unseren Leuten, die in Hatra arbeiten. In Samarra war das Spiralminarett in Gefahr, weil eine Medikamentenfabrik, die sich in etwa 500 bis 700 Metern Entfernung davon befindet, ununterbrochen angegriffen worden ist, die ganze Zeit. In Bagdad wurden, wie gesagt, ebenfalls viele Moscheen und Kirchen getroffen.

In Mosul ist das Marmetti-Kloster angegriffen worden, das im 4. Jahrhundert erbaut und seitdem mehrmals wieder erneuert worden ist. Ein neuer Gebäudeteil, den wir dort wiederhergestellt haben, ein neuer Trakt zu dem Kloster, wurde ganz dem Erdboden gleichgemacht, ausradiert. Vielleicht war man der Meinung, es gehöre nicht zu dem Kloster, aber wer weiß das schon. Des weiteren wurden einige Kirchen, in denen sich Leute aufhielten, angegriffen, darunter die Tahira-Kirche, eine der bekanntesten Kirchen, Heilig-Herz-Kirche heißt sie. Ferner wurde ein großes Wohnquartier in Mosul angegriffen, dessen Wohnhäuser aus dem 18. - 19. Jahrhundert stammen, sie präsentieren die schönste Architektur der traditionellen Bauten in Mosul, ja im gesamten Nordirak. Doch weiter: Die Zitadellen von Arbil und Kirkuk aus dem 12. Jahrhundert – beide Städte im Nordirak stehen jetzt ja unter fremder Besatzung – liegen in Trümmern, ebenso historische Häuser, die wir seinerzeit den Besitzern abgekauft hatten und an denen wir jahrelang Restaurationsarbeiten durchgeführt haben. Als wir vor der Besetzung dieses Gebiets durch die UN-Truppen nach Arbil und Kirkuk gingen, konnten wir einige Gassen in der Zitadelle nicht betreten; sie waren durch Trümmer völlig versperrt. Dennoch hat uns die UNO und die UNESCO angegriffen und behauptet, wir würden die Zitadelle von Kirkuk selbst abreißen. Eine absurde Geschichte, die man sich nicht vorstellen kann, denn schließlich haben wir ja dort jahrelang gearbeitet und restauriert. Warum sollten wir innerhalb von einem oder zwei Monaten ungeachtet der Millionen, die wir dort bereits ausgegeben haben, alles abreißen, einfach ausradieren? Als wir nach Bagdad zurückkamen, haben wir die Mustansirija-Universität begutachtet. Sie ist das älteste Universitätsgebäude, das noch existiert, sie stammt aus dem Anfang des 13. Jahrhunderts. Auch sie wurde stark beschädigt, weil man eine der ältesten Brücken, die sehr nah bei der Mustansirija liegt, zweimal angegriffen hat. Diese Brücke, die ich eben erwähnte, ist selbst ein historisches Monument. Die Leute verehren diese Brücke geradezu, weil sie sehr mit der modernen Geschichte des Irak verbunden ist. Die Schuhada-Brücke über den Tigris ist die erste moderne Brücke, die in Bagdad gebaut wurde, und deshalb ist sie ein Symbol der nationalen Unabhängigkeit und Selbstbestimmung. Bei ihrer Bombardierung wurden die Mustansirija-Universität und einige Gebäude in unmittelbarer Nähe, Moscheen wie beispielsweise die Khublania-Moschee, sehr stark beschädigt. Die Kuppel des Minaretts der Khublania-Moschee ist immer noch nicht restauriert worden, man kann es deutlich sehen. Man hat außerdem, wie ich bereits erwähnte, die Zentralbank angegriffen und dabei das Khan Marjan-Gebäude, eine der berühmtesten Karawansereien im Mittleren Osten, schwer beschädigt. Es diente bereits im 13. Jahrhundert als eine Art Restaurant und Hotel für die damaligen Händler und Kaufleute. Auch die Marjan-Moschee auf der anderen Seite der Straße – sie hat sehr schöne Arabesken an der Außenfassade und am Minarett – ist sehr in Mitleidenschaft gezogen worden. Dasselbe gilt für mehrere Moscheen im Süden, insbesondere in Basra, z.B. die Al Kawaz-

Moschee aus dem Anfang des 16. Jahrhunderts – in ihrer ursprünglichen Form geht sie bis ins 11. Jahrhundert zurück. Ihre Kuppel, die jetzt vollständig zerstört worden ist, stammt aus dem 16. Jahrhundert.

Auch die frühesten historischen Stätten aus dem mesopotamischen Altertum wurden nicht verschont. In Ur hat, wie Sie wahrscheinlich gesehen haben, ein direkter Angriff auf die Zikkurat der Tempelanlage stattgefunden. Vielleicht waren die Amerikaner der Meinung, daß dieser Hochtempelbau eine Art geheimer Militärstützpunkt oder dergleichen darstellt. Aber alle Welt weiß doch ganz genau, daß dieses Gebäude von den Engländern ausgegraben und von den Irakern restauriert wurde. Man wußte auch sehr genau, daß das Gelände von Ur nichts beherbergen kann außer den Ruinen, die sich dort befinden, und einigen restaurierten Bauwerken, die nicht höher sind als 1m oder 1,50m. Es ist ein offenes Gelände und von überallher einsehbar; keine Flugzeuge können dort versteckt werden, nichts! Trotzdem haben die Amerikaner es angegriffen. Wahrscheinlich stellte es einen guten Orientierungspunkt für die Armee und die Luftangriffe dar. Dann wurde es von den amerikanischen Soldaten besetzt, sie haben dort mit ihren Bajonetten wilde Ausgrabungen gemacht, um einige Souvenirs mitzunehmen. Dadurch haben sie die gesamte archäologische Landschaft zerstört. Wir wissen weder, was sie gestohlen haben, noch wie wir wieder in den Besitz der geraubten Kulturgüter gelangen können. Ich hoffe, daß ein vernünftiger Mensch in den USA sich Mühe geben wird und sich dafür einsetzt, daß uns unsere Kunstschätze zurückgegeben werden. In Tell-al-Lahm, wo die amerikanischen Truppen zum ersten Mal gelandet sind, haben sie große Grabungen in den archäologischen Hügeln vorgenommen, um dort ihre Tanks, also Panzer, und Militärfahrzeuge zu verstecken und zu tarnen. Ich weiß nicht, ob Sie dort waren und das gesehen haben. Immer noch liegen dort die Reste und der Abfall herum, den die amerikanische Armee dort hinterlassen hat: Instruktionsbücher, wie sie sich im Irak verhalten sollen, Kanister, leere Essensdosen usw. Insgesamt sind gerade im Südirak viele Museen indirekt oder direkt unter dem "Schutz" der amerikanischen Armee demoliert und ausgeraubt worden: Das sind die neuen Museen in Basra, in Amara, in Diwanija, in Kufa, zwei Museen in Kirkuk, das Museum von Dohuk, und das Museum von Sulaimania im Norden, sie wurden alle gänzlich oder teilweise ausgeraubt. Sechs davon sind vollständig demoliert, 4.500 Objekte werden jetzt vermißt, sie sind wahrscheinlich aus dem Land geschmuggelt worden, entweder nach Iran, nach Saudi-Arabien oder via Jordanien nach England oder in die Schweiz. Wahrscheinlich haben auch viele Leute, die unter dem Schutz der Amerikaner nach Saudi-Arabien geflüchtet sind, etwas mitgenommen. Vielleicht befinden sich diese Dinge immer noch in ihren Händen; wir wissen es nicht. Ich ziehe auch das organisierte Verbrechen in Betracht, denn man hat gewußt, daß diese Museen wertvolle Kunstschätze beherbergen, und diese wurden kistenweise weggetragen. Also kein "normaler", individueller Diebstahl, das Ganze war vielmehr organisiert. Die Diebe haben sich nach der Tat hinter den amerikanischen Linien versteckt. Wir haben viele Spuren verfolgt, einige davon auch durch Interpol, und wir sind zu dem Ergebnis gelangt, daß die Diebstähle unter dem, sagen wir, "Einfluß von Fremdkräften" passiert sind. Wir nehmen an, daß die Kulturschätze in den nächsten Jahren nach und nach in den Versteigerungshäusern für Antiquitäten in der europäischen Welt, in Amerika und Japan auftauchen werden. Vor kurzem wurde eine Statue für 950.000 französische Francs in Frankreich bei einer Versteigerung angeboten, eine Statue aus der frühdynastischen Zeit, also ungefähr 2.500 vor Christus. Sie stammt aus dem Dijala-Gebiet und wurde einst von den Amerikanern ausgegraben. Sie ist Eigentum des Irakischen Museums in Bagdad und wurde in einem Provinzmuseum ausgestellt. Sie wurde jetzt, wie gesagt, für fast eine Million Francs in Frankreich angeboten.

Besteht denn keine Möglichkeit, durch Klage wieder in den Besitz der Statue zu gelangen?

Wir versuchen das jetzt natürlich, wir erwägen alle Möglichkeiten. Aber da es den Boykott gibt – und das politische Embargo dehnt sich auch auf die kulturelle Ebene aus –, versucht man alle Vorwände ins Feld zu führen, um die Verbrechen auf dem Gebiet der Archäologie und des Kulturlebens zu verschleiern und eine Wiedergutmachung zu hintertreiben. Aber wir werden unsere Rechte nicht aufgeben, wir werden nie darauf verzichten, auch nicht nach Jahren. Und wir werden die gestohlenen Kulturgüter zurückbekommen, so oder so.

Das bleibt zu hoffen. Sie haben sehr viele Stätten aufgezählt, die unmittelbar Opfer der militärischen Aggression durch die USA und deren Vasallen geworden sind; allein das Bagdader Irak-Museum beherbergt ja 150.000 Exponate. Herr Jeber, der Direktor des Archäologischen Museums in Mosul, erzählte uns, daß diese Exponate vor den Bombenangriffen in sehr kurzer Zeit verpackt werden mußten und daß sie beim Transport in die verschiedenen Teile des Landes und durch die hastige Verpackung beschädigt worden sind, auch Keilschrift-Tafeln, die zum Teil noch nicht entziffert waren. Hat man denn einen Überblick, wie viele Artefakte auf diese Weise zu Schaden gekommen oder zerstört worden sind?

Leider nicht im ganzen, weil alle diese Gegenstände bis jetzt in Kisten verpackt sind. Die Situation ist noch so unsicher, daß wir sie nicht auspacken und in den Museen wieder aufstellen können, weil wir jeden Tag in den Nachrichten von neuen Drohungen hören[1]. Deswegen lassen wir alle Kunstgegenstände in den Kisten. Alle diese Objekte sind vor einiger Zeit ausgegraben und im Labor restauriert worden, deswegen sind sie sozusagen "schwache" Stücke. Wenn Sie sie in einer Ausstellung betrachten, dann sehen sie sehr gut aus, aber in Wahrheit werden sie nur durch sehr viele komplizierte Maßnahmen in den Laboren zusammengehalten. Bei dem stetigen Transport, hin und her, wurden sie, wie Stichproben ergaben, zum Teil sehr stark beschädigt; einige von ihnen haben wir näher untersucht. Viele schriftliche Quellen sind sehr stark beschädigt worden, ungefähr 4.000 an der Zahl, weitere 2.000 sind vermißt, das heißt gestohlen worden, viele davon in Kisten aus Kirkuk. An die 300 bis 350 Tontafeln, die sich im Dohuk-Museum befanden, wurden ebenfalls sehr stark beschädigt. Einige davon können wir nicht mehr zusammensetzen oder überhaupt jemals restaurieren; wir mußten sie zum Totalschaden erklären. Sehr viele Gegenstände, gerade größere und sehr schwere, wie z.B. Wandfassaden und Statuetten oder Reliefs, die an den Wänden befestigt waren, sind durch die innerlichen Schäden, die sie seit langer Zeit zurückbehalten haben – sei es durch den Wetterwechsel von krasser Hitze zur Kälte, von der Trockenheit zur Feuchtigkeit, wie es im Irak üblich ist, oder sei es durch andere Umstände – einfach kollabiert. Sie liegen jetzt als Fragmente auf dem Boden, und wir versuchen, sie im Labor wieder zu restaurieren. Wir werden auch eine Kiste nach der anderen öffnen und die beschädigten Objekte ins Labor bringen, um sie zu restaurieren. Einige Restaurationsarbeiten dauern monatelang, bis ein Stück wieder in Ordnung gebracht ist. Natürlich fehlen uns viele Chemikalien und viele Materialien für diese aufwendige Arbeit. Wir haben sie zwar im Ausland oder bei der UNESCO bestellt und sollten sie auch bekommen, aber jetzt verweigert man sie uns wegen des Embargos.

Stichwort Embargo: Die Restaurierungsarbeiten sind ja auch eine Frage des Geldes, und dem Irak fehlen schon allein die notwendigsten Mittel, um beispielsweise Medikamente und Nahrung für die Bevölkerung zu erwerben.

Genau.

---

[1] Unmittelbar vor unserer Reise und während unseres Aufenthalts im Land drohte die amerikanische Regierung mehrmals, den Irak "sofort, wenn nicht noch schneller" zu bombardieren.

Das hat natürlich Priorität, und deshalb nehmen wir an, daß auch die staatlichen Zuwendungen für kulturelle Güter, für die Bewahrung von Baudokumenten und anderem, sehr stark gekürzt worden sind.

Das ist schon der Fall. Aber ich möchte darauf hinweisen, daß unsere Regierung sich der Tatsache bewußt ist, daß die Relikte der antiken Welt im Irak nicht allein Bestandteil der irakischen Geschichte sind, sondern ebenso einen wesentlichen Teil der Geschichte der Menschheit darstellen und gleichzeitig eine sehr wichtige Brücke für die Verständigung zwischen den Völkern im allgemeinen bilden. Deswegen hat die Regierung uns immer wieder beträchtliche Finanzmittel, gerade für Restaurationsarbeiten, zur Verfügung gestellt. Aber es gibt Materialien, die man gegen harte Währung importieren muß, wie z. B. Chemikalien. Das ist im Augenblick sehr schwer, wenn nicht sogar unmöglich. Selbst wenn wir genügend Geld dafür hätten, in Dollar oder in anderer Währung, könnten wir für die Restauration wichtige Materialien wegen des Embargos nicht importieren.

Gibt es denn keine internationalen wissenschaftlichen Vereinigungen, die Ihnen hier mit Rat und Tat, mit Geld und ihrer Erfahrung zu Hilfe kommen?

Einige haben es versucht, jeweils in ihren eigenen Ländern, in Amerika und Japan, in England, Deutschland und in anderen europäischen Ländern. Einige von ihnen wurden daraufhin unter Druck gesetzt, weil sie sich bereit erklärt hatten, sich um die irakische Archäologie, um die antike Welt im Irak kümmern. Andere unternehmen irgendwelche Aktionen, hier oder dort, aber im Augenblick sind es meist Solidaritätsaktionen, mit denen diese Personen versuchen, die Zustimmung ihrer Regierung zu erhalten, um wenigstens das Embargo gegen die dringend erforderlichen archäologischen Aktivitäten aufzuheben. Aber ohne Ergebnisse, insgesamt. Das ist der eine Punkt. Zweitens: Nur wenige der Wissenschaftler wollen im Augenblick ins Land kommen, um erneut bei uns zu arbeiten. Sie stehen ebenfalls vor dem Problem, dafür Geld zu bekommen. Sie erhalten zwar Gelder, aber im Augenblick sehr wenig, nicht so viel wie früher. Das Geld brauchen sie für Ausgrabungen und für Restaurationen, aber sie können dafür keine Chemikalien kaufen. Und wenn sie, drittens, Chemikalien kaufen könnten und diese nach Irak schicken wollten, dann würden diese Chemikalien beschlagnahmt. Was wir brauchen, sind Chemikalien, die ganz offiziell in allen Laboren der Welt für Restaurationsarbeiten in Museen verwendet werden. Wir haben eine Liste dieser Chemikalien an die UNESCO geschickt, und die UNESCO hat uns einen Teil gesendet, kurz vor der Krise und dem Krieg. Seit dem

Krieg wurde aber der Rest zurückgehalten, wegen des Embargos, wie ich bereits ausgeführt habe. Wir können zwar einige Gegenstände selbst restaurieren, viele aber nicht.

Das Embargo gegen den Irak wird ja unter der Erfindung immer neuer Vorwände aufrechterhalten. Auf kulturellem oder archäologischem Gebiet lautet einer dieser Vorwände – Sie erwähnten dies in einem früheren Gespräch mit uns –, daß der Irak angeblich Kulturgüter aus Kuwait weggeschleppt und nicht zurückerstattet habe.

Das ist eine alte Lüge, und sie ist schon längst entlarvt! Jedermann weiß jetzt sehr genau, überall in der Welt, daß Irak und wir, die irakischen Archäologen, aus eigener Initiative Maßnahmen ergriffen haben, um seinerzeit sämtliche Museen in den Krisengebieten zu evakuieren, auch in Kuwait. Da die kuwaitischen Beamten nicht mit uns kooperieren wollten, weil sie vor Sanktionen oder anderem Angst gehabt haben, waren wir verpflichtet, alle Antiquitäten, die sie in ihren offiziellen Museen beherbergen, zu evakuieren – genau wie das Irak-Museum in Bagdad oder andere große Museen im Irak. Wir haben ihnen später, nach dem Krieg, alles wieder zurückgegeben. Nach der Evakuierung von Kulturgütern aus Kuwait haben wir damals eine vollständige Liste an den Weltsicherheitsrat geschickt. Sie haben 2.500 Objekte von uns verlangt. Doch wir haben ihnen 25.000 Gegenstände gegeben, samt Büchern, Registern, Dias, Bildern und sämtlichen Archiven, die man normalerweise für wissenschaftliches Arbeiten braucht. Von diesen 25.000 Objekten waren 8.000 überhaupt nicht registriert, sie hatten keinen Inhaber, wie man so sagt. Wären wir auf Diebstahl ausgewesen, dann hätten wir wenigstens diese 8.000 Stücke nicht zurückgegeben. Wäre politische Rache an Kuwait unser Motiv gewesen, dann hätten wir den Thronsessel des ersten Scheichs von Kuwait nicht zurückgegeben, den wir auch aufbewahrt hatten, weil es ein antikes, ein historisches Stück ist. Dieser Thronsessel war damals nicht ausgestellt, er war in den Magazinräumen des Museums gelagert. Wir haben ihn, wie vieles andere, für sie aufbewahrt und ihnen wieder zurückgegeben. Lassen Sie es mich so ausdrücken: Wir haben etwas getan, was in der Welt noch nie gemacht wurde, nicht während des 1. Weltkrieges und nicht während des 2. Weltkrieges: Der Inhalt mehrerer Museen wurde abtransportiert und das Ganze von irakischen Archäologen überwacht, während des Krieges, mit eigenen, persönlichen Waffen. Es war eine sehr lange, sorgfältige Arbeit beim Verpacken und auch eine genaue, langsame und umsichtige Arbeit beim Sortieren, dann hieß es wiederum verpacken und nach Kuwait verschicken. Die Verantwortlichen der UNO waren sehr zufrieden mit uns, und ein internationales Team, das Kuwait repräsentiert hat, war ebenfalls sehr zufrieden, es war sogar überglücklich, weil all diese Gegenstände unzerstört, zum Teil sogar in besserem Zustand als unsere Stücke zurückgesandt worden sind.

Und registriert waren sie außerdem...

... registriert noch dazu, für sie. Und noch eins: wir hatten einige Objekte aus unserem Museum in Bagdad evakuiert, aus unseren Lagern, um die kuwaitischen Kulturgüter dort aufbewahren zu können. Unsere Objekte, die wir in die Provinzen geschickt haben, sind gestohlen worden. Das heißt: wir haben 4.500 Objekte geopfert, um das Inventar aus den Museen von Kuwait zu beschützen, zu bewachen und wieder zurückzugeben. Wir haben aber auch, das ist sehr wichtig zu sagen, damals schon, unmittelbar nach dem Einmarsch der irakischen Armee in Kuwait, einen Brief an den Generaldirektor der UNESCO geschickt und ihn davon in Kenntnis gesetzt, daß wir das Museum evakuieren wollten. Er hat uns einen Dankesbrief geschickt und nach dem Schicksal von 150 Objekten gefragt, die wir damals nicht gefunden hatten, weil sie auf einer Ausstellung in Moskau waren und von dort aus über London nach Amerika zu den kuwaitischen Behörden geschickt wurden. Wir sind im Besitz dieser Briefe, und trotzdem hat der Direktor der UNESCO damals niemanden geschickt, um uns zu helfen. Wahrscheinlich ist das Embargo auch gegen kulturelle Maßnahmen im allgemeinen gerichtet, auch wenn sie zum Nutzen anderer, in diesem Fall Kuwaits, waren. Wahrscheinlich ging man davon aus, daß diese Stücke verlorengehen oder beschädigt werden, und hat dann diese Anfrage gestartet, um eben gegen den Irak hetzen zu können und um zu zeigen, daß der Irak als "barbarisches Land" kulturelle Güter vernichtet. Das ist ein sehr durchsichtiges Manöver.

Hat denn die UNESCO auf Ihr Schreiben über die 4.500 gestohlenen Gegenstände aus irakischen Museen in irgendeiner Form reagiert?

Sie haben reagiert, aber sehr schwach. Sie weigern sich bisher, mit fester Hand in die Sache eingreifen. Sie machen viel Bürokram, verlangen Papiere von uns und ähnliche Dinge. Vor allem haben sie behauptet, diese Liste mit den 4.500 gestohlenen Kunstgegenständen sei zu dick, um sie zu drucken und an die 164 Mitgliedsstaaten der UNESCO zu verteilen. Sie haben statt dessen nur zugesagt, einen Rundbrief an alle diese Länder zu verschicken; diejenigen Länder, die uns helfen wollten, würden sich dann schon an uns wenden, und dann könnten wir ihnen ja die Liste schicken. Stellen Sie sich das vor! Diese Sache ist unglaublich, vor allem wenn man bedenkt, daß wir unter Lebensgefahr nach Kuwait gefahren sind, während dort Krieg herrschte, wir dort sämtliche Objekte evakuiert und nach Bagdad gebracht haben und uns wiederum der Gefahr ausgesetzt haben, weil wir im Museum geblieben sind und die ganze Zeit die Sachen bewacht haben. Wir haben unsere eigenen Häuser und Familien vernachlässigt, damals. Und nun eine solche Undankbarkeit von einer internationalen Organisation wie der UNO oder UNESCO!

Das paßt gut in den Rahmen der gezielten Demütigung, welcher der Irak gerade durch diese Organisationen ausgesetzt ist: Ihr Land bemüht sich um die Erhaltung kultureller Güter, selbst eines anderen Staates, sichert sie im Kriegsfalle, und dann werden seine Reichtümer gezielt vernichtet oder an reiche Länder und Privatpersonen verschachert ...

Gewiß. Aber wir werden niemals auf das Recht verzichten, diese Kulturgüter zurückzuerwerben. Wir haben offizielle Listen, wir können die Vorgänge verfolgen, auch mit juristischen Mitteln, und wenn nicht jetzt, dann in späterer Zeit. Wir haben vor kurzem Objekte zurückerhalten, die seit 50 Jahren außerhalb des Irak waren. Das werden wir oder die nächste Generation machen. Es wird nichts verlorengehen, da bin ich sicher.

Das wünschen wir. Herr Dr. Muayad Sa'eed, wir bedanken uns herzlich für das Gespräch.

Ich freue mich, vielen Dank.

Anhang

Drei Illusionen über Deutschland[1]

Als erstes möchte ich mich ganz herzlich bei Dekan Dr. Imaz Aldin Mussa Abdul Azis für die seltene Gelegenheit bedanken, heute vor Ihnen sprechen zu können.

Herr Dr. Priskil und ich sind Mitglieder einer oppositionellen politischen Partei in Deutschland, dem 'Bund gegen Anpassung', der sich vor 20 Jahren, als die Zustände in Deutschland wesentlich freier und besser waren, gegründet hat. Unsere Organisation steht in der Tradition der Französischen und der Russischen Revolution, also in der Tradition eines Kampfes für die Freiheit der größtmöglichen Anzahl von Mitgliedern einer Gesellschaft. Unser politisches Programm basiert einerseits auf den Erkenntnissen zur Ökonomie von Karl Marx, andererseits auf der Wissenschaft der Psychoanalyse, die Sigmund Freud zu Anfang dieses Jahrhunderts entdeckt bzw. entwickelt hat. In der Nachfolge des besten Schülers Freuds, Wilhelm Reich, haben wir die Kombination der

---

[1] Nachschrift des Vortrags von Beate Mittmann, gehalten am 14. April 1992 in der Mustansirija-Universität, Bagdad.

Erkenntnisse beider Wissenschaften zur Grundlage unserer politischen Arbeit gemacht. Da jedoch fortschrittliche politische Ansichten in Deutschland schon lange nicht mehr gerne gehört und deswegen erst recht nicht gedruckt werden, gründeten wir vor 10 Jahren unseren eigenen Verlag, den Ahriman-Verlag Freiburg, über den wir unsere Publikationen zur Politik, zur Geschichte und zur Wissenschaft der Öffentlichkeit vorstellen. Damit auch Sie in Bagdad unsere Schriften kennenlernen können, haben Herr Dr. Priskil und ich einen vollständigen Satz unseres Verlags-Programmes der Bibliothek des deutschen Seminars überreicht. Auch unser jetziger Aufenthalt hier hat das Ziel, die durch Pressezensur und Propaganda vollkommen desinformierte deutsche Bevölkerung über die Situation im Irak nach dem brutalen, feigen Angriff der USA und ihrer 33 Vasallen aufzuklären – einerseits durch die Dokumentation des Ausmaßes der Zerstörung, der wirtschaftlichen Zerschmetterung, des Terrors gegen das irakische Volk, andererseits durch die weltweit erste Dokumentation der größten nur denkbaren Barbarei: der Bombardierung von 6.000 Jahren Geschichte, der Versuch, die mesopotamischen Altertümer, die Wiege der Zivilisation, zu vernichten. Die deutschen Medien berichten darüber entweder überhaupt nicht oder verstümmelt, d.h. zensiert. Um Ihnen ein kleines Beispiel zur Veranschaulichung vorzuführen: Während der Irak vor 1½ Jahren unter dem Bombenteppich der USA begraben wurde, fand sich in einer der größten Tageszeitungen Deutschlands, der 'Süddeutschen Zeitung', zwischen den Meldungen ein kleiner Kasten mit der Mitteilung: "Diese Berichterstattung ist notwendigerweise vom Irak und von den USA zensiert." Wer hier Zensur nötig hatte und wer darüber entscheidet, wieviel die deutsche Bevölkerung erfährt, ist klar: der große Bruder in Washington.

Seit dem Zusammenbruch des Ostblocks befinden wir uns weltpolitisch gesehen in der denkbar schlechtesten Lage; die einzige Großmacht, die den USA auf dem Weg zu Bushs neuer Weltordnung im Wege stand, hat sich ruhmlos selbst aufgelöst. Der Rest der Welt ist fest im Würgegriff der USA, entweder freiwillig (wie schändlicherweise Europa) oder durch Erpressung; der einzige Schutzschild ist zerstört. Wir selbst kommen aus einem Land, das den Kniefall freiwillig vollzogen hat und das wir deswegen als privilegierten Sklavenstaat – noch privilegiert, solange er noch gebraucht wird – bezeichnen. Über die Bösartigkeit und Grausamkeit der USA, über die jeden Fortschritt und Geist tötende Mischung aus Kulturlosigkeit und militärischer Stärke, brauche ich in Ihrem Land nicht zu reden – in diesem Punkt sind wir uns einig. Jedoch mußten wir während unseres Aufenthaltes feststellen, daß der Mechanismus einer modernen

Kolonie, wie die BRD eine ist, keineswegs bekannt ist. Da aber in dieser düsteren Zeit nichts gefährlicher ist als Illusionen, d.h. Wunschvorstellungen zur Beschönigung der eigenen schlechten Lage, habe ich mich entschlossen, Ihnen heute über Deutschland zu berichten, über das Leben im Nachfolgestaat Hitlers, über einige Dinge, die Sie vermutlich noch nie – und schon gar nicht von Deutschen – gehört haben werden. Als erstes werde ich Ihnen anhand eines Gesprächs, das wir mit zwei dänischen UN-Vertretern im Al-Rashid-Hotel[2] führten, ein Beispiel eines westlichen Denkmechanismus geben, mit dem wir in Deutschland häufig konfrontiert sind und dessen Prinzip Sie für weitere Diskussionen im Gedächtnis behalten sollten. Als wir gestern abend beim Essen im Hotelrestaurant saßen, setzten sich zwei sehr junge Europäer, deren Nationalität wir nicht sofort errieten (dem Aussehen nach hätten wir eher auf GI's oder britische Militärangehörige niederen Ranges getippt) an den Nachbartisch. Da es uns interessierte, was diese zwei in Bagdad machten, fragten wir sie nach ihrer Arbeit und erfuhren, daß sie als Angestellte der UN im kurdisch besiedelten Nordgebiet des Irak stationiert seien. Nein, bewaffnet seien sie nicht, sie hätten nur kleinere Handfeuerwaffen zum Schutz der Grenze. Welche Grenze sie meinten, war klar; wir erfuhren im weiteren Verlauf des Gesprächs noch, daß die Grenzübergänge sowohl zur Türkei als auch zum Iran offen sind, viele westliche Journalisten und ausländische Versorgungstransporte gelangen so illegal in den Irak. Die Selbstverständlichkeit, mit der die beiden bewaffnet in einem fremden Land standen, war jedoch verblüffend.

Auf unsere weitere Frage, was sie – als UN-Vertreter – denn zum Embargo gegen den Irak meinten, sagte der eine von ihnen: "Embargo, was für ein Embargo? Es gibt kein Embargo gegen Irak – das sehen Sie doch, Sie können doch alles kaufen", und deutete auf sein Abendessen (das, wie die gesamten UN-Aktivitäten, auch noch vom irakischen Staat bezahlt werden muß!). Das war natürlich grob zynisch, doch er bekräftigte weiterhin, daß das ganze Gerede um das Embargo lächerlich sei. Auf unsere Frage, ob er wisse, daß es aufgrund des Embargos im letzten Jahr 80.000 Tote (die Harvard-Studie, also Report aus Feindesfeder, zählte sogar 170.000 Tote) gegeben hat, fragte er zurück, ob wir wüßten, wie viele Kurden monatlich von der irakischen Armee umgebracht würden. Auf unsere Verneinung hin gab er zu, es auch nicht zu wissen, behauptete aber, es seien sicherlich mehr als 80.000, und deswegen sei die Aufrecht-

---

[2] Eines der größten Hotels in Bagdad, in dem die meisten West-Journalisten und auch wir untergebracht waren.

erhaltung des Embargos gerechtfertigt. Dieses Nebeneinanderexistieren zweier widersprüchlicher Gedanken – es gibt kein Embargo, aber es ist gerechtfertigt – nennen wir Zwiedenk nach dem Vorbild des Romans "1984" von George Orwell. Die einzige Funktion dieser Gehirnverknotung ist die Verteidigung und Rechtfertigung einer Gewalttätigkeit, die einerseits geleugnet, andererseits gedeckt und unterstützt wird; im Lichte der Logik ist eine solche Aussage widersinnig, in psychopathologischer Hinsicht verrückt; der entscheidende Zusatz ist jedoch: wird sie durch die Gewalt gedeckt (wie hier durch amerikanische Bomben), ist sie "normal".

Ich möchte nun zu der ersten Illusion, deren Existenz wir feststellten, kommen. Sie lautet:

Die BRD ist ein freier und unabhängiger Staat.

Die als eigentlicher Wendepunkt in der deutschen Geschichte bekannte Beendigung des Zweiten Weltkrieges 1945 durch die Alliierten brachte zwar tatsächlich eine Veränderung in der deutschen Politik mit sich, aber eine "Stunde Null", einen Neuanfang im eigentlichen Sinne, d.h. einen Bruch mit der Hitler-Regierung, hat es nicht gegeben. Die Amerikaner besetzten den Westteil Deutschlands (und sie halten ihn bis heute besetzt: es sind immer noch – und das obwohl sich die Sowjetarmee längst aus der ehemaligen DDR zurückgezogen hat – knapp eine Viertelmillion amerikanische Soldaten in der BRD stationiert und zahlreiche US-Militärbasen über das gesamte Land verteilt. Von der größten dieser Basen in Frankfurt starteten auch während des Golfkrieges Kampfflugzeuge zu ihren Angriffsflügen gegen Irak, obwohl in Artikel 26 unserer Verfassung geschrieben steht, daß kein Angriffskrieg von deutschem Boden ausgehen darf. Daß Deutschland auch weiterhin ein besetztes Land bleiben wird, beweist allein schon die Tatsache, daß die Bundesregierung einem Vorschlag der USA zugestimmt hat, die – doch sehr zweifelhaften – "Sicherheitsaktivitäten" der amerikanischen Truppen in der BRD zukünftig zu finanzieren. Wir dürfen nun also für die Besatzung unseres Landes bezahlen – welch anderer Maßstab wurde da aber in Kuwait angelegt! Diese Amerikaner hatten nun angeblich die Aufgabe übernommen, mit dem Hitler-Regime aufzuräumen und sicherzustellen, daß eine stabile – und zwar demokratische – Regierung installiert würde. Nun, stabil weil altbewährt war diese Regierung dann tatsächlich, denn in sie wurden zahlreiche Altnazis übernommen, die unter Hitler hohe Staatsämter innegehabt hatten: Globke, der die Rassengesetze erlassen hatte, wurde Kanzlerberater Adenauers,

Filbinger, ein hoher Marinerichter, der noch wenige Tage nach Kriegsende Deserteure der deutschen Armee zum Tode verurteilt hatte, wurde Ministerpräsident von Baden-Württemberg, der Architekt Lübke, dessen Spezialität die Konstruktion von Konzentrationslagern gewesen war, wurde Bundespräsident. Konrad Adenauer, der erste Bundeskanzler der BRD, war zwar kein aktiver Nazi gewesen, hatte aber als Kölner Bürgermeister bekanntermaßen mit dem Hitler-Regime kollaboriert (eine seiner Taten war das Verbot der Aufführung des Ballettes "Der wunderbare Mandarin" von Béla Bartók). Interessant ist, wie er zum Leiter der Regierungsgeschäfte des jungen Staates wurde: Adenauer, Hobbygärtner, pflegte nach Kriegsende eines Nachmittags die Blumenbeete in seinem Vorgarten, als ein amerikanisches Militärfahrzeug vorfuhr, vier Soldaten ausstiegen und ihn aufforderten, mit ihnen zu kommen. Ihm fiel das Herz in die Hose, dachte er doch, er würde jetzt für seine Zusammenarbeit mit den Nazis zur Rechenschaft gezogen. Im Auto jedoch wurde er von einem hohen Militärangehörigen gefragt, ob er nicht Kanzler von Deutschland werden wolle. – Damit hatten die Besatzer einen guten Griff getan: gleich nach den ersten Wahlen 1954 verbot Adenauer die Kommunistische Partei, die, obwohl durch Hitler fast vollständig vernichtet, noch erhebliche Sympathien im Volk besaß, wie sich am Wahlergebnis zeigte. Ganze Stadtviertel wurden in dieser Zeit gesäubert, die – vorzugsweise älteren – Bewohner, welche die KPD noch aus der Zeit ihres Kampfes gegen Hitler kannten und unterstützten, waren auf einmal verschwunden.

Auch in der Wirtschaft blieb im neuen Deutschland alles beim alten. Zu nennen sind hier vor allem Krupp und Thyssen, die Kriegsfinanzierer Hitlers, auf deren Geheiß der Faschismus gegen die für sie gefährlich stark gewordene und immer weiter anwachsende KPD installiert wurde. Auch sie durften nach kaum 1½ Jahren in ihre alten Positionen zurückkehren und wurden nie für ihre Verbrechen zur Rechenschaft gezogen.

Für die rund 32.000 Todesurteile, die die NS-Justiz während des Hitler-Regimes gefällt hat, ist bis heute kein einziger der Nazirichter verurteilt worden! Fast alle Juristen, die während des Faschismus hohe Richter- oder Staatsanwaltstellen innegehabt hatten (darunter sogar Mitglieder des berüchtigten Volksgerichtshofes unter Roland Freisler), wurden nach Kriegsbeendigung übernommen – weil sie Erfahrung in diesem Beruf hätten, wie der 'Spiegel' es Ende letzten Jahres deutete. Und die verstanden es, ihre geistige Erbfolge bis heute zu sichern: Im April 1992 beendete ein Hamburger Gericht einen Prozeß, den ein ehemaliger Freislerrichter nach Kriegsende gegen einen antifaschistischen Widerstandskämpfer initiiert hatte, damals ohne Erfolg, da das Opfer als Bürger der DDR nicht greifbar war. Sofort nach der Annexion nun (die in Deutschland "Wiedervereinigung" genannt wird) ließen dessen Nachfolger den inzwischen recht betagten Widerstandskämpfer verhaften und verurteilten ihn – auf der ausschließlichen Grundlage der zweifelhaften Vorarbeit des Nazirichters und ohne jeden Beweis oder Zeugen – wegen angeblicher Beteiligung an der Ermordung eines anderen Nazirichters im Jahre 1947 zu lebenslanger Haft: die Altfaschisten können einen späten Triumph feiern.

Man kann also abschließend sagen: In Deutschland fand keine Entnazifizierung statt, d.h. keine Bestrafung der Täter und keine Wiedergutmachung – soweit überhaupt noch möglich – für die Opfer, trotz der berühmten Nürnberger Prozesse, die jedoch im Vergleich zu den Prozessen in Havanna 1961, nach dem Überfall kubanischer Exilanten im US-Sold, lächerlich sind. Niemals hätte es in Kuba Urteile wie dieses gegeben: "wegen gemeinschaftlichen Mordes in 700.000 Fällen wird der Angeklagte zu 4½ Jahren Gefängnis verurteilt" – in Deutschland war dies jedoch ein normales Strafmaß. Auch die momentane Verurteilung einiger greisenhafter Nazilokalgrößen wie Schwammberger ist in Anbetracht dessen, daß die eigentlichen Drahtzieher und Auftraggeber sicher und ungestraft auf ihren Regierungssitzen, Richterstühlen oder in der Chefetage der größten Konzerne sitzen, purer Zynismus.

Der geballte Haß Westdeutschlands dagegen richtet sich jetzt repräsentativ für die gesamte DDR gegen Ex-SED-Chef Erich Honnecker – nicht weil er als Staatschef der DDR ein grausames Regime geführt haben soll, sondern weil er als einer der letzten lebenden Alt-KPD-Mitglieder die Westdeutschen allein durch die Existenz seiner Person daran erinnert, daß Widerstand möglich war, daß niemand gezwungen war, Mitläufer oder aktiver Unterstützer der Hitler-Regierung zu sein.

Bundespräsident Richard von Weizsäcker, Saubermann der Nation, der während der Nürnberger Prozesse seinen Vater, Ernst Freiherr von Weizsäcker, verteidigte, welcher als Staatssekretär des Auswärtigen Amtes unter Ribbentrop für die Deportation ausländischer Juden aus den eroberten Gebieten in Konzentrationslager verantwortlich war, sagte im März 1992 in einem 'Stern'-Interview, es habe in Deutschland keine Entnazifizierung gegeben, da man ein starkes Deutschland als Bollwerk gegen den Ostblock, also als Basis zur Vernichtung der Sowjetunion, brauchte! Dies allein – und nicht etwa humanitäre oder idealistische Motive, um anderslautenden Gerüchten entgegenzutreten, war der Grund für die umfangreiche Finanzspritze der USA in Form des Marshall-Planes für Westdeutschland.

Seitdem ist Deutschland ein gutdressierter Hund, der Männchen macht und das Stöckchen bringt (z.B. in Form von 17 Milliarden DM für den Krieg gegen den Irak), wenn der Herr in Washington pfeift.

Die zweite Illusion, die ich Ihnen nehmen möchte, lautet:

Deutschland ist ein demokratischer Staat.

Das Staatssystem in der BRD gilt weltweit als eine etablierte, renommierte, stabile Demokratie, als ein System, das sich im Laufe der Jahre durch seine Gerechtigkeit und als Ausdruck des Volkswillens bewährt hat – eine echte Vorzeige-Demokratie. Es gibt eine Verfassung, verschiedene Parteien, freie Wahlen, für jeden Bürger ist also die Möglichkeit gegeben, durch seine Stimmabgabe seine Meinung kundzutun und in den Prozeß der Regierungsbildung und damit der Politik einzugreifen. Doch schauen wir uns an, wie diese freien Wahlen, die heilige Kuh des Westens, aussehen. Tatsächlich ist in Deutschland keine Regierung – mit einer Ausnahme, der zweiten Adenauer-Regierung – durch Wahlen entstanden. Das anfängliche 4-Parteien-System, gebildet aus den Christdemokraten (CDU), den Sozialdemokraten (SPD), den Liberalen (FDP) und der kommunistischen Partei (KPD), wurde spätestens mit dem KPD-Verbot 1954 zu einem 3-Parteien-System. Die beiden großen Parteien CDU und SPD (mit jeweils ca. 40% der Stimmen) finanzieren sich durch Mitgliedsbeiträge (oder Zugriff auf Steuergelder), während die FDP nur durch Wirtschaftsspenden bestehen kann. Sie ist bei jeder Wahl das Zünglein an der Waage und bildet immer mit der jeweiligen Partei, die gerade für die Struktur der deutschen Politik die günstigere ist, eine Koalition, um dieser Partei die Mehrheit zu sichern.

Insofern kann man durchaus sagen, daß die Wahlen im kurdischen Gebiet des Irak westlich-demokratisch waren: das Volk darf wählen, und unabhängig davon teilen sich Talabani und Barsani die Sitze im Parlament fifty-fifty (ob das an der deutschen Tinte lag?). – Zudem existiert in Deutschland eine 5%-Klausel – eine Empfehlung des amerikanischen Militärgouverneurs Clay –, die beinhaltet, daß nur eine Partei, die bei den Wahlen mehr als 5% der Stimmen erhält, einen Anspruch auf Sitze im Parlament hat. Werden nur 4,9% erreicht, sind alle Stimmen verloren. Durch dieses extrem ungerechte und rückständige System ist es kleinen Parteien – und das sind im Normalfall die Oppositionellen – unmöglich gemacht, auf die deutsche Politik Einfluß zu nehmen.[3] Jede Aktivität beschränkt sich auf einen engen Rahmen und ist damit weitgehend ihrer Wirksamkeit beraubt. Unseren Schülern wird im Politik-Unterricht eingetrichtert, daß diese klitzekleine Einschränkung, welche die 5%-Klausel mit sich bringe, notwendig sei, um die Demokratie als solche stark zu erhalten, zu viele Parteien führten zum Chaos, und man hätte ja schon anhand des Endes der Weimarer Republik gesehen, wohin das führt. Im Klartext gesprochen: sind der Opposition die Hände gebunden, läßt es sich herrlich demokratisch regieren. Diese 5%-Hürde hatte die KPD bei den ersten Wahlen in Deutschland (wenn auch nur knapp) überschritten, weswegen Adenauer zu härteren Mitteln greifen mußte, sie kurzerhand verbot und ihre Mitglieder in den Gefängnissen verschwinden ließ.

Es entwickelte sich aber doch eine Opposition aus dieser grauen, finsteren Adenauer-Zeit, der Zeit des Wirtschaftswunders (dank der Amerikaner) mit seinen waschmittel-weißen Paradehausfrauen und ihren bügelgefalteten Biedermännern, einer Zeit der politischen Verfolgung und der gegenseitigen Bespitzelung in jedem Haushalt, einer Zeit ohne persönliche Freiheit – wegen des Kuppeleiparagraphen, durch den Sexualität ohne Trauschein zu einem Verbrechen wurde, auf das Gefängnis stand.

Mitte der sechziger Jahre entstand in breiten Teilen der Bevölkerung eine Bewegung, die sich von der Beklemmung der langen Jahre vorher befreien wollte, den Petticoat durch den Minirock ersetzte, den Büstenhalter als unnötige Quälerei nach und nach aus dem öffentlichen Bild entfernte und Sexualität nicht mehr als Tabuthema behandelte, über welches man höchstens hinter vorgehaltener Hand reden darf. Politischer Träger dieser Bewegung waren die Universitäten, die sogenannte Studentenbewegung.

---

[3] Deshalb war das Geschrei auch groß, als die rechtsorientierten (aber keineswegs faschistischen, wie allerorts behauptet wird) "Republikaner" bei den letzten Landtagswahlen im April 1992 mit rund 10% der Stimmen diese Hürde überwanden und ins Landtagsparlament einzogen. Auf einmal soll Deutschland wieder dem Faschismus entgegensteuern; weil das Wahlergebnis unerwartet war, wird der Ruf nach Parteienverbot laut (die erste politische Maßnahme der neuen DDR-Regierung nach ihrer "Demokratisierung" war das Verbot der Republikaner), werden die Republikaner mit Drangsalierungen aller Art, seien es Raumverbote oder indirekt bezahlte Schlägerbanden, die ungestraft Mitglieder zusammenschlagen dürfen (alles Sachen, die wir am eigenen Leib auch schon oft erfahren haben), überhäuft. Man konnte sich offensichtlich <u>einmal</u> auf den deutschen Wähler nicht verlassen.

Die ersten Auslöser, durch welche diese Tendenz in Richtung Freiheit zu einer politischen Größe wurde, waren einerseits der – im Westen als Verteidigungsmaßnahme gegen den Ostblock verkaufte – Völkermord der USA am vietnamesischen Volk, gegen den es riesige Protestdemonstrationen gab, andererseits die 1968 eingeführten Notstandsgesetze, mit denen jederzeit die Verfassung und damit die Grundrechte außer Kraft gesetzt werden konnten. Diese Protestbewegung begann, sich zu organisieren – und mit der zunehmenden persönlichen Befreiung wuchs auch die geistige Freiheit. Unter dem Druck der Adenauerzeit fast versunkene Klassiker wie Marx und Freud wurden gelesen und diskutiert und grundlegende Programme zur Organisation einer gerechten und freien Gesellschaft entwickelt. Die Universitäten waren ein Ort der ständigen und angstfreien Diskussion, die neugegründeten Organisationen gewannen zunehmend an Mitgliedern (die DKP hatte beispielsweise 20.000) und wurden so zu einer zunehmend ernsthaften Gefahr für die Regierung. Jetzt wurde es notwendig, diese Gefahr zu bannen und die Opposition zu zerschlagen, die Stunde der SPD war gekommen. 1972 wurde von der Regierung Brandt unter Bruch der deutschen Verfassung, Artikel 3.1 (Alle Menschen sind vor dem Gesetz gleich), Artikel 3.3 (Niemand darf wegen seines Geschlechts, seiner Abstammung, seiner Rasse, seiner Sprache, seiner Heimat, seiner Herkunft, seines Glaubens, seiner religiösen oder politischen Anschauungen benachteiligt oder bevorzugt werden) und Artikel 5 (Jeder hat das Recht, seine Meinung in Wort, Schrift und Bild frei zu äußern und zu verbreiten...) mit der Parole 'Mehr Demokratie wagen' der sogenannte Radikalenerlaß durchgesetzt, der besagte, daß niemand, der "staatsfeindliches" Gedankengut verbreite, d.h. Mitglied einer oppositionellen Organisation ist, in den Beamtenstatus übernommen wird. Dazu muß man wissen, daß in der deutschen Verfassung, Artikel 33, festgeschrieben steht, daß Beamte <u>ausschließlich</u> aufgrund ihrer Leistung und nicht aufgrund ihrer Gesinnung ausgesucht werden <u>müssen</u>! Darunter fielen Berufe wie Lehrer, Postangestellte, Ärzte in öffentlichen Krankenhäusern usw., insgesamt betraf dies ein Achtel aller Stellen.

Wer ein Berufsverbot erhielt, war auf die zwergenhaft kleine Sozialhilfe angewiesen oder mußte, um zu überleben, Aushilfsarbeiten als Putzfrau, Müllmann oder ähnliches übernehmen. Insgesamt hat Willy Brandt über 10.000 Opfer auf seiner Jagdstrecke zu verzeichnen (vorzugsweise DKP-Mitglieder), die bis heute nicht entschädigt, zum größten Teil nicht einmal wieder in ihren Berufen tätig sind. 10.000 Berufsverbote und mehrere Millionen eingeschüchterte, ängstliche Bürger: damit war die Opposition vernichtet, die Gefahr gebannt, und bis heute ist die

Drohung der Existenzvernichtung für oppositionelle Gedanken fest in den deutschen Köpfen verwurzelt. Wie gut sich dieses Prinzip bewährt hat, zeigte sich wiederum beim Fall der Mauer: Seit der Annexion der DDR wurden 50% aller Beamten entlassen, Hochschulprofessoren, Ärzte, Richter, Lehrer – allein die Mitgliedschaft in der SED reichte aus, um ein Berufsverbot zu bekommen. Damit ist die BRD sogar eifriger als Hitler, denn dieser entließ nur 5% aller Beamten! Aber die Gewalt hat gesprochen; wurde anfangs hier und dort vorsichtige Kritik an der westdeutschen Regierung laut, so herrschen jetzt Angst und Resignation, die durch die stetig ansteigende Zahl der Obdachlosen und inzwischen sogar Hungertoten noch verstärkt wird; in der DDR gab es das vorher nie, in Westdeutschland dagegen schon länger. Wir sind die einzige Organisation aus der Zeit der Studentenbewegung, die diese Verfolgung überlebt hat. Alle anderen haben sich aufgelöst oder sind in ihren Forderungen vorsichtig, damit aber unwirksam und ungefährlich geworden, oder sie sind auf die Gegenseite übergelaufen. Die Vernunft, die nur angstfrei existieren kann, ist durch Resignation, Lethargie und Selbstaufgabe ersetzt worden.

Das nun also ist die bewährte Demokratie, das "Modell Deutschland", wie es jetzt allerorts eingeführt werden soll. Der "Exportschlager Grundgesetz", wie Außenminister Genscher es anläßlich des Zusammenbruchs der Sowjetunion bezeichnete, reicht inzwischen aus, um ein Viertes Reich mit geduckten Untertanen zu installieren; der häßlich-grausamen Szenen des Dritten bedarf es längst nicht mehr.

Eine Folge davon ist die dritte Illusion, der ich entgegenwirken möchte, sie lautet:

Das deutsche Volk steht auf seiten des irakischen Volkes und unterstützt es.

Um Ihnen diese Illusion zu erläutern, möchte ich auf die Zeit vor und während des US-Angriffs gegen den Irak zurückgreifen und Ihnen den Verlauf der Protestdemonstrationen in Deutschland exemplarisch vorstellen.

Unsere Organisation hatte schon im August 1990 BRD-weit unser erstes Flugblatt verteilt, in dem wir Präsident Saddam Hussein mit dem deutschen Kanzler Bismarck verglichen, der in den deutschen Geschichtsbüchern zu Recht als der Gründer des deutschen Reiches durch die Einigung – und das war alles andere als friedlich – der zersplitterten Teile gefeiert wird. Darin forderten wir die sofortige bedingungslose Aufhebung des Embargos gegen den Irak sowie die Unterlassung jeglicher Fremdeinmischung, sei es von seiten der Amerikaner oder wer sich auch sonst dazu berufen fühlte. Damit standen wir zu diesem Zeitpunkt allein auf weiter Flur. In Deutschland wurde Kriegspropaganda betrieben, endlich konnte Deutschland durch die Verteidigung der "Demokratie" in Kuwait (so stand es damals in der Presse) beweisen, daß es standfest auf der richtigen Seite stand, nämlich auf der der USA. Die Reste der oben beschriebenen, ehemals schlagkräftigen Bewegung hatten sich im Laufe der Jahre in einer indifferenten Friedensbewegung gesammelt, die sich zwar den 'Frieden in der Welt' auf ihre Fahnen geschrieben hatte und eine 'Abrüstung in Ost und West' forderte, damit aber nichts anderes als die Entwaffnung der Sowjetunion meinte. Als im Dezember 1990 immer deutlicher wurde, daß die USA entschlossen waren, einen Angriff auf den Irak durchzuführen, und daß ihnen die riesige Phalanx ihrer Vasallen zur Seite stand, voll Stolz darauf, auch einmal am Gängelband des großen Bruders Krieg spielen zu dürfen, da entstanden in Deutschland die größten Protestdemonstrationen seit den Antivietnamkriegs-Demonstrationen. Wir verteilten in dieser Zeit BRD-weit mehrere Flugblätter und waren soweit wie möglich auf allen großen Demonstrationen. Und unseren Parolen (wie 'Amis raus aus Arabien – Hände weg vom Golf' oder 'Kein Herz für Scheiche – kein Blut für Öl' und 'Laßt euch von keinem Bush erweichen – das Öl dem Volk und nicht den Scheichen'), die sich von Demonstration zu Demonstration und von Stadt zu Stadt fortpflanzten, ist es zu verdanken, daß die Amerikaner verurteilt wurden und die Demonstrationen von <u>politischen</u> Forderungen getragen waren, nicht von unverbindlicher Friedenssehnsucht. Dadurch war das erste Mal seit 20 Jahren die Loyalität der Deutschen mit den Amerikanern am Bröckeln. Es mußte etwas geschehen, und das tat es auch, vermutlich auf Geheiß des amerikanischen Botschafters: Es setzte in sämtlichen Medien eine breite Propagandawelle ein, die eindringlich vor dem neuen Anti-Amerikanismus warnte und auf die gefährlichen Konsequenzen hinwies. Auch Willy Brandt richtete seine Worte an die auf einmal wieder so "unvernünftig" (das heißt selbstbewußter) gewordene deutsche Jugend, und selbst frühere Träger der Studentenbewegung wie Hans Magnus Enzensberger glänzten durch Gedankenakrobatik à la "Saddam = Hitler". Diese Überhäufung mit Propaganda und der gleichzeitig einsetzende gnadenlose Bombenhagel auf den Irak brachten das zarte Flämmchen aufkeimender Vernunft und wachsenden Rückgrates innerhalb weniger Tage zum Erliegen. Die Forderungen wurden unbestimmt und unterwürfig, wie es die Formulierung "Please peace" ausdrückte, die Aggressoren wurden nicht mehr beim Namen genannt, statt Parolen hingen Bettlaken ohne Schrift als weiße Fahnen aus den Fenstern. Die Angst hatte gesiegt, und viele hofften auf einen schnellen Sieg der USA, damit wieder Frieden und Friedhofsruhe im Land herrsche. Die Protestbewegung hatte kapituliert – ganz im Gegensatz zum irakischen Volk, welches die Bomben ja tatsächlich abbekam und deswegen wesentlich mehr Grund dazu gehabt hätte. Das irakische Volk kapitulierte jedoch nicht, ebensowenig gaben wir in Deutschland auf. Und so richtete sich der Haß derjenigen, die sich selbst zugunsten des Gehorsams verraten hatten, gegen diejenigen, die trotz aller Gewalt auf ihrer Position bestanden. Dieser Vorgang läßt sich psychoanalytisch erklären: es handelt sich um die Projektion, die Verfolgung eigener, aber verbotener und deswegen aufgegebener und verratener Wünsche in anderen Personen, die sie nicht aufgegeben haben und die daher durch ihre bloße Existenz daran erinnern, daß man selber auch einmal nicht so niedrig und treu-gehorsam war wie jetzt. So ist es zu erklären, daß im 'Spiegel' plötzlich Leserbriefe folgenden Inhalts bezüglich der Verbrechen gegen die irakische Zivilbevölkerung erschienen: "Will man die Schlange töten, so muß man die gesamte Brut ausrotten." Das heißt, es darf nichts übrigbleiben, was auch nur im entferntesten an die verbotenen Wünsche erinnert – in diesem Fall an das Rückgrat in Form von Bestehen auf der Souveränität des Irak, der Demonstration, daß man vor keiner Gewalt auf dem Bauch liegen muß. Aber daran erinnert nun einmal jeder lebende Iraker allein durch seine bloße Existenz – selbst Kinder, denen man ja keine Staatstreue zur Regierung Saddam Husseins nachsagen kann. Aber hier folgen die Grausamkeiten konsequent und bis zum letzten dem psychischen Mechanismus, der sie befiehlt.

Das ist der Grund, warum sich in Deutschland keine Stimme für die politische Unterstützung Iraks, für die bedingungslose sofortige Aufhebung des Embargos, was im Moment das allernotwendigste wäre, erhebt. Es existieren lediglich einige Hilfsprojekte humanitären Charakters. Und inzwischen kann sogar wieder protestlos die Forderung nach einem weiteren Militärschlag gegen Irak laut werden.

Bedauerlicherweise können wir Ihnen keine erfreulicheren Nachrichten aus dem Land bringen, aus dem wir kommen, aber jede Einsicht in eine düstere Realität ist nützlicher als eine noch so schön schillernde, aber bei der geringsten Berührung zerplatzende Seifenblase. Die einzige Chance, die wir in diesen Zeiten haben, ist die, so viele Kräfte wie möglich zu sammeln und zu vereinigen und illusionslos und intelligent unseren zahlreichen Gegnern soviel wie möglich zu schaden. Das irakische Volk unter der Führung von Präsident Hussein ist zum

Vorbild für alle freiheitsliebenden Menschen geworden, weil es bewiesen hat, daß man auch als schwaches, der Gewalt unterlegenes Land noch lange nicht freiwillig ein Knecht zu werden braucht.